신비한 동양철학 67

나침반
어디로 갈까요

원공 선사 편저

삼한

■ 저자 : 원공 선사(속명 이용완)

현재 전주대·광주대·조선대 평생교육원에서
『원심통증예방 관리학』 강의 중

저서 『주역육효의 해설방법(상·하)』
　　　『주역의 기본원리』
　　　『원토정비결』
　　　『모든 질병에서 해방을(1·2)』
　　　『명인재』
　　　『원심수기 통증예방 관리비법』

연락처　019-305-9138

나침반 | 어디로 갈까요

1판 1쇄 발행일 | 2005년 12월 16일
1판 2쇄 발행일 | 2014년　4월　8일

발행처 | 삼한출판사
발행인 | 김충호
지은이 | 원공 선사

신고년월일 | 1975년 10월 18일
신고번호 | 제305-1975-000001호

411-776 경기도 고양시 일산서구 고양대로 724-17호
(304동 2001호)

대표전화 (031) 921-0441
팩시밀리 (031) 925-2647

값 39,000원
ISBN 89-7460-105-2　03180

이 책에 실린 비법은
크고 보람되게 후세에 전하고자
저자(스님)가 처음으로 책자로 발표한 것이니
저작권법에 의해 본 저서의 내용은
복제 또는 전재, 인용할 수 없음을
밝혀두는 바입니다.

■ 머리말

지금 시중에는 수많은 주역과 관련된 서적들이 난무하고 있는 실정이라 할 수 있을 것이다. 하지만 책은 많지만 이해를 할 수 있는 책들이 없다보니 주역에 관심은 있으나 이해를 못하시는 분들이 대다수인 것으로 알고 있다.

그래서 본인이 어떤 선사님에게 전수받은 특수비법으로 주역을 이해할 수 있는 본 책을 시중에 내놓아 많은 독자분들이 주역에 대한 이해를 조금이나마 돕고자 마음먹게 되었다.

먼저 주역을 이해하려면 원인과 과정과 결론을 알아야 하는데 그러기 위해서는 괘상의 기본 괘를 많이 이해를 해야 할 것이다. 각 괘마다 어떤 괘가 어떤 괘로 변하느냐에 따라서 아주 다른 괘로 변하여 설명이 달라지기 때문이다.

예를 들면 우리 사람도 내 주위에 어떤 친구들이 있느냐에 따라서 나의 생활에 변화가 발생하는 것과 같다고 할 수 있을 것이요, 또는 내가 어떤 공부를 하였느냐에 따라서 생활방법이 달라질 수 있는 것과도 같다고 말할 수 있는 것과 같기 때문이다.

그런데 시중의 주역 책을 보면 괘상의 기본에 대한 설명은 많이 한 것 같으나 변화에 대한 설명이 없는 것이다. 예를 들면 출발점은 알고 있는데 어디로 가는 것이지 가는 도중에 무슨 변화가 발생할 것이지 알 수가 없는 출발과 같다고 할 수 있을 것이다.

그래서 본인은 이 책으로 사주나 신주나 궁합이나 모든 점법 등을 기록할 수가 없기에 여기서는 기본괘의 설명과 변화의 설명과 기본괘가 어떤 괘로 변했을 경우 일어날 수 있는 내용들을 설명하여 주역 변화에 대한 이해를 돕는데 주력하여 기술한 책이다. 그런 내용을 구분할 수 있는 방법을 이 책에서 전부는 다 설명할 수 없기에 뒷장에 간단하게나마 설명하였고 또한 시중의 다른 책들의 설명과의 차이점도 기록하였으니 독자분들이 참작하여 보신다면 조금이나마 도움이 되지 않을까 생각한다.

또한 주역이란 우주의 변화를 알고 변화의 진리를 깨우칠 수 있는 것으로 세상을 알고 나를 알면 세상에서 살아가는 길을 볼 수가 있을 것이다.

또한 주역은 우리 인간사를 예측할 수 있는 것으로 주역으로 알수 있는 것이 '사주, 신수, 궁합, 직업 등을 보는 방법'이 있으며, 또한 볼 수 있는 것이 '오초정심법'으로 내가 오늘 어느 방향으로 간다면 어떤 일들이 발생할 것인가를 보는 방법이나 또는 어느 방향에서 어떤 사람이 무슨 일로 올 것인가를 알 수 있을 것이다.

또는 '단시법' 또는 궁금한 모든 것을 알아볼 수 있는 '점법'으로 '어떤 일이나 상황 등을 미리 예측할 수 있는 것'이요, '상대와 나와의 관계나 이것과 저것과의 관계를 미리 파악할 수 있는 방법' 등이 있는 것이요, 또한 '상대의 의중을 꿰뚫어 알아볼 수 있는 것'이다.

또한 주역으로 볼 수 있는 것으로 '내가 알고자 하는 것이나 내가 얻고자 하는 것이나 내가 이루고자 하는 것이나 내가 해결하고자 하는 모든 일을 파악할 수 있다'고 할 수도 있을 것이다.

또는 주역을 이용한 '풍수지리학'을 알 수 있는 것으로 양택이나 음택을 보는데 예를 들면 음택을 설명한다면 산소의 좌향을 보고 그 집안의 몇째 아들 딸에게 무슨 일이 있다거나 어떻게 살고 있는 것을 알 수 있을 것이다.

또는 '육신활용법'을 이용하여 어려운 일이나 어려움의 원인 등을 알 수 있는 것으로 모르고 당하면 해결책이 없겠으나 어려운 원인을 안다면 거기에 따른 어떤 어려움도 해결책이 있는 것이다.

또한 주역을 푸는 방법이나 주역, 사주, 신수 등을 보는 방법을 공부하고 싶은 분은 본인 저서인 『주역 육효의 해설방법』을 읽어 본다면 많은 도움이 되리라 생각한다.

또한 시중의 주역을 보면 괘상의 기본만 설명하다보니 푸는 방법이 없는데 문제가 있는 것이다. 예를 들면 갑자일에 보는 사람이나 병자일에 보는 사람이나 기묘일에 보는 사람이 모두 같은 설명이 나올 수밖에 없을 것이요, 하지만 『주역 육효의 해설방법』을 본다면 그런 애매한 방법 등이 해결될 것이라 생각한다. 왜냐하면 보는 일진에 따라 모두 달라진다라는 것을 알 수 있기 때문이다.

차례

차례

■ 주역(周易)의 변화와 설명하는 방법

지금 시중에 나와 있는 주역(周易)들을 보면 완전한 점법(占法)으로만 기록했으나 그것도 본인이 보았을 때 바른 기록이 없어 후학도들이 바른 주역(周易)을 접하지 못하고 어려움에 헤매일 것 같아 조금이나마 배움에 도움이 되기를 바라는 마음으로 이 글을 세상에 내놓는다.

시중의 주역(周易)을 보면 괘와 살 등을 모두 기록은 하였으나 그 많은 살들을 어떠한 방법으로 사용하는 것인지 기록이 없으니 그 많은 살은 무엇 하려고 기록하였는지 모르겠다. 책의 장수를 늘리기 위해 써놓은 기분이 들 정도다. 또한 같은 내용의 말이 여러 차례 반복되어 기록하고 있는 책들이 너무나 많다.

또한 주역(周易)은 우주의 변화를 보는 술서(術書)요, 인간의 변화를 예지하여 어려움을 미리 준비하고 대처하는 것인데, 시중의 책들을 보면 그저 점법(占法)으로 좋다, 나쁘다, 된다, 아니다 식으로 기록하였다. 또한 주역(周易)속에 있는 깊은 의미의 뜻을 알지 못하고 그저 글자의 해석에만 매달리고 있는 실정이다.

예를 들면 천택리괘(天澤履卦)를 보면 범의 꼬리를 밟고 있는 운으로 아주 위급함을 말한다. 하지만 조금만 더 생각해보자, 리(履)는 밟는다는 뜻이다. 그러나 어디 어느 문구에도 범의 꼬리라는 말은 없다. 그런데도 범의 꼬리를 밟았으니 위급하다고만 하니 답답한 노릇이다. 다시 말해서 밟는다는 것은 다른 사람의 뒤를 밟을 수도 있고, 다른 사람의 행위를 모방하는 것일 수도 있고, 다른 사람이 걸어간 학문을 배우는 것일 수도 있다. 또한 사업을 모방하는 것도 밟는다는 뜻이요, 값어치 없는 물건이나 필요없는 물건 등을 버린다고 할 수 있을 것이다. 또한 밟는다는 것은 누구를 만나기 위함이 있다.

이때 천택리괘(天澤履卦)에서 내가 하고자 하는 일, 또는 보고자 하는 용신(用神)이 녹이나 복을 얻는다면 내가 타인의 일을 모방하고 따라도 좋은 일이 있다는 말이 되지만 그렇지 못하고 살로 되어 있으면 다른 사람을 모방하다가 좋지 못한 일이 있을 수 있다는 이야기다. 어찌 글자에 매달려 천택리괘(天澤履卦)는 무조건 위급하고 좋지 못하다고 하는지 알 길이 없다.

주역(周易)의 모든 괘상(卦象)은 그릇에 불과하다. 그릇이 큰 것도 있고 작은 것도 있고 또한 깨진 것도 있을 수 있는 것이다. 그 그릇에다 비복신(飛福神)의 살을 붙여 길흉을 판단하는 지혜가 필요한 것이다. 그러기 위해서는 우주의 변화를 많이 알고, 그 지혜를 주역(周易) 안에서 해결해야 할 것이다.

또 다른 예로 천풍구괘(天風姤卦)가 동하여 천산돈괘(天山遯卦)로 변하면, 천풍구(天風姤)는 만난다, 해후한다, 접한다는 뜻이다. 모든 일을 만나고, 모든 사물을 만나고, 또한 매사와 접한다는 말이다. 즉 사람을 만나고, 어떤 일이 생기고, 어떠한 물건을 얻고, 또한 줍는 일이나 매사를 시작하는 것도 만나고 접하는 일이다. 반대로 헤어지는 일도 접하는 일이라 할 수 있다. 우연히 물건을 잃는 것도 접하는 것이요, 바람을 만나고, 헛것을 보고, 헛소리를 듣는 모든 것도 접하는 것이요 만나는 것이다. 천풍구(天風姤)는 이와 같이 범위가 매우 넓은 괘이다

천산돈괘(天山遯卦)는 달아난다, 숨는다, 도망간다. 피해다닌다는 뜻으로 항상 피해의식 속에서 살아가는 운이다. 또한 이 괘는 숨어 사는 운으로 마음이 항상 불안하여 활발하지 못하고 안정되지 않는다. 또한 피해다닌다는 것은 내가 약자라는 뜻도 있으니 타인들에게 무시당하는 경우도 많다. 또한 여러 사람 앞에 떳떳하게 나타날 수 없으니 다른 사람 앞에서 본인의 의사를 마음껏 표현하지 못하고 위축되는 상이다.

천풍구괘(天風姤卦)가 천산돈괘(天山遯卦)로 변하면 용두사미격의 운이다. 매사 시작은 잘하나 결과가 없다. 그래서 이 괘는 사업을 시작해도 운영에 자신이 없어 포기할 수 있는 운이요, 직장에 들어가도 오래 있지 못하고, 학업도 시작은 좋으나 중도에 하차하거나 학업을 마쳐도 능력을 활용하지 못한다고 할 수 있는 상이다.

또한 피해다니고 숨어다니는 운이라 매사에 자신감이 없다. 또 이 괘는 한 곳에서 오래 살지 못하고 이리저리 피해다니면서 살아가야 하는 운이다

또한 이 괘는 모든 사람들이나 친구나 동료 등을 만나도 자신있게 앞장서지 못하고 항상 뒷전에서 방관만 하고 자기 일신의 안위만을 생각하는 보신주의자가 될 것이요, 또한 부부간에도 자신이 없고 위축되어 배우자 앞에서 주눅이 들어 살아간다고 할 수 있다.

또 구(姤)는 어떠한 상황의 변화를 접하는 것이기 때문에 헤어지고 잃는 것도 구(姤)괘라 하겠다. 그래서 내 물건을 잃고도 말하지 못한다. 예를 들면 공직자가 내 자리를 내주고도 피해다니는 것 등이 이에 해당된다.

■ 괘상을 설명하는데 다른 책들과의 차이점

예를 들면 중천건괘(重天乾卦)의 초효(初爻)가 동하여 천풍구괘(天風姤卦)로 변한 것과, 천풍구괘(天風姤卦)의 초효(初爻)가 동하여 중천건괘(重天乾卦)로 변한 것은 다음과 같은 차이가 있다.

기본괘인 중천건괘(重天乾卦)가 천풍구괘(天風姤卦)로 변했다면 괘상(卦象)은 다음과 같다. 설명을 한다면 건(乾)은 강한 것이요, 힘이 있는 것이요, 인정이 없고 메마른 것이요, 고위직에 있는 관리요, 많은 재물이 있는 격으로 어떤 분야에서 좋은 쪽이든 나쁜 쪽이든 최고의 위치에 있는 것을 말하는 것이요, 천풍구(天風姤)는 우연의 일치로 만나는 것으로 사람이나 짐승이나 식물 등을 만날 수 있다고 할 수 있는 것이요, 또는 어떤 상황의 변화도 만날 수 있는 것으로 잃는 것도 상황의 발생이라 만날 수 있다고 본다.

그러면 건(乾)이 원인이면서 과정이요, 구(姤)가 결과로 나온 괘와 구(姤)가 원인이요 시작으로 건(乾)이 결과로 나왔을 경우를 설명하여 보기로 하겠다.

중천건괘(重天乾卦)가 천풍구괘(天風姤卦)로 변했다면 힘있는 사람이 누구를 만나고, 힘있는 사람이 어떤 일을 저지르고, 권한있는 사람이 어떤 일을 저지르거나 누구를 만나고, 또는 인정없이 독한 사람이 무슨 일을 저지르고, 돈 많은 사람이 사업장을 만들거나 어떤 일을 모사하고, 또는 남자가 여자를 만나고, 또는 많은 재물을 가진 사람이 하루아침에 망하고, 권력이 높은 사람이 권력을 잃고, 다른 사람을 무시하다 구설수가 생기고 등으로 힘있고 능력있는 사람이 무슨 일을 당하거나 저지르는 일이라고 할 수 있다.

천풍구괘(天風姤卦)과 중천건괘(重天乾卦)로 변했다면 누군가를 만난 것이 큰 변화가 발생할 수 있다고 하는 것으로, 우연히 만난 여자와 결혼하여 크게 출세할 일이 생기고, 또는 우연히 만난 여자 때문에 패가망신할 일이 생기고, 또는 우연히 길에서 주은 한 장의 복권이 당첨되어 일확천금이 생길 수 있고, 또는 우연히 들은 소문으로 큰 이익이 있을 수 있고, 또는 우연히 만난 친구로 큰 사업을 이루거나 낭패가 있을 수도 있는 것 등으로 설명할 수 있다.

이와 같이 주역은 원인과 과정에 따라 똑같은 괘라도 큰 차이가 있다. 이 차이가 좋은 점도 있고 불리한 운도 있을 수 있다. 그 내용은 그날 그날의 비복신(飛福神)을 붙여 풀어보면 알 수 있다.

또한 보고자 하는 목적이 사람마다 다를 수 있다. 집을 살 사람도 있을 것이고, 사업을 하려는 사람도 있을 것이고, 시험을 보러 가는 사람도 있을 것이고, 누구를 만나러 가는 사람도 있을 것이고, 취업을 목적으로 보려는 사람도 있을 것이고, 질병이나 재판문제로 보는 사람도 있을 수 있다.

그런데 시중에 나와 있는 주역을 보면 중천건(重天乾)이 천풍구
(天風姤)로 변하면 잠용물용(潛龍勿用)이라 하여 쓸모없는 물건이
요 값어치 없는 사람이라 하여 무시하는 경향으로 설명하는가 하
면, 천풍구(天風姤)가 중천건(重天乾)으로 변하면 한 여성이 많은
남성을 상대하는 바람둥이나 매춘부로 취급하면서 어떤 목적도 없
이 무조건 못쓸 것이고 못된 여인으로 취급한다. 이래서 시중의 주
역(周易)에 문제가 있다는 것이니 독자들께서는 많은 이해로 구독
하시기를 바란다.

중천건(重天乾)이   천풍구(天風姤)가
천풍구(天風姤)로 변한 괘   중천건(重天乾)으로 변한 괘

■ 팔괘(八卦)

건(乾), 태(兌), 이(離), 진(震), 손(巽), 감(坎), 간(艮), 곤(坤)으로 8
가지 말하는데 각 괘상(卦象)은 다음과 같다.

각 괘의 상

건(乾) : ☰ 태(兌) : ☱ 이(離) : ☲ 진(震) : ☳
손(巽) : ☴ 감(坎) : ☵ 간(艮) : ☶ 곤(坤) : ☷

일건천(一乾天) 또는 건삼련(乾三連) : ☰

이태택(二兌澤) 또는 태상절(兌上絶) : ☱

삼이화(三離火) 또는 이허중(離虛中) : ☲

사뢰진(四雷震) 또는 진하련(震下連) : ☳

오손풍(五巽風) 또는 손하절(巽下絶) : ☴

육감수(六坎水) 또는 감중련(坎中連) : ☵

칠간산(七艮山) 또는 간상련(艮上連) : ☶

팔곤지(八坤地) 또는 곤삼절(坤三絶) : ☷

■ 64괘를 궁도별로 정리

아래의 괘명은 각각의 궁도에 따라 기록하였다. 여기에 기록된 대로 순서대로 암기하면 주역을 공부하는데 많은 도움이 되기에 괘상은 그리지 않고 괘명만 기록하였으니 참고하기 바란다.

■ 건금궁(乾金宮) : 아래의 괘는 모두 금(金)궁이다.
중천건(重天乾), 천풍구(天風姤), 천산돈(天山遯), 천지비(天地否), 풍지관(風地觀), 산지박(山地剝), 화지진(火地晋), 화천대유(火天大有)

■ 태금궁(兌金宮) : 아래의 괘는 모두 금(金)궁이다.
중택태(重澤兌), 택수곤(澤水困), 택지췌(澤地萃), 택산함(澤山咸), 수산건(水山蹇), 지산겸(地山謙), 뇌산소과(雷山小過), 뇌택귀매(雷澤歸妹)

■ 이화궁(離火宮) : 아래의 괘는 모두 화(火)궁이다.

중화이(重火離), 화산려(火山旅), 화풍정(火風鼎), 화수미제(火水未濟),
산수몽(山水蒙), 풍수환(風水渙), 천수송(天水訟), 천화동인(天火同人)

■ 진목궁(震木宮) : 아래의 괘는 모두 목(木)궁이다.

중뢰진(重雷震), 뇌지예(雷地豫), 뇌수해(雷水解), 뇌풍항(雷風恒), 지
풍승(地風升), 수풍정(水風井), 택풍대과(澤風大過), 택뢰수(澤雷隨)

■ 손목궁(巽木宮) : 아래의 괘는 모두 목(木)궁이다.

중풍손(重風巽), 풍천소축(風天小畜), 풍화가인(風火家人), 풍뢰익
(風雷益), 천뢰무망(天雷无妄), 화뢰서합(火雷噬嗑), 산뢰이(山雷
頤), 산풍고(山風蠱)

■ 감수궁(坎水宮) : 아래의 괘는 모두 수(水)궁이다.

중수감(重水坎), 수택절(水澤節), 수뢰둔(水雷屯), 수화기제(水火旣
濟), 택화혁(澤火革), 뇌화풍(雷火豊), 지화명이(地火明夷), 지수사
(地水師)

■ 간토궁(艮土宮) : 아래의 괘는 모두 토(土)궁이다.

중산간(重山艮), 산화비(山火賁), 산천대축(山天大畜), 산택손(山澤
損), 화택규(火澤睽), 천택리(天澤履), 풍택중부(風澤中孚), 풍산점
(風山漸)

■ 곤토궁(坤土宮) : 아래의 괘는 모두 토(土)궁이다.

중지곤(重地坤), 지뢰복(地雷復), 지택림(地澤臨), 지천태(地天泰), 뇌천
대장(雷天大壯), 택천쾌(澤天夬), 수천수(水天需), 수지비(水地比)

■ 신통력을 연마하는 방법

우리 사회에는 수많은 기공술, 단전호흡, 도인법, 단련술, 영통술 등
이 만연되어 있다. 많은 수련단체들이 하는 방법을 보면 모든 기를 단
전에서 일으켜 척추로 돌아 백회혈로 통하는 방법을 사용한다. 이것은
기를 아래에서 모아 위로 보내는 방법으로, 잘못하면 혈압이나 두통이
나 상기가 될 수 있고, 음양의 상통이 막혀 주화입마에 걸려 나중에는
신병의 고통 속에서 지내는 경우가 많다. 그런데도 돈을 벌기 위하여
그리하다 보니 중도에서 그만두는 사람이 많다.

본인이 말하고자 하는 것은 단전에서 기를 모아 등으로 돌려 단전으
로 내려보내는 것이다. 즉 반대의 상황으로 볼 수 있다. 이 방법은 우
선 상기가 되지 않으니 정신이 맑아지고, 기공의 집중력이 커져 영통
력도 생긴다. 또한 두통이 없고, 기가 항상 단전에 충만하니 몸이 가볍
고 피로를 모른다.

인당이나 백회에 모인 기를 경추로 내려보낼 때 단전이 아닌 곳으로
보내고 싶으면 보낼 수 있다. 즉 눈이나 질병 때문에 통증이 있는 곳으
로 보낼 수도 있다. 이 열통술을 연마하는 과정에서 인당이나 백회혈
에 많은 기가 모이면 백회혈이 열려 기가 들어오는 것이 시원한 바람

이 들어오는 것 같이 머리가 시원함을 느낄 수 있다.

수련을 할 때는 정신을 집중하고 마음을 고요히 한 상태에서 욕심을 부리지 말고 누군가를 미워하거나 좋아하는 감정도 가져서는 안된다. 또한 기를 집중할 때도 절대 힘으로 하는 것이 아니다. 만일 마음으로 하지 않고 힘으로 인당이나 백회혈에 기를 모으려고 한다면 두통이 생기고 심하면 정신에 문제가 생길 수도 있으니 각별히 주의해야 한다.

자세는 본인이 가장 편한 상태를 취하면 된다. 앉아서 하거나 누워서 하거나 서서 하거나 상관없다. 숙달이 되면 걸으면서도 할 수 있고, 운전 중에도 할 수 있으나 숙련되지 않은 사람은 위험하니 주의해야 한다. 본인이 초보자에게 이 방법을 시킨 후 1~2시간이 지나도 본인들은 10분이나 15분이 지난 것처럼 느끼는 경우를 종종 보았다. 평소에 그와 같이 앉아있으라고 하면 힘들다고 하나, 이 방법은 힘든 것을 모르고 몸이 가벼워진다.

이처럼 수행을 하다보면 잠든 것 같은 기분이 드는 경우가 많은데 개의치 않아도 된다. 잠든 것 같지만 기공술은 행해지고 있기 때문이다. 예를 들어 앉아서 하다 잠이 들어도 자세가 조금도 흐트러지지 않음을 알 수 있다. 올바른 기공술을 연마하여 신통력을 할 수 있는 사람들이 많이 나오기를 바란다.

11 중천건괘(重天乾卦)

　건(乾)이란 '강하고 능력있고 힘있는 것'이요, 또는 어떤 분야에서 좋은 면에서나 나쁜 면에서나 '최고'를 말한다. 또한 '임금'이요 '하늘'이며 '힘이 강하고 넘치는 운'이요, 또한 '굳다' '견고하다' '고집' '몰인정' '모가 나다' '특별하다' '메마르다' '최고' '독선적인 것'이며, 또는 '콧대가 높다' '자존심(자부심)이 강하다' 등을 말하고, 또는 '외롭고 쓸쓸한 것'을 말한다. 또는 매사 분명한 것을 좋아하고, 누구와 타협하려고 하지 않는다.

　그래서 크면 큰대로 작으면 작은대로 그 분야에서 최고를 말한다. 예를 들면 바보의 모임에서는 최고의 바보가 장이 될 것이다. 또는 리더로 보면 바보들을 인도하고 이끌어가는 사람을 뜻할 수도 있다. 또는 남과 어울리지 못하는 자는 어울리지 못하는 분야의 장이 될 수도 있다.

또는 어떤 단체에서 보면 단체의 장이 건(乾)이라 할 수 있고, 또는 노래방에 가서 노는 자리에서 놀지 못하기로 유명하고 타인과 어울리지 못하는 면에서 독불장군격으로 제일이라면 못 노는 사람이 건(乾)이라고도 할 수 있는가 하면, 잘 노는 분야에서는 잘 노는 사람이 건(乾)이 될 수 있다.

또는 물건으로 보면 다른 물건과 어울릴 수 없는 물건이요, 다른 어떤 제품보다 특별하게 생긴 물건이요, 또는 다른 물건과 혼합될 수 없는 물건이요, 또는 다른 제품이나 어떤 물건보다 가격이 특별하게 비싸거나 크거나 가장 돋보이는 물건이라고 할 수 있을 것이요, 또는 천하여 쓰지 못할 물건 등이라 할 수 있을 것이요, 책이나 어떤 문서로 본다면 다른 책보다 소중한 책이라고 할 수도 있다.

또한 건(乾)은 최고에 달해 있는 운으로 강한 것은 부러지기 쉽고, 최고의 위치에 오르면 내려오는 일만 남아 있듯이 하강국면을 예견하고 준비하여야 한다.

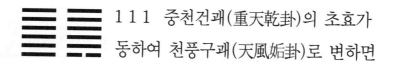

111 중천건괘(重天乾卦)의 초효가 동하여 천풍구괘(天風姤卦)로 변하면

구(姤)란 만나는 일이나 헤어지는 일이나 소멸되는 일이나 성사 여부의 일이나 뜬소문 하나까지도 모두 우연히 발생한다는 뜻이다.

그래서 '만난다'는 뜻이요, 또한 우연의 일치로 '우연히 만난다' '우연히 접한다' '우연히 이룬다' '우연히 발생한다' '우연히 성취한다'라고 말한다.

그래서 이 괘는 힘있고 능력있고 자신있고 모난 사람이 큰 일을 모사하는 운이라 하겠다.

또는 '모난 돌이 정을 맞을 수 있다'고 말할 수 있을 것이요, 또는 돈이 있는 사람이나 권력이 있는 사람이 사업을 시작하는 격이라 말할 수 있을 것이다.

또는 어떤 큰 사회적이나 경제적인 변화나 풍수재해로 인하여 어떤 일이나 상황 등이 발생할 수 있다고 말할 수도 있을 것이다.

또는 자만심에 들떠 있는 사람이 낭패를 볼 수 있다고 할 수도 있을 것이다.

또는 성격이 강하고 주관이 뚜렷한 사람이 무슨 일을 저지르고 있는 것이다.

또는 공부를 잘하는 학생이 출세길이 열렸다거나, 아니면 좋은 인연을 만날 수 있다거나 만났다고 할 수 있을 것이다. 아니면 공부를 잘하였는데 사기꾼이 되었다고 할 수도 있을 것이다.

또는 강한 것이 무너지는 상태를 말한다. 또는 강하다보니 부러질 일이 생길 수 있다고 말할 수도 있을 것이다.

또는 튼튼하게 생긴 건축물이 헐릴 일이 발생하였다거나, 아니면 외딴집에 살고 있는 사람에게 무슨 일이 벌어졌다거나 벌어질 일이 발생할 수 있다고 설명할 수 있을 것이다.

또는 건강한 사람이 신병을 얻을 수 있다고 할 수 있을 것이요, 아니면 중병으로 고생하던 사람이 우연하게 질병이 치유되었다고 말할 수도 있을 것이다.

또는 돈이 많은 사람이 사기를 당했다거나 당할 수 있다고 할 수 있을 것이다. 또는 지위가 높은 사람이 좌천의 길로 접어들거나, 기업을 하는 사람이 기업이 무너져가는 운이다.

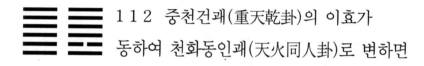 112 중천건괘(重天乾卦)의 이효가 동하여 천화동인괘(天火同人卦)로 변하면

동인(同人)이란 '혼자가 아니라 누군가와 같이' 라는 뜻이요, '밝은 태양' 과 같은 의미요, '이기적인 단체' 라고 할 수 있다. 또는 '끼리끼리' 라는 뜻이요, '거짓이 없다' '진실되다' 모든 것이 '어둡고 음침한 것을 싫어한다' 라고 할 수 있다. 또는 모든 일이나 생각을 '숨김없이 공개할 수 있는 상' 이다. 또는 '정의를 위하여 활동하는 사람이요' '부정을 용납하지 않는 성격이다'. 또는 나를 노출시킨 상태라 나를 '시기하고 질투하는 사람들이 많다' 고 할 수 있다. 또는 우리 옛말에 '뭉치면 살고 흩어지면 죽는다' 는 말이 있는데, 여기서는 뭉쳐서 어떤 일을 낼 수 있다고 할 수 있다.

그래서 이 괘는 더욱더 강한 추진력을 발휘할 수 있는 운이다. 또는 힘있는 자들끼리의 모임이요, 고집불통들의 모임이요, 공부를 잘하는 사람들의 모임이라고 할 수가 있다. 아니면 모난 사람들의 모임이라고 말할 수 있을 것이다.

또는 인정없고 냉정한 사람이 자기의 주장을 관철시키기 위하여 누구를 괴롭히고 있다거나, 아니면 그런 사람에게 어렵고 힘든 일을 당하고 있다거나 당할 수 있다고 말할 수 있는 것이다.

또는 힘있고 능력있는 사람들이 단합하여 어떤 큰 일을 모색하고 있다고 말할 수 있을 것이다.

또는 어떤 일이나 상황에서 큰 힘을 발휘하기 위하여 많은 사람이나 자존심이 강한 사람들이나 이기적인 욕심이 많은 사람들이 모임을 만들었다고 할 수 있을 것이다.

또는 모든 것을 잃어 외롭고 쓸쓸한 사람들의 단체라고 할 수 있을 것이요, 또는 돈 한푼 없는 사람들이 단합하여 누구를 괴롭힌다거나 그런 사람들에게 어려움을 당할 수 있다고 할 수도 있다.

또한 사업가라면 지칠줄 모르고 힘차게 사업을 계속 추진할 것이요, 또는 큰 일이나 큰 사업이나 색다른 일을 하고자 하는데 같이 일할 수 있는 사람들이 있다고 할 수도 있을 것이다.

또는 사기꾼은 사기에 필요한 모든 역량을 꾸준히 발휘하려고 할 것이기 때문이다. 즉 이 괘상(卦象)은 기본괘인 건(乾)도 강하고 힘있는 양끼리 어울려 있는 운이요, 변화된 동인괘(同人卦)도 양으로 힘이 강한 것으로 변하였기 때문이다.

☰ ☱ 113 중천건괘(重天乾卦)의 삼효가
동하여 천택리괘(天澤履卦)로 변하면

리(履)란 '밟는다' '쫓는다' '무시한다' 라는 뜻이다. 또는 '따른다' '모방한다' '닮아간다' '업신여긴다' '괄시한다' '채택하지 않는다' '관심없다' '협박한다' 라는 뜻이요, 또는 '물건을 소중하게 취급하지 않고 소홀히 다루는 상' 이다.

그래서 이 괘는 큰 사람, 힘있는 사람, 능력있는 사람의 행위나 품위를 모방한다거나 닮아간다고 할 수 있을 것이다.

또는 힘있고 능력있고 매사에 큰소리 치기를 잘하는 사람이 약하고 힘없는 사람을 무시하고 업신여기는 운이라고 할 수 있다.

또는 힘있는 자가 약한 자를 추격하고 있는 운이요, 또는 경찰관이 범죄인의 뒤를 추격하고 있는 운이라 할 수 있을 것이다.

또는 힘있고 실력있는 사람이 돈없고 힘없는 사람이 연구하고 개발한 물건을 모방하여 사업을 도모하는 운이다.

또는 자기의 자존심을 위해서는 타인을 생각하지 않고 밀어붙이는 일 등이 모두 여기에 포함된다.

또는 힘있고 강인한 남성이 연약하고 힘없는 여성의 뒤를 쫓고 있는 운이요, 아니면 강인하거나 독하거나 몰인정한 사람에게 쫓기고 있는 사람이거나 쫓길 일이 생길 수 있다고 말할 수도 있는 것이다.

또는 타인에게 빚을 진 사람이 채권자의 추격을 받고 있는 상이
요, 아니면 내가 채무자의 뒤를 밟고 있다거나 밟을 일이 발생할
수 있다고 말할 수도 있을 것이다.

114 중천건괘(重天乾卦)의 사효가 동하여 풍천소축괘(風天小畜卦)로 변하면

소축(小畜)이란 '적은 것, 사소한 것'을 말하는 상으로 '기대에
미치지 못하는 것'을 말한다. 또는 '적게 쌓는다' '적게 얻는다'
'조금 잃는다' '조금 막는다' '조금 기른다' 등이요, 또는 '노력을
안 한다' '힘을 안 쓴다' '투자를 안 한다' 라는 뜻이다. 또는 어떤
일이나 상황에서 '상대방에게 큰 관심이 없다'고 할 수 있을 것이
요, 또는 '작은 일이라도 놓치지 않는다' '사소한 일에 관심이 많
다' 라고 할 수 있을 것이다. 또는 '사소한 소문에 시달리거나 사소
한 소문들이 만발한다' 고도 할 수 있다.

그래서 이 괘는 용두사미격이라고 보아야 한다. 또는 힘있고 능
력있고 매사에 자신있는 사람이 일을 크게 시작하였으나 소득이
신통치 않다고 할 수 있을 것이다.
또는 어떤 고위직이나 높은 자리나 많은 재물이나 명예에 별로
관심이 없다거나, 아니면 별로 권한은 없는 사람이라고 할 수 있을

것이다.

또는 자존심만 강하고 매사에 노력은 하지 않는 사람이라고 할 수 있을 것이다. 또는 가진 것이 없으니 알아도 투자를 못하는 사람이라고 할 수 있을 것이다.

또한 돈이 많은 사람이 많은 기대를 가지고 투자하였는데 실속이 없거나, 또는 사회에서 출세를 크게 한 사람이 재물을 얻지는 못하였다고 할 수도 있을 것이다.

또한 시작은 웅장하나 흐지부지 끝을 보는 운이라고 할 수가 있다. 아니면 시작은 크게 벌리나 결실은 별볼일이 없는 상이다.

또는 공부는 많이 하였으나 사회에서는 자기의 역량을 제대로 발휘할 수 없었고 할 수 있을 것이다.

또한 겉으로는 크고 화려한 것 같으나 실속은 없는 사람이거나 물건이라고 할 수 있다.

예를 들면 귀중품이나 고가품인 줄 알고 많은 돈을 들여 구입한 물건이 별로 값어치가 없는 모조품이거나 쓸모없는 물건이라고 할 수도 있을 것이다.

만약 살(殺)에서 이 운이 오면 도리어 좋은 결실이 있는 것으로 보아야 한다 좋지 못한 일은 크게 꾸미고 있다가 나중에는 흐지부지하여 계획을 활용하지 못하면 죄악의 길에서 멀어지기 때문이다.

하지만 좋은 일에 이 운이라면 도리어 좋지 않은 결과를 보게 될 것이다 좋은 꿈을 크게 가지고 시작하였으나 결과가 흐지부지하다면 하지 않은 것만 못하기 때문이다.

115 중천건괘(重天乾卦)의 오효가 동하여 화천대유괘(火天大有卦)로 변하면

대유(大有)란 '밝은 태양' '한낮의 태양'으로 표현하고, 또는 타인을 무시하는 마음으로 '이기적인 성격'이라 할 수 있다. 또는 너무나 뜨거운 '열'이요 '빛'이요 '밝은 지혜'를 말한다. 또한 태양은 하나밖에 없으니 '외롭고 허전하고 쓸쓸한 상'이요, '인정이 메마른 상'이라고 할 수 있다.

그래서 이 괘는 강한 힘과 능력과 정의로 사(邪)와 마(魔)를 제거하려고 하는 큰 뜻을 가지고 활동하는 운이다.

또는 힘이 있거나 능력이 있거나 매사에 자신이 있는 사람이거나 남에게 지기 싫어하는 사람이 어둠을 모르고 항상 밝고 희망이 있는 마음으로 활발하고 밝게 생활하는 운이다. 속된 말로 움치고 숨기는 것을 싫어하고 확실하게 하고 넘어가는 운이라고 하겠다.

또한 능력이 있거나 자신이 있거나 다른 사람들보다 특이한 사람이나 독불장군 같은 사람이 타인의 어려움은 생각하지 않고 자기 편한대로 매사를 처리하는 것이다.

또한 불량배 생활을 하는 사람이 자기만 잘났다는 식으로 생활하면서 주위의 다른 사람들을 무시하고 업신여기면서 생활할 수 있는 사람이요, 아니면 그런 불량배한테 당할 일이 발생하거나 당하고 살 수 있다고 말할 수 있을 것이다.

또는 큰 건물을 지어 주위 다른 건물에 피해를 주고도 잘못을 모르는 사람이거나, 아니면 주위 사람들의 입장을 생각하지 않고 살아가는 사람이라고 할 수도 있을 것이다.

또는 연예인이나 인기인이 인기가 조금 오르니 거만을 떨며 다른 사람을 무시하고 업신여긴다거나, 그런 사람한테 무시당할 일이 발생할 수 있다고 할 수도 있다.

또는 크게 출세를 하고, 또는 잘난척하면서 사람들을 무시하다 모함이나 시기나 질투 등을 크게 당할 수도 있을 것이다.

또는 어느 방향으로든지 모가 나거나, 아니면 어렵고 힘들게 사는 사람이 어렵고 힘든 상황이 노출되는 운이라고 할 수 있다.

☰ ☰ 116 중천건괘(重天乾卦)의 육효가
동하여 택천쾌괘(澤天夬卦)로 변하면

쾌(夬)란 '빠르고 신속한 것'을 뜻하는 상이다. 그래서 '바쁘다' '분주하다' '안정감이 없다' '불안하다' '즉흥적이다' '경거망동한다' 라고 할 수 있고, 또는 '내친 김에 해치운다' '생각난 김에 처리하거나 처분한다' 라고 할 수 있다.

그래서 이 괘는 처음 시작은 확고한 것 같은데 나중에는 본심이 흐려져 주위의 변화에 순응하며 따르는 사람이다.

또는 앞에서는 강하고 독한 것 같지만 그 독기나 오기가 오래가지 못하고 무너지는 상이라, 뒤가 무르고 허약한 성격의 소유자라고 볼 수 있다.

또는 크고 건장한 사람이나 물건이나, 아니면 모가 나거나 특별난 건물이나 물건이 멀지 않은 날에 무너질 일이 있다고 말할 수 있을 것이다.

또는 어떤 큰 일에서나 큰 사람을 만나는 일이나 강한 사람이나 독한 사람이나, 아니면 어떤 모난 일이나 악한 일 등에서 좋은 일이나 좋지 않은 일이 발생하였다거나 발생할 일이 생길 수 있다. 가부의 결정을 미루지 말고 신속하게 결정을 내려야 한다고 할 수 있을 것이다.

또는 힘이 있거나 능력이 있거나 자기에게 주어진 어떤 권한이 있을 때 신속하게 처리하여야 한다고 할 수 있다.

택천쾌(澤天夬)는 하늘에 떠있는 구름과 같아 언제 쏟아질지 모르는 상황과 같다고 말할 수 있을 것이다.

또는 큰 권한을 가진 사람이 머지않아 자리에서 물러나고, 권위적인 가장이라면 그 권위가 금방 무너진다고 할 수도 있을 것이다.

또는 건강하고 건장한 사람이 머지않은 날에 신병을 얻거나 큰 우환이 있을 수 있다.

12 천택리괘(天澤履卦)

리(履)란 '밟는다' '쫓는다' '무시한다' 라는 뜻이다. 또는 '따른다' '모방한다' '닮아간다' '업신여긴다' '괄시한다' '채택하지 않는다' '관심없다' '협박한다' 라는 뜻이요, 또는 '물건을 소중하게 취급하지 않고 소홀히 다루는 상' 이다.

밟는다는 것은 다른 사람의 뒤를 밟을 수도 있고, 다른 사람의 어떤 행위를 모방하는 것일 수도 있다.

또한 다른 사람의 학문이나 기술을 모방하는 것도 밟는 것이요, 또는 물건이나 사물로 보면 쓸모없는 물건이요 값어치 없는 물건으로 폐기처분할 수 있는 물건이다.

또는 타인을 무시하거나 뒤를 밟고 다니면서 생활하는 사람이거나, 타인에게 무시당하면서 생활할 수 있는 상이다.

또는 부모나 타인의 전철을 밟는 것으로 부모의 주정을 아들이 그대로 답습하여 술주정꾼이 될 수 있을 것이요, 효도하는 부모를 보고 자란 아이가 효를 다하면서 살아갈 수 있는 것이요, 부부싸움만 보면서 큰 아이가 다시 부부싸움으로 세상을 살아갈 수 있다고 할 수 있다.

또한 타인이 하는 사업이 좋아 보여 따라하는 것도 따르는 것이 될 것이다.

또한 밟는다는 것은 결국에는 누구를 만나기 위함이 내포되어 있다. 예를 들면 형사가 범죄인의 뒤를 밟는다든지 선행하는 사람이 누구인지 몰라 알아보려고 추적하고 확인하는 것도 밟고 따르는 일이라고 볼 수 있다.

또한 밟는다는 것은 다른 사람을 업신여기고 무시하는 뜻도 있다. 즉 살(殺)이 있으면 내가 타인에게 무시당할 것이요, 내가 녹이나 복이 있으면 타인을 무시하고 업신여길 것이다.

1 2 1 천택리괘(天澤履卦)의 초효가 동하여 천수송괘(天水訟卦)로 변하면

송(訟)이란 '확정짓는 것'이요, '구설풍파'를 말하는 상이다. 그래서 '소송' '판결' '결단' '언쟁' '시비' '의견대립' '가부의 결정' '사리판단' '서로간에 불신이 생길 수 있는 마찰' '관(官)과의 관계' '정(正)과 사(邪)의 대결'을 표현하고, '음(陰)과 양(陽)의 대립'을 말한다.

그래서 이 괘는 타인의 뒤를 따르고 모방하다 의견대립이 있을 운이요, 시비구설을 들을 운이다.

또는 어떤 일이나 물건이나 상황을 소홀히 생각하여 경솔하게 처리한 일로 구설시비가 발생할 수 있을 상이다.

또는 매사를 스스로 개발하고 연구하는 것이 아니라 타인이 이룬 일을 이용하려다 시끄러운 일을 당하는 상이다.

또한 타인을 무시하다 큰코 다칠 일이 생길 수 있는 운이요, 소송이나 구설풍파가 발생할 수도 있을 운이다.

예를 들면 다른 사람이 하는 식당이나 다방이나 전화방 등이 잘 되는 것 같아 그 옆에 더 크고 화려하게 차렸다가 구설수에 휘말릴 수 있는 운이다.

또는 겉으로 보기에 어수룩하다고 함부로 대하다 구설시비가 발생할 수 있는 운이요, 사람을 겉만 보고 함부로 대하다 큰코 다칠 수 있다고 할 수 있는 운이다.

또는 볼품없는 물건이라고 여겨 가벼운 마음으로 처분하기로 결정하거나, 아니면 그래도 소중하게 간직할 운이다.

따라서 이 운은 겸손과 미덕이 없는 한 상대방과 마찰이 그칠 날이 없을 것이다.

䷌ 1 2 2 천택리괘(天澤履卦)의 이효가
동하여 천뢰무망괘(天雷无妄卦)로 변하면

무망(无妄)이란 어떤 위치에 있는 사람이 정당한 힘이나 권리에 의하여 하는 말로 '사심없는 공적인 것'을 말한다. 또는 자기 임무에 충실하거나 어떤 위치에서 '당연히 해야 할 일'을 말한다. 그래서 '허물이 없다' '진실된 것' '거짓이 없다' '과실이 아니다' '고의가 아니다' '당연하다' '정당하다' '불가피한 행위나 말로 어쩔 수 없다' '기만행위가 아니다' '뜻밖에' '상상외' 라는 뜻이다.

그래서 이 괘는 다른 사람의 뒤를 밟고 따르는 일도 악의가 없고 선한 일이라면 허물이 되지 않는다는 뜻이다.

또는 값어치 없는 물건이나 필요없는 물건이나 폐기물 등을 처분하였다고 하여도 허물이라고 할 수 없다고 할 것이다.

또는 누가 어떤 범죄행위를 같이 하자고 한 것을 무시하였다고 하여도 허물이라고 할 수 없다.

또는 경찰관이나 감사원의 감독관이 자기에게 주어진 권한으로 범죄인의 뒤를 쫓거나 수사를 하면 허물이라고 할 수 없다.

또는 집주인이 집이 낡고 헐어서 뜯어내고 새로 집을 지었다고 하여 허물이라고 말할 수는 없는 것이다.

또는 그동안 많은 공부를 하거나 많은 자격증을 땄어도 인정받을 수 없는 학문을 하였거나 활용가치가 없다면 그동안의 학업이나 자격증을 모두 무시하고 새로운 학문을 시작하였다면 허물이 되지 않는다고 할 수 있다.

또는 농부가 농사를 짓는데 많은 잡초가 무성하게 자라 농약을 뿌렸다면 허물이라고 할 수가 없는 운이다.

또는 회사를 운영하는 사장이 회사에 덕이 되지 않고 말썽만 부리는 사원을 퇴출시킨 것을 허물이라고 할 수 없을 것이다.

또는 그동안 여러 제품을 만들어 시중에 내놓았으나 소비자들에게 인정을 못받아 모두 폐기처분하고 새로운 마음으로 심기일전하여 신제품계발에 열과 성을 다하고 있으면 허물이라고 말할 수 없을 것이다.

또는 어떤 건설업자가 건축물을 시공하면서 쓸모없는 모든 물건들을 정리하여 처분하였다고 하여 허물이라 말할 수 없을 것이다.

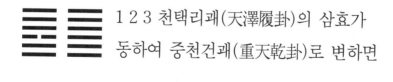 123 천택리괘(天澤履卦)의 삼효가
동하여 중천건괘(重天乾卦)로 변하면

건(乾)이란 '강하고 능력있고 힘있는 것'이요, 또는 어떤 분야에서 좋은 면에서나 나쁜 면에서나 '최고'를 말한다. 또한 '임금'이요 '하늘'이며 '힘이 강하고 넘치는 운'이요, 또한 '굳다' '견고하다' '고집' '몰인정' '모가 나다' '특별하다' '메마르다' '최고' '독선적인 것'이며, 또는 '콧대가 높다' '자존심(자부심)'이 강하다' 등을 말하고, 또는 '외롭고 쓸쓸한 것'을 말한다. 또는 매사 분명한 것을 좋아하고, 누구와 타협하려고 하지 않는다.

그래서 이 괘는 누군가의 뒤를 밟거나 모방하거나, 아니면 누구를 무시하고 업신여긴 일로 큰 변화를 일을 킬 수 있다는 것이다.

또는 누구를 짓밟고 업신여기고 무시하는 일에는 인정사정 없이 악독한 사람이라고 할 수 있다. 아니면 상대를 억누르기 위하여 인정사정 보지 말고 강하게 몰아붙이라고 말할 수 있을 것이다.

또는 어떤 경기를 하는데 있어 상대를 무시하고 소홀히 하였다가 큰코 다칠 수 있다고 말할 수 있을 것이다.

또는 무시하고 버려둔 사건에서 범죄인을 잡아 생각 외로 큰 수확을 올릴 수 있는 운이요, 또는 올렸다고 할 수 있다.

또한 시작은 별볼일 없어 타인에게 인정을 못받으나 나중에는 큰 변화를 일으킬 수 있는 일이 생길 수 있는 운이다.

또는 타인을 무시하고 업신여기기를 아주 잘하거나, 아니면 타인에게 무시와 괄시를 밥먹듯이 당하면서 살아가는 운이라고 할 수가 있을 것이다.

또는 모든 사람에게 외면당하는 학문을 열심히 하여 공부한 결과 나중에 대성하여 크게 될 수 있는 운이다.

또는 모든 사람들이 무관심하게 방치하는 일이나 부동산이나 어떤 골동품이나 사업 등을 꾸준하게 노력하고 연마한 결과 아주 값 있는 물건이나 사업으로 만드는 상이다. 예를 들면 바보와 온달공

주와 같을 수 있다고 할 수 있다.

䷝ 1 2 4 천택리괘(天澤履卦)의 사효가 동하여 풍택중부괘(風澤中孚卦)로 변하면

중부(中孚)란 '고이 간직한다' '소중하게 생각한다' '집착한다'고 할 수 있는 상이다. 그래서 '아끼다' '신중하다' '조심성이 많다'라는 뜻이요, 또는 '관심이 많다' '소중하게 관리한다'고 할 수 있다. 또는 '함부로 경솔하게 행동하지 않는다'라는 뜻이요, 또는 '그리워한다' '미련을 버리지 못한다' '좋아한다' '즐긴다'라는 뜻이다. 예를 들면 시끄러운 상황으로 떠들거나 운동을 즐긴다고 할 수 있을 것이요, 또는 어떤 물건을 좋아하거나 부부간에 애정행위를 즐기거나 친구나 자신이 하는 일을 좋아한다고 할 수 있다. 만일 살이 있을 경우에는 마음이나 정신이 산란하고 들떠 집중하지 못하는 상이다.

그래서 이 괘는 쓸모없는 물건이나 힘없는 사람이나 모든 사람들에게 인정받지 못하고 버림을 당하는 일이라도 함부로 대하거나 버리지 않고 소중하게 생각한다는 것이요, 아니면 버려서는 안 된다고 말하는 상이다.

또한 내가 살기 위하여 다른 사람에게 피해를 주어서는 안되고 항상 내가 희생하여 상대를 돕는다는 마음으로 행하라는 뜻으로 중도의 길로 행하여야 한다는 말이다. 즉 대가를 바라지 말고 사랑과 정을 베풀라고 하는 뜻이 여기에 있다.

또는 누구에게 무시나 멸시나 버림을 당하였다고 한다면 그것을 마음에서 지우지 못하고 복수할 날만을 기다리고 있는 사람이라 말할 수 있을 것이다.

또는 힘없고 능력없는 사람이라 하여도 소홀히 처리하지 말고 아끼는 마음으로 신중하게 처리하여야 된다고 하는 것을 말하는 운이다. 아니면 사람을 소중하게 생각하면서 살아갈 일이 있을 것이라고 말할 수도 있는 것이다.

또는 어떤 일이나 상황을 가볍게 대하거나 무시하지 말고 신중하게 생각하라는 뜻이다. 예를 들면 태풍이 올라오고 있으면 소홀하게 생각하지 말고 준비하고 대비하라고 할 수 있을 것이다.

또는 결혼하려고 선을 보았다면 한 번 보고 무시하거나 소홀하게 생각하지 말고 신중하게 생각해 보라고 할 수도 있을 것이다.

또는 다른 사람들이 하지 않는 학문을 소중히 생각하며 공부하는 운이다.

또는 모든 사람들에게 인정받지 못하고 무시당하는 일이나 재주나 기술이나 농작물을 아낄줄 안다고 할 수 있다.

125 천택리괘(天澤履卦)의 오효가 동하여 화택규(火澤睽卦)로 변하면

규(睽)란 남을 '의심하고 불신'하는 상이요, 또는 '눈치가 빠르다' '눈치를 잘 본다' '재치가 있다'라고 할 수 있을 것이요, 또는 '경계심이 많다' '조심성이 많다'라고 할 수 있다. 또한 '매사를 바르게 보지 않는 상태'를 말하고, '반대' '배반' '상반' '질투' '반목' 등의 의미가 있다.

그래서 이 괘는 그동안 버린 물건이나 무시한 물건이나 무관심 속에 소홀히 취급한 물건을 다시 한 번 찾아볼 수 있는 상이다.

또는 나를 헐뜯거나 비웃거나 조롱하면서 나의 눈치를 살피고 있다고 할 수 있을 것이다.

또는 어떤 사람이나 물건을 버리고 눈총을 받을 수 있다거나, 아니면 버리는 일에 주위의 눈치를 살피면서 경계를 하고 있다고 하거나 경계할 일이 발생할 수 있는 상이라 할 수 있다.

또는 타인을 무시하고 업신여기는 행위를 하는 사람이 함부로 무시하는 일을 하는 것이 아니라 신중을 기하여 최대한 주의하면서 행동하고 말하는 사람이라고 할 수 있을 것이다.

또는 힘없고 능력도 없는 사람이 몸조심하는 상으로 내가 매사에 자신이 없다보니 다른 사람들에게 손가락질을 받지 않으려고 항상 조심하고, 또는 다른 사람의 눈치를 살피면서 살아가는 상이라고 할 수 있을 것이다.

또는 자기의 이익을 위해서는 수단과 방법을 가리지 않을 사람이다. 이 사람에게 비밀을 말하면 도리어 이용당할 가능성이 많다.

또한 이 사람은 다른 사람이 하는 일이나 행위를 모방하여 자기 것으로 변화하는데 일가견이 있는 사람이다. 그렇다고 전문적인 지식이나 기술이 있는 사람은 아니다.

또는 내가 능력이 없어 어렵다보니 주위에서 무슨 일이 생기다면 의심을 받을 수 있다고 할 수 있다.

또는 범죄인의 뒤를 쫓고 있는 형사가 주위 사람들을 주의 깊게 살펴보는 상이라고도 할 수가 있다.

䷉ 126 천택리괘(天澤履卦)의 육효가 동하여 중택태괘(重澤兌卦)로 변하면

태(兌)란 '교환한다' '추가한다' '혼합한다' 라는 뜻이다. 또는 '팔아버린다' '보탠다' '더한다' '섞는다' 라는 뜻으로 '옛것을 버리고 새로운 것을 취한다' 는 뜻이 있고, 또는 '즐거움' 을 나타내는 상이다.

그래서 이 괘는 다른 사람에게 무시당할 일이나 버림받을 일이 계속된다고 말할 수 있을 것이요, 아니면 다른 사람을 무시하거나 버려야 할 일이 계속되고 있다거나 추가할 일이 발생할 수 있다고 말할 수 있을 것이다.

또는 타인을 무시하는 일을 즐기는 사람이요, 또는 타인의 의견을 무시하고 따르지 않은 일이나 쓸모없는 물건들을 모두 치우니 마음이 즐겁다고 할 수도 있을 것이다.

또한 다른 사람이 하는 일에 도전하고 싶은 욕망을 나타내는 상이다.

또는 다른 사람의 일을 나도 자신감을 가지고 벌였는데 아주 기분 좋은 일이 생기는 상이라고도 할 수 있다. 여기서는 타인을 무시하고 내가 그 일을 모방하였는데 성공이 있다는 것을 의미한다.

또한 자신의 생각으로 하는 일이라기보다는 다른 사람들이 하는 일을 해보고 싶어 하는 운이다. 여기서는 밟는다, 뒤따르다의 의미로 해석했다.

예를 들면 다른 사람이 물건을 사면 나도 사고 싶고, 다른 사람이 물건을 팔면 나도 팔고 싶고, 다른 사람이 공부를 하면 나도 하고 싶은 생각이 든다.

즉 다른 사람들이 하는 일에 시샘이 많은 성격이다. 그래서 물건이 있는데도 또 사는 것을 의미하고 있다. 또는 필요없는 물건을 하나 버리고 나니 또 버릴 일이 생기는 격이다.

13 천화동인괘(天火同人卦)

동인(同人)이란 '혼자가 아니라 누군가와 같이' 라는 뜻이요, '밝은 태양'과 같은 의미요, '이기적인 단체' 라고 할 수 있다. 또는 '끼리끼리' 라는 뜻이요, '거짓이 없다' '진실되다' 모든 것이 '어둡고 음침한 것을 싫어한다' 라고 할 수 있다. 또는 모든 일이나 생각을 '숨김없이 공개할 수 있는 상' 이다. 또는 '정의를 위하여 활동하는 사람들이요' '부정을 용납하지 않는 성격이다'. 또는 나를 노출시킨 상태라 나를 '시기하고 질투하는 사람들이 많다' 라고 할 수 있다. 또는 우리 옛말에 '뭉치면 살고 흩어지면 죽는다' 는 말이 있는데, 여기서는 뭉쳐서 어떤 일을 낼 수 있다고 할 수 있다.

그래서 이 괘는 '인정이 메마른 사람이거나' '이기적인 단체' 라고 할 수 있고, 화천대유(火天大有)와 같은 의미가 많다.

또한 중천에 떠있는 태양이라 세상에서 물이 말라 가뭄이 들어도 개의치 않을 성격이요, 모든 동식물이 말라죽어도 개의치 않을 성격이다. 따라서 독선적이요 이기적인 성격이라고 할 수 있는데, 이러한 일들을 혼자 하는 것이 아니라 여러 사람이 함께 하는 것이라고 할 수 있다.

또한 사회의 환경단체라든지 자선사업단체나 구제사업이나 종교사업 등이라고 할 수가 있는 것이다.

또한 동인은 같은 사람, 같은 학생, 같은 사업자 등과 또는 같은 사물, 또는 같은 내용, 또는 같은 일 등으로 즉 '끼리끼리' 라는 뜻이 포함되어 있다.

또한 화는 열로 심성을 나타내고, 화는 어둠을 밝혀주는 등불과 같이 밝음을 나타내는데, 여러 분야에서 생각이나 일 등을 혼자 하는 것이 아니라 마음이 통하는 사람들끼리 행하는 것을 말한다.

또는 자기들이 하는 일은 무조건 옳고 다른 사람이 하는 일은 무조건 반대하고 보는 사람이거나, 아니면 다른 사람의 입장을 생각할 줄 모르는 이기적인 사람이라고 할 수 있을 것이다. 그래서 낮을 싫어하고 밤에 활동하는 동물이나 식물들도 있으니 주위에서 모함이나 시기나 질투 등을 많이 받을 수 있다.

䷌ 131 천화동인괘(天火同人卦)의 초효가 동하여 천산돈괘(天山遯卦)로 변하면

　돈(遯)이란 '숨는다' '달아난다' 또는 '헤매인다' '방황한다' '불안하다' 또는 '도망치다' '피하다' 라는 뜻으로 결과적으로 '약한 것' 이요, '자신이 없다' '능력이 없다' 라고 할 수 있다. 또는 '이리저리 피해다니는 것' 을 말한다.

　그래서 이 괘는 여러 사람 앞에서 활발하지 못하고, 자기의 능력을 발휘하지 못하고, 다른 사람들이 하는대로 따라가는 상이다.

　또는 항상 사람이 많은 곳을 싫어하고, 혼자 조용히 지내기를 즐기는 사람이라고 할 수 있을 것이다.

　또는 세상이 밝아지니 세상에서 살기가 어려워진 사람들이 피신하는 격이다. 예를 들면 삼청교육대가 만들어 불량배들을 잡아들이니 불량배들이 사방으로 몸을 숨기면서 살아가는 형국이다.

　또는 밀수규제가 엄격해지니까 밀수업자들이 다른 사업으로 전환하는 격이다.

　또는 부동산 투기를 강력하게 단속하니까 부동산에 몰리던 자금이 주식으로 옮겨가는 것과 같은 상이라 할 수가 있다.

　또는 사기꾼들이 설 땅이 없어지니까 한가하게 여기저기 방랑하면서 살아가는 형국이라 할 수가 있다

　또는 잘난척하면서 타인을 무시하고 업신여기는 사람이 사회의

지탄을 받고 이리저리 피신하면서 생활하는 상이다.

또는 이기적인 사람의 등살에 못견뎌 한 곳에서 살지 못하고 떠도는 상과 같다고 할 수 있다. 예를 들면 노점상을 하는 사람들이 불량배의 등살에 한 곳에서 장사를 하지 못하고 이리저리 옮겨가면서 생활하는 사람이라고 할 수 있을 것이다.

또는 고위직에 있는 사람들이나 권력이 있는 사람들의 횡포에 못이겨 타관객지로 떠돌면서 생활하는 사람이라고 할 수 있다.

132 천화동인괘(天火同人卦)의 이효가 동하여 중천건괘(重天乾卦)로 변하면

건(乾)이란 '강하고 능력있고 힘있는 것'이요, 또는 어떤 분야에서 좋은 면에서나 나쁜 면에서나 '최고'를 말한다. 또한 '임금'이요 '하늘'이며 '힘이 강하고 넘치는 운'이요, 또한 '굳다' '견고하다' '고집' '몰인정' '모가 나다' '특별하다' '메마르다' '최고' '독선적인 것'이며, 또는 '콧대가 높다' '자존심(자부심)이 강하다' 등을 말하고, 또는 '외롭고 쓸쓸한 것'을 말한다. 또는 매사 분명한 것을 좋아하고, 누구와 타협하려고 하지 않는다.

그래서 이 괘는 끼리끼리의 단합심이 크고 웅장함을 말한다. 예를 들면 이권단체의 힘이 강한 것과 같다.

또는 누구나 할 수 있는 일이나 여러 사람이 같이 하는 일에서 혼자 잘난척하며 고집부리면서 다른 사람과 어울리지 못하여 외롭고 쓸쓸하게 살아가는 사람이라고 말할 수 있을 것이다.

예를 들면 집안의 대소사나 학교나 사회단체에서의 문제 등이 있을 수 있다.

또한 혼자의 힘이 아니라 단체의 힘이 강한 것이다. 그래서 기술도 혼자는 보잘것없는 것도 여럿이 힘을 합하여 발휘할 수 있다고 할 수 있는 것이다.

또한 이기적인 성격의 소유자가 큰 권한을 잡게 되었다거나 크게 출세하였다고 말할 수 있을 것이다.

또는 타인을 무시하고 업신여기는 일에는 인정사정이 없는 사람으로 독하고 매서운 사람이라고 말할 수 있을 것이다.

또는 타인을 무시하고 잘난척하다 모든 친구나 동료를 잃고 혼자 외롭고 쓸쓸하게 지낼 수 있는 사람이거나 살고 있는 사람이라고 말할 수도 있을 것이다.

또는 모든 일에 있어 비밀이 없고 투명하게 일하다 보니 다른 기업이나 사람들에게 표적이 되어 회사가 망할 수도 있을 것이요, 아니면 인정을 얻게 되어 크게 성공한 사업이 될 수 있다거나 되었다고 말할 수 있을 것이다.

또는 누구와 합작으로 설립한 회사나 작은 사업체라도 아주 크게 성공했다거나 아주 심하게 망했다고 할 수 있는 상이다.

䷌ 133 천화동인괘(天火同人卦)의 삼효가 동하여 천뢰무망괘(天雷无妄卦)로 변하면

무망(无妄)이란 어떤 위치에 있는 사람이 정당한 힘이나 권리에 의하여 하는 말로 '사심없는 공적인 것'을 말한다. 또는 자기 임무에 충실하거나 어떤 위치에서 '당연히 해야 할 일'을 말한다. 그래서 '허물이 없다' '진실된 것' '거짓이 없다' '과실이 아니다' '고의가 아니다' '당연하다' '정당하다' '불가피한 행위나 말로 어쩔 수 없다' '기만행위가 아니다' '뜻밖에' '상상외' 라는 뜻이다.

그래서 이 괘는 같은 뜻을 가진 동료와 함께 일을 한다면 허물될 일이 없다는 뜻이요, 여러 사람이 함께 좋은 일을 하는 것도 허물될 일이 아니라는 뜻이다.

예를 들면 의사들이 불우한 노인들의 건강을 돕는 일이나 농어촌 무료봉사를 하는 행위 등을 들 수 있을 것이다.

또는 부부가 함께 가정을 꾸리고 가족끼리 모여서 하는 일은 허물될 일이 없다고 하는 말이다.

또는 농부들이 여러 명이 모여서 어떤 농작물을 합동생산을 한다거나 또는 어부들이 합동으로 고기를 잡는 일이 허물이라 말할 수 없을 것이다.

또는 어떤 연구기관에서 근무하는 사람들이 서로 협력하면서 연구를 한다고 하여도 허물이라 말할 수 없는 것이다.

또는 거짓을 밝히는 일에 있어서나 사회의 정의를 위하여 하는 행위가 사심없는 마음으로 정당하게 행하는 행위라면 허물이 아니라고 하는 말과 같다.

또는 사회의 등불이 될 수 있는 일이나 정의로운 일을 혼자하는 것이 아니고 여럿이서 하는 행위도 허물이 될 수 없다고 하는 것을 말하고 있다.

또는 여럿이서 하는 어떤 일들이 허물이 되지 않는다고 하는 것으로 어떤 범죄인을 여러 사람이 합동으로 잡았거나 아니면 어떤 일에 있어서 여럿이서 사심없는 마음으로 증인을 섰다면 허물이라고 할 수가 없다고 할 수 있는 것이다.

또는 공부를 잘하는 학생들이 함께 모여서 학문을 연구한다고 하여도 허물이라고 할 수는 없을 것이다.

또는 어려운 회사를 살리기 위하여 뜻이 맞는 사람끼리 모여 사심없는 마음으로 일을 하면 허물이라고 할 수가 있다는 것이다.

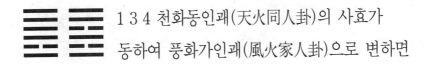

134 천화동인괘(天火同人卦)의 사효가 동하여 풍화가인괘(風火家人卦)으로 변하면

가인(家人)이란 '가족' '집안사람' 또는 '구성원'이나 '조직원' 등을 말한다. 또는 '패거리' '같이 행동하거나 생각하는 사람' '동아리' '동문' '연고가 같은 사람' '같은 사업을 하는 사람'이요, 또는 '같이 어울린 물건'이라고도 할 수 있다.

그래서 이 괘는 많은 사람들이 함께 큰 일을 도모하여도 모두가 합심하여 한 가족처럼 행하여야 한다는 뜻이다.

또는 많은 사람들이 모여서 일을 할 때는 개인주의로 하지 말고 단합심을 발휘하여야 한다는 뜻이다.

또는 한 가정, 한 지붕 아래로 모여 함께 생활하고 함께 살면 어려움이 없다는 것으로 단합심을 가르치고 있다.

또한 여러 명이 운영하던 그동안의 모임이나 단체를 서로 아끼는 마음으로 운영이나 관리를 잘하고 있다고 할 수 있을 것이다.

또한 고슴도치도 제 새끼는 귀여운 줄 안다고 하는 말과 같이 이기적인 사람이 자기의 일이나 물건은 금쪽같이 아끼고 챙기는 사람이라고 할 수 있을 것이다.

또는 목적을 이루기 위하여 다른 사람들을 끌어들이고 있거나 끌어들일 수 있는 일이 발생할 운이다.

또는 남자나 여자가 모두 이기적인 성격이요, 잘난체하는 성격이요, 남의 입장은 생각하지 않는 사람들이 부부의 인연을 맺었거나 그런 부부인연을 맺을 수 있는 운이다.

또는 좋은 일이나 궂은 일이나 모두 한마음 한뜻으로 하면 목적하는 바를 성취할 수 있으나 각각 자기의 길로 간다면 뜻을 이룰 수 없다고 하는 것을 예고하고 있는 운이다.

또는 이기적인 사람들의 모임에서 그 모임을 지키기 위하여 노력하는 사람들이요, 또는 사회의 정의를 위하여 활동하고 있는 사람들의 모임이라고 할 수가 있을 것이다.

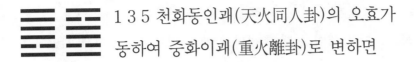 135 천화동인괘(天火同人卦)의 오효가
동하여 중화이괘(重火離卦)로 변하면

이(離)란 '헤어지다' '소멸시키다' '결핍되다' 라는 뜻이다. 또는 '분리되다' '떠나다' '갈라지다' '분산되다' 라는 뜻이요, '없다' '떨어지다' '차이가 있다' 라는 뜻이요, 또는 '불로 녹인다' '삭인다' 라는 뜻이요, 또는 '거리' '위치' '방향' 등을 나타낸다. 또는 '신경과민증환자' '불안한 사람' '홧병이 심한 사람'이요, 또는 '화려하다' '화끈한 사람' 이라고도 할 수 있다.

그래서 이 괘는 그동안 여럿이서 하던 어떤 일들이 해산될 수 있는 운이다. 또는 이기적인 단체가 더욱더 활기를 띠고 적극적으로 나설 수 있는 상이라고 할 수 있을 것이다.

또는 많은 사람들만 있으면 과민반응을 보이거나 불안해할 수 있는 사람이요, 또는 남을 무시하고 업신여기면서 살았다거나 나만 알고 이기적으로 생활하였다면 그런 마음들이 소멸되고 없어질 수 있다고 말할 수 있을 것이다.

또는 그동안에 사회의 정의를 위해서 일해온 사람들의 모임이 해산되는 운이요, 아니면 정의를 위하여 외치는 사람들이 또 다른 문제로 큰소리를 낼 수 있을 것을 말하는 상이다.

또는 합자나 동업 등으로 운영하던 사업이 해산되고 무너질 수 있다고 하는 운이요, 아니면 여러 명이 하는 사업이나 동업이 앞으로는 활발하게 전개될 수 있다고 할 수 있다.

또는 여러 명이 어떤 회사나 단체를 없애거나 망하게 하였다고 할 수 있는 운이요, 또는 여러 사람 앞에서는 정신이 산란하거나 불안해 하는 사람이라고 할 수 있다.

또는 차분하고 안정감 있게 처리하기보다는 급한 마음으로 분별 없이 경솔하게 행하려고 하는 경우가 많이 발생한다. 안정을 찾고 단계적으로 생각하여 추진하는 힘을 기르는 것이 중요하다.

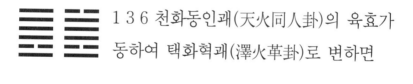 136 천화동인괘(天火同人卦)의 육효가 동하여 택화혁괘(澤火革卦)로 변하면

혁(革)이란 '강제적인 힘이나 물리적인 힘에 의하여 새롭게 변화하는 것'을 의미한다. 그래서 '바꾼다' '교환한다' '제거한다' '면직된다' '뒤엎는다'라는 뜻이요, 또는 지금까지의 생활이나 생각이나 일이나 습관이나 전통 등이 '새롭게 변화하는 것'을 말한다.

그래서 이 괘는 동료를 배반하고 동업자를 불신하고 주위의 인물을 수시로 바꿔가면서 일을 하는 사람이다.

또는 매사를 자기의 주장대로 처리하려고 하는 성격이라고 보아야 할 것이다.

또는 지혜가 많고 학식이 풍부한 사람들이 그동안 내려오던 어떤 일에서 문제점을 발견하고 새로운 틀로 수정하려고 하는 운이라고 할 수 있을 것이다.

또는 정의를 외치는 사람들이 사회의 부정을 바로 잡으려고 노력하는 상이다.

또는 지금까지 모든 일에서 숨김없이 공개를 했다면 주위의 여건 변화로 새로운 방법으로 변경할 수 있을 것이다.

또는 이기적인 정치가나 사람들이 단합하여 정권이나 사회를 엎으려고 계획하는 운이다.

또는 자기만 잘났다고 하는 사람이 다른 사람의 의견을 묵살하는 운이요, 또는 그동안 내려오는 전통을 부정하려고 하는 운이다.

예를 들면 그동안 회사의 운영방침이 있는데 그것을 여러 명 또는 노동단체 등에서 새롭게 바꾸려는 격이다.

또는 이기적인 성격으로 남을 괴롭히면서 살아온 사람이라면 주변의 변화로 마음을 바꿀 수 있는 운이요, 아니면 마음이 바뀌었다고 말할 수 있을 것이다.

또는 공개적이며 투명하게 운영하던 회사가 누군가의 힘이나 주위의 변화로 그동안의 방침을 새롭게 바꾸려고 하는 운이다.

14 천뢰무망괘(天雷无妄卦)

무망(无妄)이란 어떤 위치에 있는 사람이 정당한 힘이나 권리에 의하여 하는 말로 '사심없는 공적인 것'을 말한다. 또는 자기 임무에 충실하거나 어떤 위치에서 '당연히 해야 할 일'을 말한다. 그래서 '허물이 없다' '진실된 것' '거짓이 없다' '과실이 아니다' '고의가 아니다' '당연하다' '정당하다' '불가피한 행위나 말로 어쩔수 없다' '기만행위가 아니다' '뜻밖에' '상상외' 라는 뜻이다.

그래서 이 괘는 진실을 깨우친 사람의 행위나 말은 어떤 것도 허물이 되지 않는다는 것이다. 왜냐하면 깨우친 사람은 상대의 지혜를 열어주어야 하기 때문이다.

또한 윗사람이 하는 일에는 허물이 없다고 할 수도 있다. 또한 진실로 권력을 가진 사람이 하는 어떤 행위나 말은 허물이 아니라고 하는 뜻이다 큰 일을 위해서는 한순간 속임의 말도 할 수 있기 때문이다. 그 거짓이 진실된 것으로 사심이 없을 경우를 말한다.

또한 진실과 정이 있는 거짓은 허물이 아니라는 뜻이다. 하나의 생명을 죽이려고 하는 사람을 생명을 살리기 위해 따돌리는 행위 등을 말한다 즉 바르고 정이 있고 사랑이 있는 사람이 사심없는 마음으로 행하는 일은 허물이 아니라는 뜻이다.

또는 자기의 어떤 전문적인 분야에서 그 일을 하기 위해서 하는 행위나 말은 허물이 아니라고 하는 것이다.

예를 들면 시장에서 장사를 하는 사람이 손님을 부르는 것, 어떤 사업장에서 손님을 안내하는 것, 방송국에서 아나운서가 말을 하는 것, 학교나 유세장이나 교회나 사찰 등에서 선생님이나 유세원이나 목사나 스님이 말하는 것 등을 들 수 있다.

또는 배우자에게 사랑한다고 말하는 것 등은 허물이라고 할 수 없다는 뜻이다. 즉 상대를 기만하는 뜻이 아니라 자신의 책임을 다 하려고 하는 행위를 말한다.

䷘䷋ 141 천뢰무망괘(天雷无妄卦)의 초효가 동하여 천지비괘(天地否卦)로 변하면

비(否)란 '서로 화합하지 못하고 불화하는 것' '상대를 인정하지 않는 것' '각자 갈 길로 나가는 것'이라고 할 수 있다. 그래서 '거부한다' '불신한다' '반목한다' '배신한다' 라는 뜻이요, '내 맘에 들지 않는 것' 이라고 말할 수 있다.

그래서 이 괘는 허물이 없는 사람, 즉 정당한 위치에서 정당한 권한을 가진 사람이 정당한 방법으로 어떤 일이나 상황의 변화를 거부할 수 있거나 거부하였다고 말할 수 있을 것이다.

또는 어떤 지위나 권한이 있는 사람이 하는 행위나 말이나 일 등을 상대가 믿지 않는 운이라고 할 수 있다.

또는 어떤 권한이나 깨우친 사람이나 지도자의 위치에 있는 사람이 진실된 말을 하거나 가르쳐도 거부하며 불신하는 것 등을 말하고 있다.

예를 들면 대통령이 어떤 정책을 내놓아도 대통령의 말을 믿지 않고 부정하는 격이다.

또는 사장이 회사의 운영에 대하여 설명하여도 사원들이 믿지 않고 부정하는 것 등이다.

또는 선생님이 학생들에게 아무리 옳은 것을 가르쳐도 학생들이 믿으려고 하지 않는 격이다.

또는 어머니가 맛있는 음식을 만들어도 가족들에게 외면을 당할 수 있는 격이다.

또는 의사가 병을 진찰하고 병에 대한 설명을 하여도 환자가 의 믿지 않는 격이다.

또는 판사의 판결에 피해자나 가해자가 항소하는 격이라고 할 수 있는 상이다.

또는 시장의 상인이 좋은 제품이라고 선전하여도 사람들이 믿지 않는 운이다.

142 천뢰무망괘(天雷无妄卦)의 이효가 동하여 천택리괘(天澤履卦)로 변하면

리(履)란 '밟는다' '쫓는다' '무시한다' 라는 뜻이다. 또는 '따른다' '모방한다' '닮아간다' '업신여긴다' '괄시한다' '채택하지 않는다' '관심없다' '협박한다' 라는 뜻이요, 또는 '물건을 소중하게 취급하지 않고 소홀히 다루는 상' 이다.

그래서 이 괘는 정당한 위치에서 정당한 권한을 가진 사람이 사심없는 마음으로 처리한 일을 나의 뜻과 맞지 않는다고 번복시키는 상이다.

또는 힘있는 자가 힘없는 약한 자를 쫓고 있는 상이요, 권력을 가진 자가 권력이 없는 자를 잡으려고 하는 운이요, 또는 형사가 범죄자의 뒤를 밟고 있는 운이다.

또는 허물이 없는 위치에서 정당한 권한으로 정당하게 행한 어떤 일이나 상황을 받아들이지 않고 무시하거나 번복하는 상이다. 예를 들면 의사의 진단이나 법원의 판결에 불복하는 것을 말한다.

또는 상대는 모든 면에서 과실이 없고 양심적이며 사심없이 행동하여도 내 마음에 들지 않으면 등용시키는 일이나 상대를 무시할 수 있다고 할 수 있을 것이다.

예를 들면 종교관이나 어떤 사상관이나 학업이나 실력이나 능력면에서 나와 다른 상태를 말할 수 있다.

또는 거짓이 없고 바른 마음으로 다른 사람의 대를 이어 배워나가는 것이다.

또는 어떤 사람이 요리학원에 나가 열심히 요리를 배웠으나 주위 사람들이 인정하지 않고 무시할 수 있는 운이다.

또는 어떤 처녀가 마음에 드는 남성에게 사귀기를 청하였으나 상대에게 이상한 여자로 무시당할 수 있는 운이요, 부부간에 아내가 남편을 의심하며 뒤를 밟는 상이다.

또는 대학교수가 제자의 논문을 자기 것처럼 이용하는 것이요, 의사가 환자의 말을 무시하고 자기 고집대로 치료하는 상이요, 판사가 피고의 말을 듣지 않고 수사기록만으로 판결하는 상이다.

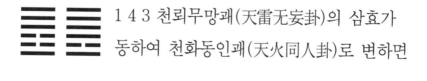

1 4 3 천뢰무망괘(天雷无妄卦)의 삼효가 동하여 천화동인괘(天火同人卦)로 변하면

동인(同人)이란 '혼자가 아니라 누군가와 같이'라는 뜻이요, '밝은 태양'과 같은 의미요, '이기적인 단체'라고 할 수 있다. 또는

'끼리끼리'라는 뜻이요, '거짓이 없다' '진실되다' 모든 것이 '어둡고 음침한 것을 싫어한다'라고 할 수 있다. 또는 모든 일이나 생각을 '숨김없이 공개할 수 있는 상'이다. 또는 '정의를 위하여 활동하는 사람들이요' '부정을 용납하지 않는 성격이다'. 또는 나를 노출시킨 상태라 나를 '시기하고 질투하는 사람들이 많다'라고 할 수 있다. 또는 우리 옛말에 '뭉치면 살고 흩어지면 죽는다'는 말이 있는데, 여기서는 뭉쳐서 어떤 일을 낼 수 있다고 할 수 있다.

그래서 이 괘는 정당한 권한이나 정당한 위치에 있는 사람이나 정당하게 일하는 단체나 집단이요, 아니면 옳은 일을 하는 사람들의 모임이요, 아니면 진실을 밝히기 위하여 노력하는 사람들이요, 아니면 힘없고 능력없는 사람들을 핍박하는 이기적인 자들의 집단이라고 말할 수 있을 것이다.

예를 들면 법을 아는 사람들이 법을 이용하여 서민들을 농락할 수 있는 것이다.

또는 허물없는 사람들의 모임이라고 할 수 있다. 예를 들면 국가의 공훈을 받은 사람들의 모임이요, 장학생들의 모임이요, 효행상을 받은 사람들의 모임 등이라고 말할 수 있을 것이다.

또한 지혜를 깨우친 사람이 여러 사람을 바른길로 인도하는 상이요, 권력을 가진 사람이 세상을 바른 길로 이끌려고 노력하는 운이다.

또는 시장에서 장사하는 사람들이 운영방법을 모색하려고 하나로 뭉치는 격이다.

또는 교사들이 권위를 보전하기 위하여 모임을 만드는 운이요, 또는 남편에게 무시를 당하는 여성들이 권리를 찾기 위하여 모임을 만들고 있는 운이다.

또는 가수들이 모여 가수촌을 만들어 운영하는 운이요, 또는 학생들이 같이 공부하려고 모이는 운이다.

또는 결혼을 앞둔 처녀 총각들이 정보교환하려고 모임을 만들 수 있는 운이라고 할 수 있다.

䷚ 144 천뢰무망괘(天雷无妄卦)의 사효가 동하여 풍뢰익괘(風雷益卦)로 변하면

익(益)이란 '이롭다' '유익하다' '증가하다' '더하다' '더욱더' 등으로 '뭔가를 추가한다는 뜻'이다. 또한 '우뢰, 갈등, 동요, 불안, 풍파, 방황, 고민, 시끄러운 상황' 등이 많다고 할 수 있다. 또는 '부익부(富益富) 빈익빈(貧益貧)'이라는 뜻이요, '끼리끼리 어울린다' '모인다' '쌓아둔다' 라는 뜻이다.

그래서 이 괘는 허물이 없는 사람끼리, 힘이 있는 사람끼리, 정의를 지키려는 사람끼리, 사심이 없고 큰 뜻을 가진 사람들끼리 뭉치고 단합하는 상이다. 아니면 그러한 사람들이 사회나 가정에서 크게 물의를 일으키거나 풍파를 일으킬 수 있다고 할 수 있다.

예를 들면 부부가 이혼을 하거나, 회사 사장이 죽거나, 회사가 문을 닫거나, 사장이 구설수에 휘말릴 수 있다고 할 수 있을 것이다.

또는 어떤 지위나 권한을 가진 사람이 사심없이 매사를 공정하게 처리하니 많은 일이나 사람이 모여드는 운이라고 할 수 있다.

또는 정당한 위치에서 정당한 일을 사심없는 마음으로 처리했는데도 구설풍파가 발생할 수 있는 운이다.

또는 교사가 학생들을 잘 지도하니 학생이 많이 몰려드는 격이요, 또는 다른 학교의 선생님들이 찾아오는 격이라고 할 수 있다.

또는 식당업을 하는 사람이 정성을 다하여 음식을 만드니 손님들이 많이 몰려오거나, 요리법을 배우려고 사람들이 몰려드는 운이라고 할 수가 있을 것이다.

또는 부부가 서로 믿고 의지하니 갈수록 정이 쌓이는 상이요, 또는 자식이 부모에게 효를 다하니 주위에서 칭찬이 자자하게 일고 있는 것과 같을 것이다.

또는 자신의 책임을 다하며 열심히 살아가는데 뒤에서 모함하고 헐뜯는 일이 생겨 마음이 상할 수 있는 상이라 할 수 있다.

145 천뢰무망괘(天雷无妄卦)의 오효가 동하여 화뢰서합(火雷噬嗑卦)으로 변하면

서합(噬嗑)이란 '입을 떠들고 놀리는 것'을 말하고, '입이 가볍고 경솔한 상'이라고 할 수 있다. 그래서 입으로 '되씹는다' '지껄인다' '수다가 심하다' '비웃거나 조롱한다' '소리내 웃는다'라는 뜻이요, 또는 '한탄한다' '자탄한다' '후회한다' '으르렁거린다' '희희낙락한다'라는 뜻이요, 또는 '참을성이 없다' '안정감이 없다' '시끄럽다'라고 할 수 있다. 또는 '자궁운동이 좋다'고도 한다.

그래서 이 괘는 정당한 위치에 있거나 권한을 가진 사람이 열심히 입을 움직이는(설명하거나 먹는 것) 상이요, 또는 소신껏 양심을 가지고 정당하게 일을 처리한다고 하였는데 뒤에서 시비를 거는 사람이 있거나, 아니면 구설수나 남의 입방아에 오를 수 있는 운이다.

또는 지혜로운 사람이 다른 사람을 위하여 교훈의 말을 하는 운이요, 아니면 능력있는 사람이 약한 사람을 지도하는 운이다.

또는 깨우친 사람이 무능력한 사람에게 바른길을 가르치는 운이요, 또는 스승이 제자에게 아는 것을 전수하는 상이다.

또는 시장에서 장사를 하는 사람이 열심히 손님을 불러모으고 있는 운이요, 아니면 방송국에서 아나운서가 열심히 중계방송을 하고 있는 격이다.

또는 학교에서 교사가 학생들을 가르치느라 열심히 떠들고 있다고 할 수 있을 것이다.

또는 정신이상자가 정신없이 무언가 열심히 말을 하고 있는 상이다.

또는 허기진 사람이 음식을 열심히 먹고 있는 상이라고 할 수가 있다.

또는 가수가 열심히 노래연습을 하고 있는 상이요, 또는 새나 짐승들이 열심히 먹거나 노래를 하거나 큰소리로 울부짖고 있는 것이라고 할 수도 있다.

또는 부부가 성행위를 하는 것은 당연한 일로 허물이라고 할 수가 없을 것이요, 성행위시 아내의 자궁운동이 좋아 남편을 즐겁게 하는 것이라고 할 수도 있을 것이요, 또는 부인이 하구운동을 잘하는 사람이거나 성행위시 감창이 좋은 사람이라고 할 수도 있다.

䷘䷐ 146 천뢰무망괘(天雷无妄卦)의 육효가 동하여 택뢰수괘(澤雷隨卦)로 변하면

수(隨)란 '따른다' '순종한다' '모방한다' '답습한다' '전통을 지키는 사람' '주위 여건에 맞춰 적응하는 것'을 말한다. 또는 '맡긴다' '닮는다' '비슷하다'라는 뜻이요, 또는 '상대를 믿는다' '상대를 믿고 거부하지 않는다'라는 뜻이다. 따른다는 것은 상대방이 그저 좋거나 마음에 들어서요, 또는 상대방의 기술이나 능력이나 실력을 믿거나 좋아하여 따른다고 할 수 있다. 또한 '스스로 개발할 능력이나 앞장서는 일이 없는 사람' '창의적이지 못한 사람' 일인자나 리더는 될 수 없는 사람' 이라고도 볼 수 있다. 여기서 주의할 것은 선과 악의 길이 있다는 것이다.

그래서 이 괘는 허물이 없는 사람이나 정당한 자리에 있는 사람의 행위나 말을 배우고 따르는 상이라고 할 수 있다.

또한 성인군자가 시대의 변화에 순응하는 격으로 지혜가 있는 사람은 억지를 부리지 않고 순리에 순응할 줄 아는 사람이요, 이는 자기의 주장만을 고집하지 않고 주위의 변화에 순종하는 것을 의미한다. 다시 말해서 생각이 있는 사람이 주위의 여건 변화에 순응하고 적응하는 것을 가르치는 운이다.

또는 세상을 바르게 사는 사람을 본받으려고 답습하는 격이요, 또는 대법원에서 어떤 문제의 판례집이 나오자 산하법원의 판사들이 그 판례집에 의하여 판결을 내리는 격이다.

또는 부모들이 사랑으로 살아가는 것을 어려서부터 보고 자란 자식이 결혼하여 그대로 실천하면서 살고 있다고 할 수 있다.

또는 옆 가계가 장사를 잘하자 방법을 배워 따른다고 할 수 있으며, 아니면 진실된 마음으로 성실하게 장사를 하니 상상외로 많은 손님이 들어 많은 재물이 따르게 되었다고 말할 수 있을 것이다.

또는 옆집 부부가 사이좋게 살아가는 것을 보고 배우는 것이라고 할 수 있다.

또는 친구가 공부를 잘하는 것을 보고 배우는 것이요, 또는 누가 여행을 다녀오는 것을 보고 여행을하는 것이라고 할 수 있다.

또는 친구가 부모에게 잘하는 것을 보고 본받는 상이라고 말할 수 있을 것이다. 또는 봉사활동을 하는 사람을 보고 배우는 운이다.

만일 악인이 있으면 그 악인을 배우고, 성인군자가 그 성인군자를 배우는 운이다.

15 천풍구괘(天風姤卦)

　구(姤)란 만나는 일이나 헤어지는 일이나 소멸되는 일이나 성사 여부의 일이나 뜬소문 하나까지도 모두 우연히 발생한다는 뜻이다. 그래서 '만난다'는 뜻이요, 또한 우연의 일치로 '우연히 만난다' '우연히 접한다' '우연히 이룬다' '우연히 발생한다' '우연히 성취 한다'라고 말한다.

　또한 구(姤)는 만나는 일이나 헤어지는 일이나 소멸되는 일이나 성사여부나 뜬소문 하나까지도 모두 우연의 일치로 본다. 승진이나 전보발령도 구(姤)요, 좌천이나 퇴직도 구(姤)요, 사고나 질병이 발 생하고, 재물을 얻고 잃는 것도 구(姤)라 할 수 있다.

　또한 애인이 생기거나 헤어지는 것도 구(姤)요, 사업을 시작하거 나 사업이 어려워지는 것도 구(姤)요, 사기를 당하거나 어떤 물건 을 만나거나 물건을 사거나 만드는 것도 구(姤)라고 할 수 있다.

또는 마음이 산란하거나 풍파가 생기거나 마음이 설레이는 일이나 갈등도 구(姤)요, 풍파가 소멸되거나 취업이 되거나 시험에 합격하거나 누구에게 바람을 맞는 것도 모두 구(姤)라고 할 수 있다.

그러나 모든 주역서에서는 건괘(乾卦)가 구괘(姤卦)로 변하면 구괘(姤卦)를 쓸모없다, 상대못할 사람이다, 가치가 없다하여 잠용물용(潛龍勿用)이라고 한다.

그래서 천풍구괘(天風姤卦)가 중천건괘(重天乾卦)로 변하면 바람난 여인이나 매춘부라는 뜻으로 설명하나 그렇지 않다. 본인이 설명하는 방법은 다른 점이 있으니 아래 151번을 보면 이해할 수 있을 것이다. 예를 들면 보려는 용신(用神)에 귀나 녹이나 복이 있으면 좋은 일이 생기는 운이요, 칠살(七殺) 등이 있으면 좋지 않은 일이나 어려운 상황이 생길 수 있는 운이기 때문이다.

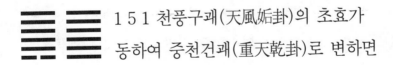

151 천풍구괘(天風姤卦)의 초효가 동하여 중천건괘(重天乾卦)로 변하면

건(乾)이란 '강하고 능력있고 힘있는 것'이요, 또는 어떤 분야에서 좋은 면에서나 나쁜 면에서나 '최고'를 말한다. 또한 '임금'이요 '하늘'이며 '힘이 강하고 넘치는 운'이요, 또한 '굳다' '견고하다' '고집' '몰인정' '모가 나다' '특별하다' '메마르다' '최고' '독선적인 것'이며, 또는 '콧대가 높다' '자존심(자부심)'이 강하다' 등을 말하고, 또는 '외롭고 쓸쓸한 것'을 말한다. 또는 매사 분명한 것을 좋아하고, 누구와 타협하려고 하지 않는다.

그래서 이 괘는 사람이나 일이나 상황을 우연히 만나서 큰 변화가 좋은 쪽이나 나쁜 쪽으로 발생하는 것이다.

또는 어떤 일을 우연히 만난 일로 인하여 사람이 강해지거나 아니면 외롭고 쓸쓸할 일이 생길 수 있다고 할 수 있을 것이다. 예를 들면 교통사고가 나서 식물인간이 될 수도 있을 것이다.

또는 뭔가 구상하는 일이 크고 웅장한 것이다. 예를 들면 과부가 돈많은 유부남을 만나 크게 한탕하려고 구상할 수도 있을 것이다.

또는 새로 시작한 일로 큰 일을 저지를 생각을 하는 것이다. 예를 들면 춤을 배운다거나 운동을 한다거나 사기꾼을 만난 것을 기회로 큰 사기꾼을 꿈꾸고 있다거나, 운동으로 세계에서 제일가는 선수가 될 것을 기대하고 있다고 말할 수도 있을 것이다.

또는 새로 생긴 어떤 일이 크고 힘이 있는 일을 할 수 있는 운이다. 예를 들면 어떤 부인이 이혼한 뒤 사업을 하여 많은 재물을 모았다고 할 수도 있을 것이다.

또한 기대하지도 않은 곳에서 우연히 연락이 와서 크게 출세를 할 수 있는 것이다. 예를 들면 대통령의 부름을 받아 장관에 임명이 될 수도 있을 것이다.

또는 우연하게 시작한 학업이 나중에 크게 활용될 수 있는 운이다. 예를 들면 어떤 전문분야의 박사도 될 수 있을 것이다.

또는 꽃꽂이나 서예나 컴퓨터나 당구 등에서 활발한 활동을 할 수 있다고 할 수 있을 것이다.

또는 우연히 얻은 질병 때문에 큰 고생을 할 수 있을 것이다. 예를 들면 하늘에서는 우연히 일어난 바람이 큰 바람이 될 수 있다는 뜻이다.

또는 우연히 얻은 재물이 나중에는 큰 복이나 재앙으로 변할 수도 있는 운이요, 부부간에 사소한 말다툼이 이별이 될 수도 있는 운이다.

또는 길을 가다 우연히 마주친 사람과 결혼하여 평생을 근심걱정 없이 살아갈 수도 있을 것이요, 아니면 평생 신세한탄을 하면서 살아갈 수도 있을 운이다.

또는 소문을 믿고 투자한 것에서 큰 이윤을 보거나, 아니면 아주 크게 패가망신하였다고 할 수도 있을 것이다.

길흉의 변화는 칠살(七殺)의 유무와 복록 등으로 구분하여 참작하시라.

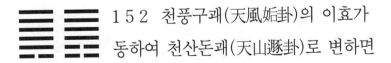 152 천풍구괘(天風姤卦)의 이효가
동하여 천산돈괘(天山遯卦)로 변하면

돈(遯)이란 '숨는다' '달아난다' 또는 '헤매인다' '방황한다' '불안하다' 또는 '도망치다' '피하다' 라는 뜻으로 결과적으로 '약

한 것'이요, '자신이 없다' '능력이 없다'라고 할 수 있다. 또는
'이리저리 피해다니는 것'을 말한다.

　그래서 이 괘는 무슨 일을 접하게 되면 자신감을 잃고 앞장서지
못하고 항상 뒤로 물러서는 운이다.

　또는 우연히 생긴 어떤 일이나 상황으로 자신을 잃거나 사람들
을 피해다니거나, 또는 그동안 하던 일에서 피해가려고 할 수 있을
것이요, 또는 멀어지려고 할 수 있는 상이다.

　또는 어떤 사람이 많은 이성과 교제하면서 한 곳에서 안정되게
생활하지 못하고 이집 저집으로 방황하면서 살아가고 있다고 말할
수 있을 것이다.

　또한 사람을 만나거나 사업을 하거나 애인을 사귀어도 자신감이
없어 자기의 의사를 마음껏 펴지 못하는 운이요, 또는 마음에 있는
뜻을 표현하지 못하는 운이다.

　또는 총각이 우연히 알게 된 처녀를 겁탈한 죄로 피해다니는 신
세라고 할 수 있을 것이다.

　또는 부부가 이별하고 산 속으로 도망가 살고 있는 운이요, 또는
집안이 파산하여 이리저리 피신하면서 생활하고 있는 운이라고 할
수가 있다.

　또는 회사에서 퇴출된 후에 이것저것 일을 벌려보고 있다고 할
수도 있을 것이다.

　또는 우연히 알게 된 친구들 때문에 이 일 저 일을 할 수 있을

것이다.

또는 우연히 범죄의 소굴에 발을 들여놓아 사회나 경찰들을 피해가면서 살아야 하는 신세가 되었다고 할 수 있을 것이다.

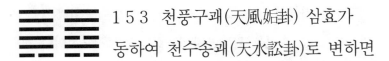 153 천풍구괘(天風姤卦) 삼효가
동하여 천수송괘(天水訟卦)로 변하면

송(訟)이란 '확정짓는 것'이요, '구설풍파'를 말하는 상이다. 그래서 '소송' '판결' '결단' '언쟁' '시비' '의견대립' '가부의 결정' '사리판단' '서로간에 불신이 생길 수 있는 마찰' '관(官)과의 관계' '정(正)과 사(邪)의 대결'을 표현하고, '음(陰)과 양(陽)의 대립'을 말한다.

그래서 이 괘는 어떤 일의 가부를 결정하는 운이요, 우연히 생긴 일로 구설시비나 관청에 갈 운이요, 또한 송(訟)은 음양으로 흑백을 구분하고, 이것과 저것과의 차이나 판단 등을 내릴 수 있다.

또는 내것을 주고도 욕먹을 일이 생긴다고 할 수 있다. 예를 들면 과부가 홀아비를 생각하여 몸을 주고도 욕을 먹거나, 아니면 헌옷가지 등을 주고 구설수에 오를 수 있다고 할 수 있다.

또는 처녀가 임신한 일로 구설풍파가 생기거나, 아니면 임신한 것을 유산할 것인지 낳을 것인지를 결정할 일이 생겼다거나 생길 수 있다고 말할 수 있다.

또는 누군가와 헤어진 것이 나중에는 시비구설수로 변할 수 있는 운이다.

또는 직장에서 우연히 자리를 옮기게 되었는데 그것이 나중에 구설수로 변하는 등 우연의 일치였으나 나중에 다른 사람의 관심거리가 되고 시비거리가 되고 소송거리가 될 수 있는 운이다.

또는 마음에 드는 물건을 만났는데 살 것인가를 결정하여야 하는 운이다.

또는 우연히 알게 된 부정한 일을 밝힐 것인지 아닌지를 결정할 운이다.

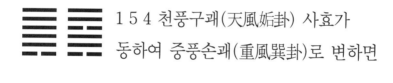 154 천풍구괘(天風姤卦) 사효가 동하여 중풍손괘(重風巽卦)로 변하면

손(巽)이란 '기회주의자' '임기응변에 능한 사람'이라고 할 수 있다. 또는 '고정적이지 못한 것' '확고하지 못한 것' '믿을 수 없는 사람'이라고도 할 수 있다. 그래서 '산만' '동요' '방황' '불안정' '변화' '변덕' '적응을 잘 한다' '상대방의 비위를 잘 맞춘다' '한 곳에서 생활하지 못하고 계속 옮겨다닌다' '설레임' '유순' '공손' 등으로 해석한다.

그래서 이 괘는 만나는 일이나 헤어지는 일이 연속하여 발생한다고 할 수가 있을 것이다.

또는 어떤 일이나 상황 때문에 마음이 산란하거나 설레일 수 있는 운이요, 또는 마음에 동요나 풍파가 발생할 수 있는 운이다.

또는 어떤 일이나 사람을 만난 일로 인하여 마음이 설레이거나, 아니면 누구와 헤어진 일로 마음을 못잡고 방황할 일이 있을 것이라고 할 수 있다.

또는 어떤 일이나 상황이나 사람을 만나면 그때그때 적응을 잘 한다거나 아부를 잘하는 사람이라고 말할 수 있을 것이다.

또는 누군가를 만나거나 어떤 물건을 만나거나 직장에서 진급이나 승진이나 어떤 일이나 상황이 생겨 마음이 들뜨거나 방황하거나 설레이는 운이다.

또는 어떤 물건을 분실하거나 망가뜨리거나, 어떤 사람을 잃었거나, 직장에서 퇴출이나 좌천을 당하거나, 어떤 사람과 멀어진 일 등으로 마음이 들뜨거나 불안하여 방황할 수 있는 운이다.

또는 한 가지 병을 얻어 치료하면 또 다른 병이 생겨 우환이 그칠 날이 없는 운이다.

또는 한 가지를 잃어버렸는데 또 실물수가 있는 운이요, 한 가지를 얻었는데 또 소득이 생기는 운이다.

또는 총각이 어느 처녀와 선을 보았는데 다른 곳에서 선이 들어오는 운이다.

또는 우연히 만난 여인에게 청혼을 받고 마음이 설레이거나 풍파가 생길 운이요, 아니면 구설이나 욕설을 당하여 마음이 상할 운이다.

또는 그동안 헤어져 살던 부모를 만났는데 이번에는 잃어버린 형제를 만나 마음이 설레이거나 풍파가 발생할 운이다.

또는 집에서 아내와 다투었는데 회사에서 사장한테 야단을 맞는 운이다.

또는 여름에 태풍으로 물난리를 겪은 사람이 겨울에는 폭설로 어려움을 겪을 운이다.

또는 어떤 물건이나 일이나 상황을 보았는데 그 일로 잠을 이루지 못하는 운이다.

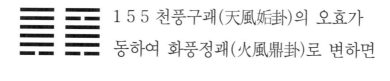 155 천풍구괘(天風姤卦)의 오효가
동하여 화풍정괘(火風鼎卦)로 변하면

정(鼎)이란 '안정감'을 말하고, '서로 견제하면서 의지하는 상'이다. 또는 '타인에게 의지하면서 생활하는 상'이요, '지혜가 있어도 인정받기 어려운 상'이다. 또는 '세 명 이상이어야 안정되고 편안할 상' '한 곳에 자리잡으면 혼자 다른 곳으로 옮겨가 살 수 없는 상'으로 누군가에게 '의지'하려는 마음이 강하다.

그래서 이 괘는 어떤 일을 당하면 먼저 안정을 생각하여 확대되는 것을 싫어하고 주위에서 협조자를 만날 생각을 하는 운이요, 아니면 어떤 일이나 상황이 벌어지면 항상 안전을 먼저 생각하는 사람이라고 할 수 있다.

또는 어떤 남자가 여자와의 인연을 이용하여 평생을 의지하면서 생활하려고 하거나, 아니면 의지할 수 있는 사람을 만나거나, 아니면 여자를 만나 편안하고 안정된 생활을 하는 사람이라고 할 수 있다.

또는 어떤 디자이너가 제품을 만드는데 스스로 개발할 능력이 어 주위 친구나 동료에게 의지하거나, 아니면 동료들의 협조로 활동하는 운이다.

또는 어떤 일이 생기면 혼자 해결할 능력이 없어 다른 사람에게 도움을 청하거나, 아니면 다른 사람의 도움으로 처리하는 운이다.

또는 좋은 아이디어가 있어도 주위 사람에게 인정받기 어려운 운이요, 또한 가수가 되거나 학원을 운영하거나 불량배가 되어도 혼자 하는 것이 아니라 세 명 이상이 하는 운이다.

또는 그런 일을 한다고 하여도 이름을 크게 얻기 어렵고, 사람들에게 인정받기도 어려운 운이다.

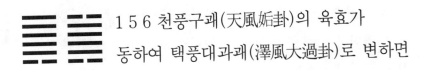

156 천풍구괘(天風姤卦)의 육효가 동하여 택풍대과괘(澤風大過卦)로 변하면

대과(大過)란 '지나치다' '무리하다' '과분하다' 라는 뜻이다. 그

래서 '균형이 맞지 않는 상태' '정도를 벗어나거나 멀어지는 운'이
요, '마음이 들뜨고 산란할 일이 많다'고 할 수 있고, '비물질적인
것'이라고 할 수 있다.

그래서 이 괘는 우연한 일로 인생에 큰 변화가 발생할 수 있는
운이다.
또는 생각 외로 큰 일이나 기분좋은 일이 생길 수 있다고도 할
수 있다.
또는 큰 불행이나 고통이나 마음이 상할 일이나 정신적인 충격
을 받을 일이 생길 수 있는 운이다.
또한 이 괘는 만난 그 사람으로 인하여 어려운 고비에서 탈출할
수 있는 일도 있을 것이다.
또는 우연히 만난 사람 때문에 아주 큰 곤욕을 당할 수도 있는
운이요, 또는 길을 가다 우연히 만난 사람의 한마디 말에 사업을
바꾸거나 생각을 바꿀 수 있는 운이다.
또는 길에서나 어떤 모임에서 이성을 만나 부부의 인연을 맺을
수 있는 있는 운도 이 괘에 해당한다.
또는 길을 가다 우연히 주은 물건 하나 때문에 큰 구설이 따를
운이요, 심하면 교도소에 갈 일이 생길 수도 있다.
또는 우연히 주은 복권 한 장이 당첨될 수도 있는 운이다.
또는 우연히 시작한 공부가 나중에 크게 활용될 수 있는 운이요,
또는 우연히 생긴 병이 일생을 망칠 수도 있는 운이요, 또는 우연

히 생긴 마찰로 국가간에 큰 전쟁으로 이어질 수도 있는 운이다.

또는 어느 지위에 있는 사람이 친구나 동료나 기자들과 우연하게 나눈 말이 큰 파장이 될 수도 있는 운이다.

따라서 이 운은 매사를 경솔하게 처신하지 말고 신중을 기하라는 뜻이 많이 포함되어 있다.

16 천수송괘(天水訟卦)

송(訟)이란 '확정짓는 것'이요, '구설풍파'를 말하는 상이다. 그래서 '소송' '판결' '결단' '언쟁' '시비' '의견대립' '가부의 결정' '사리판단' '서로간에 불신이 생길 수 있는 마찰' '관(官)과의 관계' '정(正)과 사(邪)의 대결'을 표현하고, '음(陰)과 양(陽)의 대립'을 말한다.

그래서 이 괘는 소송이나 관재구설 등 생길 운이요, 또는 관(官)에서 인허가나 자격증이나 면허증 문제 등이 확정될 운이다.

또한 천(天)은 양(陽)으로 남자요 수(水)는 음(陰)으로 여자를 뜻하니 남녀의 대결이요, 또는 정(正)과 사(邪)의 대결이요, 또는 이것과 저것과를 구분하는 것이요, 또는 이쪽이냐 저쪽이냐의 구분을 명확하게 해야 된다는 것을 의미한다.

또는 부부의 갈등이나 풍파나 아니면 부부의 인연을 정하는 문제 등이 있을 것을 말하는 것이요, 또는 임신문제에서 어떤 결정을 말하고 있는 상이다. 또는 질병의 치료에 대하여 어떤 결정을 말하고 있는 것이다.

또는 친구나 동료간에 의견대립이나 언쟁이 발생할 수 있다고 할 수 있는 것이요, 또는 어떤 물건을 구입한 것이 언쟁이나 소송으로 이어질 수도 있다고 할 수 있을 것이요, 또는 어떤 일을 결정을 해야 하는 운이다.

또는 진로문제를 결정해야 할 일이 있는 것 등으로 세상사 모든 일에서 결정이나 마찰이나 구설 등이 생길 수 있다. 다시 말해서 나와 상대(또는 모든 사물과의 어떤 관계)를 이야기하는 것이다.

그래서 이 괘는 미제괘(未濟卦)의 반대의 의미가 있다. 미제(未濟)는 어떤 일을 결정을 못하고 미루는 운이라고 한다면, 이 송괘(訟卦)는 지금까지 결정하지 못한 일들을 결정해야 하는 상이라고 할 수 있다.

161 천수송괘(天水訟卦)의 초효가 동하여 천택리괘(天澤履卦)로 변하면

리(履)란 '밟는다' '쫓는다' '무시한다' 라는 뜻이다. 또는 '따른다' '모방한다' '닮아간다' '업신여긴다' '괄시한다' '채택하지 않는다' '관심없다' '협박한다' 라는 뜻이요, 또는 '물건을 소중하게 취급하지 않고 소홀히 다루는 상'이다.

그래서 이 괘는 언쟁이나 구설시비나 갈등이나 소송문제로 법원에 나갈 일이 있을 운이요, 또는 소송을 낸 일이 법원에서 기각을 당할 수 있다고 말할 수 있을 것이다.

또는 내가 확정지은 일을 상대방이 번복할 수 있는 상이요, 상대의 결정을 내가 번복할 수 있다고 할 수 있을 것이다. 예를 들면 어느 모임에서 단체의 장이 내린 결정을 단원들이 무시하는 격이요, 또는 남편이 내린 결정을 부인이 무시하고 따르지 않는 것이다.

또는 어떤 구설풍파로 사람들에게 무시를 당하거나 버림을 받을 수 있다고 하거나 아니면 그러한 사람을 무시하거나 버릴 수 있는 일이 발생할 수 있다고 말할 수 있을 것이다.

또 리(履)는 따르다, 밟다, 무시하다라는 뜻으로 타인의 시비에 같이 뛰어들어 소란을 피울 수 있는 운이다.

예를 들면 애들 싸움이 어른 싸움이 되는 격이요, 남의 집 부부 싸움으로 우리 집에 풍파가 있을 운이요, 친구싸움에 같이 뛰어들어 싸우는 운이다.

또는 정부의 결정을 국민이나 어떤 단체에서 무시하는 격이다. 예를 들면 전북 새만금사업이나 위도 원자로부지 결정이나 서초동의 화장터 등을 들 수도 있을 것이요, 또는 고속철도의 노선이나 서울 외곽순환도로의 결정 등을 들 수가 있다.

162 천수송괘(天水訟卦)의 이효가 동하여 천지비괘(天地否卦)로 변하면

비(否)란 '서로 화합하지 못하고 불화하는 것' '상대를 인정하지 않는 것' '각자 갈 길로 나가는 상'이라고 할 수 있다. 그래서 '거부한다' '불신한다' '반목한다' '배신한다'라는 뜻이요, '내 맘에 들지 않는 것'이라고 말할 수 있다.

그래서 이 괘는 다른 사람이 하는 모든 결정은 불신하고 거부하는 것으로 본인이 하는 것 많이 옳다고 주장하는 운이요, 또는 내가 결정한 일들을 거부당할 수 있다고 하는 운이다. 아니면 거부당하고 다른 사람과 타협점을 찾지 못하는 운이다.

또는 어떤 사업체에서 수주받은 공사를 완공하고 준공검사를 기다리고 있으면 준공검사가 거부될 수 있을 운이다.

또는 어떤 사건이 발생하여 구설풍파가 발생하였다고 한다면 합의를 보기 위하여 상대를 만나기로 마음먹고 상대를 찾았지만 상대에게 거부를 당했다거나 당할 일이 생길 수 있다고 말할 수 있을 것이요, 아니면 내가 거부할 일도 있다고 할 수도 있을 것이다.

또는 부부간에 갈등이 있어 어렵고 힘든데 남편이 부인한테 사과의 말을 하여도 부인에게 무시를 받거나 사과를 받아들이지 않을 수 있다고 할 수도 있을 것이다.

또는 부인이 가족을 위하여 열심히 음식을 장만하였는데 외식하고 오는 바람에 인정을 받지 못했다거나 할 수도 있을 것이다.

정부나 단체에서 내려진 결정을 사회나 국민들이 거부하는 격이요, 또는 의사가 내린 진단을 환자가 거부할 수 있는 것이다.

또는 남편이 물건을 구입하였는데 아내에게 인정받지 못하고 거부당하는 격이요, 총각이 처녀를 보고 결혼하기로 마음먹었는데 거부당하는 운이라고 할 수 있다.

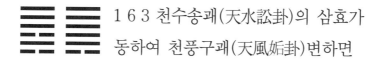 163 천수송괘(天水訟卦)의 삼효가 동하여 천풍구괘(天風姤卦)변하면

구(姤)란 만나는 일이나 헤어지는 일이나 소멸되는 일이나 성사 여부의 일이나 뜬소문 하나까지도 모두 우연히 발생한다는 뜻이다. 그래서 '만난다'는 뜻이요, 또한 우연의 일치로 '우연히 만난다' '우연히 접한다' '우연히 이룬다' '우연히 발생한다' '우연히 성취한다'라고 말한다.

그래서 이 괘는 어떤 상황이나 일을 확정지었다. 아니면 확정지을 일이 발생할 것이라고 말할 수 있을 것이다.

또는 구설시비를 들었다거나 아니면 구설시비를 들을 일이 생길 수 있다고 할 수 있다. 또는 그동안 소중하게 생각하고 간직하던 물건을 분실하였다. 아니면 분실할 일이 생길 수 있다고 할 수 있다. 예를 들면 정조를 잃는다든지 하는 일을 말한다.

또는 사기를 당했거나 아니면 사기를 당할 일 등으로, 여기서 구(姤)는 앞의 괘가 일어나는 일을 결정짓는 상이라고 할 수 있다.

또는 부부간의 갈등으로 이별의 고통을 당했다거나 당할 것이라고 할 수 있을 것이요, 또는 의견 갈등으로 인하여 상대에게 모함이나 오해를 받았다거나 받을 일이 발생했다고 할 수 있을 것이다.

또는 정치인들이 정책대결만 하다 국민에게 불신이나 원망이나 망신을 당할 운이요, 또는 교육행정에서 학부모의 의견을 무시하고 일을 몰아붙이다 항의를 받았다거나 받을 일이 있다고 할 수 있다.

또는 어떤 물건을 구입하기로 결정하였다거나 처분하기로 결정하였다고 할 수도 있을 것이요, 또는 어떤 결정하고 나니 어떤 일이 벌어진다고 할 수 있는 것을 말하고 있다.

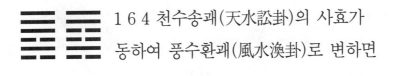 ## 164 천수송괘(天水訟卦)의 사효가 동하여 풍수환괘(風水渙卦)로 변하면

환(渙)이란 '고정적이지 못하다' '안정적이지 못하다' '확고하지 못하다' '변화가 많다' 라고 할 수 있다. 그래서 '흩어지다' '헤어지다' '풀리다' '널려놓다' '번진다' '퍼진다' '여기 저기' '이것 저것' 이라는 뜻이요, 또는 '정신이 산만하다' '이합집산이 많다' 라고 할 수 있다.

그래서 이 괘는 결정을 내린 일로 사람이나 물건이나 일이나 상황 등이 내 곁에서 흩어졌다거나 멀어졌다고 말할 수 있을 것이다.

또는 어떤 결정을 하는 일에 확고한 신념이 없다거나 정신적으로 불안을 느끼는 상황이라 말할 수 있을 것이다.

또는 어떤 일이나 상황에서 결정한 일이 확고하지 못하여 해이해지거나 변화가 발생할 수 있을 것이라고 할 수 있을 것이다.

또는 이것 저것 결정할 일이 여기 저기에 많이 있다고 할 수 있을 것이다.

또는 결정을 해야 할 일을 결정하지 못하고 마음이 산란한 상태라고 할 수 있을 운이다.

또한 결혼을 결정하지 못하여 미뤄오던 사람이 결정하고나니 그 동안 주위에서 맴돌던 많은 사람들이 빠르게 떠나가는 격이다.

또는 전쟁으로 인하여 부부싸움이나 부부가 이혼하기로 결정하고 나서 가족이나 부부가 헤어졌다고 할 수도 있을 것이다.

또는 농부가 농사일을 그만두기로 결정한 후 농촌을 떠나는 격이라 할 수 있을 것이다. 여기서는 흩어진다는 의미로 설명하였다.

또는 외국에 이민을 가기로 결정하고 조국을 떠나가는 격이요, 또는 회사가 문을 닫기로 결정하니 사원들이 헤어지는 격이다.

또는 회사를 그만두기로 결정하니 주위에서 알고 지내던 사람들이 빠르게 떠나가는 격이요, 학교를 그만두기로 결정하니 학교 친구들과 헤어지는 격이다.

䷅ 165 천수송괘(天水訟卦)의 오효가 동하여 화수미제괘(火水未濟卦)로 변하면

미제(未濟)란 '익숙하지 않다' '완성되지 않았다' '성사되지 않았다' '결론이나 결정을 내지 못했다'라고 할 수 있다. 또한 '확정, 결론, 결과, 결정'을 내지 못하고 미적거리거나 미루는 상태요, '성숙하지 않은 상태'요, 또는 '안정감이 없고 불안한 상태'다. 또는 아직은 미숙하다고 하는 뜻으로 '숙달되지 못한 것'을 의미하고, 일이 '마무리되지 않은 상태'를 말한다.

그래서 이 괘는 결정을 미루거나 내리지 못하는 운이요, 또는 불신이나 구설 등이 끝을 보지 못하고 있는 상태라고 할 수 있다.

또는 결단을 미루고 있는 운으로 합격자의 결정이나 사업의 규모나 출마여부나 진급자의 결정이나 수상자의 결정 등 모든 면에서 결정을 못하고 미루고 있다고 할 수 있다.

또는 어떤 일이나 상황에서 결정을 내렸는데 계속 해결을 보지 못하고 미루고 있다고 할 수 있을 것이다.

예를 들면 결혼하기로 작정한 처녀 총각이 결혼은 못하고 계속 날짜가 미루어지고 있다고 할 수 있을 것이다.

또는 부부가 이혼하기로 합의를 보았으나 아직은 해결이 완결된 상태는 아니라고 말할 수 있다.

또는 어떤 회사나 사업체가 폐업하기로 결정하였으나 모든 일이 아직은 해결되지 못하고 있다고 말할 수 있는 것이다.

또한 재판을 연기하고 있거나 사업운영의 결정을 미루거나 취업을 미루거나 여행을 미루거나 또는 어떤 소송사건이 계속 미루어지고 있다고 할 수 있을 것이다.

또는 어떤 공사를 하는데 있어 완공을 못하고 계속 미루어지고 있다고 할 수가 있을 것이다.

또는 직장을 결정하는 문제나 사업의 방향을 결정하는 문제 등이 결정을 못하고 있는 상태를 말한다.

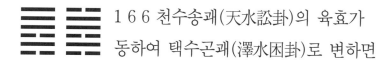 166 천수송괘(天水訟卦)의 육효가
동하여 택수곤괘(澤水困卦)로 변하면

곤(困)이란 '곤란하다' '어렵다' '힘들다' 라는 뜻이요, '어떤 조직에 얽매는 것'이라는 뜻도 있다. 또는 '자다' '지치다' '시달리다' '괴롭다' '구금되다' '갇히다' 라는 뜻이요, 갇힌다는 것은 어떤 틀에 묶이는 것으로 '취업한다' '진학한다' 라고도 할 수 있다. 또는 '감추다' '저장하다' '위기' '곤란한 처지'를 말하고, 또는 '술, 담배, 마약, 마작 등에 중독되었다' 라고도 할 수 있다.

그래서 이 괘는 어떤 일에서 결정을 내린 일로 곤경에 처할 수 있다고 하는 것으로 결혼을 한 번 잘못하여 한평생 곤경에 처할 수 있을 것이요, 또는 누군가와 다툰 일로 형무소에 갇히는 신세가 될 수도 있을 것이다.

또는 불량배 서클에 한 번 잘못 가입한 일로 인하여 평생을 후회하면서 지낼 수 있을 수 있다.

또는 한 번의 학과선택이 잘못되어 평생 자기의 뜻을 펴보지 못하고 어렵게 살아갈 수도 있다고 할 수 있는 운이다.

또는 판사가 사건을 잘못 처리한 일로 한평생 오명을 남기고 오해를 받는 속에서 어렵게 살 수 있을 것이다.

또는 한 번의 잘못된 사상범이 한평생 빛을 보지 못하고 살아갈 수 있다고 할 수 있다.

또는 어떤 일에서 결정이 어렵고 힘드니까 결정권을 다른 사람에게 위임하는 것과 같다. 예를 들면 재판을 할 때 변호사에게 재판을 위임하고, 또는 물건을 매매할 때도 자기의 권리를 대리인에게 위임하는 것과 같고, 또는 환자가 자기몸의 수술에 대한 결정을 의사에게 위임하여 치료받는 것과 같다.

또한 여기서는 내가 결정 결단 판단하는 능력이 부족하기에 자기의 주관을 확실하게 하지 못하고 상대의 눈치를 보면서 적당하게 생활하려고 하는 사람이다.

또는 어떤 일로 나의 위치가 난처하고 다른 사람 앞에 나설 수 없고, 또는 자신감을 잃는 운이다. 또는 재판에 판결로 구속될 수 있을 것이다. 또는 다른 사람 앞에서 자기의 의견을 이야기했다가 낭패만 보고 무시당할 수 있을 것이라 할 수 있다.

1 7 천산돈괘(天山遯卦)

　돈(遯)이란 '숨는다' '달아난다' 또는 '헤매인다' '방황한다' '불안하다' 또는 '도망치다' '피하다' 라는 뜻으로 결과적으로 '약한 것' 이요, '자신이 없다' '능력이 없다' 라고 할 수 있다. 또는 '이리저리 피해다니는 것' 을 말한다. 여기서 수뢰둔(水雷屯)과의 차이를 알아야 한다. 천산돈(天山遯)이 옮겨가면서 피하는 것이라면, 수뢰둔(水雷屯)은 깊은 곳에 숨어 꼼짝하지 않는 것이다.

　그래서 이 괘는 내가 힘이 약하니 상대를 피하는 것이요, 또는 내가 범죄인이기 때문에 법망을 이리저리 피하는 상이다.
　또한 공부가 싫어서 학업을 회피하는데 있어 학업을 아주 포기하는 것이 아니라　이 학문을 조금하다 저 학업도 조금하다 하는 식으로 바꾸는 학문이라 할 수 있을 것이다.

또는 친구나 동료를 싫어하고 타인 앞에 나서기를 싫어하는 운으로 다른 사람 앞에 나서는 것이 떳떳하지 못한 운이요, 또한 활발하지 못하고 위축되는 운이라 능력을 발휘하지 못하고 매사에 자신감이 없는 운이다.

또는 국내가 싫어서 이 나라 저 나라로 옮겨다니는 상으로 사업가나 정치가들이 많이 하는 수법도 이 괘라 할 수 있을 것이요, 또는 한 곳에서 오래 직장생활을 하지 못하고 이리저리 옮겨가면서 생활하는 격이다.

또는 한 가지 사업을 끝까지 못하고 이것 저것 바꾸는 사람이요, 또는 한 사람을 오래 사귀지 못하고 싫증을 잘 내 자주 바꿔가면서 살아갈 수 있는 사람과 같다.

또는 집자리나 산소자리를 잡으려고 여러 곳으로 방황하는 상이요, 또는 직장이나 필요로 하는 사람이나 물건을 구하는 일이나 어떤 일을 구상하기 위하여 헤매고 있다고 말할 수도 있을 것이다.

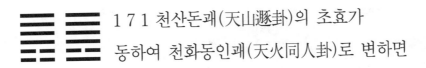

171 천산돈괘(天山遯卦)의 초효가 동하여 천화동인괘(天火同人卦)로 변하면

동인(同人)이란 '혼자가 아니라 누군가와 같이' 라는 뜻이요, '밝은 태양' 과 같은 의미요, '이기적인 단체' 라고 할 수 있다. 또는 '끼리끼리' 라는 뜻이요, '거짓이 없다' '진실되다' 모든 것이 '어둡고 음침한 것을 싫어한다' 라고 할 수 있다. 또는 모든 일이나 생각을 '숨김없이 공개할 수 있는 상' 이다. 또는 '정의를 위하여 활동하는 사람들이요' '부정을 용납하지 않는 성격이다'. 또는 나를 노출시킨 상태라 나를 '시기하고 질투하는 사람들이 많다' 라고 할 수 있다. 또는 우리 옛말에 '뭉치면 살고 흩어지면 죽는다' 는 말이 있는데, 여기서는 뭉쳐서 어떤 일을 낼 수 있다고 할 수 있다.

그래서 이 괘는 범죄인, 힘없고 허약한 사람들, 병자들만 있는 집단이요, 능력이 모자라는 사람들의 집단이라고 할 수 있다.

또는 매사에 자신감이 없어 타인에게 의지하려는 마음을 간직하고 살려고 하는 사람들이다.

또는 바르게 살지 못하고 음지에서 사는 사람들의 집단으로 자기의 신분이나 직업을 말할 수 없는 곳에서 함께 어울려 지내는 집단 등을 말한다.

또한 하나의 직업도 제대로 없는 사람이나 또는 자기의 몸도 제대로 보호하지 못하고 이리저리 피해다니면서 살아가는 사람이 그래도 잘난척하면서 다른 사람들을 이용하려고 하거나 무시하면서 살아가는 사기꾼이라 할 수 있을 것이다.

또는 저도 공부를 못하여 방황하는 사람이 다른 사람 앞에서 큰소리치고 무시하는 격이라 할 수 있을 것이다.

또는 매사에 끈기가 없어 일이나 생각을 끝까지 밀지 못하고 변화가 많은 사람들의 모임이라고 할 수가 있다. 예를 들면 학교에서 공부를 못하는 학생들이 불량서클 같은데 가입하는 것이다.

또는 한 가지의 전문적인 기술이 없는 사람들이 이일 저일 해보다가 되는 일이 없으니까 정부 보호소 같은 곳에서 모여 사는 격이라 할 수 있는 운이다.

또는 한 남자와 한 여자가 만나 해로하지 못하고 많은 사람을 철새처럼 지나치면서 생활하는 사람이라고 말할 수도 있을 것이다.

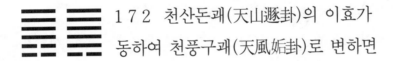 172 천산돈괘(天山遯卦)의 이효가
동하여 천풍구괘(天風姤卦)로 변하면

구(姤)란 만나는 일이나 헤어지는 일이나 소멸되는 일이나 성사 여부의 일이나 뜬소문 하나까지도 모두 우연히 발생한다는 뜻이다. 그래서 '만난다' 는 뜻이요, 또한 우연의 일치로 '우연히 만난다' '우연히 접한다' '우연히 이룬다' '우연히 발생한다' '우연히 성취한다' 라고 말한다.

그래서 이 괘는 우리 속담에 '원수는 외나무 다리에서 만난다' 는 말이 있는데 피해 다니다 누군가를 만날 수 있는 운이다.

또 속담에 '약자가 살인을 한다' 는 말과 같이 능력이나 힘이 없는 사람이 무슨 일을 저지르는 일이라고 할 수가 있다.

또는 달아날 일이 생긴다거나 아니면 생겼다고 할 수 있을 것이요, 또는 타인들에게 무시당할 일이 발생할 수 있다고 할 수 있을 것이다. 아니면 무시당할 일이 발생하였다고 할 수 있을 것이다. 여기서 구(姤)는 앞의 돈(遯)의 결과로 앞에서 일어나는 일이 그대로 결론을 맺는 의미가 있다.

또한 이 괘는 힘없고 생각이 적은 사람들이 무슨 일을 저지를 수 있는 것으로 그 변화를 예측하기 힘들다. 심한 말로 타인에게 괄시받고 무시당한다고 상대를 죽일 수도 있는 운이다.

또한 힘없고 능력없고 자신도 없고 어리석은 사람에게 생각하지 못한 후원의 도움이 있을 운도 있다.

또는 어려운 환자나 능력없는 노인에게 생각지도 못한 사람의 도움의 손길이 있을 운도 있다.

또는 이리저리 피해 다니던 범죄인이 경찰관을 만날 수 있는 격이요, 또는 그동안 방탕한 생활을 하던 사람에게 새로운 기회가 생길 수 있을 것이요, 또는 그동안 결혼이 싫어 피해온 사람에게 애인이 생겨 결혼도 할 수 있는 운이다.

또는 안정된 사업이나 직장이 없던 사람에게 좋은 안식처나 직장이 생길 수도 있다고 할 것이다.

또는 그동안 어려운 생활로 이 일 저 일 안정되지 못한 생활을 해온 사람에게 큰 행운이 찾아왔다고 할 수 있을 운이다.

䷈ 173 천산돈괘(天山遯卦)의 삼효가
동하여 천지비괘(天地否卦)로 변하면

비(否)란 '서로 화합하지 못하고 불화하는 것' '상대를 인정하지 않는 것' '각자 갈 길로 나가는 상'이라고 할 수 있다. 그래서 '거부한다' '불신한다' '반목한다' '배신한다'라는 뜻이요, '내 맘에 들지 않는 것'이라고 말할 수 있다.

그래서 이 괘는 우리 속된 말에 '곧 죽어도 상대에게 손을 내밀지 않는다'는 말이 있는데 이 괘가 그런 내용이다.

또한 힘이 없어도 다른 사람의 도움을 받으려 하지 않는 운으로 자기의 의지력을 나타내고 있는 운이다.

또는 자신이 없는 사람, 능력이 없는 사람, 매사에 끈기가 없는 사람, 아니면 어떤 일이나 상황으로 피해 다니면서 살아가는 사람이 맘에 들지 않는다거나 꼴보기 싫다고 말할 수 있을 것이다. 아니면 그런 생활을 하다보니 사람들에게 따돌림을 당하는 사람이라 말할 수도 있을 것이다.

또는 한 곳에서 오래 생활하지 못하고 여러 곳으로 돌아다니며 살다보니 남아나는 살림이 없다고 할 수 있을 것이요, 또한 여러 사람들과 어울리면서 살아가기 어려운 사람이라 말할 수 있다.

또는 내가 약자이거나 매사에 안정감이 없이 불안하게 살다 보니 주위 사람들이 내가 하는 말은 믿으려 하지 않는 운이다.

또는 병이 들어 힘들게 살고 있는 환자가 다른 사람의 간병을 받으려 하지 않고 혼자 활동하려고 상대의 도움을 거부하는 격이다.

또는 아무리 어려운 처지에서 곤궁한 생활을 하거나 또는 숨어서 활발하지 못한 생활을 할지언정 타인에게 도움을 원하지 않는 운으로 도움을 거부할 수 있는 고집이 강한 운이다.

또는 타인과 어울리지 못하고 힘들게 살아가는 사람이 화합하려고 하는 마음이 없는 운으로 외롭고 쓸쓸한 운이라고 하겠다.

또는 누가 달아나자고 권하여도 그 말을 듣지 않고 거부할 수 있다고 할 수 있다. 예를 들면 범죄인들이 외국으로 달아나자고 권하여도 그 말을 거부하고 국내에 남기로 한다든지 아니면 자수를 한다든지 할 수 있는 상이요, 또는 누가 어떤 일을 하자고 권하는 것을 거부 할 수 있는 운이라 할 수 있다.

또는 어렵고 힘들게 살아가는 사람이 도움을 청하는데 어려움을 이해하지 못하여 거부할 수 있는 사람이라고 할 수 있다. 아니면 거부할 일이 생길 수 있다고 말할 수도 있는 것이다.

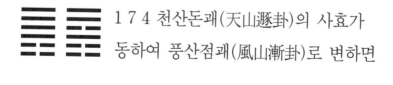

174 천산돈괘(天山遯卦)의 사효가 동하여 풍산점괘(風山漸卦)로 변하면

점(漸)이란 '점진적으로 진행'한다는 뜻으로 '조금씩 변하는 것'을 말한다. '차차' '천천히 움직인다' '차츰 나아진다' 또는 '서서

히 변한다' 라는 뜻이요, 또는 '점점 익숙해지고 숙달되어 간다'
'전문화되어 간다' 라는 말이다.

　그래서 이 괘는 자기의 주관이 약한 사람이 자기의 주관대로 생
활하지 못하고 주위의 변화에 따라가는 운이요, 또는 어떤 생활을
피해가면서 사는 것이 점점 숙달되어 가는 운과 같다.
　또는 세상살이가 자신이 없어 어렵고 힘들게 살아온 사람이 마
음의 변화가 조금씩 일고 있다고 할 수 있을 것이다.
　또는 안정된 직장이 없어 이리저리 떠돌이 직장생활을 하던 사
람이나 또는 사업이 안정되지 않아 이 일 저 일 되는대로 하면서
생활하던 사람이 마음에 어떤 동요가 일고 있다고 할 수 있다.
　예를 들면 절도나 사기를 생각하고 있다든지, 아니면 죽음을 생
각하고 있다고 말할 수 있을 것이다.
　또는 어떤 일에 끈기가 없어 방황하던 사람이 마음에 갈등이나
동요가 점점 일고 있다고 할 수가 있다.
　예를 들면 공부를 못하는 사람이나 어떤 기술을 배우는 사람이
나 아니면 춤을 배우는 사람이나 당구나 탁구를 배우는 사람 등이
이 일 저 일을 해봐도 어렵고 힘들어 모든 일에 자신이 없어 마음
에 동요나 풍파가 일고 있다고 할 수 있을 것이다.
　또는 병으로 고생하는 환자의 병이 한 가지 질병이 아니고 이병
저 병으로 변색을 하던 증세가 어느 때부터인지 몰라도 서서히 치
유되고 있다고 할 수도 있을 것이다.

䷠䷷ 175 천산돈괘(天山遯卦)의 오효가 동하여 화산려괘(火山旅卦)로 변하면

려(旅)란 '안정되게 의지할 곳이나 사람이 없는' 상이다. 그래서 '떠돌이' '여행'을 뜻하고, '안정감이 없는 것'이요, 항상 '초조하고 불안한 상'이요, '힘없고 능력없고 자신없이 방황하는 상'이다.

그래서 이 괘는 자기의 능력을 인정받지 못하여 이리 저리 떠돌아다니면서 살아갈 운이요, 또는 실력이나 능력이 없는 사람이 떳떳한 직장생활을 못하고 이리저리 떠돌이하면서 어렵고 힘들게 근근히 생활하는 사람이라 말할 수 있을 것이다.

또는 숨어 있는 사람이나 행방불명된 사람을 찾아 사방으로 활동을 많이 하면서 지낼 수 있다고 할 수 있다. 예를 들면 범죄인의 뒤를 추격하는 사람이나 흥신업 등을 하는 사람이다.

또는 별로 인기가 없어 어렵고 힘들게 연예계 생활을 하는 사람이 이 일 저 일로 어렵고 힘들게 생활할 수 있다. 예를 들면 야간업소를 나가도 큰 대우를 받지 못하기 때문에 일을 많이 해도 소득은 별로라고 말할 수 있을 것이다.

또는 매사에 끈기가 없는 사람이 공부나 일이나 연구나 직장생활이나 부부생활에서 자신을 잃고 방랑생활로 세월을 보내고 있거나 보낼 수 있다고 말할 수 있을 것이다.

또는 직장에서도 실력을 발휘하지 못하고 기술이나 능력을 다른 사람에게 빼앗기면서 이 부서 저 부서로 돌아다니며 지낼 운이다.

또는 학문의 실력이 없어서 안정된 직장을 구하지 못하고 이 일 저 일로 소일하면서 그럭저럭 지낼 운이 있다.

또는 어떤 범죄인이 한 곳에 있지 못하고 이곳 저곳으로 피해가 면서 생활하는 운이다.

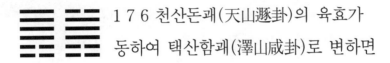 176 천산돈괘(天山遯卦)의 육효가
동하여 택산함괘(澤山咸卦)로 변하면

함(咸)이란 '전부' '모두'라는 뜻이요, 또는 '골고루' '동등하다' 라는 뜻이요, 또는 '구성원 전부'라는 뜻이다. 그래서 '통째로' 또 는 '여러 분야' 또는 '느끼다' '감각이 있다'라는 의미요, 또는 '각 양각색'이라고도 할 수 있다. 예를 들면 이것과 저것, 여기와 저기 가 모두 같은 내용이요 같은 물건이요 같은 성질이요 같은 형상이 라는 뜻이다.

그래서 이 괘는 피해망상증이 있는 사람들의 모임이요, 또는 힘 없고 약한 사람들의 모임이요, 또는 능력없고 실력없는 사람들이 서로 의지하려고 하는 운이다.

또 '동병상련'이라고 하는 말과 같이 같은 처지에 있는 사람들끼 리 서로 협조하고 동정하고 생각할 수 있는 운이다.

또는 상대의 허약한 점을 알고 느낄 수 있다. 또는 상대의 약점을 알고 있다고 할 수가 있다.

또는 한 가지 사업을 꾸준하게 운영하지 못하는 기업가가 이 사업 저 사업 벌리다가 통째로 망할 수 있는 운이다.

또는 세상사에 자신이 없는 사람이 자살을 할 수도 있는 운이요, 또는 안 해본 일이 없는 사람이라고 할 수 있다.

또는 어떤 일이나 사업을 하여도 자신이 없는 사람이라 이 일 저 일을 벌리고 치우는 일에 일가견이 있는 사람이라고 할 수 있을 것이다. 가정에서 필요 없는 구차한 물건을 이리저리 옮겨놓다가 어느 날 통째로 치워버릴 수 있다고 할 수가 있다.

또는 그동안 범죄인들을 모른 척하던 정부가 일시에 잡아들일 운이요, 또는 직장에서 퇴출될 것 같은 기분이나 느낌이 있다고 할 수 있을 것이다.

또는 지금까지 내가 손을 대고 있던 사업에서 손을 뗄 것 같은 기분이 든다거나 아니면 손을 때고 달아날 일이 생길 것 같은 기분이 든다거나 아니면 느끼고 있다고 할 수 있을 것이다.

18 천지비괘(天地否卦)

　비(否)란 '서로 화합하지 못하고 불화하는 것' '상대를 인정하지 않는 것' '각자 갈 길로 나가는 상'이라고 할 수 있다. 그래서 '거부한다' '불신한다' '반목한다' '배신한다'라는 뜻이요, '내 맘에 들지 않는 것'이라고 말할 수 있다.

　그래서 괘상(卦象)을 보면 천(天)은 양(陽)으로 상(上)에 있고 지(地)는 음(陰)으로 하(下)에 있는데 양(陽)의 열은 상(上)으로 오르려고 하는 성질이 있고, 지(地)는 음(陰)으로 하(下)에 있으면서 아래로 내려가려고 하는 성질이 있으니 음양(陰陽)이 각각 놀고 있는 형(形)으로 화합을 이루지 못하고 있는 상이다.

　또한 비(否)라는 것은 화합이 되지 않는 것이니 혼자 외롭고 허전하고 쓸쓸할 수 있는 운이요, 또는 판사의 판결에 불복하여 항소하는 상이라 할 수도 있을 것이다. 또는 누군가의 결정이나 행동들이 나의 뜻에 부합하지 않을 것이라고 할 수 있다.

또한 비(否)는 거부로 서로 통하지 않으니 매사에 어려움이 많이 발생할 수 있는 운으로 마음에 있는 뜻을 이루기가 어려운 운이다.

또는 부인이 하는 일을 남편이 부정하며 거부를 하거나 아니면 남편이 하는 일을 부인이 부정하며 거부할 운이다.

또는 어떤 회사에서 물건을 만들어 시중에 내놓았는데 소비자들에게 외면을 당하였다거나 또는 어떤 총각이 아가씨에게 청혼하였다가 거부를 당했다고 할 수도 있을 것이다.

또는 어떤 일이나 상황의 발생으로 누구를 초청한다거나 모시려 하였는데 상대에게 거부를 당했다고 말할 수 있을 것이다.

또는 어떤 회사가 자금의 어려움을 덜고자 하여 은행에 대출신청을 하였다가 거부당했다거나 또는 취업하기 위하여 입사지원서를 냈는데 거부를 당할 수도 있을 것이다.

또는 공사를 완공하였다고 생각하여 준공검사를 신청하였다가 거부당하거나 당했다고 말할 수도 있을 것이다.

또는 진학하려는 학생이 대학진학에서 거부당하는 상으로 합격하기 어려운 사람이라 말할 수도 있을 것이다.

또는 어떤 회의석상에서 어떤 안을 내놓았으나 다른 임원들에게 거부를 당했다거나 당할 일이 발생할 것이라고 할 수 있을 것이다.

181 천지비괘(天地否卦)의 초효가 동하여 천뢰무망괘(天雷无妄卦)로 변하면

무망(无妄)이란 어떤 위치에 있는 사람이 정당한 힘이나 권리에 의하여 하는 말로 '사심없는 공적인 것' 을 말한다. 또는 자기 임무에 충실하거나 어떤 위치에서 '당연히 해야 할 일' 을 말한다. 그래서 '허물이 없다' '진실된 것' '거짓이 없다' '과실이 아니다' '고의가 아니다' '당연하다' '정당하다' '불가피한 행위나 말로 어쩔 수 없다' '기만행위가 아니다' '뜻밖에' '상상외' 라는 뜻이다.

그래서 이 괘는 어떤 일이나 누가 내린 결정이나 권고나 부탁 등이나 또는 어떤 물건이나 다른 사람과 의사가 맞지 않는 것 등이나 어떤 상황 등을 거부하여도 정당한 방법에 의하여 사심없는 마음으로 거부를 하였다면 허물이 되지 않는다고 하는 것이다.

예를 들면 어떤 아가씨에게 늙은 홀아비가 청혼한 것을 거절하였다고 하여도 허물이라 말할 수 없는 것이다.

또는 누군가와 뜻이 맞지 않으니 혼자 독립하여서 일을 한다고 하여도 허물이 되지 않을 운이다. 그래서 다른 사람이 합자를 권유하였을 때 합자를 거부하거나 동업을 거부하고 단독으로 큰 일을 하여도 허물이 되지 않는다고 하는 것을 말한다.

또는 상대가 마음에 들지 않으니 혼자 식사를 한다든지, 혼자 여행을 한다든지, 혼자 공부를 한다든지, 혼자 부모님을 모시고 산다든지, 혼자 책을 쓴다든지 등 수많은 일이 있으나 단독으로 하는 일이라도 허물이 되지 않는다고 하는 것을 가르치고 있는 운이다.

결국에는 마음에 없는 사람(또는 사물)과는 협조나 합자나 단체의 일을 하지 말고 혼자 하라는 내용이다. 큰 일을 할 사람이 사람을 잘못 선택하게 되면 정보가 새어 후일에 구설수만 남게 되니 미연에 방지를 가르치고 있다.

또는 법원의 판사가 내린 판결이 부당하다고 하여 항소를 하였다면 허물이라고 할 수가 없을 것이다.

또는 남편이 하려고 하는 부당한 일을 부인이 거부를 하였다 하여 허물이라고 할 수도 없을 것이다.

또는 의사의 진단이 나의 생각과 맞지 않으니 치료를 거부하고 다른 의사를 찾았다하여 허물이라고 할 수가 없을 것이다.

또는 누가 나에게 범죄의 길에서 같이 일을 하자고 하는 것을 거부하였다면 허물이라고 할 수가 없다고 하는 운이다.

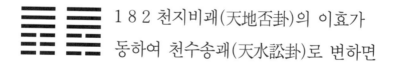 182 천지비괘(天地否卦)의 이효가
동하여 천수송괘(天水訟卦)로 변하면

송(訟)이란 '확정짓는 것'이요, '구설풍파'를 말하는 상이다. 그래서 '소송' '판결' '결단' '언쟁' '시비' '의견대립' '가부의 결정' '사리판단' '서로간에 불신이 생길 수 있는 마찰' '관(官)과의 관계' '정(正)과 사(邪)의 대결'을 표현하고, '음(陰)과 양(陽)의 대립'을 말한다.

그래서 이 괘는 의견대립으로 다툴 일이 발생할 운이요, 또는 어떤 일이나 상황 등을 거부하고 구설수나 풍파가 발생할 운이다.

또는 상대가 하는 일이 나의 생각과 부합하지 못하니 가부간에 따를 것인지 거부를 하여야 할 것인지 결정하여야 하는 운이다.

또는 부모의 뜻을 거역하다가 혼이 날수 있는 운이요, 또는 회사 사장의 뜻을 거부하였다가 구설수나 퇴출이 될 수도 있을 운이다.

또는 학교에서 선생님의 뜻이나 학교의 교칙을 거부한 후로 어떤 일을 당할 수 있는 운이다.

또는 아내의 뜻을 거절하였다가 부부풍파도 있을 운이요, 상대가 마음에 들지 않아 갈라설 생각을 하거나 결정할 수 있는 운이다.

또는 친구의 직업이나 일이 나의 생각과 같지가 않으니 그 일을 거부할 수 있는 일을 결정할 수 있는 운이다.

또는 상대가 하는 학문이 나의 뜻과 같지 않으니 각각 다른 학문으로 전환을 결정할 수 있는 운이다.

또는 같은 책을 보아도 해석의 견해가 나와 같지 않기 때문에 각각 다른 길로 나가서 종파를 만드는 일에 결단을 내릴 수 있는 격이라 할 수 있을 것이다.

또는 정당정책이나 어느 단체의 모임에서 뜻이 같지 않기 때문에 등을 돌리고 돌아서기로 결정을 지을 수 있는 운 등이 있다.

또는 어떤 물건이 마음에 들지 않을 수도 있을 것이요, 시간이나 장소도 마음에 들지 않을 수도 있으니 어떤 결단을 필요로 하는 운이다.

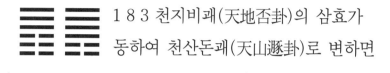 183 천지비괘(天地否卦)의 삼효가 동하여 천산돈괘(天山遯卦)로 변하면

돈(遯)이란 '숨는다' '달아난다' 또는 '헤매인다' '방황한다' '불안하다' 또는 '도망치다' '피하다' 라는 뜻으로 결과적으로 '약한 것'이요, '자신이 없다' '능력이 없다' 라고 할 수 있다. 또는 '이리저리 피해다니는 것'을 말한다.

우리 속말로 '절에서 중이 보기 싫으면 절을 떠나라'는 말이 있는데 이 괘가 그런 내용이다. 상대가 나와 맞지가 않으니 내가 상대를 피해 가면서 살아가는 것과 같다고 할 수 있을 것이다.

또는 세상사가 싫어 절에 들어가 수도생활을 하는 격이요, 아니면 이리저리 떠돌면서 방랑할 수 있는 사람이다.

또는 학생이 공부가 싫으니 책을 피하여 책에게 달아나는 격이요, 아니면 공부하던 책이 싫거나 하여 그 책을 그만두고 다른 공부를 한다거나 그것도 싫증이 나면 또 다를 책으로 바꿔가면서 공부를 한다고 할 수 있는 상이다.

또는 음식맛이 없어 음식을 멀리하는 마음이요, 아니면 입맛이 없어 이 식당 저 식당을 기웃거리며 찾아나섰다고 할 수 있다.

또는 사업이 나와 맞지가 않아 그만 두는 격이요, 아니면 이 사업 저 사업을 하면서 방황하고 있다거나 방황할 일이 발생할 수 있다고 할 수 있을 것이요, 아니면 마음에 맞는 일이 없다보니 마음에 드는 일을 찾아 방황하고 있다고 말할 수 있을 것이다.

또는 농부가 농사일이 싫어 그만두고 이 일 저 일로 방황하면서 살거나 아니면 살 것이라고 말할 수 있을 것이다.

또는 부부가 싫거나 정이 없으니 떨어져 살면서 이 사람 저 사람을 만나가면서 방탕된 생활을 하는 사람이거나 그럴 수 있을 것이라 말할 수도 있을 것이다.

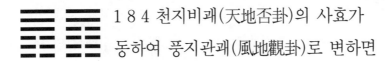 184 천지비괘(天地否卦)의 사효가 동하여 풍지관괘(風地觀卦)로 변하면

관(觀)이란 주위에서 발생하는 풍파나 변화나 불안이나 변덕이나 아부나 주위의 변화에 적응을 잘하는 일 등을 본다. '느낀다' '알 수 있다' '살핀다' 라는 뜻이다. 또는 어떤 상황이나 설레임이나 동요나 불안이나 산만함 등이 일고 있는 것을 '보고 느끼는 것'이요, 또한 어떤 '예감이나 기분'을 느끼거나 아는 것을 말한다.

그래서 이 괘는 나의 뜻과는 무관한 어떤 일이 나의 주위에서 발생한다는 것을 아는 운으로 나와 합의가 될 수 없는 일 들이 발생하는 것을 느끼고 있다, 알고 있다, 보고 있다고 할 수 있을 것이다.

또는 상대가 하는 일이 불신을 받을 일이라는 것을 알고 있거나 또는 상대의 부정을 보았거나 직감으로 느낄 수 있는 운이다.

또는 상대가 바르지 못한 행동을 하는 것을 보았거나 느낄 수 있는 것 등을 말하는 것이다(여기서는 믿을 수 없는 일).

또는 내가 하는 어떤 일이나 상황이 상대에게 거부을 당할 것 같은 기분이 든다거나 분위기를 느끼고 있다고 말할 수 있을 것이다.

또는 회사나 사업장에서 새로운 물건이나 일을 내놓아도 소비자나 상대들에게 인정을 못받을 것 같은 기분이 든다고 할 수 있다.

또는 어느 회의석상에서 나의 의견에 반대 분위기가 일고 있음을 느끼고 있다고 할 수 있다.

또는 가정에서도 남편이 하는 일이나 행동이나 생각 등을 아내가 부정할 것 같은 분위기를 느낀다고 할 수 있다. 그래서 이 괘는 거부당할 일을 느낀다, 거부하는 분위기를 알 수 있다고 한다.

또는 방송국에서 드라마를 제작하여 내놓으면서 시청률이 신통치 않을 것 같은 기분이 들었다고 할 수 있을 것이다.

또는 어떤 물건이나 일이 마음에 들지 않아 거부한 일로 인하여 주위의 분위기가 이상하게 돌고 있는 기분이 든다고 할 수 있다.

■ ■ ■ 185 천지비괘(天地否卦)의 오효가
동하여 화지진괘(火地晋卦)로 변하면

　진(晋)이란 '솟아오르는 태양'으로 '희망'을 나타내고, '나간다'
'전진한다'라는 뜻이요, 또는 '어두운 터널에서 벗어나고 있는 상'
이다. 그래서 '발전' '추진력' '계속된다' '전문화된다'를 의미하
고, 또는 '희망이 있다' '세상이 밝아진다' '마음을 털어놓는다'
'비밀이 밝혀진다'라는 뜻이다. 또는 '마음을 표현한다'는 의미가
있으니 상대에게 마음을 나타냈으니 결정은 상대에게 있음을 말한
다. 또는 '제자리로 돌아갈 수가 없다'는 뜻도 있다. 불이란 한 번
타버리면 제자리로 다시 돌아갈 수 없기 때문이다. 그래서 진(晋)
은 벌어진 일이나 추진하는 일이나 시작한 일을 제자리로 돌리거
나 포기할 수 없는 것으로도 해석한다.

　그래서 이 괘는 상대의 바르지 않은 생각이나 일을 바르게 가르
치려는 운이요, 또한 진(晋)은 땅 속의 불이 아니고 땅 위로 솟아
오른 불이라 나의 뜻이나 행위나 생각 등을 다른 사람들이 알고
있거나 아니면 스스로 실천하는 사람이라 할 수 있을 것이다.
　또는 거부할 수 있는 일이 계속 발생할 수 있다고 할 수 있거나
거부한 일이나 거부당한 일의 영향이 계속 이어질 수 있다고 할
수 있을 상이요, 또는 어떤 일이나 상황에서 한 번 거부한 일은 되
돌릴 수 없다고 말할 수 있는 것이다.

또는 어떤 일이 거부될 줄 알면서도 밀어부치는 것이다. 또는 어떤 일에서나 상황에서 거부당할 일이 발생하였다고 말할 수 있을 것이요, 아니면 거부당할 일이 노출되었다고 할 수도 있을 것이다.

또는 상대와 내가 서로 뜻이 맞지 않을 일이 발생할 수 있다고 할 수도 있을 것이다.

또는 어떤 비밀회의석상에서 어떤 안을 처리하는 과정에서 내가 거부한 일이 공개되었다거나 비밀이 누설될 일이 생길 수 있다고 말할 수도 있을 것이다.

또는 어떤 일이나 상황의 회의에 있어 나는 그 안을 부정하거나 거부하겠다고 하는 뜻을 상대방에게 발표하였다고 하거나 미리 공개하였다고 할 수 있으니 비밀이 아닌 일로 미리 자기의 속마음을 털어놓는 일이라 할 수 있을 것이다.

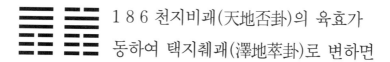

186 천지비괘(天地否卦)의 육효가 동하여 택지췌괘(澤地萃卦)로 변하면

췌(萃)란 '모인다' '모여든다' '모으고 있다' '수집한다' 라는 뜻이다. 또는 '하나의 집합체나 단합된 단체'요, 또는 '집결, 결집'이요, 또는 '여러 종류의 물건이나 부품을 모아 하나의 물건을 생산하는 것'이요, 또는 '많은 사람이 모여 힘을 발휘하는 것'으로 해석한다.

그래서 이 괘는 어떤 일에서나 상황에서 의심할 일, 거부할 일, 또는 반목할 일이나 불신할 일들이 많이 발생할 수 있는 격으로 세상에서 믿지 못할 일들이 많이 생긴다는 뜻이요, 서로가 서로를 의심하고 믿지 못하는 것을 말하고 있다.

또는 어떤 일이나 상황이나 누구의 뜻을 거스른 일로 어렵고 힘든 일이 계속 발생할 운이요, 또는 일을 추진하는데 마음에 들지 않는 사람들만 모여들었다고 말할 수 있다.

또는 어떤 일을 거부한 일로 구설풍파가 많이 발생할 운이요, 또는 어떤 일이나 상황에서 소신있게 거부하니 후원자가 많이 생기거나 아니면 지지자들이 모여들고 있다고 할 수도 있다.

또는 상사와 부하직원의 사이에서나 주인과 종업원사이에서 믿지 못하는 일이 많이 발생하거나 서로 반목할 일들이 많이 발생하고 있다거나 발생하였다고 말할 수 있을 것이다.

또는 부부가 서로 믿지 못하여 상대를 의심하는 마음으로 살아가는 일이 많아졌다고 할 수도 있을 것이다.

또는 동료간에도 서로 믿지 못해서 마음에 있는 말을 할 수가 없을 일들이 많아졌다고 할 수 있을 것이다.

또는 사업의 거래처를 믿지 못하는 일이 많아졌거나 아니면 그 동안의 거래처가 등돌리고 멀어지는 일들이 많았다고 할 수 있다.

또는 정치인들이 상대의 정당이나 정책을 믿지 못할 일들이 많이 발생하고 있다고 할 수 있을 것이다.

2 1 택천쾌괘(澤天夬卦)

쾌(夬)란 '빠르고 신속한 것'을 뜻하는 상이다. 그래서 '바쁘다' '분주하다' '안정감이 없다' '불안하다' '즉흥적이다' '경거망동한다' 라고 할 수 있고, 또는 '내친 김에 해치운다' '생각난 김에 처리하거나 처분한다' 라고 할 수 있다.

그래서 이괘는 연약한 여인이 많은 남성을 억누르고 있는 상으로 신속한 결단을 필요로 하는 상이다.

또한 매사를 내친김에 해치울 수 있는 것으로 오래 끌지않고 주위의 변화에 따라 신속한 변화가 발생할 운이다.

또한 괘상(卦象)을 우주로 보면 하늘에 떠있는 연못 같은 것으로 비를 포함하고 있는 구름과 같아 어느 순간에 냉기류와 접하게 되면 순식간에 비가 되어 쏟아질지 모르는 상태를 나타내고 있는 것으로 주위의 변화에 빨리 적응할 수 있다고 하는 뜻도 된다.

다시 말하면 많은 사람들이 주위의 여건에 따라 어느 순간에 마음의 변화가 일어날 줄 모르는 사람이라 변화가 많은 인물이라고 보아야 할 것이다.

또는 빠르게 변하는 세상에서 살다보니 마음마저 분주하다거나 바빠지고 있다고 말할 수도 있을 것이다.

또는 회사의 사업의 변화나 또는 부부사이에서 어떤 상황이 빠르게 변화가 일어나고 있다고 할 수 있을 것이다.

또는 공직에서나 일반직장에서 누구보다 빠르게 출세를 하였다거나 할 수 있을 사람이라 말할 수 있을 것이다.

또는 많은 재물을 빠르게 모았다고 할 수도 있을 것이요, 아니면 많은 재물이 빠르게 소멸되었다거나 사업이 빠르게 망하였다고 할 수도 있을 것이다.

또는 어떤 연구과제가 빠르게 성취되고 있다고 할 수도 있을 것이요, 또는 인기가 빠르게 성장되도 있다거나, 아니면 빠르게 추락하였다고 말할 수 있을 것이다.

또는 질병이 빠르게 진전되거나 치유된다고 할 수 있을 것이요, 아니면 전염병이 빠르게 번지고 있다고 말할 수도 있다.

또는 재판이나 전쟁이 신속하게 이루어지고 있다고 말할 수도 있다.

**䷪ 211 택천쾌괘(澤天夬卦)의 초효가
동하여 택풍대과괘(澤風大過卦)로 변하면**

대과(大過)란 '지나치다' '무리하다' '과분하다' 라는 뜻이다. 그래서 '균형이 맞지 않는 상태' '정도를 벗어나거나 멀어지는 운'이요, '마음이 들뜨고 산란할 일이 많다'고 할 수 있고, '비물질적인 것'이라고 할 수 있다.

그래서 이 괘는 하늘에 떠있는 구름이 금세 큰 폭풍우로 변할 수 있는 괘상(卦象)이요, 또는 무슨 일인가를 결정하는데 큰 일을 저지를 일을 결정하는 운이다.

또는 생각없이 빨리 처리한 일로 큰 동요나 변화가 발생할 수 있는 상이다. 아니면 빠른 결정으로 인하여 갈등이나 동요나 풍파나 아니면 마음 설레이고 산란할 일이 크게 발생하였다거나 발생할 수 있다고 말할 수도 있을 것이다.

또는 학생이 공부를 포기하거나 직장인이 사직을 결정한 일로 마음의 동요나 갈등이 크게 발생할 수 있다고 할 수 있을 것이다.

또는 무식한 사람이 어느 날 갑자기 공부를 하여 출세를 하겠다고 결정을 한다든지 간에 많은 일들을 갑자기 결정한 일로 마음에 동요가 크게 일고 있다고 할 수 있을 것이다.

또는 학업성적이 빠르게 발전할 수도 있을 것이요, 또는 어떤 사건을 빠르게 처리하여 큰 재앙을 막았다고 할 수도 있을 것이다.

또는 집을 하나 구입하는 문제나 새로 짓는 문제나 물건을 팔아 처분하려고 하는 문제도 오래 생각해보는 것이 아니고 마음에서 내친김에 결정한 일로 인하여 마음의 동요나 풍파나 갈등이 크게 발생할 수 있다고 할 수 있을 것이다.

또는 결혼하려는 사람이 상대가 생기자 바로 결혼한 일로 심리적 불안이나 갈등이 크게 발생하였다고 할 수 있을 것이다.

또는 공사를 빠르게 진행한 일로 인하여 마음의 갈등이 크게 일어날 수 있는 일이 생길 수 있다고 말할 수 있을 것이다.

또는 부부의 갈등이 빠르게 심화되고 있을 수 있는 운으로 빨리 결정한 일이 큰 일이나 사건으로 발전할 수 있는 운이다.

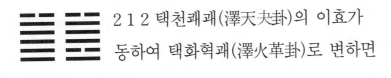 2 1 2 택천쾌괘(澤天夬卦)의 이효가
동하여 택화혁괘(澤火革卦)로 변하면

혁(革)이란 '강제적인 힘이나 물리적인 힘에 의하여 새롭게 변화하는 것'을 의미한다. 그래서 '바꾼다' '교환한다' '제거한다' '면직된다' '뒤엎는다' 라는 뜻이요, 또는 지금까지의 생활이나 생각이나 일이나 습관이나 전통 등이 '새롭게 변화하는 것'을 말한다.

그래서 이 괘는 생각없이 어떤 일을 결정하였는데 다른 사람에게 번복되었거나, 아니면 다른 사람의 어떤 결정을 내가 다시 번복할 일이 있을 것이라고 말할 수 있는 것이다.

또는 빠르게 결정한 일로 주위 사람들의 마음을 바꿀 수 있었다고 할 수 있을 것이다.

또는 신속한 변화가 누군가에 의하거나 어떤 상황에 의하여 발생할 수 있는 것으로 즉 혁명 또는 개혁 의미하고 있는 상이다.

또는 빠르게 변하는 사회를 새롭게 개혁하고 빠꿀 수 있다고 할 수 있다.

예를 들면 사회에 빠르게 번지고 있는 마약을 물리적인 힘이나 정신적인 교육을 통하여 개혁을 할 수 있는 상이다.

또는 빠르게 번지고 있는 어떤 유행이나 범죄행위를 어떤 힘에 의하여 개혁하거나 바로 잡으려 할 수 있다고 할 수 있는 상이다.

또는 세상을 너무나 바쁘게 살아가는 바람에 결혼도 못한 사람에게 누군가를 만난 인연으로 바쁘게 살던 마음에 변화가 발생하였다거나 발생할 수 있다고 말할 수 있을 것이다.

또는 갑자기 돌발적인 행동으로 살인행위가 누군가의 압력이나 협박에 의하여 발생할 수 있다고 할 수 있다.

또는 빠른 변화가 누군가의 힘에 의하여 일어나고 있다고 할 수 있다. 예를 들면 공부를 못하든 학생이 바른 지도자 선생님을 만남으로 인하여 공부의 이해가 빠르게 진전되었다고 할 수 있다.

또는 화장도 할 줄 모르던 아가씨가 어느 날 메이크업을 직업으로 하는 선생을 만난 덕분에 빠르게 화장술이 진전되었다고 할 수 있을 것이다.

☰☱ 213 택천쾌괘(澤天夬卦)의 삼효가
동하여 중택태괘(重澤兌卦)로 변하면

태(兌)란 '교환한다' '추가한다' '혼합한다' 라는 뜻이다. 또는 '팔아버린다' '보탠다' '더한다' '섞는다' 라는 뜻으로 '옛것을 버리고 새로운 것을 취한다' 는 뜻이 있고, 또는 '즐거움'을 나타내는 상이다.

그래서 이 괘는 즉흥적으로 헌것과 새것을 바꾸는 사람이다. 여기서 쾌(夬)는 주위의 변화에 적응을 잘하는 것으로 볼 수 있다.

또한 바쁘게 생활하거나 결정할 일이 추가될 수 있다거나 아니면 바쁘게 생활하거나 서두른 일로 인하여 즐거운 일이 발생할 수 있다고 말할 수 있을 것이다.

또는 어떤 일을 미루지 않고 빠르게 결정한 일이 잘된 일로 즐거움이 발생하였다고 할 수 있는 상이다. 즉 다른 사람보다 먼저 뛰다보니 즐겁다 아니면 즐거운 일이 생겼다고 할 수 있는 것이다.

또는 매사를 차분하게 처리하는 것이 아니고 불안하고 경솔하게 처리하는 일이 자즌 사람이라 말할 수 있을 것이다.

또는 주위의 변화에 빨리 적응하니 좋은 일이 생길 수 있다고 할 수도 있을 것이다.

또는 옛것에 미련을 가지고 살지 않고 새로운 것이 있으면 생각할 겨를도 없이 바꾸는 것으로 모든 물건이 마음에 들지 않으면 교환할 수 있는 성격이다.

또는 주위의 분위기에 휩쓸려 애인이나 친구는 생각하지 않고 그 자리에서 새로운 친구와 사랑을 나눌 수 있는 상이다.

또는 학문도 그동안 하던 학문을 제쳐두고 새로운 학문을 추가할 수 있다. 즉 항상 새로운 기분으로 지내고 싶은 충동이 일수 있는 사람이다. 이런 사람을 믿으면 큰 일을 당하기 일쑤이다.

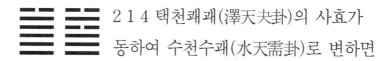 214 택천쾌괘(澤天夬卦)의 사효가
동하여 수천수괘(水天需卦)로 변하면

수(需)란 '기회나 때나 상황을 기다린다' '기대한다' '필요로 한다' '찾는다' '요구한다' '원한다' 라는 뜻이요, 또는 '대기한다' '미루어진다' 라는 뜻이다.

그래서 이 괘는 매사를 급히 서두르지 말고 때를 보아가면서 기다리라고 하는 것이다.

또는 느긋하게 생활하는 사람이거나 서두를 일이 있어도 때를 기다리는 사람이라고 할 수 있다. '빨리 먹는 밥이 얹힌다' 는 말이 있듯이 서두르다가 낭패할 수 있으니 여유를 가지라는 말이다.

또는 어떤 일이나 사업을 바삐 서둘러 시작은 하고 결과를 기다리고 있다고 할 수 있을 것이다.

또는 연애를 빨리 시작한 남녀가 결혼은 미루는 것이요, 아니면 결혼일을 기다리고 있다고 표현할 수도 있을 것이다.

또는 어려서부터 연예계 활동을 시작한 사람이 늦게 인기를 얻거나 아니면 인기가 오르기를 기다린다고 할 수 있을 것이다.

또는 이민을 가더라도 서두르지 말고 때를 보아가면서 미루라고 할 수 있을 것이요, 또는 직원을 채용하는데 서두르지 말고 기다려 보라고 할 수 있는 운이다.

또는 공사를 발주하는 일이나 준공을 기다리라고 할 수도 있을 것이요, 또는 물건을 매매하는 일도 서두르지 말고 주위의 변화를 보아가면서 기다리라고 할 수가 있을 운이다.

또는 재판이나 군입대나 전쟁이나 신제품 발표회 등도 기회를 보아가면서 미루라고 할 수 있는 운이요, 또는 대학입학 지원서를 제출하는 일이나 계약할 일도 서두르지 말고 기다리라는 운이다.

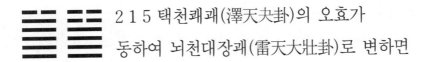 215 택천쾌괘(澤天夬卦)의 오효가 동하여 뇌천대장괘(雷天大壯卦)로 변하면

대장(大壯)이란 '씩씩하고 활발한 기상'이요, 하늘에서 치는 우뢰로 '허풍' '허세'를 뜻한다. 또는 '장하다' '굳세다' '우렁차다' '출세가 좋다' '큰소리 칠 일이 있다' '기가 강하다' '자신과 능력이 있다' '잘난 척을 잘한다' '마음에 없는 말' '실속없는 소리'라

는 뜻이다.

그래서 이 괘는 오늘의 신속한 결정이 내일의 큰 힘으로 변화하는 것을 말하는 것이요, 또는 생각없이 조급하게 처리한 어떤 일로 큰 사건이 발생할 수 있다고 할 수 있을 운이다.

또는 분주하게 생활하면서 활동력이 많거나 세상에서 큰소리치면서 살아간다거나 살아갈 수 있는 사람이라 할 수 있다.

또는 세상살이는 바쁘게 하였어도 실속은 없는 사람이다고 말할 수도 있을 것이요, 또는 실속없이 헛물만 켰다고 말할 수 있을 것이다. 여기서는 대장을 허풍으로 설명하였다.

또는 즉흥적인 결정으로 매우 어려운 고비를 만날 수 있는 운이다. 예를 들면 마음먹은 김에 벌린 사업이 후일에 크게 될 수도 있으나 아주 어려운 처지에 들 수도 있다는 것이다.

또는 허풍을 많이 치고 다니는 사람이거나 아니면 그러한 사람들에게 사기를 당할 수 있다고 할 수 있을 것이다.

또는 어떤 일을 미루지 않고 신속하게 처리한 결과 크게 출세나 큰 일을 할 수 있는 일이 생길 수 있을 것이다.

또는 출세가 빠르게 있을 수 있다고 할 수 있을 것을 말하는 운이요, 아니면 남다르게 빠른 출세를 하였다고 할 수도 있을 것이다.

또는 사업을 서두는 바람에 겉이나 모양이나 형체는 그럴듯하나 내실은 부족할 수 있다고 할 수 있을 운이다.

또는 오늘에 학업을 급히 서둘러서 시작한 것이 내일에 큰 학문을 이루는 결정이 될 운이요, 아니면 실속없을 학문을 하게 되었다고 할 수 있을 운이다.

또는 오늘에 급히 서둘러 결정한 결혼이 내일에 행복한 가정을 이룰 수 있는 운이요, 아니면 결혼생활이 허상으로 끝이 날 수도 있다고 볼 수 있을 것이다.

또한 쾌(夬)는 주위의 변화로 발생하는 운이라 주위의 여건에 순응을 잘하다보니 큰소리칠 일이나 아니면 안정감없는 생활로 패가망신이나 구설수 등이 생겼다고 할 수가 있을 것을 말하는 운이다.

216 택천쾌괘(澤天夬卦)의 육효가 동하여 중천건괘(重天乾卦)로 변하면

건(乾)이란 '강하고 능력있고 힘있는 것'이요, 또는 어떤 분야에서 좋은 면에서나 나쁜 면에서나 '최고'를 말한다. 또한 '임금'이요 '하늘'이며 '힘이 강하고 넘치는 운'이요, 또한 '굳다' '견고하다' '고집' '몰인정' '모가 나다' '특별하다' '메마르다' '최고' '독선적인 것'이며, 또는 '콧대가 높다' '자존심(자부심)이 강하다' 등을 말하고, 또는 '외롭고 쓸쓸한 것'을 말한다. 또는 매사 분명한 것을 좋아하고, 누구와 타협하려고 하지 않는다.

그래서 이 괘는 빠른 결정으로 큰 재앙을 막을 수 있었다고 말할 수도 있을 수 있는 것이다.

또는 돌발적인 행동이나 말을 하는 사람으로 모가 난 사람이요, 또는 어떤 일을 결정하는데 있어 누구의 말도 듣지 않고 자기 고집대로 매사를 처리하는 사람이라 할 수 있을 것이다.

또는 빠르고 신속하게 큰 일을 마쳤다고 할 수 있으니 큰 공사나 사업을 생각보다 빠르게 완공하였다고 할 수 있을 것이다.

또는 빠르게 출세가 있었다거나 아니면 생각없이 기분 내키는대로 매사를 경솔하게 처리하다 많은 것을 잃었다거나 외롭고 쓸쓸한 신세가 되었다고 말할 수 있을 것이다.

또는 즉흥적으로 산 복권이 당첨되어 큰 재물을 얻거나 생각없이 갑자기 결정한 일로 큰 명성을 얻을 운이요, 또는 빠른 시일에 큰 인물을 만나거나 만날 수 있을 것이라 할 수 있을 것이다.

또는 빠르게 망해도 크게 망했다거나 아니면 머지않아 크게 망할 것이라고 말할 수 있는 것이다.

또는 빠르게 번진 유언비어로 정권이 무너질 수도 있을 것이요, 또는 큰 회사나 사업체가 망하는 결과가 발생할 수도 있을 것이다.

또는 내가 사업을 하고 싶은 욕망이 있어 후원자를 은근히 기다리고 있는데 갑자기 힘있고 능력이 있는 사람이 나타나서 도움을 얻을 수 있는 운이다.

2 2 중택태괘(重澤兌卦)

태(兌)란 '교환한다' '추가한다' '혼합한다' 라는 뜻이다. 또는 '팔아버린다' '보탠다' '더한다' '섞는다' 라는 뜻으로 '옛것을 버리고 새로운 것을 취한다' 는 뜻이 있고, 또는 '즐거움'을 나타내는 상이다.

그래서 이 괘는 옛것에 새로운 것을 추가한다는 의미가 있으니 연못은 항상 새로운 물이 들어오는 것을 거절하지 못하고 받아들이는 격이요, 또는 전에 물은 내보내고 새로운 물을 받아 저장한다는 뜻과 같다.

또한 태괘(兌卦)란 항상 새로운 것을 받아들이고, 새로운 일에 도전하고 싶은 상이라 할 수 있을 것이다.

또는 어떤 분야의 연예인이라고 하거나 스타가 또 다른 분야에도 관심을 갖는다거나 가지고 있다고 할 수 있으니, 예를 들면 가수가 탤런트 생활에 관심이 있다거나 패션 모델이 탤런트에 관심을 갖고 있다든지 하는 일들을 말하는 것이다.

또는 벼농사를 짓다 농부가 포도농사나 과수원 등을 추가로 하고 싶다거나 아니면 가축을 기르고 싶은 마음이 있다고 할 수도 있을 것이다. 아니면 그동안 농사를 짓던 일을 그만두고 새로운 사업이나 생활방법으로 바꾸려 할 수도 있을 것이다.

또는 취업을 원하고 있던 사람이 취업이 되니 기쁘다거나 아니면 사업주가 새로운 종업원을 구할 일이 생겼다거나 아니면 있던 종업원들을 교체하였다거나 교체하려고 마음을 먹고 있는 사람이라 말할 수 있을 것이다.

또는 새로운 친구를 사귀고 싶고, 새로운 학문을 접하고 싶고, 새로운 사업이나 새로운 운동 등을 하고 싶은 운이다.

또는 지금의 애인을 두고도 또 다른 애인을 두고 싶어하는 격이라고 할 수 있을 것이다. 또는 사람이나 모든 물건을 옛것보다는 새로운 사람이나 물건으로 교환하고 싶어하는 성격이다. 이러한 성격의 소유자라 실증을 빨리 느끼는 사람이라고 보아야 할 것이다.

또는 어떤 일로 즐거움이 계속 생길 수 있다고 할 수 있는 상이다. 예를 들면 집안에서 부모의 경사가 있었는데 이번에는 나에게 취업통지서가 왔다든지 할 수 있는 것을 말하고 있다.

2 2 1 중택태괘(重澤兌卦)의 초효가
동하여 택수곤괘(澤水困卦)로 변하면

곤(困)이란 '곤란하다' '어렵다' '힘들다' 라는 뜻이요, '어떤 조직에 얽매는 것' 이라는 뜻도 있다. 또는 '자다' '지치다' '시달리다' '괴롭다' '구금되다' '갇히다' 라는 뜻이요, 갇힌다는 것은 어떤 틀에 묶이는 것으로 '취업한다' '진학한다' 라고도 할 수 있다. 또는 '감추다' '저장하다' '위기' '곤란한 처지' 를 말하고, 또는 '술, 담배, 마약, 마작 등에 중독되었다' 라고도 할 수 있다.

그래서 이 괘는 새로운 일이나 물건을 추가하거나 교환하거나 교체한 일로 교도소에 갈 일이 생길 운이다. 예를 들면 기혼자가 다른 이성을 탐하다 교도소에 갈 운이요, 새로운 직장이나 학교나 어떤 기관이나 조직에 얽매일 수 있다고 말할 수 있는 상이다.

또는 새로이 여자를 사귄 것이 악연을 만나서 평생 곤욕을 치르게 되거나 경제적으로 어려움이 있을 수 있을 것이라 할 수 있다.

또는 새로운 것으로 바꾸고 추가하는 일들이 어렵고, 아니면 추가하고 바꾼 일로 어려움이 발생할 수 있을 것이라고 말할 수 있을 것이요, 아니면 어렵고 힘든 생활을 하였다고 할 수 있다.

또는 즐거움 끝에 곤란한 일이 발생할 운이다. 예를 들면 여식을 결혼을 시키고 난 후에 가정에 어려움이 생겼다. 또는 힘들다고 할 수 있을 것이다.

또는 사회에서 명예를 얻고 나니 사회활동이 자유롭지 못하여 곤란하다 어렵다고 할 수 있을 것을 말할 수 있을 것이다.

또는 살던 집을 교환하거나 수리하려고 하는 일이나 새로 집을 지은 후에 가정에 어려움이 생겼다고 할 수가 있다. 아니면 새로 집을 짓다 일이 뜻대로 되지 않고 매사가 어렵고 힘이 든다거나 힘들 일이 발생할 수 있다고 할 수 있을 것이요,

또는 새로운 사업을 시작하다가 어려운 난관을 만난다든지, 새로이 물건을 구입한 것이 구설수나 어려운 일이나 힘든 일이 생길 수 있다고 할 수 있다. 그래서 이 괘가 있는 사람은 욕심은 금물이요 매사를 순리대로 살아야 할 것이다.

또는 새로운 학업을 시작하였는데 어려움이 많다고 할 수 있으며, 또는 새로운 학업을 하기 위하여 유학을 가려고 하는데 뜻대로 되지 않고 어려움이 생길 수 있는 운이다.

또는 새로운 법을 만들거나 추가하는데 어려움이 많이 생길 수 있다고 하는 운이다. 여기는 추가문제로 해석하였다.

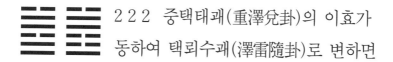 2 2 2 중택태괘(重澤兌卦)의 이효가 동하여 택뢰수괘(澤雷隨卦)로 변하면

수(隨)란 '따른다' '순종한다' '모방한다' '답습한다' '전통을 지키는 사람' '주위 여건에 맞춰 적응하는 것'을 말한다. 또는 '맡

긴다' '닮는다' '비슷하다' 라는 뜻이요, 또는 '상대를 믿는다' '상
대를 믿고 거부하지 않는다' 라는 뜻이다. 따른다는 것은 상대방이
그저 좋거나 마음에 들어서요, 또는 상대방의 기술이나 능력이나
실력을 믿거나 좋아하여 따른다고 할 수 있다. 또한 '스스로 개발
할 능력이나 앞장서는 일이 없는 사람' '창의적이지 못한 사람' '일
인자나 리더는 될 수 없는 사람' 이라고도 볼 수 있다. 여기서 주의
할 것은 선과 악의 길이 있다는 것이다.

　그래서 이 괘는 남의 장단에 춤추는 격이요, 또는 다른 사람이하
는 일은 나도 하여 보고 싶은 충동을 받는 운이다. 여기서는 악의
가 아닌 순리에 의한 순수한 마음으로 보아야 한다.
　또한 이 괘는 나의 주관이나 의지로 어떤 일을 추가하거나 교환
하는 것이 아니고 남이 하는 것을 보고 그대로 모방한다고 할 수
있는 상이다. 예를 들면 다른 사람이 물건을 사는 일이나 애인이
생기는 일이나 여행가는 일에 있어서도 나도 다른 사람들과 같이
하고 싶은 충동을 느낄 수 있는 상이라 할 수 있다.
　또는 사회에서나 어떤 가정에서 좋은 일이나 경사가 발생하였다
면 그곳에 가고 싶어하거나 경사에 갔다고 말할 수도 있을 것이요,
아니면 가고 싶어하는 사람이라 할 수 있다.
　또는 농사짓는 일에서나 다방을 운영하는 일에 있어서도 다른
사람들이 사업을 교체한다면 나도 교체하고 싶은 충동을 느낄 수
있다고 말할 수 있을 것이다.

또는 공부하는 일이나 사업 뿐만이 아니라 친구가 자녀를 결혼시키는 것을 보고 나도 우리 자녀들을 빨리 결혼을 시키고 싶은 충동 등 다른 사람이하는 일이라면 모든 것을 같이 하고 싶어하는 운으로 시기와 질투심이 강한 운이라고 보아야 할 것이다. 우리 속담에 '친구 따라 강남 간다'고 하는 말과 같은 내용이다.

또한 태(兌)는 혼합하다. 섞다라는 뜻이 있으니 예를 들면 여러 종류의 사업이나 여러 곳에 사업체를 가지고 있는 사업주가 사업체를 하나로 통합하니 많은 종업원들이 한 곳으로 모여들었다거나 모여들 일이 생길 수 있다고 말할 수도 있을 것이다.

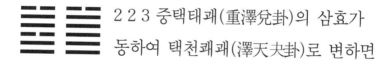

223 중택태괘(重澤兌卦)의 삼효가 동하여 택천쾌괘(澤天夬卦)로 변하면

쾌(夬)란 '빠르고 신속한 것'을 뜻하는 상이다. 그래서 '바쁘다' '분주하다' '안정감이 없다' '불안하다' '즉흥적이다' '경거망동한다'라고 할 수 있고, 또는 '내친 김에 해치운다' '생각난 김에 처리하거나 처분한다'라고 할 수 있다.

그래서 이 괘는 추가하고 교환할 일이나 새로운 변화에 대한 신속한 결단이 필요한 운이요, 또는 교체하거나 추가할 일이 생기면 부산하게 서두르거나 설치고 다니는 사람이라고 할 수 있다.

또는 애인이 생긴다든지, 사귀던 애인과 헤어지고 새로운 사람과 사귈 수 있는 일이 빠르게 다가오고 있다고 할 수 있다.

또는 새로운 의상이나 친구나 집을 구입하거나 아니면 집을 교환할 일이 금방 닥칠 운이요, 또는 죽음으로 땅 속에 들어갈 일이 멀지 않았다고 할 수 있다.

또는 직장을 바꿀 일이 생긴다든지, 또는 사업을 확장한다거나 추가로 설립하기로 하였다거나 또는 물건을 구입한다거나 교환하려고 하였다면 빠르게 결정을 할 수 있을 것이라 할 수 있다.

또는 또 다시 임신을 원한다든지 아니면 임신하였거나 또는 임신을 할 수 있는 일이 곧 발생할 것이라고 말할 수 있을 것이다.

또는 즐거울 일이나 기쁜 일이나 아니면 구설이나 풍파나 갈등으로 생활할 일들이 새로 발생하거나 추가로 발생할 수 있는 일들이 빠르게 다가오고 있다고 말할 수 있을 것이다.

또는 첩을 두기로 작정하였거나 또는 새로운 학업을 하기로 마음먹었다면 바로 실천에 옮길 수 있는 것 등을 말하는 운이다.

䷹䷻ 224 중택태괘(重澤兌卦)의 사효가 동하여 수택절괘(水澤節卦)로 변하면

절(節)이란 '매사가 순탄하지 못하여 더디고 어려움이 많은 운'이요, 또는 '나누어 해결한다' '단계별로 해결한다'라고 할 수 있다. 예를 들면 할부나 카드결제 등이다. 또는 '곤란하다' '어렵다' '힘들다' 라는 뜻이요, '뜻대로 되지 않는 운' 이다.

그래서 이 괘는 우리 속말로 '호사다마' 라고 하는 말과 같은 것으로 즐거운 일이나 기쁜 일이 생길 수 있는 일이나 즐겁고 좋은 일이 생겼다고 한다면 마음대로 풀려나가는 것이 아니고 중도에 어려움이 많다거나 자주 발생한다고 할 수 있을 것이다.

또는 새로운 일이나 상황에서 새롭게 추가하거나 교환하려고 하는 일들이 뜻대로 되지 않고 어렵고 힘들게 해결된다고 할 수 있는 상이다. 그래서 새로운 것을 추구한다기 보다는 하던 일이 끝이 날 때까지 인내심으로 기다렸다가 그 일이 끝나면 그때서야 새로운 일을 하여야한다는 것을 가르치고 있는 운이다.

또한 어떤 일을 새롭게 시작하거나 하던 일에 또 다른 일을 추가하려고 하는 일들이 마음먹은대로 되지 않고 어려움이 생길 수 있는 운으로 한 가지를 해결하면 또 다른 곳에서 어려움이 생기고, 또 다시 해결하면 또 다른 어려움이 생기는 운이다.

또는 사업을 새로운 사업으로 교체하려고 작정하였다면 교체하는 일이 마음대로 되지 않고 어렵고 힘들다거나 힘들 것이라고 말할 수 있는 것이다.

또는 그동안에 하던 일 예를 들면 춤이나 당구나 수영이나 서예나 음악 등을 하던 사람들이 또 다른 어떤 일을 추가로 배우려 하였다면 배우고자 하는 일이나 학습 등이 뜻대로 안되고 어렵고 힘이 들것이라고 말할 수도 있을 것이다.

또한 하나의 일도 제대로 처리하지 못하고 또 다른 일을 벌린다거나 아직은 쓸만한 물건인데도 새 물건으로 교환하려고 하는 사람들이 많은데 그런 것을 때가 될 때까지 기다려 가면서 서서히 해결하라고 하는 뜻이다.

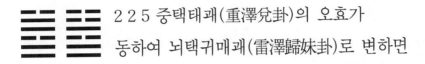 225 중택태괘(重澤兌卦)의 오효가
동하여 뇌택귀매괘(雷澤歸妹卦)로 변하면

귀매(歸妹)란 '만남'을 상징하고 '본래의 자리로 돌아가다' '돌려주다' 라는 뜻이다. 예를 들면 남녀, 친구, 아는 사람, 만나서는 안 될 사람, 원한이 있는 사람, 연예인이나 어떤 능력이 있는 사람, 원하고 기다리던 사람, 언쟁과 다툴 수 있는 사람, 위해와 사기를 칠 수 있는 사람, 어려운 문제를 해결해 줄 수 있는 사람 등을 말한다. 또는 동물이나 물건을 만나거나 사람이나 일이나 동물이 본래의 위치로 돌아가거나 돌아갈 것이라고 말할 수 있다.

그래서 이 괘는 어떤 부인이 우울증 등의 발생으로 항상 새로운 물건을 구입하는 일로 사치가 심한 사람이 어떤 충격이나 상황의 변화가 발생함으로 인하여 사치나 낭비에서 본래 가정부인의 위치로 돌아올 수 있거나 돌아왔다고 말할 수 있는 상이다.

또는 지금껏 지내고 있는 애인을 두고 또 다른 새로운 애인이 생길 수 있다거나 할 수 있을 운이다. 아니면 지금껏 사귀고 지내던 애인과 이별하고 새로운 애인이 생겼다거나 생길 수 있다고 말할 수 있는 운이다.

또는 회사를 운영하는 사람이라면 그동안 지내던 사람들이 떠나고 새로운 사람이 추가로 들어올 수 있다고 할 수 있을 것이요, 아니면 그동안 있던 종업원은 그대로 두고 새로운 사람들을 받아들이는 사이라 할 수 있다.

또는 즐거운 일로 새로운 사람들을 만날 수 있다고 할 수 있으니 예를 들면 회사에 취업하게 되어 새로운 친구들을 많이 만날 수 있다거나 아니면 대학에 진학한 일로 인하여 많은 사람들과 사귀게 되었다고 할 수 있는 것이다.

또는 즐길 수 있는 일에서나 즐거운 장소에서 새로운 사람이나 누구를 만날 수 있는 운이다. 예를 들면 청춘남녀가 미팅에서 새로운 사람들을 만날 수 있을 것이요, 또는 카바레에 춤을 추러 나간 일로 인하여 많은 이성을 만날 수 있다고 할 수 있을 것이다.

또는 시끄럽거나 즐기는 장소 등으로 야구장이나 노래자랑이나 예술공연관람이나 문화행사에 나갔다가 전에 알고 지내든 사람을 만날 수 있다거나 내가 찾고자 하는 사람을 만날 수 있을 것이라고 할 수 있을 것이다.

또는 새로이 어떤 동물이나 물건 등이 들어오거나 만날 수 있다고 할 수도 있을 것이다

226 중택태괘(重澤兌卦)의 육효가 동하여 천택리괘(天澤履卦)로 변하면

리(履)란 '밟는다' '쫓는다' '무시한다' 라는 뜻이다. 또는 '따른다' '모방한다' '닮아간다' '업신여긴다' '괄시한다' '채택하지 않는다' '관심없다' '협박한다' 라는 뜻이요, 또는 '물건을 소중하게 취급하지 않고 소홀히 다루는 상' 이다.

그래서 이 괘는 새롭게 추가하거나 교환하는 일이나 어떤 상황이 마음에 들지 않아 무시하고 치워 버릴 수 있는 상이요, 아니면 본인에게 살이 있으면 자신이 없을 운이라 할 수 있을 것이다.

또는 교환하거나 추가한 일로 인하여 주위 사람들에게 무시나 멸시를 받으면서 살아가거나 아니면 그러한 사람을 무시하거나 멸시하면서 살아갈 일이 생길 수 있는 것이다.

또는 추가한 일, 교환한 일이 덕이 되지 않는 것으로 무시하고 관심을 갖지 않을 수 있다거나 아니면 관심 밖으로 버렸다고 할수가 있을 것이다.

예를 들면 주역(周易)을 공부한 사람이 다른 어떤 역학(易學) 책을 보았으나 주역(周易)에 견줄만한 책이 못되니 새로 배운 역학(易學)은 무관심하고 있다고 할 수 있을 것이다.

또는 새로 사귄 애인이 그전부터 지낸 애인만 못한 것 같으니 별로 관심도 없이 상대하고 있다고 말할 수도 있을 것이다.

또는 새 옷을 한 벌 구입한 것이 처음 보았을 때는 마음에 들어 좋은 기분으로 구입하였는데 막상 한두 번 입어보니 자기에게 별로 맞지 않는 것 같아 버렸다거나 버릴 일이 생길 수 있을 것이라 할 수도 있을 것이다.

또는 부부가 이혼을 한 사람이 새롭게 배우자를 만난다는 일에서나 또는 사업가라면 여기저기 분점을 내려고 하는 일에서나 또는 새로운 학문이나 공사를 하고자 한다면 새로운 학문이나 공사에 자신감이 없을 수 있다고 할 수 있을 것이다.

또한 타인의 경사나 좋은 일에 불만을 가지고 상대를 무시하거나 업신여길 수 있는 사람이라 말할 수 있다.

또는 다른 사람을 모방하는 운으로, 다른 사람이 물건을 사면 나도 사야하고, 다른 사람이 헌물건을 바꾸면 나도 바꾸고 싶고, 다른 사람이 사업을 하면 나도 하고 싶은 마음으로 다른 사람이 하는 모든 것을 시기하고 질투하는 사람이라고 할 수 있다.

2 3 택화혁괘(澤火革卦)

혁(革)이란 '강제적인 힘이나 물리적인 힘에 의하여 새롭게 변화하는 것'을 의미한다. 그래서 '바꾼다' '교환한다' '제거한다' '면직된다' '뒤엎는다'라는 뜻이요, 또는 지금까지의 생활이나 생각이나 일이나 습관이나 전통 등이 '새롭게 변화하는 것'을 말한다.

그래서 이괘는 물을 위에 올려놓고 밑에서 불을 때는 상으로 물은 불을 때면 순리가 아닌 강제의 힘에 의하여 끓는 것처럼 이 괘는 어떤 상황이 누군가의 힘에 의하여 마음에서 어떤 동요가 일고 있다고 할 수 있을 것이요, 또는 마음이 안정이 되지 않고 있는 상이라 말할 수 있으며, 또는 새롭게 변화하고자 노력하는 운이다.

또한 불이 물을 끓일 때는 물의 입장은 생각지 않고 불의 임무로 뜨겁게 타면서 물을 끓이듯이 이 괘는 자기위주로 모든 일을 처리하면서 상대방은 조금도 생각하지 않는 성격으로 보아야 한다.

또한 물이 늘 상 끓고 있는 것 같이 사람의 마음도 변화가 많은 사람이라 믿을 수가 없는 사람이다. 이런 사람은 사업가는 사업을 바꾸려 하거나 직원이나 동료들을 달달 볶다시피 직원들을 독려하는 성격이요, 아니면 사람을 자주 교환하는 인물이다.

또한 새로운 구상을 항상 하여 새로운 일자리를 만들고 있는 인물이라고 보아야 한다. 정치인도 새로운 정치를 구상하고, 공부하는 학생도 새로운 학문에 도전하고, 연인관계라면 새로운 연인을 찾고 있는 운인데 이러한 일들이 순리가 아니고 어떤 힘이나 주위의 변화에 의하여 일어나고 있다는 것이다.

또한 바꾼다, 교환한다는 것은 옛것을 새것으로 교환한다고 하는 뜻이 포함되어 있다. 교환한다는 것은 태(兌)와 같은 뜻이 포함되어 있으나 태(兌)는 자연적으로 발생할 수 있는 일이라면 혁(革)은 어떤 물리적인 힘이나 강제적인 힘에 의하여 변하고 뒤바뀌는 것을 말하고 있다. 육체적 정신적 물리적인 모든 것을 말하고 있다.

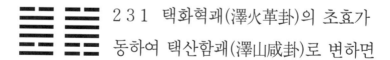

2 3 1 택화혁괘(澤火革卦)의 초효가 동하여 택산함괘(澤山咸卦)로 변하면

함(咸)이란 '전부' '모두'라는 뜻이요, 또는 '골고루' '동등하다' 라는 뜻이요, 또는 '구성원 전부'라는 뜻이다. 그래서 '통째로' 또는 '여러 분야' 또는 '느끼다' '감각이 있다'라는 의미요, 또는 '각양각색'이라고도 할 수 있다. 예를 들면 이것과 저것, 여기와 저기가 모두 같은 내용이요 같은 물건이요 같은 성질이요 같은 형상이라는 뜻이다.

그래서 이 괘는 작은 변화가 아니라 전체적인 변화를 의미하고, 또는 개혁하고 바꿀 일이 한두 가지가 아니라 모든 것을 새롭게 바꿔야 한다고 말할 수 있을 것이요, 아니면 여러 가지를 여러 방면에서 골고루 수정할 일이 발생하였다고 할 수 있을 것이다.

또는 어떤 일이나 상황이나 나의 주변을 정리하다보니 여러 가지 여러 사람 여러 상황 등에서 모두, 아니면 골고루 교체하였다거나 변화를 일으켰다고 할 수 있을 것이다.

또는 어떤 일이나 상황에서 물리적인 힘으로 처리하려고 하다보니 여러 곳에서 부작용이 발생하였다거나 발생할 수 있다고 표현할 수 있는 상이다.

또는 세상이 뒤바뀔 것 같은 기분이 든다거나 아니면 남편이 바람이 나서 집을 나갈 것 같은 기분이 든다거나 회사에서 인사태풍이 있을 것 같은 기분을 느낄 수 있다고 말할 수 있는 것이다.

또는 태풍으로 살던 집 전체가 부실화되었다고 할 수 있을 것이요, 가스 폭발사고로 집이 무너졌다고 할 수도 있을 것이다.

또는 옛 건축물을 모두 걷어내고 현대식 건물로 채웠다고 할 수 있을 것이요, 또는 고건물 중에 일부를 교체하려고 하니 그 집이

썩고 무너지는 일이 발생할 수 있다고 하는 운이다.

또는 불량배 생활을 하던 사람이 주위의 권고로 불량배 생활에서 손을 씻고 새사람이 되었다고 할 수가 있을 것이다.

또는 주위 권고에 의하여 마음을 바꿔 먹으니까 세상의 모든 일이 잘 풀린다고 할까 아니면 많은 사람들과 사귀면서 지낼 수 있을 것이다.

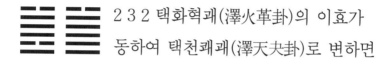 232 택화혁괘(澤火革卦)의 이효가
동하여 택천쾌괘(澤天夬卦)로 변하면

쾌(夬)란 '빠르고 신속한 것'을 뜻하는 상이다. 그래서 '바쁘다' '분주하다' '안정감이 없다' '불안하다' '즉흥적이다' '경거망동한다'라고 할 수 있고, 또는 '내친 김에 해치운다' '생각난 김에 처리하거나 처분한다'라고 할 수 있다.

그래서 이 괘는 누군가에 의하여 변화가 빠르게 일어나고 있다고 할 수 있다. 예를 들면 평소에 마음먹고 있던 어떤 일들이 주위 사람들의 권유에 의하여 빠른 변화가 발생했다고 할 수 있다.

또한 개혁의 결단을 의미하는 것으로 마음만 변화의 개혁을 생각하고 있으면서 결단을 내지 못하는 경우가 있는데 이 괘는 바로 그러한 마음에 개혁을 결단으로 실천할 수 있게 한다.

또는 개혁이 빠르게 진행되고 있다고 할 수 있다. 예를 들면 정치의 개혁이나 사회의 개혁이 누군가에 의하여, 아니면 물리적인 힘에 의하여 빠르게 진행되고 있다고 할 수 있을 것이다.

또는 회사의 분위기가 누군가의 조종이나 물리적인 힘에 의하여 빠르게 변하고 있다고 하거나 변할 것이라고 말할 수 있을 것이다.

또한 누군가의 권유에 의하여 사업을 변화를 생각하였으면 신속한 실행을 의미하는 상이라 할 수 있을 것이다.

또는 누군가의 권고로 전공을 바꾸려고 생각하였다면 미루지 말고 신속하게 실천할 것을 의미하는 상이라 할 수 있을 것이다.

또는 주위여건상 주위의 인물을 교체하려고 마음을 먹었으면 신속하게 교체할 것을 말하고 있는 운이다.

또는 집이나 분위기나 어떤 상황으로 인하여 가구를 교체하기로 마음먹었다면 신속하게 교체하라고 할 수 있다.

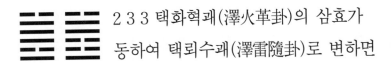 233 택화혁괘(澤火革卦)의 삼효가
동하여 택뢰수괘(澤雷隨卦)로 변하면

수(隨)란 '따른다' '순종한다' '모방한다' '답습한다' '전통을 지키는 사람' '주위 여건에 맞춰 적응하는 것'을 말한다. 또는 '맡긴다' '닮는다' '비슷하다' 라는 뜻이요, 또는 '상대를 믿는다' '상대를 믿고 거부하지 않는다' 라는 뜻이다. 따른다는 것은 상대방이 그저 좋거나 마음에 들어서요, 또는 상대방의 기술이나 능력이나 실력을 믿거나 좋아하여 따른다고 할 수 있다. 또한 '스스로 개발할 능력이나 앞장서는 일이 없는 사람' '창의적이지 못한 사람' '일인자나 리더는 될 수 없는 사람'이라고도 볼 수 있다. 여기서 주의할 것은 선과 악의 길이 있다는 것이다.

그래서 이 괘는 누군가에 의하거나 또는 어떤 힘이나 압력에 의하여, 또는 상황에 의하여, 가정에서나 사회에서나 직장에서나 유행에서나 물가변동에서나 국제정세에서나 정치에서까지도 주위에서 변화가 일고 있으면 거역하지 말고 순종하라고 하는 운이다.

또는 어떤 변화가 발생할 때 변화에 반항하거나 거역하지 않고 변화에 순종하는 것으로 우선은 자신을 낮추고 순종하라는 의미로 전쟁터에서는 여러 사람이 가는대로 따르라고 할 수 있는 상이다.

또는 시대가 변하고 주위 환경이 변하고 계절의 변화가 발생한다면 그 변화에 반항하지 말고 적응하면서 살아가야 한다는 것을 가르치는 상이라 할 수 있을 것이다.

또는 어느 모임의 단체에서 회칙이 변하면 변한 회칙에 순종하고 따르라고 할 수 있을 것이다.

또는 새로운 법이 제정되면 새로 제정된 법률에 순종하면서 따르라고 가르치는 상이라 할 수 있다.

또한 처녀가 결혼하면 시가의 가풍에 따라야 하며, 또는 이사를 하였다면 이사한 집에 맞춰 살아야 한다고 할 수 있을 것이다.

또는 직장을 바꾼다면 바꾼 직장의 생활에 맞추면서 살아야 한다는 것을 말하는 운이다.

또한 임직원은 회사의 회칙에 순종하고 따라야 한다는 것을 가르치는 것으로 시대의 변화에 순종하고 따르라고 하는 말이다.

또는 누가 어느 곳으로 이주할 일이 발생하여 이주하게 되었다면 이주한 곳의 풍속에 적응하면서 살아야 한다고 말할 수 있다. 예를 들면 수몰민의 이주나 새로운 개발계획에 의한 이주 등이다.

2 3 4 택화혁괘(澤火革卦)의 사효가 동하여 수화기제괘(水火旣濟卦)로 변하면

기제(旣濟)란 '과거, 지난날, 지나간 일, 지나간 상황' 등을 말한다. 그래서 '이미 이루었다' '이미 성취하였다' 또는 '이미 정리되었다' '이미 벌어졌다' '이미 달아났다' '이미 지나갔다' '이미 끝났다' '이미 결정났다' 라는 뜻이요, 또는 '이미 만들었다' '이미 성사되었다' '이미 준비되었다' 라고 할 수 있다.

그래서 이 괘는 어떤 일이나 상황, 또는 가정이나 정치나 사회의 모든 분야에서 개혁이 이루어졌거나 아니면 개혁할 일이나 사건이 지금 발생한 것이 아니라 진작부터 있었다고 보아야 할 것이요, 또는 마음 먹은 개혁은 이미 물 건너간 운이라고 보아야 할 것이다.

왜냐하면 마음에 먹고 있는 개혁운이 이미 이루어진 상태요, 마음에 개혁의 운이 마음에서 이미 최고의 위치에 있기 때문에 더 이상 진전은 할 수가 없는 운이다. 그래서 개혁이 마음으로 끝나고 실천으로 옮기지는 못하는 운이라고 볼 수 있다.

또는 어떤 힘이나 압력으로 개혁을 생각하였다면 개혁을 이룰 수 없는 상황이 이미 발생하였다고 할 수 있을 것이다.

또는 개혁하고자 하는 마음만 앞서고 실천은 못하는 소인배의 운이요, 말만 앞세우고 실천이 없는 허풍쟁이 같은 사람을 말하고 있는 것이다.

또는 건강이 악화되어 어려운 사람이 건강을 회복하고자 하여 누군가의 권고에 의하여 운동이라도 하고 싶지만 건강을 회복할 수 있는 시기는 이미 지났다고 말할 수 있을 운이다.

또는 부조리가 많은 일로 회사나 어떤 모임이나 체육단체나 세무구조나 주택문제나 친구관계까지도 모든 면에서 개혁할 일, 또는 뜯어고칠 일이 이미 발생했다고 할 수 있거나 아니면 고칠 수 없는 상황이나 개혁이라는 명분이 통하지 않을 일들이 이미 발생하였다고 할 수 있을 것이다. 예를 들면 주택이 붕괴되거나 친구가 사망하였다거나 이민을 떠났다고 할 수 있을 것이다.

또는 내가 교체하고 바꾸려고 마음먹고 있는 일들이 그전부터 만들어졌다고 할 수가 있으니 부부가 이별할 일이 지금에 와서 생긴 것이 아니라 그전부터 부부가 바람이 났다거나 고부간이나 부부간에 불화가 싹이 터 오고 있었다고 할 수가 있을 것이다.

또는 차를 교체하는 일이라든지, 주거지를 바꿔야 할 문제라든지, 직장을 변경시킬 일 등이 지금에 와서 생긴 것이 아니고 진작부터 발생하였다고 말할 수 있는 것이다.

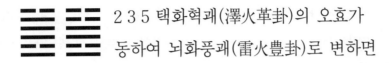 2 3 5 택화혁괘(澤火革卦)의 오효가 동하여 뇌화풍괘(雷火豊卦)로 변하면

풍(豊)이란 '풍요롭다' '풍성하다' '많다' '넉넉하다' '여유있 다' 라는 뜻이다. 그래서 사건이나 일이나 상황의 변화가 많을 운이 요, 떠들일, 싸울일, 사기당할 일, 오해나 모함받을 일도 많을 운이 요, 실력이나 기술이나 능력도 많을 운이다.

그래서 이 괘는 강제나 강압으로 개혁할 일이 많다고 할 수 있을 것이요, 아니면 변화를 추구할 일들이 많다고 할 수 있을 것이다.

또는 개혁할 문제로 심리적 부담이나 고통이 많다고 할 수 있다. 또는 조용하게 해결할 일도 시끄럽게 해결되는 운이요, 작은 일도 크게 또는 소란스럽게 확대되는 운이다.

또는 어떤 일이나 상황을 누군가의 권고나 힘에 의하여 바꾸고 난 일로 인하여 마음의 동요나 갈등이나 풍파나 불안 등이 많이 발생하고 있다고 할 수 있을 것이다.

또는 의식을 개혁할 일이 많다, 정화할 일이 많다고 할 수가 있으니 법을 바꾸고 사회의 부조리를 바로잡고, 회사의 운영방침을 바꾸고, 주위 사람들을 정리할 일 등이 많이 있다고 할 수 있다.

또는 자신의 주관대로 생활하지 못하고 끌려다니면서 살았다고 할 수 있을 것이요, 아니면 끌려다니면서 살아갈 일이 많다고 할 수 있다. 여기서는 혁(革)을 누군가의 권유나 억압으로 설명하였다. 예를 들면 몸을 다치거나 신병이 생길 수 있는 것을 말한다.

또는 가정에서 쓰던 물건들을 교체할 물건이 많다고 할 수 있을 것이요, 헌집을 새롭게 수리하는데 있어 수리할 곳이 많다고 할 수도 있을 것이다.

또는 학업이나 음식, 생활습관 등 바꿀 일이 한두 가지가 아니라 많다고 할 수 있을 것이다.

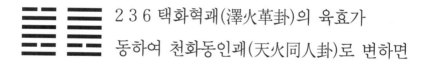

236 택화혁괘(澤火革卦)의 육효가 동하여 천화동인괘(天火同人卦)로 변하면

동인(同人)이란 '혼자가 아니라 누군가와 같이'라는 뜻이요, '밝은 태양'과 같은 의미요, '이기적인 단체'라고 할 수 있다. 또는 '끼리끼리'라는 뜻이요, '거짓이 없다' '진실되다' 모든 것이 '어둡고 음침한 것을 싫어한다'라고 할 수 있다. 또는 모든 일이나 생각을 '숨김없이 공개할 수 있는 상'이다. 또는 '정의를 위하여 활동하는 사람들이요' '부정을 용납하지 않는 성격이다'. 또는 나를 노출시킨 상태라 나를 '시기하고 질투하는 사람들이 많다' 라고 할 수 있다. 또는 우리 옛말에 '뭉치면 살고 흩어지면 죽는다' 는 말이 있는데, 여기서는 뭉쳐서 어떤 일을 낼 수 있다고 할 수 있다.

그래서 이 괘는 정치나 사회를 개혁하는데 있어서 혼자 하는 것이 아닌 여러 사람이 함께 하는 것을 뜻하는 것으로 마음먹고 있는 일들을 개혁하려는데 의기투합하는 힘이 있고 능력이 있는 사람들이 함께 하는 것을 말하고 있다.

또는 개혁하고 바꾸는 일을 주위 사람들의 입장이나 고통 등은 생각하지 않고 나의 입맛대로 추진하려고 하는 사람이라 할 수 있을 것이요, 아니면 자기의 입맛대로 개혁하였다고 할 수 있을 것이다. 예를 들면 건축이나 이혼문제나 사업의 운영방법 등이다.

또는 누군가의 권유로 그동안의 생활방식이나 습관을 바꾸니 주위에 많은 사람들이 모여들었다고 말할 수 있을 것이다.

또는 그동안 살던 집을 개조하는 일이나 점포를 개조하는 일이나 어떤 스타일을 바꾸는 일이나 사업을 변경하는 일이나 그동안 하던 학문을 바꾸는 일에 있어서 누구의 말도 듣지 않고 자기의 고집대로 하였다거나 할 수 있다고 말할 수 있을 것이요, 아니면 이러한 일을 변경하는 일에 있어서 뜻이 맞는 사람들이나 이기적인 사람들이 동참하는 격이라고 할 수 있을 것이다.

또는 회사를 설립하는 일이나 또는 회사의 운영방침을 새롭게 정하는 일이나 어떤 단체에서 회칙을 수정하려고 하는데 있어서 돈 있고 능력있는 사람들이 함께 힘을 모으는 것이라 할 수 있다.

또는 개혁을 하려는데 힘있고 능력이 있는 사람들이 나를 견제할 수 있는 운이라고도 할 수가 있다. 복이나 녹이 있으면 나를 도와줄 사람들이 있을 것이요, 칠살(七殺)이 동행하면 나를 견제하기 위한 사람들이 모여드는 격이라고 하여야 할 것이다.

24 택뢰수괘(澤雷隨卦)

수(隨)란 '따른다' '순종한다' '모방한다' '답습한다' '전통을 지키는 사람' '주위 여건에 맞춰 적응하는 것'을 말한다. 또는 '맡긴다' '닮는다' '비슷하다'라는 뜻이요, 또는 '상대를 믿는다' '상대를 믿고 거부하지 않는다'라는 뜻이다. 따른다는 것은 상대방이 그저 좋거나 마음에 들어서요, 또는 상대방의 기술이나 능력이나 실력을 믿거나 좋아하여 따른다고 할 수 있다. 또한 '스스로 개발할 능력이나 앞장서는 일이 없는 사람' '창의적이지 못한 사람' '일인자나 리더는 될 수 없는 사람'이라고도 볼 수 있다. 여기서 주의할 것은 선과 악의 길이 있다는 것이다.

그래서 이 괘는 스스로 개발하거나 앞장서는 것이 아니고 다른 사람이 행하거나 지나간 것을 보고 그것을 모방하고 따르는 상이라 말할 수 있을 것이다.

또는 다른 사람들이 하는 모든 행위나 일은 나도 하고 싶은 마음이라고 할 수 있으니 욕심이 많다고 할 수 있을 것이요, 시기심이나 질투심이 많다고 할 수 있을 것이다. 다만 주의할 것은 다른 사람을 무시하고 업신여기면서 하는 행위는 아니라고 하는 것이다.

또는 기후의 변화에 순응하고 따르는 것이요, 또는 새로 이사를 하였다면 이사간 곳의 풍습에 반항하지 말고 순응하면서 순종하고 따라야 한다고 말할 수 있을 것이다.

또는 부모 싸움이나 아버지의 주정을 보고 자란 아이가 아버지가 하던대로 살아가거나 살아갈 것이라고 할 수 있을 것이다.

또는 회사의 사원들이 회사의 운영방침에 순응하고 따르는 것이요, 또는 원고측이나 피고측의 모든 사람들이 법원의 판결에 복종하고 따르는 것이다.

또는 남편의 하는 일에 부인이 그대로 인정하고 따르는 일이나 또는 자식이나 제자가 부모나 스승의 길을 그대로 답습하고 따른다고 할 수 있다.

또한 시장에서는 시장의 변화와 상도덕에 따르는 것이요, 또는 세월의 변화에서는 세월의 변화에 순응하고 따르는 것이요, 계절에서는 계절의 변화에 따르고 순응하는 것을 말한다.

2 4 1 택뢰수괘(澤雷隨卦)의 초효가 동하여 택지췌괘(澤地萃卦)로 변하면

췌(萃)란 '모인다' '모여든다' '모으고 있다' '수집한다' 라는 뜻이다. 또는 '하나의 집합체나 단합된 단체'요, 또는 '집결, 결집'이요, 또는 '여러 종류의 물건이나 부품을 모아 하나의 물건을 생산하는 것'이요, 또는 '많은 사람이 모여 힘을 발휘하는 것'으로 해석한다.

그래서 이 괘는 순종하고 따르는 사람들이 많이 모여들 운이요, 아니면 누구를 믿고 따르다보니 나와 같은 생각으로 많은 사람들이 모여 있다고 말할 수도 있을 것이다.

또는 다른 사람이 하는 일이나 행위 등을 나도 따라서 해본 것이 재물이나 사람이나 어떤 일들이 많이 생겼다고 할 수 있을 것이다.

또는 다른 사람이 하는 것을 모방하고 따라서 한 일로 구설이나 풍파가 많이 발생하였다고 할 수 있을 것이다.

또는 가정부인이 친구가 돈을 벌기 위하여 노래방에 나가는 것을 보고 나도 돈을 벌기 위하여 노래방에 나간 일로 인하여 많은 남성들이 따르고 그로 인하여 구설풍파가 발생하였다거나 발생할 수 있다고 설명할 수 있을 것이다.

또는 비슷한 사람들, 또는 닮은 사람들이 모여드는 운이요, 또는 끼리끼리 같은 뜻을 가진 사람들이 모여들 수 있는 운이다.

또는 다른 사람이 신학대학을 나와 교회를 세우는 것을 보고 나도 신학대학을 나와 교회를 세우고 나니 많은 교인들이 생겨나는 운이라 할 수 있을 것이다.

또는 어떤 단체나 회합을 조직하려고 하니 단체나 회칙에 동조하고 따르겠다고 하는 사람들이 모여드는 운이라 할 수 있다.

또는 다른 사람들이 투자하는 것을 보고 따라서 해본 것이 많은 수입이 있을 수 있다고 할 수 있을 것이다.

또는 부모에게 효를 행하는 친구를 보고 부모에게 잘하다보니 주위 사람들에게 칭찬을 많이 듣게 되었다고 할 수 있을 것이다.

또는 공부를 잘하는 친구 따라 학업을 하고 책을 보기 시작한 것이 많은 서적을 보게 되었다고 할 수 있을 것이다.

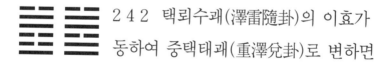 242 택뢰수괘(澤雷隨卦)의 이효가
동하여 중택태괘(重澤兌卦)로 변하면

태(兌)란 '교환한다' '추가한다' '혼합한다' 라는 뜻이다. 또는 '팔아버린다' '보탠다' '더한다' '섞는다' 라는 뜻으로 '옛것을 버리고 새로운 것을 취한다' 는 뜻이 있고, 또는 '즐거움'을 나타내는 상이다.

그래서 이 괘는 상대를 믿고 따라야할 일이 또 발생할 운이요,

아니면 믿고 따르니 편안하고 즐겁다고 할 수 있을 상이요, 아니면 믿고 따르면 즐거운 일이 생길 수 있다고 말할 수 있을 것이다.

또한 우리말에 '친구 따라 강남을 간다'고 하는 말이 있는데 동료, 또는 지도자, 또는 동업자, 또는 부부간이나 부모 등 모든 사람들을 따라서 좋은 일을 할 수가 있을 수 있는 운이다.

또는 누군가를 도와서 새로운 일을 할 수 있는 것으로 스스로 구상하여 하는 일이 아니고 누군가가 하는 일에 동참하여 같이 추진하고 또는 새롭게 변화하는 것으로 과거의 것에 매달리는 것이 아니고 새로운 일로 변화시키는 것을 말한다.

또는 누군가를 따라서 하는 일이 즐거움이 있을 운이라고 할 수가 있으니 옆 좌석의 친구가 공부를 열심히 하는 것을 나도 따라서 하다보니 학업성적이 좋아졌다고 할 수가 있을 것이다.

또는 옆집 식당이 음식을 맛있고 먹음직스럽게 잘 만들어 손님들이 모여드는 것을 보고 나도 음식 만드는 일에 열중하여 잘 만들다보니 돈버는 일이 생겼다고 할 수 있을 것이다.

또는 친구가 부모에게 잘하는 것을 보고 나도 잘 하다보니 가정이 평화롭고 즐거움이 생겼다고 할 수 있을 것이다.

또는 내 말을 믿고 아니면 나를 믿고 따르면 영원한 행복이 있고 즐거움이 있을 것이니 믿고 따르라고 할 수 있는 것으로 교회의 목회자들이 주로 사용하는 방법중 하나요 아니면 사이비 종교지도자들이라고 말할 수 있을 것이다.

혁(革)이란 '강제적인 힘이나 물리적인 힘에 의하여 새롭게 변화하는 것'을 의미한다. 그래서 '바꾼다' '교환한다' '제거한다' '면직된다' '뒤엎는다' 라는 뜻이요, 또는 지금까지의 생활이나 생각이나 일이나 습관이나 전통 등이 '새롭게 변화하는 것'을 말한다.

그래서 이 괘는 스스로 바꾸고 개혁할 수 있는 힘이나 능력이나 실력이 없는 운이라 누군가를 따라 하거나 아니면 누군가와 함께 개혁을 이루는 운이라고 말할 수 있을 것이다. 그래서 혁명은 이루되 일인자는 되지 못하는 상이라 할 수 있을 것이다.

또는 친구나 동료나 주위 사람들을 따라서 혁명에 동참하였다거나 동참할 일이 발생할 것이라고 말할 수 있을 것이다.

또는 누군가를 따라나선 일로 인생관이 바뀌거나 주위가 바뀌거나 가정이 바뀌거나 바뀔 수 있다고 말할 수 있을 것이다.

또는 누군가를 따라서 의식개혁이나 정신개혁이 발생하였다거나 발생 할 수 있다고 할 수 있을 것이다.

또한 주위의 다른 사람들이 집을 개조하거나 개축하는 것을 보고 나도 집을 수리한다거나 개 보수를 할 수 있을 것이요, 아니면 친구 따라 이사를 할 수 있을 것이다.

또는 다른 사람들이 직장을 바꾸거나 사업을 바꾸는 일을 보고 나도 직장이나 직업을 바꾼다든지 하는 상이다.

또는 다른 사람이 학과를 바꾸는 것을 보고 따라서 변경한다든지 아니면 변경하였다고 말할 수 있을 것이다.

또는 다른 사람들이 여행지를 변경하는 것을 보고 나도 여행지를 변경하였다고 말할 수 있는 것이다.

또는 다른 사람이 의상이나 머리 스타일을 바꾸는 것을 보고 나도 바꾸는 등으로 많은 일들을 나의 주관이 아닌 다른 사람의 의견이나 변화를 보고 나 역시 변하는 것을 뜻하고 있는 것이다.

䷐䷂ 244 택뢰수괘(澤雷隨卦)의 사효가 동하여 수뢰둔괘(水雷屯卦)로 변하면

둔(屯)이란 '곤란하다' '어렵다' 또는 어떤 일이나 상황에 '몰두한다' '전념한다' 라고 할 수 있다. 또는 '망설이다' '숨는다' '피하다' '자신없다' 또는 '활동의 폭이 좁다' '마음을 열지 못한다' '뜻이나 의지를 펴지 못한다' 라는 뜻이다.

그래서 이 괘는 뭔가에 이끌려 따라간 것이 뜻대로 되지 않아 상대의 눈치나 보고 생활할 수 있는 곳에 가서 사는 형국이다.

또는 친구 따라 춤을 배우기 시작하였거나 오락에 빠졌거나 마작에 손을 대게 되었다거나 바람피우는 일에 빠졌다거나 할 수 있을 것이요, 아니면 빠질 수 있는 운이라 표현할 수도 있을 것이다. 아니면 그러한 일에서 헤어나지 못할 것이라 말할 수 있을 것이다.

또한 명궁(命宮)에 사부살(死府殺) 등이 있으면 친구나 다른 사람을 따라나선 일로 세상을 등질 수 있는 일도 발생할 수 있다.

또는 정신병원에 따라가서 같이는 운으로 자기 마음대로 활동을 못하는 운이다.

또는 친구 따라서 나갔다가 어떠한 일로 구속되어 자기의 의사를 마음대로 표현하지 못하고 지낼 수 있는 운이다.

또는 어느 종교집단같은 곳에 누군가를 따라갔다가 그곳에 억압되어 풀려나지 못하고 그곳에서 갇혀 살면서 그곳의 지시에 의하여 생활하는 운 등도 이와 같다고 말할 수 있을 것이다.

또는 친구 따라 놀러갔다가 그곳에서 애인을 사귀게 된 것이 강한 여성을 만나서 평생을 자기 뜻대로 살지 못하고 아내의 눈치만 보면서 살아가는 운이다.

또는 친구 따라 백화점에 갔다가 마음에 드는 물건을 보고 그 생각에서 벗어나지 못하는 상이라고 할 수 있을 것이다.

또는 친구 따라 공부를 시작하거나 사업을 시작한 일로 인하여 재미를 알게 되고 그 일로 공부나 사업에서 손을 때지 못하게 되었다고 할 수 있을 것이다.

245 택뢰수괘(澤雷隨卦)의 오효가 동하여 중뢰진괘(重雷震卦)로 변하면

진(震)이란 '진동한다' '요란하다' '시끄럽다' '울리다' '뒤흔들다' '놀라다' '발분한다' '안정되지 않는다'라는 뜻이요, 또는 '동요' '불안' '갈등' '번민'이라는 뜻이요, 또는 '들뜨고 시끄러운 상'이요, '큰소리 날 일이 연속적으로 생기는 상'이다. 또는 '벼락' '우뢰'를 뜻한다. 만약 신(身) 명(命)에 사부살(死府殺)이 있으면 감전이나 우뢰나 벼락으로 사망할 수도 있다.

그래서 이 괘는 어떤 사람을 따라서 함께 하는 좋은 일이 연속적으로 생길 수도 있고, 풍파가 연속으로 생길 수도 있는 운이다.

또는 다른 사람을 따라한 일로 마음의 동요나 갈등이나 풍파가 발생하거나 발생하였다고 말할 수 있을 것이다.

또는 누구를 닮은 상으로 큰 풍파나 동요가 발생하였거나 큰 명성을 얻을 수도 있을 것이다.

또는 부부가 친구 따라 혼숙장소에 갔다가 가정의 풍파나 갈등이 계속 발생하거나 발생한다고 할 수 있을 것이다.

또는 친구따라 범죄행위에 가담하거나 불량서클에 가입한 것이 평생 풍파나 갈등 속에서 지내거나 생길 수 있다고 말할 수 있다.

또는 친구따라 노점상을 차렸다가 평생 노점에서 떠들면서 장사하는 사람이 되었거나 될 수 있다고 말할 수 있을 것이다.

또는 농부가 옆집에서 하는 농작물이나 축산업이나 양어장 등을 따라했다가 큰 수확을 얻거나 아주 망쳤다고도 할 수 있다.

하지만 친구 따라서 공부를 열심히 하여 후일에 큰 성공을 하게 되었다고 할 수가 있을 것이다.

또는 주위 사람들을 따라서 사회에서 봉사활동을 한 일로 인하여 사회나 관에서 표창장을 받는다거나 칭송이 자자하게 일 수도 있을 것이라 말할 수 있을 것이다.

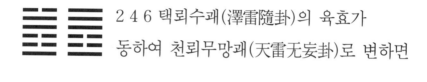

246 택뢰수괘(澤雷隨卦)의 육효가 동하여 천뢰무망괘(天雷无妄卦)로 변하면

무망(无妄)이란 어떤 위치에 있는 사람이 정당한 힘이나 권리에 의하여 하는 말로 '사심없는 공적인 것'을 말한다. 또는 자기 임무에 충실하거나 어떤 위치에서 '당연히 해야 할 일'을 말한다. 그래서 '허물이 없다' '진실된 것' '거짓이 없다' '과실이 아니다' '고의가 아니다' '당연하다' '정당하다' '불가피한 행위나 말로 어쩔 수 없다' '기만행위가 아니다' '뜻밖에' '상상외'라는 뜻이다.

그래서 이 괘는 다른 사람의 뒤를 따르고 모방하여도 선의의 뜻이요, 또는 진실된 마음으로 행하되 악의가 없고, 사심도 아니고, 허영심이 아니라고 한다면 허물될 일이 없다고 하는 것이다.

예를 들면 학생이 다른 학생의 공부하는 것을 보고 나도 그 학생과 같이 공부를 하였다고 허물이 되지 않는 것이다.

　또는 가정부인이 다른 사람이 만드는 음식을 보고 똑같이 모방하였다고 허물이 되지는 않는다고 하는 뜻과 같은 것이다.

　또는 친구가 액세서리 가계를 차리는 것을 보고 나도 액세서리 가게를 챙겼다고 하여도 허물이라고 말할 수는 없을 것이다.

　또는 옆집에서 겨울 준비를 하는 것을 보고 나도 겨울에 생활할 수 있는 준비를 하였다면 역시 허물이라 말할 수 없을 것이다.

　또는 어떤 사람이 축구나 운동이나 음악으로 명성을 얻는 것을 보고 나도 하였다면 허물이라 말할 수 없을 것이다.

　또는 누가 교회나 사찰을 열심히 나가는 것을 보고 그 사람을 따라서 열심히 나가고 있으면 허물이라고 할 수 없을 것이다.

　또는 옆집 가정이 부부간에 정이 좋게 지내는 것을 보고 그 집의 생활을 본받아서 우리 부부도 정이 좋게 지내고 있으면 허물이라고 할 수 없을 것이다.

　또는 옆집에 집안정돈을 잘해놓고 사는 보고 와서 나도 우리집 안의 모든 사물을 정리정돈을 잘해서 깨끗하게 하고 지낸다면 허물이라고 할 수 없을 것이다.

　또는 주위 어떤 사람이 사회에서 선행하는 것을 보고 나도 본받아서 선행하였다면 허물이라고 말할 수 없을 것이다.

2 5 택풍대과괘(澤風大過卦)

대과(大過)란 '지나치다' '무리하다' '과분하다'라는 뜻이다. 그래서 '균형이 맞지 않는 상태' '정도를 벗어나거나 멀어지는 운'이요, '마음이 들뜨고 산란할 일이 많다'고 할 수 있고, '비물질적인 것'이라고 할 수 있다.

그래서 이 괘는 좋은 일에서나 좋지 못한 일에서 마음의 동요나 불안이나 갈등이나 생각 등에서 기대 이상으로 큰 변화가 있을 것을 예고하는 괘이다.

또한 헛소문이 크게 일고 있거나 마음상할 일이 크게 발생한다고 할 수 있을 것이요, 또는 정신적인 불안감이 크게 일수 있는 운이요, 마음이 크게 들뜰 수 있는 일이라 할 수 있다.

또한 이 괘는 잔잔한 호수에 바람이 일어 크게 요동할 일이 있을 것을 예고하는 것으로 마음에 큰 변화가 있을 것을 말하는데 심적 정신적 육체적으로 일어날 변화를 말하고 있다. 즉 생각지도 못했던 어떠한 상황변화가 일어나는 운이다.

예를 들면 정치나 사회 문제에서 별일 아닌 것이 확대되거나 갑자기 부부간의 갈등이나 자녀의 결혼문제나 학업의 변화나 사업의 변화나 동료나 친구 사이에 변화가 크게 일어날 것을 예고한다.

또는 상대방에게 베푼 것은 별것 아니었는데 이름이 널리 났다든지, 가벼운 병으로 알고 병원에 갔는데 큰 병으로 진단이 나왔다고 한다면 대과괘(大過卦)라고 할 수 있을 것이다. 즉 생각보다 정상적인 구도에서 벗어나고 있는 것을 말하고 있는 운이다.

대축괘(大畜卦)는 물질을 나타내고, 대과괘(大過卦)는 정신을 나타내나, 이 두 괘는 같은 의미가 있다. 예를 들면 복권을 한 장 산 것이 일등에 당첨되어 일확천금의 행운이 발생하였다면 금전을 얻은 것으로는 대축(大畜)이라 할 수 있으나 기분이 좋은 일로 보면 대과괘(大過卦)라 할 수 있다.

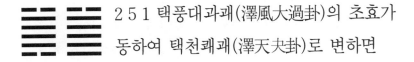

251 택풍대과괘(澤風大過卦)의 초효가 동하여 택천쾌괘(澤天夬卦)로 변하면

쾌(夬)란 '빠르고 신속한 것'을 뜻하는 상이다. 그래서 '바쁘다' '분주하다' '안정감이 없다' '불안하다' '즉흥적이다' '경거망동한다'라고 할 수 있고, 또는 '내친 김에 해치운다' '생각난 김에 처리하거나 처분한다'라고 할 수 있다.

그래서 이 괘는 뜬소문이 빠르게 퍼지는 운이요, 마음의 변화나 갈등이나 풍파나 동요가 빠르게 일어난다고 할 수 있다.

또는 마음의 동요나 풍파가 많은 사람이 어떤 일을 생각없이, 또는 신속하게 결정한다고 할 수 있다.

예를 들면 결혼을 못하여 갈등이 많은 여인이 속상한 김에 아무에게나 시집을 가기로 결정하였다고 할 수 있을 것이다.

또는 부부간에 마음에게 갈등이나 풍파나 동요가 심한 부인이 뒤에 생길 고통이나 어려움은 생각지 않고 이혼을 빠르게 결정하였다고 할 수 있을 것이다.

또는 요사이 카드문제로 고민이 많고 근심이 많은 사람들이 뒤에 닥치는 고통은 여러모로 생각을 못하고 우선 쉬운 대로 카드깡이나 사채시장에 손을 대게 되는 일로 어렵고 힘든 고통이 빠르게 다가오고 있다고 말할 수 있을 것이다.

또는 마음의 불안이나 가정의 풍파나 갈등이나 재앙이나 우환이나 근심거리가 닥쳐와도 신속하게 발생하는 운이요, 아니면 이러한 일들이 발생하면 신속하게 대응하라고 말할 수 있을 것이다.

또는 천재지변이 일어나도 신속하게 대처하여 큰 재앙을 축소할 수 있는 것 등으로 한편으로 너무나 치우치고 있는 일에 대하여 신속한 대안을 말하고 있는 것이다. 여기서 대과(大過)는 마음으로 오는 즐거움이나 고통으로 설명하였다.

252 택풍대과괘(澤風大過卦)의 이효가 동하여 택산함괘(澤山咸卦)로 변하면

함(咸)이란 '전부' '모두' 라는 뜻이요, 또는 '골고루' '동등하다' 라는 뜻이요, 또는 '구성원 전부' 라는 뜻이다. 그래서 '통째로' 또는 '여러 분야' 또는 '느끼다' '감각이 있다' 라는 의미요, 또는 '각양각색' 이라고도 할 수 있다. 예를 들면 이것과 저것, 여기와 저기가 모두 같은 내용이요 같은 물건이요 같은 성질이요 같은 형상이라는 뜻이다.

그래서 이 괘는 너무나 과분한 욕심을 여러 분야에서 같고 있다고 말할 수 있을 것이요, 또는 과분한 욕심으로 많은 것을 잃었다거나 여러 분야에서 손실이 발생하였다고 말할 수도 있을 것이다.

또는 생각보다 어떤 큰 일이나 상황이 발생할 것 같은 기분이든다고 할 수 있다. 예를 들면 사업이 문을 닫을 것 같다거나 부부중에 누가 죽을 것 같은 기분이 든다고 말할 수 있을 것이다.

또는 나의 분수에 넘치는 과한 욕심을 부려도 해될 일이 없을 것 같다거나 또는 이 사람이나 저 사람의 욕심이 무리하기는 모두 똑같은 사람들이라 말할 수 있을 것이다.

또는 과분한 어떠한 일을 모두 떠않아 맞는 것을 말하는데 나에게 힘이 부치는 일을 거절하지 못하고 모두 맞는 것으로 나의 능력의 한계를 벗어나는 일이나 나의 실력에서 벗어나는 일 등을 거절하지 못하는 것이다.

또는 과분한 일이나 생각이나 벅차고 힘든 일이 여러 분야에서 생기거나 발생할 것 같은 기분이 든다고 할 수 있을 것이다.

또는 마음의 갈등이나 풍파나 변화가 많은 사람이 여러 분야에 어떤 일을 저지를 수 있는 것을 말한다. 예를 들면 부부의 갈등이나 풍파가 심한 사람이 속을 달랜다는 명분으로 아무나 상관없이 어떠한 관계를 맺고 지낼 수 있을 사람이라 할 수 있을 것이다.

또는 기분이 좋고 마음이 들뜨고 방황할 일이 여러 분야에서 생길 운으로, 시험에 합격하고 취업도 되고 인정도 받을 운이다.

또는 생각보다 큰 일이나 마음에 부담이 되는 일이나 상황을 여러 분야에서, 아니면 모두 책임을 질 수 있다고 할 수 있을 것이다.

또는 심리적으로 큰 부담이 되는 줄 알면서 남의 모든 범죄행위를 혼자 총대를 매는 격이라 할 수 있을 것이다.

또는 과분한 일인 줄 알면서 공장의 설치나 보수를 하는데 능력 이외의 일까지 하청받는다든지 할 수 있는 운이다.

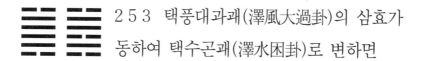 253 택풍대과괘(澤風大過卦)의 삼효가 동하여 택수곤괘(澤水困卦)로 변하면

곤(困)이란 '곤란하다' '어렵다' '힘들다' 라는 뜻이요, '어떤 조직에 얽매는 것' 이라는 뜻도 있다. 또는 '자다' '지치다' '시달리

다 '괴롭다' '구금되다' '갇히다'라는 뜻이요, 갇힌다는 것은 어떤 틀에 묶이는 것으로 '취업한다' '진학한다'라고도 할 수 있다. 또는 '감추다' '저장하다' '위기' '곤란한 처지'를 말하고, 또는 '술, 담배, 마약, 마작 등에 중독되었다'라고도 할 수 있다.

그래서 이 괘는 무리한 욕심이나 행위를 하다 교도소에 갈일이 생길 수 있다고 할 수 있다.

또는 너무나 무리하고 과분한 일로 곤궁에 처할 수 있는 운이다. 또는 과대망상증에 빠진 사람이 빠져나오지 못한다고 할 수 있다.

또는 능력이 없는 사람이 회사의 운영을 맡았다가 어려움이 발생할 수 있다고 하는 운이요, 또는 무리하게 운동을 하다 곤경에 처할 수 있다고 할 수 있다.

또는 뜬소문으로 인하여 곤경에 처할 수 있을 운이요, 또는 마음을 크게 상한 일에서 얼른 빠져나오지 못할 수 있는 운이다.

또는 오늘에 기분 좋은 일로 인하여 후일에 어려움이 생길 수 있다거나 아니면 기분 좋은 일에서 빠져 나오지 못하고 있는 상이다. 예를 들면 사랑에 빠졌다거나 마약이나 오락에 빠진 경우 등이다.

또는 과분한 생각이나 무리가 되는 일 등을 아직은 외부로 발설하지 못하고 속으로 감추고 있는 상태라 말할 수 있다. 예를 들면 정부에서 어떤 정책을 추진하면서 국민들에게 발표를 미루면서 눈치나 보고 있다거나 회사에서 특별한 신제품을 만들어 놓았다거나 연구를 하면서 사회에서 발생할 파장을 생각하고 발표를 미루고 있다고 할 수 있을 것이다.

또는 마음이 들뜨고 안정을 못하는 부인이 가정은 돌보지 않고 밖으로 나돌다가 가정풍파나 부부간에 갈등이 심할 수 있고, 또는 어떤 일을 처리함에 있어 안정된 상태가 아니요 불안하거나 방황한 상태거나 들떠 있는 마음으로 처리한 일로 인하여 후일에 어려운 곤경에 처할 수 있다고 말할 수 있을 것이다.

또는 오늘의 불안이나 방황이 심한 일로 후일에 어려움이 발생한다고 할 수 있다. 예를 들면 오늘에 친구들과 방황하면서 공부를 못한 학생이 후일에 사회생활을 하면서 어려움이 있을 운이다.

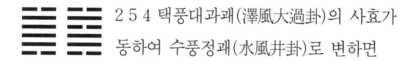

254 택풍대과괘(澤風大過卦)의 사효가 동하여 수풍정괘(水風井卦)로 변하면

정(井)이란 '우물'을 나타내고 '모든 생명에 힘과 삶을 영위할 수 있게 하는 것'을 말한다. 또는 '새로운 생각'이나 '새로운 아이디어'가 계속 나오는 사람이요, 또는 '끈기와 인내'를 말하고, 또는 어떤 위치에서 '수위가 변함없이 유지되는 것'을 말하고, 또는 '여인의 음수(陰水)'를 뜻하기도 한다.

그래서 이 괘는 다른 사람이나 생명체를 매우 소중히 하는 것을 말한다. 예를 들면 동물들이나 식물이나 자연환경 등이다.

또는 헛소문이 계속 일어나거나 아니면 헛소문이 만발하는 속에서 새로운 일을 구상하거나 대응책을 마련한다고 할 수 있다.

또는 마음 상하고 정신이 산만하고 불안할 일이 계속 발생할 수 있는 운이요, 또는 마음이 들뜨고 방황할 수 있는 일이 발생할 일이 주기적으로 또는 수시로 생길 수 있는 상이다.

또는 과대망상증이 심한 사람으로 헛 꿈을 많이 생각할 수 있는 사람이요, 공상이 심한 상태라고 말할 수 있을 것이다.

또는 어렵고 힘들어도 무리할 정도로 주위의 어려운 사람을 위하여 헌신적으로 노력하는 사람이라 할 수 있을 운이다. 또는 주위 환경이 지나칠 정도로 과분하게 오염된 상태를 말하기도 한다.

또는 운동을 과분하게 하고 난 후에 신체에 어떤 질병이 생기거나 건강이 나빠질 수 있는 것이다(井은 오염된 물도 있다는 것을 알아야 한다). 또는 약을 과분하게 오래 복용하여 신체에 새로운 변화가 생길 수 있는 운이다.

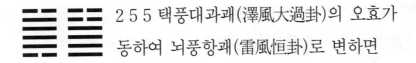

255 택풍대과괘(澤風大過卦)의 오효가 동하여 뇌풍항괘(雷風恒卦)로 변하면

항(恒)이란 '언제나' '늘' '흔히' '항상' '수시로' '자주' '반복적'이라는 뜻이다. 그래서 '영원하다' '꾸준하다' '변함없다' '끈기있다' '계속된다'라는 의미로 '연속성'을 말한다. 또는 '항상 같은 성격, 같은 마음, 같은 행동'을 말한다.

그래서 이 괘는 상상외로 풍파가 심하게 일고 있는 일이 자주 발생하고 있는 운이라 할 수 있을 것이다.

또는 마음이 산란하고 들뜨거나 불안하고 방황할 일이 자주 발생한다 아니면 주기적으로 발병된다고 할 수 있다.

또는 헛소문이나 풍파나 마음이 불안하고 산란할 일이 주기적으로 또는 자주 일어나고 있다고 할 수 있을 것이다.

또는 어떤 사람이 국회의원에 출마를 하면서 무리한 지출을 하였다거나 법정비용을 초과한 후유증으로 오랫동안 힘든 일이 생길 수 있다고 할 수 있을 것이다.

또는 사업을 하는 사람이 무리한 투자를 하여 그 여파로 풍파나 자금부족이 오래 지속될 수 있는 운이라 할 수 있다.

또는 약을 과다복용하여 그 여독이 오랫동안 지속될 수 있는 운이요, 또는 마음속에 헛 바람이 가득한 부인이나 과대망상증에 걸린 부인이나 공주병에 걸린 부인 등이 가정은 돌보지 않고 항상 밖으로 나돌면서 생활하는 사람이라 할 수 있을 것이요, 또는 그러한 증이 주기적으로 발생하고 있다고 말할 수도 있을 것이다.

또는 무리한 행동이나 말을 할 일이 자주 발생한다고 할 수 있으니 불량배에 가입된 사람이 위 사람의 명에 의하여 무리한 행동이나 말이나 폭력 사기 살인 협박 등의 범죄를 저지를 일이(자주, 늘, 항상) 생길 수 있다고 할 수 있다.

256 택풍대과괘(澤風大過卦)의 육효가 동하여 천풍구괘(天風姤卦)로 변하면

구(姤)란 만나는 일이나 헤어지는 일이나 소멸되는 일이나 성사여부의 일이나 뜬소문 하나까지도 모두 우연의 일치나 발생을 말하는 것'이다. 그래서 '만난다'의 뜻이요, 또한 '우연의 일치'로, '우연히 만난다' '우연히 접한다' '우연히 이룬다' '우연히 발생한다' '우연히 성취한다' 라고 말한다.

그래서 이 괘는 어떠한 큰 변화가 우연의 일치로 이루어진다. 또는 만난다고 할 수 있는 것을 말하고 있다.

또는 생각보다 큰 일이나 문제나 사건이나 행동 등이 안정감이 없거나 불안한 상태나 방황하고 있는 상태에서 이루어지고 있는 것을 말하는데 얻는 것이나 잃는 것도 포함하고 있다.

또는 어떤 헛소문이나 풍파나 마음상할 일이나 마음이 크게 들뜰 수 있는 일들이 발생할 수 있다고 할 수 있다.

또는 마음에 헛 바람이 심한 부인이 밖으로 나돌다가 불량배나 사기꾼에게 강간 등을 당할 수 있다고 말할 수 있을 것이다.

또는 공주병에 들떠 있는 여인이 왕자 같은 남성을 만나 평생을 해로하면서 살아갈 일이 생길 것이라고 말할 수도 있을 것이다.

또는 헛 바람들은 사장이 회사를 불안하게 운영하다가 사기꾼에 걸려들었다거나 걸려들일이 생길 수 있다고 말할 수 있을 것이다.

또는 무리한 투자를 한다든지, 또는 사업에 큰 기대를 하고 있다고 말할 수 있을 것이다. 아니면 무리한 소비를 할 일이 발생하였다고 할 수 있을 운이다.

또는 학업에 무리를 한다든지, 아니면 생각보다 큰 학문을 할 수 있다고 할 수 있을 것이다.

또는 가정의 풍파가 너무나 심하다든지, 또는 생각 외로 과분한 경사를 만날 수 있는 것 등을 말하고 있다.

2 6 택수곤괘(澤水困卦)

　곤(困)이란 '곤란하다' '어렵다' '힘들다'라는 뜻이요, '어떤 조직에 얽매는 것'이라는 뜻도 있다. 또는 '자다' '지치다' '시달리다' '괴롭다' '구금되다' '갇히다'라는 뜻이요, 갇힌다는 것은 어떤 틀에 묶이는 것으로 '취업한다' '진학한다'라고도 할 수 있다. 또는 '감추다' '저장하다' '위기' '곤란한 처지'를 말하고, 또는 '술, 담배, 마약, 마작 등에 중독되었다'라고도 할 수 있다.

　그래서 이 괘는 '감추었다' '저장하였다'라고 말할 수 있다. 또한 괘상으로 보면 모든 물이 연못에 저장되듯이 사람은 자기의 속마음을 외부로 표출하지 못하고 마음속에다 저장하고 지내고 있는 것과 같은 것이다. 그래서 구금된다는 것은 자기의 의견이나 주장이 상대방에게 통하지 못하고 무시되는 것이라 할 수 있을 것이다.

또한 구금된다고 하는 것은 어떤 범죄행위로 교도소에 갈 수 있다고 할 수 있을 것이요, 또는 어떤 종교집단에 감금되어 활동에 제약을 받고 있다고 말할 수도 있을 것이다. 또는 어떤 사회집단으로 불량배 서클에 가입된 일로 나의 활동에 억압을 받고 있다거나 아니면 사창가에 억류되어 활동을 못하고 있다고 할 수 있다.

또는 자기의 생각대로 활동을 할 수 없는 것으로 결국에는 자기 마음대로 살지 못하고 타인의 의사에 순종하면서 살아가야 하는 운명이다. 또는 임신이 어렵고, 출세가 어렵고, 사업이 어렵고, 부부생활이 어렵고, 연구가 어렵고, 누구를 상대하기가 어렵고, 출판이 어렵고, 인기를 얻기가 어렵다 등으로 말할 수도 있을 것이다.

또한 결혼이 어렵다, 치료가 어렵다, 물건의 매매가 어렵다, 학업이 어렵다 등으로 많은 분야에서 힘들고 어려운 상태를 말한다.

또는 곤란하다는 것으로 말하기 어렵고 곤란한 것이요, 새로 사귄 친구가 상대하기가 힘들고 곤란한 사람이라고 할 수가 있으며, 나이가 많은 수하인을 다루기가 곤란하다고 할 수 있을 것이다.

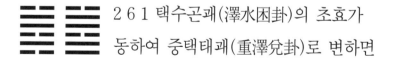 261 택수곤괘(澤水困卦)의 초효가
동하여 중택태괘(重澤兌卦)로 변하면

태(兌)란 '교환한다' '추가한다' '혼합한다' 라는 뜻이다. 또는 '팔아버린다' '보탠다' '더한다' '섞는다' 라는 뜻으로 '옛것을 버리고 새로운 것을 취한다'는 뜻이 있고, 또는 '즐거움'을 나타내는 상이다.

그래서 이 괘는 고생 끝에 낙이 온다고 하듯이 위기에서 탈출하는 운으로, 위기에서 새로운 변화가 일어나는 운이요, 어렵고 힘들고 곤란한 일이 새로운 일로 변화하는 것을 말하는 운이다.

또는 상대방의 함정이나 모함이나 어떤 계획을 모른척하고 넘어가는 것이 편안하다거나 즐거울 것이라고 말할 수 있을 것이다.

또는 취업이 되거나 진학을 하고 보니 심신이 편안하다거나 즐겁다고 표현할 수도 있을 것이다.

또는 개방적이요 망난이 격으로 생활한 사람이거나 결혼하고 싶은 마음은 있으나 결혼을 못한 여인이 가정을 꾸리고 가정의 재미를 알게 된 일로 인하여 심신이 편안하고 즐겁게 살고 있다고 할 수 있을 것이다. 아니면 어렵고 힘든 일이 추가될 수 있다고 말할 수 있을 것이요, 또는 힘든 일이 더욱 강화되었다고 할 수 있다.

또는 어려운 사업이 새로운 돌파구를 찾거나 아니면 사업이 더욱더 어려움이 추가되고 있다고 말할 수 있을 것이다.

또는 부부의 심한 갈등이 서서히 풀어지고 가정에 화목한 분위기가 고조되는 운이다. 아니면 갈등이 갈수록 심화되고 있다고 말할 수 있을 것이다.

또는 어떤 단체에 감금된 사람이라면 감금이 더욱더 엄해질 것이라고 할 수 있으나 아니면 감금이 해제되어 기쁜 일이 생길 수 있다고 말할 수 있을 것이다. 예를 들면 사창가나 종교집단이나 불량배서클이나 밀항 등으로 활동하는 어부 등을 들 수 있다.

또는 학업에 싫증을 느끼고 공부를 싫어하던 사람이 서서히 재미를 붙이며 새롭게 시작하는 운이요, 또는 손님이 없는 가계에 손님이 점점 늘어나 가계에 새로운 희망이 보이는 운이다.

또는 교도소에 있는 사람에게 새로운 죄목이 추가될 수 있다거나 아니면 교도소 생활이 풀려나 기쁜 일 좋은 일이 있을 것이다.

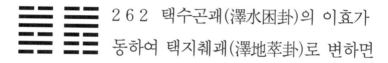 262 택수곤괘(澤水困卦)의 이효가
동하여 택지췌괘(澤地萃卦)로 변하면

췌(萃)란 '모인다' '모여든다' '모으고 있다' '수집한다' 라는 뜻이다. 또는 '하나의 집합체나 단합된 단체'요, 또는 '집결, 결집'이요, 또는 '여러 종류의 물건이나 부품을 모아 하나의 물건을 생산하는 것'이요, 또는 '많은 사람이 모여 힘을 발휘하는 것'으로 해석한다.

그래서 이 괘는 어려움에 더욱 어려움이 생기는 운으로 나의 어려운 상황은 생각하지 않고 자기들의 입장만을 생각하여 많은 일들이나 사람들이 모여드는 운이다.

또는 어렵고 힘든 일이나 곤란한 일이 계속 생길 수 있다고 할 수 있는 상이다. 아니면 어렵고 힘든 상황이 발생하였는데 주위에서 많은 도움의 손길이 있다고 말할 수 있다.

또는 나의 생활도 어려워서 힘이 드는 운인데 거기에다 다른 집안의 애들까지 같이 살자고 들어오는 격이라 할 수 있을 것이다.

또는 나의 회사, 또는 가정도 어려워서 운영하기가 힘드는데 피하지 못할 처지에 있는 회사, 또는 친지에게서 구원의 손길을 내밀고 있는 운이라 할 수 있을 것이다.

또는 내가하는 공부도 벅차고 어려운데 다른 사람이 학생을 교습시켜 달라고 찾아오는 운이라고 할 수 있을 수 있다.

또는 지금 있는 고질병도 완전히 치료하지 못하고 있는 상태에 또 다른 합병증이 발생하는 것을 말한다.

또는 처분하기가 어렵고 곤란할 일만 모여든다고 할 수 있으니 예를 들면 이 친구 저 친구들이 보증을 부탁할 수 있을 것이다.

또는 결혼의 적령기가 된 총각에게 여기저기 친분에 의하여 중매가 들어오는데 거절하기가 어렵고 곤란한 자리에서 많은 중매가 발생하고 있다고 하거나 발생하였다고 말할 수도 있을 것이다.

또는 어떤 사건을 해결하지 못하여 어렵고 힘든데 또 다른 사건이 생겼다고 할 수도 있을 것이다.

263 택수곤괘(澤水困卦)의 삼효가 동하여 택풍대과괘(澤風大過卦)로 변하면

대과(大過)란 '지나치다' '무리하다' '과분하다' 라는 뜻이다. 그래서 '균형이 맞지 않는 상태' '정도를 벗어나거나 멀어지는 운'이요, '마음이 들뜨고 산란할 일이 많다'고 할 수 있고, '비물질적인 것' 이라고 할 수 있다.

그래서 이 괘는 어려운 곤경에 처한 것이 너무나 심하다. 또는 지나치다 고 할 수 있는 운으로 회생 불가능한 것을 말하고 있다.

또는 어렵고 힘든 일로 인하여 정신적 고충이나 심리적 불안이 크게 발생할 수 있다고 할 수 있을 것이다.

또는 교도소나 사창가나 유흥업소나 불법 사업장이나 사이비종교집단이나 정신병원에서 감금되어 살아온 사람이 마음에 갈등이나 동요나 풍파가 심한 사람이라 할 수 있을 것이다.

또는 갇혀 지내는 사람이 큰 일을 낼 수 있다고 할 수 있다. 예를 들면 어느 연구기관에 있는 사람이 사회를 깜짝 놀랠 수 있는 연구를 하였다고 말할 수 있을 것이다.

또는 억압되고 감금된 사람들이 크게 동요할 일이나 사건이 크게 발생했다고 말할 수 있다. 예를 들면 우리나라가 일제치하에서 억압받다가 국민들의 독립운동이 전개된 것을 들 수 있을 것이다.

또는 질병으로 우환이 있는 사람이 병이 지나쳐서 회복될 수 없는 단계에 들어 간 것을 말할 수 있는 상이다.

또는 부부의 갈등이 너무나 심하여 가정이 파경에 이르게 되는 것을 말할 수 있는 것이다.

또는 자기의 입지가 어려움에 처하게 된 일이 명예를 회복하기에는 너무나 어려운 지경에 이른 것 등을 말하고 있는 것이다.

264 택수곤괘(澤水困卦)의 사효가 동하여 중수감괘(重水坎卦)로 변하면

감(坎)이란 '함정' '모함'을 뜻하고, '앞길을 알 수 없다' '희망이 보이지 않는다' '난관에 봉착했다'라는 뜻이요, '물이 넘쳐나는 것'을 말한다. 또는 통과하지 않으면 안되는 '관문' '고비' '고개' '액운' '액년' 등이요, 또는 '움푹패인 구덩이'를 말한다.

그래서 이 괘는 누구에게 말하지 못하는 심정이 쌓여가는 운으로 무겁고 답답하게 지내는 심정이요, 또는 주위의 누구와 상의할 사람이 없는 것으로 외로운 운이다.

또는 어렵고 힘든 일이나 상황에서 빠져나오지 못하고 있다고 할 수 있다. 예를 들면 사기꾼에 한 번 걸려든 일로 손을 떼지 못하고 계속 끌려가는 상이라고 할 수 있을 것이다.

또는 어떤 부인이 우연히 알게 된 남자와 사랑에 빠져 헤어나지 못하고 계속 끌려가고 있다고 말할 수도 있을 것이다.

또는 싫어도 싫다고 말하지 못하고, 좋아도 좋다고 말할 수 없는 심정이다. 그래서 곤경에 처해 있어도 도움을 요청하지 못하는 운이라고 할 수 있다.

예를 들면 동성연애를 하는 사람이나 가까운 혈연간에 사랑에 빠진 사람들이 누구에게 말못하고 답답한 심정으로 지내야 하는 마음과 같다고 말할 수 있을 것이다.

또는 내가 사업에 어려움이 있거나 어떤 모함이나 함정에 빠졌어도 누구에게 말할 수 없는 입장이요, 또는 교도소에 갇혀있는 사람이 자기의 뜻을 누구에게 전달하지 못하고 답답하게 지내는 심정이라고 하여야 할 것이다.

또는 요즘 카드 빚으로 인하여 어렵고 힘든 사람들이 많이 있는데 그 카드 빚에서 벗어나기가 매우 어렵다고 할 수 있을 것이다.

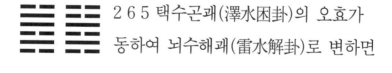 265 택수곤괘(澤水困卦)의 오효가
동하여 뇌수해괘(雷水解卦)로 변하면

해(解)란 '해방되다' '해결하다' '해산하다' 또는 어떤 틀이나 고정관념에서 '벗어나다' '무너지다' 라는 뜻이다. 그래서 '없애다' '풀어지다' '해제하다' '제거하다' '알다' '이해하다' '흩어지다' 라는 뜻이요, 고통이나 어려움에서 벗어날 수 있는 운이다.

그래서 이 괘는 모든 곤경과 어려움이 해결되는 운으로 앞으로
는 서서히 서광이 들기 시작하는 운이다. 심적 정신적 물질적 육체
적으로 모든 어려움이 해결된다고 할 수 있다.

아울러 해결이라고 하는 것은 심하면 죽음이나 포기나 소멸을
의미하기도 할 수 있는 것이다. 예를 들면 사업의 어려움에 희망의
빛이 들기 시작하는 운이라 할 수 있다. 자금이 해결되었다면 사업
의 어려움에서 벗어났다고 말할 수 있을 것이요, 아니면 사업장을
포기하였다고 말할 수 있을 것이다.

또는 부부의 갈등이 점점 소멸되어 화목한 가정으로 가는 운이
요, 아니면 부부의 이별이나 사별이 되었다면 부부의 갈등에서 벗
어났다. 아니면 해방되었다고 말할 수도 있을 것이다.

또는 학업에 어려움이 점점 이해가 되어 재미가 있을 운이요, 아
니면 진학관계로 학업에 얽매어 꼼짝도 못하고 공부만 하던 학생
이 진학하였다거나 생명을 잃었다고 한다면 학업에서 해방되었다
고 말할 수 있을 것이다.

또는 질병으로 고생하던 사람이 점점 회복의 기미가 있는 운이
다. 아니면 생명이 다 되므로 해서 병마의 고통에서 해방되었다고
말할 수도 있을 것이다.

또는 동료간에 서먹거리고 어려웠던 일들이 점점 해결되어 가는
운 등 수많은 어려움 들이 풀려나가는 운이라 할 수 있을 것이다.
아니면 동료나 친구간에 화해를 하였다거나 아니면 한 사람이 이
민을 갔거나 아니면 한 사람이 죽게 되면 친구사이의 어려움이 풀

렸다고 할 수도 있을 것이다.

또는 집을 팔아야 다른 곳으로 이사를 할 수 있는데 팔리지 않아서 어려움이 있었다면 집이 팔리는 운이라고 할 수 있을 것이다.

또는 교도소에 있는 사람이 석방되었다거나 사이비종교집단이나 불량 사업장이나 정신병원에 감금된 사람이나 화류계 사업장에 감금되었다면 해방될 수 있다고 말할 수 있는 것이다.

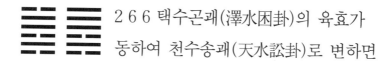 266 택수곤괘(澤水困卦)의 육효가 동하여 천수송괘(天水訟卦)로 변하면

송(訟)이란 '확정짓는 것'이요, '구설풍파'를 말하는 상이다. 그래서 '소송' '판결' '결단' '언쟁' '시비' '의견대립' '가부의 결정' '사리판단' '서로간에 불신이 생길 수 있는 마찰' '관(官)과의 관계' '정(正)과 사(邪)의 대결'을 표현하고, '음(陰)과 양(陽)의 대립'을 말한다.

그래서 이 괘는 어려움이 끝이 나는 운으로 풍파가 해결되고 어려움이 해결되고 모든 답답하였던 일들이 해결되는 운이다. 상괘(上卦)의 265괘의 해괘(解卦)를 자연적인 해결이라고 한다면 송괘(訟卦)는 인위적인 해결이라고 하여야 할 것이다.

또는 누군가와의 관계에서 상대를 구속하기 위하여 소송을 할 수 있다고 할 수 있을 것이요, 아니면 상대에게 구속을 당할 수 있다고 할 수 있을 운이다.

또는 누구를 억압한 일로 인하여 구속되거나 구설풍파가 발생할 수 있다거나 발생하였다고 할 수 있을 것이요, 아니면 내가 억압된 일로 인하여 소송을 했다고 할 수 있을 상이다.

또는 이러지도 저러지도 못하는 어려운 상황에서 확고부동한 결정을 내리는 것을 뜻하고 있으니 죽고 사는 문제는 운명에 맡겨두고 무언가 곤경에 처해 있는 일에 대하여 도전을 의미하고 있다.

또는 어떠한 상황에서 갈피를 잡지 못하고 있는 기로에서 확고한 결정을 내어 행동으로 옮긴다든지 간에 많은 어려운 일들을 확정하는 운이다.

또는 학업에 얽매여 살았다거나 직장에 억 매어 살았다거나 또는 어떤 단체에 억 매어 살았다거나 아니면 자기의 속마음을 털어놓지 못하고 죽어지내면서 갈아온 사람이 가부간에 결단을 내리려 하고 있다거나 내릴 수 있다고 말할 수 있을 것이다.

또는 부부간의 갈등으로 가정이 파경위기에 있는 부부가 갈라설 수 있는 상이요, 모든 것을 포기하고 새롭게 살 수도 있는 운이다.

27 택산함괘(澤山咸卦)

함(咸)이란 '전부' '모두'라는 뜻이요, 또는 '골고루' '동등하다' 라는 뜻이요, 또는 '구성원 전부'라는 뜻이다. 그래서 '통째로' 또는 '여러 분야' 또는 '느끼다' '감각이 있다'라는 의미요, 또는 '각양각색'이라고도 할 수 있다. 예를 들면 이것과 저것, 여기와 저기가 모두 같은 내용이요 같은 물건이요 같은 성질이요 같은 형상이라는 뜻이다.

또는 부분이 아니라 전체적인 것으로 광범위한 지역을 말하고, 또한 물건의 한 부분을 말하는 것이 아니라 포괄적인 것을 말한다.
또는 모든 물건의 한 뭉치 또는 한 단체로서 하나의 구성체 전부를 말한다. 즉 산이라고 하는 것이나 물이라고 하는 것이 따로따로 떨어져 있는 것이 아니고 산은 산대로 뭉쳐있는 것이요 물은 물대로 흩어지지 않고 뭉쳐있는 것과 같은 원리를 말하고 있다.

또한 산은 양(陽)을 나타내고 있으며 물은 음(陰)을 나타내고 있는 것으로 음(陰)과 양(陽)은 동등하다고 하는 것으로 어떤 것이 우월하다거나 어떤 것이 위축되어 있는 것이 아니라고 하는 것을 말하고 있는 것이다.

또 함(咸)이란 느낀다, 감각이 있다는 것으로 서로 상통함을 말하고 있다. 여기서 말하고 있는 느낀다고 하는 것은 어떤 상황의 전체적인 분위기를 감지하는 것을 말하고 있다. 예를 들면 회사의 운영이 잘될 것 같은 기분이 든다거나 또는 이 물건은 값어치가 좋은 물건이라고 하는 감을 느낄 수 있다고 할 수 있을 것이다.

또는 오늘 하고 있는 일로 인하여 후일에 구설수가 생길 것 같다는 기분을 느낄 수 있다고 할 수 있을 것이요, 또는 어디에 투자를 한다면, 또는 어떤 물건에 투자를 한다면 좋은 일이 생길 것 같은 기분이 든다고 할 수 있을 것이다.

271 택산함괘(澤山咸卦)의 초효가 동하여 택화혁괘(澤火革卦)로 변하면

혁(革)이란 '강제적인 힘이나 물리적인 힘에 의하여 새롭게 변화하는 것'을 의미한다. 그래서 '바꾼다' '교환한다' '제거한다' '면직된다' '뒤엎는다' 라는 뜻이요, 또는 지금까지의 생활이나 생각이나 일이나 습관이나 전통 등이 '새롭게 변화하는 것'을 말한다.

그래서 이 괘는 어떤 물건이나 상황이나 분위기가 인위적인 힘이나 물리적인 힘에 의하여 변화하고 있는 것을 말하는 것이다.

또는 물건이나 사람이나 간에 다른 사람이나 물건과 차별이 없는 상태로 비슷하다거나 동등한 위치에 있는 상황이라면 차별화를 위하여 새롭게 변화를 추구할 수 있다고 말할 수 있는 상이다.

또는 어떤 느낌이나 감각에 변화가 생겼다고 할 수 있다. 예를 들면 신병이나 사고나 중독증으로 감각이 마비되는 일 등이다.

또는 어떤 사람이 결혼을 한 후로 그동안 생활하던 모든 습관이 배우자의 권유에 의하여 모두 바뀌게 되었다고 할 수 있을 것이다.

또는 정부가 정치의 틀을 모두 개혁하려는 상이요, 사업가가 사업체를 모두 새롭게 바꾸려 하는 것이다.

또는 투자가가 투자의 분위기를 새롭게 바꾸려고 하는 것 등 모든 일이나 상황의 전부를 새롭게 변화시키려고 하는 운이요, 또는 건물주가 건물 전체를 새롭게 단장하려고 하는 운이다.

또는 어떤 아가씨가 얼굴 전체를 성형수술을 하여 뜯어 고쳤다고 할 수 있을 것이요, 아니면 여러 분야에서 골고루 교정하였다고 할 수 있을 것이다.

또는 여러 방면에서 변화가 일고 있다고 할 수 있으니, 옛날로 보면 전국적으로 새마을사업의 운동으로 인하여 국가가 변하고 사회가 변하는 일과 같다고 할 수가 있다.

또는 국토개발이라는 명분으로 전국의 산들이 헐려나가는 상이요, 또는 국가간에도 그동안의 양국관계를 여러 분야에서 새로운 형태로 협약을 맺는 일과도 같다고 할 수 있다.

272 택산함괘(澤山咸卦)의 이효가 동하여 택풍대과괘(澤風大過卦)로 변하면

대과(大過)란 '지나치다' '무리하다' '과분하다' 라는 뜻이다. 그래서 '균형이 맞지 않는 상태' '정도를 벗어나거나 멀어지는 운'이요, '마음이 들뜨고 산란할 일이 많다' 고 할 수 있고, '비물질적인 것' 이라고 할 수 있다.

그래서 이 괘는 여러 분야에서 발생하고 있는 일들로 인하여 마음의 동요가 크게 발생할 수 있다거나 아니면 모두를 잃고 크게 마음 상하는 일이 있을 수 있다고 할 수 있는 상이다.

또는 모든 면에서 아니면 여러 방면의 일들을 한꺼번에 처리하려다 무리를 하였다거나 할 수 있을 것이다.

또는 천재지변이나 인재사고 등으로 집이나 전 재산을 잃은 사람이 가족들과도 이별이나 사별하고 마음의 동요가 크게 발생하였다고 말할 수 있을 것이다.

또는 한평생을 같이 살던 부부가 어느 날 배우자를 잃은 일로 마음의 풍파나 상처가 크게 생길 수 있다고 할 수 있을 운이다.

또는 회사나 사업을 운영하던 사람이 사업의 부도로 회사를 잃고 크게 방황할 수 있다고 말할 수 있을 것이다.

또는 어떤 아가씨가 얼굴을 성형수술한 후에 만족하여 마음이 많이 들뜨고 설레일 수 있다거나, 아니면 수술이 잘못되어 마음이 상하고 번민만 생겼다고 말할 수 있는 것이다.

또는 분할하여 추진하면 가벼울 일이 한 번에 처리하려고 하기 때문에 너무나 무리가 간다고 할 수 있을 상이다.

또는 어떤 일을 한 지역씩 또는 한 가지씩 처리를 하여야 할 일을 한꺼번에 추진하려고 하니 무리가 된다든지 등으로 여러 종류의 일들이 있을 수 있는 일이다.

또는 여러 가지의 합병증이 있는 사람이 병을 치료함에 있어 하나하나 치료하는 것이 아니고 한꺼번에 모든 병을 다스리려고 하다보니 신체에 무리가 간다고 할 수 있을 것이요, 또는 과량의 약을 복용할 수 있다고 할 수 있을 것이다.

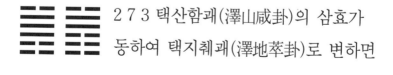 2 7 3 택산함괘(澤山咸卦)의 삼효가
동하여 택지췌괘(澤地萃卦)로 변하면

췌(萃)란 '모인다' '모여든다' '모으고 있다' '수집한다' 라는 뜻이다. 또는 '하나의 집합체나 단합된 단체'요, 또는 '집결, 결집'이요, 또는 '여러 종류의 물건이나 부품을 모아 하나의 물건을 생산하는 것'이요, 또는 '많은 사람이 모여 힘을 발휘하는 것'으로 해석한다.

그래서 이 괘는 모든 것이 나에게 모여드는 것이요, 모든 일이 나에게 몰려오는 것이요, 모든 경사가 나에게 몰려오는 것이요, 모든 고통이 나에게 몰려오는 것이요, 어떤 단체가 통째로 나에게 몰려오는 운이다.

우리 속된 말로 표현하면 이런 말이 있다. 예를 들면 '돈 떨어지면 신발마저 떨어지고 애인마저 떨어진다'라고 하는 말과 같이 어려 분야에서 어렵고 힘든 일들이 모여들고 있다고 할 수 있을 것이요, 아니면 여러 분야에서 즐거운 일 설레일 일 등이 많이 발생하고 있다거나 모여들고 있다고 말할 수도 있을 것이다.

또한 당 대 당의 합병이요, 회사대 회사가 나의 회사로 합병이 되는 것을 말할 수 있다.

또는 딸의 내외와 자식들이 모두 나의 집으로 모여드는 것이요, 또는 각각 살던 자식 내외와 손자들이 모두 몰려오는 운 등으로, 상대나 물건이 송두리째 몰려오는 것을 말한다.

또는 여러 분야에서 많은 일들이 나에게 몰려오는 상황으로 일거리가 몰려온다고 할 수 있을 것이다.

또는 여기 저기서 시비구설을 많이 들을 운이다. 또는 이 분야 저 분야 할 것 없이 많은 분야의 학문을 할 수 있을 것이요, 많은 사람들이 상담차 나에게 몰려드는 운이라고 할 수가 있을 것이다.

또는 어떤 아가씨가 공개구혼을 하고 보니 여러 사람들이 아니면 각각 많은 분야에서 활동하고 있는 사람들이 청혼해오고 있는 상이라 할 수 있을 것이다.

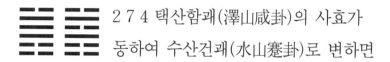 274 택산함괘(澤山咸卦)의 사효가 동하여 수산건괘(水山蹇卦)로 변하면

건(蹇)이란 '매사가 순탄하지 않을 운'이요, '매사가 험난하고 활발하지 못한 상'이다. 또는 '다리를 절다' '더디다' '어렵다' '힘들다' '뜻대로 되지 않는다'는 뜻이요, '마음이 안정되지 못하고 변화가 많다'고 할 수 있다.

그래서 이 괘는 모든 일이 마음먹은 대로 해결이 되지 않고 더디고 힘이 드는 운이다. 즉 하나의 일을 해결하고 나면 또 다른 곳에서 어려움이 발생하고, 또 다시 해결하고 나면 또 다른 분야에서 어려움이 발생하는 것을 말하고 있는 것이다.

또는 하는 일마다 수월하게 해결되는 일이 없고 어렵고 힘이 들어 더디고 있다고 말할 수 있을 것이다. 또는 어떤 일이나 상황에서 전체적으로 되는 일이 없고 더디고 어렵고 막혀서 힘이 들고 있다거나 힘이 들일이 발생할 것이라고 말할 수 있는 것이다.

또는 정치를 하는 사람은 어떠한 한 분야만 힘이 드는 것이 아니고 모든 분야에서 어렵고 힘이 드는 운이라 할 수 있을 것이다.

또는 학생은 어느 한 과목에서만 어려운 것이 아니라 모든 과목이 어렵고 힘이 드는 운이라 할 수 있을 것이다.

또는 사업을 하는 사람은 사업에 어려움이 있는가 하면, 종업원이나 판로에 문제가 생기는 격으로 모든 분야에서 어려움이 있다.

또한 회사를 설립하고자 하는 사람이라면 자금이 어렵고, 자금을 확보하고 나니 토지구입에서 어려움이 생기고, 또 간신히 토지를 구입하고 나니 사업승인이 어렵고 승인을 얻고 나니 생산에서 어렵고 다시 판로에서 어려움이 따르는 격이라 할 수 있을 것이다.

또는 가정에서는 가정대로 부부간에 갈등이 있는가 하면, 자식들은 자식들대로 속을 썩이고 있는 운과 같이 어느 부분이 아니고 모든 분야에서 힘들고 어려움이 있는 운이다. 이런 경우는 처음부터 다시 시작하고 모든 것을 새롭게 개혁을 통하여 변화시켜 나가야 해결을 볼 수 있는 것이다.

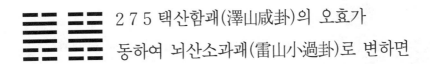 275 택산함괘(澤山咸卦)의 오효가 동하여 뇌산소과괘(雷山小過卦)로 변하면

소과(小過)란 '약간의 변화가 있는 운'이다. 그래서 '조금 지나치다' '약간 부담된다' '약간 과분하다' '약간 방황한다' '약간 불안

하다' '사소한 일에 마음을 쓴다' '작은 일에도 민감하다' 라는 뜻이요, 또는 '마음 씀씀이가 작다' 고 할 수 있다.

　그래서 이 괘는 어떤 큰 일을 과소평가하는 것과 같은 것을 말하는 운이다.

　또는 모든 면에 있어 신경과민증이라고 하거나 과민반응을 보일 수 있는 사람이라 할 수 있을 것이다.

　또는 여러 분야에서 벌어지고 있는 모든 일들이 성과가 없다고 할 수 있을 것이요, 또는 이일 저일 닥치는대로 열심히 하였지만 소득은 별로 신통치 않다고 할 수 있을 것이다.

　또는 온갖 정성을 다 들여 노력하였으나 별로 신통치 않다고 할 수 있을 것이다.

　또는 여러 분야의 학문을 골고루 많이 하였으나 알아주는 사람이 없다거나 활용을 제대로 못하고 있다고 할 수 있다.

　또는 큰 일을 크게 보지 않고, 큰 말을 크게 듣지 않는 것으로 누군가가 진실된 말로 부탁하는데 듣고 있는 사람은 관심 밖의 일로 듣고 넘겨 버릴 수 있는 것을 말하는 운이다.

　또는 어떤 사람이 회사를 크게 운영하려고 사업설명회를 하는데 들어주는 사람들은 관심 밖의 일로 생각한다든지 하는 것과 같은 것이라 할 수 있다.

　또는 나의 몸이 열이 나고 고통이 심한데 상대는 보통의 질병으로 생각하고 관심조차 갖지 않는다든지 하는 것으로 상대에게 인정을 얻지 못하는 것을 말하고 있다.

또는 어떤 일이나 상황에서 전부를 잃고 겉으로는 태연한 척 하면서 마음의 동요가 약간 있을 수 있는 상이다. 아니면 나는 모든 것을 잃었는데 상대에게 인정을 못받는 상이라 할 수 있다.

예를 들면 어떤 재해로 전재산이나 많은 재산을 잃었는데 상대들은 하는 말이 자네가 무엇을 얼마나 잃었다고 그러느냐 누구는 그 만큼 안 잃은 줄 아느냐 하는 식으로 말할 수 있는 것이다.

䷦ 276 택산함괘(澤山咸卦)의 육효가 동하여 천산돈괘(天山遯卦)로 변하면

돈(遯)이란 '숨는다' '달아난다' 또는 '헤매인다' '방황한다' '불안하다' 또는 '도망치다' '피하다'라는 뜻으로 결과적으로 '약한 것'이요, '자신이 없다' '능력이 없다'라고 할 수 있다. 또는 '이리저리 피해다니는 것'을 말한다.

그래서 이 괘는 전부를 잃거나 모든 것을 상실하고 방황하고 떠돌이 할 수 있는 상이다.

또는 어떤 분야에서나 모든 상황에서 자신이 없어 끝까지 밀고 가지 못하고 변동이 많이 발생할 수 있다고 하는 운이다.

또는 높은 고위직에 있던 사람이 하루아침에 모든 권한을 잃고 방황할 수 있는 운이라 할 수 있을 것이다.

또는 건강하던 사람이 갑자기 치매증이 와서 모든 기억력을 잃는다든지 할 수 있다.

또는 풍수재해나 사기나 노름으로 하루아침에 전재산을 날리고 피해 다니면서 생활할 수 있다고 말할 수 있는 운이다.

또는 자기의 모든 재산을 어디에다 이리저리 옮겨가면서 숨겨둔다든지 할 수 있을 운이다.

또는 범죄인이 이리저리 옮겨가면서 숨거나, 또는 모든 실력과 능력을 숨겨두고 내색하지 않는 것 등을 포함한다.

또는 여러 방면에 자신이 없어 떳떳치 못한 상태를 말하는데, 부부간에도 자신이 없어 어렵게 지내는 사람이라 할 수 있을 것이다.

또는 사업도 이것저것 여러 종류를 해봐도 되지 않아 업종을 바꿔가면서 일을 할 수 있다고 할 것이다.

또한 공부를 하여도 한 가지를 꾸준하게 하는 사람이 못되고 이 공부 저 공부를 하는데 싫증을 빨리 느껴 다른 학문으로 바꿔가면서 공부하는 사람이라 말할 수 있을 것이다.

28 택지췌괘(澤地萃卦)

췌(萃)란 '모인다' '모여든다' '모으고 있다' '수집한다' 라는 뜻
이다. 또는 '하나의 집합체나 단합된 단체' 요, 또는 '집결, 결집' 이
요, 또는 '여러 종류의 물건이나 부품을 모아 하나의 물건을 생산
하는 것' 이요, 또는 '많은 사람이 모여 힘을 발휘하는 것' 으로 해
석한다.

그래서 이 괘는 대지 위에 연못이 형성되면 거기에는 물이 고이
고, 물이 고이면 많은 물고기들이 모여들어 살아가는 보금자리가
되는데, 여기에 모이는 모든 물고기들은 연못을 위하여 모여드는
것이 아니고 자기들의 이익을 위하여 즉 자기들이 살아가기 위하
여 모여들고 있는 것 같이 나를 협조하고 도와주기 위하여 모여드
는 사람들이 아니고 나를 이용하기 위하여 모여드는 사람들이다.

또는 수집하는 것으로 우표 수집이나 골동품 수집이나 액세서리 수집이나 고화서 수집 등 수많은 종류 등을 취미에 맞춰 수집하고 있는 상이거나 모았다고 말할 수 있을 것이다.

또는 어떤 정보기관에서 많은 정보자료를 수집하는 상이라 말할 수 있을 것이다.

또는 어떤 사건이나 구설이나 학업이나 기술분야나 칭찬이나 일거리 등이 나에게 몰려든다거나 많이 발생한다고 할 수 있다.

또는 어떤 장소에 투기꾼들이 모여들었다거나 아니면 내가 어떤 사업을 벌이니 많은 투자자가 모여들었다고 할 수도 있다.

또한 이 괘는 나에게 일을 부탁하기 위하여 많은 사람들이 모여든다거나 또는 나에게 어떤 것을 배우기 위한 사람들이 모여든다거나 또는 내가 어떤 전문분야에서 인기가 좋다보니 많은 사람들이 모여들고 있다고 말할 수 있을 것이다.

또는 내가 사회에서 성공하니까 주위에 많은 사람들이 모여드는 격이라 할 수 있을 것이다.

또는 내가 철학 또는 점을 잘 보니까 많은 사람들이 몰려든다고 할 수 있을 것이요, 또는 내가 요리를 맛있게 잘 만들고 있으니 우리 식당에 많은 사람들이 몰려든다고 할 수 있는데 이 몰려드는 사람들이 나를 위하여 몰려오는 것이 아니고 자기들의 만족을 위하여 몰려든다고 하는 것을 잊어서는 안될 것이다.

또는 주위에 많은 사람이 몰려든다고 하는 것은 나를 정탐하고 나에게 위해를 가하기 위한 사람도 있으니 주의해야 한다.

이 괘를 가진 사람이 복이나 녹이나 용덕(龍德) 등이 있으면 많은 사람을 상대하는 직업을 택하면 좋다. 변호사나 의사나 식당업이나 여관업이나 물을 파는 직업 등이 좋다.

281 택지췌괘(澤地萃卦)의 초효가 동하여 택뢰수괘(澤雷隨卦)로 변하면

수(隨)란 '따른다' '순종한다' '모방한다' '답습한다' '전통을 지키는 사람' '주위 여건에 맞춰 적응하는 것'을 말한다. 또는 '맡긴다' '닮는다' '비슷하다' 라는 뜻이요, 또는 '상대를 믿는다' '상대를 믿고 거부하지 않는다' 라는 뜻이다. 따른다는 것은 상대방이 그저 좋거나 마음에 들어서요, 또는 상대방의 기술이나 능력이나 실력을 믿거나 좋아하여 따른다고 할 수 있다. 또한 '스스로 개발할 능력이나 앞장서는 일이 없는 사람' '창의적이지 못한 사람' 일인자나 리더는 될 수 없는 사람' 이라고도 볼 수 있다. 여기서 주의할 것은 선과 악의 길이 있다는 것이다.

그래서 이 괘는 모여드는 많은 사람들이 뜻이 같은 사람들이요, 행동이 같은 사람들로서 즉 끼리끼리 같은 사람들이 모여드는 것을 말하고 있는 것이다. 즉 나에게 도움을 요구할 수 있는 사람들이 모여들 수 있는 운을 말하고 있다.

또는 어떤 물건을 모으고 보니 그게 그거로 모두 비슷하다고 말할 수 있을 것이요, 아니면 어떤 일로 사람들을 모아보니 그게 그 사람으로 비슷한 사람들만 모였다고 말할 수 있을 것이다.

또는 '뭉치면 살고 흩어지면 죽는다' 라는 말과 같다고 할 수 있으니 여러 사람이 가는대로 따라가라고 할 수 있다. 우리 사회가 혼자 똑똑하여서는 못살아도 힘없고 능력이 없어도 뭉치고 단합하는 자는 살 수 있는 사회와 같다고 말할 수도 있는 것이다.

또는 많은 물건을 수집하여 모으다보니 많은 재물이 따르다라고 할 수 있거나 아니면 물건을 수집한 죄로 구설풍파가 따를 수 있다고 할 수 있을 것이다.

또는 많은 사람들이 하는대로 따르라고 할 수 있는 것으로 혼자 행동하지 말라고 주의하는 뜻이 포함되어 있는 상이다.

또는 교통사고나 어떤 사고가 일어나도 혼자 나면 개죽음이 될 일도 여럿이서 함께 나면 큰소리를 칠 수 있는 것과 같을 것이다.

또한 주위에 단독주택이 많다면 나도 단독주택으로 지어야 하는 것이요, 또는 주위에 식당이 많다면 나도 식당을 운영하는 것이 좋다고 할 수 있으니 즉 집단이나 집중적인 사업장이 모여있으면 나도 그 분위기에 따라야 한다고 할 수 있을 것이다.

이 괘를 가진 사람이 복이나 녹이나 용덕(龍德) 등이 있을 경우에는 학원이나 강습소나 또는 종교 등을 운영하면 좋다.

곤(困)이란 '곤란하다' '어렵다' '힘들다' 라는 뜻이요, '어떤 조
직에 얽매는 것' 이라는 뜻도 있다. 또는 '자다' '지치다' '시달리
다' '괴롭다' '구금되다' '갇히다' 라는 뜻이요, 갇힌다는 것은 어
떤 틀에 묶이는 것으로 '취업한다' '진학한다' 라고도 할 수 있다.
또는 '감추다' '저장하다' '위기' '곤란한 처지' 를 말하고, 또는
'술, 담배, 마약, 마작 등에 중독되었다' 라고도 할 수 있다.

그래서 이 괘는 많은 사람이나 사물이 모이는 것이 부담이 되어
어려움을 가중시키는 운이다. 또는 어떤 물건을 모은 일이나 또는
많은 사람들이 모여든 일이나 어떤 사건이 계속 발생하는 바람에
어렵고 힘든 일이 발생한다고 할 수 있을 것이다.

또는 어떤 모은 물건을 깊은 곳에 저장하였다거나 감추어 두었
다고 말할 수도 있을 것이다. 또는 여럿이 모이는 자리에 갔다가
갇히는 신세나 곤경에 처할 수 있을 운이다.

예를 들면 사이비 종교집단에 따라갔다가 구금된다거나 자유롭
지 못한 일이 생길 수 있다고 할 수 있을 것이다.

또는 여럿이 혼숙할 일이 생길 수 있다고 할 수 있을 것이다. 아
니면 많은 사람들을 모아서 아무도 모르는 장소에 보냈다거나 보
내질 것이라고 할 수도 있을 것이다. 예를 들면 외국으로 인신매매

하는 사람이거나 그러한 사람한테 당할 것이다고 할 수 있다.

또는 패싸움에 따라갔다가 불구가 되거나 평생 신세한탄을 하면서 지낼 일도 발생할 수 있다. 아니면 마약하는 사람들이 모여 있는 곳에 갔다가 구속되거나 어렵고 힘든 일이 생길 수도 있다.

또는 어떤 유흥업소에 나갔다가 평생 신세를 망치는 일이 발생할 수 있을 것이요, 또는 친구들 미팅 장소에 나간 일로 어렵고 힘든 곤경에 처할 수 있는 일이 발생하였다고 말할 수 있는 것이다.

또한 생각지도 않은 공부나 업무가 한꺼번에 쏟아져 곤란한 처지에 이르게 되는 것과 같다. 또는 많은 물건이 있는 곳에 가서 물건을 고르려고 하니 어렵고 힘들다고 할 수 있을 것이다.

또는 어떤 일로 사람들을 모아놓았다거나 아니면 골동품이나 장물 등을 모은 일로 교도소에 갈 일이 생길 수 있다고 할 수 있을 것이요, 아니면 그러한 물건으로 곤란한 일을 당할 수 있을 것이다.

또는 어떤 물건 등을 모아놓았는데 후일에 처분하는 일이 어렵다거나 곤란할 일이 생길 수 있다고 말할 수 있을 것이다.

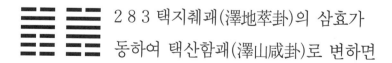 283 택지췌괘(澤地萃卦)의 삼효가
동하여 택산함괘(澤山咸卦)로 변하면

함(咸)이란 '전부' '모두' 라는 뜻이요, 또는 '골고루' '동등하다' 라는 뜻이요, 또는 '구성원 전부' 라는 뜻이다. 그래서 '통째로' 또는 '여러 분야' 또는 '느끼다' '감각이 있다' 라는 의미요, 또는 '각양각색' 이라고도 할 수 있다. 예를 들면 이것과 저것, 여기와 저기가 모두 같은 내용이요 같은 물건이요 같은 성질이요 같은 형상이라는 뜻이다.

그래서 이 괘는 모이는 것이 서로 마음이 통하고 정이 통하는 것으로 모으는 일에 정을 갖고 임하는 것을 말한다. 여기서는 함(咸)을 느끼다, 감각이 있다, 전부, 모두, 골고루의 뜻으로 설명하였다.

또는 어떤 모임을 주선하기로 하고 사람을 모으는데 여러 분야에서, 또는 많은 사람들이, 또는 각계각층에 있는 사람들이 모여들었다고 할 수 있을 것이다.

또는 친구들의 모임이나 어떤 모임을 조직하려고 하는 일이나 모임을 조직하였다면 각 분야에 종사하는 사람들이 함께 뭉쳐 만든 모임이라고 할 수도 있을 것이다.

또는 복지회관이나 학원 등에서 수강생을 모집하려고 광고를 내니 각계각층의 사람들이 모여들었다고 할 수 있을 것이다.

또한 난이나 돌이나 우표나 골동품이나 그림을 수집하는 사람이나 할 것 없이 그 물건에 애착을 느끼고 있는 것을 말하고 있다. 다시 말해서 자기가 좋아하는 어떠한 물건을 모으되 애착을 가지고 하는 일로 많은 종류의 물건을 수집하는 것을 말한다.

또는 여러 분야에서 골고루 학업을 하였다고 할 수 있을 것이요, 아니면 어떤 분야를 완전히 습득하였다고 할 수 있는 상이다.

또는 내가 출세하니 주위에 많은 사람이 몰려오는데 어렵고 힘들고 딱한 사람들만 모여들고 있다고 할 수 있을 것이다.

또는 나에게 주어지는 일들이 수월하게 해결될 일이나 어렵고 힘든 사건들이 여러 분야에서 모여들고 있다고 할 수 있을 것이다.

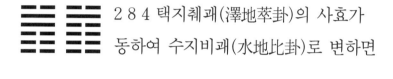 284 택지췌괘(澤地萃卦)의 사효가
동하여 수지비괘(水地比卦)로 변하면

비(比)란 '서로 비교한다' '서로 인접해 있다' '서로 큰 차이가 없다' 라는 뜻이요, '이것과 저것과의 관계'를 말한다. '서로 견준다' '서로 동등하다' '서로 가깝다' 또는 '나와 누구 또는 무엇과의 관계' 또는 '평소와 별 차이가 없는 것'을 말한다.

그래서 이 괘는 많은 학문을 배워서 서로 장단점을 비교분석 할 수 있는 운이다.

또는 많은 사람들이 모이다 보니 서로 비슷비슷한 사람들이 모여 있다는 이야기와 같은 것이다.

또는 많은 사람들을 모아놓고 비교하는 장소에 나갔다고 할 수 있을 것이다.

또는 내가 구하는 사람이나 물건이 멀리 있는 것이 아니고 주위에 있다고 말할 수 있을 것이다.

또는 난이나 수석을 수집하는 사람이 수집한 물건을 서로 견주어 보거나 아니면 그게 그 물건이라고 말할 수 있을 것이다.

또는 이 물건과 저 물건을 비교할 수 있는 것과 같다거나 아니면 많은 물건을 모아놓고 비교한다고 할 수 있다. 예를 들면 백화점에 물건을 구입하려는 사람이 많은 물건들 사이에서 이 물건과 저 물건의 질과 가격과 모양새를 비교할 수 있다고 할 것이다.

또는 컴퓨터나 텔레비전 등을 구입하려고 하는 사람이 여러 종류의 제품을 놓고 성능비교를 한다고 말할 수 있을 것이다.

또는 회사에서 사원을 채용하려고 하는데 많은 사람이 몰려오자 사원의 선발을 위해서 비교하고 견주어 보는 형상을 말하고 있다.

또는 처녀가 결혼하려고 하니 많은 남성들이 모여들고 그 모여든 남성들을 선을 보고 비교해보는 격이다. 또는 귀부인이 모임에 나가면서 많은 옷 중에서 어느 옷을 입을지를 비교해보는 운이다.

䷬ 285 택지췌괘(澤地萃卦)의 오효가 동하여 뇌지예괘(雷地豫卦)로 변하면

예(豫)란 '즐겁다' '기쁘다' 라는 뜻이며, '주위에서 요란법석이 일고 있는 상' 이다. 또는 '편안하다' '안일하다' '미리' '사전에' 앞서간다' '미리 설친다' '예방한다' '예언' '예측' '예지' 라는 뜻이다.

그래서 이 괘는 사람들이 모여드는 것을 보고 즐거운 일이나 풍파가 일어날 것을 미리 예측할 수 있는 것과 같은 것이다.

또는 많은 사람이 모이는 일이나 많은 사건이 발생하는 일을 안일하게 대처하였다고 할 수 있다. 예를 들면 많은 눈이나 비가 오거나 태풍이 부는 일이나 군중집회 등을 들 수 있을 것이다.

또는 어떠한 물건을 모은 일로 경사가 있거나 아니면 좋지 않은 일이 일어날 것을 예감하는 상이다.

또는 사람들을 모은 일로 어떤 변화가 일어날 것 같은 기분이 든다고 할 수 있다. 예를 들면 불량서클을 조직한 일이나 매춘업을 한 일로 구설풍파가 발생할 것 같은 기분이 든다고 할 수 있다.

또는 사이비종교집단에 사람들을 모아놓고 감금한 일로 구설풍파가 발생할 것이라는 예감이 들고 있다고 할 수 있을 것이다.

또는 누군가가 오고 있는 것을 미리 예지하는 것 등으로, 즉 저 사람들이 왜 모여 있는지, 또는 저 일들이 어떻게 변할지를 미리 예측할 수 있는 것을 말하고 있다.

또는 여러 가지의 질병이 모여든다거나 또는 발생하는 것을 보고 죽음이 임박했다고 하는 것일 예측할 수 있을 수 있는 상이다.

또는 가정에 풍파가 자주 발생하는 것을 보고 앞으로 가정의 어려움이 생길 것을 미리 짐작할 수 있는 것이다.

또는 나에게 많은 양의 일거리나 주문이 몰려오는 것을 보고 나의 앞길에 사업이 번창할 수 있다고 하는 것을 알 수 있는 상이라 할 수 있을 것이다.

또는 많은 개미들이 모여 이동하는 것을 보고 비가 올 것을 예측한다고 할 수 있을 것이다.

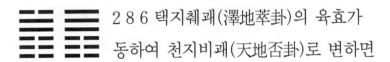 2 8 6 택지췌괘(澤地萃卦)의 육효가
동하여 천지비괘(天地否卦)로 변하면

비(否)란 '서로 화합하지 못하고 불화하는 것' '상대를 인정하지 않는 것' '각자 갈 길로 나가는 상'이라고 할 수 있다. 그래서 '거부한다' '불신한다' '반목한다' '배신한다'라는 뜻이요, '내 맘에 들지 않는 것'이라고 말할 수 있다.

그래서 이 괘는 모아온 것을 불신하고 거부하는 것으로 그동안 많은 물건을 수집하였으나 옳은 물건이 없다고 하는 것이다.
또는 어떤 물건 등을 하나하나 처분하는 것이 아니고 모아서 한꺼번에 폐기처분할 수 있다고 할 수 있을 것이다.
또는 내 주위에 많은 사람들이 있지만 나의 뜻에 맞는 사람은 없다고 할 수 있을 것이다.
또는 어떤 일을 추진하는데 많은 사람들이 의견을 내놓았으나 나의 마음에 맞는 의견은 하나도 없다고 할 수 있을 것이다.
또는 어떤 공모작에 많은 작품들이 나왔으나 선택할만한 작품은 없다고 할 수 있을 것이다.

또는 그림을 수집했어도 마음에 드는 그림이 없는 것이요, 골동품을 수집했어도 마음에 드는 것이 없는 것이요, 옷을 많이 샀어도 마음에 드는 것이 한 벌도 없다는 것과 같은 것이다.

또는 수많은 생각과 공상을 했어도 쓸만한 것이 없는 것이요, 많은 사람이 모여 누군가가 하는 일이나 생각을 부정하고 거부하는 것을 말한다.

예를 들면 많은 사람들이 모여서 우리 고장에서는 어떤 일을 해서는 안 된다는 식의 반대행위 등을 말한다.

또는 여러 종류의 물건을 많이 내놓고 전시를 하지만 나에게 맞는 물건이 없다고 할 수 있을 것이다.

또는 집을 지을 사람이 많은 목재나 재료를 모았지만 막상 나에게 필요한 재목은 없다고 할 수 있을 것이다.

3 1 화천대유괘(火天大有卦)

대유(大有)란 '밝은 태양' '한낮의 태양'으로 표현하고, 또는 타인을 무시하는 마음으로 '이기적인 성격'이라고 할 수 있다. 또는 너무나 뜨거운 '열'이요 '빛'이요 '밝은 지혜'를 말한다. 또한 태양은 하나밖에 없으니 '외롭고 허전하고 쓸쓸한 상'이요, '인정이 메마른 상'이라고 할 수 있다.

그래서 하늘에 떠있는 밝은 태양은 우선 어두운 곳을 밝혀주고, 수많은 생명들에게 살아가는 길을 열어주듯이, 우리 사회에서 바르지 못한 것을 바로잡고, 악을 제거하려고 노력하고, 정의를 위하여 투쟁하고, 마음에는 사심이 없으며, 항상 밝고 맑은 마음으로 생각하면서 살아가고, 거짓없는 생활을 하려고 노력하는 사람들이다.

하지만 화천대유(火天大有)는 '너무나 뜨거운 열'이요 '빛'이라,

수분을 말리고 대지를 건조하게 하여 사막화할 우려가 있다고 말할 수 있을 것이다(사주에 水가 없는 경우).

또한 나의 역량이 강하다 보니 다른 동식물의 어려움은 생각하지 않고, 또한 타협도 없으며 본인의 주장을 관철시키기 위하여 다른 사람의 의견을 무시할 수 있는 운이다. 그래서 '자기만 알고 사는 이기적'이요 '인정이 메마른 상'이라고도 한다.

또한 화천대유(火天大有)는 밝은 것으로 '밝은 지혜'를 나타내니 아는 것이 많을 수 있는 사람이다.

또한 화천대유(火天大有)가 어둠을 밝히고 생명체에게 동화작용을 시켜 좋은 일을 많이 하지만, 밝은 것을 싫어하고 밤에 활동하는 동물들은 밝은 빛을 싫어하면서 피해가려고 할 것이다.

다시 말해서 음지에 사는 사람이나 이기적인 사람이나 바르게 살지 못하고 불법으로 살아가는 사람들에게는 음해나 시기나 모함을 받을 수 있는 일이 자주 발생할 수 있는 운이다. 또한 나를 미워할 사람도 많이 생길 수 있는 운이다.

또한 지혜가 좋은 사람이라고 할 수도 있을 것이요, 또는 생각이 많은 사람이 숨기고 음침한 것을 싫어하고 매사를 정확하게 하는 사람이라고 말할 수도 있다.

311 화천대유괘(火天大有卦)의 초효가 동하여 화풍정괘(火風鼎卦)로 변하면

정(鼎)이란 '안정감'을 말하고, '서로 견제하면서 의지하는 상'이다. 또는 '타인에게 의지하면서 생활하는 상'이요, '지혜가 있어도 인정받기 어려운 상'이다. 또는 '세 명 이상이어야 안정되고 편안할 상' '한 곳에 자리잡으면 혼자 다른 곳으로 옮겨가 살 수 없는 상'으로 누군가에게 '의지'하려는 마음이 강하다.

그래서 이 괘는 힘있는 사람들이 협동하여 안정을 찾는 운이요, 또는 이기적인 사람이나 능력있고 실력있는 사람으로 세 명 이상이 합동심을 발휘하는 운이다.

또는 정치에 큰 뜻을 가진 사람들이 협동하여 안정을 찾으려고 하는 운이라고 할 수도 있을 것이요, 아니면 세 명 이상이 누군가를 이용하려고 하는 사람들이라고 말할 수도 있을 것이다.

또는 사업을 하는 사람들이 협동하는 운이요, 아니면 사업의 활성화를 위하여 누군가의 도움을 받기를 원하는 사람이라고 할 수 있을 것이요, 아니면 누구의 도움을 받을 일이 발생할 것이라고 할 수도 있다.

또는 생각이 많고 지혜로우며 한 곳에서만 생활할 수 있는 사람으로, 한 번 직장을 잡으면 좀처럼 옮기지 않는 사람이라고 할 수 있다.

또는 사회의 부정부패를 단속하는 사람들이나 사회정의를 부르 짖는 사람들이 힘을 모아 활동하는 운이다.

또는 밝은 사회를 만들려는 사람들이 협조하여 사회의 그늘진 곳을 밝히는 일 등으로 많은 일들이 있을 것이다.

또는 어떤 목적을 달성하기 위하여 세 명 이상이 모여 모사를 획책할 수도 있는 운이다.

또는 이기적인 사람이 속마음을 내보이지 않고, 언젠가 다른 사람을 이용할 기회만 엿보고 있는 사람이라고 할 수도 있다.

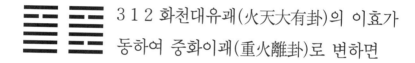 312 화천대유괘(火天大有卦)의 이효가 동하여 중화이괘(重火離卦)로 변하면

이(離)란 '헤어지다' '소멸시키다' '결핍되다' 라는 뜻이다. 또는 '분리되다' '떠나다' '갈라지다' '분산되다' 라는 뜻이요, '없다' '떨어지다' '차이가 있다' 라는 뜻이요, 또는 '불로 녹인다' '삭인다' 라는 뜻이요, 또는 '거리' '위치' '방향' 등을 나타낸다. 또는 '신경과민증환자' '불안한 사람' '홧병이 심한 사람'이요, 또는 '화려하다' '화끈한 사람' 이라고도 할 수 있다.

그래서 이 괘는 우리 속말로 '솜틀집에 불이 난 격'이라 할 수 있으니, 태양이 작열하고 있는 중에 아래서는 또 다시 불이 일고 있는 격으로, 세상의 모든 물질을 말려죽이려고 하는 운과 같다.

또는 열에 열을 가하는 격으로 성격이 급하고, 또한 다른 물질은 생각하지 않는 것으로 완전히 이기적이라고 할 수 있을 것이다.

또는 다른 사람과 타협할 줄 모르며 자기 마음에 들지 않으면 화합이라는 것은 없고, 다른 사람을 업신여기며 무시하기를 밥먹듯이 하면서 살아갈 사람이다.

또한 불은 자신의 생명을 유지하려고 다른 물질을 이용하는 성질이 있으니, 이 괘는 자기의 만족을 위하여 타인을 이용하려고 하는 운이다.

또는 지혜로운 사람이 날이 갈수록 아둔해질 수도 있을 운이요, 또는 매사 잘난척하면서 다른 사람을 업신여기는 버릇이 날이 갈수록 없어지는 운이다.

또는 정의로운 사람이나 거짓이 없던 사람이나 큰 일을 하던 사람이 세상을 떠났거나 떠날 것이라고 말할 수 있다.

또는 타인에게 시기와 질투를 많이 받았다면 시기와 질투를 받을 일이 없어지는 운이다.

또는 사람들 앞에서 자기과시를 많이 하면서 존경과 대우받는 것을 좋아하던 사람은 그런 마음이 사라지는 운이다.

313 화천대유괘(火天大有卦)의 삼효가
동하여 화택규괘(火澤睽卦)로 변하면

규(睽)란 남을 '의심하고 불신'하는 상이요, 또는 '눈치가 빠르다' '눈치를 잘 본다' '재치가 있다'라고 할 수 있을 것이요, 또는 '경계심이 많다' '조심성이 많다'라고 할 수 있다. 또한 '매사를 바르게 보지 않는 상태'를 말하고, '반대' '배반' '상반' '질투' '반목' 등의 의미가 있다.

그래서 이 괘는 내가 하는 일에 다른 사람들이 나를 의심하고 질투하고 시기하는 사람들이 많이 있을 운이다.

또는 내가 어떠한 일을 하는데 나를 방해하는 사람은 없나 하고 주위 사람을 감시하고 경계를 하여야 하는 운이다.

또는 일을 추진하는데 나의 주관대로 밀어붙여 추진하다보니 주위 사람들에게 불신을 받거나 반대에 부딪칠 수 있다. 예를 들면 미국이 이라크를 공격하는 일 등을 말할 수 있을 것이다.

또는 조용하게 하여도 될 일을 다른 사람들 앞에서 시끄러울 정도로 요란법석을 떨면서 하는 사람이나 단체라, 다른 사람들의 눈총을 받을 수 있는 운이다. 예를 들면 이름을 내기 위하여 작은 일도 신문이나 방송국 기자들을 모아놓고 하는 일이라든지, 또는 주민들을 모아놓고 하는 일 등이 있을 수 있는 운이다.

또는 학교에 기부금을 조금 내면서 학생들을 모아놓고 생색을 내는 행위 등을 말하고 있다. 이러다 보면 자기의 생색을 내기 위하여 하는 행위로 많은 사람들의 눈총을 받을 수 있고, 그 중에는 호감의 눈도 있겠으나 시기와 질투와 비판의 눈총도 있을 것이다.

또는 사회를 바로잡고 정의를 위한다는 명분으로 일하던 사람이나 하는 일들이 주위 사람들에게 의심을 받을 수 있을 운이다.

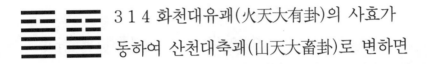

3 1 4 화천대유괘(火天大有卦)의 사효가 동하여 산천대축괘(山天大畜卦)로 변하면

대축(大畜)이란 '많은 것' '기대 이상의 성과나 변화' 등을 말하는 상으로, 좋은 면이든 나쁜 면이든 '크게 쌓는다' '의지력이 대단하다' 또는 '크게 이룬다' '크게 얻는다' '기대가 매우 크다' '욕심이 매우 과하다' 또는 '상처가 매우 크다' '손실이 매우 크다' 라는 뜻이다.

그래서 이 괘는 금상첨화라고 할 수가 있을 것이요, 지혜가 밝은 사람이 더욱 많은 학문을 닦아 쌓는 격이라 할 수 있을 것이다. 또는 공부를 잘하는 학생이 더욱 열심히 공부에 전념하는 상이다.

또는 사업을 화려하게 잘하고 있는 사람이 사업을 더욱 투명하고 확실하게 잘 운영하면서 성공하는 사람 등 수많은 일들이 있을 운이라 할 수 있는 상이다.

또는 사회를 위하는 일을 사심없는 마음으로 정도로 행하다보니 명성이 하늘을 찌를 듯이 높이 솟을 수 있는 운이라고 할 수 있다.

또는 정의를 위하여 사회의 부조리를 바르게 정리하니 칭찬이 하늘에 닿을 정도로 높이 솟을 수 있다고 할 수 있을 운이다.

또는 이기적이고 자만심이 강한 사람이 더욱더 악랄하고 포악해질 수 있는 운이라고 할 수 있다.

또는 날이 갈수록 이기적이 되거나 남을 무시하고 업신여기는 성격이 강해진다고 할 수 있을 것이다.

또는 타인을 무시하고 업신여기면서 많은 재물을 모았다고 할 수도 있을 것이요, 아니면 자만하다가 아주 크게 망할 수 있는 운이다.

또는 남을 기만하면서 자기만 정의롭고 바른 사람인양 행동하여 크게 출세할 수 있는 사람이요, 아니면 주위의 시기나 모함이나 질투를 받아 좌천이나 퇴출될 수도 있는 운이다.

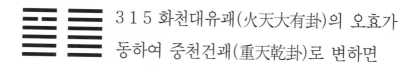

315 화천대유괘(火天大有卦)의 오효가 동하여 중천건괘(重天乾卦)로 변하면

건(乾)이란 '강하고 능력있고 힘있는 것'이요, 또는 어떤 분야에서 좋은 면에서나 나쁜 면에서나 '최고'를 말한다. 또한 '임금'이요 '하늘'이며 '힘이 강하고 넘치는 운'이요, 또한 '굳다' '견고하다 '고집' '몰인정' '모가 나다' '특별하다' '메마르다' '최고' '독선적인 것'이며, 또는 '콧대가 높다' '자존심(자부심)이 강하다' 등을 말하고, 또는 '외롭고 쓸쓸한 것'을 말한다. 또는 매사 분명한 것을 좋아하고, 누구와 타협하려고 하지 않는다.

그래서 이 괘는 힘이 있고 능력이 있는 강인한 군주를 뜻하고 있는 것이요, 아니면 독선적이고 이기적인 폭군을 뜻하기도 한다. 괘상(卦象)에 복이나 녹이나 용덕(龍德) 등이 있으면 국민을 위하고 사랑하는 군주가 될 것이요, 칠살(七殺)이 동주(同柱)하고 있으면 자기만 아는 폭군으로서 자기의 권위를 남용하고 악용하여 국민을 괴롭히는 군주가 될 것이다.

또는 이기적인 성격을 가진 자들이 큰 일을 저지를 수 있다고 할 수 있으니, 남을 무시하고 업신여기다가 큰 코 다칠 수 있다고 말할 수 있는 운이다.

또는 타인을 업신여기고 무시하면서 자기의 출세를 위하여 노력하는 사람이라 할 수 있을 상이다.

또는 사회의 부정을 뿌리뽑고 정의을 위하여 활동하는 사람들의 단체가 아주 막강한 단체라 말할 수 있을 것이다.

또는 사업이나 가정에서 다른 사람의 권유나 협상 등을 무시하다 큰 일을 당하거나 일을 저지를 수 있다고 할 수 있다.

예를 들면 병으로 고생하는 가장이 가족들이 병원에 가자고 하여도 말을 듣지 않다가 죽음의 길로 갈 수 있다고 할 수 있다.

또는 주위 사람들이 주식에 투자하지 말고 주의를 하라고 아무리 말하여도 듣지 않고 독단으로 투자를 한 것이 크게 패가망신하거나 아니면 대박이 터졌다고 할 수 있을 것이다.

䷍䷡ 316 화천대유괘(火天大有卦)의 육효가 동하여 뇌천대장괘(雷天大壯卦)로 변하면

대장(大壯)이란 '씩씩하고 활발한 기상'이요, 하늘에서 치는 우뢰로 '허풍' '허세'를 뜻한다. 또는 '장하다' '굳세다' '우렁차다' '출세가 좋다' '큰소리 칠 일이 있다' '기가 강하다' '자신과 능력이 있다' '잘난 척을 잘한다' '마음에 없는 말' '실속없는 소리'라는 뜻이다.

그래서 이 괘는 밝은 태양의 기(氣)가 활발하고 씩씩한 상으로 빛이 더욱 강한 빛을 내는 운이요, 밝은 지혜를 가진 사람이 활동력까지도 더욱 좋아지는 운이다.

또는 사업수단이 좋은 사람이 많은 활동을 하여서 사업을 개업하고 튼튼하게 운영하는 격이요, 또는 신제품을 개발하는데 적극적인 사람이라 할 수 있을 것이다.

예를 들면 식당업을 운영하는 사람이 식당의 음식개발이나 분위기를 새롭게 바꾸는 일에 적극적이라 할 수 있을 것이요, 의상을 디자인하는 사람이 새로운 의상을 만들기 위하여 적극적인 노력을 할 수 있는 상이라 할 것이다.

또는 정치에 조예가 깊고 지혜가 있는 사람이 많은 생각과 활동으로 자기가 맡은 일에 충실하면서 똑바른 정치가가 되도록 노력하는 사람이라고 보아야 할 것이다.

또는 사회의 부조리를 없앤다는 명분으로 큰 일을 저지를 수 있는 사람이다.

예를 들면 어떤 단체가 자기들의 이익을 위하여 여러 분야에서 활발하게 활동을 할 수 있는 것으로, 지역의 불량배들이 지역상인들을 보호한다는 명분으로 지역상인들을 괴롭히고 행패를 부리면서 활동하는 상과 같다고 할 수 있을 것이다.

만약에 칠살(七殺)이 있으면 이기적인 사람이 자기의 이익만을 위하여 다른 사람을 무시하는 힘이 더욱 강화되는 운이요, 독선적인 사람이 칠살(七殺)이 동주(同柱)하면 안하무인격으로 광적인 사람이 될 가능성이 많을 운으로, 사회에 큰 풍파를 일으킬 수 있는 사람으로 볼 수 있다.

32 화택규괘(火澤睽卦)

규(睽)란 좋게 보면 '주의' '경계심' '조심성'이 많은 상이요, 또는 '눈치가 빠르다' '눈치를 잘 본다' '재치가 있다'라고 할 수 있다. 그러나 '매사를 바르게 보지 않는 상태'를 말한다. 다시 말해서 '반대' '배반'의 뜻이 있고, 상대와 내가 일치하지 못하는 상태다.

여기서는 천지비(天地否)와 같은 의미나 '상반'의 뜻으로 '반목'하는 것이요, '질투'하고 있을 말한다. 또한 상대를 인정하려 하지 않고 항상 '의심'하고 '불신'하는 것을 말한다.

또한 곁눈질로 상대를 살피는 것이니 심성이 바르지 못하고 약삭빠르게 행동하는 사람이라고 보아야 할 것이다.

또한 그때그때의 순간을 적당하게 넘기려고 하는 운으로 상대와 혼연일치로 하는 것은 싫고, 나의 몫은 갖고 싶어하는 성격이요, 또는 내가 하고자 하는 일은 하고 싶어하는 사람이다.

또는 물건이나 상황이나 일을 의심하는 것으로 조심성이 많다고
할 수 있다. 예를 들면 집을 사려고 계약하려고 한다면 그 집에 어
떤 문제는 있나 없나 여러 분야에서 확인하는 격이다.

또는 백화점에 가서 물건을 하나 사는 일도 판매원이 좋다고 권
한다고 무조건 사는 것이 아니라 요리 보고 조리 보면서 이상유무
를 확인하는 것과 같다고 할 수 있다.

또는 병원의 의사가 환자를 진찰하는데 있어 의심이 가는 심증
이 있다보니 여러모로 주의하여 환자를 살펴보고 있다고 할 수 있
을 것이라 할 수 있을 것이다.

또는 어떤 사건을 다루는 판사가 판결을 내리기 전에 사건에 문
제점이 있는 것 같으니 재차 삼차 심문하는 것과 같다고 할 수 있
을 것이다.

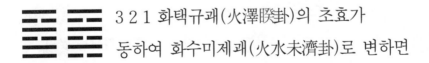

3 2 1 화택규괘(火澤睽卦)의 초효가 동하여 화수미제괘(火水未濟卦)로 변하면

미제(未濟)란 '익숙하지 않다' '완성되지 않았다' '성사되지 않
았다' '결론이나 결정을 내지 못했다' 라고 할 수 있다. 또한 '확정,
결론, 결과, 결정'을 내지 못하고 미적거리거나 미루는 상태요, '성
숙하지 않은 상태'요, 또는 '안정감이 없고 불안한 상태'다. 또는
아직은 미숙하다고 하는 뜻으로 '숙달되지 못한 것'을 의미하고,

일이 '마무리되지 않은 상태'를 말한다.

그래서 이 괘는 어떤 일이나 상황에서 상대를 믿지 못하여 확정을 못내리고 미루고 있다고 할 수 있을 것이요, 아니면 의심이 많은 사람이라 상대를 경계하고 있다고 할 수 있을 것이다.

또는 다른 사람을 의심하다 자기의 뜻을 이루지 못하는 운이요, 또는 의심하거나 기회만 엿보다 기회를 잃을 수 있다고 할 수 있다. 예를 들면 선생님이 가르치는 학문을 의심하다 끝을 보지 못하는 운이요, 또는 부부간에 서로 의심하고 불신만 하다가 끝내는 파경에 이르는 운이다.

또는 정치인들이 상대의 당이나 정적을 의심만 하다가 뜻을 펴보지도 못하고 마는 운이라 할 수 있을 것이다.

또는 사업가가 거래처를 의심하다가 거래처를 모두 놓치고 마는 운이라 할 수 있는 상이다.

또는 집을 구입하는 일이나 결혼을 하려고 하는 사람 등이 상대를 불신하거나 못 믿어 너무 재다가 기회를 잃고 결실을 보지 못할 수 있다고 할 것이다.

또는 환자가 의사를 의심하여 치료를 거부하다가 질병이 악화되어 끝내는 치료를 할 수 없는 지경에 이르는 운 등 수없이 많은 일들이 의심으로 인하여 나중에는 파국으로 가는 운이요, 또는 의심만 하다 뜻을 성취하지 못할 수 있는 운이다.

3 2 2 화택규괘(火澤睽卦)의 이효가
동하여 화뢰서합괘(火雷噬嗑卦)로 변하면

서합(噬嗑)이란 '입을 떠들고 놀리는 것'을 말하고, '입이 가볍고 경솔한 상'이라고 할 수 있다. 그래서 입으로 '되씹는다' '지껄인다' '수다가 심하다' '비웃거나 조롱한다' '소리내 웃는다'라는 뜻이요, 또는 '한탄한다' '자탄한다' '후회한다' '으르렁거린다' '희희낙락한다'라는 뜻이요, 또는 '참을성이 없다' '안정감이 없다' '시끄럽다'라고 할 수 있다. 또는 '자궁운동이 좋다'고도 한다.

그래서 이 괘는 다른 사람을 의심하고 불신하고 또는 배신을 하였으면 그것을 마음 속에다 간직하고 있는 것이 아니고 모든 것을 입으로 품어버리는 성격의 소유자이다.

또는 다른 사람에게 의심을 받거나 불신을 받게 되니까 이리저리 다니면서 자기의 주장만을 내세우면서 발뺌을 한다고 하거나 미리 변명하고 다닐 수 있을 운이다.

또는 남편을 의심하여 부부가 다툴 일이 생길 수 있다거나 부인을 의심하여 가정불화가 발생할 수 있다고 할 수 있을 운이다.

또는 친구간이나 사장과 사원들 사이에 서로 대화는 없이 의심만 하다 언쟁이나 갈등으로 인하여 말이 많을 수 있거나 험담 등이 발생할 수 있다고 할 수 있을 상이다.

또한 이 괘는 비밀이 없는 사람이요, 입이 경솔한 사람이라 항상 재앙을 불러들일 수 있는 사람이다. 이런 사람은 깊이 사귈 사람이 못되고 마음을 털어놓고 흉금을 나눌 사람이 되지 못한다.

또는 매사에 의심나는 점이 있으면 속에 담아두지 못하고 반드시 물어보고 또는 씹어보고 또는 맛을 볼 수 있다고 할 수 있다.

또는 눈이 뒤집혀 말을 함부로 하는 사람으로 정신이상인 사람이라고 할 수 있다.

또는 어떤 여성이 그동안 불신한 사람과 동침을 하거나, 아니면 그 사람에게 정조를 잃을 수도 있는 운이다.

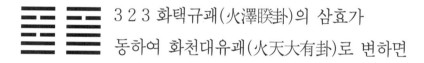

323 화택규괘(火澤睽卦)의 삼효가 동하여 화천대유괘(火天大有卦)로 변하면

대유(大有)란 '밝은 태양' '한낮의 태양'으로 표현하고, 또는 타인을 무시하는 마음으로 '이기적인 성격'이라 할 수 있다. 또는 너무나 뜨거운 '열'이요 '빛'이요 '밝은 지혜'를 말한다. 또한 태양은 하나밖에 없으니 '외롭고 허전하고 쓸쓸한 상'이요, '인정이 메마른 상'이라고 할 수 있다.

그래서 이 괘는 다른 사람에게 의심을 사지 않도록 항상 몸조심하면서 생활하는 사람이요, 또한 신중하게 처신하는 것이 다른 사람에게 덕이 되게 행동하는 사람이다.

또는 의심이 있을만한 일이 있으면 확 뒤집어서 사실을 확인하여야 직성이 풀릴 수 있는 사람이라 할 수 있다.

또는 타의 모범이 되어 인정을 받고 덕을 쌓으면서 살아가는 운이다. 다시 말해서 덤벙대지 않고 타인들에게 의심받을 만한 일은 하지 않으면서 매사를 밝고 정확하게 처리하는 사람이다.

또는 다른 사람의 말을 무조건 믿으려 들지도 않고, 매사를 정확하게 처리하면서 살아가고 있는 것을 말하고 있다.

우리 옛말에 '돌다리도 두드려보고 건넌다'는 말이 있고, '궁구발도 떼내고 먹는다'는 말이 있는데 안전한 것 같지만 다시 한 번 더 확인하고 신중하게 처신하면서 타인의 모범이 되게 살아갈 사람이다.

또는 물건을 매매를 할 때도 계약서나 그 외의 또 다른 보충 서류라든지, 또는 의문나는 점은 확고하게 하고 넘어가는 성격이다.

또는 판사가 판결하는 일이나 공무원이 인허가문제에 있어서 의심나는 부분이 있으면 다시 한 번 확인하고 바른 판결이나 결정을 내릴 수 있는 상이다.

또는 어떤 사람이 하는 일에 문제가 있어 의심살만한 일을 하고 있으면 찾아가서 큰소리치고 상대를 협박하고 무시하는 행동도 할 수 있는 사람이라 할 수 있을 것이다.

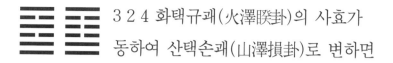

손(損)이란 '손실'을 뜻하고 '악독하고 인정이 없는 상'이다. 또는 '감소한다' '줄인다' '각박하다' '야박하다' '빈정댄다' '조롱한다'라는 뜻이요, 또는 '득(덕)이 되지 않는다'고 할 수 있다.

그래서 이 괘는 다른 사람과 화합을 이루지 못하고 상대를 비방하고 헐뜯는 운이다.

또는 의심이 가는 사람이나 못믿고 불안한 사람이라면 인정사정 볼 것 없이 냉정하게 잘라버릴 수 있다거나 버릴 수 있는 사람이라고 할 수 있을 것이다.

또는 세상을 바르게 보지 않고 매사를 불신하고 의심하는 사람이 남을 험담하고 비방하거나 모함을 일삼고 살아가는 상이라 말할 수도 있을 것이다

또는 다른 사람이나 사물이나 일을 의심하다 손해만 볼 수 있다고 할 수 있는 상이다.

또는 그동안 사용하던 집이나 물건 등이 사용값어치가 떨어지니 인정사정볼 것 없이 가차없이 처분할 수 있다고 할 수 있을 것이다. 여기서는 손괘를 야박하다, 악랄하다로 설명하였다.

또는 다른 사람이하는 일이 마음에 들지 않아 의심을 하고, 또는 다른 사람을 믿지 못하는 마음이 있다보면 사람이 야박하고 인정

머리 없는 행동을 할 수 있는 운이라 할 수 있을 것이다.

또는 상대가 나를 의심하고 있으니 나는 활동이나 생산이나 모든 면에서 위축이 되어 손해를 볼 수 있는 운이다.

또는 상대의 배반으로 나는 손해를 볼 수 있는 운이요, 서로가 불신을 하다 보니까 서로가 야박하고 인정이 없어지고 상대를 헐뜯을 수 있는 운이라고 보아야 할 것이다.

또는 어떤 물건이나 어떤 상황이나 기회가 발생하였다면 무조건 하면 될 일을 너무나 조심하고, 아니면 상대나 물건이 의심나서 미루다 손해만 볼 수 있다고 할 수 있는 것이다.

☰☱ 3 2 5 화택규괘(火澤睽卦)의 오효가 동하여 천택리괘(天澤履卦)로 변하면

리(履)란 '밟는다' '쫓는다' '무시한다' 라는 뜻이다. 또는 '따른다' '모방한다' '닮아간다' '업신여긴다' '괄시한다' '채택하지 않는다' '관심없다' '협박한다' 라는 뜻이요, 또는 '물건을 소중하게 취급하지 않고 소홀히 다루는 상' 이다.

그래서 이 괘는 상대를 의심하여 믿지 못하기 때문에 상대의 뒤를 따르고 살피는 운이다.

또는 세상을 바로 보지 않고 의심이 많은 사람이니 상대하지 말고 무시해 버리고 말할 수도 있는 것이다. 아니면 수상한 물건이나 사람이나 일이 있으면 뒤를 밟아본다고 할까 아니면 뒤를 캐고 다닐 수 있다고 할 것이다.

또는 물건이나 일이 의심이 가는 것이라 아예 무시하고 모른척할 수 있는 운이요, 또는 경찰이 수상한 사람의 뒤를 쫓는 경우와 같다고 할 수 있다.

또는 배신자의 뒤를 밟고 있는 것이며, 또는 나의 뜻을 거역하는 사람의 뒤를 밟고 있는 것 등이라 할 수 있다. 아니면 나를 의심하는 사람이 나의 뒤를 누군가가 밟고 있다고 할 수 있을 것이다

또는 뜻이 같지 않고 반목하면서 지낸 사람들에게 따돌림을 당했다거나 무시를 당할 일이 발생하였다고 할 수 있을 것이요, 아니면 무시하고 따돌릴 일이 발생할 것이라고 할 수도 있는 것이다.

또는 매매계약을 체결한 사람이 의심이 나서 계약서를 다시 한 번 재검토를 하는 등 여러 가지 일이 있을 수 있는 운이다. 여기서 밟는다는 것은 자나간 일이 의심나서 다시 한 번으로 해석하였다.

䷥䷵ 326 화택규괘(火澤睽卦)의 육효가 동하여 뇌택귀매괘(雷澤歸妹卦)로 변하면

귀매(歸妹)란 '만남'을 상징하고 '본래의 자리로 돌아가다' '돌려주다'라는 뜻이다. 예를 들면 남녀, 친구, 아는 사람, 만나서는 안

될 사람, 원한이 있는 사람, 연예인이나 어떤 능력이 있는 사람, 원하고 기다리던 사람, 언쟁과 다툴 수 있는 사람, 위해와 사기를 칠 수 있는 사람, 어려운 문제를 해결해 줄 수 있는 사람 등을 말한다. 또는 동물이나 물건을 만나거나 사람이나 일이나 동물이 본래의 위치로 돌아가거나 돌아갈 것이라고 말할 수 있다.

그래서 이 괘는 지금까지 지내던 사람을 불신하고 배반하고 새로운 사람을 만나는 형이다.

또는 의심이 가는 사람을 만나거나 의심이 가는 물건을 얻을 수 있다고 할 수 있는 상이다.

또는 어떤 물건이나 일이 의심나거나 불안하니 본래의 위치나 자리로 되돌린다고 할 수 있다. 예를 들면 부정선거자금을 받았다가 문제가 있거나 주위 사람들에게 의심을 사게 되니 본래의 주인한테 돌려주는 격이라 할 수 있을 것이다.

또는 지금까지 지내던 사람들이 서로 등을 돌리고 새로운 상대를 만나는 운으로 동업자가 같은 동업자끼리 서로 불신을 하여 갈라서서 새로운 동업자를 만나는 운이라 할 수 있을 것이다.

또는 부부가 서로 믿지 못하여 등을 돌리고 새로운 인연을 만나는 운 등으로 과거에 지내고 있던 사람들이나 어떠한 일들을 모두 청산하고 새로운 사람이나 일 등을 하는 운이라고 할 수 있다.

또는 사람을 찾느라 이 사람 저 사람 유심히 살펴보다가 만날 수 있다고 할 수 있을 것이다.

또는 집을 사거나 어떤 일을 하는데 있어 일을 부탁할 사람을 찾고 있다고 한다거나 어떤 공부를 해야 할지 몰라서 방황하고 있는 상황에서 함부로 결정짓지 않고 여러모로 생각하여 처리하니 나의 마음에 드는 사람을 만날 수 있다고 할 수도 있다.

3 3 중화이괘(重火離卦)

이(離)란 '헤어지다' '소멸시키다' '결핍되다'라는 뜻이다. 또는 '분리되다' '떠나다' '갈라지다' '분산되다'라는 뜻이요, '없다' '떨어지다' '차이가 있다'라는 뜻이요, 또는 '불로 녹인다' '삭인다'라는 뜻이요, 또는 '거리' '위치' '방향' 등을 나타낸다. 또는 '신경과민증환자' '불안한 사람' '홧병이 심한 사람'이요, 또는 '화려하다' '화끈한 사람'이라고도 할 수 있다.

또는 매사에 과민반응을 보일 수 있는 사람이라 할 수 있을 것이다. 중화이(重火離)는 화나 열에 의한 과민반응이라고 한다면 소과(小過)는 마음이 좁은 사람이 불안이라고 할 수 있을 것이다.

또한 불을 대표하고 있는 뜻인데 괘상을 보면 상도 불이요 하도 불로서 인내심이 부족하여 매사를 조급하게 서두르는 경향이 있다.

또한 화(火)는 열로 수기(水氣)를 말리는 성격으로 상대를 생각하지 않고 나만을 아는 이기적이요, 화(火)는 양으로 활동적이다보니 안정감이 없다고 할 수 있을 것이다.

또한 화(火)는 나 혼자 성장하지 못하는 것으로 다른 물질을 소모시키면서 내가 성장하는 성질이 있으니 다른 사람에게 의지하면서 살아가려고 하는 마음이 있다.

또한 화(火)는 밝은 것으로 '거짓없고 진실되다' '확실하다' 라는 뜻이 포함되고, 화(火)가 화(火)와 합하는 것으로 혼자하는 것보다 다른 사람과 함께 하는 일에 더욱 큰 힘을 발휘할 수 있는 운이다.

또한 화(火)는 모든 물질을 소모시키면서 분리하는 성격이 있어 끈기가 적고 소모성이 강한 운이다.

또한 부부의 이별이나 또는 회사의 멸망이나 친구간에 이별수도 이에 포함된다고 말할 수 있을 것이다.

또는 그동안 많은 지식과 지혜가 있던 사람이 어느 날부터 그 많은 지식과 지혜를 잃을 수 있다.

예를 들면 사람이 갑자기 죽는 일이 생긴다거나 정신착란증이 걸릴 수 있는 상황을 말하기도 한다.

또는 재산의 탕진이나 직장의 퇴출이나 마음에서 일고 있는 울화병 등도 이에 포함되고 있는 상이다.

또는 내용에 녹이나 복이 있으면 매사가 불꽃같이 일어날 수 있는 상황이라 말할 수 있을 것이다.

331 중화이괘(重火離卦)의 초효가 동하여 화산려괘(火山旅卦)로 변하면

려(旅)란 '안정되게 의지할 곳이나 사람이 없는' 상이다. 그래서 '떠돌이' '여행'을 뜻하고, '안정감이 없는 것'이요, 항상 '초조하고 불안한 상'이요, '힘없고 능력없고 자신없이 방황하는 상'이다.

그래서 이 괘는 하나의 일을 끝까지 추진하지 못하고 자주 변화할 수 있는 운이다.

또는 가진 모든 것을 잃거나 버리거나 헤어지고 방랑생활을 할수 있을 수 있는 상이다.

또는 속에 열이 많은 사람이 안정을 못하고 안절부절 하면서 방황하는 상이라 말할 수 있을 것이다.

또는 어떤 사람들을 떼놓거나 어떤 일이나 상황을 잊으려고 여행을 계획하고 있다고 말할 수도 있는 것이다.

또는 사업을 하는 사람이 사업을 망해먹고 여행길에 올랐다거나 아니면 다시 사업을 추진하기 위하여 여러 방면으로 방황하고 있는 상이라 말할 수 있는 것이다.

또는 가족들과 헤어지고 떠돌이 한다거나 다니던 직장을 그만두거나 직장이 망하는 바람에 이리저리 방랑생활로 살아갈 수 있는 운이라 할 수 있을 것이다.

또는 부부간에 이별이나 사별하고 외롭고 어렵고 힘들게 생활을 한다고 할 수도 있으며, 아니면 부부간에 이별하고 여행길에 올랐다거나 여행을 하는 사람이라 말할 수도 있을 것이다.

또는 모든 기억력을 상실하고 방황하는 사람이나 정신이상자 같은 상황이라고 할 수 있을 운이다.

또는 한 곳에서 오래 앉아 있지 못하고 마음이 조급하여 또 다른 곳으로 옮기면서 행동하는 사람 등으로 많은 일들을 차분하고 끈기 있게 하는 것이 아니고 수시로 변하는 것을 말하고 있다.

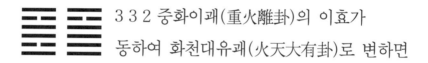 3 3 2 중화이괘(重火離卦)의 이효가
동하여 화천대유괘(火天大有卦)로 변하면

대유(大有)란 '밝은 태양' '한낮의 태양'으로 표현하고, 또는 타인을 무시하는 마음으로 '이기적인 성격'이라 할 수 있다. 또는 너무나 뜨거운 '열'이요 '빛'이요 '밝은 지혜'를 말한다. 또한 태양은 하나밖에 없으니 '외롭고 허전하고 쓸쓸한 상'이요, '인정이 메마른 상'이라고 할 수 있다.

그래서 이 괘는 떠난다, 헤어진다라는 뜻으로 지금에 하는 일이 마음에 들지 않아서 하던 일을 치우고 새로운 일을 하는 것이 세상에 이름을 얻을 운이다.

또는 성격이 조급한 사람이나 다혈질의 사람이 자기만 알고 자기주장만 하면서 다른 사람들의 의견 등을 무시하고 잘난체하면서 살아갈 수 있는 상이다.

또는 모든 재산을 잃었다거나 가까운 사람들이나 믿은 사람들이 모두 내 곁을 떠났다거나 모든 명예나 자존심마저 잃은 사람이 자기만 아는 독한 사람이 되었다거나 외롭고 쓸쓸하게 지내는 사람이라고 말할 수 있을 것이다.

또는 부부가 이별이나 사별을 하고 타인의 말을 들으려 하지 않고 독하게 살아가는 사람이라고 할 수 있을 것이다.

또는 그동안 하던 생활에서 손을 떼고 자기 잘난 맛에 살아갈 수 있다고 할 수 있다. 예를 들면 직장을 그만둔다든지, 또는 학생이 학업을 포기한다든지, 또는 어떤 연구생활을 한다든지, 또는 시장에서 개인사업을 하던 사람들이 하던 일을 그만두고 이기적인 생활을 할 수 있는 것이다.

또는 시골에서 벼농사나 하던 사람이 어느 날 벼농사를 그만두고 축산업을 한다거나 또는 구멍가계를 운영하던 사람이 사회 복지재단을 설립하였다든지, 또는 책이나 읽던 서생이 과학을 연구하여 훌륭한 과학자나 복지가가 될 수 있는 운이다.

또는 어떤 일이나 사업이나 단체 등이 나의 마음과 뜻에 부합하지 않는다 하여 해산하는데 있어 혼자 하는 것이 아니고 여러 사람들과 함께 해산을 도모할 수 있는 상으로 다른 사람의 회사나 사업체를 무너뜨리는 일이라든지 아니면 계나 어떤 조직 등을 해산하는 일을 말한다.

☰☰ 333 중화이괘(重火離卦)의 삼효가 동하여 화뢰서합괘(火雷噬嗑卦)로 변하면

서합(噬嗑)이란 '입을 떠들고 놀리는 것'을 말하고, '입이 가볍고 경솔한 상'이라고 할 수 있다. 그래서 입으로 '되씹는다' '지껄인다' '수다가 심하다' '비웃거나 조롱한다' '소리내 웃는다' 라는 뜻이요, 또는 '한탄한다' '자탄한다' '후회한다' '으르렁거린다' '희희낙락한다' 라는 뜻이요, 또는 '참을성이 없다' '안정감이 없다' '시끄럽다' 라고 할 수 있다. 또는 '자궁운동이 좋다'고도 한다.

그래서 이 괘는 성격이 급한 사람이거나 속에 열이 많은 사람이거나 참을성이 없는 사람이 입을 가만히 두지 못하고 헛소리처럼 중얼거리듯이 말을 많이 하는 운이다.

또는 속에 화와 열이 많은 사람이 입을 가만두지 못하고 무언가를 계속 먹고 있다고 말할 수 있을 것이다.

또는 모든 것을 잃었거나 또는 무언가를 상실하고(집이나 재물 등을 잃고, 자식을 잃고, 사업이 망하고) 마음 상하고 속상해서 입을 다물지 못하고 이리저리 다니면서 하소연하고 다닌다거나 떠들고 다닌다고 말할 수 있을 것이다.

또는 부부간에 이별이나 사별한 여인이 하구를 놀릴 일을 찾고 있다거나 아니면 누군가와 열렬한 사랑을 나누면서 지내는 사람이라고 말할 수 있을 것이다. 아니면 방황하고 있다거나 헛소리하고 다니는 운이라 말할 수 있을 것이다.

또는 우리 옛말에 '홧김에 서방질한다'는 말이 있는데 집에서 속이 상하여 나온 부인이라고 할까, 아니면 마음에 갈등이나 풍파나 동요가 많은 사람이라고 할까, 아니면 결혼하고 싶은 마음이 간절하나 뜻대로 풀리지 않는 노처녀나 과부 등이 밖에 나와 아무하고나 사랑을 나눌 수 있다고 말할 수 있다.

또는 이민을 가기 위하여 이 사람 저 사람과 상담하고 다닌다거나 아니면 이민을 가는 일을 자랑하고 다닌다고 말할 수 있다.

또는 속에 답답한 열을 풀기 위하여 큰소리로 떠들 수 있는 것으로 크게 웃고 있다든지 큰소리로 노래를 부른다든지 악을 쓴다든지 고래고래 소리를 지르고 있다든지 할 수 있을 상이다.

또는 타인을 이용하기 위하여, 또는 사기를 치기 위하여 열심히 떠들면서 설명하는 사람과 같다고 할 수 있다.

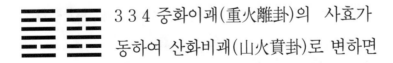 334 중화이괘(重火離卦)의 사효가
동하여 산화비괘(山火賁卦)로 변하면

비(賁)란 '꾸미다' '장식하다' '과시하다' '노출하다'라는 뜻이다. 또는 '치장하다' '사치하다' '화려하다' 또는 '모사를 꾸민다' '계획을 세운다' 또는 '과장이 많다' '공개하다' 또는 '추진력이 강하다'라는 뜻이다. 꾸민다는 것은 다른 사람을 유혹하려고 하거나 자기를 과시하려는 마음이 있다고 보아야 한다.

　그래서 이 괘는 신경과민증환자나 심리적으로 불안한 사람이 과민반응을 외부로 발설은 못하고 속으로 삭이고 있다고 할 수 있다.
　또는 전재산을 날린 사람이거나 또는 부부가 이별하거나 갈등이 심한 사람이 겉으로는 태연한 척하는 상이라 할 수 있을 것이다.
　또는 어떤 사람들을 떼어놓기 위하여, 아니면 본인이 헤어지거나 떠나갈 마음을 가지고 있으면서 겉으로는 태연한 척하면서 모사를 꾸미고 있는 상이라 말할 수 있을 것이다.
　또는 타인의 회사를 통째로 말아먹거나 어렵게 만들어놓고 모르는 일로 태연한 척 할 수 있다고 말할 수 있을 것이다.
　또는 불난 집터 자리에 새로운 건물을 그럴듯하게 지어 이 곳에서 언제 불이 났던가 싶게 만들었다고 할 수 있을 것이다.
　또는 남편이 밖에서 속이 상할 일을 당하고 들어와서는 내색을 안하고 태연한 척 할 수 있는 운이요, 아니면 밖에 나가 다른 여인과 열을 낼 일이나 사랑을 하고 집에 들어와서는 안 그런 척하면서 내숭을 떨고 있는 상이라고 말할 수 있을 것이다.
　또는 자기의 마음 속에 있는 속병이나 울화증을 풀기 위하여 백화점 같은 곳에 가서 물건을 산다든지, 아니면 미장원 같은 곳에 가서 머리를 손질한다든지, 또는 화장 등을 할 수도 있을 것이다.
　또는 사업장을 분리하거나 아니면 분점 등을 낸다든지, 또는 재산을 이리저리 분산시키면서 겉으로는 모른척하고 태연하게 행동하는 사람이라고 할 수 있을 것이다.

또는 어떤 사람이 고향을 등지고 살아가거나 또는 부모와 생이별하고 살아가면서 겉으로는 태연한 척하면서 지내는 사람이거나 살 일이 발생할 것이라고 말할 수도 있을 것이다.

䷝䷌ 335 중화이괘(重火離卦)의 오효가 동하여 천화동인괘(天火同人卦)로 변하면

동인(同人)이란 '혼자가 아니라 누군가와 같이' 라는 뜻이요, '밝은 태양'과 같은 의미요, '이기적인 단체' 라고 할 수 있다. 또는 '끼리끼리' 라는 뜻이요, '거짓이 없다' '진실되다' 모든 것이 '어둡고 음침한 것을 싫어한다' 라고 할 수 있다. 또는 모든 일이나 생각을 '숨김없이 공개할 수 있는 상'이다. 또는 '정의를 위하여 활동하는 사람들이요' '부정을 용납하지 않는 성격이다'. 또는 나를 노출시킨 상태라 나를 '시기하고 질투하는 사람들이 많다' 라고 할 수 있다. 또는 우리 옛말에 '뭉치면 살고 흩어지면 죽는다' 는 말이 있는데, 여기서는 뭉쳐서 어떤 일을 낼 수 있다고 할 수 있다.

그래서 이 괘는 신경과민증환자나 심적불안을 느끼는 환자들의 집단이라 할 수 있을 것이다.

또는 어디를 가야할 일이 발생하였다면 혼자 가는 것이 아니고 누군가와 같이 동행할 일이 생겼다고 할 수 있을 것이다. 아니면 동행하였다고 말할 수도 있을 것이다.

또는 고향을 떠난 사람들이 향우회 같은 것을 만든다든지, 아니면 직장에서 퇴출된 사람들이 서로 연락하여 어떤 단합의 결성체를 만들었다든지, 아니면 이혼녀나 이혼남들이 모임을 만들었거나 그러한 단체에서 활동을 하는 사람이라고 말할 수 있을 것이다.

이 외에도 자살 사이트에서 만난 사람들이나 혼성연애를 즐기는 사람들이나 타인을 괴롭히면서 살아가는 사람들의 조직이나 가족과 멀리 떨어져 사는 사람들의 모임이라 할 수 있을 것이다.

또한 어떤 회사를 말아먹거나 사기를 치는 것도 혼자 하는 것이 아니고 다른 사람과 같이 하는 것이라 말할 수 있는 상이다.

또는 손해를 보는 일이나 무슨 상황이 벌어지면 혼자 책임을 지는 것이 아니고 다른 사람을 물고늘어지는 사람이다.

또는 부부가 이별을 하고, 애인과 이별을 하였다면 이기적인 사람이라 상대를 배려할 줄 모르고 자기의 고집만으로 살아가려고 하는 부부들이라고 말할 수도 있을 것이다.

또는 학생이 학업을 두만 두는 일이나 아니면 직장을 다니던 사람이 직장을 그만두기로 하였다면 혼자 그만 두는 것이 아니고 다른 동료들과 함께 그만둘 수 있는 상이다.

또는 어느 지역에 화재가 발생하였다면 혼자 저지른 일이 아니고 누군가와 함께 일을 저질렀다고 말할 수 있을 것이요, 또는 홧김에 불을 저질렀다고 말할 수 있을 것이다.

또는 부부간에 이별을 하고 또는 사업이나 직장을 그만두어도 자기와 뜻이나 성격이 맞지 않으면 모든 것을 포기하고 자기 입장만을 생각하고 자기 잘낫다고 하면서 떠나갈 사람이다.

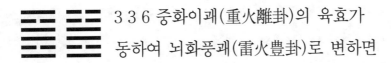 336 중화이괘(重火離卦)의 육효가 동하여 뇌화풍괘(雷火豊卦)로 변하면

풍(豊)이란 '풍요롭다' '풍성하다' '많다' '넉넉하다' '여유있다' 라는 뜻이다. 그래서 사건이나 일이나 상황의 변화가 많을 운이요, 떠들일, 싸울일, 사기당할 일, 오해나 모함받을 일도 많을 운이요, 실력이나 기술이나 능력도 많을 운이다.

그래서 이 괘는 부부나 친구들이나 동료들을 배반할 일이나 배신당할 일이나 이별이 많은 운이다.

또는 평소에 신경과민이나 과민반응을 잘 보이는 사람이요, 또는 불안초조가 심한 사람이라 할 수 있을 것이다.

또는 여행을 떠나는 일이 많은 사람이라 할 수 있을 것이요, 또한 소비벽이 심한 사람이라 할 수 있을 것이며, 또는 분실을 잘하고 다니는 사람이라 말할 수도 있을 것이다.

또는 자기 성격을 감당하지 못하고 울화가 너무나 심하거나 속 탈 일이 많은 운이다.

또한 자기의 어떠한 이익을 위해서는 타인을 이용하려고 하는 마음이 너무나 강한 집착이 있는 것이다. 불은 스스로 타기 위해서는 다른 물질을 필요로 하기 때문이다.

또는 이성간에 열을 낼일 사랑할 일이 많다고 말할 수 있으니 심하면 바람둥이 팔자라고 말할 수 있을 것이다.

또는 사업에 흥패가 많이 있을 수 있는 운이요, 매사에 인내심이 적다보니 다른 사람들과의 관계에서 마음 상하고 속상할 일이나 다툴 일이 많은 사람이라고 할 수 있을 것이다.

또는 출세에 대한 집념이 강하고 안정된 생활을 위해서도 적극적인 활동을 하는 사람이라고 할 수가 있다. 그러나 심하면 다른 사람의 피해는 생각하지 않을 수도 있다.

34 화뢰서합괘(火雷噬嗑卦)

서합(噬嗑)이란 '입을 떠들고 놀리는 것'을 말하고, '입이 가볍고 경솔한 상'이라고 할 수 있다. 그래서 입으로 '되씹는다' '지껄인다' '수다가 심하다' '비웃거나 조롱한다' '소리내 웃는다'라는 뜻이요, 또는 '한탄한다' '자탄한다' '후회한다' '으르렁거린다' '희희낙락한다'라는 뜻이요, 또는 '참을성이 없다' '안정감이 없다' '시끄럽다'라고 할 수 있다. 또는 '자궁운동이 좋다'고도 한다.

또한 입은 먹을 수도 있으며 또한 받아 낼 수도 있는 기관이다. 화뢰(火雷)의 화(火)는 열로서 급한 것을 의미하고 열을 의미하고, 또한 '참을성이 없다'고 하는 뜻을 내포하며, 뢰(雷)는 '시끄럽다' '불안하다' 또는 '안정이 되지 않는다'는 뜻이다.

그래서 서합(噬嗑)의 의미는 입을 경솔하고 가볍게 놀려서 화를 자초하고 어려운 일을 당하고 우환이나 시비구설과 재앙을 불러들

일 수 있으니 입 조심을 강조하는 내용이다.

또는 정의로운 말을 하고 다른 사람들을 가르치고 모든 사람들에게 보살의 길을 설명하고 사랑과 자비의 말도 할 수 있으며 도덕적인 교훈의 말도 할 수 있는 것이 또한 서합(噬嗑)의 의미다.

또는 속에 열이나 우뢰나 갈등이나 풍파나 초조함이나 불안 등으로 입을 가만히 두지 못하고 말을 많이 하고 있다거나 할 수 있는 일이 발생할 것이라고 말할 수 있는 것이다.

또한 시장에서 상인이 손님을 불러모으려고 열심히 떠드는 일도 이 괘라 할 수 있고, 교수나 아나운서가 열심히 말을 하는 상이요, 사기꾼이 사기를 치기 위하여 열심히 말을 하고 있는 상이다.

또는 음식을 먹을 때 아주 맛있게, 또는 게걸스럽게 열심히 먹고 있는 상황이라 말할 수도 있을 것이다.

또는 개들이 열심히 짖어대고 있는 상황이나 아니면 정신이상자가 무언가 열심히 말을 하고 있는 운이라 말할 수도 있을 것이다.

또한 입이라고 하는 것은 자궁도 입이라 할 수 있는 것으로 입을 잘 놀린다 또는 '자궁의 운동이 좋다'라고 할 수도 있을 것이다.

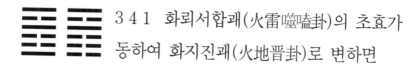

341 화뢰서합괘(火雷噬嗑卦)의 초효가 동하여 화지진괘(火地晋卦)로 변하면

진(晋)이란 '솟아오르는 태양'으로 '희망'을 나타내고, '나간다'

'전진한다' 라는 뜻이요, 또는 '어두운 터널에서 벗어나고 있는 상' 이다. 그래서 '발전' '추진력' '계속된다' '전문화된다' 를 의미하고, 또는 '희망이 있다' '세상이 밝아진다' '마음을 털어놓는다' '비밀이 밝혀진다' 라는 뜻이다. 또는 '마음을 표현한다' 는 의미가 있으니 상대에게 마음을 나타냈으니 결정은 상대에게 있음을 말한다. 또는 '제자리로 돌아갈 수가 없다' 는 뜻도 있다. 불이란 한 번 타버리면 제자리로 다시 돌아갈 수 없기 때문이다. 그래서 진(晋)은 벌어진 일이나 추진하는 일이나 시작한 일을 제자리로 돌리거나 포기할 수 없는 것으로도 해석한다.

그래서 이 괘는 입을 활용하여 무슨 일인가를 추진하고 있는 운이요, 또는 입을 놀릴 일이 계속되고 있다고 할 수 있을 것이다.

또는 떠들 일이 계속되거나 떠들 일이 생길 수 있다고 말할 수 있는 상이요, 아니면 먹을 일이 계속 된다거나 먹을 일이 생길 수 있다고 할 수 있는 운이다.

또한 마음 속에 있는 생각이나 구상을 참지 못하고 외부로 발설한 일로 개인이나 사회나 국가에 어떤 파장이 계속되어 일어나고 있다거나 일어날일이 발생할 것이다고 할 수 있을 것이다.

또한 어떠한 일이나 구상이 있으면 마음 속 깊이 간직하여 몇 번이고 다시 확인하고 실패와 성공여부를 신중하게 생각하여 말을 하고 행동으로 실천하여야 실수가 없는데 이 괘는 좋은 것이나 좋지 못한 것을 한 번 생각이 났다면 즉시 다른 사람에게 말하고 마는 운이 있어 경솔한 운이라 말할 수 있을 것이다.

또는 이성문제에 있어 정조관념이 없다고 할 수도 있을 운이요, 아니면 화류계생활을 할 수 있다고 할 것이다.

또는 입을 계속 놀릴 수 있다고 할 수 있는 운으로 시장에서 장사를 하는 사람이 매일 손님들을 불러모으고 있는 운이요, 아니면 시장에서 떠들 일이 생길 수 있다고 말할 수 있을 것이다.

또는 강사가 매일같이 강의를 나갈 일이 생길 수 있다고 할 수 있을 것이요, 아니면 강의할 일이 생긴다고 할 수 있다.

또는 이웃 간에 말다툼할 일이 발생할 수 있다고 할 수 있을 것이요, 아니면 다툰 일이 오래 지속될 것이라 할 수 있다.

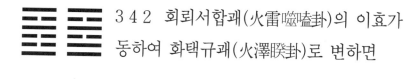

342 회뢰서합괘(火雷噬嗑卦)의 이효가 동하여 화택규괘(火澤睽卦)로 변하면

규(睽)란 남을 '의심하고 불신'하는 상이요, 또는 '눈치가 빠르다' '눈치를 잘 본다' '재치가 있다'라고 할 수 있을 것이요, 또는 '경계심이 많다' '조심성이 많다'라고 할 수 있다. 또한 '매사를 바르게 보지 않는 상태'를 말하고, '반대' '배반' '상반' '질투' '반목' 등의 의미가 있다.

그래서 이 괘는 입이 가벼운 사람을 상대를 하는데 있어서 믿지 못하고 의심을 하는 운이다. 또는 상대방이 하는 말을 그대로 믿지 못하여 신중을 기할 수 있다고 할 수 있을 것이다.

또는 경솔한 사람은 경계하고 조심을 하여야 한다는 것을 말하는 운이라 할 수 있을 것이다.

또는 웃음 뒤에 음모가 있을 수 있는 사람으로 믿을 수 없는 사람이라고 말할 수 있는 상이다. 아니면 웃음 속에 칼을 갈고 있다고 할 수 있을 것이다.

또는 먹고사는 일에 있어서 눈치가 빠르다거나 먹고 즐기는 일에 있어서 눈치껏 알아서 즐긴다고 할 수 있을 것이다.

또는 어떤 물건을 잘못 먹은 죄로 주위 사람들의 눈총을 받고 있다고 할 수 있을 것이다.

또는 말만 앞세우는 사람이라든지, 매사에 확실하지 않은 사람이라든지, 또는 신중하지 못하고 불안한 상태서 긴장하고 있는 사람이라든지, 또는 실력이 없고 능력이 없는 사람의 말 등은 다시 한 번 생각하고 의심을 해볼 수 있다는 것을 말하고 있다.

또는 시장에서 장사를 하는 사람이 내 물건이 정품이고 진짜라고 아무리 큰소리로 외쳐도 소비자들이 의심을 하고 믿지 않으려고 하는 상이라 할 수 있을 것이다.

예를 들면 백화점에는 가짜를 갖다 놓아도 사람들이 진짜로 알고 사는데 일반 상점에 진짜를 갖다 놓아도 사람들은 불신을 하는 격과 같다고 할 수 있을 것이다.

또는 내가 말이 많다보니 아무리 옳은 말 바른 말을 하여도 주위 사람들이 나를 의심하거나 경계하고 조심하는 상이라 말할 수도 있을 것이다. 또는 밖에서 개가 짖어대고 있으니 주위를 다시 한 번 살펴본다고 말할 수 있을 것이다.

또는 이성교제를 하는데 상대방의 말을 곧이곧대로 믿지 않고 상대를 다시 한 번 확인하는 상이라 할 수 있을 것이다. 또는 청춘 남녀가 성생활을 너무 즐기다보니 임신을 의심한다고 하거나 아니면 임신에 주의를 하여야 할 것이라고 말할 수 있을 것이다.

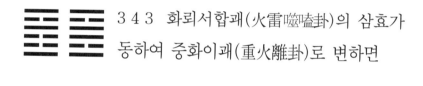

3 4 3 화뢰서합괘(火雷噬嗑卦)의 삼효가 동하여 중화이괘(重火離卦)로 변하면

이(離)란 '헤어지다' '소멸시키다' '결핍되다' 라는 뜻이다. 또는 '분리되다' '떠나다' '갈라지다' '분산되다' 라는 뜻이요, '없다' '떨어지다' '차이가 있다' 라는 뜻이요, 또는 '불로 녹인다' '삭인다' 라는 뜻이요, 또는 '거리' '위치' '방향' 등을 나타낸다. 또는 '신경과민증환자' '불안한 사람' '홧병이 심한 사람' 이요, 또는 '화려하다' '화끈한 사람' 이라고도 할 수 있다.

그래서 이 괘는 조금 지껄이다 마는 것이 아니고 계속 지껄이는 격이요, 또는 떠드는 일에 너무나 열중하고 있는 상이며, 또는 말로서 하는 일에 너무나 적극적이라 말할 수 있을 것이다. 아니면 입으로 말은 하면서도 불안한 상태라고 할 수도 있을 것이다. 또는 떠들 일이 없어지다, 먹을 일이 없어지다라고 할 수 있는 상이다.

또한 우리 옛말에 '입으로 재앙을 불러들인다' 라고 하는 말이 있는데, 예를 들면 입이 경솔한 바람에 직장에서 좌천되거나 퇴출이 될 수도 있을 것이다.

또는 웃음으로 인하여 모든 것을 잃을 수 있다거나 또는 웃으면서 상대를 녹이거나 골탕을 먹일 수 있는 사람으로 속을 알 수 없는 사람이라 할 수 있을 것이다.

또는 입을 경솔하게 놀린 일로 마음이 상하고, 심하면 울화병이 생기거나 평생 마음 속에 홧병을 갖고 살아갈 수도 있을 것이다.

또는 강단에서 강연하는 사람이나 시장에서 장사하는 상인이 너무나 열심히 입을 놀리고 있는 상이다.

또는 선거유세중에 자기의 주장만 열심히 하면서 상대의 인격은 모욕을 주고, 상대의 인격이나 사생활을 폭로하면서 자기의 주장만을 강조하는 일 등 수많은 일들이 있을 수 있다.

또는 입으로 겉치레하는 스타일로 입만 벌리면 사기요, 잘난 척이요, 남을 비방하는 것이요, 타인을 업신여기고 무시하는 격이며, 입으로 주위 사람들과 멀어질 수 있는 상이다.

또는 떠들 일이 없어졌다고 할 수 있으니 강사가 강의할 일이 없어지는 격이요, 상인이 장사를 그만두거나 할 수도 있을 것이다.

또는 바람둥이가 바람피울 일이 없어졌다고 할 수 있으니 예를 들면 신병이 생겼다고 할 수 있을 것이다.

또는 부부가 갈등이 많아 항상 싸우면서 살던 사람이 부부의 이별이나 사별로 싸울 일이 없어졌다고 할 수 있을 것이다. 여기서 이(離)는 소멸되다, 없어지다고 설명하였다.

☲☳ 3 4 4 화뢰서합괘(火雷噬嗑卦)의 사효가 동하여 산뢰이괘(山雷頤卦)로 변하면

이(頤)란 '말이나 입을 참는다' 하는 뜻' 이요, '속마음을 내색하지 않는다' 는 상이다. 또한 '보양한다' '휴양한다' '수양한다' 라는 뜻 이요, 또는 '입이 무거운 군자의 상' 이라 할 수 있다. 또는 마음 속의 불안이나 괴로움이나 시끄러운 상황 등을 '참아야 하거나 참고 지낼 일이 생긴다' 고 말할 수 있다.

그래서 이 괘는 입을 경솔하게 놀리지 말고 참아야 한다고 하는 것을 가르치는 운이라 할 수 있다.

또는 사람이 경솔하지 않고 매사를 마음 속에 깊이 간직하면서 외부로 내색을 하지 않는 성격이라고 할 수 있을 것이다.

또는 할 말도 못하고 지내고 있는 사람이라 할 수 있다. 또는 할 말을 참고 있는 사람이다.

또는 말을 아끼는 사람이다. 아니면 지금은 말을 할 때가 아니니 참아야 한다고 할 수 있을 것이다.

또는 그동안 말로 살아온 사람이라면 말을 못하고 지낼 일이 생겼거나 먹지 못할 일이 생길 수 있다고 할 수 있다. 예를 들면 죽는다든지 아니면 장사나 강단에 설 일이 없어진다고 할 수 있다.

또는 사회에서 생활을 하면서 남의 말은 들을지언정 자기의 입으로 말하지는 않는 사람이다. 그래서 말하는 것도 신중하고 행동하는 것도 신중한 사람으로서 속이 깊은 사람이라 속마음을 알기가 힘든 사람이다.

또는 음식을 먹을 일도 신중하게 생각하면서 먹으라고 할 수 있을 것이요, 또는 하구를 함부로 놀려대지 말라는 운이요, 욕구를 억제하고 있는 상이라 할 수 있을 것이다.

또는 알고 있는 일이나 광고나 선전을 해야 할 일이 있으면 지금은 때가 아니니 조금 더 참고 기다려야 한다고 말하는 운이다.

또는 친구간이나 부부간에 언쟁이나 다툴 일이 생겼다면 경솔하게 처신하지 말고 신중을 기하면서 참아야 된다고 하는 것을 말하는 상이라 할 수 있다.

또는 그동안 입이 가볍고 경솔하게 행동하면서 살아온 사람이 수행이 깊어졌다고 말할 수도 있을 것이다. 예를 들면 자기만이 제일인 것처럼 떠들면서 살아온 사람이 세월이 가면서 자기의 경솔했던 점을 깨우치고 수행하고 있다거나 수행을 한 사람이라 할 수 있을 것이다. 예를 들면 잘난 척 하는 사람들이 철학하는 사람이나 무당이나 종교지도자나 주역(周易)을 하는 사람들이 많이 있다.

무망(无妄)이란 어떤 위치에 있는 사람이 정당한 힘이나 권리에 의하여 하는 말로 '사심없는 공적인 것'을 말한다. 또는 자기 임무에 충실하거나 어떤 위치에서 '당연히 해야 할 일'을 말한다. 그래서 '허물이 없다' '진실된 것' '거짓이 없다' '과실이 아니다' '고의가 아니다' '당연하다' '정당하다' '불가피한 행위나 말로 어쩔수 없다' '기만행위가 아니다' '뜻밖에' '상상외' 라는 뜻이다.

그래서 이 괘는 입으로 아무리 떠들어도 허물이 되지 않는다고 할 수 있는 운이다. 또는 입으로 아무리 씹어도 허물이 되지 않는다고 할 수가 있다.

또는 입으로 큰소리로 웃는다거나 아니면 부부간에 서로 사랑하면서 살고 있는 사람이 서로 사랑한다고 아무리 말을 하여도 허물이라고 말할 수 없을 것이다.

예를 들면 선생임이 학생을 가르치기 위하여 교단에서 하는 이야기는 아무리 많은 말을 하여도 허물이 되지 않는다고 하는 것이라 말할 수 있을 것이다.

또는 코미디언이 관객을 웃기려고 사심없는 마음으로 떠들고 있으면서 설령 누구를 지적하여도 허물이라고 말할 수 없을 것이다.

또는 시장에서 상인이 손님을 모으기 위하여 떠드는 말은 아무리 많이 떠들어도 허물이 아니라 말할 수 있는 것과 같다.

또는 가수가 하루종일 떠들면서 노래를 하는 일이나 정신병자가 아무리 떠들어도 허물이 되지 않는 격이다.

또는 소나 가축들이 하루종일 먹이를 먹고 있어도 허물이 되지 않는다고 하는 것을 말하고 있다.

또는 개가 집을 지키는 과정에서 수상한 사람을 보고 열심히 짖어대는 일도 허물이라고 말할 수 없을 것이다.

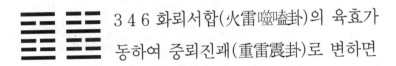 346 화뢰서합(火雷噬嗑卦)의 육효가 동하여 중뢰진괘(重雷震卦)로 변하면

진(震)이란 '진동한다' '요란하다' '시끄럽다' '울리다' '뒤흔들다' '놀라다' '발분한다' '안정되지 않는다' 라는 뜻이요, 또는 '동요' '불안' '갈등' '번민' 이라는 뜻이요, 또는 '들뜨고 시끄러운 상' 이요, '큰소리 날 일이 연속적으로 생기는 상' 이다. 또는 '벼락' '우뢰' 를 뜻한다. 만약 신(身) 명(命)에 사부살(死府殺)이 있으면 감전이나 우뢰나 벼락으로 사망할 수도 있다.

그래서 이 괘는 지껄이고 떠드는 일이 연속적으로 일어나고 있는 것을 말하는 것이다. 또는 말을 하면 소리가 우렁차고 힘이 있으면서 울린다거나 시끄러운 사람이라고 말할 수 있을 것이다.

또는 한마디 말 실수가 사회에 여론이 계속 시끄럽다거나 악화되고 있다고 말할 수 있을 것이다.

또는 부부의 성행위가 너무나 요란하고 시끄러운 사람이라 말할 수도 있을 것이다. 아니면 부부가 성행위의 불만으로 갈등이나 풍파나 동요가 심하게 일고 있는 사람이라 말할 수 있는 것이다.

또는 급한 마음을 누구려 드리지 못하고 계속 어찌할 바를 모르고 있는 상태를 말하고 있는 상이다.

또는 음식을 요란하고 시끄럽게 먹는 일이 계속 일어나는 것을 말하며, 또는 남의 입에 오르내리는 일로 마음의 동요가 크게 일거나 계속 속상할 일이 생길 수 있다고 말할 수 있는 상이다.

또는 남의 흉을 보고 험담을 하는 일이 잠깐하고 그치는 것이 아니고 계속 험담을 하고 있는 것을 말하고 있는 것이다.

또는 입을 참지 못하고 다른 사람들의 허물을 이야기하다가 크게 구설풍파에 휘말릴 수 있는 운이다.

또는 계속 입을 놀린 일로 인하여 큰 구설이나 풍파가 생길 수 있는 상이다. 예를 들면 음식을 계속 먹은 일로 배탈이 크게 나서 고생을 많이 할 수 있을 것이다.

또는 여인이 하구를 함부로 놀리다가 임신이 되어 구설이나 풍파가 크게 일어날 수 있을 수 있는 운이라 말할 수 있을 것이다.

또는 시장에서 노점상을 하는 사람이 열심히 사람을 불러모아 장사를 한 결과 많은 재물을 모아 큰소리치면서 살아가고 있다거나 살아갈 것이다고 말할 수 있는 것이다.

３５ 화풍정괘(火風鼎卦)

　정(鼎)이란 '안정감'을 말하고, '서로 견제하면서 의지하는 상'이다. 또는 '타인에게 의지하면서 생활하는 상'이요, '지혜가 있어도 인정받기 어려운 상'이다. 또는 '세 명 이상이어야 안정되고 편안할 상' '한 곳에 자리잡으면 혼자 다른 곳으로 옮겨가 살 수 없는 상'으로 누군가에게 '의지'하려는 마음이 강하다.

　또한 이 괘는 부엌 속에서만 타고 있는 불과 같아서 스스로 그 생명을 연장하지 못하고 누군가가 나무를 계속 넣어 주어야 탈 수 있는 것과 같이 다른 사람의 협조가 있어야 하는 격으로 다른 사람에게 '의지'하려고 하는 마음이 강하다.

　또는 혼자 생각하거나 연구하여 새로운 길을 모색할 줄은 모르고 누군가가 지시를 하면 열심히 하는 상이라 어떤 일에서나 상황에서 지도자는 될 수 없는 사람으로 일인자는 어렵고 이인자의 자리에서 일을 한다면 아주 잘 해낼 수 있는 사람이다.

또한 부엌에서 타는 불은 아무리 화력이 좋은 불이라도 외부 사람은 그 불을 알지 못하듯이, 이 운을 가진 사람이 마음 속에 큰 '지혜'를 가지고 있어도 다른 사람의 '인정'을 얻기가 어렵다.

또한 화풍정(火風鼎)의 불은 다른 곳으로 옮겨갈 수가 있는 불이 아니라 평생 한 곳에서만 생활하다 시들어지는 불과 같이 '활동력이 적은 운'이요, 또는 '이동성이 적다'라고 말할 수 있다.

예를 들면 직장에 한 번 들어가면 옮길 줄을 모른다고 할 수 있고, 작은 사업이라도 하나를 차리면 다른 사업으로 바꾸려고 하지 않을 사람으로 매사를 안정되고 편안하게 살아가려는 사람으로 모험이나 투기는 생각하지 않을 사람이라 할 수 있을 것이다.

또한 작은 부엌에서만 타는 불이라 '매사에 한정'이 있음을 나타낸다. 또한 세 명 이상이 생각이나 활동이나 공부나 연구나 사업을 해야 편안하고 안정된 생활을 할 수 있는 사람으로 작은 구멍가게를 차려도 혼자 하기는 어려울 것이라고 말할 수 있을 것이다.

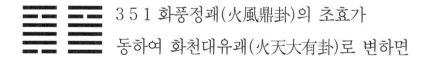

3 5 1 화풍정괘(火風鼎卦)의 초효가 동하여 화천대유괘(火天大有卦)로 변하면

대유(大有)란 '밝은 태양' '한낮의 태양'으로 표현하고, 또는 타인을 무시하는 마음으로 '이기적인 성격'이라 할 수 있다. 또는 너무나 뜨거운 '열'이요 '빛'이요 '밝은 지혜'를 말한다. 또한 태양은 하나밖에 없으니 '외롭고 허전하고 쓸쓸한 상'이요, '인정이 메마른 상'이라고 할 수 있다.

그래서 이 괘는 나의 안정을 찾기 위해서나 나홀로 알고 있는 많은 지혜나 다른 사람들에게 인정을 못받고 있는 많은 생각이나 일 등을 활용하기 위하여 다른 사람들을 크게 이용하려고 할 수 있는 상이라 말할 수 있을 것이다. 즉 나의 안정을 위하여 타인을 업신여기거나 무시하면서 이기적인 생각이나 행동으로 생활할 수 있다고 할 수 있을 것이다.

또는 혼자는 하지 못할 일을 동업자나 협력자와 서로 견제하고 의지하고 격려하는 가운데 큰 힘을 발휘할 수 있는 운이다. 예를 들면 부부가 서로 견제하고 의지하면서 서로서로 위로를 하는 가운데에서 부부의 정이 생기고 편안한 가운데서 화목한 가정을 이룰 수가 있는 것과 같다고 말할 수 있을 것이다.

또는 회사도 노사가 서로 견제하고 또 서로 의지하고 또 서로 협력하는 가운데서 노사가 서로 믿음이 생기면서 회사는 갈수록 발전할 수 있는 것이다.

또는 학문도 혼자 하는 학문이 아니고 나의 학문이 좋은 줄을 알면서도 다른 학문을 하는 사람들과 서로 협력하고 서로 견제하면서 보완하고 교류하고, 또 서로 학문을 하는 사람들끼리 믿는 마음이 있을 때 그 학문은 날로 발전할 수가 있는 것과 같은 것으로 서로 협조하면서 크게 발전할 수 있다고 할 수 있다.

또는 어떤 일이나 상황에서 이인자로 살아가던 사람이 큰 일을 저질렀다거나 크게 출세를 하였다고 할 수 있다.

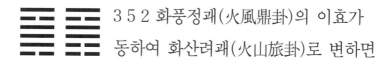 352 화풍정괘(火風鼎卦)의 이효가
동하여 화산려괘(火山旅卦)로 변하면

려(旅)란 '안정되게 의지할 곳이나 사람이 없는' 상이다. 그래서 '떠돌이' '여행'을 뜻하고, '안정감이 없는 것'이요, 항상 '초조하고 불안한 상'이요, '힘없고 능력없고 자신없이 방황하는 상'이다.

그래서 이 괘는 안정을 얻기 위하여 협력자나 후원자를 구하기 위하여, 또는 의지할 수 있는 사람을 찾기 위하여, 또는 나의 지혜를 알아주는 사람을 만나기 위하여, 또는 우물안 개구리가 넓은 세상을 보기 위하여 세상에 나와 방황하거나 활동할 수 있다고 할수 있을 것이다. 아니면 의지하고 견제하던 힘이 무너지는 바람에 방황한다거나 여행길에 오른 사람이라 할 수 있을 것이다.

또는 마음 속에 있는 뜻이나 지혜를 외부에 노출하는 운이다. 정(鼎)은 안정을 위주로 하는 것인데 안정된 상태에서 밖으로 활동하는 것으로 변하는 것이다.

또는 지혜도 있고 생각도 있는 사람으로 이인자 자리에 있는 사람이 한 곳에 계속 있지 못하고 이리저리 옮겨가면서 생활하는 사람과 같다고 말할 수 있을 것이다.

예를 들면 어떤 대기업체의 사장으로 있는 사람이 회장의 지시에 의하여 각각 다른 회사로 옮겨가면서 사장노릇을 하고 지내는 사람과 같다고 할 수 있을 것이다.

또는 그동안에는 부모나 다른 사람에게 의지하거나 보살핌 속에서 살아가던 사람이 이제는 자립하려고 하거나 집을 나와 방황하고 떠돌이하고 있는 운과 같다.

또한 그 동안에는 보신주의격이라 자기를 아무도 알아 주지 않고 있었으나 앞으로는 여러 사람 앞에 나서서 활동하려고 하는 운으로 다시 말하면 방안퉁소가 이제는 활동하고 자기의 위치를 만인에게 알리고자 하는 운이라고 할 수가 있다.

또는 우물 안 개구리가 넓은 세상을 알고 우물 밖으로 나오는 형상과 같으니 앞으로는 험난한 세상이 기다린는 것도 알아야 한다.

또는 사업을 생각하고 있는 사람이라면 같은 뜻을 가진 세 명 이상이 무슨 사업을 어떻게 하여야 할 것인가를 알아보기 위하여 여행길에 오를 수 있을 것이다.

만약 변효(變爻)에 살이 있으면 험난한 사회에서 어려운 생활을 해야 할 것이요, 복이나 녹이나 복덕운(福德運) 등이 있으면 편안하고 즐거운 생활을 할 수 있는 운이라고 할 수가 있을 것이다.

䷱䷕ 3 5 3 화풍정괘(火風鼎卦)의 삼효가 동하여 화수미제괘(火水未濟卦)로 변하면

　미제(未濟)란 '익숙하지 않다' '완성되지 않았다' '성사되지 않았다' '결론이나 결정을 내지 못했다'라고 할 수 있다. 또한 '확정, 결론, 결과, 결정'을 내지 못하고 미적거리거나 미루는 상태요, '성숙하지 않은 상태'요, 또는 '안정감이 없고 불안한 상태'다. 또는 아직은 미숙하다고 하는 뜻으로 '숙달되지 못한 것'을 의미하고, 일이 '마무리되지 않은 상태'를 말한다.

　그래서 이 괘는 안정을 찾으려고 노력하고 있으나 안정이 되지 않고 불안한 운이다. 다시 말해서 부엌 안에서 타는 불은 누군가가 도와주어야 하는데 도와줄 사람이 없어 항상 불안정한 상태요 누군가에 의지하려고 하여도 의지할 수 있는 사람이 없는 운이다.

　또는 이인자로서 결정권이 없다고 말할 수 있을 것이요, 또는 지혜도 있고 실력도 있는 사람이 어떤 제품을 연구를 하였거나 아니면 어떤 일에서 어려운 고비를 해결할 수 있는 방법을 연구하고도 성과를 못보고 있다고 말할 수 있는 것이다.

　또는 어떤 일이나 상황에서 견제가 필요한데 견제하는 일이 나의 뜻대로 이루어지지 않고 있다고 말할 수 있을 것이요, 아니면 누가 나의 일을 견제하려고 한다면 준비가 없이 덤벼든 사람이라 나를 견제하지 못할 것이라고 말할 수 있을 것이다.

또는 성숙되지 않은 불로서 힘이 있는 불이 아니요 부엌 속에서 근근히 연명하고 있는 불과 같아서 환자라면 언제 생명의 불이 꺼질지 모를 운이다.

또는 어려운 생활고 속에서 근근히 생활을 하면서 사방에 구원의 손길을 내밀어도 누가 도와줄 사람이 없는 운이다.

또는 사업을 하는 사람이 동업자를 구하나 안정되게 협력할 동업자가 없어 사업이 하루하루가 위태롭게 넘어가는 운으로 언제 사업이 문을 닫을지 모르는 운이라고 말할 수 있을 것이다. 여기서 미제를 해결되지 않는 것으로 설명하였다.

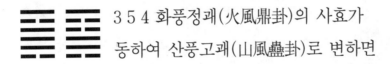 3 5 4 화풍정괘(火風鼎卦)의 사효가
동하여 산풍고괘(山風蠱卦)로 변하면

고(蠱)란 '좀먹는다' '유혹하다' 또는 '조금씩 변화한다' '변질된다' 라는 의미다. '미혹하다' '현혹하다' '잠식하다' 또는 '조금씩 물들어 간다' '의지나 생각이 감소한다' '무너져 간다' 라고 할 수 있다.

그래서 이 괘는 안정되게 타고 있던 불길이 점점 시들어가고 있다고 할 수가 있는 운이요, 안정이 점점 위태로운 운이요, 또는 서로의 견제가 갈수록 무너져가고 있다고 할 수 있다.

또는 부부가 서로 믿고 견제하면서 화목하게 살아가던 가정이 날이 갈수록 믿음과 견제하려는 마음이 없어진다고 할 수 있는 것으로 서로 정이 식어가거나 관심이 없어지고 있다고 할 수 있다.

또는 안정되고 편안한 사회가 어느 때부터인지는 몰라도 조금씩 불안함을 느끼기 시작하다가 나중에는 큰 풍파가 발생하는 운이 될 수 있는 것 등 많은 일들이 언제부터 또 어디서부터인지는 몰라도 변화가 일고 있다고 할 수 있는 운이다

또는 누군가에게 의지하면서 살아가는 사람이 주위의 생활변화에 의하여 의지하려고 하는 마음이 점점 없어지고 있다고 말할 수 있으니 예를 들면 날이 갈수록 세상사에 자신이 없어 포기를 한다거나 질병으로 포기를 할 수 있을 것이다.

또는 건강하던 사람이 어느 때부터인지는 몰라도 잔병이 생기기 시작하면서 병이 점점 깊어지는 운이라 할 수 있을 것이다. 또는 이인자의 자리에 있는 사람이 누군가에 의하여 권위가 갈수록 떨어지고 있다고 말할 수도 있을 것이다.

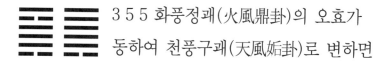 355 화풍정괘(火風鼎卦)의 오효가
동하여 천풍구괘(天風姤卦)로 변하면

구(姤)란 만나는 일이나 헤어지는 일이나 소멸되는 일이나 성사 여부의 일이나 뜬소문 하나까지도 모두 우연의 발생을 말하는 것

이다. 그래서 '만난다' 는 뜻이요, 또한 우연의 일치로 '우연히 만난다' '우연히 접한다' '우연히 이룬다' '우연히 발생한다' '우연히 성취한다' 라고 말한다.

그래서 이 괘는 안정되게 타고 있는 불이 우연의 일치로 불이 더욱 활발하게 타거나 아니면 소멸될 수도 있다.

또는 부부가 서로 견제하면서 의지할 일이 생긴다거나 아니면 견제할 일이나 의지할 일이 없어진다고 할 수 있을 것이다.

또는 편안하고 안정된 가정에 우연히 풍파가 일어서 가정이 파경의 경지로 갈 수도 있을 것이다.

또는 어렵게 생활하는 집에 우연의 일치로 귀인이 도와서 그 가정이 빛을 내고 다시 일어설 수도 있는 것과 같다.

또는 회사에서도 사장과 종업원 사이에 견제하면서 의지할 일이 생긴거나 아니면 서로 견제할 일이 없어진다고 할 수 있다.

또는 나의 머릿속에 있는 지혜를 활용할 때가 되었다거나 그대로 소멸될 일이 생길 수 있다고 할 수 있는 것이다.

또는 나의 의견이나 생각이나 활동 등이 타인들에게 무시당할 일이 생길 수 있는 운이다. 예를 들면 연인관계에 있는 사람이 애인이 하는 일이나 생각이나 마음 등을 이해하지 못하고 무시하고 있다고 할 수 있을 것이다.

또는 그동안 세 명 이상이 하던 사업에 변화가 생길 수 있는 상으로, 좋은 일이나 어려운 풍파가 발생할 수 있는 운이다.

괘상(卦象)의 용신(用神)에 복이나 녹이나 용덕(龍德) 등이 있으면 우연의 일치로 불이 더욱 활발하게 탈 것이요, 용신(用神)에 칠살(七殺)이 있으면 불은 우연의 일치로 소멸할 수도 있다.

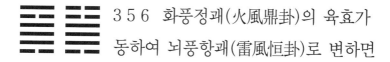

356 화풍정괘(火風鼎卦)의 육효가 동하여 뇌풍항괘(雷風恒卦)로 변하면

항(恒)이란 '언제나' '늘' '흔히' '항상' '수시로' '자주' '반복적'이라는 뜻이다. 그래서 '영원하다' '꾸준하다' '변함없다' '끈기있다' '계속된다'라는 의미로 '연속성'을 말한다. 또는 '항상 같은 성격, 같은 마음, 같은 행동'을 말한다.

그래서 이 괘는 안정된 생활이 꾸준하게 지속되는 운이요, 또는 다른 사람에게 의지하면서 지내려는 운이 오래 지속될 운이다.

또는 서로 견제하면서 의지할 수 있는 일이나 상황이 자주 발생한다 또는 항상 지속되고 있다고 말할 수 있을 것이다.

또는 나의 속마음이나 다른 사람들에게 인정을 못 받거나 외면 당할 수 있는 일이 자주 발생하거나 항상 발생하는 운이라 할 수 있을 것이다.

또한 이 괘는 세 명 이상이 일하는 일이 자주 발생하는 운이다. 예를 들면 사업을 하는 일이라든지, 사기를 치는 일이라든지, 타인을 험담하고 무시할 수 있는 일 등이 자주 발생할 수 있는 운이다.

또는 누군가의 지시나 도움을 받아가면서 생활을 할 수 있는 일로, 병원에 입원을 한 환자가 간병을 받아야 하는 문제나 생활이 어려운 생활보호대상자가 수시로 정부나 사회의 지원을 받는 일 등이 자주 또는 늘 발생하고 있다고 말할 수 있는 운이다.

또는 어떤 연구기관에서 일을 하는 사람이 주기적으로 또는 수시로 연구과제를 받는다든지 생활비를 주기적으로 받아가면서 살아갈 수 있는 운이라고 할 수 있을 것이다.

또는 삼인 이상 이서 하는 일이나 아니면 누구의 도움을 받아가면서 하는 일이나 또는 이 인자로서의 하는 일에 있어서 마음의 갈등이나 풍파나 불안이나 번뇌 등이 늘 발생한다거나 주기적으로 발생한다거나 아니면 항상 발생하고 있다고 말할 수 있을 것이요, 아니면 발생할 일이 생길 것이라고 말할 수도 있는 것이다.

36 화수미제괘(火水未濟卦)

　미제(未濟)란 '익숙하지 않다' '완성되지 않았다' '성사되지 않았다' '결론이나 결정을 내지 못했다'라고 할 수 있다. 또한 '확정, 결론, 결과, 결정'을 내지 못하고 미적거리거나 미루는 상태요, '성숙하지 않은 상태'요, 또는 '안정감이 없고 불안한 상태'다. 또는 아직은 미숙하다고 하는 뜻으로 '숙달되지 못한 것'을 의미하고, 일이 '마무리되지 않은 상태'를 말한다. 또한 이 괘는 송괘(訟卦)와 반대의 의미가 있다. 송괘(訟卦)의 어떤 일이나 상황을 확정했다면, 이 괘는 아직 결정하지 못하였다고 할 수 있다.

　그래서 이 괘는 누군가와 합의를 이루지 못한 상태요, 결정을 미루는 상태요, 결론이 나지 않은 상태라 말할 수 있을 것이다.

　또한 화(火)와 수(水)는 음양(陰陽)으로 상대와 내가 화합을 이루지 못하는 운이라 마음을 털어놓고 이야기할 사람이 못되는 운이다. 그래서 혼자만 아는 비밀이 많이 있을 수 있는 운이다.

또는 사업은 성공하지 못하는 상태요, 아니면 진행 중인 것이 완성되지 못하는 운이요, 또는 학업이나 공사가 중단되는 운이다.

또는 중매가 중단된 모습이요, 아니면 연애중인 청춘남녀가 아직 결혼문제를 해결하지 못하고 지내는 상이라 할 수 있을 것이다.

또는 전쟁이 중단되어 휴전된 모습이요, 또는 하던 일이나 가던 길이 중단될 운이다. 하여 마음먹은 일들이 성사되지 않을 운이다.

또는 환자가 치료가 완치되지 못하는 상태요, 재판중인 사건이 판결이 확정되지 못하고 있는 상태요, 진학을 하려고 하고 있는 학생이 학교나 학과선택을 아직도 못하고 있는 상태이다.

또는 새롭게 사업을 하려고 하는 사람이 무슨 사업을 할 것인가를 확정하지 못하고 있는 상태요, 식당을 차리려 하는 사람이 무슨 식당을 할 것인가 아니면 무슨 메뉴를 할 것 인가도 확정이 안된 사람이라 말할 수 있는 것 등을 말하는 운이다.

361 화수미제괘(火水未濟卦)의 초효가 동하여 화택규괘(火澤睽卦)로 변하면

규(睽)란 남을 '의심하고 불신' 하는 상이요, 또는 '눈치가 빠르다' '눈치를 잘 본다' '재치가 있다' 라고 할 수 있을 것이요, 또는

'경계심이 많다' '조심성이 많다' 라고 할 수 있다. 또한 '매사를 바르게 보지 않는 상태'를 말하고, '반대' '배반' '상반' '질투' '반목' 등의 의미가 있다.

　그래서 이 괘는 상대를 완전히 알 수가 없는 상태라서 상대를 경계하고 의심하면서 조심스럽게 대하고 있는 운이다.

　또는 어떤 일이나 상황에서 안정을 못하고 불안하게 지내고 있다 보니 주위 사람들의 눈총을 받고 있다거나 불신이 발생했다고 말할 수 있을 것이다. 예를 들면 이성문제나 여행문제나 사업문제나 취업문제 등이다.

　또는 전쟁이 휴전이 되었으면 상대가 언제 또 다시 공격할지 모르니 항상 주의하고 경계를 하는 마음이다.

　또는 누군가와 의견 다툼이 있은 후 화해하지 못하고 상대의 눈치만 보고 있는 상이라 할 수 있을 것이다.

　또는 어떤 공사를 하는데 있어 끝을 내지 못하고 미루고 있으니 주위 주민들에게 눈총을 받고 있다고 말할 수 있을 것이다.

　또는 연애중인 남녀가 결혼을 하지 않고 계속 미루고 있으니 양가의 부모나 주위 사람들에게 의심을 산다거나 따가운 눈총을 받을 수 있다고 할 수 있을 것이다.

　또는 부부가 임신이 안되고 있으니 부모나 주위 사람들에게 불임증에 대하여 의심을 받고 있거나 아니면 처음부터 다시 임신에 대한 치료를 하고 있는 상이라 할 수 있을 운이다.

또는 회사가 아직은 안정단계에 들지 못하고 항상 조심하고 있
는 상태라 말할 수 있는 운이다.

또는 새로 사귄 친구와의 관계에서 상대의 마음을 완전히 파악
하지 못하고 있기 때문에 상대를 조심하면서 대하는 격이다.

䷿ 362 화수미제괘(火水未濟卦)의 이효가 동하여 화지진괘(火地晋卦)로 변하면

진(晋)이란 '솟아오르는 태양'으로 '희망'을 나타내고, '나간다'
'전진한다'라는 뜻이요, 또는 '어두운 터널에서 벗어나고 있는 상'
이다. 그래서 '발전' '추진력' '계속된다' '전문화된다'를 의미하
고, 또는 '희망이 있다' '세상이 밝아진다' '마음을 털어놓는다'
'비밀이 밝혀진다'라는 뜻이다. 또는 '마음을 표현한다'는 의미가
있으니 상대에게 마음을 나타냈으니 결정은 상대에게 있음을 말한
다. 또는 '제자리로 돌아갈 수가 없다'는 뜻도 있다. 불이란 한 번
타버리면 제자리로 다시 돌아갈 수 없기 때문이다. 그래서 진(晋)
은 벌어진 일이나 추진하는 일이나 시작한 일을 제자리로 돌리거
나 포기할 수 없는 것으로도 해석한다.

그래서 이 괘는 지금까지 이루지 못하고 있던 일들을 다시 시작
하거나 계속 추진하고 있는 운이다. 다시 말하면 지금까지 해결을

못보았거나 결론을 못낸 일들을 확실하게 밝히려고 하는 상이라 말할 수 있을 것이다. 아니면 결론이 안 난 일이나 확정짓지 못한 일들을 다시 들춰내고 있다고 할 수도 있을 것이다.

또는 어떤 일이나 사건에서 서로간에 합의를 보지 못하여 미루른 일이나 상황이나 사건이 있으면 나의 뜻을 밝히고 상대의 결정만을 기다리고 있다고 말할 수도 있을 것이다.

또는 결정이나 결과를 보지 못할 일을 계속 추진하고 있다고 할 수 있을 것이다. 즉 고집이나 자존심과 관련이 있는 일이다. 또는 미국이 주도하여 벌어진 월남전이나 이라크전 등이다.

또는 지금까지 결론을 보지 못한 어떤 사건들로 미궁에 빠진 사건이 새롭게 사회에 떠올랐다거나 등장하였다고 할 수 있다. 예를 들면 실미도나 종군위안부 사건 등이다. 여기서 화지진(火地晉)은 땅 위로 솟아오르고 있는 것으로 설명하였다.

또는 아이디어가 떠오르지 않아 미루고 있던 일이 새로운 아이디어가 생각났다고 할 수 있을 것이다.

또는 법원에서 판결이 나지 않고 있던 사건을 다시 시작하여 판결을 낼 수 있는 것이요, 검사가 끝을 보지 못하여 미결이었던 사건들을 다시 재조사하는 운이라 할 수 있는 상이다.

또는 학생이 학업을 중단하였다가 다시 시작하는 등으로 수없이 많은 일들이 중단되었던 것을 다시 시작하는 운이라고 할 수 있다.

또는 수술을 미루어 오던 환자나 또는 사업의 결정을 미루어 오던 일을 다시 추진할 수 있는 운이다.

또한 춤을 배울까 말까 미루던 사람이나 도박에서 손을 뗀 사람이 완전하게 떼지 못하고 다시 시작할 수도 있으며, 도벽이 있는 사람이 손을 씻었다가 다시 할 수 있는 것이며, 사기성이 강한 사람이 그만 두었다가 다시 하는 등의 수많은 일 등이 있다.

䷿ 363 화수미제괘(火水未濟卦)의 삼효가 동하여 화풍정괘(火風鼎卦)로 변하면

정(鼎)이란 '안정감'을 말하고, '서로 견제하면서 의지하는 상'이다. 또는 '타인에게 의지하면서 생활하는 상'이요, '지혜가 있어도 인정받기 어려운 상'이다. 또는 '세 명 이상이어야 안정되고 편안할 상' '한 곳에 자리잡으면 혼자 다른 곳으로 옮겨가 살 수 없는 상'으로 누군가에게 '의지'하려는 마음이 강하다.

그래서 이 괘는 그동안 해결이 안되고 미결로 되어 있는 일들이 적게나마 안정이 되고 해결이 될 수 있는 운이다.

또는 해결이 안된 일이나 서두르지 않고 미뤄온 것이 나에게는 편안하고 안정될 수 있다고 말할 수도 있을 것이다. 예를 들면 신랑이 집을 팔려고 한다거나 남편이 이혼을 서두른다거나 전쟁을 미룬다거나 범죄행위를 미루는 일 등이다.

또는 어떤 일이나 상황을 해결하지 못하고 있는 관계로 지금의 자리에서 다른 곳으로 옮길 수가 없다고 말할 수 있을 운이다.

또는 사업이 불안한 사람이 결정을 못하고 미루던 어떤 상황이나 일이 누군가에게 도움을 청할 수 있다고 하거나 누군가의 도움이나 지도로 적게나마 사업의 안정을 이룰 수가 있는 운이다.

또는 상대와 합의를 못보고 있던 사람은 누군가의 도움으로 적게나마 화합을 이룰 수 있는 운이다.

또는 공사가 중단된 사업은 누군가의 도움을 받거나 새로운 생각으로 아쉬운 대로 공사를 끝낼 수가 있을 운이다.

또는 학업이 중단된 사람은 아쉬운 대로 학업을 끝을 낼 수가 있는 것 등으로 많은 일들이 끝을 보지 못하고 중단하였던 일들이 어렵게나마 끝을 볼 수 있는 운이다.

또는 그동안 미루어 오던 일을 세 명 이상이 새롭게 시작할 수 있다고 할 수 있을 수 있는 운이다.

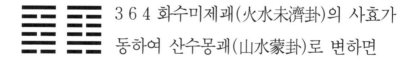

364 화수미제괘(火水未濟卦)의 사효가
동하여 산수몽괘(山水蒙卦)로 변하면

몽(蒙)이란 '지혜가 밝지 못한 것' '능력이 부족한 것'으로 '멍하다' '어리다' '어리석다' '애매하다' '미련하다' '답답하다' '생각이 적다' '의지가 약하다' '주관이 없다' '힘이 없다' '매사에 자신이 없다' '앞이 캄캄하다' '앞길이 밝지 못하다' '성숙하지 못하다' 라는 의미가 있다. 또 모든 면에서 기초단계를 벗어나지 못한 상태를 말한다.

그래서 이 괘는 그동안 성숙되지 못한 일들이 결실을 맺지 못하고 있는 운이라 할 수가 있다. 또는 매사에 있어서 결정을 내리지 못하고 있기 때문에 결과를 보지 못하고 있는 것으로 피어나지 못하는 꽃에 비유하고 있다.

또한 아직 지성인이 되지 못한 사람은 항상 어린아이 같아서 모든 일에서 자기주장대로 결정을 할 수 있는 권한이 없어 부모나 윗사람에게 의지하는 것과 같은 것이라 말할 수 있을 것이다.

또는 학업을 마치지 못하여 매사에 자신이 없는 상태요, 아니면 어떤 학문에 초보와 같다고 말할 수 있을 것이다.

또는 춤을 배우는 사람이 아직은 완전하게 배우지 못했거나 또는 춤의 세계를 다 모르는 관계로 타인들의 유혹의 손길이 많이 있을 수 있다고 말할 수 있을 것이다.

또는 디자이너의 길을 가는 사람이라면 아직 모든 것을 완전하게 습득하지 못한 관계로 디자이너 부분에 있어서는 어린아이와 같은 위치라고 말할 수 있을 것이다.

또는 결혼한 부부라면 아직 가정이나 부부생활에 익숙하지 못한 신혼부부라고 할 수 있을 운이다. 또는 공사를 하고 있는 일이라면 공사가 완공되지 않고 있는 상태라고 말할 수 있을 것이다.

䷿ 365 화수미제괘(火水未濟卦)의 오효가 동하여 천수송괘(天水訟卦)로 변하면

송(訟)이란 '확정짓는 것'이요, '구설풍파'를 말하는 상이다. 그래서 '소송' '판결' '결단' '언쟁' '시비' '의견대립' '가부의 결정' '사리판단' '서로간에 불신이 생길 수 있는 마찰' '관(官)과의 관계' '정(正)과 사(邪)의 대결'을 표현하고, '음(陰)과 양(陽)의 대립'을 말한다.

그래서 이 괘는 지금껏 확정을 짓지 못하고 미루어 오던 일을 확실하게 결정을 내는 일을 말하고 있는 운이다.

또는 계속 미룬 일이나 또는 어떤 상황에서 결정을 보지 못하고 미루다 상대와 의견대립이나 구설수나 소송을 당할 수 있다고 할 수 있을 것이다.

예를 들면 사업을 할까말까 미루었다면 이번에 가부를 결정짓는 일이라 할 수 있을 것이다.

또는 국회에서 헌법개정을 확정짓지 못하고 미루는 일로 국민들의 원성을 들을 수 있다거나 아니면 지금까지 개정을 미루어온 모든 법률을 가부간에 결정을 맺었다고 말할 수 있을 것이다.

또는 결혼을 미루고 결정을 못했다면 이번에 완전히 결정을 보는 것이라 할 수 있을 것이다.

또는 결혼을 전제로 사귀는 남녀가 있으면 결혼을 확정짓지 못하고 계속 미루고 있다가 연인에게 원망을 듣거나 놓칠 수 있다고 말할 수 있을 것이다.

또는 학업이 중단되고 복학을 할까 포기를 할까 미루었다면 이번에 가부를 결정하는 것 등 수많은 일들이 있으니 매사에 자신감이 없었거나 또는 확정을 못 내리고 지내온 것들이 있으면 이번에 모두 확정하고 가부를 결정짓는 운이라고 하여야할 것이다.

또는 공사를 미루고 지연시킨 일로 인하여 소송을 당할 수 있다고 할 수 있는 상이다.

괘상에 용신(用神)이나 동효나 변효(變爻)에서 복덕이나 용덕이나 녹 등이 있으면 좋은 결정을 할 것이요 칠살(七殺)이 있으면 좋지 못한 결정을 할 수 있는 운으로 보면 될 것이다.

366 화수미제괘(火水未濟卦)의 육효가 동하여 뇌수해괘(雷水解卦)로 변하면

해(解)란 '해방되다' '해결하다' '해산하다' 또는 어떤 틀이나 고정관념에서 '벗어나다' '무너지다' 라는 뜻이다. 그래서 '없애다' '풀어지다' '해제하다' '제거하다' '알다' '이해하다' '흩어지다' 라는 뜻이요, 고통이나 어려움에서 벗어날 수 있는 운이다.

그래서 이 괘는 해결하지 못하고 미루던 일들이 해결되는 운이다. 예를 들면 공사나 결혼문제나 학업문제나 진학문제나 법률개정 문제나 정치문제나 인허가문제나 연구과제 등을 들 수 있을 것이다. 예를 들면 부부간에 갈등으로 어찌할 바를 모르고 있던 일을 부부가 합의하에 깨끗하게 해결을 보는 운이다.

또는 그동안 결혼문제를 해결하지 못하고 어려움이 있었다면 결혼을 하게 되든지 아니면 결혼을 포기를 하든지 아니면 한사람이 죽음으로 해결될 수 있다고 할 수 있을 것이다.

또는 마음에 품고 있던 울분이 해결되어 속이 시원한 운 등으로 수많은 일들이 있을 수 있다.

또는 사업가가 자금이 모자라서 사업의 처리를 가지고 고심하던 일이 사업자금이 해결되는 일이다.

또는 노동자가 임금을 받지 못하고 미루던 일이 법원의 판결이나 또는 업주와의 타협으로 해결을 볼 수 있는 일이라 할 수 있다.

또는 정부와 주민들간에 마찰이 있어 해결을 못보고 있는 일이 있으면 해결을 볼 수 있는 일이라 말할 수 있는 것이다.

또는 어떤 강력사건이 해결되지 못하여 어려움이 있었다면 그 사건이 해결될 수 있는 운으로 범죄인을 잡는다든지 아니면 범죄인이 죽음으로서 해결이 될 수 있을 것이다.

또는 그동안에는 능력이 부족하거나 담력이 부족하거나 매사에 자신감이 없어 활발하지 못하고 떳떳하지 못한 사람이 이러한 어려움에서 벗어날 수 이는 운으로 자신감을 얻을 수 있는 운이다.

3 7 화산려괘(火山旅卦)

려(旅)란 '안정되게 의지할 곳이나 사람이 없는' 상이다. 그래서 '떠돌이' '여행'을 뜻하고, '안정감이 없는 것'이요, 항상 '초조하고 불안한 상'이요, '힘없고 능력없고 자신없이 방황하는 상'이다.

또 려(旅)란 산 위의 불로 먼 곳에서도 볼 수 있다. 또한 산 위의 불은 타오르는 불이 아니라서 힘이 없으니 계속 타려면 이리저리 옮겨가면서 타는 불로 한 곳에서 오래 유지하지 못하는 운이다.

또한 이 괘는 타인에 의지하지 않고서 혼자 스스로 태울 수 있는 곳을 찾아서 옮겨다녀야 하는 운이다.

또는 마음에 안정감이 없이 항상 초조하고 불안한 속에서 방황할 수 있는 상이라 말할 수 있을 것이다.

또는 어떤 일에서나 상황에서 자신없이 사는 사람이라 다른 사람들에게 이리저리 밀려가면서 산다고 할 수도 있을 것이다.

또한 산 위의 불은 타인에게 직접 영향을 주는 않는 불이다. 그래서 이 괘는 이름은 멀리 알려지나 힘이 부족하다고 할 수 있다.

또한 한 곳에서 오래 살지 못하고, 도와주려는 사람이 없어 스스로 노력하여야 하는 운이다.

또 이 괘가 있는 사람은 학문도 한 가지를 꾸준하게 하지 못하고 이것 저것 조금씩 할 수 있는 운이다. 또한 여러 가지 기술이 있을 운이나 전문적인 기술이나 능력은 없는 운이라고 할 수 있다.

또한 산 위의 불과 같이 이곳저곳으로 떠돌면서 사는 사람이라 듣고 보는 것이 풍부하여 아는 것도 많을 수 있는 사람이다. 하지만 전문적인 지식이 있는 것은 아니다.

또는 친구도 한 사람을 오래 사귀는 것이 아니라 이 친구 저 친구를 사귀면서 불안하게 살고 있다고 말할 수도 있을 것이다.

또는 남녀간에 이성을 만나도 한사람을 꾸준하게 사귀어 지내는 것이 아니고 이 사람 저 사람 바꿔가면서 방탕한 생활을 할 수 있다거나 하고 있는 사람이라 말할 수 있는 것이다.

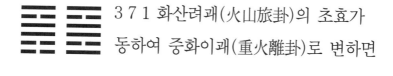

371 화산려괘(火山旅卦)의 초효가 동하여 중화이괘(重火離卦)로 변하면

이(離)란 '헤어지다' '소멸시키다' '결핍되다' 라는 뜻이다. 또는 '분리되다' '떠나다' '갈라지다' '분산되다' 라는 뜻이요, '없다'

'떨어지다' '차이가 있다' 라는 뜻이요, 또는 '불로 녹인다' '삭인다' 라는 뜻이요, 또는 '거리' '위치' '방향' 등을 나타낸다. 또는 '신경과민증환자' '불안한 사람' '홧병이 심한 사람'이요, 또는 '화려하다' '화끈한 사람' 이라고도 할 수 있다.

　그래서 이 괘는 떠돌이 할 일이나 힘없이 무력할 일이나 근근히 어렵게 생활을 할 수 있는 일들이 소멸되어 없어지는 운이라 말할 수 있을 것이다.

　또는 여행 중에 누구와 헤어진다거나 잃을 수 있다고 할 수 있을 것이요, 또는 여행길에 누구와 열열한 사랑을 나눌 일이 있다거나 아니면 여행 중에 홧병이나 열병을 얻을 수도 있을 것이다.

　또는 안정감이 없이 떠돌이 생활로 살다보니 모든 것을 잃고 어렵고 힘들게 살아가는 사람이라 말할 수도 있을 것이다.

　예를 들면 김삿갓과 같은 사람으로 여행 병이나 방랑생활로 가족들과 헤어져서 사는 사람이라 말할 수 있을 것이다.

　또는 한 곳에서 오래 직장생활을 못하고 방황하고 있는 사람이거나 공부에 안정감이 없어 이 공부 저 공부 닥치는대로 하는 사람이라면 그러한 공부를 할 일이 없어진다고 말할 수 있을 것이다.

　또는 떠돌이 생활에서 모든 것을 잃고 어렵고 힘들게 생활을 하거나 한 남자가 한 여자를 만나서 서로 믿고 의지하면서 오랜 생활을 못하고 이 여자 저 여자 사이를 떠돌면서 지낸 사람이라면 그러한 생활이 없어진다.

또는 소멸될 것이라 할 수 있는데 복이나 녹이 들어 안정을 찾을 수도 있겠으나 명궁(命宮)에서 사부살(死府殺) 같은 것이 든다면 죽음으로 해서 소멸되었다고 볼 수 있을 것이다. 여기서 이(離)는 소멸되다 없어지다라는 내용으로 설명하였다.

또는 능력이 없어도 능력이 있는 사람처럼 살려고 하는 운이라고 할 수가 있으며, 또는 자기 몸 하나도 근근히 생활하는 사람이 큰소리치는 격이라고 할 수가 있다. 여기서는 중화이(重火離)를 지혜 또는 강력한 힘으로 보았다.

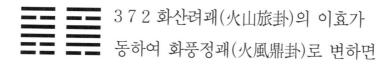

372 화산려괘(火山旅卦)의 이효가 동하여 화풍정괘(火風鼎卦)로 변하면

정(鼎)이란 '안정감'을 말하고, '서로 견제하면서 의지하는 상'이다. 또는 '타인에게 의지하면서 생활하는 상'이요, '지혜가 있어도 인정받기 어려운 상'이다. 또는 '세 명 이상이어야 안정되고 편안할 상' '한 곳에 자리잡으면 혼자 다른 곳으로 옮겨가 살 수 없는 상'으로 누군가에게 '의지'하려는 마음이 강하다.

그래서 이 괘는 힘없는 사람들끼리 모여 안정을 찾으려고 하는 운이요, 또는 떠돌면서 근근히 생활하는 사람이 안정을 찾으려는 운이다.

또는 여행 중에 뜻이 맞는 동지를 만나 큰 일을 하거나 안정된 생활을 만날 수 있다고 할 수 있고, 또는 떠돌이나 여행길이나 방랑생활이 혼자가 아닌 세 명 이상이 갈 수 있다고 할 수 있다.

또는 안정감이 없이 떠돌이로 살아가는 사람이라 그 속마음이나 지혜를 누구에게 인정을 받지 못하고 있다고 할 수 있을 것이다.

또는 떠돌이로 장사하는 사람이 안정된 장사를 얻었다거나 직장이 없이 방황하면서 살아온 사람에게 안정된 직장이 생겼다거나 결혼을 못하고 방황하면서 살아온 사람이나 학업에 안정이 없어 방황하던 사람에게 안정된 생활이 생겼다고 말할 수 있을 것이다.

또는 여행 중에 나에게 덕이 될 수 있는 사람을 만날 수 있을 것이요, 아니면 여행 중에 나의 도움을 필요로 하는 사람을 만날 수도 있다고 말할 수 있을 것이다.

또는 항상 안정감이 없이 불안한 생활속에서 지내던 사람이 안정되어 가는 운이라 할 수 있을 것이다.

또는 떳떳한 직업이 없는 사람이 이 직업 저 직업 등으로 불안한 생활을 하였다거나 다른 사람에게 의지하면서 지내온 사람이 안정된 직업을 얻는 운이다.

또는 소득이 없이 그럭저럭 생활하던 사람에게 안정된 소득을 생길 수도 있는 운이라고 할 수 있다.

또는 이공부 저 공부 되는 대로 방황하면서 하던 공부가 누구를 만나서 공부에 안정을 찾을 수 있다거나 세 명 이상이 학문을 새롭게 시작할 수 있다고 할 수 있을 것이다.

䷢ 3 7 3 화산려괘(火山旅卦)의 삼효가 동하여 화지진괘(火地晉卦)로 변하면

진(晉)이란 '솟아오르는 태양'으로 '희망'을 나타내고, '나간다' '전진한다'라는 뜻이요, 또는 '어두운 터널에서 벗어나고 있는 상'이다. 그래서 '발전' '추진력' '계속된다' '전문화된다'를 의미하고, 또는 '희망이 있다' '세상이 밝아진다' '마음을 털어놓는다' '비밀이 밝혀진다'라는 뜻이다. 또는 '마음을 표현한다'는 의미가 있으니 상대에게 마음을 나타냈으니 결정은 상대에게 있음을 말한다. 또는 '제자리로 돌아갈 수가 없다'는 뜻도 있다. 불이란 한 번 타버리면 제자리로 다시 돌아갈 수 없기 때문이다. 그래서 진(晉)은 벌어진 일이나 추진하는 일이나 시작한 일을 제자리로 돌리거나 포기할 수 없는 것으로도 해석한다.

그래서 이 괘는 여행 중에 밝은 지혜를 얻을 수 있는 운이요, 또는 계속 떠돌이 할 수 있는 운이요, 또는 어렵고 힘든 일이 계속 이어질 수 있다고 할 수 있는 운이다.

또는 힘들고 지겨운 떠돌이 생활에 밝은 희망의 빛이 생기는 운이요, 힘없고 나약한 사람에게 새로운 희망이 비추는 운으로 새로운 길이 열리고 있다고 하는 좋은 징조이다.

또는 마음이 긴장되고 초조하여 집안에 가만히 있지 못하고 방황하고 떠돌이 하는 일이 생길 수 있다고 말할 수 있을 것이요, 또는 여행길에 좋은 운이 있을 수도 있는 운이라고 할 수 있다.

또는 연구생활을 하는 사람이라면 좋은 아이디어가 없어서 이것을 할까 저 일을 할까 등으로 방황하던 차에 좋은 아이디어를 얻을 수 있다고 할 수 있는 운이다.

또는 사업이 어렵게 유지되는 있는 사업이라면 앞으로도 계속 어려움이 있을 수 있다고 할 수 있을 것이다.

또는 공부에 재미를 못 붙이고 어렵게 공부를 하고 있으면 계속 어렵거나 힘이 드나 귀나 녹이나 복덕 등이 동주(同柱)하면 학업에 새로운 희망이 생길 수 있다고 할 수 있는 운이다.

또는 부부생활에 안정이 안되어 많은 사람들과 인연을 맺으면서 살아온 사람이라면 새로운 인연을 찾아 해매거나 새로운 희망이 생길 수 있다고 할 수 있는 상이다.

그래서 용신(用神)이나 동효(動爻)나 변효(變爻)에 칠살(七殺)이 있으면 반대로 생각하여야 한다. 진(晋)은 나간다, 전진한다고 하였으니 이리저리 옮겨가는 길에 험한 일도 있을 수 있기 때문이다.

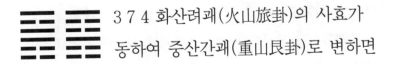

374 화산려괘(火山旅卦)의 사효가
동하여 중산간괘(重山艮卦)로 변하면

간(艮)이란 '고지식하다' '외롭다' '의지가 확고하다' '자신감이 많다' '딱딱하다' '강직하다' '유동성이 없다' '험난하다' '우월감이 많다'라는 뜻이다. 또는 한 번 약속한 것은 '신용과 의리로 반드시 지키는 운'이요, '독보적인 존재'라고 할 수 있다. 또한 산은 옮겨다니거나 옮겨갈 수 없는 것으로 '한 번 자리를 잡으면 이동이 거의 없이 뿌리를 내리고 살아간다'고 할 수 있다.

그래서 이 괘는 힘없고 약한 운이 더욱 힘이 없고 약해지는 격이요, 또는 여행이 어렵고 힘이 들 수 있다고 할 수 있을 것이다.

또는 안정감이 없이 불안하게 사는 사람이 더욱 어렵고 힘이 들게 할 수 있는 운이라고 할 수 있으니 현재의 일(또는 상황)을 더욱 힘을 가중시키는 일을 하는 운이다.

또는 세상을 떠돌며 살다보니 고집만 강해졌다거나 아니면 고집만 강하고 잘난 척만 하고 자존심만 강한 사람이라 말할 수 있을 것이요, 아니면 누구와 어울리지 못하고 혼자 쓸쓸하게 살아가고 있다거나 살아갈 일이 있다고 말할 수도 있는 것이다.

또는 공부에 집중하지 못하고 이공부 저 공부 불안하게 공부를 하던 학생이 더욱더 불안한 학습생활이 있을 것을 말하는 운이다.

또는 안정된 직장이 없어서 이 일 저 일로 연명하면서 생활하던 사람에게 더욱 힘들고 어려운 일이 생길 수 있는 운이다.

또는 부부생활이 안정정되지 않고 방황하던 사람이 과거를 청산하고 안정된 가정을 꾸릴 운이요, 아니면 안정이 안 되는 가정생활에 어렵고 힘든 일이 가중될 수 있다고 할 수 있을 것이다.

또는 안정된 직장이 없어 방황하는 사람이나 한 가지 공부도 제대로 못하면서 이것 저것 설치면서 살아가는 사람이나 생활이 어려워 힘든 사람이나 부부생활이 안정되지 못하고 방탕하게 살아가는 사람 등이 어렵고 힘들게 산다고 할 수 있다.

375 화산려괘(火山旅卦)의 오효가 동하여 천산돈괘(天山遯卦)로 변하면

돈(遯)이란 '숨는다' '달아난다' 또는 '헤매인다' '방황한다' '불안하다' 또는 '도망치다' '피하다' 라는 뜻으로 결과적으로 '약한 것' 이요, '자신이 없다' '능력이 없다' 라고 할 수 있다. 또는 '이리저리 피해다니는 것' 을 말한다.

그래서 이 괘는 힘없고 나약한 사람이 숨어 다니는 격이라고 할 수가 있다. 또는 여행길에서 자신의 건강이나 명예를 망치고 피신하면서 살아갈 일이 발생할 수도 있을 것이다.

예를 들면 해외에서 카드빚으로 쫓기는 사람이나 여행 중에 떳떳하지 못한 일을 저지른다거나 어떤 범죄행위를 저지르는 등이다.

또는 내 곁에서 떠난 사람들이 한마음 한뜻으로 지내지 못하고 모두 뿔뿔이 흩어졌다고 말할 수 있을 것이다. 예를 들면 종업원이나 수하인들이나 제자 등을 들 수 있다.

또는 생활에 안정감이 없어 불안한 생활을 하는 사람이 이 직장

저 직장으로 떠돌이 하면서 생활하는 상이라 할 수 있을 것이다.

또는 여행길에서 방황하거나 아니면 이 일 저 일 닥치는대로 하면서 살아온 사람이거나 안정된 부부생활 없이 떠돌이로 생활한 사람이 자신이 없어진다고 말할 수 있을 것이다.

또는 능력이 없고 또는 실력이 없는 사람이 직장에서 한 부서에 오래 있지 못하고 이리저리 쫓겨가면서 마지못해 하는 직장생활이라 할 수 있을 것이다.

또는 이 사업 저 사업으로 전전해보지만 되는 사업이 없어 어렵게 생활을 할 수 있는 운이다.

또는 공부에 자신이 없는 사람이 이 공부 저 공부로 여러 공부를 바꿔가면서 해보지만 뜻대로 되지 않고 있다고 할 수 있을 것이다.

또는 안정된 가정을 꾸리지 못하고 사는 사람이 이 사람 저 사람을 만나가면서 생활을 해보지만 뜻대로 되지 않고 생활에 어려움이 계속 생길 수 있다고 할 수 있을 것이다.

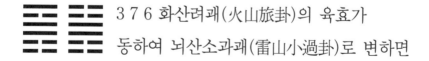

376 화산려괘(火山旅卦)의 육효가 동하여 뇌산소과괘(雷山小過卦)로 변하면

소과(小過)란 '약간의 변화가 있는 운'이다. 그래서 '조금 지나치다' '약간 부담된다' '약간 과분하다' '약간 방황한다' '약간 불안하다' '사소한 일에 마음을 쓴다' '작은 일에도 민감하다' 라는 뜻이요, 또는 '마음 씀씀이가 작다'고 할 수 있다.

　그래서 이 괘는 산에서 타는 불이나 산에서 치는 우뢰로 모두다 힘이 없는 것으로 다른 사람한테 크게 영향을 줄 수 있는 운도 아니며 스스로를 지켜나가기도 어렵고 벅찬 상이다.

　또는 떠돌이 생활이나 방랑생활로 신경이 예민한 사람이거나 불안한 사람이라 말할 수도 있을 것이다.

　또는 여행길에서 이것저것 들은 풍월은 많아도 쓸만한 것이 없다고 할 수가 있을 것이다.

　또는 여행 중에 얻은 수확이 별것이 아니라고 할 수 있거나 아니면 여행 중에 분실이나 구설이나 신병을 얻어도 약간 있을 것이라고 말할 수 있을 것이다.

　또는 근근히 연명하기 위해서 사는 사람이 사소한 일에도 관심을 보이는 격이라 할 수 있을 것이다.

　또는 안정된 직업이나 직장이 없이 되는대로 이 일 저 일을 하면서 소일하는 사람이라 마음이 항상 안정이 안되고 약간의 불안 속에서 지낼 수 있는 운이라 할 수 있을 것이다.

　또는 안정된 공부나 전문적인 학업을 못한 사람이 이 공부 저 공부 되는대로 하다보니 마음이나 정신적인 면에서 안정감이 적고 항상 약간의 불안 속에서 공부를 할 수 있는 사람이다.

　또는 힘없고 능력도 없고 전문적인 기술이나 직업도 없는 사람이 타관으로 떠돌이하면서 항상 불안한 상태에서 살아갈 수 있는 운이라 할 수 있을 것이다.

또는 안정된 부부생활을 못하면서 이 사람 저 사람 되는 대로 만나서 그때그때 적당하게 지내는 사람이 마음이 불안하게 살아가고 있는 운이다.

또는 어떤 물건을 구입하기 위하여 사방으로 떠도는 과정에서 약간의 마음이 들뜨고 긴장될 일이 생길 수 있는 운이다.

38 화지진괘(火地晋卦)

진(晋)이란 '솟아오르는 태양'으로 '희망'을 나타내고, '나간다' '전진한다'라는 뜻이요, 또는 '어두운 터널에서 벗어나고 있는 상' 이다. 그래서 '발전' '추진력' '계속된다' '전문화된다'를 의미하고, 또는 '희망이 있다' '세상이 밝아진다' '마음을 털어놓는다' '비밀이 밝혀진다'라는 뜻이다. 또는 '마음을 표현한다'는 의미가 있으니 상대에게 마음을 나타냈으니 결정은 상대에게 있음을 말한다. 또는 '제자리로 돌아갈 수가 없다'는 뜻도 있다. 불이란 한 번 타버리면 제자리로 다시 돌아갈 수 없기 때문이다. 그래서 진(晋)은 벌어진 일이나 추진하는 일이나 시작한 일을 제자리로 돌리거나 포기할 수 없는 것으로도 해석한다.

그래서 이 괘는 어린아이가 있는 부인을 처녀로 될 수는 없는 것과 같은 것이다. 또한 이 괘상(卦象)은 대지 위에 떠오르는 태양의 상이라 무언가 꿈이 있고 희망이 있을 수 있는 상이다.

예를 들면 학생은 날이 갈수록 학업에 진전이 있다고 할 수 있을 운이요, 또는 진(晉)이란 전진을 의미하고 있으니 갈등이 계속 발생하고 있다거나 심화되고 있다고 말할 수 있을 것이다.

또는 어떤 전문적인 기술이 날로 향상되고 있다고 할 수 있을 것이다. 또한 화(火)는 지혜로 밝은 것을 의미하는데 좋은 지혜를 나홀로 간직하는 것이 아니고 많은 사람들을 위하여 지도하고 활용하여 가르치는 운이라 할 수 있을 것이다.

또는 질병으로 고생한 사람이라면 갈수록 건강을 회복되고 있는 상이라 할 수 있을 것이다.

또는 사업에 진전이 있다고 할 수 있을 운이요, 아니면 사업이 계속 어려움이 이어질 수 있다고 할 수 있을 것이다.

또는 어려운 생활이나 남모르는 비밀로 힘들게 지내고 있으면 그러한 힘든 일들이 서서히 멀어지는 운이라고 할 수 있다.

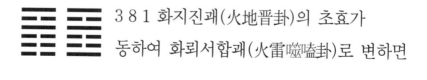

381 화지진괘(火地晉卦)의 초효가 동하여 화뢰서합괘(火雷噬嗑卦)로 변하면

서합(噬嗑)이란 '입을 떠들고 놀리는 것'을 말하고, '입이 가볍고 경솔한 상'이라고 할 수 있다. 그래서 입으로 '되씹는다' '지껄인

다 '수다가 심하다' '비웃거나 조롱한다' '소리내 웃는다' 라는 뜻
이요, 또는 '한탄한다' '자탄한다' '후회한다' '으르렁거린다' '희
희낙락한다' 라는 뜻이요, 또는 '참을성이 없다' '안정감이 없다'
'시끄럽다' 라고 할 수 있다. 또는 '자궁운동이 좋다' 고도 한다.

　그래서 이 괘는 자기의 좋은 생각을 깊이 간직하지 못하고 외부
로 경솔하게 발설을 하는 격으로 좋은 생각이나 나쁜 생각이든 간
에 마음에 간직을 못하는 운이다. 여기서 진(晋)은 땅 위로 솟아오
른 태양으로 사람이라면 마음 속의 뜻이나 생각이나 지혜등이 외
부로 노출되었다고 보는 것이다.

　예를 들면 과학적인 좋은 아이디어를 신중하게 검토하여 처리를
하면 좋을 것을 아는 사람과 잡담하는 중에 또는 술 한잔 나누는
중에 발설을 하게 되어 화를 자초하는 경우를 말하고, 또는 비밀을
유지하여야하는 일을 신중하지 못하고 발설을 하는 바람에 화를
불러들이는 격이다.

　또한 진(晋)은 갈수록 전문화되는 상으로 예를 들면 시장에서 장
사를 하는 사람이 날이 갈수록 고객을 상대하는 수단이 진전되어
말수단도 좋아졌다고 말할 수 있을 것이다.

　또는 부부가 날이 갈수록 사랑이 깊어지고 정이 좋아지다 보니
부부가 만나면 무슨 말을 하던지 재미있는 대담을 많이 하고 지내
는 상이라 할 수 있을 것이다.

　또는 목사나 스님과 같은 분들이 날이 갈수록 설법이나 법문이

나 설교 등을 잘하고 있다고 말할 수 있는 상이다.

또는 마음 속이 있는 좋은 지혜를 가지고 많은 사람들을 지도하고 가르칠 수 있는 운도 될 수 있으며 자기의 좋은 의견을 내놓아서 많은 사람들을 구제할 수도 있는 것이다.

괘상(卦象)에서 복이나 녹이나 용덕(龍德)의 운이 있으면 좋은 일을 하기 위하여 지혜나 생각을 표현하는 사람이 될 것이요, 칠살(七殺)이 있으면 비밀을 간직할 사람이 간직하지 못하고 발설하여 화를 자초하는 운이라고 볼 수 있다.

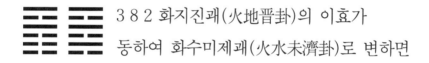 382 화지진괘(火地晋卦)의 이효가
동하여 화수미제괘(火水未濟卦)로 변하면

미제(未濟)란 '익숙하지 않다' '완성되지 않았다' '성사되지 않았다' '결론이나 결정을 내지 못했다'라고 할 수 있다. 또한 '확정, 결론, 결과, 결정'을 내지 못하고 미적거리거나 미루는 상태요, '성숙하지 않은 상태'요, 또는 '안정감이 없고 불안한 상태'다. 또는 아직은 미숙하다고 하는 뜻으로 '숙달되지 못한 것'을 의미하고, 일이 '마무리되지 않은 상태'를 말한다.

그래서 이 괘는 새롭게 시작하려고 하는 일이나 생각이 불안한 운으로 결과를 볼 수가 없다는 것을 말하는데 모처럼 마음먹고 새롭게 시작하려고 하는 일이 끝을 볼 수가 없다고 하는 것이다. 우리 속말로 '작심삼일' 이라고 하는 말과 같다.

예를 들면 학생이 모처럼 마음먹고 공부를 하였는데 그 공부가 끝을 보지 못하고 중도에 그만두는 일과 같다고 말할 수 있다.

또는 춤이나 미용기술이나 꽃꽂이 기술이나 역술학이나 운전을 배워도 끝을 보지 못하고 중도에 포기할 수 있는 것을 말한다.

예를 들면 생활이 어려워졌거나 신병이나 사고가 생겼거나 죽음 등으로 시작만 있고 끝을 보지 못하는 것 등을 말하고 있다.

또는 담배를 피우는 사람이 담배를 끊겠다고 시작한 일이 몇 일도 못가서 포기하는 것과 같다고 말할 수 있을 것이다.

또는 총각이 처녀에게 청혼하려고 하는 일을 자신이 없어 미적미적 미루고 있다고 할 수가 있을 것이다.

또는 누구에게 마음을 말하고 싶지만 아직은 결정을 못하였다고 할 수 있거나 어떤 말을 해야 할지 결정을 못한 상태라 할 수 있을 것이다. 여기서 진은 추진한다, 전진한다는 의미로 설명하였다.

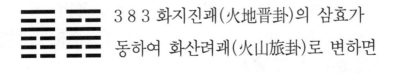

383 화지진괘(火地晋卦)의 삼효가 동하여 화산려괘(火山旅卦)로 변하면

려(旅)란 '안정되게 의지할 곳이나 사람이 없는' 상이다. 그래서 '떠돌이' '여행' 을 뜻하고, '안정감이 없는 것' 이요, 항상 '초조하고 불안한 상'이요, '힘없고 능력없고 자신없이 방황하는 상'이다.

　그래서 이 괘는 시작하는 일이 처음부터 불안한 상태요, 또는 시작하여 추진하고 있는 생각이나 일에 있어서 안정감이 없다거나 아니면 추진하는 일에 있어 불안하고 초조한 상태라고 말할 수 있을 것이다. 아니면 일은 저질러놓고 불안해 하거나 방황하고 있다고 말할 수 있다. 예를 들면 총각이 마음에 드는 처녀를 겁탈하고 방황하거나 불안해 할 수 있을 것이다.

　또는 시작하는 일이 한 곳에서 머무르면서 할 수 있는 일이 아니라 이곳 저곳으로 떠돌면서 해야 하는 일 등을 말하고 있다.

　또는 생각하고 구상하는 일마다 떠돌이 할 수 있는 생각이요, 아니면 방랑생활을 꿈꾸고 있는 사람이며, 또는 무전여행 등을 생각할 수 있는 상이라 할 수 있을 것이다.

　또한 하는 일이나 구상하고 있는 생각이 외판원으로 이곳 저곳으로 떠돌아다니면서 일 할 수 있는 사람이라 할 수 있을 것이다.

　또는 떠돌이 약장사나 가정방문을 하면서 하는 할부상인 등을 말하는 상이라 할 수 있다.

　또는 누군가에게 나의 의견을 내놓고 말을 하여도 상대방이 들은 척도 안하여 말만 시집보낸 격이 될 수 있다고 할 수 있을 것이다. 여기서 진은 땅 위로 솟아 나온 태양격으로 자기의 마음이나 생각을 외부로 표현하였다고 설명하였다.

　또는 어떤 일을 추진하거나 구상하기 위하여 여행을 떠날 일이 있다고 할 수 있으니 예를 들면 새로운 농작물 씨스템을 알아보기 위하여 외국으로 연수나 여행을 갈 수 있을 것이다.

또는 외국에는 어떤 신제품이나 판매방법이나 생산방법 등을 알아보기 위하여 여행길에 오를 수 있다고 말할 수 있을 것이다.

또는 부부의 정이 별로 없이 지내는 사람이 부부의 새로운 생활을 위하여 여행길에 들을 수 있다고 말할 수 있을 운이다.

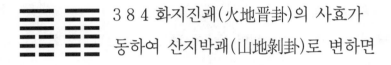

3 8 4 화지진괘(火地晋卦)의 사효가 동하여 산지박괘(山地剝卦)로 변하면

박(剝)이란 '깎이다' '벗기다' '깎아내리다' 라는 뜻이요, 또는 '인정을 받지 못한다' '무시당한다' '자존심이 상한다' '유지하지 못한다' 라는 뜻이요, 또는 '매사에 자신감이 없거나 자신감을 잃는다' 고 할 수 있고, 또는 '은폐된 것을 밝혀내다' '진실을 밝혀내다' 라고 할 수 있다. 또는 의지나 예산이나 계획이나 인기나 신용이나 재산이나 운영자금 등이 줄거나 떨어지는 것을 말한다.

그래서 이 괘는 추진하는 일이 순탄하지 못하고 애로가 발생할 운이요, 나가는 일이나 추진하려고 하는 일들이 날이 갈수록 자신이 없다거나 시들해진다고 말할 수 있을 것이다.

예를 들면 연예인이 날이 갈수록 인기가 떨어지고 있다거나 가

수가 날이 갈수록 인기를 잃고 있다고 말할 수 있을 것이다.

또는 마음먹은 일이나 생각들이 갈수록 감소된다고 할 수 있거나 위축될 수 있다고 하는 상이다.

또는 어떤 일을 저지른 여파로 인격이 떨어졌다고 할 수 있으니 예를 들면 교수나 저명인사가 미성년자와 원조교제나 강간등이 탄로란 일로 인하여 명예가 떨어졌다고 할 수 있을 것이다.

또는 건강이 날로 악화되어 생명을 잃었다고 말할 수 있을 것이요, 또는 술이나 담배를 계속 피운 대가로 수명이 단축되었다고 할 수도 있을 것이다.

또는 어떤 길을 가는데 있어 도중에 낙석 등을 만날 수 있을 것이라고 말할 수 있다.

또는 길을 가는데 수월하게 나가는 것이 아니고 중도에 어려운 난관이 있을 운이다.

또는 사랑하는 사람과 잘해보려고 열심히 노력을 하다보니 자존심 상하는 일이 많이 발생한다고 말할 수도 있을 것이다.

또는 청혼을 자신있게 고백하려고 하는 사람이 처음 마음먹은 대로 고백하지 못하고 주눅이 들어 어렵고 힘들게 고백하는 격이라 할 수 있을 것이다.

또는 백화점이나 시중에서 정찰가를 써놓았으나 매매가 성사되지 않으니 날이 갈수록 가격을 낮추어 써놓는 격과 같다고 말할 수 있을 것이다.

학업을 한다면 학업이 좌절될 운이며, 사업을 한다면 사업이 어려움이 있을 운이라 할 수 있다.

또는 액운이 있는 사람은 액운이 소멸되어 편안한 길로 나가는 운이요, 가정에 풍파가 있으면 풍파가 가라앉을 수 있는 운이요, 우환이 있으면 우환이 물러갈 운이 있다고 할 수 있는 운이다.

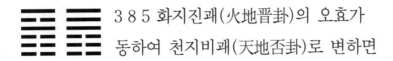 385 화지진괘(火地晋卦)의 오효가
동하여 천지비괘(天地否卦)로 변하면

비(否)란 '서로 화합하지 못하고 불화하는 것' '상대를 인정하지 않는 것' '각자 갈 길로 나가는 상'이라고 할 수 있다. 그래서 '거부한다' '불신한다' '반목한다' '배신한다'라는 뜻이요, '내 맘에 들지 않는 것'이라고 말할 수 있다.

그래서 이 괘는 추진중인 일이 거부당하는 운이요, 또는 배신당하는 운이요, 또는 하는 일이 불신을 받을 수 있는 운이다.

또는 무언가 추진하려고 하는 일이나 생각이 다른 사람들에게 공감을 얻지 못하고 불화가 있을 운이다. 예를 들면 가족 중에서도 내가 어떠한 일이나 생각을 내놓았을 경우 가족들에게 인정을 얻지 못하는 격이라 말할 수 있을 것이다.

또는 열심히 노력하였으나 대가가 없다고 할 수 있다. 예를 들면 노동자나 작은 사업을 하는 사람이 다른 사람들보다 열심히 뛰면서 노력은 하였으나 재물은 얻지 못했다고 말할 수 있을 것이다.

또는 내가 누구보다 열심히 노력하여 많은 재물을 모았으나 사람들은 인정을 하려들지 않고 부정하는 상이라 할 수 있다.

예를 들면 부모의 유업이나 또 다른 어떤 방법으로 모은 걸로 생각할 수도 있다는 말이다.

또는 남다르게 열심히 공부를 한다고 하여도 머리에 남는 것이 없다고 한다면 머리가 공부라는 것과 화합을 못하고 있다고 할 수 있을 것이다.

또는 내가 모처럼 부모에게 잘해보려고 마음을 먹었다거나 아니면 학생이 맘잡고 공부 좀 하려고 작정하였다면 주위 사람이나 친구들에게 불신이나 무시를 당할 수 있다고 할 것이다.

또는 친구나 동료들과의 관계에서도 내가 내놓는 어떠한 안건이 인정을 못받고 거부되는 것이요, 사업체나 직장에서도 인정을 못받는 운이라 할 수 있다.

또는 소설이나 수필이나 모든 문학을 세상에 내놓았으나 사회나 독자들에게 인정을 받지 못하는 격이라고 할 수 있을 것이다.

또는 의사가 환자를 진찰하고 병에 대하여 환자나 보호자에게 설명하였으나 환자에게 인정을 못받는 것 등 수없이 많은 일들이 상대에게 인정을 못받거나 배신당하고 불신당하는 운이라 말할 수 있을 것이다

䷲䷏ 386 화지진괘(火地晉卦)의 육효가 동하여 뇌지예괘(雷地豫卦)로 변하면

　예(豫)란 '즐겁다' '기쁘다' 라는 뜻이며, '주위에서 요란법석이 일고 있는 상' 이다. 또는 '편안하다' '안일하다' '미리' '사전에' 앞서간다' '미리 설친다' '예방한다' '예언' '예측' '예지' 라는 뜻 이다.

　그래서 이 괘는 하는 일이 즐겁다, 기쁘다고 할 수 있는 운이요, 또는 무슨 일인가 추진 중인 것이 큰 변화가 있을 것을 예고하는 것이다. 또는 어떤 변화를 느낄 수 있다고 할 수 있을 것이다.

　또는 자기의 마음 속에 있는 어떤 울분이나 생각이나 나만이 알고 있는 비밀 등을 모두 밝힌다거나 털어내니 심신이 편안하다거나 즐겁다고 말할 수 있을 것이다.

　또는 자기의 속에 있는 어떤 생각을 외부로 밝히는 일에 있어 사전에 철저히 준비를 하였다고 말할 수 있다.

　예를 들면 자녀들에게 상속하는 문제를 사전에 변호사와 합의하에 정리를 했다고 말할 수도 있을 것이다.

　또는 어떤 일을 계속 추진하는 일이 즐겁다고 할 수 있다. 예를 들면 그동안 학업이 중단되었다면 새로 추진하여 공부를 하다보니 즐겁다고 말할 수 있을 것이다.

　또는 지금 진행 중인 사랑이 즐겁다거나 아니면 그동안 사귀던 애인과 헤어진 사람이 다시 애인과 만나기로 결정하니 즐겁다고 할 수 있을 것이다.

또는 그동안 직장에서 퇴출되어 어렵게 지내던 사람이 다시 직장에 나가게 되어 기쁘다고 할 수 있을 운이다.

또한 공부하고 있는 학생이 이 공부를 한다면 앞으로 어떠한 일을 할 수 있을 것이라고 예측할 수 있는 것이다.

또는 지금 연구 중인 일이 앞으로 자기 인생에 있어서 큰 변화가 있을 것을 예고하는 것 등이 있다.

또는 자기의 의사를 밝힐 일이 있을 것 같은 기분이 든다고 할 수 있을 것이요, 아니면 속마음을 털어놓으니 마음이 즐겁고 편안하다고 말할 수도 있을 것이다.

또는 지금 좋지 못한 일을 진행하고 있는 사람이라면 그 일로 앞으로 어떠한 일이 자기 신상에 미칠 것이라고 하는 것 등을 미리 예측하는 것이다. 속말로 영감이 좋다든지 또는 육감이 좋다고 하는 뜻과 같으니 진행 중인 일을 미리 예측하는 것이다.

4 1 뇌천대장괘(雷天大壯卦)

대장(大壯)이란 '씩씩하고 활발한 기상'이요, 하늘에서 치는 우뢰로 '허풍' '허세'를 뜻한다. 또는 '장하다' '굳세다' '우렁차다' '출세가 좋다' '큰소리 칠 일이 있다' '기가 강하다' '자신과 능력이 있다' '잘난 척을 잘한다' '마음에 없는 말' '실속없는 소리'라는 뜻이다.

괘상(卦象)으로 보면 뇌(雷)도 기(氣)가 강한 양(陽)이요, 天도 또한 양(陽)으로 양(陽)이 양끼리 모여있는 상으로 여기서는 군자의 기(氣)가 강한 것을 말하고 있다.

또한 대장(大壯)이란 하늘에서 치는 우뢰소리가 웅장하고 힘이 있는 것을 말하고 있는데 이것은 소리는 요란하나 비는 내리지 않고 있는 상이다.

또는 매사에 있어서 자신이 있고 활발한 상으로 기가 강한 사람이라 할 수 있을 것이다.

또는 매사에 있어 출세를 하는 일이나 사업을 하는 일에서나 공부를 하는 일에서나 부부의 정에서나 아니면 어디서 누구와 무슨 일을 하는데 다른 사람들보다 뒤지는 것을 싫어하여 앞장서기를 잘할 수 있다고 할 수 있을 것이다.

하지만 반대로 본다면 손해를 보아도 다른 사람보다 많은 손재가 있을 것이요, 아니면 부부의 갈등이나 풍파나 누구와의 싸움 등에서까지도 조금이 아니고 크고 많다고 말할 수 있을 것이다.

또는 고집이 강하고 자기의 주관이 확실한 사람이라고 할 수 있을 것이나 그 고집으로 좋은 일에서나 풍파나 갈등에서 큰 변화가 발생하였다거나 발생할 것이라고 말할 수 있는 것이다.

또는 친구나 동료들 사이에서도 자기 주장이 강한 사람으로 타인의 의견은 들으려 하지 않는 사람이라 할 수 있을 것이다.

또한 이 괘는 허풍이 심한 사람이요, 소리만 요란하고 실속없는 운이라 할 수 있을 것이다.

또는 학생이라면 머리에 든 실력은 없으면서 잘난 체만 하는 사람과 같을 운이다.

또한 사업가라면 외모만 화려하고 실속없을 것이요, 또한 공직자라면 겉으로는 화려하나 실권이 없으면서 큰소리만 치고 있는 격이라 할 수 있을 것이다.

또는 주식의 거래가 활발하다고 할 수 있을 것이요, 또는 회사에서 사원들의 활동이 활발하다고 할 수 있을 것이다.

또는 사업을 활발하게 전개하고 있는 상이요, 또는 어떤 공사가 활발하게 진전되고 있다거나 또는 청춘남녀가 활발하게 열애 중이라고 말할 수도 있을 것이다.

4 1 1 뇌천대장괘(雷天大壯卦)의 초효가 동하여 뇌풍항괘(雷風恒卦)로 변하면

항(恒)이란 '언제나' '늘' '흔히' '항상' '수시로' '자주' '반복적' 이라는 뜻이다. 그래서 '영원하다' '꾸준하다' '변함없다' '끈기있다' '계속된다' 라는 의미로 '연속성' 을 말한다. 또는 '항상 같은 성격, 같은 마음, 같은 행동' 을 말한다.

그래서 이 괘는 기가 강하고 활기가 넘치는 것이 꾸준하게 지속되는 운이요, 또는 허풍이 계속되어 가는 운이며, 실속없이 잘난 체하는 일이 계속되고 있는 운이다.

또는 매사에 타인에게 지는 것을 싫어하고, 또는 큰소리칠 일이나 잘난 체하는 일들이 자주 발생할 수 있다고 할 수 있을 운이다.

예를 들면 사업체가 오늘내일 하면서 위기를 맞는 회사가 안전한 회사라고 계속 허풍을 치고 있는 격이라 할 수 있을 운이다.

또는 능력도 없는 사람이 자기만이 이 일을 해낼 수 있는 사람이라고 허풍을 치거나 항상 잘난 체하는 사람과 같은 운이다.

또는 주머니에는 동전 한푼 없는 사람이 큰 재산이 있는 양 허풍을 많이 치고 허세를 부리면서 살아가는 격이요, 아니면 항상 잘난 체 하거나 타인을 무시하는 식의 허풍을 떨면서 살아가는 사람으로 이 괘는 브로커나 사기꾼이 많이 있을 운이 있다.

또는 집안이나 사회나 회사에서 큰소리 날 일이 많이 있다고 할 수 있는 운으로, 좋은 일로 큰소리칠 일이나 아니면 회사가 타인의 사기에 의하여 어려움이 자주 아니면 주기적으로 발생할 수 있다고 할 수 있을 것이다.

또는 자기만이 잘났다고 하는 오만한 생각으로 타인을 무시하고 업신여기면서 항상 생활을 할 수 있는 사람이라고 할 수 있다.

또는 출세길이 계속 좋을 수 있다고 하거나 아니면 경사나 기분 좋아할 일이 자주 발생한다, 또는 주기적으로 발생한다고 말할 수 있는 운이다.

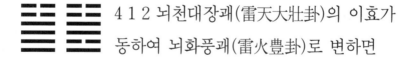 4 1 2 뇌천대장괘(雷天大壯卦)의 이효가 동하여 뇌화풍괘(雷火豊卦)로 변하면

풍(豊)이란 '풍요롭다' '풍성하다' '많다' '넉넉하다' '여유있다' 라는 뜻이다. 그래서 사건이나 일이나 상황의 변화가 많을 운이요, 떠들일, 싸울일, 사기당할 일, 오해나 모함받을 일도 많을 운이요, 실력이나 기술이나 능력도 많을 운이다.

그래서 이 괘는 어떤 일이나 상황에서 활발하게 활동할 수 있는 일들이 많이 발생하고 있다거나 발생하였다고 할 수 있을 것이다.

또는 자기의 생각하였던 바나 마음먹고 있는 일이 현재 가장 풍요하게 달성된 운이라고 할 수가 있다. 그래서 앞으로는 갈수록 어려움이 닥쳐올 수도 있는 운이다.

또는 큰소리 칠 일이 많다. 허풍떨 일이 많다. 타인을 무시하고 잘난척하면서 살아갈 수 있는 사람이다.

또는 잘난 척 하면서 지낸 일이나 멋모르고 겁없이 행동하고 처리한일로 인하여 구설풍파나 동요나 불안 등이 많이 발생하거나 불안이나 풍파가 계속 따를 수 있다고 말할 수 있을 것이다.

또는 자기가 마음먹고 추진 중인 일이 있으면 지금의 상태가 최고의 상태라 말할 수 있을 것이다.

또는 사업의 길흉화복을 판단하였다면 지금이 최고의 길운이기 때문에 앞으로는 어려움이 발생할 수 있으니 앞일을 준비하는 지혜가 필요한 때이다.

또는 활발하게 활동할 일이 많이 발생하는 운으로 예를 들면 사기를 치기 위하여 활동을 많이 할 수 있다거나 아니면 활동 중이라 말할 수 있을 것이다.

또는 어떤 총각이 처녀를 유혹하기 위하여, 아니면 어떤 사기꾼이 바람난 여인을 유혹하기 위하여 활발하게 움직이고 있다고 말할 수 있을 것이다.

또는 새로운 사업을 시작한 사람이 사업의 활성화를 위하여 많은 노력이 필요하다고 말할 수도 있을 것이다.

또는 411괘와 같은 의미로 큰소리치고 잘난 체하고 남을 무시하고 업신여기는 일이 많거나 많이 생길 수 있다고 할 수 있을 것이요, 또는 허풍이 아주 많은 사람이라고 할 수도 있다.

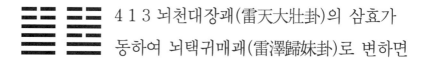 4 1 3 뇌천대장괘(雷天大壯卦)의 삼효가 동하여 뇌택귀매괘(雷澤歸妹卦)로 변하면

귀매(歸妹)란 '만남'을 상징하고 '본래의 자리로 돌아가다' '돌려주다'라는 뜻이다. 예를 들면 남녀, 친구, 아는 사람, 만나서는 안될 사람, 원한이 있는 사람, 연예인이나 어떤 능력이 있는 사람, 원하고 기다리던 사람, 언쟁과 다툴 수 있는 사람, 위해와 사기를 칠수 있는 사람, 어려운 문제를 해결해 줄 수 있는 사람 등을 말한다. 또는 동물이나 물건을 만나거나 사람이나 일이나 동물이 본래의 위치로 돌아가거나 돌아갈 것이라고 말할 수 있다.

그래서 이 괘는 힘있고 능력있는 사람이나 허풍이나 허세가 심한 사람이나 아니면 출세길이 좋았던 사람이 누군가를 만나는 운이요, 아니면 만날 수 있다고 할 수 있을 것이다.

또는 411의 괘와 같은 의미라 큰소리치고 잘난 체하고 남을 무시하고 업신여기는 일이 다반사로 많다고 하거나 많이 생길 수 있다고 할 수 있을 것이다.

또는 우리 옛말에 '아침일찍 일어나 활동하는 새가 많은 먹이를 얻는다' 라고 하는 말과 같이 매사에 씩씩하고 활발하게 활동하는 사람이 어떤 물건이나 사람이나 상황 등을 만날 수 있다거나 만날 일이 생길 수 있다고 말할 수 있을 것이다.

또는 허풍이 아주 많은 사람이라고 할 수도 있다. 아니면 허풍이 심한 사람이 누군가를 만날 수 있다고 하는 운이다.

또는 건장하고 씩씩한 젊은 사람이 마음에 드는 여인을 만나기 위하여 활발하게 활동한 결과 마음에 드는 젊은 여인을 만나는 운이라 할 수 있을 것이다. 아니면 만났다고 말할 수 있을 것이다.

또는 어떤 사람이 춤을 배우는 일이나 당구나 수영이나 골프를 배우는 일에 있어서 누구보다 씩씩하고 활발한 모습으로, 아니면 열정으로 노력한 결과 많은 운동방법을 배웠다거나 아니면 다른 사람들의 눈에 띄게 되어 좋은 인연이나 아니면 사기꾼에 걸려들게 되었다고 말할 수도 있을 것이다.

또는 일이나 사업에 큰 아이디어를 품고 있는 사람이 후원자를 만날 수 있는 운이다.

또는 지혜와 능력이 있는 사람이 자기를 알아주는 지기를 만날 수 있는 것 등이 있을 운이다.

또는 큰 일을 하는데 마(魔)를 만날 수도 있으니 큰 사업을 벌리려고 하는 사람이 사기꾼을 만날 수도 있을 수 있다.

또는 어떤 사람이 사기를 치기 위하여 위장사업장을 그럴듯하게 챙겨놓았는데 사람들이 걸려들었다거나 아니면 경찰이나 검찰의 단속반에 걸려들었다고 말할 수 있을 것이다.

또는 큰 건축물을 짓는 사람이 집을 짓는 과정에서 많은 종류의 물건 등을 만날 수 있다. 또는 많은 종류의 물건 등이 생길 수 있다고 할 수 있거나 아니면 살(殺)이 있으면 물건의 분실 등이 많이 있을 수 있다고 할 수 있다.

또는 큰소리를 치다가 망신을 당할 수도 있는 것 등을 말하는 운이요, 사기를 치다 들통이 날 수 있다고 할 수 있는 운이다.

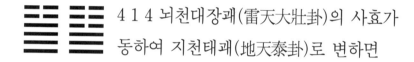 414 뇌천대장괘(雷天大壯卦)의 사효가 동하여 지천태괘(地天泰卦)로 변하면

태(泰)란 '상대와 내가 서로 뜻이나 의견이나 마음이 통한다'는 뜻이요, 또는 '신의' '상대를 인정한다' '크다' '편안하다' '안정되다' '화합하다' 라는 뜻이요. 또는 '순안하다' '태평하다' 라는 하는 뜻이다. 태(泰)는 너와 나 이 사람과 저 사람, 이것과 저것, 이일과 저 일 등 서로 뜻이 맞거나 화합을 이루거나 화합을 이루는 것으로 '상대성'을 말하는 상이다.

그래서 이 괘는 웅장한 기상이 안정을 이루고 있는 상태요, 마음먹고 있는 일들이 안정되고 있는 상태이다.

또는 매사에 있어 자신감을 갖고 활발하고 씩씩하게 생활하다 보니 생활이 안정되고 편안해졌거나 편안해질 수 있을 것이라고 말할 수 있는 것이다.

또는 어떤 단체나 사회에서 서로가 합이 맞지 않아 갈등이 심한 상태에서 누군가가 협박을 한다든지, 아니면 허세를 부려서라도 이끌어가다보니 모든 사람들이 화합의 길을 찾았다거나 편안하게 생활을 할 수 있을 것이라고 할 수 있을 것이다.

예를 들면 불량청소년들의 보호소 같은 곳이요, 또는 큰소리가 나와야만 안정되고 편안하게 운영되는 집단이라고 말할 수 있다.

또는 시장에서 누구보다 일찍 장사를 시작하면서 활발하게 운영을 하다보니 많은 재물을 모아 편안하고 안정된 생활을 할 수 있을 것이라고 할 수 있다.

또는 누구보다 허풍이 심하다거나 사기기질이 많다거나 자기만이 잘난 척 하면서 다른 사람들을 무시하는 마음으로 살아가던 사람이 명궁(命宮)에서 사부살(死府殺)이나 형살(刑殺)이 들면 죽음으로 인하여 편안함을 맞을 수 있다고 할 수 있다.

또는 사업을 자신 있게 운영하는 사람이나 아니면 사업을 크게 하는 사람이 지금 상태가 가장 편안하고 안정된 상태에서 사업을 하고 있다고 할 수도 있을 것이다.

또한 어떤 가정에서 가장이 가정을 꾸려나가고 다스리는데 있어 가장의 위치를 지키면서 자신있는 마음으로 다스리다보니 가정이 안정이 되었다거나 편안하다고 할 수 있을 것이요, 아니면 편안해질 수 있다고 말할 수 있을 것이다.

또는 노력 끝에 현재가 가장 편안하고 안정하다고 할 수 있는 운으로 앞으로는 어려운 일이 생길 수 있다는 이야기가 될 수 있다.

또는 크게 출세한 사람이 지금의 자리가 편안하고 안정된다고 할 수 있을 것이다.

또는 허풍을 떨거나 타인을 무시하여도 부담없이 편안하게 하고 있는 사람이라고 할 수 있을 것이다.

䷡䷪ 4 1 5 뇌천대장괘(雷天大壯卦)의 오효가 동하여 택천쾌괘(澤天夬卦)로 변하면

쾌(夬)란 '빠르고 신속한 것'을 뜻하는 상이다. 그래서 '바쁘다' '분주하다' '안정감이 없다' '불안하다' '즉흥적이다' '경거망동한다' 라고 할 수 있고, 또는 '내친 김에 해치운다' '생각난 김에 처리하거나 처분한다' 라고 할 수 있다.

그래서 이 괘는 마음먹은 일을 결단을 내어야한다고 할 수 있는 것으로 사람이 마음이나 큰 뜻만 가지고 있으면서 결정을 내리지 못하고 차일피일 미루고 있는 경우가 많이 있는데 확고한 결단을 신속하게 내려야 할 것을 말하는 상이다.

또는 힘있고, 능력이 있고, 매사에 자신 있고, 활발한 사람이 어떤 일을 빠르게 추진하고 있다거나 빠르게 추진할 일이 발생할 것이라고 말할 수 있을 것이다.

또는 젊은사람이거나 아니면 시대에 앞서서 뛰거나 활발하게 활동하거나 연구하거나 노력하거나 아니면 기(氣)가 강한 사람들이 다른 사람들보다 앞서서 활동한다고 할 수 있을 것이다.

또는 허풍이 심한 사람이나 사기기질이 많은 사람이 사기를 치기 위하여 상대를 찾아 활발하게 활동하는 사람이다.

또는 겉만 화려하게 운영하던 사업이라면 머지않은 날에 문을 닫을 수 있는 일이 있을 것이다.

아니면 우선 임시로 적당하게 챙긴 사업이 사업수단이 좋다보니 빠르게 성공하였다고 할 수 있을 것이다.

또는 큰 포부가 순식간에 무너져 가고 있다고 할 수 있을 것이며, 또는 큰 기업이 급히 무너져 가고 있다고 할 수 있을 것이다.

또는 큰 뜻이나 매사에 자신이 있는 사람이 출세나 성공, 뜻을 이루기 위하여 많은 활동을 활발하게 하고 있다고 할 수도 있을 것이요, 또는 신속하게 결정을 내려야 한다고 할 수 있을 것이다.

또한 장수가 전쟁터에서 승리에 자신이 있으면 속히 결단을 내려 전투에 임해야 하는 것 등 수많은 일들 중에 기(氣)가 있고 웅장한 포부가 있는 일들을 속히 결정해야 한다는 것을 말하고 있다.

결단이라고 하는 것은 좋은 일만이 있는 것이 아니니 악의 길로 가는 것도 결단이 필요한 것이기 때문이다.

416 뇌천대장괘(雷天大壯卦)의 육효가 동하여 화천대유괘(火天大有卦)로 변하면

　대유(大有)란 '밝은 태양' '한낮의 태양'으로 표현하고, 또는 타인을 무시하는 마음으로 '이기적인 성격'이라 할 수 있다. 또는 너무나 뜨거운 '열'이요 '빛'이요 '밝은 지혜'를 말한다. 또한 태양은 하나밖에 없으니 '외롭고 허전하고 쓸쓸한 상'이요, '인정이 메마른 상'이라고 할 수 있다.

　그래서 이 괘는 큰 뜻을 가진 사람이 밝은 지혜를 겸비하고 있는 운이요, 또는 힘있고 능력있는 사람들이 자기들의 주관대로 매사를 처리하려고 할 수 있는 운이다.

　또는 고집이 강하고 타인의 말을 들으려 하지 않는 사람이나 허풍이 심한 사람이나 자기과시를 잘하는 사람들의 이기적인 집단이라고 할 수 있을 상이다.

　또는 능력있는 사람이 주장이 강하여 다른 사람과 합의가 어려울 운으로 자기의 주장을 강하게 내세우는 운이라 말할 수 있다.

　또는 권력을 가진 사람이 자기의 주장을 앞세워 다른 사람을 무시하는 운이다.

　또는 매사에 자신이 있다거나 어떤 일에서 활발하게 활동하고 생활하는 사람이 많은 사람들을 위하여 큰 일을 할 수 있는 사람이라 할 수 있을 것이다.

또는 아는 것이 많은 사람이나 능력있는 사람이나 잘난 척을 잘 하는 사람이 배우지 못한 사람이나 능력없는 사람을 업신여기거나 무시하는 운이라 말할 수 있을 것이다.

또는 큰소리 치기를 잘하는 사람이다. 매사를 자기위주로 생활하는 사람이 세상에서 정의를 위한다는 명분으로 타인의 입장은 생각하지 않고 자기의 이익만을 생각할 수 있는 운이다.

예를 들면 서울 외곽순환도로를 내는 과정에서 어떤 종교집단이나 사회집단에서 환경을 보호한다는 명분으로 자기들의 이익만을 챙기려고 하는 것과 같다고 말할 수 있을 것이다.

또는 기술이나 능력이 있는 사람이 다른 사람들을 괄시하고 무시하여 화합을 이루지 못하는 운 등과 같으니 자기의 기술이나 능력을 너무나 과시하는 사람이라고 할 수가 있을 것이다. 그래서 이 괘는 시기하고 질투하는 사람이 많이 있을 운이니 주의하시라.

42 뇌택귀매괘(雷澤歸妹卦)

　귀매(歸妹)란 '만남'을 상징하고 '본래의 자리로 돌아가다' '돌려주다' 라는 뜻이다. 예를 들면 남녀, 친구, 아는 사람, 만나서는 안 될 사람, 원한이 있는 사람, 연예인이나 어떤 능력이 있는 사람, 원하고 기다리던 사람, 언쟁과 다툴 수 있는 사람, 위해와 사기를 칠 수 있는 사람, 어려운 문제를 해결해 줄 수 있는 사람 등을 말한다. 또는 동물이나 물건을 만나거나 사람이나 일이나 동물이 본래의 위치로 돌아가거나 돌아갈 것이라고 말할 수 있다. 또는 방황하고 떠도는 사람이 누군가를 만날 수 있다고 할 수 있다. 예를 들면 불량배나 강간범이나 강도나 사기꾼이나 알고 지내던 사람이나 나를 이해하고 협력할 수 있는 사람 등이다.

　그래서 이 괘는 내가 원하는 사람이나 물건을 만나거나 구할 수 있다거나, 분실되거나 자리를 이탈한 물건이나 사람이 본래의 위치로 돌아가는 상이라 말할 수 있을 것이다.

이 괘와 비슷한 것이 구괘(姤卦)이다. 구괘(姤卦)는 물질, 비물질, 정신적인 것, 또는 어떤 상황의 변화나 잃는 것까지 해당된다면 귀매괘(歸妹卦)는 만나는 것으로 물질적인 것을 강하게 말한다.

또한 집을 나간 남편이 자기의 본부인에게 돌아가는 것이요, 또는 유부남과 사귀고 있던 부인이 유부남을 본 부인에게 돌려주는 것을 말하고 있으며, 또는 집을 나간 부인이 본래의 자리로 돌아오는 것을 말하기도 하는 것이다.

또는 모든 물건이나 사물이 본래의 위치로 돌아가는 것을 말하고 있는데 학생은 학문으로 돌아가는 것이요, 또는 사업가는 다시 사업가로 돌아가는 것이다.

또한 주부는 다시 주부로, 농부는 다시 농부로 돌아가는 것이라 할 수 있다. 다른 표현을 한다면 사기꾼은 다시 사기꾼으로, 마작을 하는 사람은 마작으로, 절도범은 다시 절도생활로, 실업자는 다시 실업자로, 바람둥이는 다시 바람둥이로 돌아갈 수 있다고 할 수 있다. 자기의 근본이나 끼는 버릴 수 없다고 말할 수도 있을 것이다.

또한 자리가 옮겨진 물건은 본래의 위치로 돌아간다는 것을 의미하고 있다. 여기서는 본래의 자리로 돌아간다고 설명하였다.

421 뇌택귀매괘(雷澤歸妹卦)의 초효가 동하여 뇌수해괘(雷水解卦)로 변하면

해(解)란 '해방되다' '해결하다' '해산하다' 또는 어떤 틀이나 고정관념에서 '벗어나다' '무너지다' 라는 뜻이다. 그래서 '없애다' '풀어지다' '해제하다' '제거하다' '알다' '이해하다' '흩어지다' 라는 뜻이요, 고통이나 어려움에서 벗어날 수 있는 운이다.

그래서 이 괘는 만남을 통해 어떤 일이나 상황이나 어려움이 풀리고, 또는 갈등도 풀릴 수 있다고 할 수가 있을 운이다.

또는 누구를 만나기로 하였다고 한다면 만나야할 일이 없어 졌다고 말할 수 있을 것이다.

또는 그동안 만났던 사람들이나 단체나 조직이 해산된다고 하거나 해산할 일이 발생할 것이라고 말할 수 있을 것이다. 만난 사람들과 헤어지는 일이 명궁(命宮)에서 사부살(死府殺) 등이 있으면 죽음으로 헤어지는 일이 생길 수 있을 것이다.

예를 들면 원한을 가진 사람이 있으면 만나서 원한을 풀고 오해를 풀어 본래의 자리로 가는 것이다.

또는 내가 생활에 어려움이 있는데 주위 사람들의 도움으로 어려움에서 벗어날 수 있다고 할 수 있을 것이다.

또는 결혼의 적령기를 놓친 사람이 배우자감을 만나서 결혼을 할 수 있을 수 있는 운이다.

또는 질병으로 고통을 받고 지내던 사람이 우연하게 의원을 만나서 질병을 치유할 수 있는 운이라 말할 수 있을 것이다.

또는 속마음을 털어놓지 못하고 어렵게 지내던 사람이 우연히 지기를 만나서 마음을 열고 속을 풀 수 있다고 할 수 있는 운이다.

또한 그동안 어떤 어려움으로 휴학하던 학생이나 사업을 하다 쉬고 있는 사람이라면 어떤 사람이나 상황을 만난 동기로 어려움이 해결되어 다시 시작할 수 있다고 말할 수 있을 것이다.

또한 부모와 자식간에 갈등이 있으면 만나서 해결을 하고, 본래의 부모와 자식과의 관계로 돌아가는 것이라 말할 수 있다.

또는 사랑하는 사람이 헤어졌다면 다시 본래의 상태로 돌아가서 사랑을 나눌 수 있는 것 등 수없이 많은 일들이 본래의 자리로 되돌아가는 것을 말하고 있다.

䷵ ䷲ 4 2 2 뇌택귀매괘(雷澤歸妹卦)의 이효가 동하여 중뢰진괘(重雷震卦)로 변하면

진(震)이란 '진동한다' '요란하다' '시끄럽다' '울리다' '뒤흔들다' '놀라다' '발분한다' '안정되지 않는다' 라는 뜻이요, 또는 '동요' '불안' '갈등' '번민' 이라는 뜻이요, 또는 '들뜨고 시끄러운 상' 이요, '큰소리 날 일이 연속적으로 생기는 상' 이다. 또는 '벼락' '우뢰'를 뜻한다. 만약 신(身) 명(命)에 사부살(死府殺)이 있으면 감전이나 우뢰나 벼락으로 사망할 수도 있다.

그래서 이 괘는 남녀가 만난 일이나 어떤 사람을 만난 일이나 어떤 물건을 만난 일로 시끄러운 일이 계속되는 운이다.

또는 만남으로 인하여 가정이나 나의 신상에 풍파나 불안이 발생할 수 있을 것이요, 또는 어떤 사람을 만남으로 인하여 출세나 경사도 발생할 수 있다고 할 수 있을 것이다.

또는 매사를 본래자리로 옮겨 놓거나 돌려놓으려고 하나 마음대로 되지 않고 풍파가 발생하는 운이다.

또는 가정에서 남편이 자기의 자리를 찾으려고 하나 가정에 풍파만 일어나는 격이요, 부인이 본인의 자리를 찾으려고 하나 매사가 마음대로 되지 않고 풍파가 일고 있는 격이다.

또는 사랑하던 사람들이 헤어졌다가 다시 본래의 사랑하던 자리로 가려고 하나 어려움이 계속 일어나는 격이라고 할 수가 있다.

또는 길을 가다 어떤 상황을 목격한 일로 경찰서 등에 나가서 증인 등을 설 수 있는 일이 발생할 수 있다고 말할 수 있을 것이다.

또는 어떤 사람을 만난 일이나 물건을 구입한 일로 풍파나 구설수에 휘말릴 수 있다고 말할 수 있는 운이다.

또는 인터넷 채팅으로 미성년자와 어떤 일을 저지른 일로 마음의 풍파나 갈등이 있을 것이요, 아니면 사회에 물의를 일으킬 수 있는 일이 발생할 수 있다고 말할 수 있을 것이다.

≣≣ ≣≣ 423 뇌택귀매괘(雷澤歸妹卦)의 삼효가
동하여 뇌천대장괘(雷天大壯卦)로 변하면

대장(大壯)이란 '씩씩하고 활발한 기상'이요, 하늘에서 치는 우뢰로 '허풍' '허세'를 뜻한다. 또는 '장하다' '굳세다' '우렁차다' '출세가 좋다' '큰소리 칠 일이 있다' '기가 강하다' '자신과 능력이 있다' '잘난 척을 잘한다' '마음에 없는 말' '실속없는 소리'라는 뜻이다.

그래서 이 괘는 누구를 만난 일이나 아니면 어떤 물건이나 동물을 만난 일로 인하여 큰소리 칠 일이 생겼다고 할 수 있다.

또는 누구를 만난 인연으로 크게 출세를 한다거나 아니면 사람이 기(氣)가 살고 활발해질 수 있다거나 큰소리치면 살고 있는 사람이라 말할 수 있을 것이다.

또는 사람을 만나매 있어서 나에게 힘을 실어줄 사람을 만날 수 있는 운이다.

또는 사람을 만나는데 있어서 자신감이 있고 활발하게 처신할 수 있는 운이다.

또는 잃은 물건을 찾았다면 실속없이 돌아왔다고 할 수 있을 것이요, 또는 잃은 물건이 돌아와 큰소리 칠 일이 발생할 것이라고 말할 수도 있을 것이다.

또는 본래의 자리로 돌아가는 일에 있어서 자신감이 있고 당당하게 임할 수 있는 운이다.

또는 남녀가 만나서 사랑을 나눌 수 있는 운으로 상대에게 떳떳하고 자신 있게 대할 수 있는 운 등으로 매사를 자신감을 가지고 처리할 수 있는 운을 말하고 있다.

또는 상대를 무시하는 마음으로 자기 고집대로 일을 처리할 수 있는 운이요, 아니면 남녀간에 만날 일이나 누구를 만날 일로 허풍이나 사기극이 있을 수 있다고 말할 수 있을 것으로 사기를 치려고 하는 사람이나 아니면 사기를 당할 수 있다고 말할 수 있다.

또는 새로운 사업을 벌려도 어려움이 없고 자신있고 활발하게 사업을 추진할 수 있다고 할 수 있을 운이다.

또는 어떤 모임이나 누구를 만나면 자기의 회사나 사업에 대하여 허풍을 심하게 떨거나 상대의 사업 등을 무시하고 멸시할 수 있는 일이 발생할 수 있을 것이다.

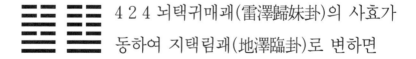 4 2 4 뇌택귀매괘(雷澤歸妹卦)의 사효가 동하여 지택림괘(地澤臨卦)로 변하면

림(臨)이란 '시간과 장소와 때와 계절을 말하는 상'이요, '접촉하다' '부딪치다'라는 뜻이요, '어느 곳에 이르다' '어느 곳에 오다' '어디를 향하다' '어떤 일이나 상황에 부딪치다' '어느 곳에서 만나다' '어느 때 만나다' '왕림하다'라는 뜻이다. 또는 '어떤 위치

에 오르다' '어떤 지위에 있는 사람을 만나다' '언제, 어디에 자리
를 정하다' '자리를 잡는다' 라고 할 수 있다.

그래서 이 괘는 노력 끝에 이루어지는 격이요, 또는 어떤 일을
만나고, 어떤 물건을 만나고, 어떤 사람을 만나는 일이 어디에서,
또는 어떤 곳에서 만날 것이라고 할 수 있을 것이요, 또는 몇 시에
만날 수 있을 것이라고 할 수 있는 상이다. 또는 돌려줄 일이나 돌
아갈 일이 발생하였다고 말할 수 있을 것이다.

또는 결혼의 적령기를 놓친 사람이 배우자감을 만날 수 있다고
할 수 있을 것이요, 또는 누구를 만나 안주할 수 있다고 말할 수
있을 것이다.

또는 가족이 서로 화합을 하려고 노력한 끝에 가정이 화목하고
행복을 찾는 격이다.

또는 집이나 물건 등을 매매하고자 하였다면 구매자를 만날 수
있는데 어느 때 어느 시간대 또는 어느 곳에서 사람이 찾아온다고
말할 수 있을 것이다.

또는 회사를 설립하려고 하는 사람이 이성과 동업으로 어떤 회
사를 설립한다거나 어느 장소에 어느 시기에 설립할 것이라고 말
할 수 있을 것이다.

또한 새로운 사업장을 어디에 만들 것인가 아니면 어느 때 만들
것이라고 할 수 있을 것이다.

또는 사람을 만나려고 하는 사람이 찾으려고 노력한 결과 상대

를 찾을 수 있는 것 등 수없이 많은 일들이 노력의 결실로 이루어지고 있는 것을 말하고 있다.

또는 잃어버린 물건이나 구하고자 하는 물건 등을 어디에서 만날 수 있다고 할 수 있을 것이다.

또는 그동안 중단하였던 학업이나 연구 등을 언제부터 재개할 것이다. 아니면 연구에 필요한 책이나 재료 등을 언제쯤 또는 어디서 구입할 수 있을 것이라고 할 수 있는 운이다.

䷵䷹ 425 뇌택귀매괘(雷澤歸妹卦)의 오효가 동하여 중택태괘(重澤兌卦)로 변하면

태(兌)란 '교환한다' '추가한다' '혼합한다' 라는 뜻이다. 또는 '팔아버린다' '보탠다' '더한다' '섞는다' 라는 뜻으로 '옛것을 버리고 새로운 것을 취한다' 는 뜻이 있고, 또는 '즐거움' 을 나타내는 상이다.

그래서 이 괘는 누구를 만남으로 인하여 즐거운 일, 기쁜 일이 생길 수 있다고 할 수 있을 상이다. 또는 본래의 자리로 돌려주거나 돌아가니 즐겁다, 기쁘다고 할 수 있을 것이다.

또는 지금 사용하고 있는 물건을 새로운 물건과 교환을 하는 운 등으로 옛것을 버리고 새로운 것으로 교환을 하거나 또는 옛것을 두고서 새로운 것을 추가하는 것 등을 말하고 있다.

또는 결혼을 못한 노총각이 배우자가 될 여인을 만나게 되니 기쁘다 즐겁다고 할 수 있을 것이요, 또는 헤어졌던 가족을 들 만나게 되어 기쁘다 즐겁다고 할 수 있을 것이다.

또는 임신이 어려운 부인이 임신을 한다거나 아니면 또 다시 임신이 있을 수 있는 운이라 할 수 있을 것이다.

또는 잃어버린 물건을 찾게 되어 기쁘다고 할 수 있을 운이다. 아니면 구하고자 하는 물건이나 마음에 든 물건을 구입하고 나니 마음이 편안하다 즐겁다고 말할 수 있을 것이다.

또는 어떤 물건이나 동물 등을 새로 추가하거나 구입한 일로 인하여 즐거움이 발생할 수 있다고 말할 수 있을 것이다.

또한 이 괘는 주로 사람과의 관계를 말하고 있으니 사장이 종업원을 새로이 교체하거나 또는 새로운 종업원을 추가로 모집하는 일 등이 이에 해당되는 운이다.

또는 같은 직장안에서 새로이 발령을 내어서 직원간에 서로 교환하는 일도 이에 포함되고 있는 운이다.

또는 현재 사귀고 있는 사람을 두고서 또 다른 사람과 사귈 수 있는 운이라 말할 수 있을 것이다.

또는 생활이 어려운 일이나 사업이 어렵고 힘드는데 뒤에서 협조해줄 사람이 생겨 마음이 즐겁다고 할 수 있을 것이다.

䷵䷥ 426 뇌택귀매괘(雷澤歸妹卦)의 육효가 동하여 화택규괘(火澤睽卦)로 변하면

규(睽)란 남을 '의심하고 불신'하는 상이요, 또는 '눈치가 빠르다' '눈치를 잘 본다' '재치가 있다'라고 할 수 있을 것이요, 또는 '경계심이 많다' '조심성이 많다'라고 할 수 있다. 또한 '매사를 바르게 보지 않는 상태'를 말하고, '반대' '배반' '상반' '질투' '반목' 등의 의미가 있다.

그래서 이 괘는 어떤 사람이나 일이나 물건을 만나면 상대나 물건이나 일을 의심하여 주의하는 운이요, 또는 조심하고 경계하라고 할 수 있을 것이다.

또는 사람을 만나는데 있어 조심하고 신중을 기하는 사람이라 할 수 있는 운이다.

또는 누구를 만나게 되면 의심을 한다거나 의심을 살 수 있을 것이요, 아니면 누구를 만난 일로 주위 사람들에게 의심을 받는다거나 눈총을 받을 수 있다고 할 수 있을 운이다.

또는 본래의 자기 위치로 돌아가는 일에 있어서 주위 사람들의 눈치를 살핀다거나 사람들의 의심이나 눈총을 받을 일이 있다고 말할 수 있을 것이다.

또는 본래의 위치로 돌아가는 일에 있어서 반대하는 의견이 있을 수 있을 것이다.

또는 어떤 물건이나 사람을 만나게 된 일이나 구입한 일로 인하여 주위 사람들에게 의심을 받고 있다고 말할 수 있을 것이다.

또한 어떤 물건을 구입하게 되었다면 그 물건에 하자는 없는지 주의깊게 살펴본다고 할 수 있을 것이다.

또는 사람을 소개를 받았다거나 아니면 어떤 장소에서 어떤 사람을 만나게 되었다면 상대의 말을 무조건 믿고 받아들이는 것이 아니라 일단 주의하고 경계하는 사람이라 할 수 있을 것이다.

또는 회사에서나 작은 사업을 하는 사람이 직원을 채용하면서 상대를 유의 깊게 살펴보고 신중을 기하는 상이라 할 수 있다.

또는 어떤 사람이 취업을 하면서 아무 회사나 되는대로 들어가는 것이 아니고 안전한 회사인지 아니면 사기성은 없는 회사인지 다시 한 번 살펴보고 취업하는 사람이라 말할 수 있을 것이다.

이 괘는 나쁜 의미로 보면 상대를 의심하고 경계를 하는 것이요, 좋은 의미에서 보면 매사에 조심성이 많다고 할 수 있을 것이다.

43 뇌화풍괘(雷火豊卦)

　풍(豊)이란 '풍요롭다' '풍성하다' '많다' '넉넉하다' '여유있다' 라는 뜻이다. 그래서 사건이나 일이나 상황의 변화가 많을 운이요, 떠들일, 싸울일, 사기당할 일, 오해나 모함받을 일도 많을 운이요, 실력이나 기술이나 능력도 많을 운이다.

　또는 풍파가 많다, 마음의 갈등이 많다, 속끓일 일이 많다, 마음 상할 일이 많다고 말할 수 있을 것이다. 또는 재산이 많아 여유가 있는 것이요, 또는 말이 많거나 말재주가 좋은 사람이요, 또는 실력이나 기술이나 재주도 많은 것 등을 말할 수 있을 것이다.

　또는 구설수가 많이 발생할 수 있을 것이요, 또는 질병이나 잔병이 자주 발생하거나 신병이 많다고 말할 수 있을 것이요, 또는 횡재가 자주 생긴다거나 분실이 잦다고 말할 수 있을 것이다. 또는 사업에 실패가 많다고도 수 있다. 복이나 녹이 있으면 좋은 일이 많고, 살이 있으면 좋지 못한 일이 많이 생긴다고 할 수 있다.

괘상(卦象)으로 보면 메마른 하늘에서 우뢰소리가 요란하다, 풍성하다고 할 수 있는 상으로 뜻밖의 재앙이 닥칠 수 있는 일을 예고하고 있는 운이다. 그래서 이 괘상(卦象)은 심리적 불안증 또는 울화증으로 정신불안이 있을 수 있는 운이다.

또는 하늘에서 치고 있는 우뢰는 소리만 요란하지 직접 영향을 주는 운이 아니니 말만 요란하고 실속없는 사람과 같다고 할 수가 있는 운이다. 우리 속말에 '소문난 잔치에 먹을 것이 없다'는 말과 같은 것이다.

또한 이 괘는 메마른 대지를 적시기 위한 것으로 하늘에서 우뢰가 치고 있는 상황이나 아직은 비가 내리고 있는 것은 아니니 그 우뢰의 비가 어디로 가서 내릴 지는 모르는 상황으로 사회적인 어떤 큰 변화가 일고 있을 것을 예고하는 것으로 그 변화의 풍파가 누구에게 일어날지는 모르는 상황이다.

䷶䷽ 4 3 1 뇌화풍괘(雷火豊卦)의 초효가 동하여 뇌산소과괘(雷山小過卦)로 변하면

소과(小過)란 '약간의 변화가 있는 운'이다. 그래서 '조금 지나치다' '약간 부담된다' '약간 과분하다' '약간 방황한다' '약간 불안하다' '사소한 일에 마음을 쓴다' '작은 일에도 민감하다'라는 뜻이요, 또는 '마음 씀씀이가 작다'고 할 수 있다.

그래서 이 괘는 용두사미격으로 시작은 요란하나 뒤에 가서는 흐지부지한 운이다.

또는 많은 분야에서 신경과민증이나 과민반응을 보일 수 있는 사람이라 할 수도 있을 것이다.

또는 소문은 풍성하고 요란한데 소문에 비하여 실상은 별것도 아니라고 할 수 있을 것으로 우리 속담에 '소문난 잔치에 먹을 것이 없다'는 말과 같은 상이다.

또는 '작심삼일'이라고 하는 말과 같이 매사에서 오늘에 큰마음 먹고 결심한 것이 몇 일이 지나고 나면 언제 하였느냐는 듯이 흐지부지하는 운이다.

그래서 우리가 흔히 하는 말로 '말만 앞세우는 사람은 무섭지가 않다'고 하는 말과 같다. 이러한 예는 수없이 많으니 독자들께서는 많이 참작하시기 바란다.

또는 말은 많은데 쓸말은 적은 운이요, 책은 많은데 눈여겨 볼만한 서적은 없다고 할 수 있으며, 모아놓은 수석이나 골동품 등은 많아도 별볼일 없는 물건만 있다고 할 수도 있을 것이다.

또는 매일 물건을 선전하고, 또는 행사를 선전하고, 공약은 많이 있을지라도 나에게는 무관심한 사항 등이라고 할 수 있을 것이다.

또는 횡재를 하여도 많은 횡재가 아니요 약간씩 생길 수 있는 일이 많이 생긴다. 또는 자주 생기는 일로 인하여 마음이 약간 들뜨고 기분이 좋을 수 있다고 할 수 있는 운이다.

또는 분실을 하여도 많은 것이 아니고 약간씩 분실하는 일이 자주 생길 수 있는 운으로 마음이 조금 불쾌하거나 속상할 일이 생길 수 있다고 말할 수 있을 것이다.

432 뇌화풍괘(雷火豊卦)의 이효가 동하여 뇌천대장괘(雷天大壯卦)로 변하면

대장(大壯)이란 '씩씩하고 활발한 기상'이요, 하늘에서 치는 우뢰로 '허풍' '허세'를 뜻한다. 또는 '장하다' '굳세다' '우렁차다' '출세가 좋다' '큰소리 칠 일이 있다' '기가 강하다' '자신과 능력이 있다' '잘난 척을 잘한다' '마음에 없는 말' '실속없는 소리'라는 뜻이다.

그래서 이 괘는 풍요가 넘쳐흐르는 운이요, 또는 울화병이나 불안이나 치미는 열로 차분하지 못하고 씩씩하고 활발하게 활동할 수 있는 상이다. 예를 들면 심하면 정신이상 등이 생길 수 있다.

또는 불안 갈등 번민 풍파나 속상할 일이나 속에 쌓인 열로 인하여 누군가와 대판 싸움이 발생하였거나 발생할 수 있다고 할 수 있는 운이요, 아니면 그러한 일들로 인하여 이리저리 활발하게 말물음하러 다닐 수 있다거나 할 수 있을 것이요, 아니면 그러한 사람에게 말을 들을 일이 발생할 수 있는 상이다.

또는 말이 풍성하여 다른 사람을 제압할 수 있는 운이나 때로는 쓸모없는 허언을 많이 할 수 있는 상이라 할 수 있을 것이다.

또는 알고 있는 지식이 풍부하여 많은 사람을 다스리고 통제할 수 있는 운이라 말할 수 있을 것이요, 아니면 학식이 풍부하니 많은 활동을 활발하게 전개하면서 생활할 수 있는 운이다.

또는 사업이 활발하고 풍요하여 사업에서 기가 죽을 일이 없는 운이요, 아니면 노력은 많이 하였으나 실속없는 사업을 하고 있는 상이라 할 수 있다.

또는 주위에 많은 친구들이 있을 수 있는 사람이 큰 일을 하는 운이며, 아니면 많은 친구들을 알고 지내면서 사기나 치려고 하고 허풍이나 떨면서 잘난 체하는 기분으로 살아갈 수 있는 사람이라 할 수 있을 것이다.

또는 주문이 들어오는 일거리는 많은데 실속이 별로 없는 일거리만 몰려들고 있다고 할 수 있을 것이다.

▤▤ 4 3 3 뇌화풍괘(雷火豊卦)의 삼효가 동하여 중뢰진괘(重雷震卦)로 변하면

진(震)이란 '진동한다' '요란하다' '시끄럽다' '울리다' '뒤흔들다' '놀라다' '발분한다' '안정되지 않는다' 라는 뜻이요, 또는 '동요' '불안' '갈등' '번민'이라는 뜻이요, 또는 '들뜨고 시끄러운 상'이요, '큰소리 날 일이 연속적으로 생기는 상'이다. 또는 '벼락' '우뢰'를 뜻한다. 만약 신(身) 명(命)에 사부살(死府殺)이 있으면 감전이나 우뢰나 벼락으로 사망할 수도 있다.

그래서 이 괘는 어떠한 시끄러운 일이 연속적으로 일어나고 있는 것이요, 또한 많은 지식이 있는 사람이나 또는 많은 재물을 갖고 살아가는 사람이나 또는 말속이 좋은 사람들이나 많은 기술이나 잔재주가 많은 사람들이나 친구나 동료가 남다르게 많은 사람들이나 또는 주먹질을 남다르게 잘하는 사람이나 신병이 심한 사람이 사회나 가정을 시끄럽게 한다거나 사회나 가정을 불안에 떨게 할 수 있다고 말할 수 있을 것이다.

또는 사업수단이 좋은 사람이 많은 재산을 모아 사회에 이름을 날릴 수 있을 것이요, 또는 많은 재산을 갖고 살아가는 사람이 사회를 깜짝 놀라게 할 일 등을 할 수 있다. 예를 들면 전재산을 사회에 기증하는 행위 등을 들 수 있을 것이다.

또는 '거짓말은 또 다른 거짓말을 낳는다'고 하는 말처럼 허풍이 연속적으로 일어나고 있는 운이라 할 수 있다.

또는 마른 하늘에서 우뢰가 계속 치고 있는 것이며, 또는 사회의 불안이나 가정의 풍파나 마음 상하고 속상할 일이 계속 발생하고 있는 격이다.

또는 마음의 불안이나 갈등이나 동요나 풍파나 울화병이나 속상한 일이나 신경쓰고 짜증날 일이 조금 나는 것이 아니라 아주 시끄럽게 나거나 아니면 계속 발생할 것이라고 말할 수 있을 상이다.

또는 주위에서 일고 있는 많은 일이나 사건이나 어떤 상황의 발생으로 인하여 구설들을 일이나 풍파나 동요나 불안한 일 등이 많이 발생할 수 있을 것이라고 말할 수 있을 것이다.

또는 마음이 들뜨고 산만하고 불안할 일이 계속 생긴다고 할 수 있는 운이다.

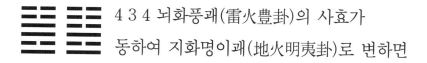 434 뇌화풍괘(雷火豊卦)의 사효가
동하여 지화명이괘(地火明夷卦)로 변하면

명이(明夷)란 '능력이나 생각이나 지혜를 마음껏 발휘하지 못하는 것'이요, '속마음을 내색하지 않거나 못하는 상'이요, '상대방에게 인정을 받지 못하는 상'이다. 또는 '새벽을 여는 사람' '새벽을 준비하는 사람'이라고도 할 수 있고, '마음 속에 화나 열이 많은 사람'이라고 할 수 있다. 또는 '속에 있는 화나 열을 다른 사람에게 인정받지 못한다'고 할 수 있다.

그래서 이 괘는 능력이나 실력이나 학식 등을 나타내지 못하는 운이요, 또는 자기의 심정을 다른 사람에게 하소연하고 싶어도 못하는 운이다.

또는 학식이나 재주가 풍부한 사람이 인정을 못받는 운이요, 또는 마음이나 생각을 표현하지 못하고 마음 속에 담고 있는 운이다.

또는 마음의 울분을 누구에게 말하지 못하는 운이요, 또는 기쁜 일이나 슬픈 일을 표현하지 못하는 운이라고 말할 수 있다.

또는 가정부인이 신랑이나 자식들 문제로 속타는 일이 많다고 하여도 외부로 표현하지 못하고 마음 속에 담아두고 어렵게 지낼 수 있다고 할 수 있을 것이다.

또는 회사를 운영하고 있는 사장이 속타는 일이 많이 발생하여도 사원들에게 일일이 말을 못하고 혼자 속만 태우면서 근심하고 있는 운이라 할 수 있을 것이다.

또 이 괘라고 모든 것이 좋은 것은 아니다. 칠살(七殺)이 있으면 음흉하고 악한 마음을 누구와 말 못하고 혼자 계획하는 운이다.

또는 자기가 저지른 죄과를 누구에게 말 못하고 가슴 속에 묻어 두고 지내는 운이다.

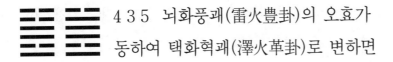

4 3 5 뇌화풍괘(雷火豊卦)의 오효가 동하여 택화혁괘(澤火革卦)로 변하면

혁(革)이란 '강제적인 힘이나 물리적인 힘에 의하여 새롭게 변화하는 것'을 의미한다. 그래서 '바꾼다' '교환한다' '제거한다' '면직된다' '뒤엎는다' 라는 뜻이요, 또는 지금까지의 생활이나 생각이나 일이나 습관이나 전통 등이 '새롭게 변화하는 것'을 말한다.

그래서 이 괘는 부부간에 갈등이 많이 있었다면 그 갈등을 없애기 위하여 무언가 일을 벌릴 수 있다고 할 수 있다. 예를 들면 누구의 조언을 받아 이혼을 한다든지 아니면 모든 일을 포기하고 생활한다든지 할 수 있을 것이다.

또는 회사가 노조와 갈등이 많아 회사운영에 어려움이 있으면 회사의 운영방법을 새롭게 개혁할 수 있거나 아니면 회사를 폐업할 수도 있다고 말할 수 있을 것이다.

또는 많은 일이나 생각이나 상황이 나의 뜻과 상관없이 개혁된다거나 뒤바뀌는 운이다.

또는 신병이 많아 항상 병마로 고생하고 있는 사람이라면 세상을 그만둘 수도 있다고 말할 수 있을 것이다.

또는 집안에 도적이 자주 들어 분실이 많이 발생하는 집이라면 집안 구조를 새롭게 바꾸거나 새로운 방법으로 개축이나 신축도 할 수 있을 수 있는 상이다.

또는 오랫동안 인기를 얻지 못한 연예인이면 인기를 얻기 위하여 새로운 변신을 모색할 수 있다고 할 수 있을 것이다.

또는 홀로 살면서 어려움이나 풍파를 많이 겪는 노처녀가 주위의 권고로 결혼할 수 있는 운이라고 말할 수 있을 것이다.

또는 공부를 못하여 마음의 갈등이 많은 학생이 주위의 권고에 의하여 학업을 포기하고 다른 분야로 진출할 수 있을 운이다.

또는 많은 친구들이 누군가 때문에, 또는 어떤 일로 인하여 나를 등지고 돌아서는 운이라 할 수 있을 것이다.

436 뇌화풍괘(雷火豊卦)의 육효가 동하여 중화이괘(重火離卦)로 변하면

이(離)란 '헤어지다' '소멸시키다' '결핍되다' 라는 뜻이다. 또는 '분리되다' '떠나다' '갈라지다' '분산되다' 라는 뜻이요, '없다' '떨어지다' '차이가 있다' 라는 뜻이요, 또는 '불로 녹인다' '삭인다' 라는 뜻이요, 또는 '거리' '위치' '방향' 등을 나타낸다. 또는 '신경과민증환자' '불안한 사람' '홧병이 심한 사람'이요, 또는 '화려하다' '화끈한 사람' 이라고도 할 수 있다.

그래서 이 괘는 많은 불안감으로 울화병이 발생할 수 있는 운이요, 아니면 울화병이나 불안증이 해소되었다고 할 수 있다.

또한 허세를 잠재울 수도 있는가 하면, 아니면 상하가 화로서 열을 나타내고 있으니 허세를 부릴 수도 있는 것이다.

또는 시끄러운 일에서 손을 떼고 떠나는 운이요, 또는 실속없는 사람과 이별을 하는 운이다. 또는 풍요로움이 없어진다고 할 수 있으니 심하면 지혜가 좋은 사람이 지혜를 잃을 수 있는 운이다.

또는 말을 많이 하던 사람이 말을 할 수 없는 상황이 될 수 있을 것이요. 허풍이 심한 사람이 허풍 떨 일이 없어질 수 있다고 할 수 있을 운이다. 여기서는 이(離)를 떠나다, 헤어지다로 설명하였다.

또는 많은 친구들이 나를 떠나가는 운이나 앞의 435와는 약간의 차이가 있다. 앞 괘는 누군가 강제적인 힘에 의하여 나를 떠난다면 이 괘는 내가 상대가 싫어서 멀어지는 운이라고 할 수 있다.

또는 많은 학식과 지혜를 잃을 수 있다고 할 수 있으니 정신적 질환 같은 것의 발생을 말할 수 있을 것이다.

이것은 괘상에서 칠살(七殺)이 있으면 좋지 못한 일로 나갈 운이요 복덕이나 용덕(龍德)이나 녹이 있으면 좋은 일로 풀려나갈 운이라고 할 수가 있다.

4 4 중뇌진괘(重雷震卦)

　진(震)이란 '진동한다' '요란하다' '시끄럽다' '울리다' '뒤흔들다' '놀라다' '발분한다' '안정되지 않는다' 라는 뜻이요, 또는 '동요' '불안' '갈등' '번민' 이라는 뜻이요, 또는 '들뜨고 시끄러운 상' 이요, '큰소리 날 일이 연속적으로 생기는 상' 이다. 또는 '벼락' '우뢰' 를 뜻한다. 만약 신(身) 명(命)에 사부살(死府殺)이 있으면 감전이나 우뢰나 벼락으로 사망할 수도 있다.

　또는 우뢰가 진동하는 것은 큰 변화가 일고 있는 것으로 마음이나 정신이 안정이 되지 않고, 불안하고, 들뜨고, 시끄러운 상황의 연속이라고 할 수가 있다. 또는 집이 울린다거나 사회가 시끄럽다거나 명성이 진동할 수 있다고 말할 수 있을 것이다.

　또한 뢰(雷)는 기로서 마음을 억제하지 못하고 흥분된 상태를 말하고 있으며, 또는 우뢰라고 하는 것은 혼자 요란하고 어지러울 지라도 주위 사람에 대하여서는 체면을 생각하지 않고 나만을 생각하고 타인을 무시하는 성격이 있다.

또한 진(震)은 하늘에서 치는 우뢰로 평소에 취업에 많은 준비를 하였다면 모든 어려운 풍파를 이겨낼 수 있고 안전할 수 있는 것처럼 주위의 상황이 연속적으로 시끄럽고 산만한 일이 일어나도 본인의 마음 중심에 따라서는 흔들리지 않을 수도 있는 것이다.

또는 재앙이 연속적으로 발생할 수도 있는 것이니 용신(用神)에 복록이 있으면 좋은 일의 연속이요, 칠살(七殺)이 있으면 재앙의 연속이라고 할 수가 있다.

진괘(震卦)는 마음이 시끄럽고 번잡하고 불안한 상으로 예를 들면 부부의 갈등으로, 또는 회사나 사업체의 어려움으로, 또는 재판 문제나 건강상의 어려움으로, 또는 국가는 국가 대 국가와의 어떤 일에서 갈등 등으로 마음이 안정이 안되고 시끄럽고 불안한 상이라고 한다면, 손괘(巽卦)는 마음에 바람이 든 상이다.

예를 들면 애인이 생긴 바람에, 또는 새로 지은 집으로 이사를 하게 되는 일로, 또는 노처녀가 결혼을 하게 되어 마음이 들뜨고 설레일 수 있으며, 또는 국가 대 국가에서 어떤 행사나 인정이나 협력관계를 맺는 일로 마음이 들뜨고 기분이 설레이는 일이 있을 수 있는 일로 안정감이 없고 마음에 갈등이 있을 수 있는 상이라 할 수 있다.

441 중뢰진괘(重雷震卦)의 초효가 동하여 뇌지예괘(雷地豫卦)로 변하면

예(豫)란 '즐겁다' '기쁘다'라는 뜻이며, '주위에서 요란법석이 일고 있는 상'이다. 또는 '편안하다' '안일하다' '미리' '사전에 앞서간다' '미리 설친다' '예방한다' '예언' '예측' '예지'라는 뜻이다.

그래서 이 괘는 어떠한 풍파나 구설이나 방황할 일 등이 일어날 것을 미리 예측하는 운이요, 대비할 수 있는 운이다.

또는 집안에서나 사회에서나 어떤 단체에서 큰 일을 치르고 난 후에 편안해졌다거나 아니면 안일해졌다고 말할 수 있을 것이다.

또는 집안에 경사가 있을 것을 미리 알 수가 있는 운이요, 아니면 시끄러운 일이나 벼락맞을 일이 발생할 것 같은 기분이 든다고 말할 수 있을 것이다.

또는 가정에 우환이나 풍파가 있을 것을 미리 예측 할 수 있는 운이라 말할 수 있을 것이다.

또는 어떤 일이나 상황에 의하여 갈등이나 풍파나 동요나 불안 등이 발생할 것 같은 기분이 든다거나 아니면 예측할 수 있다고 말할 수 있을 것이다.

또는 부부간에 갈등이 있거나 경사가 있을 것도 예측이 가능한 것으로 앞에 닥쳐올 어떤 변화를 미리 예측할 수가 있는 운이다.

또는 계속되는 경사로 즐거움이 있다고 말할 수 있다. 예를 들면 회사를 운영한다면 회사에서 어려움이 해결되고 사업도 큰 변화가 발생하여 회사에 경사가 계속된다고 말할 수 있을 것이다. 아니면 회사에 어려움이 닥칠 것을 예측할 수가 있는 운이다.

또는 학생이라면 공부를 잘하여 장학금도 타는가 하면 취업도 미리 잘되어 경사가 계속되고 있다고 할 수 있을 것이다.

442 중뢰진괘(重雷震卦)의 이효가 동하여 뇌택귀매괘(雷澤歸妹卦)로 변하면

귀매(歸妹)란 '만남'을 상징하고 '본래의 자리로 돌아가다' '돌려주다' 라는 뜻이다. 예를 들면 남녀, 친구, 아는 사람, 만나서는 안 될 사람, 원한이 있는 사람, 연예인이나 어떤 능력이 있는 사람, 원하고 기다리던 사람, 언쟁과 다툴 수 있는 사람, 위해와 사기를 칠 수 있는 사람, 어려운 문제를 해결해 줄 수 있는 사람 등을 말한다. 또는 동물이나 물건을 만나거나 사람이나 일이나 동물이 본래의 위치로 돌아가거나 돌아갈 것이라고 말할 수 있다.

그래서 이 괘는 마음이 안정이 안되고 불안한 상황에서 누군가를 만날 수 있는 운으로 우리 속말로 '홧김에 서방질한다' 는 말이 있는데 이 뜻과 같은 내용이라고 보면 될 것이다.

예를 들면 마음이 들떠서 방황하다가 우연히 좋은 인연을 만날 수도 있을 수 있는 상이다. 또는 집에서 속 상하고 나갔다가 밖에서 새로운 어떤 사람을 만날 수 있을 수 있는 운이다.

또는 학업에 갈등이 있어 어려운 가운데서 좋은 친구를 만나서 새로운 변화를 찾을 수 있는 운이다.

또는 시끄러운 일이 생기는 장소에서 만날 수 있다고 할 수 있다. 예를 들면 시장에서 만난다거나 장날 사람이 많은 곳에서 만난다거나 아니면 경마장이나 투우장이나 투계장 등에서 어떤 사람을 만날 수 있다거나 또는 카바레나 야구장 같은 곳에서 만날 수 있다고 말할 수 있을 것이다.

또는 전쟁이 나고 난리가 난 가운데서 사람을 만날 수 있을 운이라 할 수 있다. 아니면 방송 같은 매체를 통하여 누군가를 만날 수 있다고 말할 수 있는 상이다.

또는 생활이 어려운 지로에 있거나 또는 힘든 재판 중에 귀인이 나타나 도움을 줄 수도 있을 수 있는 것이다.

또는 천재지변이나 교통사고 등으로 어려운 처지에 있을 때 구원자를 만날 수 있는 운 등과 같이 어렵고 힘들 때 사랑의 손길을 만날 수도 있는 것과 같은 운이다.

용신(用神)에 칠살(七殺)이 있으면 반대로 어려운 속에서 나를 해할 사람을 만날 수 있는 운으로 보아야 할 것이다. 예를 들면 난리 속에서도 도적을 맞을 수 있기 때문이다.

풍(豊)이란 '풍요롭다' '풍성하다' '많다' '넉넉하다' '여유있
다' 라는 뜻이다. 그래서 사건이나 일이나 상황의 변화가 많을 운이
요, 떠들일, 싸울일, 사기당할 일, 오해나 모함받을 일도 많을 운이
요, 실력이나 기술이나 능력도 많을 운이다.

그래서 이 괘는 우뢰나 동요나 풍파나 갈등의 요란한 일이나 상
황이 많이 있을 것을 말하고 있는 운으로, 좋은 일에서나 어렵고
힘든 일에서도 많이 발생할 수 있는 것이다.

또는 진동이 심하고 마음이 불안한 일이 자주 발생한다고 말할
수 있을 것이다.

또는 벼락을 맞는 일이나 벼락을 치는 일이 많다거나 벼락이 떨
어지는 일이 많이 발생할 것이라고 말할 수 있을 것이다.

또는 가정이나 사회의 풍파나 어려움이 많이 발생할 것을 예고
하고 있는 운이다.

또는 큰소리칠 일이 많이 있을 수 있다고 할 것이요, 아니면 누
구와 말다툼할 일이 자주 발생할 수 있다고 할 수 있을 것이다.

또는 잘난 체 할 일이 많이 있을 수 있다고 할 수 있을 것이요,
또는 속상할 일이 많이 발생할 수 있는 운이다.

또는 경사나 치하 받을 일 등이 많이 생길 수 있는 운이다.

또는 허풍이 많은 사람을 말하며, 또는 실속을 못 차리고 지낼 일이 많을 것이요, 또는 사기성이 많을 것을 말하고 있는 운이다.

또는 입으로 떠들 일이 많이 있을 일을 말한다. 예를 들면 유세장에 나갈 일이라든지, 또는 교단에 설 수 있는 일이라든지, 또는 아나운서 등과 같이 입으로 많은 말을 할 수 있는 사람으로 말을 많이 할 수 있는 운이라고 할 수가 있다.

여기서는 서합(噬嗑)과 같은 의미이나. 서합(噬嗑)은 입을 놀리는 의미라고 한다면 여기서는 소리라는 뜻으로 보아야 할 것이다.

䷲䷗ 4 4 4 중뢰진괘(重雷震卦)의 사효가 동하여 지뢰복괘(地雷復卦)로 변하면

복(復)이란 '다시 시작한다' 또는 '마음이 시끄럽고 번잡하다' '심리적으로 불안하다' '마음의 갈등을 내색하지 못하는 상황' 이라고 할 수 있다. 또는 '재기' '재발' '반복' '돌고도는 윤회'를 뜻하며, '돌아온다' '돌아가다' '제자리로 돌아가다' 라고 할 수 있다.

그래서 이 괘는 우뢰나 풍파나 우환이나 시끄러운 일이나 상황이 반복하여 발생한다. 아니면 다시 시작한다고 할 수 있는 운이다.

또는 벼락을 반복해서 맞거나 아니면 계속될 것이라고 말할 수 있는 것이다. 예를 들면 사회의 여론이나 질타를 들 수 있다.

또는 마음 상하고 속상할 일이나 마음의 갈등이 다시 반복될 수 있다고 할 수 있을 운이다.

또는 부부간이나 주위 사람들과의 관계에서나 갈등이나 경사가 또 다시 생길 수 있다고 말할 수 있을 것이다.

또는 회사에서 사원들과 임원들 사이에서 불신이나 풍파나 갈등이 새롭게 시작할 수 있다고 하거나 아니면 회사에서 또 다시 경사가 반복될 일이 있다고 말할 수 있을 것이다.

또는 타인을 무시하는 버릇이 다시 발동하는 격이요, 또는 이기적 성격이 다시 시작하고 있는 운이라 말할 수 있을 것이다.

또는 악연이 새롭게 시작하는 운이요, 사건의 수사가 새롭게 시작하는 운이요, 사회의 불안이 새롭게 시작하고 있는 운이다.

또는 그동안 중단이 되어 있던 결혼문제가 새롭게 시작하는 운이라 말할 수 있을 것이다.

또는 그동안 쉬던 학문을 새롭게 시작하는 운 등 수없이 많은 일들이 새로이 시작하고 있다고 하는 것을 말하고 있다.

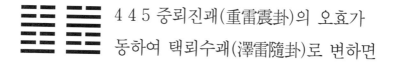 445 중뢰진괘(重雷震卦)의 오효가
동하여 택뢰수괘(澤雷隨卦)로 변하면

수(隨)란 '따른다' '순종한다' '모방한다' '답습한다' '전통을 지키는 사람' '주위 여건에 맞춰 적응하는 것'을 말한다. 또는 '말긴다' '닮는다' '비슷하다' 라는 뜻이요, 또는 '상대를 믿는다' '상대를 믿고 거부하지 않는다' 라는 뜻이다. 따른다는 것은 상대방이 그저 좋거나 마음에 들어서요, 또는 상대방의 기술이나 능력이나 실력을 믿거나 좋아하여 따른다고 할 수 있다. 또한 '스스로 개발할 능력이나 앞장서는 일이 없는 사람' '창의적이지 못한 사람' 일인자나 리더는 될 수 없는 사람' 이라고도 볼 수 있다. 여기서 주의할 것은 선과 악의 길이 있다는 것이다.

그래서 이 괘는 상대를 따르는 운으로 어떤 시끄러운 일이나 상황의 변화에 따르는 운이다. 또는 시끄러운 사람을 따르는 운이다.

또는 벼락을 맞을 장소나 시끄러운 장소에 따라갔다거나 아니면 따라갈 일이 발생할 것이라고 말할 수 있을 운이다.

또는 사기꾼을 따르고 있는 운이며, 또는 허풍쟁이요, 또는 떠돌이 하는 사람을 따르고 있는 운이라 말할 수 있을 것이다.

또는 시장의 떠버리 장사꾼 뒤에는 재복이 따를 수도 있는 것 등으로 많은 일들이 소란 뒤에서 발생하고 있는 것을 말하고 있다.

또는 시끄러운 진동이나 소음 등으로 인하여 구설이나 소송 등이 발생할 수 있다고 할 수 있는 운이다.

또는 어느 곳에서 가수들이 콘서트를 한다니까 많은 사람들이 모여들고 있는 상이라 할 수 있을 것이다.

또는 가정불화로 풍파가 일고 있는 집안에서 자녀들이 누군가를 따라나설 수 있는 상이라 할 수 있을 것이다.

아니면 교수를 따르는 운이요, 또는 말로 품을 팔고 있는 사람을 따르는 운이요, 또는 어느 종교집단을 따르고 있는 운이다.

또는 지진이 일고 난 뒤에 불안이 따를 수가 있으며, 전쟁 끝에 전염병이 따를 수가 있을 것이다.

또는 천재지변 끝에 도적이 발생할 수 있고, 사회불안도 따를 수 있으며, 또는 부부싸움 끝이 이별수가 따를 수도 있을 것이다.

446 중뢰진괘(重雷震卦)의 육효가 동하여 화뢰서합괘(火雷噬嗑卦)로 변하면

서합(噬嗑)이란 '입을 떠들고 놀리는 것'을 말하고, '입이 가볍고 경솔한 상'이라고 할 수 있다. 그래서 입으로 '되씹는다' '지껄인다' '수다가 심하다' '비웃거나 조롱한다' '소리내 웃는다'라는 뜻이요, 또는 '한탄한다' '자탄한다' '후회한다' '으르렁거린다' '희희낙락한다'라는 뜻이요, 또는 '참을성이 없다' '안정감이 없다' '시끄럽다'라고 할 수 있다. 또는 '자궁운동이 좋다'고도 한다.

그래서 이 괘는 자그마한 일만 보아도 참지 못하고 욱하는 성격이요, 또는 조금만 불안해도 안정을 못하고 사방으로 떠들면서 활동을 하는 격이다.

또는 작은 일만 있어도 시끄럽게 짖어대는 개와 같다고 말할 수 있을 것이다.

또는 땅이 무너지고 집이 무너지는 진동속에서 아비규환의 비명이 있을 것이라고 말할 수 있을 것이다.

또는 안하무인격으로 자기의 주장만을 고집하고 떠들어댈지언정 다른 사람의 말에는 관심도 없는 사람이라 말할 수 있을 것이다.

또는 마음의 갈등이나 풍파로 안정감이 없는 사람이 말을 많이 하고 있는 사람이거나, 또는 부부의 풍파나 갈등이 있는 사람이 이 사람 저 사람을 만나는대로 부부의 일을 험담하고 하소연할 수 있다고 할 수 있을 것이다.

또는 정신신경분열증의 환자도 있을 수 있는 운이요, 속상할 일이나 마음의 우뢰나 갈등이나 번잡한 일로 참지 못하고 입으로 떠들고 다닐 수 있는 상이라 할 수 있을 것이다.

또는 벼락을 맞은 일로 아니면 마음의 동요나 불안이 크게 발생하여 정신이상이 되었다거나 말을 참지 못하고 떠들어대는 사람이 되었다고 말할 수 있을 것이다.

또는 어떤 시끄러운 일이나 우뢰나 불안이나 갈등 등의 후유증으로 하구를 놀릴 일이 발생할 수 있다고 할 수 있다. 예를 들면 여성이 납치된 후로 화류계에 팔려가 많은 남성들을 상대할 수 있는 일 등을 말하고 있다.

또는 부모의 꾸중을 듣고 나가 남자친구를 사귀게 되었다고 말할 수도 있을 것이다.

45 뇌풍항괘(雷風恒卦)

항(恒)이란 '영원하다' '꾸준하다' '변함이 없다' '끈기가 있다' '계속되고 있다'의 의미로 '연속성'을 말하고, 또는 '항상 같은 성격' '같은 마음' '같은 행동'을 할 수 있는 것을 말할 수 있다.

또는 '언제나' '늘' '흔히' '항상'이라는 뜻으로 오래 지속될 수 있고, 또는 주기적으로 반복될 수 있다고 하는 것을 말하고 있다.

또는 '언제든지' '수시로' '자주' '반복적'으로라는 뜻으로 우뢰나 바람은 언제나 일어날 수 있고, 흔히 있을 수 있다는 것이다.

또한 이 괘는 마음의 동요나 갈등이나 풍파나 불안등과 설레임등이 자주 발생한다거나 주기적으로 발생한다거나 아니면 수시로 발생할 수 있다고 말할 수 있는 것이다.

또한 부부간이나 가족간이나 형제간이나 연인간에 시끄러운 일이나 아니면 마음을 못 잡고 방황할 일 등이 자주 발생한다거나 항상 방황하면서 지내는 사람이라고 말할 수 있을 것이다.

또는 사회나 사업장마다 시끄러운 일이나 갈등이나 동요가 자주 생기거나 주기적으로 발생한다고 할 수 있다. 예를 들면 불량배의 횡포나 마약이나 노조의 풍파나 어떤 형태의 범죄조직 등이다.

또는 친구나 동료들 사이에서도 언제나 풍파가 있을 수 있다고 하는 것이다.

또한 마음의 동요도 항상 발생할 수 있는 것으로 우뢰나 바람은 소멸되어 없어지는 것이 아니고 언제나 발생할 수 있다는 것을 말 하니 우뢰나 바람은 안정성이 없는 것으로 항상 변화가 있다.

여기서는 사람의 마음은 항상 변화할 수 있다는 것이요, 고정되어 있는 것이 아니라고 하는 것을 말하고 있다.

또한 소인의 운이라면 변덕이 심한 사람이라고 할 수가 있을 것이요, 군자의 상이라면 마음의 변화를 억누르고 참는 인내심으로 살아야 한다고 하는 것을 가르치고 있는 운이다.

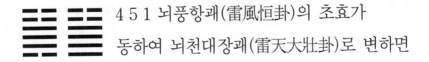

451 뇌풍항괘(雷風恒卦)의 초효가 동하여 뇌천대장괘(雷天大壯卦)로 변하면

대장(大壯)이란 '씩씩하고 활발한 기상'이요, 하늘에서 치는 우뢰로 '허풍' '허세'를 뜻한다. 또는 '장하다' '굳세다' '우렁차다' '출세가 좋다' '큰소리 칠 일이 있다' '기가 강하다' '자신과 능력이 있다' '잘난 척을 잘한다' '마음에 없는 말' '실속없는 소리' 라는 뜻이다.

그래서 이 괘는 한결같은 마음으로 씩씩한 기상이요, 항상 활발하게 활동하는 사람이라 말할 수 있을 것이다.

또는 매사에 잘난척하거나 큰소리치거나 하는 일로 타인에게 위축되지 않고 활발하게 생활하는 사람이라고 할 수 있을 것이다.

또는 항상 하는 일에서나 매일 하는 일로 예를 들면 매일 또는 주기적으로 발표나 설명을 하는 일이나 출퇴근을 한다거나 환자를 돌보는 일을 한다거나 공장에서 하는 일에 있어서나 매일 하는 장사에서도 신나고 자신이 있고 떳떳하고 활발하게 활동하면서 생활하는 사람이라 말할 수 있을 것이다.

또는 주기적으로나 수시로 마음의 동요나 갈등이나 불안이나 초조한 상황이 발생하는 일에 있어 자기의 마음을 억누르지 못하고 지낼 수 있다고 할 수 있다.

예를 들면 여인이 생리 때만 되면 도벽이나 불안이 생기면 안정을 찾는 것이 아니고 정신이상자와 같이 더욱 활개를 치고 다닐 수 있는 사람이라 말할 수 있는 것이다.

또는 불안한 상태도 조금이 아니고 크고 심할 것을 말하고 있고, 항상 사기나 칠 일을 생각하면서 살아가는 상이다.

또는 항상 마음 속에는 큰 뜻을 품고 있는 사람이라 할 수 있을 것이요, 또는 언제나 다른 사람에게 지는 일이나 기가 죽는 일을 없을 사람이라고 할 수 있다.

또는 하는 일마다 큰 소리나 풍파가 날 수 있는 일이라 할 수 있다. 예를 들면 어떤 일을 자주 일으키거나 사회에 물의를 일으키는 일이 꾸준하게 또는 자주 일어나거나 주기적으로 발생하는 일들이 작은 것이 아니고 큰 일로 일어난다고 말할 수 있을 것이다.

그래서 지금 우리 사회의 정치적인 면으로 본다면 선거 때마다 불법선거 자금문제나 고위관료들의 뇌물수수사건이나 문교행정이 장관만 바뀌면 교육정책이 새로운 방법으로 바뀌는 바람에 사회나 학교당국에 큰 풍파가 초래되고 있는 것을 말한다.

또는 부부간에 살면서 주기적으로 아니면 항상 싸움을 일삼다가 결국에는 가정파탄의 길로 들어섰다고 말할 수 있을 운이다.

또한 뇌풍항(雷風恒)은 변덕이 심한 사람이요, 마음의 변화가 생겨도 약간 생기는 것이 아니고 아주 변하는 것이다.

䷟ 452 뇌풍항괘(雷風恒卦)의 이효가 동하여 뇌산소과괘(雷山小過卦)로 변하면

소과(小過)란 '약간의 변화가 있는 운'이다. 그래서 '조금 지나치다' '약간 부담된다' '약간 과분하다' '약간 방황한다' '약간 불안하다' '사소한 일에 마음을 쓴다' '작은 일에도 민감하다'라는 뜻이요, 또는 '마음 씀씀이가 작다'고 할 수 있다.

그래서 이 괘는 항상 안정감이 없다보니 소득이 적다. 또는 얻은 것이 적다고 말할 수 있을 운이다.

또는 매일 생기는 일이나 하는 일마다 적고 사소한 일에 관심이 많은 사람이라고 할 수 있을 것이다.

또는 매일 아니면 항상 어떤 소문이 일고 있다고 한다면 별것도 아닌 사소한 소문만 만발하고 있다고 할 수 있을 것이다.

또는 항상 소인배요, 신경이 예민한 사람이요, 매사에 과민반응을 보일 수 있는 사람이라 할 수 있다.

또는 항상 또는 자주 변화나 변덕이 많이 있으니 어떠한 일에 많은 것을 쌓을 수 없는 소인배에 불과한 것을 말하는 운이다.

또한 이 괘는 주위나 사회에서 많은 소문이 항상 발생하고 있으나 밑도 끝도 없는 소문들로 그다지 믿을만한 것은 못되는 소문이라 할 수 있을 것이다.

또는 남편이 매일 술마시고 같은 말을 되풀이 하니 아내는 습관이 되어 남편의 말에 별로 관심도 기울이지 않는다고 할 수 있다.

또는 학생이 매일같이 어머니가 공부하라는 말이 반복되다보니 어머니의 공부하라는 말에 별로 관심이 가지 않는다고 할 수 있을 것이다.

또는 정부에서 국민들을 상대로 정책을 자주 발표하는데 그 발표가 현실성이 없는 발표만 하고 있으니 국민들은 정부의 발표에 무관심한 상태라고 할 수 있을 것이다.

또는 서로 좋아하는 사이의 청춘남녀가 만나기만 하면 너를 사랑한다고 하니 나중에는 둔해져서 사랑한다는 말을 그냥 습관처럼 듣고 넘기는 상이라 할 수 있을 것이다.

또는 주위에서 항상 떠도는 유언비어를 믿고 투자한 것이 약간의 손해를 보았다거나 아니면 약간의 이득이 있었다고 말할 수 있을 상이다.

䷲䷧ 453 뇌풍항괘(雷風恒卦)의 삼효가 동하여 뇌수해괘(雷水解卦)로 변하면

해(解)란 '해방되다' '해결하다' '해산하다' 또는 어떤 틀이나 고정관념에서 '벗어나다' '무너지다'라는 뜻이다. 그래서 '없애다' '풀어지다' '해제하다' '제거하다' '알다' '이해하다' '흩어지다' 라는 뜻이요, 고통이나 어려움에서 벗어날 수 있는 운이다.

그래서 이 괘는 항상 발생하는 어떠한 일이나 상황을 해제한다. 또는 해결한다. 제거한다고 할 수가 있으니 우뢰가 소멸될 운이요, 풍파가 가라앉을 운이요, 또는 불안이나 갈등에서 벗어날 수 있다고 말할 수 있을 운이다.

예를 들면 안정이 안되고 불안한 일이 자주 발생하고 있으면 그일이 해결이 있을 것이라 할 수 있을 운이다.

또는 집안에 우환이 자주 발생하고 있으면 우환이 해결될 운이요, 또는 친구나 동료와의 갈등이 자주 발생하고 있으면 동료와의 사이가 원만하게 해결될 운이라 말할 수 있을 것이다.

또는 마음의 갈피를 잡지 못하고 불안한 일들이 항상 떠나지 않고 있는 사람이라면 마음이 안정이 있을 것이다.

또한 마음에 맺힌 일이 해결되는 운이요, 또는 부부가 항상 사소한 언쟁이 많았다면 그러한 언쟁이 없어질 수 있는 운이다.

또는 어떤 일에서나 상황에서나 또는 단체나 모임 등에서 항상 모든 것을 알고 있는 사람이라고 할 수 있을 것이요, 또는 단체나 모임 등을 항상 해산시킬 의지를 가진 사람이라고 할 수 있다.

여기서 주의 할 점은 용신(用神)에 살이 있어 안 좋을 때는 안 좋은 일이 풀려 좋아지겠지만 복이나 녹이나 용덕(龍德)의 길운이 있으면 길운이 풀리는 운으로 안 좋아 질 수 있다고 하는 것에 주의하여야 할 것이다.

䷭䷭ 4 5 4 뇌풍항괘(雷風恒卦)의 사효가 동하여 지풍승괘(地風升卦)로 변하면

승(升)이란 '솟아오른다' 라는 뜻이요, 마음의 '동요' '갈등' '번민' 등을 말한다. 또는 '올라간다' '떠오른다' '진급한다' 라는 뜻이요, '마음을 못잡고 방황하거나 변화가 많은 사람' '심리적으로 불안한 사람' 이라고 할 수 있다.

그래서 이 괘는 동요나 풍파나 갈등이나 설레는 일이나 불안한 일이 발생하여도 속마음을 표출하지 못하고 마음 속에 간직한 채 억누르고 지낼 수밖에 없는 상이라 말할 수 있을 것이다.

또는 매사에 내색하지 않고 참으면서 생활하는 상이라 말할 수 있다.

예를 들면 어떤 아가시가 마음에 드는 총각을 만났는데 상대에게 내가 당신을 좋아한다고 말을 못하고 마음 속에 넣어두고 늘 애만 태우면서 지낼 수 있다고 말할 수 있을 것이다.

또는 부부간에 갈등이 있고 풍파가 있어도 말은 못하고 항상 우울하게 지낼 수 있다고 말할 수 있을 것이다.

또는 사회가 항상 불안하고 정치가 불안하여 경제가 어렵고 힘들어도 속에서 일어나는 울분은 말도 못하고 속만 태우면서 항상 참고 살아가는 국민들과 같은 심정이라고 말할 수 있을 것이다.

또는 자주 발생하는 가정이나 사회 풍파로 마음을 안정하지 못하고 불안과 갈등속에서 지낼 수 있다고 하는 운을 말하고 있다.

또는 주위에서나 마음 속에서 일고 있는 모든 풍파나 우뢰나 갈등이나 동요등이 발생하여도 외부로 표현하지 못하고 마음 속에 넣어두고 속만 태우면서 지내는 사람이거나 아니면 속만 태우면서 말못하고 지낼 일이 있을 것이라고 할 수 있을 것이다.

승괘(升卦)와 명이괘(明夷卦)는 같은 의미가 있으나 명이(明夷)는 마음 속에 있는 지혜나 마음 속에 있는 화(火)를 말하고, 승괘(升卦)는 마음에서 일고 있는 바람 풍파 갈등 등을 말한다.

䷡ 455 뇌풍항괘(雷風恒卦)의 오효가 동하여 택풍대과괘(澤風大過卦)로 변하면

대과(大過)란 '지나치다' '무리하다' '과분하다' 라는 뜻이다. 그래서 '균형이 맞지 않는 상태' '정도를 벗어나거나 멀어지는 운' 이요, '마음이 들뜨고 산란할 일이 많다'고 할 수 있고, '비물질적인 것' 이라고 할 수 있다.

그래서 이 괘는 자주 발생하는 일이나 항상 발생하는 일이나 상황이 도를 지나치다거나 무리가 되었다거나 아니면 자주 하는 일이 이번에는 균형이나 정도에 맞지 않는다고 말할 수 있는 상이다.

예를 들면 친구와의 자주 일어나는 사소한 언쟁이 이번에는 도를 지나쳐서 너무나 심한 것을 말하고 있으며 아니면, 친구와의 언쟁으로 마음의 상처가 심하다고 할 수 있다.

또는 부부간에 자주 일어나는 언쟁이나 갈등이 이번에는 도를 지나쳐 너무 무리하다고 할 수가 있으며, 아니면 자주 발생하는 부부의 갈등으로 마음의 상처가 크다거나 고민이나 근심이 크게 일고 있다고 할 수 있을 것이다.

또는 자주 발생하는 태풍이나 천재지변의 피해가 너무나 심하다. 또는 너무나 과하다고 할 수가 있을 것을 말하는 운이요, 아니면 피해로 말미암아 마음의 상처가 크다고 할 수 있을 것이다

또는 자주 발생하는 회사의 불안이나 어려움이 너무나 심하다고

할 수가 있을 것이다.

또는 잦은 신병의 우환이 이번에는 정도를 벗어나 너무나 심하다고 할 수가 있을 수 있는 운이다.

또는 항상 남의 일에 간섭을 잘하는 사람이 이번에는 너무나 심하게 하였다고 할 수 있을 운이다.

또는 회사와 노조의 갈등이 자주 일어나다 보니 사업이 망해도 너무나 심하게 망했다고 할 수가 있을 운이다.

또는 가정주부가 카드놀이를 자주 하다보니 가정의 풍파가 심하고 또는 가정이 망해도 지나치게 망했다고 할 수가 있는 것 등으로 수없이 많은 일들이 정도를 지나쳐서 심하다. 또는 과하다고 할 수 있는 일들을 말하고 있는 것이다.

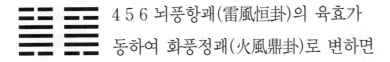 456 뇌풍항괘(雷風恒卦)의 육효가
동하여 화풍정괘(火風鼎卦)로 변하면

정(鼎)이란 '안정감'을 말하고, '서로 견제하면서 의지하는 상'이다. 또는 '타인에게 의지하면서 생활하는 상'이요, '지혜가 있어도 인정받기 어려운 상'이다. 또는 '세 명 이상이어야 안정되고 편안할 상' '한 곳에 자리잡으면 혼자 다른 곳으로 옮겨가 살 수 없는 상'으로 누군가에게 '의지'하려는 마음이 강하다.

그래서 이 괘는 어려움 속에서 안정을 찾는 운이요, 또는 안정을 위하여 다른 사람에게 의지하는 마음이 강한 사람이요, 또는 항상 의지할 수 있는 사람이나 견제할 수 있는 사람이 필요한 사람이다.

또는 영원한 안정이나 편안한 생활을 위해서라면 이인자 자리도 마다하지 않을 사람이요, 또는 자주 발생하는 어려움을 극복하기 위해서 세 명 이상이 협력을 할 수 있다고 하는 운이다.

또는 자주 발생하는 풍파속에서 안정을 구하는 운이며, 자즌 변화속에서 안정을 구하는 일과 같다. 예를 들면 안정된 가정을 찾는 운이요, 또는 동료나 친구와 불화가 있으면 화합을 원하는 운이다.

또는 전쟁이나 천재지변 속에서 안정과 평화를 찾는 운이요, 또는 회사가 자주 발생하는 어려움이나 어음 때문에 다른 사람과 손을 잡는 운이다.

또는 갈등이나 불안이 많은 가정의 풍파에서나 내가 항상하는 구매나 매매하는 일에서나 자주 어떤 변화를 모색하는 일에서도 나 홀로 해결하기가 어렵고 힘이 들어 누군가의 조언이나 지도를 받기를 잘하거나 아니면 원할 수 있다고 말할 수 있을 것이다.

또는 사회의 어떤 변화나 자주 발생하는 불안을 해소하려하나 뜻대로 되지 않으니 타인의 의견을 청취할 수 있는 운이라 할 수 있다. 여기서 정(鼎)의 불은 타인에게 의지하면서 살아가는 불로 도움을 청하다 지원을 받는다는 뜻이다.

46 뇌수해괘(雷水解卦)

　해(解)란 '해방되다' '해결하다' '해산하다' 또는 어떤 틀이나 고정관념에서 '벗어나다' '무너지다' 라는 뜻이다. 그래서 '없애다' '풀어지다' '해제하다' '제거하다' '알다' '이해하다' '흩어지다' 라는 뜻이요, 고통이나 어려움에서 벗어날 수 있는 운이다.

　또한 이 괘는 하늘에서 우뢰가 치면 대지에는 비가 내리고 비가 내리면 대지의 모든 갈증은 해갈되는 것과 같은 것으로 좋은 운이라고 할 수가 있겠다. 하지만 너무나 많은 양의 비가 온다면 도리어 풍수재해와 같은 일이 일어날 수 있는 것이니 집을 파괴하여 없애는 것이요, 농경지를 없애는 운이며, 또는 가진 모든 재산을 없앨 수 있는 것과 같다.

　또는 부부가 이별하는 일도 부부라는 틀에서 벗어났다거나 해방되었다고 할 수 있을 것이나 명궁(命宮)에서 사부살(死府殺)이 든다면 죽음으로 인하여 해방되었다고 할 수 있을 것이다.

또는 국회가 해산되었다든지, 어떤 이권단체들의 모임이 해산되었다든지, 아니면 가족들이 뿔뿔이 흩어졌다든지, 아니면 어떤 건축물이 분해되었다거나 무너졌다고 말할 수도 있을 것이다.

또는 건강을 잃거나 학생이 진학문제로 학업에 얽매여 지내다 진학을 하거나 아니면 학업을 포기하거나 아니면 죽음에 이르거나 또는 질병으로 학업을 할 수 없게 되었으면 학업이라는 틀에서 해방되었다, 아니면 벗어났다고 말할 수 있을 것이다.

또는 어떤 회사가 운영이 어려워 회사가 문을 닫는 일이 생겼다면 물건들이 흩어지고 많은 사원들이 흩어졌다고 말할 수 있을 것이다. 하지만 회사가 자금난으로 어렵고 힘이 드는 가운데 누군가의 도움으로 자금난이 해결되었다면 이 운도 뇌수해괘(雷水解卦)라 할 수 있을 것이다.

또는 결혼을 늦게까지 못한 노총각이 누구의 소개로 결혼을 하게 되었다고 한다면 결혼문제가 해결되었다고 할 수 있을 것이다.

또는 공사를 하는 사람이 자금이나 자재에 어려움이 있어 힘이 드는데 협조자가 생겼다면 이 또한 해결되었다고 말할 수 있다.

또는 한평생을 농사에만 의존하면서 지내던 사람이 농경지가 수몰되는 바람이 농사일에서 손을 놓았다고 한다면 이 또한 농사일에서 해방되었다, 벗어났다고 표현할 수 있을 것이다.

또는 어떤 일이나 상황에 집착이 강하였다면 그 집착에서 벗어났다고 할 수가 있을 것이다. 예를 들면 짝사랑의 집착에서 벗어났다거나 없어졌다거나 소멸되었다고 말할 수 있을 것이다.

또는 어떤 원하는 물건이나 일 등을 얻었다거나 해결되었다고 말할 수 있을 것이다.

䷥䷬ 461 뇌수해괘(雷水解卦)의 초효가 동하여 뇌택귀매괘(雷澤歸妹卦)로 변하면

귀매(歸妹)란 '만남'을 상징하고 '본래의 자리로 돌아가다' '돌려주다'라는 뜻이다. 예를 들면 남녀, 친구, 아는 사람, 만나서는 안 될 사람, 원한이 있는 사람, 연예인이나 어떤 능력이 있는 사람, 원하고 기다리던 사람, 언쟁과 다툴 수 있는 사람, 위해와 사기를 칠 수 있는 사람, 어려운 문제를 해결해 줄 수 있는 사람 등을 말한다. 또는 동물이나 물건을 만나거나 사람이나 일이나 동물이 본래의 위치로 돌아가거나 돌아갈 것이라고 말할 수 있다.

그래서 이 괘는 모든 어려움이 풀려 본래의 위치로 돌아가는 것을 말하고, 또는 오해가 있었다면 오해를 풀거나 풀기 위하여 상대를 만날 수 있다고 말할 수 있을 것이다.

또는 그동안 지내오던 어떤 틀에서 벗어나 새로운 일이나 물건이나 사람들을 만났다거나 만날 수 있다고 할 수도 있을 것이다.

예를 들면 학업에 얽매인 일이나 직장생활에 얽매인 일이나 사이비종교에 얽매인 일이나 아니면 어떤 일에 집착하는 일들에서 벗어나는 것을 말할 수 있을 것이다.

또는 어느 집단 등에서 감금되어 살던 사람이 감금이 풀려 가족들을 만나고 친구를 만날 수 있다고 할 수 있을 운이다.

또는 나의 어렵고 힘든 일에서 해방해줄 수 있는 사람을 만날 수 있다고 하거나 만났다고 말할 수 있을 것이다.

또한 왜정치하에서 해방이 되니 흩어졌던 가족들이 만나는 운이거나 만나기 위하여 고향으로 돌아가는 상이다.

또한 결혼을 못한 노총각이 결혼하기 위하여 선을 본다거나 배우자 감의 여인을 만났다고 할 수 있을 것이다.

또한 범죄인이 교도소에 있다가 형이 풀려 가정으로 돌아가는 운이다.

또는 면직처분을 받은 공직자가 오해가 풀려 다시 제자리로 돌아가는 것이라 말할 수 있을 운이다.

또는 집을 나간 부인이 오해를 풀고 다시 집으로 돌아와서 자기의 위치로 돌아가는 것이라 할 수 있는 상이다.

또는 친구를 잘못 사귄 학생이 공부를 하기 싫어하였다가 주위 학생들과 모든 일을 정리하고 다시 공부에 열중하는 자기의 의지로 돌아가는 것이라 할 수 있다.

또는 실물을 하고 도적을 맞은 물건이 장물아비의 검거로 인하여 다시 본래의 주인에게 돌아가는 것과 같다.

또는 동료나 친구 사이에 오해가 있던 사람이 오해가 풀려 다시 옛친구 사이로 돌아가는 것 등 수없이 많은 일들이 있을 운이다.

또는 자금에 어려움이 있던 회사가 자금 사정이 해결되어 사업이 다시 활기를 찾을 수 있는 운이다.

또는 남녀 애인관계가 오해로 인하여 갈등이 있던 사람들이 오해가 풀려 다시 애인관계로 돌아가는 일 등을 말하는 운이다.

䷧䷏ 462 뇌수해괘(雷水解卦)의 이효가 동하여 뇌지예괘(雷地豫卦)고 변하면

예(豫)란 '즐겁다' '기쁘다' 라는 뜻이며, '주위에서 요란법석이 일고 있는 상' 이다. 또는 '편안하다' '안일하다' '미리' '사전에 앞서간다' '미리 설친다' '예방한다' '예언' '예측' '예지' 라는 뜻이다.

그래서 이 괘는 모든 일이 해결되어 기쁨을 나타내고 있는 운이요, 아니면 어떤 어렵고 힘든 고통에서 벗어날 것 같은 기분이 들고 있다거나 느끼고 있다고 할 수도 있을 것이다.

또는 어떤 사건이나 문제를 알 것 같은 기분이 든다거나 느낄 수 있다고 말할 수도 있는 것이요, 또는 어떤 모임이나 단체가 해산될 수 있는 일을 미리 예측할 수 있다고 할 것이다.

예를 들면 우리나라 왜정치하에서 해방이 되니 기쁜 운이다. 또는 사업의 고통에서 벗어나니 기쁜 운이라 할 수 있을 것이다. 아니면 고통에서 벗어날 것 같은 기분이 든다고 할 수 있다.

또한 해방으로 해결될 수도 있을 것이요, 아니면 관련된 일에서 손을 떼어 벗어날 수도 있겠으나 심하면 죽음으로 인하여 벗어날 수도 있을 것이다.

또는 부자간에 갈등이 해결되니 기쁜 일이요, 또는 학문의 고통에서 벗어나니 기쁜 일이며, 아니면 시험의 고통에서 벗어나니 기쁜 일이라 말할 수 있을 운이다.

또는 질병의 고통에서 벗어나니 기쁜 일이며, 또는 부부의 갈등이 해결되되 기쁜 일이라 할 것이다.

또는 민형사상의 문제로 있던 고통이 해결되니 마음이 홀가분하고 기쁜 일이라 할 수 있을 것이다.

또는 어렵고 힘든 생활이나 집이 없어 셋방살이를 하면서 고통스럽게 살던 사람이 집이 해결되니 기쁘고 편안한 운이다.

또한 이 외의 모든 일이 매사가 어렵다가 마음먹은 일이 해결되니 기쁜 일 등이 있는 운이다.

또는 어떠한 일이 해결될 것을 미리 예측할 수 있는 운 등을 말하고 있는 것이다.

또는 정부의 어떤 단체나 기관이 해산될 수 있는 것을 미리 짐작할 수 있는 것이다.

또는 가정이 파탄하여 가족들이 뿔뿔이 흩어질 것을 직감할 수 있다고 할 수 있을 운이다.

또는 회사가 문을 닫을 일을 직감할 수 있는 것이요, 애인관계에 있는 사람과 헤어질 것 같은 기분이 든다고 할 수 있을 운이다.

䷧ ䷟ 4 6 3 뇌수해괘(雷水解卦)의 삼효가 동하여 뇌풍항괘(雷風恒卦)로 변하면

항(恒)이란 '언제나' '늘' '흔히' '항상' '수시로' '자주' '반복적' 이라는 뜻이다. 그래서 '영원하다' '꾸준하다' '변함없다' '끈기있다' '계속된다' 라는 의미로 '연속성'을 말한다. 또는 '항상 같은 성격, 같은 마음, 같은 행동' 을 말한다.

그래서 이 괘는 매사가 순탄하지는 않는 운으로 매사를 해결하는데 있어서 풍파가 발생하고 또는 구설시비가 따르고 또는 변화가 발생하는 운이다.

또는 이 괘는 법률적인 문제나 사회적인 문제나 가정의 문제나 교육적인 문제나 정치적인 문제 할 것 없이 과거의 틀에서 벗어나기를 원한다고 하거나 아니면 해방되기를 원한다거나 아니면 어떤 문제점이 있는 것들을 해결을 보려고 하는데 있어 풍파나 갈등이나 동요가 끊이지 않고 계속 일고 있다고 말할 수 있을 것이다.

여기서 항괘(恒卦)는 우뢰나 풍파나 동요나 번민이나 고통 등의 연속으로 설명하였다. 예를 들면 교통사고나 폭력사건을 해결을 하려고 하니 어려움이 따르는 운이다.

또는 정부에서 어떤 사업이나 일을 하려는데 이권단체에게 거부당하는 바람에 어려움이 생길 수 있다고 할 수 있다. 예를 들면 원전핵처리문제나 외곽순환도로나 고속전철 등을 들 수 있을 것이다.

또는 어떤 어려움에서 해방을 하니 사회나 가정에서 풍파가 계속일고 있다고 할 수 있으니 예를 들면 우리나라가 일제치하에서 해방을 하고 난 후에 사회가 불안하고 많은 인물들이 쏟아져 나와 모두 큰소리치고 다니는 격이라 할 수 있을 것이다.

또한 부부간에 갈등이 심하여 이혼하니 안정이 안되는데 주위에서 많은 간섭이 자주 발생하고 있다고 말할 수 있을 것이다.

또는 인기가 없던 연예인이 인기가 오르니 언론이나 주위 사람들에게 여러 가지 소문이 떠도는 상이라 말할 수 있을 것이다.

공사를 하려고 허가를 내려고 하였으나 어려움이 많이 발생하는 운 등으로 매사가 마음대로 풀리지 않고 어려움이 따르는 운이다.

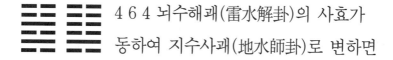

464 뇌수해괘(雷水解卦)의 사효가 동하여 지수사괘(地水師卦)로 변하면

사(師)란 '스승' '지도자'라는 뜻이요, '전문적인 기술이나 능력이 있는 사람' 등을 말하고, '서로가 서로를 필요로 하는 상' '서로가 서로를 의지하는 상' '서로가 서로를 인정하는 상'이다.

　그래서 이 괘는 나의 어려움이 해결이 될 수 있는 운이요, 또는 어떤 일에서나 상황에서 벗어나거나 해결하려고 하는데 있어 누구의 도움을 받는다거나 받아야 된다고 할 수 있는 운이다.

　또는 내가 어떤 고정관념에서 벗어나니 좋은 사람, 의지할 수 있는 사람, 협조할 수 있는 사람들이 많다고 할 수 있을 것이다.

　또는 헤어진 스승이나 지도자를 찾고 있다거나 아니면 헤어진 동료나 친구를 찾는 상이라 말할 수 있을 것이다.

　또한 늦도록 결혼을 못한 노처녀가 결혼을 하니 내가 원하던 사람이었다거나 아니면 나와 서로 의지하면서 지낼 수 있는 사람을 만나게 되었다고 말할 수 있을 것이다.

　또는 남편의 억압이나 폭행 속에서 시달리면 살던 사람이 이혼을 하고 새로이 만난 사람이 나를 인정하고 서로 의지하면서 지내려고 하는 사람이라 말할 수도 있을 것이다.

　또는 나의 어려운 처지를 해결하고자 하는데 있어 이해하고 협조할 수 있는 사람을 만날 수 있는 운이다.

　또한 회사나 직장에서 어려운 곤경에 처해 있으면 해결이 될 수 있도록 협력하고 지도해 줄 수 있는 사람을 만날 수 있을 운이다.

　또는 마음의 뜻을 펴지 못하고 사회에서 인정을 얻지 못하고 있는 상태라면 앞으로는 나의 어려움을 이해하고 협력할 수 있는 사람이 있을 수 있는 운이다.

또한 학생이 학업에 어려움이 있으면 바른 선생님을 만나야 하는데, 지금까지 바른 선생님을 만나지 못했다고 할 수 있을 것이다.

또는 인기가 없는 연예인이 있으면 지금까지 바른 지도자를 못만난 원인이니 바른 지도자를 만나야 한다고 하는 것을 말하는 상이라 할 수 있을 것이다.

또는 춤에 미쳐 헤어나지 못하는 사람이나 화투에 미쳐 살림을 돌보지 않는 사람이 그동안 파란의 세상에서 벗어나려고 하여도 뜻대로 되지 않아 어려움이 있으면 혼자 해결하려 하지 말고 누군가의 도움을 받아야 된다고 하는 것을 말하고 있는 상이다. 또는 나의 주장을 인정하고, 나의 기술을 인정을 얻고, 실력을 인정을 얻어, 다른 사람들을 지도할 수도 있을 운이다.

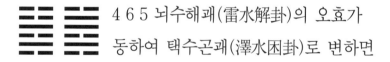 465 뇌수해괘(雷水解卦)의 오효가
동하여 택수곤괘(澤水困卦)로 변하면

곤(困)이란 '곤란하다' '어렵다' '힘들다' 라는 뜻이요, '어떤 조직에 얽매는 것' 이라는 뜻도 있다. 또는 '자다' '지치다' '시달리다' '괴롭다' '구금되다' '갇히다' 라는 뜻이요, 갇힌다는 것은 어떤 틀에 묶이는 것으로 '취업한다' '진학한다' 라고도 할 수 있다. 또는 '감추다' '저장하다' '위기' '곤란한 처지'를 말하고, 또는 '술, 담배, 마약, 마작 등에 중독되었다' 라고도 할 수 있다.

그래서 이 괘는 어떠한 일을 해결하려다 어려운 곤경에 처할 수 있다고 하는 운이다.

또는 하던 어떤 일이 해산하고 나니 어려움이 발생할 수 있다고 하는 운이요, 또는 해산하고자 하는 일이 뜻대로 안되어 어렵고 힘든 일이 생길 것이라고 말할 수도 있을 것이다.

또는 헤어지고 난 여파로 어려움이 발생하였다고 할 수 있는 운이요, 헤어지려고 하는 일이 어렵고 힘들다고 할 수 있는 것이다.

또는 직장생활을 하던 사람이 직장을 그만두고 어렵고 힘들거나 아니면 감금될 일이 있을 것이라고 할 수 있을 것이다. 아니면 해결을 보기 위하여 죽음의 길을 택할 수 있다고 할 수 있을 것이다.

또는 어떤 일이나 상황에 대하여 알고 싶은 일이 어려움이 있다거나 아니면 알고보니 곤란한 문제가 발생하였다고 말할 수 있을 것이다. 여기서는 해괘(解卦)를 알다라는 의미로 설명했다.

또한 이 괘는 가뭄에 갈증을 해결하려고 기우제를 지냈는데 많은 비가 와서 물난리로 어려운 곤경에 처할 수 있는 운이다.

또는 가장이 가정의 어려움을 해결한다고 한 일이 죽음으로 해결을 할 수 있다고 할 수 있거나 남의 물건을 훔친 죄로 교도소에 갈 수 있다고 할 수 있는 운이다.

또한 정부에서 쓰레기 매립지를 해결하려다가 주민들과 마찰이 생겨 어려움에 봉착할 수 있는 운이요, 또는 댐을 건설하려다가 주민들과 마찰이 있어 어려움이 있을 운이요, 또는 원전을 설립하려다 주민들과 마찰이 있을 수 있는 운이다.

또는 남의 싸움을 말리다 도리어 싸움을 도맡아 어려운 처지가
될 수 있는 운이다.

또는 질병을 치료하려고 단방약을 복용한 것이 도리어 어려운
처지가 될 수 있는 일과 같다.

또는 급한 마음에 임시변통으로 사채를 끌어쓴 것이 더욱 어려
운 처지가 될 수 있는 일 등으로 수없이 많을 일들이 있다.

또는 임산부가 해산하는데 있어 어려운 일이 발생할 수 있다고
할 수 있을 것이다.

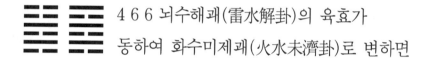 466 뇌수해괘(雷水解卦)의 육효가
동하여 화수미제괘(火水未濟卦)로 변하면

미제(未濟)란 '익숙하지 않다' '완성되지 않았다' '성사되지 않
았다' '결론이나 결정을 내지 못했다' 라고 할 수 있다. 또한 '확정,
결론, 결과, 결정'을 내지 못하고 미적거리거나 미루는 상태요, '성
숙하지 않은 상태'요, 또는 '안정감이 없고 불안한 상태'다. 또는
아직은 미숙하다고 하는 뜻으로 '숙달되지 못한 것'을 의미하고,
일이 '마무리되지 않은 상태'를 말한다.

그래서 이 괘는 매사를 깨끗이 풀어야 할 일이나 해결해야 할 일
을 해결을 보지 못하고 미루고 있는 운이다.

또는 어떤 틀에서 벗어나고자 하나 어려움이 따른다고 할 수 있을 것이요, 아니면 아직은 벗어날 때가 되지 못하였다고 말할 수 있을 것이다. 예를 들면 교도소에 있는 사람이나 어떤 집단에 가입이 되어 있거나 하는 일 등을 말한다.

또는 어떤 일이나 상황에서 아무리 이해를 하려고 하여도 이해가 되지 않는다고 말할 수 있을 것이다. 또는 어떤 일이나 상황의 해결사로서는 아직 미숙한 사람이라고 할 수 있을 것이다.

또는 물건을 구입하거나 공부가 잘 안되는 문제나 애인과의 갈등으로 오해가 생긴 문제나 신경통이나 관절염 등의 우환의 치료 문제나 이민가려는 문제 등의 모든 일들이 아직은 때가 안되었다거나 아니면 해결을 못보고 있는 상태라 말할 수 있을 것이다.

또는 하늘에서 비구름이 있고 우뢰가 있어도 아직은 비가 올 것 같지 않고 있는 운이다.

또는 폭행치사 사건에서 수사가 원만하지 못하여 미루는 운이요, 또는 가해자가 피해자와 합의하지 못하고 미적거리고 있는 운이다.

또는 농부가 날이 가물고 하늘에 있는 구름이 비가 올 것 같지는 않으니 농작물을 파종을 할까 말까 미루고 있는 격이다.

또는 풍수재해로 피해가 원만하게 해결되지 못하고 있는 운이요, 공사를 하다가 끝을 보지 못하고 중도에 방치하고 있는 운이다.

또는 남녀가 사랑을 하면서 결혼을 할까말까 미루고 있는 격이요, 부부가 다투고 난 후에 화해를 할까말까 미적거리고 있는 것 등 수없이 많은 일들이 끝을 보지 못하고 미루고 있는 운이다.

47 뇌산소과괘(雷山小過卦)

소과(小過)란 '약간의 변화가 있는 운'이다. 그래서 '조금 지나치다' '약간 부담된다' '약간 과분하다' '약간 방황한다' '약간 불안하다' '사소한 일에 마음을 쓴다' '작은 일에도 민감하다' 라는 뜻이요, 또는 '마음 씀씀이가 작다'고 할 수 있다.

그래서 이 괘는 크게 마음쓸 일이나 신경쓸 일도 아닌 작고 사소한 것으로 관심을 가져도 좋고 무관심으로 지나쳐도 좋을 것으로 미미한 것을 말하고, 또는 매사에 '약간의 변화가 발생하고 있다'고 할 수가 있는 운이다.

또는 신경과민증환자요 매사가 불안한 사람이요, 또는 매사에 과민반응을 보일 수 있는 소인배라 할 수 있을 것이다. 중화이(重火離)를 화열에 의한 과민반응이라 한다면, 소과(小過)는 마음이 좁은 사람의 불안이라 할 수 있을 것이다.

또는 무슨 일이 벌어져도 간단하게 해결될 수 있는 운이요, 기분이 좋은 일이든 나쁜 일이든 사소한 일이라고 할 수 있을 것이다.

괘상(卦象)을 보면 산에서 치는 우뢰소리가 큰소리가 아니요 약한 소리 또는 적은 소리와 같으니 비가 와도 큰 비가 올 운은 아니다라고 말할 수 있을 것이다.

또는 바람이 불어도 큰 바람은 아니라고 할 수 있다. 그래서 나에게 직접적인 큰 영향을 없을 운이다. 아울러 덕을 보아도 적게 볼 수 있는 운이요, 피해를 보아도 적게 볼 수 있는 운이다.

또한 소과(小過)는 지나가는 말과 같다. 예를 들면 길을 가다가 누가 지나가는 말로 한마디하는 것을 들을 수 있을 수 있는 것으로 크게 신경쓰고 관심가질 일도 아닌 것을 말하는 운이다.

또는 길을 가다가 횡재를 하는 운이라고 하여도 약간의 물건이나 돈 백원 아니면 몇 천원 줍는 것도 뇌산소과(雷山小過)의 횡재운이라고 할 수가 있을 것이다.

4 7 1 뇌산소과괘(雷山小過卦)의 초효가 동하여 뇌화풍괘(雷火豐卦)로 변하면

풍(豐)이란 '풍요롭다' '풍성하다' '많다' '넉넉하다' '여유있다' 라는 뜻이다. 그래서 사건이나 일이나 상황의 변화가 많을 운이요, 떠들 일, 싸울 일, 사기당할 일, 오해나 모함받을 일도 많을 운이요, 실력이나 기술이나 능력도 많을 운이다.

그래서 이 괘는 잔소리들을 일이 많이 발생할 운이요, 또는 약간의 마음쓸 일이 많이 발생할 수 있는 운이요, 또는 무관심 속에 넘어갈 일들만 많이 생길 수 있는 상이다.

또는 적은 것 사소한 것들을 풍부하게 활용할 수 있는 운이 있으니 우리 속담에 뒷글을 배워도 말글을 쓴다고 하는 말과 같다고 할 수가 있을 것이다.

또는 적은 일 사소한 일에도 크게 감동하고 감사하는 마음으로 살아가는 사람이다. 아니면 사소한 일이나 별것도 아닌 일에 관심이 많거나 아니면 사소한 일에도 우뢰나 갈등이나 불안이나 동요나 풍파나 울화 등이 많이 발생하는 사람이라 할 수 있을 것이다.

또는 별일도 아닌 일이 많이 발생할 운이라고 할 수가 있다. 예를 들면 나에게 큰 덕도 안되고 그렇다고 크게 피해도 되지 않을 적은 사소한 일거리가 많이 있을 운이다.

또는 부부간에 갈등이 생겨도 별것도 아닌 일로 갈등이 많이 발생하는 부부라 할 수 있을 것이다.

또는 동료나 친구간이나 또는 가정에서 지나가는 농담 같은 말을 말이 들을 수 있는 것으로 귀담아 들을 일이 없는 것이 많이 생길 수 있다고 하는 것이다.

또는 사소한 일리나 이익이 별로 없는 일만 생길 운이요, 또는

인정받기 어려운 사소한 공부만 많이 할 운이요, 또는 질병을 얻어
도 잔병만 많이 발생한다고 할 수 있을 것이다.

䷽ 4 7 2 뇌산소과괘(雷山小過卦)의 이효가 동하여 뇌풍항괘(雷風恒卦)로 변하면

항(恒)이란 '언제나' '늘' '흔히' '항상' '수시로' '자주' '반복
적'이라는 뜻이다. 그래서 '영원하다' '꾸준하다' '변함없다' '끈
기있다' '계속된다'라는 의미로 '연속성'을 말한다. 또는 '항상 같
은 성격, 같은 마음, 같은 행동'을 말한다.

그래서 이 괘는 자잘한 일들이 항상 꾸준히 발생하는 것을 이야
기하고 있는 것이요, 또는 사소한 일로 마음쓸 일이 자주 발생한다
고 할 수 있을 것이다. 또는 과민반응이 심한 사람이라 할 수 있다.
또는 사소한 일 별것도 아닌 일에도 항상 신경 쓰고 사는 사람이
라 할 수 있을 것이요, 아니면 사소한 일로 갈등이나 풍파나 불안
이나 번민 등이 항상 떠나지 않는 사람이라 할 수 있을 것이다.
또는 작은 일들이 연속적으로 꾸준하게 일어나고 있는 것으로
예를 들면 시중에 도적이 생겨도 좀도둑이 들끓는 운이다.
또는 변호사가 사건을 받아도 사소한 적은 사건만 맡아지는 격
이요, 또는 사고가 나도 사소한 사고만 내고 있는 것이다.

또는 경사나 횡재가 있어도 사소한 일들만 발생하는 운으로 별 것도 아닌 경사가 계속될 수 있는 운이라 말할 수 있을 것이다.

또는 재앙이나 손재수가 발생해도 사소한 일들만이 발생하는 운이 한두 번이 아니고 자주 일어나는 운이 계속되고 있는 것이다.

또는 부부간이나 친구간에도 사소한 말다툼이나 갈등이나 신경 쓸 일이 자주 발생할 수 있는 운이다.

또는 사회에 어떤 소문이 돌아도 별로 신경 쓸 일이 없는 하찮은 소문만 자주 발생할 수 있는 운이다.

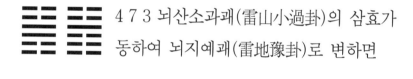 473 뇌산소과괘(雷山小過卦)의 삼효가
동하여 뇌지예괘(雷地豫卦)로 변하면

예(豫)란 '즐겁다' '기쁘다' 라는 뜻이며, '주위에서 요란법석이 일고 있는 상' 이다. 또는 '편안하다' '안일하다' '미리' '사전에' 앞서간다' '미리 설친다' '예방한다' '예언' '예측' '예지' 라는 뜻이다.

그래서 이 괘는 적은 일에도 만족하고 즐겁게 생각하는 것으로 욕심없이 마음을 비우고 사는 형이라고 할 수가 있을 것이다.

또는 작은 일까지도 예측할 수 있는 운으로 역술인이나 점쟁이처럼 영감이나 육감이 좋은 사람이요, 또는 몸으로 영을 통할 수 있는 운이라고 할 수가 있는 운이다.

또한 이 괘는 탐욕을 버리고 또는 세상을 등지고 도를 닦는 사람이요, 또는 수행을 많이 하는 사람이라 할 수 있을 것이다.

또는 적은 비에도 감사하는 마음으로 매사에 감사하는 마음으로 생활하는 사람이라고 할 수가 있으니 매사에 겸손한 사람이다.

또는 별것도 아닌 사소한 악성루머가 내 주위에서 많이 떠돌고 있다거나 알고 있다고 말할 수 있을 것이다.

또는 적은 이익이나 성과나 또는 사소한 일에도 만족하고 즐거워하는 사람이요, 또는 감사할 줄 아는 사람이다.

또는 사소한 일이나 별것 아닌 일로 시끄럽고 소란스러울 일이 있을 것을 알고 있다거나 느끼고 아는 사람이라 할 수 있다.

또는 적은 학식이라도 소중하게 생각하면서 바르게 사용하는 사람이라 말할 수 있을 것이다.

또는 어디를 간다면 약간 기분이 안 좋은 일이 생길 것이라든지, 또는 어떤 물건을 사면 남편과 마찰이 있을 것을 예감할 수 있다.

또는 사소한 일도 참지 못하고 이리저리 다니면서 소문을 낼 수 있는 사람이다. 여기서 예(豫)를 내 주위 사람들에게 별것도 아닌 사소한 일들을 시끄럽게 떠들고 다니는 것으로 표현하였다.

그래서 괘상(卦象)에서 칠살(七殺)이 있으면 손해를 보고 어려운 일을 당해도 즐거운 마음으로 참고 감사할 줄 아는 사람이요, 복이나 녹이나 용덕(龍德)이 있으면 좋은 일에 감사하는 사람이라고 보아야 할 것이다.

겸(謙)이란 '순하고 용하고 선한 사람으로 덕인' 이라고 할 수 있
으나 나쁜 의미로 보면 '무능하고 자신이 없는 사람' 이다. 또는
'겸손' '겸허' '양보하다' '사양하다' 라는 뜻이요, '능력이 부족한
상' 이요 '기를 못펴고 억눌려 생활하는 상' 이요, '매사를 포기하면
서 주장이나 생각을 펴지 못하는 사람' 이다. 또한 기가 강하고 힘
이 넘치고 자만심이나 우월감이 강한 사람이 자신의 의지나 능력
을 발휘하지 않거나 못하고 은둔하면서 지내는 상이다.

그래서 이 괘는 적은 일에도 겸손해야 한다고 하는 것을 가르치
고 있는 운으로 적은 일에 겸손하는 사람이라면 큰 일에도 겸손할
줄 알기 때문이다.

또한 별볼일없는 사람이거나 능력없는 사람이거나 힘없는 서민
들의 의견에도 자신을 낮추고 겸손한 마음으로 살아가야 한다고
할 수 있을 것이요, 그렇게 생활하는 군자라 말할 수 있을 것이다.

또는 별 볼일 없는 사소한 일이나 상황에서는 다른 사람한테 양
보하는 척 하면서 겸손을 떠는 사람이라 할 수도 있을 것이다.

또한 이 괘는 적은 일에도 참지 못하고 화를 내고 성깔을 부리는
사람들이 많이 있는데 이러한 일들을 훈계하고 있다고 할 수 있다.

또는 내가 실력이 없고, 가진 것도 없고, 능력도 없다보니 매사에

나서지 못하고 주눅이 들어 지낼 수 있다고 하는 운이다.

또는 별것도 아닌 칭찬을 들어도 우리 사회가 잘난척하며 거만한 사람들이 많이 있는데 이 괘는 적은 성과나 칭찬에도 자신을 낮추고 겸손한 사람이라 할 수 있을 상이다.

또는 작은 일이나 별것 아닌 사소한 일이나 실수로 다른 사람 앞에 나서지 못하고 주눅이 들어 지낼 수 있다고 할 수 있을 것이다.

또는 별것도 아닌 소문이나 사소한 일이니 적극적으로 대처하지 말고 겸손한 마음으로 모른 척 하고 넘기라고 할 수 있는 상이다.

475 뇌산소과괘(雷山小過卦)의 오효가 동하여 택산함괘(澤山咸卦)로 변하면

함(咸)이란 '전부' '모두' 라는 뜻이요, 또는 '골고루' '동등하다' 라는 뜻이요, 또는 '구성원 전부' 라는 뜻이다. 그래서 '통째로' 또는 '여러 분야' 또는 '느끼다' '감각이 있다' 라는 의미요, 또는 '각양각색' 이라고도 할 수 있다. 예를 들면 이것과 저것, 여기와 저기가 모두 같은 내용이요 같은 물건이요 같은 성질이요 같은 형상이라는 뜻이다.

그래서 이 괘는 끼리끼리라는 말과 같으나 여기서는 적은 것끼리, 보잘것없는 것끼리, 하찮은 것끼리, 능력이 없는 것끼리, 등으로 우리말에 '도토리 키 재기'라고 하는 말이 있는데 같은 뜻이 될 것이다. 여기서는 함(咸)을 동등한 위치나 크기나 양으로 보았다.

또는 별것도 아닌 사소한 소문이 만발하다보니 큰 회사가 문을 닫을 수도 있다고 할 수 있을 운이요, 사소한 소문으로 가정파탄이 발생할 수도 있을 것이다.

또는 이것과 저것을 견주어 보아도 그게 그것이라고 할 수가 있으며, 이 재주나 그 재주 역시 큰 차이가 없다고 할 수가 있으며, 이 사람 실력이나 저 사람 실력이 동등하다고 할 수가 있다.

또는 사소한 일까지도 관여하는 것이라고 할 수가 있을 것이요, 또는 사소한 기분 나쁜 일이나 약간의 기분 좋을 일들이 모든 분야에서 아니면 어려가지 일에서 발생할 수 있다고 할 수 있다.

또는 자기 주위에서 돌고 있는 사소한 분위기까지 느낄 수 있다 또는 알 수 있다고 할 수 있으니, 예를 들면 직장내 분위기라든지, 또는 사회의 분위기를 느낄 수 있다고 할 수 있다.

또는 계절의 변화나 기후에도 민감하게 반응을 느낄 수 있는 것을 말하고 있다.

또는 모든 사람이 무시하고 지나칠 수 있는 여러 분야의 기술이나 무관심하는 많은 학문을 습득할 수 있다고 할 수 있을 것이다.

476 뇌산소과괘(雷山小過卦)의 육효가 동하여 화산려괘(火山旅卦)로 변하면

려(旅)란 '안정되게 의지할 곳이나 사람이 없는' 상이다. 그래서 '떠돌이' '여행'을 뜻하고, '안정감이 없는 것'이요, 항상 '초조하고 불안한 상'이요, '힘없고 능력없고 자신없이 방황하는 상'이다.

그래서 이 괘는 사소한 일이나 뜬소문 때문에 사방을 떠돌이 하는 운이다. 예를 들면 어디 사는 누가 어떤 학문이나 기술이 좋다는 소문만 믿고 이리저리 찾아 헤매는 격이다.

또는 목적없이 여기저기 방랑생활을 하는 사람이요, 또는 사소한 일만 있어도 놀라고 불안한 운으로 방황할 수 있을 것이다.

또는 먹고사는 생활을 유지하기 위하여 이곳 저곳을 떠돌이 하는 걸인 운이라고 할 수도 있을 것이다.

또는 적은 유혹에도 잘 넘어갈 수 있는 사람으로 주관이 없는 사람이라 할 수 있을 것이다. 불은 탈 수 있는 재료가 조금만 있어도 따라가면서 타는 성질이 있기 때문이다.

또는 사소한 질병만 있어도 마음이 불안하여 이 병원 저 병원 방황하고 다니는 운이다.

또는 부부간에 사소한 말다툼만 있어도 참지 못하고 밖으로 나돌아다닐 수 있는 부인이라 말할 수 있을 것이다.

또는 어떤 여인이 사소한 칭찬의 말이나 대우를 받거나 한다면 상대방에게 홀딱 반할 수 있거나 마음에 동요가 발생할 수 있는 성격의 소유자라고 말할 수 있을 것이다.

또는 사소한 물건을 하나 주워서 무슨 귀중품처럼 이 사람 저 사람을 찾아다니면서 문의할 수 있는 상이라 할 수 있다.

또는 신수나 사주나 궁합 등을 보기 위해서 철학원이나 무당이나 점쟁이 등을 찾아다니면서 무슨 좋은 이야기가 나올 것인지 기다리고 있는 사람 등과도 같다고 할 수도 있을 운이다.

48 뇌지예괘(雷地豫卦)

예(豫)란 '즐겁다' '기쁘다' 라는 뜻이며, '주위에서 요란법석이 일고 있는 상' 이다. 또는 '편안하다' '안일하다' '미리' '사전에' 앞서간다' '미리 설친다' '예방한다' '예언' '예측' '예지' 라는 뜻이다.

괘상(卦象)을 보면 대지 위에서 우뢰가 일고 있는 것으로 큰 비가 올 것을 예측할 수 있는 것이다. 또는 대지는 조용한데 주위에서 요란법석이 이는 것과 같이 나의 정심에 투석을 하는 격이다.

또는 어떤 상황을 사전에 준비하는 상이다. 예를 들면 태풍의 피해를 철저히 준비할 수 있을 것이요, 대학을 진학할 학생이 미리미리 철저히 대비를 하였다고 할 수도 있을 것이다.

또는 질병퇴치 차원에서 운동을 하여 몸관리를 철저하게 하면서 살아가는 사람이라 말할 수도 있을 것이다.

또는 어떤 시끄러운 공연장이나 운동장에 가서 함께 떠들면서 즐기고 나니 심신이 편안하고 즐겁다고 할 수도 있을 것이다.

또는 경사가 있을 것을 미리 예측할 수 있는 것이요, 또는 좋은 소식을 예측할 수 있는 운이요, 또는 편안할 일이나 즐거울 일 등이 있을 것을 미리 예측 할 수도 있는 운이다.

또는 결혼을 못하여 노총각 신세를 면하지 못했던 사람에게 인연이 있어 결혼을 하니 몸과 마음이 즐겁다고 할 수 있을 것이요, 또는 심신이 편안하고 기쁘다고 말할 수 있을 것이다.

또는 사업을 하는 사람이 사업이 잘 풀리는 바람에 마음이 편안하고 즐겁다고 말할 수 있을 것이다.

또는 시험을 보려 가는 학생이 시험 보는 일에 부담없고 몸과 마음이 편안하고 안정된 상태라고 말할 수 있는 상이다.

또는 어떤 상황의 일로 많은 재산이 생기는 바람에 마음이 즐겁다 또는 편안하다고 말할 수 있을 것이다.

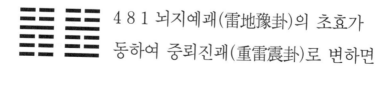 481 뇌지예괘(雷地豫卦)의 초효가
동하여 중뢰진괘(重雷震卦)로 변하면

진(震)이란 '진동한다' '요란하다' '시끄럽다' '울리다' '뒤흔들다' '놀라다' '발분한다' '안정되지 않는다' 라는 뜻이요, 또는 '동요' '불안' '갈등' '번민' 이라는 뜻이요, 또는 '들뜨고 시끄러운 상' 이요, '큰소리 날 일이 연속적으로 생기는 상' 이다. 또는 '벼락' '우뢰'를 뜻한다. 만약 신(身) 명(命)에 사부살(死府殺)이 있으면 감전이나 우뢰나 벼락으로 사망할 수도 있다.

그래서 이 괘는 즐거운 일 또는 기쁜 일이 연속적으로 발생할 수 있는 운이다.

또는 안정되고 편안한 가정이나 사회나 회사에 불안이나 풍파나 시끄러운 일이 발생할 수 있다고 말할 수 있을 것이다.

또는 주위 사람들의 동요나 풍파나 불상사 등에 자신까지 불안하고 시끄러운 사건이나 일에 휘말릴 수 있다고 할 수 있다.

또는 어떤 일이 시작도 되기 전에 요란하다, 시끄럽다고 할 수 있을 것이다.

또는 즐겁게 놀고 있는 자리에서 갑자기 싸움이 벌어져서 풍파가 일 수 있는 운이다.

또는 즐거움 끝에 풍파가 발생할 수 있는 운으로 예를 들면 신입생 환영 파티나 인사회 등에서 치러지는 행사가 나중에는 불상사로 끝나는 경우 등이 있을 수 있다.

또는 어떠한 일을 미리 설쳐서 풍파를 일으키고 손해를 볼 수도 있는 운이다. 예를 들면 비밀을 간직하고 일을 처리하여야 할 일을 사전에 폭로되어 일이 그르치는 격이다.

또한 크리스마스가 앞으로 많은 날이 남아있는데 사회의 분위기가 들뜨고 시끄러운 상황과 같다고 할 수 있을 것이다.

또는 어느 영화가 개봉도 되기 전에 영화에 대한 분위기를 잡고 선전하고 떠드는 것과 같다고 할 수 있을 것이다.

또는 연애 중인 남녀가 결혼도 하기 전에 풍파가 많이 발생하고 있다고 할 수 있을 것이다.

또는 합격이나 진급이 확정도 되기 전에 미리 확정된 것처럼 시끄럽게 소란을 피우는 상이라 말할 수 있을 것이다.

또는 부모의 회갑잔치를 미리 준비하며 시끌벅적하는 격이라 할 수 있을 것이다.

또는 대통령이나 국회의원선거 때 아직 선거도 하지 않았는데 당선이나 된 듯이 설치고 즐거워하는 사람들과 같다.

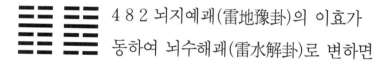

482 뇌지예괘(雷地豫卦)의 이효가 동하여 뇌수해괘(雷水解卦)로 변하면

해(解)란 '해방되다' '해결하다' '해산하다' 또는 어떤 틀이나 고정관념에서 '벗어나다' '무너지다'라는 뜻이다. 그래서 '없애다' '풀어지다' '해제하다' '제거하다' '알다' '이해하다' '흩어지다' 라는 뜻이요, 고통이나 어려움에서 벗어날 수 있는 운이다.

그래서 이 괘는 즐거울 일이 없어지는 운이요, 안정되고 편안한 일이 없어지는 운이요, 또는 미리 마음먹은 일들이 성취하지 못하고 소멸되어 없어지는 운이다.

또는 내 주위에 일고 있는 갈등이나 풍파나 우뢰나 불안 등이 해결될 수 있다고 말할 수 있는 것이다. 예를 들면 공부를 못한 학생이 마음의 갈등이 풀릴 것이요, 회사의 사업자금이 부족하여 곤경에 처한 일이라든지, 또는 부부간이나 애인과의 갈등이나 인기가 없어 고민하던 연예인이나 누군가와의 구설풍파가 있는 사람 등이 해방되다 아니면 해결될 수 있다고 말할 수 있는 것이다.

또한 시끄럽다고 하는 것은 나쁜 일만 있는 것이 아니고 즐겁고 좋은 일도 많이 있는 것으로 그 즐겁고 행복하고 좋은 일들이 풀어지거나 없어질 수도 있다. 예를 들면 결혼일을 며칠 앞둔 예비부부가 결혼이 무산될 수도 있을 것이다.

또는 사법시험에 합격하고 연수까지 끝낸 사람이 발령이 취소되거나 판검사발령을 받을 일이 없어질 수 있다고 할 수 있다. 예를 들면 사고를 당했다거나 사람이 죽음으로 없어질 수도 있다.

또는 어떤 예측이 빗나가는 운이요, 또는 매사가 생각대로 이루어지지 않는 운이라고 할 수가 있다. 예를 들면 수험생이 시험에 자신감이 없어 어렵게 생각을 하였다면 생각이 틀린 격이다.

또는 신혼을 앞둔 사람이 결혼을 하고 나면 행복해질 것이라고 생각을 하였다면 그 기대가 무너지는 것이라 할 수 있을 것이다.

또는 임신중에 태아가 아들일 것이라고 생각을 하였다면 틀린 생각이 될 수가 있는 것이다.

‖‖ ‖‖ # 4 8 3 뇌지예괘(雷地豫卦)의 삼효가
‖‖ ‖‖ 동하여 뇌산소과괘(雷山小過卦)로 변하면

소과(小過)란 '약간의 변화가 있는 운'이다. 그래서 '조금 지나치다' '약간 부담된다' '약간 과분하다' '약간 방황한다' '약간 불안하다' '사소한 일에 마음을 쓴다' '작은 일에도 민감하다'라는 뜻이요, 또는 '마음 씀씀이가 작다'고 할 수 있다.

그래서 이 괘는 미리 앞장서서 설치는 것이 조금은 지나친 것을 말하고 있으니 남의 일이든 자기 일이든 설치는 사람들이 있는데 그것이 조금은 지나치다고 하는 것을 말하고 있는 운이다.

또는 내 주위에서 일고 있는 풍파나 우뢰나 갈등이나 불안 등으로 마음이 안정되지 않고 항상 산만하거나 들떠 있는 운이다.

또는 상대방에게 친절을 베푼다고 하는 행위가 약간의 도를 지나치는 행위 등이 있을 운이다.

또는 마음 먹고 있는 일들이 적중하지 못하고 약간씩 차이가 나는 것을 말하고 있는 것이다. 예를 들면 새로 집을 지으려고 하는 일이나 집안에서 어떤 경사를 치른 일이 자기가 예산한 금액보다 약간 추가가 된다든지 할 수 있을 것이다.

또는 약속시간이 조금 지나쳐서 도착을 한다든지, 또는 환자의 치료기간이 생각보다 약간 늦어지는 것 등을 말한다.

또는 어떤 일에서나 상황에서 안정을 얻으려고 마음먹었다면 약간의 경비가 들 수 있다고 말할 수 있을 것이다.

또는 시험을 준비하는 학생의 입장이라면 시험에서 편안하고 안정을 얻으려면 조금 더 노력하라고 할 수 있을 것이요, 아니면 미리 준비를 많이 하였으니 시험에서 크게 부담을 가질 일이 없을 것이라고 할 수 있을 것이다.

또는 경사로 인하여 마음이 산란하고 들뜰 수 있다고 할 수 있으니 예를 들면 결혼을 앞둔 아가씨가 마음이 들뜰 수 있는 상이다.

또는 취업을 하려는 사람이 취업이 확정되니까 마음이 긴장되고 산란할 수 있다고 말할 수 있는 운이다.

䷏ 484 뇌지예괘(雷地豫卦)의 사효가 동하여 중지곤괘(重地坤卦)로 변하면

곤(坤)이란 '대지' '여성'을 상징하고, 그 중에서도 '어머니'를 상징한다. 또는 모든 것을 '수용한다' '받아들인다' 또는 '순하다' '조용하다' 또는 '활동력이 없다' '말이 없다' '내성적이다' 또는 '냉정하면서도 잔정이 많은 상' '속마음의 깊이를 알 수 없는 상' 이라고 할 수 있다.

그래서 이 괘는 내가 편안하니까 근본을 찾는 것으로 내가 어렵고 힘들 때는 먹고살기도 어려워 근본을 찾을 생각도 못하다 안정되니 생각하고 찾는 것이다(여기서 豫는 편안하다고 설명했음).

또는 경사가 생겨도 함부로 발설하지 않고 어머니의 마음으로 조용하게 처리하는 상이라고 말할 수 있다. 또는 어떤 일이나 상황에 대하여 직감이나 느낌이 있어도 함부로 발설하지 않고 조용하게 처리하는 어머니 상이라고 할 수 있다.

또는 주위에서 일고 있는 우뢰나 갈등이나 동요를 내색하지 않고 말없이 조용하게 해결하려고 노력하는 사람이요, 아니면 조용하게 해결할 일이 생길 것이라고 말할 수 있을 것이다. 아니면 모든 일을 어머니 마음으로 받아들이는 사람이라 할 수도 있을 것이다.

예를 들면 부모와 헤어져 타관에서 어렵게 살 때는 부모를 찾으려고 마음도 못 먹고 있던 사람이 자리가 안정이 되고 편안하여지니까 부모를 생각하고 부모를 찾아나서는 것과 같은 운이다.

또는 어려울 때는 부모님 제사도 생각하지 못했다가 생활이 조금 나아지니까 부모님 기일을 생각하는 것이라 할 수 있을 것이다.

또는 타관에 나가 출세를 하니 고향을 찾아보고 싶은 것 등 많은 일들이 있을 수 있다. 여기서 곤(坤)을 근본바탕으로 설명하였다.

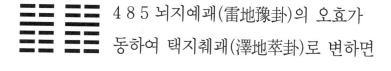 485 뇌지예괘(雷地豫卦)의 오효가 동하여 택지췌괘(澤地萃卦)로 변하면

췌(萃)란 '모인다' '모여든다' '모으고 있다' '수집한다' 라는 뜻

이다. 또는 '하나의 집합체나 단합된 단체'요, 또는 '집결, 결집'이요, 또는 '여러 종류의 물건이나 부품을 모아 하나의 물건을 생산하는 것'이요, 또는 '많은 사람이 모여 힘을 발휘하는 것'으로 해석한다.

그래서 이 괘는 편안하고 안정될 일이 여러 분야에서 발생할 운이요, 또는 미리 예측한대로 모여든다고 할 수 있을 운이다.

또는 예감이 많이 떠오르는 사람이요, 예측이 많은 사람으로 '예언자'나 '무당'이나 '철학원'을 운영하면 좋을 사람들이다.

또는 내 주위에 많은 풍파나 갈등이나 헛소문 등이 많이 발생한다거나 모여들 것이라고 할 수 있을 것이요, 아니면 많은 소문이나 정보를 모으는 사람이라고 할 수 있다.

또는 어떤 일이나 상황을 다른 사람들보다 먼저 서두르다보니 많은 일이나 사람들이 모여든다고 할 수 있을 것이다.

또는 현재는 힘들고 어려운 회사에 갑자기 많은 주문량이 앞당겨 생겨서 앞으로 안정된 회사의 운영이 있을 것을 말할 수 있을 것이다. 여기서는 미리라는 뜻으로 설명하였다.

또는 어떠한 일이나 사업을 추진하는데 있어서 사람이 모자라서 어렵게 생각하고 있는데 많은 사람들이 미리 모여와서 일을 돕겠다고 하여 하고자 하는 일이 편안하고 안정되게 처리할 수 있을 것을 말하는 운이다.

또는 어떠한 행사나 일이 있기 전에 많은 사람들이 모여들 수 있는 것이다. 예를 들면 공연에 앞서 많은 사람들이 모여드는 격이다.

또는 집안에 경사가 겹칠 수 있는 운이요, 또는 어떤 사업을 다른 사람들보다 먼저 서둘러 시작을 하니 많은 소득이나 수입을 올릴 수 있다고 할 수 있을 것이다.

또는 어떤 공부를 즐거운 마음으로 하다보니 다른 사람들보다 많은 공부를 하게 되었다고 말할 수 있을 것이다. 예를 들면 춤이나 음악이나 컴퓨터 공부를 즐겁게 하니 지겹지도 않고 많은 것을 배울 수 있다고 표현할 수 있다.

䷏䷢ 486 뇌지예괘(雷地豫卦)의 육효가 동하여 화지진괘(火地晋卦)로 변하면

진(晋)이란 '솟아오르는 태양'으로 '희망'을 나타내고, '나간다' '전진한다'라는 뜻이요, 또는 '어두운 터널에서 벗어나고 있는 상'이다. 그래서 '발전' '추진력' '계속된다' '전문화된다'를 의미하고, 또는 '희망이 있다' '세상이 밝아진다' '마음을 털어놓는다' '비밀이 밝혀진다'라는 뜻이다. 또는 '마음을 표현한다'는 의미가 있으니 상대에게 마음을 나타냈으니 결정은 상대에게 있음을 말한다. 또는 '제자리로 돌아갈 수가 없다'는 뜻도 있다. 불이란 한 번 타버리면 제자리로 다시 돌아갈 수 없기 때문이다. 그래서 진(晋)은 벌어진 일이나 추진하는 일이나 시작한 일을 제자리로 돌리거나 포기할 수 없는 것으로도 해석한다.

　그래서 이 괘는 편안함이 지속될 수 있도록 노력하는 운이요, 아니면 나는 조용하게 있는데 주위가 산만하고 요란한 운으로 주위에서 풍파가 계속 일고 있을 운이다.

　또는 주위의 풍파나 불안이나 갈등 등이 가라앉지 않고 계속 번져나가거나 번져나갈 일이 발생할 것이라고 말할 수 있을 것이다.

　또는 일이 내가 생각하고 마음먹은대로 되지 않고 나로 하여금 불안하게 하는 운이 지속되고 있는 격이라 할 수 있을 것이다.

　또는 한 번 발생한 풍파가 가라앉지 않고 계속되고 있는 것이다. 예를 들면 풍수해가 지나고 난 후에 복구도 속히 이루어지지 않으면서 또 다시 전염병이나 질병이 발생하고 있는 격이다. 여기서는 땅 위에서 일고 있는 우뢰로 설명하였다.

　또는 영감이나 육감을 말하고 있으니 자기의 생각하였던 바를 계속 추진하는 격이다.

　또는 자기의 주장을 계속 관철시키려고 노력하는 사람이요, 또는 자기의 지혜나 예감을 마음 속에 담아두는 것이 아니고 다른 사람에게 노출시킨다고 말할 수 있는 운이다. 아니면 자기의 즐거운 일이나 경사를 다른 사람에게 알린다거나 할 수 있을 것이다.

　또는 자기의 즐거움을 주위 사람들이 알아볼 수 있게 행동할 수 있다고 할 수 있을 것이다. 예를 들면 노래를 부른다거나 춤을 춘다거나 웃음을 참지 못하는 일 등을 말할 수 있다.

5 1 풍천소축괘(風天小畜卦)

소축(小畜)이란 '적은 것, 사소한 것'을 말하는 상으로 '기대에 미치지 못하는 것'을 말한다. 또는 '적게 쌓는다' '적게 얻는다' '조금 잃는다' '조금 막는다' '조금 기른다' 등이요, 또는 '노력을 안 한다' '힘을 안 쓴다' '투자를 안 한다'. 또는 어떤 일이나 상황에서 '상대방에게 큰 관심이 없다'고 할 수 있을 것이요, 또는 '작은 일이라도 놓치지 않는다' '사소한 일에 관심이 많다'라고 할 수 있을 것이다. 또는 '사소한 소문에 시달리거나 사소한 소문들이 만발한다'고도 할 수 있다.

그래서 이 괘는 공부를 많이 한 사람이 사회에서 활용은 조금밖에 못하는 격이다.

또는 어떤 사업을 하면서 큰 이익을 기대하였으나 결산하고 보니 이득이 별로 없었다고 할 수 있는 것이다.

또는 비용이 많이 들 것으로 예측하였으나 생각보다 적은 비용이 들었다고 하는 것 등을 말하고 있는 것이다.

또는 어떤 사람이나 어떤 일이나 또는 어떤 단체에 기대를 가지고 투자를 한 것이 기대치를 얻지 못했다고 할 수 있을 것이요,

또는 큰 기대를 가지고 광고하였으나 기대만큼 광고효과를 보지 못했다고 할 수 있는 운이다.

또는 약간의 노력으로도 원하는 바를 얻을 수 있을 것이요, 크고 무리한 것이 아니고 적고 약한 것이라고 하여야 할 것이다. 또는 무리할 것을 미리 예고하는 의미가 있다.

또 풍천소축(風天小畜)은 하늘에서 부는 약한 바람으로 마음이 약간 들뜰 수 있는 운이며, 사업에서나 직장에서나 부부간의 관계에서도 마음이 약간 들뜰 수 있는 운이라고 보아야 할 것이다.

또한 하늘에서 부는 약한 바람은 시작도 끝도 없는 것으로 실체가 없는 형태로서 마음과 기분이 조금 들뜰 수 있는 운이다.

또는 바람은 의지가 없고 주위의 여건에 따라서 부는 것이니 심리적 변화가 있을 것을 예고하는 것이다.

또한 무언가의 일이 시원하게 해결되는 것이 아니고 미온적으로 서서히 변화하는 것을 말하고 있다. 이 운에서는 무리하면 도리어 손해가 있으니 때를 기다리는 것이 순리라고 하겠다.

또한 풍천소축(風天小畜)은 소심한 사람이라고 볼 수 있고, 소축(小畜)은 뇌산소과(雷山小過)와 같은 의미가 많다.

5 1 1 풍천소축괘(風天小畜卦)의 초효가 동하여 중풍손괘(重風巽卦)로 변하면

손(巽)이란 '기회주의자' '임기응변에 능한 사람'이라고 할 수 있다. 또는 '고정적이지 못한 것' '확고하지 못한 것' '믿을 수 없는 사람'이라고도 할 수 있다. 그래서 '산만' '동요' '방황' '불안정' '변화' '변덕' '적응을 잘 한다' '상대방의 비위를 잘 맞춘다' '한 곳에서 생활하지 못하고 계속 옮겨다닌다' '설레임' '유순' '공손' 등으로 해석한다.

그래서 이 괘는 하찮은 일로 마음을 못 잡고 불안해하는 운이요, 또는 별일도 아닌 일을 가지고 크게 확대하려고 하는 운이다.

또는 약간 있는 것을 크게 부풀려 말하는 것과 같다고 말할 수 있을 것이다.

또는 없어도 있는 것처럼 생활하는 것이요, 아니면 실력이 없어도 있는 것처럼 하거나 실력이 없으니 마음이 항상 불안하고 안정감이 없다고 할 수 있을 것이다.

또는 사소한 일, 별것도 아닌 일에도 마음을 잡지 못하고 항상 안절부절 할 수 있는 상이요, 아니면 마음이 설레일 수 있는 사람이라 할 수 있다.

또는 실력도 없고 능력도 없고 재력도 없는 사람들이 마음이 들떠서 방황하고 있다거나 아니면 안정된 생활을 못하고 이리저리 밀려가면서 살아가도 있다고 말할 수 있을 것이다.

또는 약간 알고 있는 실력이나 기술을 여기저기에 잘 적응하면서 생활하는 사람이라 말할 수도 있을 것이다.

또는 별 도움이 되지 못하는 일거리만 많이 발생할 수 있을 것이요, 아니면 자주 발생한다고 할 수 있을 것이다.

또는 조금의 손실만 있어도 마음의 풍파가 생기고 불안하게 생활할 수 있는 상이다.

또는 사소한 이익이나 크지 않은 직장을 들어가게 될지라도 마음이 들뜨고 좋아하고 설레일 수 있다고 할 수 있을 것이다.

또는 부인이 남편에게 받은 작은 선물하나에도 마음이 들뜨고 좋아 할 수 있는 것이다. 예를 들면 부인이 생일이나 결혼기념일에 남편에게 장미 한 송이를 받았다든지 아니면 당신을 사랑한다고 하는 말 한마디에 마음 설레이며 황홀해 할 수 있다고 할 것이다.

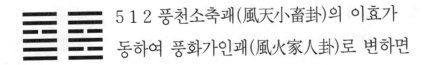

512 풍천소축괘(風天小畜卦)의 이효가 동하여 풍화가인괘(風火家人卦)로 변하면

가인(家人)이란 '가족' '집안사람' 또는 '구성원'이나 '조직원' 등을 말한다. 또는 '패거리' '같이 행동하거나 생각하는 사람' '동아리' '동문' '연고가 같은 사람' '같은 사업을 하는 사람'이요, 또는 '같이 어울린 물건'이라고도 할 수 있다.

그래서 이 괘는 적은 일이나 사소한 일이나 하찮은 물건하나까지도 함부로 하지 않고 소중하게 생각하면서 아끼는 마음으로 관리할 수 있는 사람이다.

또는 집안단속을 잘하는 사람으로 부부간에 갈등이 있으면 그 갈등을 풀어서 부부가 서로 화합할 수 있을 것이다.

또한 자녀에게 문제가 있으면 자녀의 심리를 잘 파악하고 풀어주어 가정을 화목하게 이끌어갈 사람이라 말할 수 있을 것이다.

또는 직장에서는 직장인들을 잘 다스리는 사람으로 동료나 부하의 어려운 마음을 잘 파악하여 해결하여 줄 수 있는 사람이다.

또한 사회에서는 사회의 안정을 위하여 노력하는 사람이라고 할 수가 있으니 사람들의 심리를 잘 파악하여 풍파를 안정시켜 주고 마음의 갈피를 잡지 못하는 사람에게 안정감을 주는 사람이다.

또는 집안의 일이나 사회의 일이나 친구나 동료의 일이나 직장의 일이나 모두 내일처럼 생각하며 돌보는 사람이라 할 수 있다.

또는 모든 사람들이 무시하는 사소한 일까지도 관심이 많은 사람이라 할 수 있을 것이다.

또는 많은 공부는 못했어도 약간 배운 학문이나 지식일망정 귀중하게 생각하고 활용하는 사람이라 말할 수 있을 것이다.

또는 별것도 아닌 적은 이익에 많은 사람들이 관심을 갖고 있다거나 많은 사람들이 모여들었다거나 모여들 일이 있을 것이라고 할 수도 있다. 예를 들면 어떤 건물의 철거작업에 이익이 없어도 많은 사업체들이 경쟁하여 몰려드는 상이라 할 수 있을 것이다.

513 풍천소축괘(風天小畜卦)의 삼효가 동하여 풍택중부괘(風澤中孚卦)로 변하면

중부(中孚)란 '고이 간직한다' '소중하게 생각한다' '집착한다' 고 할 수 있는 상이다. 그래서 '아끼다' '신중하다' '조심성이 많다' 라는 뜻이요, 또는 '관심이 많다' '소중하게 관리한다'고 할 수 있다. 또는 '함부로 경솔하게 행동하지 않는다' 라는 뜻이요, 또는 '그리워한다' '미련을 버리지 못한다' '좋아한다' '즐긴다' 라는 뜻이다. 예를 들면 시끄러운 상황으로 떠들거나 운동을 즐긴다고 할 수 있을 것이요, 또는 어떤 물건을 좋아하거나 부부간에 애정행위를 즐기거나 친구나 자신이 하는 일을 좋아한다고 할 수 있다. 또는 마음이나 정신이 산만하고 들떠 '집중하지 못하는 상' 이다.

그래서 이 괘는 작은 일이나 하찮은 일이라고 하여 경거망동하지 않고 신중하게 대처하는 운이다.

또는 적은 이익에 현혹되지 않고 본인이 매사를 확실하게 알아보고 난 후에 결정하는 운이다.

또는 하찮은 일도 모두 메모하여 두는 성격으로 후일에 대비하는 성격이며 학문도 좋든 나쁘든 간에 모두 공부를 하되 나의 것을 선택하여 활용할 줄 아는 학문이라고 할 수가 있는 운이다.

또는 조금 알고 있는 지식이나 또는 별것도 아닌 작은 기술일지라도 소중하게 생각하고 사용하는 사람과 같다고 말할 수 있다.

또는 작은 물건이라도 함부로 대하지 않고 소중하게 보관하고 관리하는 사람이요, 별것도 아닌 물건이나 값어치 없는 물건도 소중하게 사용할 자리가 있다고 말할 수 있을 수 있는 운이다.

또는 큰 인물이 아닌 별 볼일 없는 사람이나 하찮은 사람이라도 소중하게 대한다든지, 아니면 그러한 사람이 필요하다 거다. 그러한 사람들의 도움을 받을 수 있을 것이라 할 수 있을 것이다.

하지만 용신(用神)에 칠살(七殺)이 있으면 모든 것을 듣고 챙겨도 바르지 못한 길로 나갈 수 있는 운이라고 생각해야 할 것이다.

이 괘는 앞의 가인으로 변한 괘와 유사한 성질의 괘라 할 수 있는데, 가인괘는 가족처럼 대하면서 지낼 수 있다고 한다면 중부괘는 매사를 소중하게 또는 신중하게 생각한다고 할 수 있는 것이다.

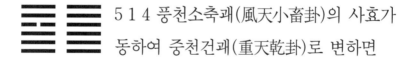

5 1 4 풍천소축괘(風天小畜卦)의 사효가 동하여 중천건괘(重天乾卦)로 변하면

건(乾)이란 '강하고 능력있고 힘있는 것'이요, 또는 어떤 분야에서 좋은 면에서나 나쁜 면에서나 '최고'를 말한다. 또한 '임금'이요 '하늘'이며 '힘이 강하고 넘치는 운'이요, 또한 '굳다' '견고하다' '고집' '몰인정' '모가 나다' '특별하다' '메마르다' '최고' '독선적인 것'이며, 또는 '콧대가 높다' '자존심(자부심)이 강하다' 등을 말하고, 또는 '외롭고 쓸쓸한 것'을 말한다. 또는 매사 분명한 것을 좋아하고, 누구와 타협하려고 하지 않는다.

그래서 이 괘는 독수리가 병아리를 채는데도 전력을 다하여 낙아채듯 하찮은 일에도 전심전력을 다하는 노력가라고 보아야 한다.

또는 시작은 아주 미약하였으나 대성하여 어떤 분야에서 일인자가 되었다고 할 수 있을 것이다.

또는 작거나 하찮은 이익을 위하여 모가 나는 행동을 한다거나 고집을 부린다거나 자존심을 내세우다 혼자 외롭고 쓸쓸한 생활을 할 수 있다고 말할 수 있을 것이다.

또는 시장에서 장사를 하면 이익이 많고 작고를 떠나서 최대한의 노력을 아끼지 않는 사람이다.

또한 사업가라면 적은 이익이라고 하여 소홀히 하는 것이 아니고 적은 이익에도 전력을 다하는 사람이라 할 수 있을 것이다.

또는 운동선수라면 개인의 이익이 없을지언정 최선의 노력을 다하는 사람 등과 같은 것이니, 자기에게 주어진 일이 크고 작고간에 최대한의 노력을 하는 사람이라고 할 수가 있다.

또는 사소한 일을 해결하지 못하고 후일에 크게 낭패를 볼 수가 있다. 예를 들면 부부간에 사소한 일을 해결하지 못하다가 이별수가 있을 수 있다.

또는 사소한 일 별것도 아닌 일로 사람이 냉정하고 독한 사람으로 변했다거나 변할 일이 있을 것이라고 할 수 있다.

또는 별로 관심이 없을 것 같은 물건들이라고 할까 아니면 일들을 꾸준하게 한 결과 후일에 큰 덕이 되고 성공을 거둘 수 있다고 할 수 있을 것이다.

또는 많은 사람들이 관심도 없는 별것도 아닌 일이나 물건 등을 소중하게 관리한 결과 큰 성공을 거두었다고 할 수 있거나 아니면 크게 패가망신하였다고 말할 수 있는 상이다.

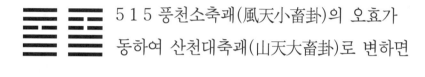 515 풍천소축괘(風天小畜卦)의 오효가 동하여 산천대축괘(山天大畜卦)로 변하면

대축(大畜)이란 '많은 것' '기대 이상의 성과나 변화' 등을 말하는 상으로, 좋은 면이든 나쁜 면이든 '크게 쌓는다' '의지력이 대단하다' 또는 '크게 이룬다' '크게 얻는다' '기대가 매우 크다' '욕심이 매우 과하다' 또는 '상처가 매우 크다' '손실이 매우 크다' 라는 뜻이다.

그래서 이 괘는 작은 것에도 크게 만족하는 운이요, 또한 우리 속담에 '티끌 모아 태산' 이라고 하는 말이나 또는 '되 글을 배워 말글로 써먹는다' 라는 말이 있는데 이 괘는 적은 것도 소홀히 하지 않고 매사를 신중하게 처리하여 그 덕을 크게 쌓는다고 하는 것을 말하고 있다.

또는 작은 것을 모아 큰 것을 이룰 수 있는 운이다. 예를 들면 공부는 조금밖에 못한 사람이 사회에서 활용은 크게 할 수 있는 사람이라 할 것이다.

또는 작은 물건이나 값어치 없는 사소한 물건일지라고 크고 값지게 활용 할 줄 아는 사람이라 말할 수 있을 것이다.

또는 사업은 작고 미미하게 시작을 하였는데 대성을 거두어 큰 사업가가 될 수 있다고 말할 수 있을 것이다.

또는 어떤 일에 약간의 투자를 하였는데 생각보다 많은 수입이 발생하였다고 할 수 있을 것이다.

또는 어떤 일에서나 상황에서 약간의 노력을 하였는데 성과는 생각보다 크게 나타났다고 할 수 있을 것이다.

또는 지나가면서 들리는 말 한마디도 놓치지 않고 귀담아 들었다가 자기의 어떤 일에 활용하는 사람이다.

또는 길거리에 버려진 물건 하나도 소홀히 하지 않고 이익이 되는 방향으로 활용할 줄 아는 사람이라 말할 수 있을 것이다.

또는 한 번에 큰 욕심을 부리는 사람이라기 보다는 적은 일도 놓치지 않고 꾸준하게 노력하여 자기의 목적을 달성하는 사람이다.

또는 직장에서도 직위가 낮다고 불평불만을 하지 않고 꾸준하게 노력하는 사람이라고 할 수가 있을 운이다.

또는 별로 아는 것도 없는 사람이거나 전문지식도 없는 사람이 어떤 일에서 전문가인 것처럼 행동한다거나 할 수 있는 사람이다.

또는 별로 잘 알지도 못하는 사람인데 잘 아는 척 하면서 친절을 배 푼다거나 치근덕거릴 수 있는 사람이라 할 수 있을 것이다.

또는 우리 속담에 '호미로 막아도 될 일을 가래로 막는다'는 말이 있는데, 처음에는 간단하게 처리할 수 있었던 것을 후일에 크게일이 생길 수 있다고 하는 것이다. 즉 처음은 조금만 손해를 보면될 일, 또는 조금만 참으면 될 일이 나중에는 많은 손해를 본다거나 큰 불상사가 될 수 있다고 하는 운이다.

또는 별것 아닌 일이나 사람이나 물건에 크게 기대를 하고 있다고 말할 수 있을 것이다. 하지만 칠살(七殺)이 용신(用神)이나 동효(動爻)에 있으면 바늘도둑이 소도둑이 되는 형국이다.

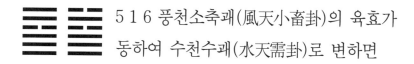 516 풍천소축괘(風天小畜卦)의 육효가 동하여 수천수괘(水天需卦)로 변하면

수(需)란 '기회나 때나 상황을 기다린다' '기대한다' '필요로 한다' '찾는다' '요구한다' '원한다'라는 뜻이요, 또는 '대기한다' '미루어진다'라는 뜻이다.

그래서 이 괘는 큰 일이 아닌 사소한 작은 것을 기다리고 있는 것이다. 또는 크게 덕이 될 일이 아닌 것을 혹시나 하는 마음으로기다리고 있다고 할 수 있을 것이다.

또는 작은 이익이 생길 수 있는 일이라고 하여 함부로 포기하는것이 아니고 때를 기다려줄 수 있는 사람이라 할 수 있을 것이다.

또는 공부가 조금 더 잘되기를 기다리는 학생과 같고, 생활이 지금보다 조금 더 나아지기를 기다리는 사람과 같다고 할 수 있다.

또는 더 나은 집으로 이사를 하기 위하여 적금 등을 넣으면서 시기가 오기를 기다리는 상이라 할 수 있을 것이다.

또는 부부사이나 애인사이에서 상대가 나를 조금 더 믿어주기를 기다리면서 때를 기다리는 사람이라 할 수도 있을 것이다.

또는 평범한 사람이나 나에게 약간 도움이 되는 사람을 만나기로 하고 기다리는 격이요, 또는 비가 조금 오기를 기다리는 격이다.

또는 그다지 크게 기대하지는 않는 마음으로 어떤 시험을 치르고 난 사람이 소식을 기다리고 있는 격이라 할 수 있다.

또는 밖에 나간 사람을 조금은 기다리는 마음으로 있는 심정이요, 또는 일나간 사람을 기다리고 있는 격이다.

또는 증권 같은데 약간의 투자를 한 사람이 주가가 오르기를 기다리고 있는 운이다.

또는 결혼은 해도 그만 안 해도 그만인 사람이 혹시나 하는 마음으로 상대방에게 결혼소식이 있을까 하고 기다리고 있는 마음이라고 말할 수 있을 것이다.

또는 기대하는 마음이 없이 자서전을 출판한 사람이 출판소식을 기다리고 있는 것과 같은 운과 같은 것이다.

또는 있어도 좋고 없어도 무방하며, 와도 좋고 안 와도 그만이며, 해도 좋고 안 해도 크게 지장이 없는 것 등을 그저 대기하고 기다려보는 운이라고 할 수가 있을 것이다.

52 천택중부괘(風澤中孚卦)

중부(中孚)란 '고이 간직한다' '소중하게 생각한다' '집착한다'는 상이다. 그래서 '아끼다' '신중하다' '조심성이 많다' 라는 뜻이요, 또는 '관심이 많다' '소중하게 관리한다' 고 할 수 있다. 또는 '함부로 경솔하게 행동하지 않는다' 라는 뜻이요, 또는 '그리워한다' '미련을 버리지 못한다' '좋아한다' '즐긴다' 라는 뜻이다.

예를 들면 시끄러운 상황으로 떠들거나 운동을 즐긴다고 할 수 있을 것이요, 또는 어떤 물건을 좋아하거나 부부간에 애정행위를 즐기거나 친구나 자신이 하는 일을 좋아한다고 할 수 있다. 또는 마음이나 정신이 산만하고 들떠 '집중하지 못하는 상'이다.

또한 이 괘는 어미새가 알을 부화하기 위하여 그 알을 발등 위에 얹어놓고 신중하게 처신하는 것을 비유하고 있는 것이다.

또는 풍(風)은 양(陽)이요 택(澤)은 음(陰)으로 남편이 그 아내를 함부로 대하지 않고 사랑으로 대하는 운이다.

또한 부모가 자식을 대함에 있어서 신중하게 대처하고 있다고 하는 뜻이 포함되어 있을 운이다.

또한 국왕은 국민을 사랑하고 아끼고 보살필 줄 알아야 하고, 회사의 사장은 회사를 아끼고 종업원을 아끼고 보살필 줄 알아야 하고, 강한 자는 약한 자를 아낄 줄 알아야 한다고 하는 교훈이다.

또한 성인들이 어린아이를 보살피고 잘 가르쳐야 하는 등을 말한다. 즉 상대를 애정과 자비의 마음으로 대하여야 한다고 하는 뜻이요, 상대를 무시하거나 험담하지 말라는 뜻이 포함되어 있다.

학생이 책을 애지중지 소중하게 관리하고 있는 상이요, 연예인이 평소에 자기가 입던 어떤 출연의상을 소중하게 관리하는 상이라 할 수 있을 것이다.

또는 농부가 농기구나 종자나 농약 등을 함부로 관리하지 않고 소중하게 관리하고 있는 상을 말한다.

또는 직장생활을 하는 사람이 자기가 나가는 직장을 소중하게 생각하고 회사일에 열중하는 상이라 말할 수 있을 것이다.

또는 스승이나 지도자가 제자들이나 후계자들을 함부로 대하지 않고 소중한 마음으로 대하는 상이라 할 수 있을 것이다.

또는 모든 일이나 모든 물건이나 상황들도 경솔하게 함부로 대하지 말고 소중하게 대처하여야 한다고 할 수 있다.

5 2 1 풍택중부괘(風澤中孚卦)의 초효가 동하여 풍수환괘(風水渙卦)로 변하면

환(渙)이란 '고정적이지 못하다' '안정적이지 못하다' '확고하지 못하다' '변화가 많다' 라고 할 수 있다. 그래서 '흩어지다' '헤어지다' '풀리다' '널려놓다' '번진다' '퍼진다' '여기 저기' '이것 저것' 이라는 뜻이요, 또는 '정신이 산만하다' '이합집산이 많다' 라고 할 수 있다.

그래서 이 괘는 신중함을 잃을 운이요, 또는 소중하게 생각하고 간직한 물건이나 단체나 사람들이 헤어질 수 있다고 할 수 있다.

또는 그동안 서로 소중하게 생각하면서 함께 지내던 사람들이 해산되는 운이다. 예를 들면 운동선수들이 시합에 나가기 위하여 함께 지내다 시합이 끝이 나니까 해산하는 것 등을 말한다.

또는 그동안 소중하게 간직하고 있던 골동품이 분실될 수 있다고 할 수 있을 것이요, 아니면 매각되어 나에게서 떨어져 나갈 수 있다고 할 수 있을 것이다.

또는 그동안 소중하게 생각하고 나가던 직장에서 퇴출도 될 수 있다고 할 수 있는 운이다.

또한 정성된 마음이나 매사에 신중하게 처신하던 마음이 소실될 운이며 아니면 마음이 산만해질 수 있는 것으로 다른 사람을 아끼고 사랑하는 마음이 소홀해질 수 있는 운이라 말할 수 있다.

예를 들면 명궁(命宮)에서 살이 들면 정신적 질병이나 어떤 사고의 발생원인으로, 아니면 부부의 갈등이나 재산의 파탄 등으로 소홀해 질 수 있는 것이다.

또는 마음속에 간직하고 있는 욕망을 잃을 운이 있으니 다시 말해서 사람이 경솔해져서 본연의 임무를 망각할 수 있는 운이라고 할 수가 있는 운이다

또는 그동안 내가하던 사업을 소중하게 생각하고 정열을 쏟은 것이 여기저기에 분점을 낼 수 있다고 할 수 있을 것이요, 그동안 소중하게 생각하고 공부한 것을 여러 사람들을 위하여 가르칠 수 있다고 할 수도 있을 것이다.

522 풍택중부괘(風澤中孚卦)의 이효가 동하여 풍뢰익괘(風雷益卦)로 변하면

익(益)이란 '이롭다' '유익하다' '증가하다' '더하다' '더욱더' 등으로 '뭔가를 추가한다는 뜻' 이다. 또한 '우뢰, 갈등, 동요, 불안, 풍파, 방황, 고민, 시끄러운 상황' 등이 많다고 할 수 있다. 또는 '부익부(富益富) 빈익빈(貧益貧)' 이라는 뜻이요, '끼리끼리 어울린다' '모인다' '쌓아둔다' 라는 뜻이다.

그래서 이 괘는 신중하게 처신하는 것이 나에게 덕이 되고 이롭

다고 하는 것이다.

또는 어떤 일이나 상황이나 물건 등을 소중하게 간직하고, 또는 비밀을 지키고 한 것이 후일에 나에게 큰 덕이 되었다고 할 수 있거나 아니면 후일에 큰 풍파가 생길 수 있다고 할 수 있는 운이다.

또는 그동안 공부를 열심히 한 결과 출세가 계속 발생할 수 있다고 할 수 있을 것이다.

또는 그동안 회사나 작은 사업이나 기술 등을 소중하게 생각하고 열심히 노력한 결과 사업이 번창한다고 할 수 있을 것이다.

또한 경솔하지 않고 신중하게 행동하는 것이 가정이나 사회를 위하여 이익이 될 수 있다고 하는 것을 말하고 있는 것이다.

그래서 반대로 설명하면 신중하지 못하고 경솔하면 도움이 되지 못한다고 하는 것으로, 부부간에도 부부가 서로 신중하지 못하고 너무나 경박하고 경솔하면 도움이 되지 못한다고 하는 것이다.

또는 동료나 친구 사이에서도 경솔하면 이익이 없고 손재수만 있을 수 있으니 매사를 신중하게 처신하고 대처하여야 한다.

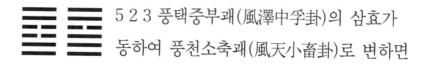

5 2 3 풍택중부괘(風澤中孚卦)의 삼효가 동하여 풍천소축괘(風天小畜卦)로 변하면

소축(小畜)이란 '적은 것, 사소한 것'을 말하는 상으로 '기대에 미치지 못하는 것'을 말한다. 또는 '적게 쌓는다' '적게 얻는다'

'조금 잃는다' '조금 막는다' '조금 기른다' 등이요, 또는 '노력을 안 한다' '힘을 안 쓴다' '투자를 안 한다'. 또는 어떤 일이나 상황에서 '상대방에게 큰 관심이 없다'고 할 수 있을 것이요, 또는 '작은 일이라도 놓치지 않는다' '사소한 일에 관심이 많다'라고 할 수 있을 것이다. 또는 '사소한 소문에 시달리거나 사소한 소문들이 만발한다'고도 할 수 있다.

그래서 이 괘는 적고 하찮은 일도 소홀히 하지 말고 신중하게 처신하고 대처를 한다면 소득이 있다고 하는 것을 말하고 있으니 사회에서 우리들이 소홀히 행할 수 있는 일도 신중을 기하라고 가르치는 것이다. 예를 들면 이름이 없는 학문이라도 소중하게 읽혀두면 언젠가는 도움이 있을 것이다.

또는 보잘것없는 사람이라도 함부로 대하지 않는다면 언젠가는 나에게 덕이 될 수 있다는 것을 말한다. 우리 속담에 '굼벵이도 뒹구는 재주가 있다'는 말처럼 하찮고 보잘것없는 것 같아도 소중히 다루다 보면 적게나마 그 덕이 있을 것을 말하고 있는 것이다.

또는 어떤 일이나 상황을 소중하게 생각하고 관리하였으나 별도 도움이 되지 못하였다고 할 수 있다. 예를 들면 어떤 모임이나 단체등을 소중하게 생각하고 열심히 나갔는데 내가 필요로 할 때는 나에게 별로 도움이 되지 못하였다고 할 수 있을 것이다.

또는 어떤 농부가 다음해 쓰려고 종자를 소중하게 간수한다고 하였는데 막상 사용하려고 보니 많이 상하여 종자로서의 값어치가 별로 없었다고 말할 수 있을 것이다.

또는 어떤 일이나 상황이나 물건 등을 귀중품인 줄 알고 소중하게 간수하였는데 후일에 알고 보니 별볼일없는 물건이었다고 할 수 있을 운이다.

또는 부동산이 폭등할 것으로 판단하고 어디다 투자를 하였는데 소득이 별로 신통치 않았다고 할 수 있을 것이다.

또는 농부가 과일나무에 정열을 쏟아서 열심히 가꿔왔는데 가을에 소득은 별로 보잘것없다고 할 수 있을 것이다.

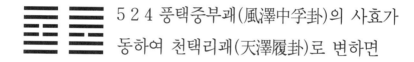

5 2 4 풍택중부괘(風澤中孚卦)의 사효가 동하여 천택리괘(天澤履卦)로 변하면

리(履)란 '밟는다' '쫓는다' '무시한다' 라는 뜻이다. 또는 '따른다' '모방한다' '닮아간다' '업신여긴다' '괄시한다' '채택하지 않는다' '관심없다' '협박한다' 라는 뜻이요, 또는 '물건을 소중하게 취급하지 않고 소홀히 다루는 상' 이다.

그래서 이 괘는 조심스런 마음으로 누군가의 뒤를 따르는 운이요, 또는 신중하게 다른 사람의 뒤를 밟고 있다고 하는 운이다.

또는 아끼는 마음으로 소중하게 생각하고 관리하였는데 무시를 당한다거나 쓸모없는 상황이 발생하여 버릴 수밖에 없었다고 할 수 있을 것이다.

예를 들면 제자가 선생님을 존경하며 뒤를 따르는 운이요, 또는 다른 물건의 제품이 물가를 올리니 주위의 눈치를 보면서 조심스럽게 따라가는 것 등이 있다.

또는 형사가 범죄자의 뒤를 들키지 않도록 신중하게 밟고 있는 중이요, 또는 다른 사람이 개발한 물건을 유사품을 만들어내면서 신중을 기하는 운이요, 여기서는 따르는 것으로 설명하였다.

또는 서로 사랑하는 남녀가 둘이서는 서로 좋아하여 사랑하고 아끼는 마음으로 소중하게 생각하였는데 결혼을 하려고 하는 마음에 부모님에게 인사를 가니 부모나 형제들에게 인품이나 외모에서 무시를 당할 수 있다고 할 수 있을 것이다.

또는 지금까지 귀중품인줄 알고 소중하게 간직하였으나 별볼일 없는 물건으로 판명나자 천덕꾸러기로 취급할 수 있는 것이다.

또는 애지중지하던 의상이나 개발품이나 전재산을 모두 처분할 수 있는 상이다. 여기서는 무시하다고 설명하였다.

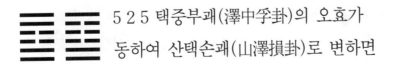

525 택중부괘(澤中孚卦)의 오효가
동하여 산택손괘(山澤損卦)로 변하면

손(損)이란 '손실'을 뜻하고 '악독하고 인정이 없는 상'이다. 또는 '감소한다' '줄인다' '각박하다' '야박하다' '빈정댄다' '조롱한다' 라는 뜻이요, 또는 '득(덕)이 되지 않는다' 고 할 수 있다.

그래서 이 괘를 우리 속말로 '아끼면 똥이 된다' 고 하는 말이 있는데 너무나 아끼다가 기회를 놓치고 손해를 본다고 하여서 하는 말이요, 또는 너무나 신중을 기하다 손해를 보고 기회를 잃을 수 있다고 할 수 있는 상이다.

또는 다른 사람이 잘되는 일이나 매사에 신중한 사람을 보거나 소중하게 관리하는 물건등이 있으면 헐뜯고 빈정거리기를 좋아하는 사람이라고 말할 수 있을 것이다.

또는 투자에 너무나 신중을 기하다가 기회를 잃어 손해가 발생하였다고 할 수 있을 것이다.

또는 가정이나 회사등에서 폐기처리하여도 될 물건 등을 아낀다거나 주의하는 마음으로 버리지 못하고 있다 나중에는 처리하는 문제로 손해만 생길 수 있다고 할 수도 있을 것이다.

또는 너무나 조심하다가 도리어 해를 보는 경우를 말하는데 우리 주위에는 이런 경우가 너무나도 많이 있다.

예를 들면 직장에 들어 갈 사람이 너무나 신중을 기하면서 재다가 기회를 잃고 직장을 잡을 수가 없다고 할 수 있을 것이다.

또는 공부도 때가 있는데 그 기회를 잃고 나면 다시는 공부할 수 있는기회가 오지 않는 것이다.

또는 사업을 하는 사람이 물건을 처리하는데 있어 기회를 잃고 물건을 처리하지 못하는 격이라 할 수 있다.

또는 청춘남녀가 결혼을 약속하고는 결혼일을 잡지 않고 미루다가 낭패를 볼 수도 있는 것 등 수많은 일들이 있는 운이다.

526 풍택중부괘(風澤中孚卦)의 육효가 동하여 수택절괘(水澤節卦)로 변하면

절(節)이란 '매사가 순탄하지 못하여 더디고 어려움이 많은 운'이요, 또는 '나누어 해결한다' '단계별로 해결한다'라고 할 수 있다. 예를 들면 할부나 카드결제 등이다. 또는 '곤란하다' '어렵다' '힘들다'라는 뜻이요, '뜻대로 되지 않는 운'이다.

그래서 이 괘는 매사를 그때그때 처리하지 못하고, 아니면 과감하게 처리하지 못하고, 차일피일 미루다 어려운 곤경에 처하는 것을 말하고 있다.

또는 너무나 신중을 기하다가 도리어 어려움에 직면하는 것으로 매사를 그 순간에 과감하게 처리할 일을 가지고 미루다보면 기회를 잃게 되고 나중에는 어려운 곤경이 발생하는 운이다.

또는 매사를 미루지 말고 해결할 것을 주문하고 있는 운으로 예를 들면 사회의 불안을 야기하고 악의 씨가 되는 폭력이나 마약이나 범죄 등은 발견 즉시 소탕하여야지 키워서 잡으려다 기회를 잃으면 도리어 어려운 곤경에 처할 수 있다고 하는 말이다.

또는 쓰레기나 오염물질을 처리하여야 할 사람이 그때그때 처리를 하지 않다가 나중에는 이러지도 저러지도 못하는 어려운 곤경에 들 수 있다고 하는 것 등으로 많은 일들이 있을 운이다.

모든 일에는 때가 있는 법인데 어떤 아가씨가 결혼에 너무나 신중하다 기회를 놓치는 상과 같다고 할 수 있다.

또는 어떤 물건을 파는 상인이 물건값을 조금 더 받으려고 신중을 기하다 기회를 잃어 후일에는 곤경에 처할 수 있는 운이다.

또는 정부에서 어떤 일을 처리하는데 있어 과감하게 하지 못하고 이리저리 재기만 하다 주민들이나 어떤 단체와의 마찰로 해결이 어렵게 될 수 있다고 표현할 수 있을 것이다.

5 3 풍화가인괘(風火家人卦)

가인(家人)이란 '가족' '집안사람' 또는 '구성원'이나 '조직원' 등을 말한다. 또는 '패거리' '같이 행동하거나 생각하는 사람' '동아리' '동문' '연고가 같은 사람' '같은 사업을 하는 사람'이요, 또는 '같이 어울린 물건'이라고도 할 수 있다.

또한 불이란 밑에서 바람이 불어야 강하게 타는 불이 되는데 바람이 불 위에서 불면 불은 힘을 못쓰고 꺼지는 것으로 그러한 불을 간수하는 가족 즉 구성원을 말하고 있는 것이다.

또한 풍화(風火)는 풍파를 나타내고, 가인(家人)은 그런 풍파를 조용하고 편안하게 이끌어가는 사람을 말한다. 다시 말해서 국가는 국가를 편안하고 안정되게 이끌어가는 군주와 국민들을 말한다.

또한 하나의 회사는 그 회사를 편안하고 안정되게 이끌어 가는 사장이하 모든 사원들을 뜻하는 것이라 말할 수 있을 것이다.

또는 한 단체를 화목하고 안정되게 이끌어가는 단체의 장이나
단체의 구성원 등을 말하고 있는 것이라 할 수 있다.

또는 어떤 학문을 하는 사람이라면 그 학문이 계속 이어나갈 수
있도록 지도하고 가르치는 격이다.

또는 연구기관에서 연구하는 사람이라면 그 사업이 당대에 끝을
보기 보다는 대를 이어 계속되기를 바라는 사람이다.

또는 음식점이나 식품점에서 자기만의 노하우를 지켜나가기 위
하여 노력하는 사람이라고 할 수 있을 것이다.

여기서 주의를 할 점은 신수나 사주나 점괘 등에서 용신(用神)이
나 동효(動爻)에 칠살(七殺)이 있으면 화목하고 조용하게 다스리
지 못하는 주인이요, 용덕(龍德)이나 복덕(福德)이나 녹 등이 있으
면 잘 다스리는 주인이라고 보아야 한다.

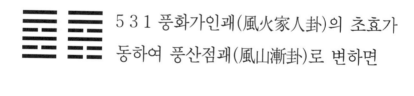

531 풍화가인괘(風火家人卦)의 초효가
동하여 풍산점괘(風山漸卦)로 변하면

점(漸)이란 '점진적으로 진행' 한다는 뜻으로 '조금씩 변하는 것'
을 말한다. '차차' '천천히 움직인다' '차츰 나아진다' 또는 '서서
히 변한다' 라는 뜻이요, 또는 '점점 익숙해지고 숙달되어 간다'
'전문화되어 간다' 라는 말이다.

그래서 이 괘는 자기의 입지가 점점 변화하고 있는 운이요, 또한 그동안 서로 믿고 의지하면서 지내던 연인이나 친구나 동료들과의 관계에서 가면 갈수록 정이 들어가는 사람이라고 할 수 있으나 아니면 날이 갈수록 정이 멀어지는 상이라 할 수 있다.

또는 가족처럼 살아온 동물이나 아니면 내 몸과 같이 아끼고 관리하던 귀중한 물건에게 마음의 변화가 서서히 일고 있다고 말할 수 있을 것이다.

또는 가족이나 서로 뜻이 맞는 사람들이 주위에 점점 모여들고 있다고 할 수 있으며, 아니면 주위에서 같이 동고동락하던 사람들이 점점 멀어져 가는 상이라 말할 수 있을 것이다.

또는 한 집안의 가장이 세월이 가면서 집안 일의 대소사의 결정권을 부인에게 양보하면서 본인의 위치에서 물러나는 것이요, 더 나아가 나이가 들면 가정사의 모든 결정을 자식들에게 양보하고 물러나는 것과 같은 것이라 할 수 있을 것이다.

또는 국가의 경영이나 정당에서나 사회의 단체에서 역시 자기의 권위에 변화가 있고 있는 것을 말하는 것으로, 날이 갈수록 권한이 강화되거나 권한이 약화되는 상이라 말할 수 있을 운이다.

또한 가족들을 챙기고 구성원들을 챙기는 일을 날이 갈수록 더 잘하는 사람이라고 할 수 있을 운이요, 또는 함께 지내던 가족이나 구성원들에게 점점 정이 멀어지고 있다고 할 수 있을 운이다.

주의할 점은 용신(用神)이나 동효(動爻)에 복덕(福德)이나 용덕(龍德)이나 녹이 있으면 입지가 점점 강화되어 가는 것이다.

532 풍화가인괘(風火家人卦)의 이효가 동하여 풍천소축괘(風天小畜卦)로 변하면

소축(小畜)이란 '적은 것, 사소한 것'을 말하는 상으로 '기대에 미치지 못하는 것'을 말한다. 또는 '적게 쌓는다' '적게 얻는다' '조금 잃는다' '조금 막는다' '조금 기른다' 등이요, 또는 '노력을 안 한다' '힘을 안 쓴다' '투자를 안 한다'. 또는 어떤 일이나 상황에서 '상대방에게 큰 관심이 없다'고 할 수 있을 것이요, 또는 '작은 일이라도 놓치지 않는다' '사소한 일에 관심이 많다'라고 할 수 있을 것이다. 또는 '사소한 소문에 시달리거나 사소한 소문들이 만발한다'고도 할 수 있다.

그래서 이 괘는 어떤 모임이나 단체로 보면 보잘것없는 단체나 모임이라 할 수 있을 것이다.

또는 집안으로 본다면 별 볼일 없는 집안이라고 말할 수도 있을 것이다. 또는 적은 이익이나 일에 있어서도 소홀히 하지 않고 지내는 알뜰한 가정이라 말할 수 있을 것이다.

또는 여러 사람과 모여 욕심없이 살아가는 사람들이라 말할 수도 있을 것이다. 또는 내가 아끼고 좋아하는 사람들이 큰 인물이 아니라 보잘것없고 능력없는 서민들이라고 할 수도 있을 것이다.

또는 젊은 남녀가 사랑을 한다고 하여도 욕심없는 순수한 사랑을 나누는 연인들이라 말할 수 있을 것이다.

또는 회사를 아끼는 사람들이 회사를 위하여 물심양면으로 노력하였으나 얻은 것은 별로 없다고 할 수 있을 운이다.

또는 어떤 단체나 모임 같은 곳에서 열심히 노력하였어도 별로 성과가 없다고 할 수 있을 것이다.

또는 어떤 농부가 소중하고 신중한 마음으로 농사를 지었는데 가을에 수확하고 보니 별로 소득이 없었다고 할 수 있을 것이다.

또는 어떤 연구기관에 있는 사람들이 심혈을 기울여 제품을 생산하였는데 소비자들에게 인기를 많이 얻지 못했다고 할 수 있다.

또는 학생이 학업에 애착을 가지고 일년 동안 공부를 하고 평가고시를 치르고 보니 성적이 좋은 편은 아니라 말할 수 있다.

533 풍화가인괘(風火家人卦)의 삼효가 동하여 풍뢰익괘(風雷益卦)로 변하면

익(益)이란 '이롭다' '유익하다' '증가하다' '더하다' '더욱더' 등으로 '뭔가를 추가한다는 뜻'이다. 또한 '우뢰, 갈등, 동요, 불안, 풍파, 방황, 고민, 시끄러운 상황' 등이 많다고 할 수 있다. 또는 '부익부(富益富) 빈익빈(貧益貧)'이라는 뜻이요, '끼리끼리 어울린다' '모인다' '쌓아둔다'라는 뜻이다.

그래서 이 괘는 지금의 상태를 유지하면서 새로운 것을 받아들여야 유익하다고 하는 말로, 이 괘는 우리 옛말에 '온고지신(溫故知新)'이라고 하는 말과 같은 뜻이라고 보아야 하는데 현재상태 또는 과거부터 지금까지 지켜온 길은 지키면서 새로운 것을 추가여 나가는 것이 유익하다고 하는 것을 말하고 있는 운이다.

또는 새로운 일이 아무리 좋아도 근본바탕을 무시하여서는 안 된다고 하는 것을 말하고 있다. 예를 들면 갓 시집온 며느리가 아는 것이 많다고 하여도 내 집안의 전통은 지키면서 새로운 지식을 받아 들여야지 새로 들어온 며느리가 아는 것이 많으니 과거의 가업이나 가풍을 말살하고 새로이 하여서는 안 된다고 하는 것을 가르치고 있는 상과 같다고 말할 수 있을 것이다.

또는 외국의 문화나 기술이 좋다고 하여 나라의 자존심마저 버리면서 외국의 문물을 받아들여서는 안 된다는 것이다.

또는 그동안 국가나 회사나 단체나 친구나 동료와의 관계나 집안을 화목한 속에서 조용하고 안정되게 꾸려온 가정에 시끄러울 일이 생길 수 있다는 운으로 경사가 계속 일어날 수 있을 것이요, 아니면 시끄러운 풍파가 일수도 있다고 보아야 할 운이다.

또는 어떤 일이나 상황을 조용하게 유지하거나 처리하려고 하다 보니 풍파나 불안이나 갈등 등이 계속 발생한다고 할 수 있다. 예를 들면 불법선거자금이나 회사의 비자금 등을 조용하게 처리하려고 하는 마음으로 내색을 안하니 사회에서 각 단체나 소액주주들에게 많은 풍파에 시달릴 수 있다고 말할 수 있을 것이다.

또는 무언가를 소중하게 생각하고 아끼는 마음으로 지내다보니 마음의 갈등이나 동요나 풍파가 그치지 않는다고 말할 수 있다. 예를 들면 불구의 자식을 둔 부모가 마음의 상처나 갈등이나 불안이나 동요가 계속 발생하고 있다고 말할 수 있을 것이다.

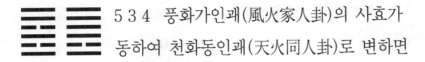 5 3 4 풍화가인괘(風火家人卦)의 사효가
동하여 천화동인괘(天火同人卦)로 변하면

동인(同人)이란 '혼자가 아니라 누군가와 같이' 라는 뜻이요, '밝은 태양' 과 같은 의미요, '이기적인 단체' 라고 할 수 있다. 또는 '끼리끼리' 라는 뜻이요, '거짓이 없다' '진실되다' 모든 것이 '어둡고 음침한 것을 싫어한다' 라고 할 수 있다. 또는 모든 일이나 생각을 '숨김없이 공개할 수 있는 상' 이다. 또는 '정의를 위하여 활동하는 사람들이요' '부정을 용납하지 않는 성격이다'. 또는 나를 노출시킨 상태라 나를 '시기하고 질투하는 사람들이 많다' 라고 할 수 있다. 또는 우리 옛말에 '뭉치면 살고 흩어지면 죽는다' 는 말이 있는데, 여기서는 뭉쳐서 어떤 일을 낼 수 있다고 할 수 있다.

그래서 이 괘는 가족이나 어떤 일에서 합심하는 사람들이 이기적인 일이나 타인을 무시하는 일이나 정의를 위하고 사회를 위한다는 명분으로 큰 일을 저지를 수 있는 상이라 할 수 있다.

또는 어떤 물건을 누구도 모르게 소중하게 관리하는 물건이 사회에 큰 일을 낼 수 있다고 할 수 있다. 예를 들면 혼자 신중하게 취급하는 마약 등이나 문화재 도굴품 등이 있을 수 있을 것이다.

또는 국가적으로 본다면 몇 국가가 합심하여 신기술개발이나 전쟁물자나 핵무기 등을 다른 국가에서 모르게 추진하고 있다고 할 수 있을 것이다.

또는 힘있는 몇몇의 국가가 정보를 공유하면서 약소국가들을 가지고 놀고 있을 수 있는 상이라 말할 수 있을 것이다.

또는 몇 개의 나라가 합심하여 어떤 국가 하나를 골탕을 먹일 일을 추진할 수 있다고 말할 수 있을 것이다.

내가 회사를 보호하고 지키려고 노력하는데 주위에서 다른 사람들이 같이 동참하여 협조하는 운이다.

또는 내가 연구하고 있는 어떤 과제에 다른 사람들이 동참하여 협조하는 운이다.

또는 노총각에게 어떤 아가씨가 함께 살기를 자청하고 들어와서 내조하는 격이다.

또는 내가 혼자 환경을 지키려고 노력하고 있는데 많은 사람들이 환경보호를 위하여 동참하는 격이다.

또는 사기를 치려고 하는데 같은 뜻을 가진 자들이 도와서 사기를 칠 수 있도록 협조하는 운도 있을 수 있는 것으로 내가 하는 일에 다른 사람들이 동조하는 운이라고 할 수가 있다.

5 3 5 풍화가인괘(風火家人卦)의 오효가 동하여 산화비괘(山火賁卦)로 변하면

비(賁)란 '꾸미다' '장식하다' '과시하다' '노출하다' 라는 뜻이다. 또는 '치장하다' '사치하다' '화려하다' 또는 '모사를 꾸민다' '계획을 세운다' 또는 '과장이 많다' '공개하다' 또는 '추진력이 강하다' 라는 뜻이다. 꾸민다는 것은 다른 사람을 유혹하려고 하거나 자기를 과시하려는 마음이 있다고 보아야 한다.

그래서 이 괘는 집안을 보호하고 관리하는 일에 전념을 다하는 사람이라 할 수 있을 운이요, 몸치장을 하는데 전념할 수 있을 사람이라 할 수 있을 것이다.

또는 집안에 있는 여인이 화장하고, 또는 가정에 사치를 하고, 또는 집안의 정원 등을 꾸미는 운이라 할 수 있다.

또는 여러 사람들이 모여서 일을 할 수 있는 것이다. 예를 들면 봄에 가로수 정비를 한다든지, 아니면 환경을 살리기 위하여 활동을 할 수 있다거나 아니면 어떤 행사를 준비하기 위하여 일을 하는 사람이라 말할 수 있을 것이다.

또는 젊은 청춘남녀가 만나서 새로이 신접살림을 차렸다고 할 수 있을 것이요, 아니면 남녀가 만나서 새로운 어떤 일을 모색하고 있다고 할 수 있을 것이다.

또는 가까운 사람, 서로 믿는 사람을 유혹하기 위하여 치장하는 격이요, 아니면 속이고 사기를 치기 위하여 어떤 일을 모사하고 있다고 할 수 있을 것이다. 아니면 몇 명이 모여서 어떤 일을 모사하고 있다고 할 수 있을 것이다.

또는 회사 사장이 회사의 어려움을 감추고 다른 사업자나 협력업자를 속이려고 겉으로는 안전한 회사인 것처럼 꾸미는 것이다.

또는 어떤 단체의 임원이나 직원들이 다른 사람을 속이기 위하여 위장사업을 하고 있는 것과 같은 것으로 요즘 말로 하면 유령회사를 차려놓고 많은 사람들을 사기치는 것과 같은 것이다.

또는 짐승이나 곤충들이 상대를 잡아먹기 위하여 정성을 다하여 위장하고 있는 것과 같은 운이라고 할 수가 있다.

또는 가인을 가깝게 둔다거나 지낸다라는 의미로 실력없는 사람이 실력이 있는 양으로 많은 서적을 보지도 않으면서 많은 책을 소중하게 아끼는 것처럼 진열하여 두고서 자기의 거짓된 실력을 숨기려고 하는 것과 같은 것으로 내가 살기 위하여 다른 사람을 속이는 행위라고 하여야 할 운이다.

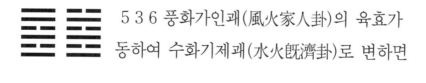

536 풍화가인괘(風火家人卦)의 육효가 동하여 수화기제괘(水火旣濟卦)로 변하면

기제(旣濟)란 '과거, 지난날, 지나간 일, 지나간 상황' 등을 말한다. 그래서 '이미 이루었다' '이미 성취하였다' 또는 '이미 정리되

었다' '이미 벌어졌다' '이미 달아났다' '이미 지나갔다' '이미 끝났다' '이미 결정났다' 라는 뜻이요, 또는 '이미 만들었다' '이미 성사되었다' '이미 준비되었다' 라고 할 수 있다.

그래서 이 괘는 가족을 돌보고 가족들을 아끼면서 살아갈 일이 지금에서 발생한 일이 아니고 진작부터 준비되어 있었다고 할 수 있는 것을 말한다.

예를 들면 부모가 진작부터 들은 병으로 눕게 되니 그 자손들이 부모를 모실 일이 진작부터 발생했다고 할 수 있을 것이다.

또는 우리 가정에 새로운 가족으로 포함될 일이 있으면 지금에서 갑자기 가족이 되는 것이 아니고 진작부터 가족의 일환으로 구성되어 있었다고 할 수 있다.

예를 들면 진작부터 임신이 되어 있었다거나 아니면 아들이 어떤 아가씨와 진작부터 연애 중이었다고 말할 수 있을 것이다

또는 사원들이 회사를 아끼고 사랑하는 마음으로 봉급을 반납하면서까지 회사를 위하여 일을 하고 있으면 그 회사의 어려움이 지금에서 발생한 것이 아니고 진작부터 발생했다고 할 수 있다.

또는 어떤 모임이나 단체의 회원들이 오늘에 와서 똘똘뭉쳐 단합할 일이 생겼다면 그렇게 똘똘 뭉치고 단합할 일이 지금에 생긴 것이 아니고 진작부터 발생했다고 할 수 있다.

예를 들면 부안군민들 사태나 노점상들의 단합이나 어떤 이권단체들이 단합하여 뭉치는 행위가 오래 전부터 준비되어 왔다고 할

수 있을 것이다.

또는 지금의 편안한 가정을 꾸리고 있는 일이라면 편안한 가정을 꾸려나갈 수 있는 일이 오늘 하루아침에 이루어진 것이 아니고 진작부터 가정교육 등을 통하여 가정의 화목을 가르친 일이 오늘의 화목한 가정이 되었다고 할 수 있을 것이다.

또는 어느 회사에서 사원모집을 한다고 할 때 그 회사에 입사하려고 입사지원서를 냈다거나 내려고 하였다면 이미 합결자를 정해놓은 상태에서 모집하고 있다고 할 수 있을 것이다.

5 4 풍뢰익괘(風雷益卦)

익(益)이란 '이롭다' '유익하다' '증가하다' '더하다' '더욱더' 등으로 '뭔가를 추가한다는 뜻'이다. 또한 '우뢰, 갈등, 동요, 불안, 풍파, 방황, 고민, 시끄러운 상황' 등이 많다고 할 수 있다. 또는 '부익부(富益富) 빈익빈(貧益貧)'이라는 뜻이요, '끼리끼리 어울린 다' '모인다' '쌓아둔다'라는 뜻이다.

그래서 익(益)은 바람에 우뢰까지 더하여 겹치는 운이다. 그래서 좋은 일에는 더욱더 좋은 일이 생길 수 있는 운이요, 재앙이 있는 일에는 또 다른 재앙이 추가로 발생하는 운이라 우리 속담에 '불 난 집에 부채질한다'고 하는 뜻과 같은 말이다.

또한 구설이 생긴다면 또 다른 구설이 생겨 풍파가 연속적으로 이어질 수 있다고 할 수 있을 것이다.

또는 부부간에 갈등이나 집안에 속상할 일이 생긴다면 또 다른 일로 인하여 마음쓸 일이 생길 운이라 할 수 있을 것이다.

또는 누구한테 꾸중을 들을 일이라든지, 마음상하고 속상할 일이 발생한다든지, 아니면 누구와 다툴 일이라든지, 아니면 어떤 사고를 낸 후에 또 다른 사고나 구설들을 일이 발생할 수 있는 것으로 추가되는 것을 말한다.

또는 어떤 상황으로 마음을 잡지 못하고 산란할 일이 있으면 또 다른 면에서 마음이 산란하고 불안하거나 들뜰 수 있다고 할 수 있다. 예를 들면 어떤 아가씨가 애인이 생긴 바람에 마음이 들뜨고 황홀할 일이 있는데 이번에는 취업이 되어서 기분 좋을 일이나 마음이 들뜰 수 있다고 할 수 있을 것이다.

또는 학생이 학교에서 일등을 하여 기분이 좋은데 이번에는 장학금까지 타게 되었다고 할 수 있는 것을 말하는 운이다.

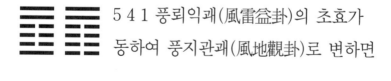 541 풍뢰익괘(風雷益卦)의 초효가 동하여 풍지관괘(風地觀卦)로 변하면

관(觀)이란 주위에서 발생하는 풍파나 변화나 불안이나 변덕이나 아부나 주위의 변화에 적응을 잘하는 일 등을 본다. '느낀다' '알 수 있다' '살핀다' 라는 뜻이다. 또는 어떤 상황이나 설레임이나 동요나 불안이나 산만함 등이 일고 있는 것을 '보고 느끼는 것'

이요, 또한 어떠한 '예감이나 기분'을 느끼거나 아는 것을 말한다.

그래서 이 괘는 어떠한 상황 변화가 발생하는데 바라만 보고 있는 것이요, 또는 내 주위에서 일어날 수 있는 풍파나 갈등이나 불안이나 아니면 기분 좋을 일이나 마음의 변화나 변덕이나 누군가의 배신할 일 등을 육감이나 영감으로 감지하고 있거나 또는 느낄 수 있는 상태를 말하고 있는 운이다.

예를 들면 우리 사회의 경기가 불황이 되는 것이 갈수록 어려워지는 것을 피부로 느낄 수 있는 것이요, 아니면 경기가 도리어 좋아지고 있다는 것을 느낄 수 있는 것이라 말할 수 있을 것이다.

또는 사회의 불안이 가중되고 있는 것을 감지할 수 있거나 또는 사회가 안정되어 가고 있는 것을 느낄 수 있는 것이다.

또는 회사도 마찬가지요, 가정에서도 마찬가지로 좋은 일이나 또는 불안한 일이 계속 발생할 수 있는 것을 느끼고 있는 운이라고 할 수가 있는 운이다.

또는 날이 갈수록 가정형편이 어려워지는 상태를 느낄 수 있다고 할 수 있을 것이요, 아니면 날이 갈수록 생활형편이 나아지고 있는 것을 느낄 수 있는 운이다.

또는 학생이 날이 갈수록 공부가 잘 된다거나 공사장에서 공사가 날이 갈수록 순조롭게 풀려나가고 있는 일 등도 느낄 수 있다고 할 수 있는 운이다. 아니면 더욱더 어려워지고 있는 것을 느끼고 있다고 할 수도 있을 것이다.

또는 연애중인 청춘남녀라면 두 사람 사이가 날이 갈수록 갈등이나 풍파가 심해져서 어려워지고 있는 기분이 든다고 할 수 있을 것이요, 아니면 두 사람 사이에 좋은 일이 계속 발생할 것 같은 기분이 든다고 말할 수 있을 운이다.

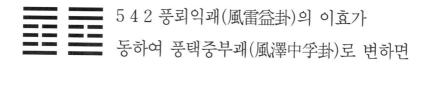 5 4 2 풍뢰익괘(風雷益卦)의 이효가 동하여 풍택중부괘(風澤中孚卦)로 변하면

중부(中孚)란 '고이 간직한다' '소중하게 생각한다' '집착한다'고 할 수 있는 상이다. 그래서 '아끼다' '신중하다' '조심성이 많다' 라는 뜻이요, 또는 '관심이 많다' '소중하게 관리한다'고 할 수 있다. 또는 '함부로 경솔하게 행동하지 않는다' 라는 뜻이요, 또는 '그리워한다' '미련을 버리지 못한다' '좋아한다' '즐긴다' 라는 뜻이다. 예를 들면 시끄러운 상황으로 떠들거나 운동을 즐긴다고 할 수 있을 것이요, 또는 어떤 물건을 좋아하거나 부부간에 애정행위를 즐기거나 친구나 자신이 하는 일을 좋아한다고 할 수 있다. 또는 마음이나 정신이 산만하고 들떠 '집중하지 못하는 상' 이다.

그래서 이 괘는 내 주위에서 어떠한 변화나 풍파나 갈등이나 기분 좋을 일 등이 발생하면 경거망동하지 않고 신중을 기하면서 행동한다거나 처리하는 운이다.

예를 들면 입이 무겁고 신중하여 행동이 경박하지 않은 옛날의 대가집 마님 같은 상이라고 할 수가 있으니 가정에서 일어나는 좋은 경사도 확실하게 이루어지기 전에는 함부로 말을 하지 않고 신중하게 처신하는 사람이다.

또는 주위에서 발생하는 일이나 상황을 목격하거나 아니면 나를 험담하는 풍문이 나도는 것을 알아도 경솔하게 나서서 대응하는 것이 아니고 조심스럽대 대응하는 사람이라 할 수 있을 것이다.

또는 시끄러운 상황이나 불안한 상황이나 동요나 안정감이 없고 산만한 일 등을 즐긴다거나 좋아할 수 있는 사람이라 말할 수 있다. 예를 들면 장날의 풍물패가 있는 곳을 즐기는 사람이나 그러한 곳만 찾아가면서 생활하는 사람이라 말할 수 있을 것이다.

또는 소매치기나 어떤 행사장만 찾아다니면서 사업이나 일을 하는 사람이요, 또는 스릴 있는 오락을 즐기는 사람이거나 아니면 야구장이나 축구장 등을 들 수 있다.

또는 부부간의 풍파나 갈등 등이 있다거나 아니면 가정의 풍파로 자녀가 정신착란증이 발생하였다든지, 아니면 생활의 어려움이 발생하였다든지 간에 마음상할 일이 발생하였다고 하여도 경솔하지 않고 주의하여 처신하는 사람이라 말할 수 있을 것이다.

또는 사회가 불안하고 산만하여도 정부나 회사측에서 경솔하게 대하는 것이 아니고 신중하게 대처한다고 말할 수 있는 상이다.

䷸䷤ 543 풍뢰익괘(風雷益卦)의 삼효가 동하여 풍화가인괘(風火家人卦)로 변하면

가인(家人)이란 '가족' '집안사람' 또는 '구성원'이나 '조직원' 등을 말한다. 또는 '패거리' '같이 행동하거나 생각하는 사람' '동아리' '동문' '연고가 같은 사람' '같은 사업을 하는 사람'이요, 또는 '같이 어울린 물건'이라고도 할 수 있다.

그래서 이 괘는 남의 부부싸움에 구경꾼이 모여드는 격이요, 또는 집안에 경사가 있는데 많은 사람들의 동조자가 생기는 운이다.

또는 마음을 잡지 못하고 방황하고 불안하게 떠도는 사람들을 내 가족처럼 돌보면서 살아가는 사람이거나 아니면 내가 방황하면서 살아가는데 돌봐줄 인연을 만날 수 있다고 할 수 있을 것이다.

또는 내가 농사나 집을 짓는 일을 하는데 주위에서 사람들이 모여와서 도와주는 격이다.

또는 집안에서 상을 당하니까 주위 사람들이 너도나도 모여와서 같이 일을 도와주는 격이라 할 수 있다. 또는 사고가 나니 지나가던 사람들이 구경하려 모여드는 격이다.

또는 지난번 대구참사 같은 일이나 매미태풍같은 일로 사회에 풍수재해가 심하게 발생하니 많은 사람들이 자원봉사로 나서서 도와줄 수 있는 상이다.

또는 나의 주변에 신병이나 우환이나 부부갈등 등으로 어려움이 가중되니 주위에서 많은 사람이 위로차 방문한다고 할 수 있다.

또는 결혼을 못하여 방황하는 사람에게 가족처럼 살아갈 수 있는 인연을 만났다거나 만날 수 있다고 할 수 있다.

또는 출세를 하고 시험에 합격을 하니까 후원자나 축하객이 모여드는 격이라고 할 수가 있으니, 나에게 어떤 변화가 발생하게 되니까 주위에서 사람들이 모여드는 운이라고 할 수가 있다.

䷩ 5 4 4 풍뢰익괘(風雷益卦)의 사효가 동하여 천뢰무망괘(天雷无妄卦)로 변하면

무망(无妄)이란 어떤 위치에 있는 사람이 정당한 힘이나 권리에 의하여 하는 말로 '사심없는 공적인 것'을 말한다. 또는 자기 임무에 충실하거나 어떤 위치에서 '당연히 해야 할 일'을 말한다. 그래서 '허물이 없다' '진실된 것' '거짓이 없다' '과실이 아니다' '고의가 아니다' '당연하다' '정당하다' '불가피한 행위나 말로 어쩔 수 없다' '기만행위가 아니다' '뜻밖에' '상상외' 라는 뜻이다.

그래서 이 괘는 어떤 일이나 상황에서 경사가 있거나 아니면 큰소리치고 누구를 나무라는 일이나 아니면 누구의 꾸중을 들었다고 하여도 허물이 되지 않는다고 하는 운이라 할 수가 있을 수 있다.

예를 들면 어떤 시인이나 소설가가 작품을 구상하기 위하여 사방으로 방황하고 있다거나 많은 사람들을 만나고 다닌다고 하여도 허물이라 말할 수 없을 것이다.

또는 부부가 갑자기 사별이 된다거나 또는 자녀들이 갑자기 죽거나 내 곁을 떠난 일로 인하여 울적한 마음에 방황하거나 정신적 불안이 있었다고 하여도 허물이라 말할 수는 없다고 하는 뜻이다.

또는 어떤 연예인이 인기가 좋아 가는 곳마다 소란이 일어나고 주위가 시끄럽다고 하여도 허물이라 말할 수 없을 것이다.

또는 어떠한 일을 하는 중에 또 다른 일을 추가로 한다고 하여도 그것이 허물이 되지 않는다고 하는 것을 말한다.

예를 들면 고시 시험에 합격한 사람이 또 다른 직장에 합격을 하였다고 하여도 허물이 되지 않는 것이다.

또는 하나의 사업을 잘 운영하는 사람이 또 다른 사업체를 운영한다고 하여 허물이 되지 않는다고 하는 것이다.

또는 한사람의 잘못을 나무란 사람이 또 다른 사람의 허물을 나무란다고 하여 허물이 되지 않는다고 하는 것이다.

또는 시장에서 장사를 하는 사람이 매일 큰소리로 사람을 부르고 선전을 한다고 하여도 허물이라고 말할 수 없을 것이다.

또는 식당업을 하는 사람이 매일 많은 사람들이 몰려와 큰 돈을 벌었다고 하여도 허물이라고 말할 수 없다고 할 수 있을 것이다.

또는 어떤 집안에서 하나의 경사가 있었는데 또 다른 경사가 발생하였다고 하여도 허물이라 말할 수 없는 것이다.

또는 하늘에서 바람이 불고 우뢰가 쳐도 허물이 되지 않는다고 하는 것 등이 많으나 이것은 정당한 방법에 의하여 일이 이루어지고 있을 경우를 말하고 있다. 다시 말해서 용신(用神)이나 동효(動爻)에 칠살(七殺)이 있으면 허물이 있을 운이라고 할 수 있다.

䷩䷚ 5 4 5 풍뢰익괘(風雷益卦)의 오효가 동하여 산뢰이괘(山雷頤卦)로 변하면

이(頤)란 '말이나 입을 참는다' 하는 뜻'이요, '속마음을 내색하지 않는다'는 상이다. 또한 '보양한다' '휴양한다' '수양한다' 라는 뜻이요, 또는 '입이 무거운 군자의 상'이라 할 수 있다. 또는 마음속의 불안이나 괴로움이나 시끄러운 상황 등을 '참아야 하거나 참고 지낼 일이 생긴다'고 말할 수 있다.

그래서 이 괘는 모든 풍파나 갈등이나 번민 등이 발생하여도 경솔하게 행동하지 않고 말없는 가운데 조용하게 수행을 하면서 때를 기다리는 운이라고 할 수가 있는 운이다.

또한 갈등이나 번민이나 고통 등이 발생하여도 모두 떨쳐버리고 휴양하는 운이요, 또는 험난하고 시끄러운 세상을 등지고 입산수도 하는 운이라고 할 수가 있다.

예를 들면 마음이 안정이 안되고 불안한 운이 가중되고 있으니 그 모든 것을 떨쳐버리고 수행하는 운이요, 또는 시끄럽고 불안한 사회에서 입조심하면서 잘 버텨온 사람이라 할 수 있을 것이다.

또는 명예나 부귀영화를 모두 버리고 시골로 돌아가 조용히 여생을 기다리는 운이다. 또는 욕심과 욕망을 모두 떨쳐버리고 조용하게 지내는 운이며, 또는 과거의 부귀영화나 어려운 모든 풍파를 잃고서 앞일을 생각하면서 수행하는 운이라고 할 수 있다.

또는 어떤 아가씨가 애인이 생겼다고 한다면 기분이 좋고 마음이 좋을지언정 누구에게도 말하지 못할 운이요, 아니면 말을 아끼고 내색을 않고 있는 상이라 할 수 있을 것이다.

또는 누구에게 욕을 먹고 구설을 들어도 타인에게 말하기 어렵고 곤란한 일이라고 말할 수 있을 것이요, 아니면 그러한 일 등을 말없이 참고 있다고 표현 할 수 있을 것이다.

또는 그동안 말이 많고 시끄러운 사람이 말이 없어지고 조용하게 지낼 수 있을 운이다. 예를 들면 지난 정치사에서 삼청교육대나 정보부 등에 갔다 온 사람들과 같다고 할 수 있을 것이다.

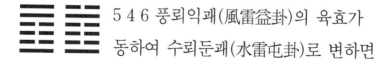 5 4 6 풍뢰익괘(風雷益卦)의 육효가
동하여 수뢰둔괘(水雷屯卦)로 변하면

둔(屯)이란 '곤란하다' '어렵다' 또는 어떤 일이나 상황에 '몰두한다' '전념한다'라고 할 수 있다. 또는 '망설이다' '숨는다' '피하다' '자신없다' 또는 '활동의 폭이 좁다' '마음을 열지 못한다'

'뜻이나 의지를 펴지 못한다' 라는 뜻이다.

그래서 이 괘는 시끄러운 세상이 싫어 은둔생활을 할 수 있을 것이요, 아니면 입을 너무나 떠들고 다닌 일로 교도소 같은 곳에 갇히는 신세가 되었다고 할 수 있을 것이다.

또는 사회를 시끄럽게 하는 일이나 아니면 누구를 괴롭힐 수 있는 일에 전념한다고 할 수 있을 것이다. 예를 들면 유언비어를 퍼뜨리고 다니는 사람이다.

또는 그동안 구설풍파가 많았다거나 불안이나 동요가 심한 사람이 모든 일에서 손을 떼고 잠적할 수도 있는 상으로 명궁(命宮)에 살이 들면 죽음으로 손을 씻을 것이다고 할 수 있다.

또는 어떠한 풍파나 변화가 더 이상 증가하거나 또는 지속되는 것은 곤란하다고 하는 뜻이다.

또는 풍파가 지속되던 일이 중단되어 가라앉는 것과 같은 운이다. 예를 들면 노동자 파업이 많이 일어나는데, 더 이상의 파업은 국가의 수출에 지장이 있으니 곤란하다고 할 수가 있는 것이다.

또는 가정에 불화가 계속되면 안정이 어렵게 되는 것을 생각하여 화합으로 나가기를 원하는 것이라 할 수 있다.

또는 친구간에 갈등이 있었거나 회사의 일로 시끄러운 일이 있었다면 모든 것을 해결하고 잠재울 수 있다고 할 수 있을 운이다.

또는 어떤 경사나 마음이 산란하고 들뜰 일이나 좋은 일이나 또는 우뢰나 풍파나 갈등이나 불안 등이 소멸되어 없어질 수 있다고 말할 수 있을 것이다.

또는 시장에서 큰소리로 떠들면서 장사를 하던 사람이 많은 돈을 벌고 떠벌리는 장사를 그만두었다고 할 수 있을 운이다.

또는 경사라도 무리를 한다면 안 하는 것만 못하니 중지하는 것과 같은 것으로 풍파나 경사나 환난이나 파업 등이 지속된다면 옳지 않다고 생각하여 중단하기로 하는 것을 뜻하고 있는 것이다.

55 중풍손괘(重風巽卦)

  손(巽)이란 '기회주의자' '임기응변에 능한 사람'이라고 할 수 있다. 또는 '고정적이지 못한 것' '확고하지 못한 것' '믿을 수 없는 사람'이라고도 할 수 있다. 그래서 '산만' '동요' '방황' '불안정' '변화' '변덕' '적응을 잘 한다' '상대방의 비위를 잘 맞춘다' '한 곳에서 생활하지 못하고 계속 옮겨다닌다' '설레임' '유순' '공손' 등으로 해석한다.

  또한 손(巽)은 바람으로 바람은 순진한 것을 나타내고 있으니 조그만 구멍만 있어도 통과할 정도로 미약하면서 부드럽다.

  그래서 이 운을 가진 사람은 주관이 약하여 다른 사람의 말을 잘 듣는 형으로, 매사를 자기의 의지대로 결정하지 못하고 주위의 변화에 순종하면서 주위의 변화에 따라 활동하는 사람이다. 하여 '주위 여건이나 변화에 적응도 잘할 수 있는 상'이라 할 수 있다.

또는 주관이 없으니 '변덕이 많은 사람'이요, 또는 '아부형'이이요, 또는 '기회주의자'라 할 수 있고, 또는 '임기응변에 능한 사람'이라 말할 수 있을 것이요, 또는 '고정적이지 못한 것' '확고하지 못한 것' '믿을 수 없는 사람'이라 할 수 있을 것이다.

또한 바람이란 날아가면서 많은 것을 접촉하고 변화하는 것이라 변덕이 심하다고 할 수가 있는 것이다.

또는 날아다니면서 보고들은 주어들은 상식이 많다고 할 수 있을 것이다.

또한 바람이란 속도가 다른 것으로 확고한 신념이나 의지가 없어 진퇴를 결정짓지 못하는 운이다.

또한 바람이란 안정되게 한 곳에 머물러 있는 것이 아니라 여행을 즐기면서 활동하고 사는 사람이요, 아니면 마음이 들뜨고 설레인다고 말할 수 있을 것이다.

또는 떠돌이로 생활을 하는 사람이라고 할 수가 있을 것이다. 여기서는 화산려괘(火山旅卦)와 차이점에 주의하시라. 또한 진괘(震卦)와 손괘(巽卦)의 차이점을 이해를 하는 것이 좋을 것이다.

또 진괘(震卦)는 마음이 시끄럽고 번잡하고 불안한 상이다. 예를 들면 부부간의 갈등이나 회사나 사업의 어려움이나 재판이나 건강상의 어려움으로 마음이 안정되지 않고 불안한 상이라고 한다면, 손괘(巽卦)는 마음에 바람이 드는 상이다.

예를 들면 애인이 생긴 바람에, 또는 새집으로 이사를 하게 되는 일로, 또는 노처녀가 결혼을 하게 되어 마음이 들뜨고 산란할 수 있으면서 또는 마음 설레이는 일로 안정감이 없고 마음에 갈등이 있을 수 있는 상이라 할 수 있을 것이다.

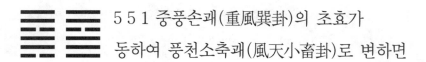 551 중풍손괘(重風巽卦)의 초효가
동하여 풍천소축괘(風天小畜卦)로 변하면

소축(小畜)이란 '적은 것, 사소한 것'을 말하는 상으로 '기대에 미치지 못하는 것'을 말한다. 또는 '적게 쌓는다' '적게 얻는다' '조금 잃는다' '조금 막는다' '조금 기른다' 등이요, 또는 '노력을 안 한다' '힘을 안 쓴다' '투자를 안 한다'. 또는 어떤 일이나 상황에서 '상대방에게 큰 관심이 없다'고 할 수 있을 것이요, 또는 '작은 일이라도 놓치지 않는다' '사소한 일에 관심이 많다'라고 할 수 있을 것이다. 또는 '사소한 소문에 시달리거나 사소한 소문들이 만발한다'고도 할 수 있다.

그래서 이 괘는 노력의 대가가 없는 운이요, 또는 소문에 비하여 실속이 없다고 할 수도 있을 것이다.

예를 들면 사업을 위하여 동분서주하면서 많은 사람을 만나고 아부를 하여도 얻어지는 결과는 미약한 것이다.

또는 돈 많은 사장 밑에서 헌신적인 노력을 하고, 사장을 보호하여 주어도 얻어지는 것을 미약하다고 할 수 있을 것이다.

또는 어떤 상황이나 일에 있어서 큰 기대로 마음 설레이며 산란하였는데 막상 대하고 보니 별것도 없다고 할 수 있다.

예를 들면 어떤 아가씨가 큰 기대를 가지고 결혼을 하였다거나 사업가가 큰 희망을 가지고 사업을 시작하였다거나 취업을 원하는 사람이 큰 기대를 가지고 취업을 하였다고 한다면 성과는 기대치에 못 미치는 운이라 말할 수 있을 것이다.

또는 어떤 디자이너가 큰 기대로 새로운 스타일의 의상을 만들어 패션쇼를 개최하였는데 소비자들에게 마음먹은 만큼 인기를 못 끌었다고 할 수 있을 것이다.

또는 어떤 영화사에서 큰 기대를 가지고 영화를 제작하여 시중에 내놓았는데 관람자들에게 인기가 기대치를 얻지 못 하였다고 말할 수 있을 것이다.

또는 어떤 일이나 상황에서 마음의 동요나 불안이나 풍파가 발생하였다고 한다면 손실은 별로 없었다고 말할 수 있을 것이다.

또는 사회의 불안이 심한 것에 비하면 손실은 적은 것이요, 또는 천재지변의 풍파에 비하면 손실이 적은 것이라 말할 수 있다.

부부의 갈등에 비하면 부부가 싫어하거나 미워하는 마음은 그다지 많지는 않다고 말할 수 있을 것이다.

또는 어떠한 사건에 비하여 형량은 너무나 약하게 떨어지는 것 등으로 이 괘는 노력에 비하여 소득이 적은 것이요, 풍파나 재앙에 비하여 잃는 것이 적을 것을 말하고 있는 것이다.

552 중풍손괘(重風巽卦)의 이효가 동하여 풍산점괘(風山漸卦)로 변하면

점(漸)이란 '점진적으로 진행' 한다는 뜻으로 '조금씩 변하는 것'을 말한다. '차차' '천천히 움직인다' '차츰 나아진다' 또는 '서서히·변한다' 라는 뜻이요, 또는 '점점 익숙해지고 숙달되어 간다' '전문화되어 간다' 라는 말이다.

그래서 이 괘는 마음 안에 있는 풍파나 갈등이나 번민이나 설레임이나 상쾌함이나 불안등이 한순간의 변화가 아니고 꾸준하게 또는 점진적으로 변화하고 있는 것으로 서서히 소멸되어 없어진다거나 아니면 서서히 동요가 일고 있다고 말하고 있다.

또는 상대방과 나와의 관계나 이것과 저것과의 관계에서 기회를 염탐하기 위하여 서서히 활동하기 시작하였다고 할 수 있다.

또는 마음에 안정이 없이 불안하게 생활하는 사람이 날이 갈수록 변덕이 심하게 일고 있는 사람이라 말할 수 있을 것이다.

또는 마음의 불안이 점점 가중되어 가는 운이라 할 수 있을 것이요, 아니면 어떤 일로 설레임이 갈수록 가중되거나 날이 갈수록 소멸되고 있다고 표현할 수 있을 것이다.

또는 가정의 우환이 갈수록 더욱 심해지는 것이요, 부부의 갈등이 갈수록 심화되고 있다고 할 수 있을 것이요, 아니면 부부의 갈등이 점점 풀려 안정을 찾아가는 상이라 할 수 있을 운이다.

또는 사회의 불안이나 또는 아부를 하는 일이나 또는 학생이 학교생활에 적응을 잘하여 날이 갈수록 공부를 잘하는 운이다.

또는 식당업을 하는 사업주가 오는 손님들의 식성을 잘 파악하여 음식을 개발하고 손님들의 뜻에 적응을 잘하다보니 날이 갈수록 식당업이 성장하고 있다고 할 수 있을 것이다.

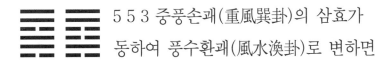

5 5 3 중풍손괘(重風巽卦)의 삼효가 동하여 풍수환괘(風水渙卦)로 변하면

환(渙)이란 '고정적이지 못하다' '안정적이지 못하다' '확고하지 못하다' '변화가 많다' 라고 할 수 있다. 그래서 '흩어지다' '헤어지다' '풀리다' '널려놓다' '번진다' '퍼진다' '여기 저기' '이것 저것' 이라는 뜻이요, 또는 '정신이 산만하다' '이합집산이 많다' 라고 할 수 있다.

그래서 이 괘는 바람의 흐름이 빠른 것을 말하고, 또는 주위의 변화가 빠르다고 하는 뜻이요, 또는 소문이나 풍문 등이 흩어진다고 할 수 있을 운이다.

또는 떠도는 사람이 주위의 변화에 적응을 빠르게 잘하는 사람이라 말할 수 있을 것이다.

또는 직장생활을 하여도 한 곳에 오래 있지 못하고 방황하는 사람이 가는 직장마다 주위 사람들과 빠르게 어울릴 수 있다거나 직장 일에 빠르게 적응을 잘하는 사람이라고 할 수 있을 것이다.

또는 학교에서 공부를 못하여 마음이 항상 산란하고 불안한 학생은 머지않아 학교를 그만둘 수 있다고 말할 수 있을 것이다.

또는 회사를 운영하는 사장이 바람기가 있다든지, 아니면 회사운영에 자신이 없어 안정된 사업을 추진하지 못하고 있으면 얼마가지 않아 그 회사는 문을 닫을 것이라고 말할 수 있다.

또는 사업이 어려워 풍파가 있었다면 풍파가 사라지고(흩어지고) 조용한 일만 있을 것이라 할 수 있는 운이다.

또는 주위 여건에 적응을 잘 하다보니 생활의 변화가 빠르게 발생한다고 할 수 있을 것이다. 아니면 바람기가 많은 여인이 만나는 사람마다 비위를 잘 맞추면서 헤어지고 만나는 일을 아주 잘하는 여인이라 말할 수 있을 것이다.

또는 주위에서 일고 있는 모든 풍파가 모두 사라진다고 할 수 있으니 조용해질 것을 말하는 운이다. 예를 들면 청춘남녀가 서로 사귀면서 마음의 갈등이 있었다면 마음의 갈등이 사라질 것이다.

또는 어떤 일에 있어서 설레이는 마음으로 큰 기대를 하였다면 그 기대치가 흩어졌다고 할 수 있을 것이요, 아니면 기대치가 소실되었다고 할 수 있을 것이다.

또는 취업을 못하여 마음이 불안하고 산만하였다면 취업으로 불안이 사라진다고 할 수 있으니 취업이 될 수 있다고 말할 수 있다.

또는 부부간의 갈등으로 가정이 불안하고 마음이 산란하였다면 그러한 일들이 흩어진다고 할 수 있으니 앞으로는 가정이 안정단계로 들 수 있다고 말할 수 있을 것이다. 아니면 부부가 머지 않은 날에 헤어질 수 있을 것이라고 말할 수 있을 것이다.

또는 사업이 어려웠다거나 인기가 없어 불안하였다거나 신제품 만드는 일에 마음이 놓이지 않고 불안하였다거나 인기가 없는 연예인이 인기가 없어 불안하고 갈등이 있었다면 그러한 갈등이나 불안이 소멸될 수 있는 상이다. 여기서는 흩어지다로 설명하였다.

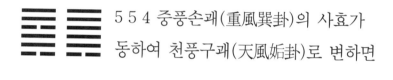 5 5 4 중풍손괘(重風巽卦)의 사효가
동하여 천풍구괘(天風姤卦)로 변하면

구(姤)란 만나는 일이나 헤어지는 일이나 소멸되는 일이나 성사 여부의 일이나 뜬소문 하나까지도 모두 우연의 발생을 말하는 것이다. 그래서 '만난다'는 뜻이요, 또한 우연의 일치로 '우연히 만난다' '우연히 접한다' '우연히 이룬다' '우연히 발생한다' '우연히 성취한다'라고 말한다.

그래서 이 괘는 나도 모르는 사이에 어떤 풍파에 휘말리는 것이다. 예를 들면 바람을 만나거나 풍파를 만나거나 설레일 일이 생기거나 갈등이 생기거나 마음이 상할 일이 생기거나 등으로 본다. 또는 변덕이 심하거나 불안하거나 정신착란자나 방황하는 사람을 만날 수 있는 운이다.

또는 부부간에 갈등이나 풍파가 생길 수 있다. 아니면 가정의 경사로 마음이 산란하고 들뜰 수 있는 운이라 할 수 있을 것이다.

또는 유부녀가 춤바람이 날 수 있다거나 날 수 있는 상대를 만날수 있다고 할 수 있을 것이요, 아니면 마음이 들떠서 집을 나가서 바람을 피울 수도 있다고 할 수 있을 것이다.

또는 마음의 갈등이 있는 여인이 밖에서 불량배를 만나거나 강간 등을 당할 수 있을 것이다. 또는 마음이 들떠 방황하는 사람을 만나거나 또는 좋은 인연을 만날 수 있다고 할 수 있을 것이다.

또는 이사를 할 일이 발생했다거나 아니면 타관에 나갈 일이 생긴다거나 아니면 여행길에 있을 수 있다고 할 수 있는 상이다.

또는 주위에서 일고 있는 바람이나 풍파가 생길 수 있다. 아니면 목격할 수 있다고 할 수 있을 것이다.

또는 우연하게 길을 가다가 어떠한 사건을 목격하게 되었는데 그것이 잘못되어 화를 당할 수도 있는 것이다.

또는 내가 중심이 약하여 다른 사람에게 어떠한 부탁을 받은 것이 화가 될 수도 있으나 도리어 좋은 일도 많이 있으니 악하지 못한 관계로 다른 사람들에게 인심을 얻을 수 있다.

또는 어려운 풍파에 있는데 구원의 손길이 있을 수도 있을 운이요, 또는 마음을 잡지 못하여 불안한데 누군가의 도움을 받아 새로운 인생을 열 수도 있는 것이요, 또는 사랑하는 사람과 구설수가 생길 수도 있으나 사랑하는 사람을 만날 수도 있다.

☰☰ 5 5 5 중풍손괘(重風巽卦)의 오효가
동하여 산풍고괘(山風蠱卦)로 변하면

　고(蠱)란 '좀먹는다' '유혹하다' 또는 '조금씩 변화한다' '변질
된다' 라는 의미다. '미혹하다' '현혹하다' '잠식하다' 또는 '조금
씩 물들어 간다' '의지나 생각이 감소한다' ' 무너져 간다' 라고 할
수 있다.

　그래서 이 괘는 마음이 안정이 안되고 불안한 사람이나 방황하
고 있는 사람이나 떠돌이 하는 사람을 현혹하고 유혹하는 운이라
고 할 수가 있다.

　또는 마음이 들떠 안정을 못하고 설레임 속에 있는 사람이라면
그러한 마음이 점점 가라앉을 수 있다고 할 수 있을 것이다.

　또는 어떤 아가씨가 가뿐한 옷을 입고 지나가는 남성들을 유혹
하는 격이라 할 수 있을 것이다.

　또는 마음이 들떠 공부를 안 하는 학생이 마음에 좋지 못한 병이
드는 운이요, 또는 방황하는 사람을 유혹하여 타락의 길로 들어가
는 운이다.

　또는 떠돌이 하는 사람이나 방황하고 있는 아가씨를 유혹하거나
아니면 종교에 갈등이 있는 사람들에게 접근하여 상대방을 자기
마음대로 이용하려고 하는 사람이다.

　또는 주관없이 주위의 변화에 따라서 흔들이고 있는 사람이 자

기의 마음을 잠식당하고 자기의 뜻을 펴지 못하는 운이다.

또는 변덕이 심하다거나 아첨이 심한 사람이 자기의 뜻이 노출 되어 뜻을 펴지 못하는 운 등이다.

또는 마음이 들뜨고 안정감이 없이 방황하는 사람이 점점 마음의 안정을 찾아가는 상이라 할 수 있다.

예를 들면 공부가 하기 싫어 방황하는 학생이라면 서서히 공부에 재미를 붙일 수 있다고 말할 수 있을 것이다.

또는 어떤 사건으로 인하여 마음에 갈등이 있고 불안한 상황이거나 마음이 들떠 있는 상황이라면 갈등이나 불안이 점점 소멸되어 없어질 수 있다고 할 수 있을 것이다.

또는 사업이 어려워 불안하고 갈등이 있었다면 그 어려움이 점점 소멸되어 안정을 찾을 수 있다고 할 수 있을 것이다.

또는 어떤 하청 일을 하는 사람에게 누가 대단히 큰 일감을 하청을 주기로 하여 마음이 들뜨고 기분이 좋았다고 한다면 그 일이 점점 나에게서 멀어지고 있다고 할 수도 있을 것이다.

䷸ 556 중풍손괘(重風巽卦)의 육효가 동하여 수풍정괘(水風井卦)로 변하면

정(井)이란 '우물'을 나타내고 '모든 생명에 힘과 삶을 영위할 수 있게 하는 것'을 말한다. 또는 '새로운 생각'이나 '새로운 아이디어'가 계속 나오는 사람이요, 또는 '끈기와 인내'를 말하고, 또는 어떤 위치에서 '수위가 변함없이 유지되는 것'을 말하고, 또는 '여인의 음수(陰水)'를 뜻하기도 한다.

그래서 이 괘는 임기응변에 능하고 항상 새로운 변화에 적응을 잘하는 상이라, 머리에서는 항상 새로운 생각이나 어떤 일에 대한 구상이 떠오르고 있는 형상으로 우리 속말로 하면 생각이 많은 사람이요, 또는 꾀돌이라고 할 수가 있을 것이다.

또는 사람이 이곳 저곳 할 것 없이 많은 곳을 돌아다니면서 새로운 일이나 아이디어를 창출해내는 사람이라 말할 수 있을 것이다.

또는 마음을 못 잡고 방황하고 있는 여인이 누군가가 물을 퍼주기를 기다린다고 할 수 있을 것이다.

또는 어떤 사람이 마음을 못 잡고 방황하고 있는 것 같지만 그 마음속에는 새로운 어떤 일을 구상하고 있다고 할 수 있을 것이다.

또는 바람잡이를 하는 운으로 바람을 일으키는 구상이 많은 사람이라 광고대행업을 하면 아주 좋을 운이라고 할 수가 있으니 상대의 귀를 현혹하고 눈을 현혹하는 재주가 있는 운이다.

또는 새로운 맛을 가지고 바람을 일으킬 수 있는 운이요, 또는 새로운 생각이 많은 사람이라고 할 수가 있는 것이다.

또는 새로운 바람이나 갈등이나 풍파를 일으키고 다니는 사람이라 말할 수 있는 운으로 주위에 있으면 항상 불안한 사람이라고 할 수 있는 상이다. 그래서 이런 사람이 주위에 있으면 좋은 일이나 나쁜 일이나 간에 안정되고 차분한 기분이 없고 산만하고 시끄러운 일이 많이 발생할 수 있는 것이다.

또는 어디를 가든 적응을 잘할 수 있는 사람이요, 또는 다른 사람의 비위를 잘 맞추며 새로운 구상이 많은 사람이요, 생각이 많은 사람이라 굶어죽을 일이 없는 사람이라고 할 수 있을 것이다.

또는 바람이란 미세한 구멍까지도 통과하는 것으로 절도범이 될 수가 있을 것이다.

또는 컴퓨터나 전자산업같이 세밀한 부분을 다루는 사업을 하여도 좋을 사람이라고 할 수가 있다.

그래서 이 운은 한 사람의 기술로 수많은 사람에게 생명의 길을 줄 수 있는 사람이 있을 수 있으나 또는 한 사람의 잘못된 생각으로 많은 사람을 해할 수 있는 운도 있는 것이다. 즉 물은 오염수도 있으니까.

56 풍수환괘(風水渙卦)

환(渙)이란 '고정적이지 못하다' '안정적이지 못하다' '확고하지 못하다' '변화가 많다' 라고 할 수 있다. 그래서 '흩어지다' '헤어지다' '풀리다' '널려놓다' '번진다' '퍼진다' '여기 저기' '이것 저것' 이라는 뜻이요, 또는 '정신이 산만하다' '이합집산이 많다' 라고 할 수 있다. 환괘(渙卦)는 물이나 바람은 흩어지는 보고, 함괘(咸卦)는 모이고 합쳐지는 것으로 본다. 해괘(解卦)도 같은 점이 있다.

그래서 이 괘는 바람이나 물은 주위의 변화로 형체가 변하고 속도가 변하는 것으로, 어떠한 모양으로 형체가 고정되어 있지 않고 변한다는 말이다. 아니면 주위 사람들로 인하여 마음이 설레이고 항상 불안하게 생활할 수 있다고 말할 수 있을 것이다.

또는 주위 사람이나 물건으로 인하여 나의 뜻대로 나가지 못하고 몸이나 마음에 변화가 발생할 수 있다고 말할 수 있는 상이다.

또는 흩어지는 것으로 그동안 유지해오던 어떤 단체나 모임 등이 해산할 수 있다고 할 수 있으니 자율적으로 해산이 되든지 아니면 인위적으로 해산이 될 수 있을 것이다.

또는 가정형편이 어려워 지다보니 가족들이 흩어진다고 할 수 있을 것이요, 아니면 남편이나 부인이 바람이 나는 바람에 가족들이 흩어질 수 있다고 말할 수 있을 것이다.

또는 어떤 물건등이 흩어질 수 있는 것이다. 예를 들면 집을 지으려고 준비해둔 목재나 석재나 또 다른 재료 등이 재해로 흩어지거나 누군가의 방해로 흩어진다고 할 수 있을 것이다.

또는 내가 찾거나 구하고자 하는 물건이나 분실된 물건들이 한 곳에 있는 것이 아니고 여기저기에 산재해 있다. 아니면 흩어져있다고 표현할 수 있을 것이다.

또는 어떤 회사가 어려워 문을 닫게 되니까 그동안 회사에 나오던 모든 사원들이 각자의 갈 길로 뿔뿔이 흩어졌다고 할 수 있을 것이요, 아니면 지점 등을 여기저기 분산하여 만들 수 있는 것을 말하고 있을 수 있다.

또한 시장에서 장사하는 사람이라면 차분하게 정리하고 파는 물건이 아니고 널려놓고 하는 장사꾼이라고 할 수 있을 것이다.

또는 마음이 안정되지 못하고 산란한 것을 말할 수 있는 운이다. 여기서는 흩어지다 또는 널려놓다로 설명하였다.

중부(中孚)란 '고이 간직한다' '소중하게 생각한다' '집착한다' 고 할 수 있는 상이다. 그래서 '아끼다' '신중하다' '조심성이 많다' 라는 뜻이요, 또는 '관심이 많다' '소중하게 관리한다'고 할 수 있다. 또는 '함부로 경솔하게 행동하지 않는다' 라는 뜻이요, 또는 '그리워한다' '미련을 버리지 못한다' '좋아한다' '즐긴다' 라는 뜻이다. 예를 들면 시끄러운 상황으로 떠들거나 운동을 즐긴다고 할 수 있을 것이요, 또는 어떤 물건을 좋아하거나 부부간에 애정행위를 즐기거나 친구나 자신이 하는 일을 좋아한다고 할 수 있다. 또는 마음이나 정신이 산만하고 들떠 '집중하지 못하는 상' 이다.

그래서 이 괘는 사람을 만나고 헤어지는 일에 있어서 경거망동하지 않고 신중하게 대처하는 사람이라고 할 수가 있다.

또는 누구와 헤어진 일이나 어떤 잃어버린 물건에 대하여 많은 추억을 가지고 지내는 사람이요, 아니면 애통에 하면서 지낼 수 있다고 할 수 있을 것이다. 예를 들면 군대생활에 대한 추억이나 외국에 나가서 있었던 추억이나 전에 나갔던 직장생활이나 옛날에 알고 지내던 애인관계나 친구관계 등이다.

또는 전쟁 중이나 우연한 사고로 가족을 잃었거나 헤어진 사람이 가들을 그리워하면서 애타게 찾는 상이라 할 수 있을 것이다.

또는 화재나 풍수재해나 폭발 등으로 집이 파괴되고 전 재산이 날아간 자리에서 그래도 쓸만한 물건은 없나 하고 찾아보고 있는 상이라 할 수 있을 것이다.

또한 일을 빨리 처리하되 신중하게 행동하는 사람이라 할 수 있는 운이다. 예를 들면 친구를 사귀어도 신속하게 사귀거나 친절한 성격은 있을망정 친구를 선택하여 사귀는 사람이다.

또는 행정처리를 하는 사람이 신속하게 처리해도 진실여부를 명확하게 파악하면서 처리를 하는 사람이다.

또한 판사가 사건심리를 신속하게 하되 경솔하게 대하지 않고 요점을 명확하게 파악하여 판결하는 격이며, 선생님이 학생을 가르치는데 진도는 빠르게 나갈지언정 요점은 정확하게 가르치는 것 등 수많은 일들을 빠르게 처리하되 흐트러지지 않고 신중하게 처리를 하는 격이라고 할 수가 있다.

또는 가족이나 친구나 어떤 일에서 헤어지는 일이 있으면 신중하게 생각하여 처신할 사람이라 할 수 있을 것이다.

또는 어떤 물건이 분실되었어도 함부로 나서지 않고 주의하고 신중하게 대처하는 사람이다.

또는 가지고 있던 어떤 물건들을 처분하는 일이 발생하였다면 주의하고 신중하게 처분한다거나 아니면 아까워서 얼른 처분을 못하고 있다고 할 수 있을 것이다.

또는 사업체를 분산하거나 분점을 내는 일이 생긴다면 조심성있게 신중하게 처리할 수 있는 사람이라 말할 수 있을 것이다.

䷺ 5 6 2 풍수환괘(風水渙卦)의 이효가 동하여 풍지관괘(風地觀卦)로 변하면

관(觀)이란 주위에서 발생하는 풍파나 변화나 불안이나 변덕이나 아부나 주위의 변화에 적응을 잘하는 일 등을 본다. '느낀다' '알 수 있다' '살핀다' 라는 뜻이다. 또는 어떤 상황이나 설레임이나 동요나 불안이나 산만함 등이 일고 있는 것을 '보고 느끼는 것'이요, 또한 어떠한 '예감이나 기분'을 느끼거나 아는 것을 말한다.

그래서 이 괘는 흩어지는 일이나 상황을 볼 수 있다거나 느낄 수 있다고 할 수 있다. 예를 들면 태풍으로 농작물이나 축사 등이 위태로울 것 같은 기분이 들거나 집이 붕괴될 것 같은 기분을 느끼거나 도로나 제방 등이 붕괴될 것 같은 기분을 말할 수 있다.

또는 가족이나 부부나 자녀문제나 연인문제나 동료들과의 문제에 있어서 헤어지거나 흩어질 것 같은 기분이 든다거나 마음이 불안하고 산란할 것 같은 느낌이 든다고 할 수 있을 것이다.

또는 주위에서 그동안에 있던 일이나 단체가 무너져 간다거나 해산될 것 같은 기분이 든다거나 아니면 감각적으로 느낄 수 있다고 할 수 있는 상이다.

또는 회사가 문을 닫아야 할 것 같은 기분이 든다거나 또는 회사의 분위기를 바꿔야 할 것 같은 마음이 일고 느끼고 있다고 할 수 있을 것이다.

또는 회사가 여기저기 사업장을 늘려가고 있는 분위기를 느낄 수 있다고 할 수 있을 것이다.

아니면 회사에서 자금을 이리저리 빼돌린다고 하거나 비자금 등을 만들어 유용하고 있는 것을 알 수 있다. 또는 느낄 수 있다고 할 수 있을 것이다.

또는 집안에 도적이 들것 같은 기분이 든다거나 아니면 수하인들이 달아날 것 같은 분위기를 느낄 수 있다거나 또는 애인이 내 곁에서 멀어질 것 같은 분위기를 느꼈다고 말할 수 있을 것이다.

또는 우리 주위에서 빠르게 변화하고 있는 어떤 상황을 느끼고 있는 것이요, 또는 보고 있는 것을 말하고 있으니 세월의 무상함을 말하고 있는 것으로 속말로 하면 '아침 다르고 저녁 다르다'고 하는 말과 같다.

또한 요즘 세상이 그렇다고 할 수가 있으니 자고 나면 새로운 상품이 나오는 세상이요, 어제의 물건은 신제품이 아닌 재고품으로 탈락하는 것을 알 수가 있다.

또한 정치의 판도가 자고 나면 새롭게 변화하고 있는 운이요, 또는 수많은 사고로 불상사가 발생하고 있는 것을 보고 느끼면서 살아가는 세상과 같은 것이다.

또는 학생이 공부의 진전이 빠르게 발전하는 것을 보고 느낄 수 있는 것 등 수많은 일들이 빠르게 변화하는 것을 보고 느끼면서 지내는 운이라고 할 수 있다. 여기서는 빠르게 변화하는 것으로 설명하였다.

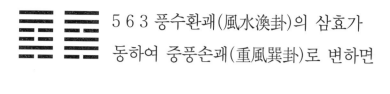

563 풍수환괘(風水渙卦)의 삼효가 동하여 중풍손괘(重風巽卦)로 변하면

손(巽)이란 '기회주의자' '임기응변에 능한 사람'이라고 할 수 있다. 또는 '고정적이지 못한 것' '확고하지 못한 것' '믿을 수 없는 사람'이라고도 할 수 있다. 그래서 '산만' '동요' '방황' '불안정' '변화' '변덕' '적응을 잘 한다' '상대방의 비위를 잘 맞춘다' '한 곳에서 생활하지 못하고 계속 옮겨다닌다' '설레임' '유순' '공손' 등으로 해석한다.

그래서 이 괘는 가족이나 아니면 누군가와 헤어진 일이나 어떤 물건을 분실한 일로 인하여 마음이 산란하고 갈등이 일고 있다고 할 수 있을 운이다.

또는 학생이 학업을 중단하고 학교를 그만둔 일이나 직장인이 어떤 상황으로 직장을 떠나게 된 일이나 아니면 그동안 소중하게 생각하면서 보관하고 있던 어떤 귀중품을 분실하고 마음을 못 잡고 방황하고 있다고 할 수 있을 것이다.

또는 정신이 안정감이 없이 산만한 사람이 방황하면서 지내는 사람이라 할 수 있을 것이다.

또는 헤어지는 일이나 분실된 것에 마음을 두지 않고 새로운 변화에 빨리 적응을 잘할 수 있는 상이라 말할 수 있을 것이다.

또는 확고한 주관이 없는 사람으로 밑도 끝도 없이 행동하는 사람과 같다고 할 수가 있는 운이요, 또는 동에 번쩍 서에 번쩍 하는 운이요, 또는 동가식 서가숙으로 지내는 사람과 같다고 할 수가 있는 운이다.

또는 회사를 운영하던 사람이나 회사를 다니는 사람이 회사를 잃었거나 그만두고 마음을 잡지 못하고 방황하고 있다고 할 수 있을 운이다. 아니면 그만둔 일에 매달리지 않고 새로운 변화에 빨리 적응을 잘할 수 있는 사람이라 할 수 있을 것이다.

또는 어떤 가정이나 회사나 사회단체나 정당 등이 해산을 하거나 해산된 후로 풍파의 회오리가 일수 있다고 할 수 있을 것이다.

또는 학생이 학업을 그만둔 일로 마음이 산란하고 힘들게 생활할 수 있다고 할 수 있으나 아니면 학업을 그만두고 새로운 환경에 적응을 잘 해가면서 생활하는 사람이라고 말할 수 있을 것이다.

564 풍수환괘(風水渙卦)의 사효가 동하여 천수송괘(天水訟卦)로 변하면

송(訟)이란 '확정짓는 것'이요, '구설풍파'를 말하는 상이다. 그래서 '소송' '판결' '결단' '언쟁' '시비' '의견대립' '가부의 결정' '사리판단' '서로간에 불신이 생길 수 있는 마찰' '관(官)과의 관계' '정(正)과 사(邪)의 대결'을 표현하고, '음(陰)과 양(陽)의 대립'을 말한다.

그래서 이 괘는 변화에 있어서 결단을 필요로 하는 운으로 헤어지는 일에서 어떤 결단을 말하거나 아니면 헤어지거나 해산한 일로 인하여 구설수도 있을 수 있을 것이요, 아니면 소송사건 등이 발생할 수 있다고 말할 수 있을 것이다.

또는 어떤 물건이나 재산을 사방으로 분산시켰거나 비자금을 분산하여 보관한일로 구설수가 발생한다고 할 수 있을 것이다.

또는 이 공부 저 공부 할것 없이 많은 공부를 한 사람이 판검사 등으로 활동하면서 많은 일들을 판결하고 지내는 사람이라 할 수도 있을 것이다.

또는 어떤 사회단체가 해산을 하고 난 후에 소송사건이나 구설수 휘말릴 수 있다고 할 수 있을 것이라 할 수 있을 것이다.

또는 어떤 단체나 모임에서 해산을 결정할 일이 발생했다고 말할 수도 있을 것이다.

또는 가계를 운영하는 사람이 가계에서 물건을 분실한 일로 인하여 구설수나 법정에 나갈 수 있는 일이 발생할 수 있다고 말할 수 있을 것이다.

또는 가족들과 헤어져야 할 일이 발생하였다면 가부간에 결정을 내려야 할 일이 있을 수 있다고 할 수 있을 것이요, 아니면 가족과 헤어진 일로 법정에 설 수 있는 일도 생길 수 있는 것이다.

또는 그동안 유지하고 지켜오던 나의 모든 재산을 사회에 헌납할 것을 결정한다거나 아니면 헌납한 일로 집안에서 구설이 발생하거나 풍파나 소송사건 등도 발생할 수 있을 것이다.

또는 어떤 회사가 운영이 어려워 회사를 폐업하가로 결정을 하였다고 할 수도 있을 것이요, 또는 그러한 결정으로 구설수에 휘말릴 수 있다고 할 수 있을 것이다.

䷺䷃ 5 6 5 풍수환괘(風水渙卦)의 오효가 동하여 산수몽괘(山水蒙卦)로 변하면

몽(蒙)이란 '지혜가 밝지 못한 것' '능력이 부족한 것'으로 '멍하다' '어리다' '어리석다' '애매하다' '미련하다' '답답하다' '생각이 적다' '의지가 약하다' '주관이 없다' '힘이 없다' '매사에 자신이 없다' '앞이 캄캄하다' '앞길이 밝지 못하다' '성숙하지 못하다' 라는 의미가 있다. 또 모든 면에서 기초단계를 벗어나지 못한 상태를 말한다.

그래서 이 괘는 자기의 의견이나 생각을 꽃피우지 못하고 중간에 좌절되는 운이라고 할 수가 있다.

또는 부부가 헤어지고 나니 많은 다른 사람들의 유혹의 손길이 있을 것이라고 할 수 있다.

또는 자기의 의견이나 또는 생각을 안정적이지 못하고 산만하게 말을 하다보니 상대방에게 인정을 못받는 운이요, 무시당하는 운이라고 할 수가 있을 상이다.

또는 재산을 사기를 당했다거나 정신착란증에 걸렸다거나 부부 간에 이별을 하였다거나 자식이 떠나간 일로 사람이 멍해지거나 의지력이 상실되어 어린아이와 같이 되었다고 할 수 있을 것이요, 아니면 매사에 자신감을 잃었다고 말할 수 있을 것이다.

또는 영리하고 똑똑하던 사람이 정신력을 상실하고 어린아이와 같은 신세가 되었다거나 될 수 있을 것이라고 말할 수 있다.

또는 어떤 단체나 모임이 해산하고 보니 어린아이와 같아져 능력을 상실하고, 또는 권위가 없어지거나 약화되었다고 할 수 있다. 그래서 흩어지져 어린아이와 같이 약해지는 상이라 할 수 있다.

또는 해산을 결정하여야 하는 일에 있어 자신이 부족하고 능력이 부족하여 결단을 내리지 못하는 운이라 할 수 있을 것이다. 또는 빠르게 변화하는 어떤 상황이나 일에 적응하지 못하는 운이다.

요즘 새로 나오는 가전제품이나 통신기기나 컴퓨터 등을 젊은 세대들은 잘 적응하면서 활용하나 나이 먹은 사람들은 적응을 못하여 기능을 제대로 활용하지 못하는 것과 같은 것이다.

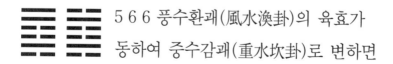

566 풍수환괘(風水渙卦)의 육효가 동하여 중수감괘(重水坎卦)로 변하면

감(坎)이란 '함정' '모함'을 뜻하고, '앞길을 알 수 없다' '희망이 보이지 않는다' '난관에 봉착했다'라는 뜻이요, '물이 넘쳐나는 것'을 말한다. 또는 통과하지 않으면 안되는 '관문' '고비' '고개' '액운' '액년' 등이요, 또는 '움푹패인 구덩이'를 말한다.

그래서 이 괘는 풍수재해로 제방이 무너지고 나서 물난리가 발생하였다고 할 수 있을 것이다.

또한 우리 사회에서 속말로 '만나기보다 헤어지는 일이 더욱 어렵다'라고 하는 말이 있듯이 사람과의 이별이나 또는 세상을 떠나가는 일이나 아니면 사업을 그만두거나 손을 때는 일이나 또는 어떤 상황에서 헤어지거나 해산하거나 버리려고 하는 일이 어렵고 힘이 든다고 말할 수 있을 것이다.

또는 모든 것을 흩어놓고 어려움을 당한다고 할 수 있다. 예를 들면 여기저기 돈을 빌려준 사람이 막상 자기가 필요하여 쓰려고 하니 뜻대로 안되어 어려움이 있다고 할 수 있을 것이다.

또는 회사가 여기 저기에 분점이나 지점을 내려고 하나 어려움이 있다거나 또는 분점이나 지점을 낸 일이 통제가 어렵고 힘이 든다고 말할 수 있을 것이다.

또는 어떤 사회나 가정이나 단체를 해산하려고 하는데 마음대로 되지 않고 어려운 난관이 있을 수 있다고 할 수 있을 것이다.

또는 빠르게 변화를 추구하는 일이 도리어 어려운 처지로 들어가는 격이라고 할 수가 있다.

이 괘는 '돌다리도 두들겨 보고 건너라'는 말과 같이 매사를 신중하게 또는 급히 서두르지 말고 때를 보아가면서 또는 시기를 기다리면서 서서히 도모하라고 하는 말과 같은 의미다. 속전속결로 서둘러서 좋을 운이 있으나 이 괘는 속전속결은 도리어 어려움에 처하게 된다고 말하고 있는 것이다.

예를 들면 공사의 일정을 앞당겨 서두르다 부실공사로 이어져 나중에는 도리어 더욱 어려운 입장이 되는 격이요, 또는 결혼을 너무나 서두르다 보니 상대를 제대로 파악하지 못하여 나중에는 후회하는 운이다.

5 7 풍산점괘(風山漸卦)

점(漸)이란 '점진적으로 진행'한다는 뜻으로 '조금씩 변하는 것'을 말한다. '차차' '천천히 움직인다' '차츰 나아진다' 또는 '서서히 변한다'라는 뜻이요, 또는 '점점 익숙해지고 숙달되어 간다' '전문화되어 간다'라는 말이다. 이 괘는 택천쾌괘(澤天夬卦)와는 반대의 상이라고 할 수 있다.

우리말에 '얻어먹는 것도 이력이 났다'고 하듯이 여기서는 좋지 않은 일에 익숙해지는 것으로 본다. 또한 숨고 피하고 달아나는 것이나 어리석은 척하는 것 등이 갈수록 숙련되어 간다는 말이다.

또는 다른 사람을 속이면서 생활하는 것이 갈수록 숙달되었다고 할 수가 있다. 예를 들면 자녀가 부모의 뜻을 거스르고 순간순간 모면하면서 지내는 일이 갈수록 능숙해진다고 할 수가 있다.

또는 세상사에서 그때그때 임기응변으로 모면해 가는 생활이 갈수록 숙련되었다고 할 수가 있을 것이다.

그래서 좋은 방향이나 어려운 방향으로 조금씩 변화가 일어나고 있는 것이다. 또는 주위의 여건이나 생활에서 좋은 방향이나 어려운 방향으로 서서히 변화하고 있다고 말할 수 있는 상이다.

또는 학업이 점점 나아진다거나 아니면 갈수록 어렵고 힘이 든다고 할 수 있을 것이다.

또는 우리 속담에 '갈수록 농판이 된다'는 격으로 세월 갈수록 심해진다. 또는 어려워지는 것을 말하는 것을 말할 수 있는 상이다.

또는 갈수록 부부의 정이 좋아진다. 또는 멀어진다 등으로 설명할 수 있다. 그래서 좋은 면에서나 좋지 못한 면에서 가면 갈수록 점점 변화가 심해진다고 할 수 있는 것이다.

또는 어떠한 일이 서서히 조금씩 변화하는 것으로 우리 속담에 '쥐가 소금을 먹는다'라고 하는 말과 같은 뜻의 의미가 될 것이다.

또는 어떤 일이나 상황에서 마음의 갈등이나 풍파나 불안감이나 방황하는 일이 점점 심해지거나 마음이 가라앉는다고 할 수 있다.

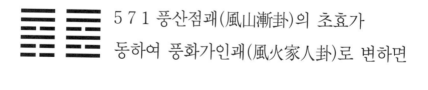

571 풍산점괘(風山漸卦)의 초효가 동하여 풍화가인괘(風火家人卦)로 변하면

가인(家人)이란 '가족' '집안사람' 또는 '구성원'이나 '조직원' 등을 말한다. 또는 '패거리' 같이 행동하거나 생각하는 사람 '동아리' '동문' '연고가 같은 사람' '같은 사업을 하는 사람' 이요, 또는 '같이 어울린 물건' 이라고도 할 수 있다.

그래서 이 괘는 서서히 일고 있는 어떤 변화에 사람들이 모여드는 격이며 점진적으로 동조자가 생기는 운이라고 할 수가 있다.

또는 나의 생활이 점점 나아지고 있다거나 또는 나의 인격이나 사회의 지위가 점점 나아지고 있으니 그동안 멀리하던 사람들이 다시 나의 주위로 모여들고 있다고 할 수 있을 것이다.

또는 학문이나 실력이나 능력 등이 점점 향상되니 그동안 나를 멀리 하였던 사람들이 하나 둘 모여들고 있다고 할 수 있다.

또는 내가 갈수록 정의를 위하고 사회에서 인정을 얻어가면서 살다보니 나에게 의지하려고 하는 사람들이 내 주위로 서서히 모여들고 있다. 아니면 모여들었다고 할 수 있는 상이다.

또는 내가 어떤 분야에서 연구를 한다고 할까, 또는 어떤 사업을 하려고 하는데 나와 마음이 통하는 사람들이 하나 둘씩 모여드는 격이요, 아니면 모여들었다고 할 수 있을 것이다.

또는 생활에 어려운 사람들이 하나 둘씩 모여들어 나의 수하로 들어오고 있다고 할 수 있는 격이요, 아니면 모여들었다고 표현할 수 있는 것이다.

또는 그저 알고 지내던 이성의 친구와 결혼할 마음을 먹고 청혼하였는데 상대의 마음에 약간의 변화가 있는 것 같으니 주위 사람 등이 나의 마음을 설득하기 위하여 주위에 모여들고 있다고 할 수 있을 것이다.

또는 부동산이나 백화점에서 어떤 물건을 구입하려고 하는 사람이 마음에 약간의 동요의 빛이 생기니까 주위에 있는 사람들이 나를 부추기기 위하여 모여들고 있다고 할 수 있을 것이다.

또는 나에게 사기를 치기 위하여 접근한 사람이 나의 마음이 점점 유혹에 들고 있다고 생각하고 나위 주위에 많은 사람들을 투입하여 적극적으로 유인하는 상이라 할 수 있을 것이다.

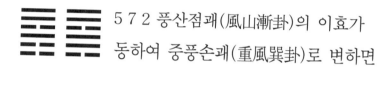 572 풍산점괘(風山漸卦)의 이효가
동하여 중풍손괘(重風巽卦)로 변하면

손(巽)이란 '기회주의자' '임기응변에 능한 사람'이라고 할 수 있다. 또는 '고정적이지 못한 것' '확고하지 못한 것' '믿을 수 없는 사람'이라고도 할 수 있다. 그래서 '산만' '동요' '방황' '불안정' '변화' '변덕' '적응을 잘 한다' '상대방의 비위를 잘 맞춘다' '한 곳에서 생활하지 못하고 계속 옮겨다닌다' '설레임' '유순' '공손' 등으로 해석한다.

그래서 이 괘는 날이 갈수록 마음을 잡지 못하고 방황하는 일이나 갈등이나 풍파나 불안감이 심해지는 상태라고 할 수가 있다. 예를 들면 부부의 갈등이나 아니면 누구에게 배신을 당한 일 또는 날이 갈수록 질병이 심해지는 일이나 또는 사업이 날이 갈수록 활성화되고 있기 때문에, 또는 어떤 여인이 보면 볼수록 마음에 들어 마음이 설레고 동요가 심해지고 있다고 말할 수 있을 것이다.

또는 날이 가면 갈수록 상대의 비위를 맞추면서 아부하는 일에 능숙해지고 있다고 말할 수 있을 것이다.

또는 세월이 가면 갈수록 변덕이 많아지는 사람이라고 할 수 있을 것이요, 또는 갈수록 사람이 안정감 없이 생활을 한다고 할 수도 있을 것이다.

또는 처음에는 약간씩 마음의 갈등이나 변화가 있던 사람이 후일에는 큰 풍파가 발생하거나 산란한 일이 생길 수 있다고 할 수 있는 상이다.

또는 친구간에 사소한 언쟁이 점점 변하여 나의 신상이 불안하거나 큰 변화가 올 수 있을 것이다.

또는 학업이 점진적으로 진보하여 후일에 사회에 큰바람을 일으킬 수 있는 인물이 되었다고 할 수 있을 것이다.

또는 처음에는 보잘것없던 작은 나무가 점점 자라서 큰 목재가 될 수 있는 것이다.

또는 처음에는 보잘것없는 회사가 날이 갈수록 번창하여 큰 회사를 만들었다고 할 수 있을 것이다.

또는 처음에는 별일도 아닌 사소한 언쟁이 점점 악화되어 나중에는 큰 사건으로 변화할 수 있을 것이요, 아니면 국가간에는 전쟁까지도 발생할 수 있다고 할 수 있을 것이다.

　관(觀)이란 주위에서 발생하는 풍파나 변화나 불안이나 변덕이
나 아부나 주위의 변화에 적응을 잘하는 일 등을 본다. '느낀다'
'알 수 있다' '살핀다'라는 뜻이다. 또는 어떤 상황이나 설레임이
나 동요나 불안이나 산만함 등이 일고 있는 것을 '보고 느끼는 것'
이요, 또한 어떠한 '예감이나 기분'을 느끼거나 아는 것을 말한다.

　그래서 이 괘는 무언가가 약간씩 변해간다고 하는 것을 느낄 수
있다거나 알 수 있다거나 보고 있다고 말할 수 있다. 예를 들면 산
위에서 부는 바람을 보고 있다.

　또는 느끼고 있다고 할 수 있고, 또는 산에서 단풍이 서서히 들
어가는 상황이나 산 위의 나무에 새싹이 돋아나 산의 색상이 서서
히 변화하는 것을 느끼고 있다. 또는 보고 있다고 할 수가 있다.

　또는 나의 마음이나 성장이나 행동을 누군가가 주시하고 있거나
아니면 내가 누군가의 변화를 살핀다고 말할 수 있을 것이다.

　또는 젊은 남녀가 자주 만나다 보니 점점 정이 깊어지고 있는 것
을 느끼고 있다고 할 수 있을 것이요, 또는 만나면 만날수록 점점
마음의 동요나 갈등이나 싫증 등이 생기고 있는 것을 느낄 수 있
다고 말할 수도 있을 것이다.

　또는 학생이 공부나, 우리 사회가 갈수록 점점 어지러워지는 것

을 느낀다고 할 수 있을 것이요, 아니면 우리 사회가 갈수록 점점 살기가 좋아지고 있는 것을 느낄 수 있다고 할 수 있을 것이다.

또는 어떤 연예인이 날이 갈수록 인기가 점점 오르고 있는 것을 느낄 수 있거나 아니면 갈수록 인기가 시들해지고 있는 것을 느낄 수 있다고 할 수 있을 것이다.

또는 환자가 날이 갈수록 병이 조금씩 치유되고 있는 것을 느낄 수 있다거나 아니면 죽음의 그림자가 다가오고 있는 것을 느낄 수 있다고 할 수 있을 것이다.

용신(用神)이나 동효(動爻)에 칠살(七殺)이 있으면 서서히 악화되어 가고 있는 것을 느끼고 볼 수가 있는 것이다. 예를 들면 아기가 성장을 하면서 서서히 잘못되는 길로 들어서고 있는 것을 볼 수가 있고 또는 피부로 느낄 수도 있는 것과 같은 것이다.

574 풍산점괘(風山漸卦)의 사효가 동하여 천산돈괘(天山遯卦)로 변하면

돈(遯)이란 '숨는다' '달아난다' 또는 '헤매인다' '방황한다' '불안하다' 또는 '도망치다' '피하다' 라는 뜻으로 결과적으로 '약한 것'이요, '자신이 없다' '능력이 없다' 라고 할 수 있다. 또는 '이리저리 피해다니는 것'을 말한다.

그래서 이 괘는 날이 갈수록 매사에 자신을 잃고 힘이 든다고 할 수 있는 운이다. 또는 날이 갈수록 점점 멀어지고 있는 운이다.

또는 날이 갈수록 여러 방면에서 피해 다니는 일이 숙달되고 있다고 할 수 있을 것이다.

예를 들면 범죄자가 수사망에서 점점 멀어지는 운이요, 아니면 수사망을 이리저리 피하는 사람이라고 하거나 또는 피해 다니면서 생활할 일이 발생할 것이라고 말할 수도 있을 것이다.

또는 그동안 나와 같이 알고 지내던 많은 사람들이 점점 내 곁에서 멀어지고 있다고 말할 수 있다.

또는 큰 꿈을 가지고 어떤 일을 시작하려고 마음먹은 사람이 날이 갈수록 점점 그 큰 꿈이 멀어지고 있다고 할 수 있을 것이다. 예를 들면 범죄를 저지를 것을 계획한 일 등이다.

또는 어떤 일을 크게 시작하였는데 점점 자신을 잃고 나약해지고 있다거나 나약해졌다고 말할 수 있을 것이다. 또는 학생이 공부가 점점 싫어지고 있는 운이라 할 수 있다.

부부사이에 정이 점점 멀어지고 있는 상이다. 아니면 부부의 갈등이 점점 소멸되어 없어지고 있다고 말할 수 있는 것이다.

또는 사업가가 사업에서 점점 관심이 없어지고 있는 운이요, 또는 부자로 살던 사람이 살림이 점점 쇠퇴해지고 있는 운이라고 할 수 있을 것이다.

또는 환자의 병이 날이 갈수록 점점 물러가니 환자가 서서히 회복되는 일도 있을 수 있는 것이다. 아니면 세월이 가면 갈수록 정신력이 흐려지다 보니 매사에 자신을 잃고 인생을 포기할 수도 있을 수 있는 운이다.

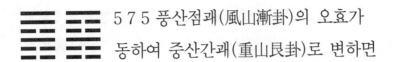 575 풍산점괘(風山漸卦)의 오효가
동하여 중산간괘(重山艮卦)로 변하면

간(艮)이란 '고지식하다' '외롭다' '의지가 확고하다' '자신감이 많다' '딱딱하다' '강직하다' '유동성이 없다' '험난하다' '우월감이 많다'라는 뜻이다. 또는 한 번 약속한 것은 '신용과 의리로 반드시 지키는 운'이요, '독보적인 존재'라고 할 수 있다. 또한 산은 옮겨다니거나 옮겨갈 수 없는 것으로 '한 번 자리를 잡으면 이동이 거의 없이 뿌리를 내리고 살아간다'고 할 수 있다.

그래서 이 괘는 날이 갈수록 마음에 변화가 발생하여 고지식하고 딱딱하게 대하는 운이라고 할 수가 있다.

또는 날이 갈수록 점점 외롭고 쓸쓸할 수 있다거나 아니면 쓸쓸할 일이 생길 것이라고 말할 수 있는 것이다.

또는 변화하는 시대에 적응하지 못하여 갈수록 어려워지는 운이라고 할 수가 있다. 다시 말하면 고집이 강한 사람이거나 또는 무식하여 시대에 적응을 못하는 사람이라 할 수 있을 것이다.

또는 처음에는 순하고 용하다고 하는 사람이 주위의 여건이나 어떤 변화에 의하여 마음이 점점 독하다고 하거나 강한 사람으로 변했다고 말할 수 있을 것이다.

또는 큰 회사가 어떤 상황이나 주위의 여건에 의하여 점점 어려워지기 시작하여 아주 심하게 망했다고 할 수도 있을 것이다.

또는 남녀가 처음 만났을 때는 별로 관심도 없고 정도 없이 만난 사람이 날이 갈수록 점점 정이 들어 태산과 같은 믿음과 정이 생길 수 있다고 할 수 있는 상이다.

또는 초기에는 별로 크지 않은 우환이었으나 날이 갈수록 심해져 돌이킬 수 없게 변했다고 할 수 있을 것이다.

또는 처음에는 인기도 없는 연예인이나 저명인사가 날이 갈수록 인기가 오르기 시작하여 나중에는 자기의 위치가 확실하게 굳은 인기스타가 되었다고 표현할 수 있을 것이다.

또는 사회의 불안이 처음에는 별일도 아닌 일에서 시작하였다거나 아니면 약간의 몇 명이서 시작한 일이 날이 갈수록 악화되어 사회가 불안하고 어렵게 변했다고 할 수 있을 것이다.

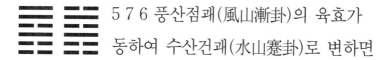 576 풍산점괘(風山漸卦)의 육효가
동하여 수산건괘(水山蹇卦)로 변하면

건(蹇)이란 '매사가 순탄하지 않을 운'이요, '매사가 험난하고 활발하지 못한 상'이다. 또는 '다리를 절다' '더디다' '어렵다' '힘들

다' '뜻대로 되지 않는다'는 뜻이요, '마음이 안정되지 못하고 변화가 많다'고 할 수 있다.

　그래서 이 괘는 어떤 일이나 상황이 가면 갈수록 어렵고 힘들고 더디고 있다고 할 수 있다. 예를 들면 어떤 사람이 인생의 길을 가는데 그 살아가는 길이 갈수록 점점 험난하고 힘이 드는 길이라고 할 수가 있을 것이다.

　또는 공부나 사업이나 연인과의 관계나 재판사건이나 연구과제나 국교문제나 환자의 치료문제나 집없는 사람이 집을 구입하려고 하는 문제 등이 뜻대로 되지 않고 더디거나 어렵다고 할 수 있다.

　또는 어떤 사기꾼이 사기대상을 만들어 점점 유혹하여 끌어들이는 일을 모사하고 있는데, 끌어들이는 일이 뜻대로 되지 않고 어렵고 힘들다고 말할 수 있을 운이다.

　또는 친구와의 관계가 갈수록 어렵게 꼬여가는 등 매사가 마음대로 풀리지 않고 힘든 운이라고 할 수가 있을 것이다.

　또는 매사가 순탄하지만은 않다고 하는 것을 말하는데, 사회의 변화나 직장의 분위기나 주위 환경을 단계적으로 변화를 추구하려고 하나 마음먹은 대로 되지 않고 힘이 들 수 있는 운이다.

　또는 사건을 수사하는 형사가 사건을 해결하려고 노력을 하여도 사건은 점점 미궁으로 들어가 어려워지는 것이라 할 수 있다.

　또는 부부의 갈등이나 풍파가 점점 더 어려워지거나 또는 공사를 발주한 사람이 공사를 하는데 점점 힘든 운이다.

58 풍지관괘(風地觀卦)

　관(觀)이란 내 주위에서 발생하고 있는 일이나 풍파나 상황이나 변화나 동요나 불안이나 변덕이나 아부나 주위의 변화에 적응을 잘하는 일 등을 '본다' '느낀다' '알 수 있다' '살핀다의 뜻'으로 대지위에서 불고 있는 바람을 보고 있는 것과 같은 의미다.

　또한 바람은 안정이 없는 것이요 형체가 없는 것이라 마음이 불안하고 허전함을 느끼고 있는 것을 말하고 있다.

　또는 풍(風)이란 들떠 있는 바람으로 땅은 바람을 잡을 수 없으나 주변에서 일어나는 어떠한 상황이나 설레임이나 동요나 불안이나 산만함 등이 일어나는 것을 보고 느낄 수 있는 것이다.

　또한 어떠한 '예감이나 기분' 같은 것을 느낄 수 있다거나 알 수 있다고 할 수 있는 것이다. 또는 마음에 동요가 갈등이나 산란할 일이나 방황할 일이 있을 것을 예고하고 있는 것이다.

또는 사회의 혼란이나 동요를 느낀다거나 보고 있다고 할 수 있을 것이요, 아니면 이웃의 어려움을 본다거나 알 수 있다고 할 수 있다. 예를 들면 북한 용천역 폭파로 인하여 주민들의 고통을 느낀다거나 알 수 있다고 말할 수 있을 것이요, 아울러 고통받는 주민들을 돕기 위하여 우리 국가나 사회단체가 일어서서 활동하는 상황을 본다거나 느낄 수 있는 것 등을 말할 수 있는 것이다.

또는 주위에서 일고 있는 어떤 뜬소문이 돌고 있는 것을 느낄 수 있다고 할 수 있을 것이요, 또는 느낄 일이 생길 것이라고 말할 수 있다. 또는 감지하거나 감지할 일이 발생할 것이라고 할 수 있다.

또는 자식들의 방황이나 갈등이나 불안 등이 있는 것을 느끼고 알 수 있다거나 알고 있다고 말할 수 있을 것이다.

또는 부부사이에 어떠한 변화나 남편의 바람끼나 자녀에게 애인이 생긴 것을 느끼거나 느낄 일이 생길 수 있는 것이다.

또한 사업의 변화도 느낄 수 있는 것 등으로 많은 일들을 예측하고 느낄 수 있는 것을 말하고 있다.

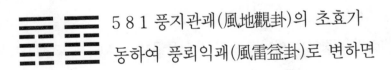

581 풍지관괘(風地觀卦)의 초효가
동하여 풍뢰익괘(風雷益卦)로 변하면

익(益)이란 '이롭다' '유익하다' '증가하다' '더하다' '더욱더' 등으로 '뭔가를 추가한다는 뜻'이다. 또한 '우뢰, 갈등, 동요, 불안,

풍파, 방황, 고민, 시끄러운 상황' 등이 많다고 할 수 있다. 또는 '부익부(富益富) 빈익빈(貧益貧)'이라는 뜻이요, '끼리끼리 어울린다' '모인다' '쌓아둔다' 라는 뜻이다.

　그래서 이 괘는 내 주위에 불고 있는 어떤 상황의 변화가 많이 발생하는 운으로 나는 가만히 있는 데 주위 사람들이 설치는 운이라고 할 수가 있는 상이다.

　또는 어떤 상황을 본 일이나 알고 있는 일로 인하여 마음에 갈등이나 풍파나 불안이나 시끄러운 일 등이 생길 수 있다거나 그러한 일로 생겼다고 말할 수 있을 것이다.

　예를 들면 어떤 사람이 범죄행위를 본 일로 인하여 마음에 갈등이 생겼다거나 생길 수 있다고 할 수 있을 것이다.

　또는 주위에 있는 사람들이 출세하는 것을 보고 마음에 동요나 갈등이나 풍파가 생기거나 생겼다고 말할 수도 있을 것이다.

　또는 내가 살고 있는 집 주위에서 어떤 공사나 소음 등으로 인하여 마음의 동요나 풍파가 공사장과의 마찰 등이 생겼다거나 생길 수 있다고 말할 수 있을 것이다.

　또는 하나의 뜬소문도 잠자기 전에 또 다른 뜬소문으로 곤욕을 치를 수 있을 것이요, 아니면 어떤 기분 좋은 일이 있는데 또 다른 경사가 겹칠 수 있다고 할 수 있을 것이다.

　또는 내 주위에서 일고 있는 바람으로 인하여 갈등이나 풍파나 동요가 계속 발생할 수 있는 운이다. 예를 들면 결혼도 안하고 있는 아가씨에게 애인이 생겼다고 하는 헛소문이 나는 바람에 결혼에 어려움이 따른다거나 할 수 있을 것이다.

또는 운영이 잘되는 회사가 곧 부도가 날 것이라고 한다든지, 아니면 어떤 기업으로 인수합병이 된다는 식으로 풍파가 생기는 바람에 회사에 어려움이나 갈등이 발생할 수 있다고 말할 수 있다.

이 운에 칠살(七殺)이 있으면 좋지 못한 일이나 소문이 무성하게 만발할 수가 있을 것이요, 녹이나 복 등이 있으면 좋은 소식이 풍성할 수가 있을 수 있는 운이다.

䷓ 582 풍지관괘(風地觀卦)의 이효가 동하여 풍수환괘(風水渙卦)로 변하면

환(渙)이란 '고정적이지 못하다' '안정적이지 못하다' '확고하지 못하다' '변화가 많다' 라고 할 수 있다. 그래서 '흩어지다' '헤어지다' '풀리다' '널려놓다' '번진다' '퍼진다' '여기 저기' '이것 저것' 이라는 뜻이요, 또는 '정신이 산만하다' '이합집산이 많다' 라고 할 수 있다.

그래서 이 괘는 내 주변에서 일고 있는 모든 일이나 뜬소문들이 해결되고 풀어지는 운이요, 또는 흩어진다고 말할 수 있다.

또는 그동안 직감 또는 영감이 좋은 사람 이였다면 직감력이 떨어질 수 있는 운이다.

또는 내 주위에서 일고 있는 어떤 소문이 사방으로 번지고 있다고 말할 수 있는 것이다.

또는 내 주변에서 나를 괴롭히고 떠들던 헛소문이나 모함 같은 것들이 점점 사방으로 번지거나 아니면 모두 흩어지고 소멸되는 운이라 할 수 있다.

또는 세상에 떠돌고 있는 유언비어 같은 것들이 사방으로 번져나가거나 아니면 소멸되어 없어지는 운이다.

또는 내 주위에서 일고 있는 갈등이나 풍파나 동요 등이 소멸되어 없어질 운이라 말할 수 있을 것이다.

또는 마음으로 느끼고 있던 어떤 상상이 공상으로 소멸되어 없어지는 운이다.

또는 보고들은 모들 일들이 진실이 아닌 일로서 활용의 값어치가 없이 소멸되는 운이다.

또한 부부의 갈등이 있었다면 갈등이 없어질 것이요, 학업에 갈등이 있었다면 갈등이 없어질 운이다.

또한 사업으로 갈등이나 동요가 있어 어려움이 있으면 그런 어려움이나 갈등이 소멸되어 없어질 수 있다거나 없어졌다고 말할 수 있을 것이다.

또는 계절의 운으로 보았을 때 지금까지 불고 있던 매서운 바람이 소멸되어 흩어지는 운 등으로 말할 수 있는 운이다.

583 풍지관괘(風地觀卦)의 삼효가
동하여 풍산점괘(風山漸卦)로 변하면

점(漸)이란 '점진적으로 진행'한다는 뜻으로 '조금씩 변하는 것'을 말한다. '차차' '천천히 움직인다' '차츰 나아진다' 또는 '서서히 변한다'라는 뜻이요, 또는 '점점 익숙해지고 숙달되어 간다' '전문화되어 간다'라는 말이다.

그래서 이 괘는 생각하고 느끼는 감정이 조금씩 점진적으로 변화하고 있는 것을 말하는 것이다.

또는 내가 알고 있는 일이나 느끼고 있는 일이나 또는 본 일로 인하여 마음이 처음과 같지 않고 가면 갈수록 변하고 있다고 할 수 있을 것이다.

또는 내 주위에서 일고 있는 풍파나 동요나 소문 등이 점점 소멸되어간다거나 아니면 점점 번져가고 있다고 말할 수 있을 것이다.

또는 청춘남녀가 처음 만나서는 어떠한 감정도 생기지 않던 사람들이 한 번 보고 두 번 보고 만나는 사이에 마음에서 조금씩 어떤 감정이 점점 일어나고 있는 것과 같은 것이요, 아니면 처자를 처음 만났을 적에는 얌전하게 보고 느꼈는데 날이 갈수록 그런 감정은 점점 없어지고 실수만 보인다고 할 수도 있을 것이다.

또는 어떤 미성년자가 성인용 비디오나 또는 옆집 부부의 성행위를 몰래 본 후로 날이 갈수록 점점 마음의 갈등이나 동요가 심하게 일고 있다고 할 수 있을 것이다.

또는 어떤 중이 고기맛을 안 후로 날이 갈수록 점점 육식 생각이 많아지고 있다고 할 수 있을 것이다.

또는 어떤 물건을 처음 대할 때는 아무런 좋은 감정이 없던 물건이 수시로 그 물건을 대하고 만져 볼수록 점점 애착이 가고 정이 가는 것을 말할 수 있으니 사람이나 물건이나 동물 등에 대하여 느끼는 감정이 갈수록 더해 가는 것을 말하고 있는 운이다.

또는 판소리 공연이나 전통예술이나 미술품이나 도자기나 춤추는 것을 보고 배우고 싶은 욕망이 생긴다고 할 수 있다.

또는 부부간의 갈등이 있을 것을 느낀다거나 갈등이 있을 것을 알면 그러한 갈등이나 풍파가 날이 갈수록 점점 소멸되는 것을 느낄 것이요, 아니면 갈수록 점점 악화된다고 할 수 있을 것이다.

용신(用神)이나 동효(動爻)에 칠살(七殺)이 있으면 도리어 좋지 않은 감정이 일고 있다고 보아야 할 것이다.

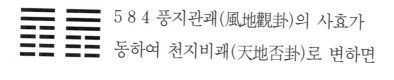

5 8 4 풍지관괘(風地觀卦)의 사효가 동하여 천지비괘(天地否卦)로 변하면

비(否)란 '서로 화합하지 못하고 불화하는 것' '상대를 인정하지 않는 것' '각자 갈 길로 나가는 상'이라고 할 수 있다. 그래서 '거부한다' '불신한다' '반목한다' '배신한다'라는 뜻이요, 내 맘에 들지 않는 것'이라고 말할 수 있다.

　그래서 이 괘는 어떤 보고 느낀 것을 거부하는 것이요, 또는 어떤 감정을 거부하는 상이라 할 것이다.

　또는 내가 알고 있는 모든 것을 상대방에게 인정을 못받는다거나 거부당할 수 있다고 할 수 있을 것이다.

　또는 내 주위에서 일고 있을 동요나 불안이나 사회의 갈등 등을 믿으려 하지 않는다고 말할 수 있을 것이다. 예를 들면 마음에게 이번 하는 일이 이대로 가면 잘못될 것 같은 예감이 든다면 그것을 거부하는 격이다.

　또는 어떤 상황을 목격하게 되었을 때 그 상황을 믿으려 하지 않고 아니야 지금 상황은 있을 수 없는 일이라고 하여 거부하고 불신을 하는 것이다.

　또는 어떤 아는 사람의 부인이 어떤 남자와 여관에서 나오는 것을 목격 하였다면 그 상황을 믿으려 들지 않고 거부하는 것 등을 말하고 있는 운이다.

　또는 어떤 회사나 사업장이 부도가 날 것이라고 소문이 만발하여도 믿어지지 않는다 하여 소문을 불신할 수 있는 것이다.

　또는 어떤 아가씨가 청혼을 받고도 상대가 어떤 사람인지 제대로 파악이 안되다 보니 거부할 수 있다고 할 수 있을 것이다.

　또는 내 주위에 있는 동료나 친구나 아는 사람들이 마음이 들떠서 춤이나 골프나 경마나 마작 등을 하는 것을 보고 그 친구나 동료들과 거리를 끊고 어울리지 않고 있다거나 아니면 그러한 사람들에게 같이 행동하기를 거부당했다고 말할 수 있을 것이다.

괘상(卦象)에서 용신(用神)이나 동효(動爻)에 녹이나 용덕(龍德)이나 복덕(福德)이 있으면 좋은 일을 거부하려는 운이요, 칠살(七殺)이 있으면 액운을 거부하는 운이라고 할 수가 있다.

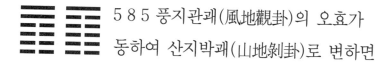 585 풍지관괘(風地觀卦)의 오효가
동하여 산지박괘(山地剝卦)로 변하면

박(剝)이란 '깎이다' '벗기다' '깎아내리다'라는 뜻이요, 또는 '인정을 받지 못한다' '무시당한다' '자존심이 상한다' '유지하지 못한다'라는 뜻이요, 또는 '매사에 자신감이 없거나 자신감을 잃는다'고 할 수 있고, 또는 '은폐된 것을 밝혀내다' '진실을 밝혀내다'라고 할 수 있다. 또는 의지나 예산이나 계획이나 인기나 신용이나 재산이나 운영자금 등이 줄거나 떨어지는 것을 말한다.

그래서 이 괘는 예상했던 것, 또는 보고 느낀 것을 사실대로 인정하려 하지 않고 무시하거나 평가절하하는 운이다.

또는 어떤 일이나 상황에서 물건 등을 값을 깎기 위하여 트집을 잡을 수 있다고 할 수 있을 것이다. 예를 들면 부동산이나 동산의 매매에서 흠집을 잡으려고 하는 일 등이다.

또는 내가 보고 듣고 느낀 어떤 일이나 상황에서 진실을 알아보기 위하여 사실을 확인하고 있다고 말할 수 있을 것이다. 예를 들면 주위에서 일고 있는 어떤 뜬소문이나 유언비어의 근원지를 밝혀내고 있는 상을 들 수 있다.

또는 어떤 사업을 하면 얼마 정도는 벌 수 있다고 예상을 하였다면 그 예상만큼 수입을 올리지 못한 것을 말하는 것이다.

또는 학생이 이번 시험에서는 좋은 성적이 나오리라고 생각을 하였다면 생각 외로 적은 점수를 얻을 가능성이 있는 운이다.

또는 어떤 쇼단이 쇼를 하면 얼마의 수익은 올릴 수 있을 것이라고 생각을 하였다면 생각보다 적은 수입이 있을 운이다.

또는 농작물을 재배한 농민이 이번 농작물은 풍년이 들어 수확량이 좋을 것으로 생각을 하였는데 생각 외로 적을 운이다.

또는 차를 운전하는 사람이 기름 만 원어치를 가지고 어디까지는 갈 것으로 생각을 하고 출발하였는데 막상 가다가 중도에서 기름이 떨어지는 일을 당할 수 있는 것 등으로 예상보다 적게 성사되는 것을 말하고 있다.

또는 환자가 큰 병으로 알고 병원에 가서 진찰을 받았는데 별 병이 아니라고 진단이 나올 수 있는 것이다.

또는 어떤 범죄인이 형량을 많이 받을 것으로 알고 있었는데 생각보다 적게 형을 받았다고 할 수 있을 것이다.

▤▤ 586 풍지관괘(風地觀卦)의 육효가
동하여 수지비괘(水地比卦)로 변하면

　비(比)란 '서로 비교한다' '서로 인접해 있다' '서로 큰 차이가
없다'라는 뜻이요, '이것과 저것과의 관계'를 말한다. '서로 견준
다' '서로 동등하다' '서로 가깝다' 또는 '나와 누구 또는 무엇과
의 관계' 또는 '평소와 별 차이가 없는 것'을 말한다.

　그래서 이 괘는 내가 알고 있는 것이나 보고 느낀 일이나 주위에
서 떠도는 모든 소문들이나 아니면 내가 그동안 여기저기 다니면
서 살펴본 동산이나 부동산 등이 큰 차이가 없는 것으로 모두 그
게 그거라고 말할 수 있거나 아니면 큰 차이가 없다고 할 수 있다.
　또는 주위에서 일고 있는 풍파나 소문이나 갈등의 발상지가 먼
데서 발생하는 것이 아니고 주위에서 발생하고 있다고 말할 수 있
을 것이다.
　또는 나에 대한 어떤 풍파나 소문이나 불안이나 갈등이나 동요
등이 내 주위 사람이 일으키고 있다고 말할 수 있을 것이다. 그래
서 이 괘는 주위 사람을 주의하라고 할 수 있을 것이다.
　또는 나의 마음을 산란하게 만든다거나 불안하게 만들 수 있는
사람이 멀리 있는 사람이 아니고 인접해 있는 사람이거나 주위에
있는 사람이라고 할 수 있다.
　예를 들면 홀로 사는 과부의 마음을 흔들 수 있는 사람이 먼데

있는 것이 아니요 주위에 사는 사람이라고 할 수 있을 것이다.

또는 집안에서 부부의 갈등이나 풍파가 심하게 일고 있다고 한다면 부부가 저울에 달아도 차이가 없다고 할 수 있을 정도로 똑같은 사람이라 말할 수 있을 것이다.

또는 결혼을 하려고 하는 사람이 많은 사람들과 선을 본다거나 소개를 받고 이 사람과 저 사람과의 차이점을 비교할 수가 있다고 말할 수 있을 것이다.

또는 회사의 입사를 원하는 사람이 마음에 동요나 불안이 있어 이 회사와 저 회사를 비교분석하여 파악하는 일과 같다고 말할 수 있을 것이다.

또는 부동산이나 동산을 구입하고자 하는 사람이 이곳저곳을 다니면서 여러 종류의 물건을 보고 비교분석하거나 아니면 모든 물건들이 그게 그거로 모두 비슷한 상태라고 말할 수 있을 것이다.

6 1 수천수괘(水天需卦)

수(需)란 '기회나 때나 상황을 기다린다' '기대한다' '필요로 한다' '찾는다' '요구한다' '원한다' 라는 뜻이요, 또는 '대기한다' '미루어진다' 라는 뜻이다.

괘상(卦象)을 보면 하늘에 떠있는 구름이 시기가 되면 즉시 비로 화하여 내릴 수 있는 것으로 그 시기를 기다리고 있는 것과 같은 의미다. 여기서의 수(水)는 지혜 또는 경륜을 가지고 있는 사람이 시기를 기다리고 있는 상으로 강태공이 때를 기다리고 있는 것과 같은 상황이다.

또는 우리 사회에 살아가기 위해서는 많은 자격증이 필요한 사회라 말할 수 있을 것이요, 또는 어떤 공사장에서 어떤 물건을 필요로 하고 있다고 말할 수 있을 것이다.

또한 여기서 기다린다는 것은 모든 준비를 완료하고 시기를 기다리는 것으로 변화가 있을 것을 예고하는 것이다. 즉 이 괘는 박사학위를 통과한 사람이 교수의 임용을 기다리고 있는 격이다.

또는 사업에 경륜이 있는 사람이 회사의 부름을 기다리고 있는 격이다.

또는 군입대를 기다리고 있는 사람이 영장이 나오기를 기다리고 있는 격이라 말할 수 있을 것이다.

또는 고시시험을 통과한 사람이 연수를 마치고 발령을 기다리고 있는 경우다.

또는 전쟁터에 나갈 군인들이 출동명령이 떨어지기만을 기다리고 있는 운과 같다고 할 수 있다.

또는 외국에서 큰공을 세운 사람이 국가의 부름을 기다리고 있는 것 등 많은 일들이 있을 수 있다.

또는 가계를 운영하고자 하는 사람이 가게를 챙겨놓고 손님이 오기만을 기다리는 격이다.

또는 임신을 한 부인이 해산일만을 기다리고 있는 심정이요, 아니면 해산하려 병원에 간 부인이 순산하기만을 기다리고 있는 상이라 할 수 있을 것이다.

또는 애인관계로 지내는 청춘남녀가 결혼날을 기다리고 있는 격이다.

또는 환자가 수술날만을 기다리는 격이요, 아니면 수술을 끝마친 환자가 회복되기 많을 기다리는 심정이라 할 수 있을 것이다.

또는 집을 나간 남편이나 자식이 들어오기만을 기다리고 있는 격으로 어떤 일을 준비하고 때를 기다리는 운이다.

또는 농부가 농사 준비를 끝내고 비가 오기만을 기다리고 있는 운이라 말할 수 있을 것이다.

또는 어떤 사업체에서 사람이 필요하여 구하고 있는 상이다.

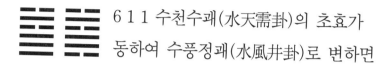 611 수천수괘(水天需卦)의 초효가
동하여 수풍정괘(水風井卦)로 변하면

정(井)이란 '우물'을 나타내고 '모든 생명에 힘과 삶을 영위할 수 있게 하는 것'을 말한다. 또는 '새로운 생각'이나 '새로운 아이디어'가 계속 나오는 사람이요, 또는 '끈기와 인내'를 말하고, 또는 어떤 위치에서 '수위가 변함없이 유지되는 것'을 말하고, 또는 '여인의 음수(陰水)'를 뜻하기도 한다.

그래서 이 괘는 기다린 끝에 많은 사람들을 위해서 일할 수 있는 기회를 얻은 사람이라고 할 수가 있다.

또는 기다림이 헛되지 않아 의지할 수 있는 사람이나 나에게 새로운 희망을 줄 수 있는 사람을 만났다거나 만날 수 있다고 말할 수도 있을 것이다.

또는 기다린 일로 인하여 새로운 것을 얻을 수 있다고 할 수 있을 것이요, 또는 내가 찾고자 하는 사람이나 물건 등이나 또는 내가 필요로 하는 물건을 구하였다거나 구할 수 있을 것이다.

또는 노력의 결과를 만인을 위하여 사용할 기회를 얻은 운이라고 할 수 있고, 또는 능력과 지혜를 활용할 기회를 얻은 운이다.

또는 부동산을 보유한 사람이 처분하지 않고 때를 기다린 결과 그 지역이 새로운 개발지역으로 전환되었다고 할 수 있을 것이다.

또는 급하게 서두르지 않고 기다린 결과 좋은 물건이나 마음에 드는 물건을 얻었다고 하거나 얻을 수 있다고 할 수 있을 것이다.

또는 가수가 오랜 기다림 속에서 새로운 음반을 내놓게 되었다고 할 수 있을 것이다.

또는 임신이 어려운 부인이 오랜 세월을 기다린 끝에 새로운 생명을 얻었다고 할 수 있는 운이다.

또는 오랜 세월동안 병마로 고생을 하던 환자가 병마를 물리치고 건강을 회복하였다고 할 수 있을 운이다.

이 괘의 용신(用神)이나 동효(動爻)에 용덕(龍德)이나 복덕(福德)이나 녹 등이 있으면 기다린 끝에 많은 사람들의 위하여 좋은 일로 일할 수 있는 사람이 되겠으나 용신(用神)이나 동효(動爻)에 칠살(七殺)이 있으면 자기의 지혜나 기술을 악을 위하여 사용할 운도 있는 것이니 주의하여 판단하시라.

6 1 2 수천수괘(水天需卦)의 이효가 동하여 수화기제괘(水火旣濟卦)로 변하면

　기제(旣濟)란 '과거, 지난날, 지나간 일, 지나간 상황' 등을 말한다. 그래서 '이미 이루었다' '이미 성취하였다' 또는 '이미 정리되었다' '이미 벌어졌다' '이미 달아났다' '이미 지나갔다' '이미 끝났다' '이미 결정났다' 라는 뜻이요, 또는 '이미 만들었다' '이미 성사되었다' '이미 준비되었다' 라고 할 수 있다.

　그래서 이 괘는 우리 속말로 이미 물 건너갔다고 하는 말이 있는데 기다리고 있는 일이 성취되지 않을 운으로 기다리고 있는 일은 이미 이루어진 상태기 때문에 마음먹고 생각하고 있는 일은 더 이상 바랄 것이 없다고 할 수 있는 운이라고 할 수가 있다.

　또는 어떤 일이나 상황에서 기대하는 일이 있으면 기대치는 이미 이루어졌다거나 성사되었다고 할 수 있으니 더 이상은 바라지 말라고 할 수도 있을 수 있는 것이다.

　또는 기다릴 일이 이미 발생했다고 할 수 있다. 예를 들면 결혼을 하기로 약속한 남녀가 있으면 한쪽의 부모에게 신병이 발생하는 일이 생긴 바람에 결혼일을 미루고 기다려야 할 일이 발생했다고 할 수 있을 것이다.

　또는 공사를 시작한 사람이 자금이 부족하다고 한다면 준공이 미루어질 일이 이미 발생하였다고 할 수 있을 것이다.

또는 임신을 기다리고 있는 부인이라면 남편의 출장으로 인하여 임신이 어려울 일이 이미 발생했다고 할 수 있을 것이다.

또는 취업을 하려고 입사지원서를 낸 사람이라면 회사에 어떤 문제가 발생하는 바람에 합격자 발표가 늦어질 일이 이미 회사에 발생했다고 할 수도 있을 것이다.

또는 기다리던 어떤 일이 이미 돌이킬 수 없는 상태로 지나갔다고 할 수 있을 것이다.

예를 들면 발령을 기다리고 있는 사람은 발령이 이미 끝이 난 상태라 기다릴 필요가 없는 운이다.

또는 친구를 기다리고 있는 사람은 친구를 만나고 있을 운이라고 할 수 있다. 아니면 친구를 만날 수 없는 상태가 되어 버렸다고 할 수 있을 것이다.

또는 부모의 우환이 치유되기만을 기다리고 있는 사람이라면 부모의 병환이 이미 치유되었다고 할 수 있을 것이요, 아니면 치유할 수 없는 일로 변해버렸다고 할 수 있다. 예를 들면 세상을 떠난 상태라고 말할 수 있을 것이다.

또는 비가 더 오기를 기다리고 있는 농민은 이미 비가 지나고 난 뒤라 비가 오지 않을 운이라고 할 수가 있을 것이다.

또 다시 말하면 산토끼를 잡으려고 올무를 놓고 기다리고 있는 사람이라면 이미 올무에 산토끼가 걸려있는 운이요, 물고기를 잡기 위해 낚시를 담그고 기다리고 있는 사람이라면 이미 낚시에 물고기가 걸려있는 운이라고 할 수가 있을 것이다.

6 1 3 수천수괘(水天需卦)의 삼효가 동하여 수택절괘(水澤節卦)로 변하면

절(節)이란 '매사가 순탄하지 못하여 더디고 어려움이 많은 운' 이요, 또는 '나누어 해결한다' '단계별로 해결한다' 라고 할 수 있다. 예를 들면 할부나 카드결제 등이다. 또는 '곤란하다' '어렵다' '힘들다' 라는 뜻이요, '뜻대로 되지 않는 운' 이다.

그래서 이 괘는 내가 꼭 필요로 하는 어떤 일이나 또는 기대하고 있는 일이 수월하지 못하고 더디고 어렵고 힘이 들 운이다.

또는 내가 찾고자 하는 물건이나 필요로 하는 물건이나 아니면 처분되기를 기다리고 있는 물건등이 있으면 일시에 처분하려고 한다면 어려움이 있을 수 있으니 일시에 처분하지 말고 분할하여 처분하여야 한다고 말할 수 있을 것이다.

또는 찾고자 하는 사람이나 물건이나 구하고자 하는 물건이 있으면 찾는 일이 쉽지가않고 어렵고 힘들 것이라고 말할 수 있다.

또는 내가 사업이 잘되기를 기다린다거나 학업이 좀더 나아지기를 기다리고 있다거나 또는 건강이 회복되기를 기다리고 있다거나 연인과의 관계가 좀더 나아지기를 기다리는 일 등이 뜻대로 되지 않고 어려움이 있다고 할 수 있을 것이다.

그래서 공자님 말씀을 인용한다면 세상만사가 불여오심(不如 吾心)이라고 하는 말씀과 같다고 하여야할 것이다. 즉 다시 말해서 기대했던 일이나 마음먹은 일들이 마음대로 되지 않는다고 할 수 있을 것이다.

또는 어떤 노총각이 처녀의 결혼승낙만을 기다리고 있으면 승낙을 얻는 일이 수월하지 않고 어려움이 있다고 할 수 있을 것이다.

또는 학업을 마치고 발령을 기다리는 사람이라면 발령이 어려운 상태라고 할 수 있을 것이다.

또는 농작물을 재배하는 사람이 시중출하를 기다리고 있으면 출하에 어려움이 따르고 있다고 할 수 있을 것이다.

또는 공사를 하는 사람이 공사의 준공을 기다리고 있는 사람이라면 준공이 쉽게 이루어지지 않을 수 있다고 할 수 있을 운이다.

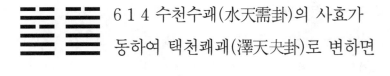 614 수천수괘(水天需卦)의 사효가 동하여 택천쾌괘(澤天夬卦)로 변하면

쾌(夬)란 '빠르고 신속한 것'을 뜻하는 상이다. 그래서 '바쁘다' '분주하다' '안정감이 없다' '불안하다' '즉흥적이다' '경거망동한다' 라고 할 수 있고, 또는 '내친 김에 해치운다' '생각난 김에 처리하거나 처분한다' 라고 할 수 있다.

그래서 이 괘는 기다림의 한계를 나타내고 있는 것으로 결단을 요구하는 운이라고 할 수가 있으니 한없이 기다릴 수는 없기에 결단을 필요로 하는 것이다.

또는 내가 요구하는 일들이나 기다리고 있던 일들이 빨리 해결될 수 있다고 할 수 있을 것이요, 아니면 어떤 일이나 상황에서 얻고자 하는 일이 있으면 빠르게 서두르라고 말할 수도 있는 것이다.

예를 들면 그동안 물건을 팔려고 내놓은 일이 있으면 해결을 볼 수 있다고 할 수 있을 것이다.

또는 결혼하기로 합의하고 부모의 승낙을 기다리는 남녀라면 멀지 않은 날에 부모의 승낙이 있을 것이라고 말할 수 있을 것이다.

또는 인기가 없는 연예인이나 저명인사가 인기가 오늘날만을 기다리면서 세월을 보내고 있었다고 한다면 인기가 오늘날이 멀지 않은 날에 있을 것이라고 할 수 있을 것이다.

또는 어떤 물건이 부패되기만을 기다리고 있는 사람이라면 멀지 않은 날에 모든 물건들이 부패될 수 있을 것이라고 할 수 있다.

또는 회사에서 노조와의 갈등이 풀리기를 기다리고 있는 회사나 부부의 갈등이 풀리기만을 기다리고 있는 가정이라면 멀지 않은 날에 해결될 수 있다고 할 수 있을 것이다.

주의할 것은 명궁(命宮)에 사부살(死府殺)이나 해살(害殺) 등이 동주(同柱)하고 있으면 회사가 문을 닫고 부부가 생리사별로 인하여 해결이 날 수 있다고 할 수도 있을 것이다.

또한 수차 고시에 응시하여도 보아도 되지 않는데 고시에만 매달릴 수 없으니 새로운 결단을 요구하는 운이다.

또는 되지도 않는 사업에 계속 투자만 하면서 기다고 있을 수가 없으니 사업의 변화를 결단할 필요가 있는 것을 말하고 있다.

또는 신제품을 시중에 내놓고 소비자들의 호응을 기다리던 제품이 갑자기 소비자들에게 좋은 반응이 나타날 수도 있을 운이다.

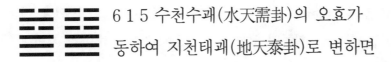 615 수천수괘(水天需卦)의 오효가
동하여 지천태괘(地天泰卦)로 변하면

태(泰)란 '상대와 내가 서로 뜻이나 의견이나 마음이 통한다' 는 뜻이요, 또는 '신의' '상대를 인정한다' '크다' '편안하다' '안정되다' '화합하다' 라는 뜻이요. 또는 '순안하다' '태평하다' 라는 하는 뜻이다. 태(泰)는 너와 나, 이 사람과 저 사람, 이것과 저것, 이 일과 저 일 등 서로 뜻이 맞거나 화합을 이루거나 화합을 이루는 것으로 '상대성' 을 말하는 상이다.

그래서 이 괘는 기다리는 것이 대단하다. 또는 기다리는 것이 편안한 일이다. 또는 기다리고 있으면 통한다고 말할 수 있을 운이다.

또는 기다림 끝에 마음에 드는 사람이나 물건을 얻었다거나 뜻이 통하는 사람을 만났다고 할 수 있을 것이다.

또는 기다리면 어떤 일을 성취할 수가 있다고 할 수 있는 뜻으로 급하게 서두르는 것을 억제하는 말로서 급히 서둘면 도리어 될 일도 그르치니 기다리고 있으면 덕이 되고 뜻을 이룰 수 있다고 하는 내용으로 인내력을 말하고 있다.

또는 구하고자 하는 물건이나 얻고자 하는 물건이나 또는 일 등이 큰 물건이라 할 수 있을 것이다.

또는 어떤 물건이나 사람을 찾아야 한다거나 아니면 얻어야 편안할 일이 생길 수 있다고 말할 수 있는 것이다.

또는 참고 기다림으로 인해서 편안함을 얻었다고 할 수 있다. 예를 들면 부부간에 갈등이 있는 것을 조급하게 처리하지 않고 인내심을 가지고 기다린 결과 편안하고 화목한 가정을 이루었다고 할 수 있을 것이다.

또는 몸에 병이 발생하였는데 조급하게 서두르지 않고 차분하게 생각하여 바른 진단으로 바르게 치료를 한 결과 건강을 회복하였다고 할 수 있는 운이다.

또는 학생이 조급한 마음으로 공부를 하는 것이 아니고 느긋하고 편안한 마음으로 공부를 한 결과 몸도 마음도 안정되고 편안하다고 할 수 있을 것이다.

또는 땅을 가지고 있는 사람이라면 급히 팔지 말고 기다리는 것이 편안하다 안정되다고 할 수 있을 것이다.

또는 신제품이나 새로운 음반을 내놓았다면 아직은 출시를 하지 말고 때를 보아가면서 지금은 기다리고 있는 것이 안정되고 편안하다고 할 수 있는 것이다.

또는 어떤 회사의 직원이나 공무원이 조급하게 진급하려고 하지 않고 때를 기다리면서 주어진 임무에 열심히 노력한 결과 안정되

고 편안함을 얻었다거나 크게 출세도 하였다고 할 수 있을 것이요,
아니면 얻을 수 있다 있다고 말할 수 있을 것이다.

䷄䷈ 616 수천수괘(水天需卦)의 육효가 동하여 풍천소축괘(風天小畜卦)로 변하면

소축(小畜)이란 '적은 것, 사소한 것'을 말하는 상으로 '기대에
미치지 못하는 것'을 말한다. 또는 '적게 쌓는다' '적게 얻는다'
'조금 잃는다' '조금 막는다' '조금 기른다' 등이요, 또는 '노력을
안 한다' '힘을 안 쓴다' '투자를 안 한다'. 또는 어떤 일이나 상황
에서 '상대방에게 큰 관심이 없다'고 할 수 있을 것이요, 또는 '작
은 일이라도 놓치지 않는다' '사소한 일에 관심이 많다'라고 할 수
있을 것이다. 또는 '사소한 소문에 시달리거나 사소한 소문들이 만
발한다'고도 할 수 있다.

그래서 이 괘는 기다린 세월에 비하여 소득이 적은 운으로 허송
세월하면서 지내는 운이라고 할 수가 있을 것이다.

또는 내가 필요로 하는 것이나 얻고자 하는 일이나 물건이나 돈
등이 큰 물건이나 많은 액수가 아니고 적은 것이라 할 수 있다.

또는 어떤 일이나 문제에 큰 기대를 하였는데 결과가 기대에 많
이 못 미친다고 할 수 있다.

예를 들면 자식이 크게 출세하기를 기대하면서 가르쳤는데 별볼일없는 자식이 되었거나 출판물에 기대한다거나 아가씨가 총각을 만나 큰 기대를 할 수 있을 것이다.

또는 오랜 세월 악행을 일삼으면서 살아왔는데 살아온 것에 비하면 명성에는 크게 오점이 남지 않았다고 할 수 있을 것이요, 아니면 오랜 세월 사회에서 큰 일을 베풀면서 살아왔는데 명성은 크게 얻지 못했다고 할 수 있을 것이다.

또는 학업이나 사업을 수많은 세월동안 노력하였지만 얻을 결실은 없는 운이다.

또는 학문을 하는 사람이 바른 스승이나 지도자를 만나기를 기다린다거나 아니면 스승이 훌륭한 재목의 제자가 될만한 사람을 기다렸으나 별 볼일 없는 사람들만 만났다고 말할 수 있을 것이다.

또는 오랜 세월을 두고 어떤 제품을 연구를 하였는데 큰 성과는 얻지 못했다고 말할 수 있을 것이다.

또는 좋은 남편, 마음에 드는 남편감을 고르기 위하여 노처녀가 되도록 결혼도 못한 처녀가 마음에 드는 사람이 있어 결혼을 하고 보니 별 볼일 없는 사람과 결혼을 하게 되었다거나 결혼을 할 것이라고 말할 수 있을 것이다.

또는 가뭄에 비가 오기를 오랫동안 학수고대하고 기다렸지만 비가 오는 양은 너무나 적어 해갈에 도움이 되지 않는 격이다.

또는 어떤 문제의 해결을 얻기 의하여 많은 시간을 할애하여 상대를 기다렸지만 해결에 도움이 되는 것을 얻지 못하는 격이다.

62 수택절괘(水澤節卦)

　절(節)이란 '매사가 순탄하지 못하여 더디고 어려움이 많은 운' 이요, 또는 '나누어 해결한다' '단계별로 해결한다' 라고 할 수 있 다. 예를 들면 할부나 카드결제 등이다. 또는 '곤란하다' '어렵다' '힘들다' 라는 뜻이요, '뜻대로 되지 않는 운' 이다.

　괘상(卦象)를 보면 물의 흐름이 곧바로 흐르는 것이 아니고 물이 흐르다가 연못에 갇히고 연못이 차면 또 다시 흐르다 연못에 갇히 는 격으로 매사 어려움이 따르는 운이다.

　그래서 이 괘는 한 가지 일을 해결하면 또 다른 일이 생겨 어려 움이 계속되는 운이다. 이 괘가 있는 사람은 매사를 급히 해결하려 들지 말고 순리대로 살아가야 하는 운이다. 즉 물이란 막히면 찰 때까지 기다렸다가 가득차고 나면 그때서야 넘쳐흐르는 것같이 인내심을 발휘해야하는 운이라고 할 수가 있다.

또는 청춘남녀가 결혼하려고 사귀고 있으면 결혼이 본인들의 의사대로 수월하게 되는 것이 아니고 어려움이 따른다고 할 수 있다.

예를 들면 본인들이 사귀는 과정에서 만나다 헤어지기를 여러 차례 겪을 수 있을 것이요, 그러다 결혼을 하기로 마음을 먹었다면 이번에는 여자측 부모들이 반대를 하여 어려움이 생길 수 있는 것이요, 간신히 여자 부모의 동의를 얻었는데 이번에는 남자측 부모들이 반대를 하는 격이요, 또 다시 힘을 들여 양가의 부모 동의를 얻어놓고 나니 이번에는 애인이 병원에 입원을 하는 등으로 계속 어려움이 생길 수 있는 경우를 말한다.

또는 회사를 운영하고자 하는 사람이 부지선정에서 어려움이 따른다. 부지를 선정한 후 회사설립허가에 따른 문제가 따를 수 있으며, 다시 물건의 제품에서 문제가 발생하고, 그것을 해결하고 나니 이번에는 종업원들이 속을 썩이는 격이요, 또 다시 해결하고 보니 판로에서 또 다시 문제가 생기는 등과 같다고 할 수 있을 것이다.

이 괘는 곤(困)과 같은 의미가 많이 있는데 절(節)은 매사가 더디고 수월하지 못한 상태로 하나가 해결되면 또 다른 일로 인하여 어려움이 생긴다고 할 수 있을 것이요, 곤(困)은 매사가 어려워 힘들고 어렵다고 할 수 있는 운이요, 아니면 어는 한 곳에 집착하거나 빠져버릴 수 있다고 할 수 있는 상이라 할 수 있다.

≡≡ ≡≡ 6 2 1 수택절괘(水澤節卦)의 초효가
동하여 중수감괘(重水坎卦)로 변하면

감(坎)이란 '함정' '모함'을 뜻하고, '앞길을 알 수 없다' '희망이 보이지 않는다' '난관에 봉착했다' 라는 뜻이요, '물이 넘쳐나는 것'을 말한다. 또는 통과하지 않으면 안되는 '관문' '고비' '고개' '액운' '액년' 등이요, 또는 '움푹패인 구덩이'를 말한다.

그래서 이 괘는 어떤 일이나 상황에서 모든 것들을 일시에, 또는 전체로 처리하여도 될 일을 조금씩 분할하여 처리하려고 하다보니 더욱더 어렵고 힘이 들 수 있다거나 아니면 중도에 함정이나 모함들로 풍파를 겪을 수 있다고 할 수 있을 운이다.

예를 들면 많은 땅을 처분하는 일이나 또는 노조와의 연봉협상 문제나 채무자가 채권자를 상대로 정산하는 문제나 어떤 업체가 하청을 주는 일에서 분할하청을 하려고 하다보니 중간에 구설수나 풍파가 발생하여 어렵고 힘이 들 수 있을 것이다.

또한 이 괘는 한마디로 죽고 싶을 운이라고 할 수가 있다. 예를 들면 집을 짓는 사람이라면 집을 짓는 일이 마음대로 되지 않고 어려움이나 풍파가 많이 따를 수 있다고 할 수 있을 것이다.

또는 공부를 하는 학생이라면 학업이 마음먹은대로 되지 않고 계속 어렵고 힘들다고 할 수 있을 것이요, 아니면 하나의 공부가 어렵게 성사되었는데 이번에는 또 다른 분야의 학문에서 어렵고 힘들다고 말할 수 있을 것이다.

또는 신제품을 연구개발하는 사람이나 회사를 운영하는 사람이라면 회사를 운영하는데 있어 마음먹은대로 풀리는 것이 아니고 한 고비를 넘기고 나면 또 다른 어려운 고비가 발생하고, 또 다시 간신히 넘기고 나면 또 다른 부분에서 어렵고 힘든 고비가 생길 수 있는 것을 말하고 있는 상이다.

또는 부부의 갈등이 심한 가정이라면 그때그때 한순간씩 어떤 일을 해결하면서 어렵게 살고 있으나 풍파나 어려움은 계속되고 있다고 할 수 있을 것이다.

하여 이 괘는 인내심으로 기다리면 앞으로 희망이 있을 운이다. 우리 속말로 '음지가 양지가 되고 양지가 음지가 된다'는 뜻으로 지금이 최악의 운이니 앞으로는 양지가 있을 운이기 때문이다.

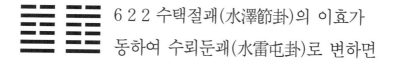

6 2 2 수택절괘(水澤節卦)의 이효가 동하여 수뢰둔괘(水雷屯卦)로 변하면

둔(屯)이란 '곤란하다' '어렵다' 또는 어떤 일이나 상황에 '몰두한다' '전념한다'라고 할 수 있다. 또는 '망설이다' '숨는다' '피하다' '자신없다' 또는 '활동의 폭이 좁다' '마음을 열지 못한다' '뜻이나 의지를 펴지 못한다'라는 뜻이다.

그래서 이 괘는 매사가 어렵고 힘들기 때문에 망설여지는 운으로 어려움을 뜻한다. 우리 속담에 '자라보고 놀란가슴이 솥뚜껑보고 놀랜다'고 하는 격으로 하는 일마다 수월하지 못하고 험난하고 어렵게 되고 있으니 어떤 일이나 상황에서 미리 겁이 나고 자신감이 없어지기 때문에 망설이고 있는 운이라고 할 수가 있다.

또한 하는 일마다 되는 일이 없으니 모든 것을 자포자기하고 살아갈 수 있다고 할 수 있는 상이다.

또는 하는 일마다 어려워 모든 것을 포기하고 숨어버릴 수 있는 운이다. 예를 들면 명궁(命宮)에 사부살(死府殺)이 있으면 목숨을 버릴 수도 있을 운이다.

또는 사람을 새로 사귀었는데 나에게 사기를 치려고 하는 사람이라 그 다음부터는 덕이 될 사람이라도 사귀기가 불안한 격이다.

또는 장사를 한답시고 가계를 벌리면 여는 때마다 벌지는 못하고 도리어 망쳐먹기만 하니 다음에는 이익이 있을 사업이라도 시작하기가 불안하여 망설이는 격과 같은 것을 말하고 있다.

또는 공부를 하는데 있어 어려움이 계속 이어지다 보니 아예 공부라는 자체를 포기해 버리는 운이다.

또는 결혼을 앞둔 총각이 선만 보면 트집만 잡히고 성사되지 않으니 아예 결혼을 포기하고 마는 격이라 할 수 있을 것이다.

또는 어렵고 힘든 일이 많아 세상을 등지고 입산수도하는 상이다. 또는 뜻대로 되지 않고 어려움이나 풍파만 생기고 있으니 아예 세상살이를 포기하고 자살을 할 수 있다고 할 수 있을 것이다.

수(需)란 '기회나 때나 상황을 기다린다' '기대한다' '필요로 한다' '찾는다' '요구한다' '원한다' 라는 뜻이요, 또는 '대기한다' '미루어진다' 라는 뜻이다.

그래서 이 괘는 우리 옛말에 '앉은 김에 쉬어간다' 는 말이 있고, 또는 '어렵고 힘든 일일수록 돌아가라' 는 말이 있듯이 모든 일이 수월하지 못하고 어렵다거나 어려울 일이 발생할 수 있으니 서두르지 말고 때를 보아가면서 시기를 기다리라고 하는 말이다.

또는 시기를 조절하여야 한다고 말할 수 있는 상이다. 예를 들면 어떤 일을 처리함에 있어서 몰아붙이는 식으로 처리하지 말고 하나의 일을 하고 나면 다음 일에 대한 생각을 하면서 시기를 기다리라고 하는 말이다.

그래서 이 괘는 하던 일이 잘 되지 않고 어려울 때는 조용히 수도하는 마음으로 때를 가다릴 줄 알아야 한다는 것이다.

또는 애인을 사귀는 일이 마음대로 성사되지 않을 때는 억지로 해결하려 하지 말고 상대의 마음에 변화가 있을 때까지 기다려야 한다고 하는 것이다.

또는 환자가 병을 치료하는데 있어 마음먹은대로 치료가 되지 안는다고 조급하게 생각하지 말고 느긋한 마음으로 치료에 응하라고 할 수 있을 것이다.

또는 학생이 공부가 더디다거나 취업이 더디다거나 또는 시장에서 장사가 뜻대로 안된다고 하여도 조급하게 서두르지 말고 때를 보아가면서 느긋한 마음으로 기다릴 줄 알아야 하는 것을 가르치는 운으로 강제가 아닌 순리로 해결하여야 된다는 뜻이다.

또는 매사에서 어려움이 발생할 때는 인내심으로 기다릴 줄 아는 사람이라고 말할 수 있을 것이요, 아니면 수행이 깊은 사람이라 말할 수 있는 운이다.

또는 점괘로 보았을 때 지금 어렵고 힘들기 때문에 누구나 어떤 물건이나 동물, 또는 어떤 일을 필요로 하고 있다고 말할 수 있다.

624 수택절괘(水澤節卦)의 사효가
동하여 중택태괘(重澤兌卦)로 변하면

태(兌)란 '교환한다' '추가한다' '혼합한다' 라는 뜻이다. 또는 '팔아버린다' '보탠다' '더한다' '섞는다' 라는 뜻으로 '옛것을 버리고 새로운 것을 취한다' 는 뜻이 있고, 또는 '즐거움' 을 나타내는 상이다.

그래서 이 괘는 속썩이고 신경 쓰게 하는 물건을 새로운 물건으로 교환한다고 할 수 있는 운이요, 또는 어려움은 물러가고 새로운 운이 오고 있다고 할 수 있을 것이다.

또는 우리말에 '고생 끝에 낙이 온다'는 말이 있듯이 어렵고 힘든 일 뒤에 즐거움이 따르거나 생긴다고 말할 수 있는 것이다.

또는 어렵고 힘든 일이 계속 추가되고 있다. 또는 증가했다거나 증가하고 있다고 할 수 있을 것이다.

예를 들면 농부가 매끄럽지 못하고 더디고 고장이 잘 나는 경운기를 새로운 것으로 교환하는 격이다.

또는 사장의 말을 듣지 않고 지시에 따르지 않는 종업원을 새로운 사원으로 교체하는 격이다.

또는 바르지 못한 법이나 시비의 소지가 있는 법 등은 폐기하고 새로운 법을 제정하는 격이다.

또는 시비나 하고 말썽을 부리는 친구를 멀리하고 새로운 친구를 구하는 운이다.

또는 부부가 화합이 안되어 하는 일마다 서로 의견대립이 심하니 부부인연을 교체할 수 있는 상이다.

또는 사업장에서 제때 일을 하지 않으니 하청을 취소하고 새로운 사업자로 대체하는 일 등이다.

또는 그동안 매사가 어렵고 힘들었다면 고통이 물러가고 새로운 희망이 찾아오고 있는 운이라 할 수 있다. 예를 들면 취업이 힘들고 어려웠다면 취업의 일이 생기는 운이다.

또는 건강에 어려움이 있었다면 질병이 물러가고 건강을 회복할 수 있다고 할 수 있을 것이다.

625 수택절괘(水澤節卦)의 오효가
동하여 지택림괘(地澤臨卦)로 변하면

림(臨)이란 '시간과 장소와 때와 계절을 말하는 상' 이요, '접촉하다' '부딪치다' 라는 뜻이요, '어느 곳에 이르다' '어느 곳에 오다' '어디를 향하다' '어떤 일이나 상황에 부딪치다' '어느 곳에서 만나다' '어느 때 만나다' '왕림하다' 라는 뜻이다. 또는 '어떤 위치에 오르다' '어떤 지위에 있는 사람을 만나다' '언제, 어디에 자리를 정하다' '자리를 잡는다' '뭍이다' 라고 할 수 있다.

그래서 이 괘는 어렵고 힘들 때가 되었다거나 또는 어려울 일을 만난다거나 만날 수 있다고 할 수 있을 것이다.

또는 어렵고 힘든 일을 하고 있거나 할 수 있을 것이요, 또는 어떤 어려운 일이나 상황으로 인하여 어떤 장소에 갈 일이 생긴다. 또는 어디에 가 있다고 할 수 있을 것이다.

또는 어렵고 힘든 일로 인하여 어느 장소에서 아니면 어느 때가 되면 누구를 만날 수 있다고 할 수 있을 것이다.

또는 어떤 일이 구상이 떠오르지 않아 애를 태우는데 우연히 길을 가던 사람이 도와줄 수도 있는 것이요, 아니면 우연히 만난 사람이 도와주겠다고 하면서 사기를 치는 경우도 있을 것이다. 여기서는 지택림(地澤臨)을 어떤 상황의 변화로 설명하였다.

또는 질병으로 오래 고생하면서 낫지도 않는데 우연히 지나던 사람이 단방약을 가르쳐 주어서 나의 병을 치료할 수 있게 도와주는 일 등이 수없이 많을 일이나 상황이 생길 수 있는 것이다.

또는 부부간의 갈등이 심하여 해결의 기미가 보이지 않아 결국에는 헤어지기로 작정하였다거나 합의를 볼 수 있는 기회가 되었다고 말할 수도 있다. 여기서는 어려운 일이 생겼다고 설명하였다.

또는 어렵고 힘든 일이 어느 때부터 해결될 수 있을 것이요, 아니면 어려운 일이 어느 때부터 닥쳐올 것이라고 할 수 있다.

또는 회사가 사업상 운영에서 어려운 시기가 되었다거나 어려운 고비에 들어섰다고 할 수 있을 것이다.

또는 우리 사회나 경제나 국제문제나 또는 어떤 일에서나 연구 개발하는 일 등에서 어렵고 힘든 시기가 되었다거나 어렵고 힘든 고비가 발생할 것이라고 말할 수도 있는 것이다.

용신(用神)이나 동효(動爻)에 복덕(福德)이나 용덕(龍德)이나 녹이 있으면 나를 도와줄 인연을 만날 운이요, 칠살(七殺)이 있으면 나를 해하려고 하는 사람을 만날 수 있는 것이다.

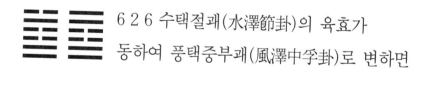 626 수택절괘(水澤節卦)의 육효가
동하여 풍택중부괘(風澤中孚卦)로 변하면

중부(中孚)란 '고이 간직한다' '소중하게 생각한다' '집착한다'고 할 수 있는 상이다. 그래서 '아끼다' '신중하다' '조심성이 많다' 라는 뜻이요, 또는 '관심이 많다' '소중하게 관리한다'고 할 수 있다. 또는 '함부로 경솔하게 행동하지 않는다'는 뜻이요, 또는 '그리워한다' '미련을 버리지 못한다' '좋아한다' '즐긴다'는 뜻이다.

예를 들면 시끄러운 상황으로 떠들거나 운동을 즐긴다고 할 수 있을 것이요, 또는 어떤 물건을 좋아하거나 부부간에 애정행위를 즐기거나 친구나 자신이 하는 일을 좋아한다고 할 수 있다. 또는 마음이나 정신이 산만하고 들떠 '집중하지 못하는 상' 이다.

그래서 이 괘는 어렵고 힘이 드는 일이라고 하여 그 일을 소홀히 하지 않고 신중하게 처리하는 격이다.

또는 어렵고 힘든 일이나 상황이 발생하여도 함부로 누구에게 발설하지 않고 신중하게 대처하고 있다거나 대처하는 사람이라 말할 수 있을 것이다. 아니면 대처하였다고 말할 수 있다.

또는 노처녀가 선만 보면 깨진다거나 소개만 받으면 깨지는 바람에 결혼을 못하고 있어도 결혼을 포기하는 것이 아니고 결혼을 하고자 하는 마음을 버리지 않는 사람이라 할 수도 있을 것이다.

또는 학문이 어렵고 성과가 없다고 그 학문을 버린거나 포기하지 않고 학문을 소중하게 생각하여 열심히 노력할 수 있는 운이다.

또는 사업이 내 뜻대로 운영이 안된다고 하여 사업을 포기하는 것이 아니고 신중하게 처리하는 격이요, 아니면 신중하고 조심성 있게 처신할 일이 생길 수 있다고 할 수 있을 것이다.

또는 아내의 임신이 마음먹은대로 되지 않는다고 하여 포기하지 않고 신중하게 처리하는 격이다.

또는 부부간에 갈등이 있어 어렵고 힘들어도 누구에게 부부의 일을 말하지 않고 신중하고 조심스럽게 처신하는 사람이거나 처신할 일이 발생할 수 있다고 말할 수 있을 것이다.

또는 공사가 어렵고 힘들어도 소홀히 하지 않고 신중하게 처리하는 격이요, 신중하게 처리할 일이 생긴다고 말할 수 있는 것이다.

또는 어떤 문서를 정리하는데 어렵고 힘들다고 소홀히 하는 것이 아니고 신중하고 정확하게 처리하는 것 등과 같은 것으로 어려운 모든 일이나 상황도 함부로 대하지 않고 조심스럽게 처리하는 것을 말하고 있다.

6 3 수화기제괘(水火旣濟卦)

기제(旣濟)란 '과거, 지난날, 지나간 일, 지나간 상황' 등을 말한다. 그래서 '이미 이루었다' '이미 성취하였다' 또는 '이미 정리되었다' '이미 벌어졌다' '이미 달아났다' '이미 지나갔다' '이미 끝났다' '이미 결정났다' 라는 뜻이요, 또는 '이미 만들었다' '이미 성사되었다' '이미 준비되었다' 라고 할 수 있다.

예를 들면 국가가 부도가 났거나 회사가 망했다면, 부도나고, 망할 일이 이미 정해져 있다거나 만들어져 있었다고 할 수 있을 것이요, 아니면 회사가 사업에 성공했다면 성공할 수 있는 모든 제도가 이미 만들어져 있었다고 할 수도 있을 것이다.

또는 질병이 발생하는 일이나 가정이 파탄이 났다면 질병이 생기고, 파탄날 일이 이미 발생했다고 할 수 있을 운이다.

또는 태풍으로 풍수재해가 발생하였다면 풍수재해가 발생할 수 있는 상황이 이미 정해진 일이라 할 수 있을 것이다.

또는 부실공사가 발생하였다거나 교통사고가 났다면 부실공사나 교통사고를 낼 수 있는 일의 원인은 진작에 있었다고 할 수 있다.

또는 공부를 못할 수 있는 상황이 이미 발생했거나 공부를 잘할 수 있도록 이미 모든 준비가 되어 있었다고 할 수도 있을 것이다.

또는 출세할 수 있는 일들이 이미 만들어져 있다고 할 수 있을 것이요, 아니면 퇴출당할 일이 이미 만들어져 있다고 할 수 있다.

또는 어떤 일이나 상황이 다른 곳에서 이루어져 있다고 할 수 있다. 예를 들면 길을 가다 어떤 여인이 마음에 들어 결혼할 마음으로 청했는데 이미 결혼한 유부녀라고 할 수가 있을 것이다.

또는 내가 어떤 물건을 만들어 특허청에 등록하려는데 그 물건은 이미 다른 사람이 등록한 물건이라고 할 수가 있을 것이다.

또는 내가 어떤 물건을 매입하려는데 그 물건은 이미 다른 사람에게 넘어간 물건이라고 할 수가 있을 것이다.

䷾ ䷦ 631 수화기제괘(水火旣濟卦)의 초효가 동하여 수산건괘(水山蹇卦)로 변하면

건(蹇)이란 '매사가 순탄하지 않을 운'이요, '매사가 험난하고 활발하지 못한 상'이다. 또는 '다리를 절다' '더디다' '어렵다' '힘들다' '뜻대로 되지 않는다'는 뜻이요, '마음이 안정되지 못하고 변화가 많다'고 할 수 있다.

　그래서 이 괘는 어떤 일을 지금까지 준비를 하였는데 그 일을 시
행하는 과정이 어렵고 힘들다고 할 수 있을 것이다.

　또는 지금까지 생각하고 준비한 일들이 마음먹은대로 풀리지 않
고 어렵고 힘들게 될 수 있다고 할 수 있다.

　또는 이미 만들어 놓은 일이나 준비한 일이나 상황 등이 뜻대로
되지 않고 어렵고 힘들다고 할 수 있는 것이다.

　또는 이미 지나간 일이나 벌어진 일로 인하여 나의 장래에 많은
장애가 따를 수 있다고 할 수 있을 것이다.

　예를 들면 전과자나 사기꾼이나 불량서클에서 활동한 일이나 어
떤 아가씨와 연애한 일로 결혼에 지장이 생긴다거나, 아니면 유부
녀가 바람난 일이나 자손이 죽은 일 등을 말할 수 있을 것이다.

　또는 지금까지 쌓은 명성이나 인기를 유지하기 어렵고 힘이 들
다거나 힘들 일이 발생할 것이라고 말할 수도 있는 것이다.

　또는 외국으로 유학가려고 만반의 준비를 끝내놓고 갈 날만을
기다리고 있는데 이리 막히고 저리 막혀 뜻대로 안된다고 할 수
있을 것이요, 아니면 가지 못할 일이나 상황이 이미 준비되어 있었
다고 할 수 있을 것이다.

　또는 회사를 설립하고자 하는 사람이 자금부터 부지까지 만반의
준비를 하고 인준만을 기다리고 있는데 관에서 사업허가를 내는
일이 뜻대로 되지 않고 어려움이 있다고 할 수 있을 것이다. 아니

면 허가가 나지 않을 이유가 이미 있었다고 할 수 있다.

또는 어떤 일이나 학업이나 기술 등을 익혀 준비는 모두 완성하였으나 진로에는 어려움이 있어 힘들다고 할 수 있을 것이다. 예를 들면 사회에서 많은 자격증은 취득하였으나 사회에서 그 자격증을 활용하기가 어렵다고 할 수 있는 것이다.

또는 처녀 총각이 결혼을 전제로 동거를 시작하였는데 결혼을 하려니 많은 곳에서 어려움이 발생하고 있다고 할 수 있을 것이다.

632 수화기제괘(水火旣濟卦)의 이효가 동하여 수천수괘(水天需卦)로 변하면

수(需)란 '기회나 때나 상황을 기다린다' '기대한다' '필요로 한다' '찾는다' '요구한다' '원한다' 라는 뜻이요, 또는 '대기한다' '미루어진다' 라는 뜻이다.

그래서 이 괘는 어떤 일이나 어떤 상황이 완성되기를 기다리고 있는 운이라고 할 수가 있다. 예를 들면 어떤 일을 시작하였거나 저질러 놓고 기회를 기다리고 있다고 할 수 있을 것이다. 또는 어떤 일에 덫을 놓고 기회만을 기다리는 운이다.

또한 과수원을 하는 사람이 과수나무에 퇴비도 주고 손질도 하고 난 후에 작황이 끝까지 잘 유지되기를 기다리고 있는 마음이다.

또는 식당을 챙겨놓고 손님이 오기만을 기다리고 있는 상이다.

또는 어떤 사건을 저질러놓고 해결되기만을 기다리고 있을 수 있는 운이다. 아니면 과거에 내가 저지른 일이 꼭 필요한 조치였다고 말할 수도 있는 것이다.

또는 학원을 개설한 사람이 수강생이 오기만을 기다리고 있다고 말할 수 있을 것이다.

또는 낚시를 즐기는 사람이 이미 낚싯대를 물에 드리우고 고기가 물기만을 기다리는 사람이라 할 수 있을 것이다.

또는 어떤 협상에서 상대와 나와의 관계나 아국과 상대국과의 관계에서 협상에 응할 모든 준비를 하고 기다리고 있는 심정이다.

또는 신병이 이미 들어 고생을 많이 하는 사람이 수술할 날을 기다린다거나 죽을 날만을 기다리고 있다고 말할 수 있을 것이다.

또는 결혼을 전제로 동거를 시작한 사람이 부모의 결혼허락만을 기다리고 있는 심정이다.

또는 새로운 신제품을 만들어놓은 회사가 출시만을 기다리거나 소비자들의 좋은 반응을 기다리는 심정이라 할 수 있을 것이다.

또는 취업을 원하는 사람이 입사지원서를 제출하고 통지가 오기만을 기다리고 있을 운이다.

또는 어떤 고위직의 공직자가 지금의 자리가 계속 유지되기를 원하는 심정이다.

또는 어떤 사업가가 더도 말고 덜도 말고 현재상태가 계속 유지되기를 원하는 마음이라고 할 수가 있을 것이다.

633 수화기제괘(水火旣濟卦)의 삼효가 동하여 수뢰둔괘(水雷屯卦)로 변하면

둔(屯)이란 '곤란하다' '어렵다' 또는 어떤 일이나 상황에 '몰두한다' '전념한다'라고 할 수 있다. 또는 '망설이다' '숨는다' '피하다' '자신없다' 또는 '활동의 폭이 좁다' '마음을 열지 못한다' '뜻이나 의지를 펴지 못한다'라는 뜻이다.

그래서 이 괘는 우리 동화에 개미와 배짱이가 있는데 여기서의 변화가 그 동화의 내용과 같다고 할 수가 있고, 또는 어떤 일을 저질렀거나 발생한 일로 숨어버리는 상이라 할 수 있을 것이다.

또는 과거에 이미 저질러진 어떤 일에 전념한다거나 몰두한다고 할 수 있다. 예를 들면 지난날 헤어진 여인을 못잊어 괴로워한다거나, 아니면 지난날 저지른 어떤 범죄행위 때문에 피하고 달아날 일이 발생하였다고 말할 수 있을 것이다.

또는 지난날에 어떤 공부나 연구를 하다 중단한 일이 있었다면 다시 전념하고 있다고 말할 수도 있을 것이다.

또는 옛날에 알고 지내던 사람이 궁금하여 찾는 일이나 아니면 어린 자식을 버린 사람이 자식을 찾는 일에 전념하고 있다고 말할 수도 있을 것이다.

또는 계획적으로 부도낼 것을 생각하고 미리 자기 몫을 준비한 후 잠적한 사람이거나 잠적할 수 있는 사람이라고 할 수 있다.

또는 부부생활을 하는 사람이 남편이 하는 일마다 마음에 들지 않고 있으니 미리 살림을 빼돌린다거나, 아니면 떠날 준비를 철저하게 한 사람이 어느 날 남편도 모르게 외국으로 달아나거나 연락을 끊고 멀리 달아났다거나 달아날 수 있는 일이 생길 수 있다고 할 수 있을 것이다.

또는 어떤 일이나 물건을 만들 것을 구상하면서 표현을 못하고 있을 수 있는 상이다.

또는 사랑하는 사람과 동거하는 청춘남녀가 부모나 주위의 반대가 너무 심하여 먼 곳으로 달아나 숨어 살아가는 격이다.

또는 공부를 많이 하였거나 세상일을 많이 알고 깨우친 사람이 세상이 시끄러워 은둔생활을 하는 상이라고 할 수 있다.

6 3 4 수화기제괘(水火旣濟卦)의 사효가 동하여 택화혁괘(澤火革卦)로 변하면

혁(革)이란 '강제적인 힘이나 물리적인 힘에 의하여 새롭게 변화하는 것'을 의미한다. 그래서 '바꾼다' '교환한다' '제거한다' '면직된다' '뒤엎는다' 라는 뜻이요, 또는 지금까지의 생활이나 생각이나 일이나 습관이나 전통 등이 '새롭게 변화하는 것'을 말한다.

그래서 이 괘는 이미 성사가 이루어진 일이나 상태를 누군가의 힘이나 권고나 압력에 의하여 새롭게 바뀔 수가 있다.

예를 들면 농부가 농작물이나 가축을 기르기 위하여 하우스를 준비하였는데 태풍으로 모두 날려버렸다거나, 아니면 누군가를 유혹하기 위하여 만반의 준비를 갖추고 때를 기다리고 있는데 누군가의 방해로 모든 일이 수포로 돌아가 계획을 바꿔야 할 일이 생겼다고 할 수 있을 것이다.

그래서 새롭게 바꾸려고 하는 운으로 이미 이루어 놓은 일이나 사업, 또는 마음먹은 일이나 생각하고 있는 일, 또는 지금까지 지내오고 있는 일들을 새롭게 바꾸려고 하는 상이라 말할 수 있다.

또는 지금까지 알고 지내던 사람이나 같이 일하던 사람들을 교체하려고 마음먹고 있을 수 있는 운이다.

예를 들면 처녀 총각이 결혼을 전제로 동거하면서 지내오다가 어떤 힘에 의하여 마음을 바꿀 일이 발생하였다고 할 수 있다.

예를 들면 부모의 압력이나 주위 환경의 변화나 아니면 이민을 간다거나 아니면 한사람이 죽음으로 해서 바뀔 수 있을 것이다.

또는 지금까지 이루었거나 안정되게 지내는 상황에서 누군가의 권유로 새로운 길을 모색할 수 있다고 할 수 있을 것이다.

예를 들면 집을 짓고 단장까지 마쳤는데 환경문제나 주위 사람들과의 마찰이 생겨 구조를 새롭게 바꾸려고 하는 마음이다.

또는 지금까지 국문학을 마치고 교수가 되었는데 어느 날 영문학으로 바꾸고 싶어하는 마음이다.

또는 지금까지 편안하게 다니던 직장을 누군가의 압력이나 주위 여건의 변화로 그동안 다니던 직장을 그만두고 새로운 직장을 구하려고 할 수 있는 운이다.

또는 지금까지 편안하게 사용하던 차를 새로운 차로 교환을 하려고 하는 마음 등 수많은 일들을 지금까지 유지하고 안정되게 지내온 일이나 생각을 새롭게 변하려고 하는 것이다.

다시 말하면 한 가지를 오래 하니까 싫증을 느끼는 운으로 새롭게 변하고 싶은 마음이라고 할 수 있다.

635 수화기제괘(水火旣濟卦)의 오효가 동하여 지화명이괘(地火明夷卦)로 변하면

명이(明夷)란 '능력이나 생각이나 지혜를 마음껏 발휘하지 못하는 것' 이요, '속마음을 내색하지 않거나 못하는 상' 이요, '상대방에게 인정을 받지 못하는 상' 이다. 또는 '새벽을 여는 사람' '새벽을 준비하는 사람' 이라고도 할 수 있고, '마음 속에 화나 열이 많은 사람' 이라고 할 수 있다. 또는 '속에 있는 화나 열을 다른 사람에게 인정받지 못한다' 고 할 수 있다.

그래서 이 괘는 지금까지 성취한 것으로는 만족하지 못하는 운이라 할 수 있을 것이요, 또는 지금까지 노력한 일들을 다른 사람들에게 인정을 얻지 못하는 운이다.

또는 진작부터 발생한 어떤 일로 마음의 속병이나 홧병이 발생하였다고 할 수 있다. 예를 들면 어떤 부인이 남편이 진작부터 첩을 두고 사는 사람이 속앓이가 생겼다고 할 수 있을 것이다.

또는 어떤 유부녀가 전부터 알고 지내온 사람과 바람난 일로 이러지도 저러지도 못하고 속만 태우고 있다고 말할 수도 있다.

또는 범죄행위를 저질렀거나 마작으로 재물을 잃었거나 부인도 모르게 사교춤을 배운 일이나 아니면 부부가 이별을 한 일 등으로 인하여 마음에 울화증이 있다고 할 수도 있을 것이요, 아니면 이러한 일 들을 누구에게 말못하고 지내는 사람이라 말할 수 있다.

또는 자기가 이룬 일이나 아니면 벌어진 어떤 일을 타인들에게 표현하지 못하고 마음 속에만 간직하고 있는 운이라고 할 수가 있는 운이다.

또는 어떤 일이나 생각 등을 구상을 하고 있으면서 외부로 표현을 못하고 때를 기다리고 있을 수 있는 운이다.

예를 들면 어떤 사람을 좋아하여 그 사람만 보고 있으면 심신이 편안한데 상대에게 나의 마음을 나타내지 못하고 있는 격이다.

또는 좋아하는 청춘남녀가 동거를 하고 지내면서 주위 사람들에게 말을 하지 못하고 지내는 상이다.

어떤 회사에서 새로운 신제품을 만들어놓고 발표를 하지 못하고 때를 기다리고 있는 상이라 할 수 있다.

또는 자기가 써놓은 학문을 세상에 발표하지 못하고 있는 운 등으로 매사에 있어서 자기가 이룬 어떤 일들을 발표를 못하는 운이요, 또는 인정을 못받고 있는 운이라고 할 수가 있을 것이다.

또는 어떤 자격증을 많이 따놓았으나 사회에서 인정을 받지 못하는 운이라고 할 수 있다.

䷾䷤ 636 수화기제괘(水火旣濟卦)의 육효가 동하여 풍화가인괘(風火家人卦)로 변하면

가인(家人)이란 '가족' '집안사람' 또는 '구성원'이나 '조직원' 등을 말한다. 또는 '패거리' '같이 행동하거나 생각하는 사람' '동아리' '동문' '연고가 같은 사람' '같은 사업을 하는 사람'이요, 또는 '같이 어울린 물건'이라고도 할 수 있다.

그래서 이 괘는 내가 어떤 일을 성취하게 되니까 주위에 많은 사람들이 모여드는 운이라고 할 수가 있다.

또는 구상한 일이 깨지지 않도록 노력하고 있는 운이라고 할 수 있다.

또는 어떤 처녀가 결혼할 적령기기 되니까 많은 총각들이 청혼을 하면서 모여든다고 할 수 있을 것이요, 아니면 모여들었다고 할 수 있다.

또는 요리사자격증을 취득하니 식당업을 하려고 하는 사람들이 동업을 하자고 모여들거나 아니면 모여들 수 있다고 할 수 있는 것이다.

또는 치료하기 어려운 질병을 얻게 되니 주위에서 많은 의원들이 같이 병을 연구하면서 치료해보자고 몰려올 수 있다고 할 수 있을 것이다.

또는 내가 어떤 상황에 의하여 많은 재물이 생기게 되니까 같이 사업을 하자고 하면서 사람들이 몰려올 수 있다거나 몰려왔다고 할 수 있을 운이다.

또는 지금까지 공부를 하였다거나 어떤 신제품을 만들어 놓았다거나 또는 지금까지 이룬 명성이나 재물을 관리하는데 있어 신중을 기하는 사람이라 할 수 있을 것이다.

또는 안정되고 편안한 생활을 하게 되니까 많은 사람들이 모여드는 운이요, 또는 고위직에 오르니 주위에 사람들이 모여드는 운이라고 할 수 있을 것이요, 또는 사업을 활발하게 운영하니 많은 사람들이 모여드는 격이다.

또는 어떤 학문이나 기술이 정상급에 오르니 많은 사람들이 기술을 습득하기 위하여 모여드는 운 등이다.

내가 편안하고 안정되게 일을 성사하니 주위에 아부하는 사람, 기술을 배우기 위한 사람, 거들면서 생활하고자 하는 사람, 출세를 하고자 하는 사람, 이용하려고 하는 사람, 시기하고 질투하는 사람 등이 모여드는 운이다.

6 4 수뢰둔괘(水雷屯卦)

둔(屯)이란 '곤란하다' '망설이다' '어렵다' '숨는다' '피하다' '자신이 없다' 또는 '활동의 폭이 좁다' '마음을 열지 못하고 있다거나 뜻이나 의지를 펴지 못하고 있다'의 뜻이요, 또는 '어떤 일이나 상황에 몰두한다' '전념한다'라고 할 수 있을 운이다. 그래서 이 괘와 천산돈괘(天山遯卦)와의 차이점을 알아야 한다. 천산돈(天山遯)은 활동을 하면서 피하는 괘라면 이 괘는 아예 자신을 잃고 숨어버리는 상이다.

그래서 이 괘는 물건이라면 아예 치워버리는 것이요, 일이라면 아예 일을 하지 않는 것이다.

또는 어떤 일이나 상황이 발생하면 그 일에 몰두하는 사람으로 한 번 마음먹은 일이 있으면 그 마음먹은 일에서 손을 떼지 못하는 성격의 소유자라 말할 수 있을 것이다.

또한 이 괘는 陰(水)이 陽(雷)을 억압하고 있는 상으로 여자가 남자를 억압하고 남자를 얕보면서 지내는 운이라고 할 수가 있을 것이다. 반대로 남자가 여자에게 억눌려 사는 운이다.

괘상(卦象)으로 보면 우뢰소리가 물 속에서 나는데, 물 속에서 나는 소리는 멀리 퍼지지 못하고 갇혀버리는 것과 같다. 즉 욕망이나 의지나 지혜를 드러내지 못하고 묻어두고 지내는 운과 같다.

또는 학생이나 사업하는 사람이나 또는 농부라면 농사일에서 아예 손을 떼고 농사일을 그만둘 수 있다고 말할 수 있을 것이다.

또는 그동안 하던 일이나 사업이나 기술 등을 포기하고 하던 일을 두 번 다시 하려고 하지 않을 수 있다고 말할 수 있다.

또한 여자에 한 번 놀란 사람이 평생 여자를 돌같이 보면서 결혼을 포기하는 격이라 말할 수 있을 것이다.

또는 여러 사람들이 모여 회의하는 자리라면 말 한마디 못하고 쥐 죽은 듯이 있다가 나오는 격이라고도 할 수가 있을 것이다.

또한 매사가 험난하여 전진하는데 고생할 수 있는 운이다.

또한 이 괘는 익사 상태를 뜻하고, 숨어 지내고 있는 것을 뜻하고 있으니 활발하지가 못한 것을 말하고 있다.

또는 이 괘에 살(殺)이 있을 경우 내가 구하고자 하는 물건이나 사람이 숨었다거나 깊이 저장되었거나 아니면 없다고 말할 수 있을 것이요, 녹(祿)이나 복(福)이 있으면 마음에 드는 물건이나 사람을 만나 흠뻑 빠졌다거나 집착하고 있다고 말할 수 있을 것이다.

641 수뢰둔괘(水雷屯卦)의 초효가 동하여 수지비괘(水地比卦)로 변하면

비(比)란 '서로 비교한다' '서로 인접해 있다' '서로 큰 차이가 없다'라는 뜻이요, '이것과 저것과의 관계'를 말한다. '서로 견준다' '서로 동등하다' '서로 가깝다' 또는 '나와 누구 또는 무엇과의 관계' 또는 '평소와 별 차이가 없는 것'을 말한다.

그래서 이 괘는 서럽고 말 못하고 억울한 심정이 같은 입장이라는 것으로 네 심정 내 심정을 한데 엮어 한탄하고 있는 운이다.

또는 어렵고 힘든 일이 머지 않아 생길 수 있다고 할 수 있을 것이요, 또는 숨거나 달아날 일이 머지않아 생긴다고 할 수 있다.

또는 숨은 사람 달아난 사람이 멀리간 것이 아니고 주위 인근에 숨어 있다고 말할 수 있을 것이다.

또는 구속되거나 감금될 수 있는 일이 머지않은 날에 발생할 수 있다고 할 수 있을 것이다.

또는 우리 속말로 잃은 물건이 중하고 크며, 놓친 물고기가 크다는 말이 있다. 이 괘는 잃은 물건이나 분실된 물건과 현재 사용하고 있는 물건과의 차이점을 구분한다거나 비교할 수 있을 것이다.

또는 그전에 사귀다 이미 떠나버린 사람과 지금 사귀고 있는 사람과 여러모로 비교할 수 있다고 말할 수 있을 것이다.

또는 억울한 사람들끼리의 모임이요, 또는 하소연으로 볼 수가 있을 것이다. 예를 들면 내가 회사가 어려운데 당신들도 회사가 어려운가를 비교하는 것이다.

또는 가족이 물에 빠져 죽었는데 당신 가족도 그런 사람이 있었느냐고 하면서 서로 자탄하는 격이라 할 수 있을 것이다.

또는 내가 아내한테 당하고 사는데 당신도 그러냐면서 자탄하는 운 등으로 많은 일들이 있을 수 있는 운이다.

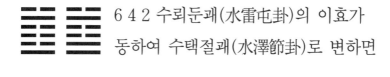 6 4 2 수뢰둔괘(水雷屯卦)의 이효가
동하여 수택절괘(水澤節卦)로 변하면

절(節)이란 '매사가 순탄하지 못하여 더디고 어려움이 많은 운'이요, 또는 '나누어 해결한다' '단계별로 해결한다' 라고 할 수 있다. 예를 들면 할부나 카드결제 등이다. 또는 '곤란하다' '어렵다' '힘들다' 라는 뜻이요, '뜻대로 되지 않는 운' 이다.

그래서 이 괘는 어렵고 힘들고 험난한 일을 해결하면 또 다른 일이 발생하고 그 일을 해결하고 나면 또 다른 일이 발생하는 운으로 어려움이 연속적으로 발생하는 운이라고 할 수가 있는 운이다.

또는 피하거나 숨는 일들이 마음대로 되지 않고 어렵고 힘들다고 할 수 있을 것이다.

또는 목적에 녹이나 복덕 등이 들면 마음에 드는 물건이 있어도 구입은 어렵고, 살이 있으면 마음에 드는 물건이 없어 사지 못한다.

또는 세상살이가 자신이 없다거나 약하여 숨다시피 살다보니 매사가 뜻대로 되는 일이 없어 어렵고 힘들다고 말할 수도 있다.

또는 어떤 일이나 상황에서 손을 떼니 매사가 힘들다고 할 수 있다. 예를 들면 공직생활에서 높은 자리에 있던 사람이 공직에서 퇴출되니 사회에서 활동하는 일이 매사가 마음대로 되는 일이 없고 힘들다거나 들 수 있을 것이라 말할 수 있을 것이다.

또는 직장을 다니던 사람이 직장을 그만둔 일로 가정생활에 어려움이 많이 발생할 수 있다고 말할 수 있을 것이다.

또는 여자에 한 번 놀란 사람이 두 번 다시 여자를 보지 않기로 한 후로 결혼도 하지 않고 혼자 생활을 하다보니 매사에서 힘들고 어려움이 발생하고 있다고 말할 수 있을 것이다.

또는 직장에서 파직을 당하였는데 신병까지 생기는 격이요, 또는 자식이 물에 빠져 사고를 당했는데 집에 불이 나는 격이요, 또는 농사를 망쳤는데 풍수재해를 당하는 격이다.

6 4 3 수뢰둔괘(水雷屯卦)의 삼효가 동하여 수화기제괘(水火旣濟卦)로 변하면

기제(旣濟)란 '과거, 지난날, 지나간 일, 지나간 상황' 등을 말한다. 그래서 '이미 이루었다' '이미 성취하였다' 또는 '이미 정리되

었다' '이미 벌어졌다' '이미 달아났다' '이미 지나갔다' '이미 끝났다' '이미 결정났다' 라는 뜻이요, 또는 '이미 만들었다' '이미 성사되었다' '이미 준비되었다' 라고 할 수 있다.

그래서 이 괘는 곤란할 일이 이미 이루어졌다. 또는 어려운 일이 이미 생겼다. 또는 복잡한 일이 이미 결정되었다는 뜻으로 지난날에 벌려놓은 어떤 일들이 지금에 와서는 어렵고 힘들고 복잡한 일로 변해버린 것을 말하고 있는 것이다.

또는 숨을 일이나 달아날 일이 그전부터 준비되었다고 말할 수 있을 것이다.

또는 세상을 떳떳하게 살지 못하고 자신 없이 살아갈 일이 진작부터 준비되어 있었다고 할 수 있을 것이다.

또는 어떤 일을 포기하고 돌아볼 수 없을 일이 이미 성사되었다고 말할 수도 있을 것이다.

또는 부부 이별을 하였다고 한다면 이별할 일이 지금에 생긴 것이 아니고 이별할 수 있는 일들이 지난날에 이미 돌이킬 수 없는 과오가 발생하였다고 말할 수 있을 것이다.

또는 야반도주할 일이 발생하였다고 한다면 야반도주할 수 있는 일들이 진작에 발생한 일로, 예를 들면 사채를 많이 빌려 썼다고 할 수도 있을 것이다.

또는 병이 들어 누워서 살 일이 있으면 젊은시절에 몸은 돌보지 않고 몸을 함부로 놀렸다고 할 수도 있을 것이다.

또는 어떤 사업가가 교도소에 갔다면 교도소 갈 일이 있는 일은 이미 정해졌다고 할 수 있을 것으로 공사를 하면서 공사를 부실로 하였다거나 또는 공사와 관련된 일로 부정을 저질렀다거나 아니면 비자금을 빼돌린 사람이라고 말할 수 있을 것이다.

또는 도박을 하는 사람이 땅문서를 주고 도박을 하여 잃었다면 이제 와서는 돌이킬 수 없다고 하는 것 등으로 지난날 저지른 일들이 앞으로의 일을 이미 결정하여 놓은 것과 같은 운이다.

䷂ 6 4 4 수뢰둔괘(水雷屯卦)의 사효가 동하여 택뢰수괘(澤雷隨卦)로 변하면

수(隨)란 '따른다' '순종한다' '모방한다' '답습한다' '전통을 지키는 사람' '주위 여건에 맞춰 적응하는 것'을 말한다. 또는 '맡긴다' '닮는다' '비슷하다'라는 뜻이요, 또는 '상대를 믿는다' '상대를 믿고 거부하지 않는다'라는 뜻이다. 따른다는 것은 상대방이 그저 좋거나 마음에 들어서요, 또는 상대방의 기술이나 능력이나 실력을 믿거나 좋아하여 따른다고 할 수 있다. 또한 '스스로 개발할 능력이나 앞장서는 일이 없는 사람' '창의적이지 못한 사람'일인자나 리더는 될 수 없는 사람'이라고도 볼 수 있다. 여기서 주의할 것은 선과 악의 길이 있다는 것이다.

그래서 이 괘는 어렵고 힘든 일을 당하였을 경우 그 일을 거부하지 않고 순리대로 따르며 받아들이는 운이다. 아니면 어떤 부인이 마음 속에 큰 동요나 불안이나 갈등이 있어도 표현하지 못하고 가족들의 뜻에 따라 살아가는 사람이라 말할 수 있을 것이다.

또는 자식이 물에 빠져 죽었는데 받아들이 못하고 왜 내 자식이 죽었느냐고 한다든지, 또는 내 자식은 죽지 않았다고 하면서 계속 부둥켜않고 있다든지 하는 것이 아니고 죽음을 받아들이는 것이다.

또는 학업을 포기한다든지, 사업을 포기한다든지 할 수 있는 일이 발생하였다면 주위 다른 사람들의 상태를 보아가면서 그만둘 수 있다고 할 수 있는 것이다.

예를 들면 다른 사업가들이 사업을 포기할 때 하는 방법 등을 그대로 답습할 수 있는 것으로 비자금을 챙겨 외국으로 빼돌리고 패업신고를 낸다고 할 수 있을 것이다.

또는 고위공직자라고 한다면 고위공직에서 사표를 내고 물러나는 일에 있어서 주위 사람이나 그전에 다른 사람들이 행해온 어떤 일이나 상황을 그대로 답습한다고 할 수 있을 것이다.

예를 들면 뇌물을 챙기고 사표를 내거나 또는 직위를 이용하여 어느 장소에 투기를 한 후에 사표를 낸다든지 할 수 있을 것이다.

또는 치료가 어려운 병이 생겼다면 거부하고 한탄할 것이 아니고 받아들이고 고요한 마음으로 지내는 지혜를 가르치고 있다.

또는 내가하는 일이 어려운 곤경에 처하게 되면 그 일로 자탄할 일이 아니고 곤경에 처하게 된 것에 순응하고 반성하면서 지내는

인내와 지혜를 가르치고 있는 운으로 우리 주변에 이와 같은 일들
이 수없이 많이 발생하고 있으니 순응하는 지혜를 배우고 깨우쳐
야 하는 것을 가르치는 운이다.

6 4 5 수뢰둔괘(水雷屯卦)의 오효가 동하여 지뢰복괘(地雷復卦)로 변하면

복(復)이란 '다시 시작한다' 또는 '마음이 시끄럽고 번잡하다'
'심리적으로 불안하다' '마음의 갈등을 내색하지 못하는 상황'이
라고 할 수 있다. 또는 '재기' '재발' '반복' '돌고도는 윤회'를 뜻
하며, '돌아온다' '돌아가다' '제자리로 돌아가다'라고 할 수 있다.

그래서 이 괘는 어려움이 반복되는 운이라고 할 수가 있다. 포기
할 일이 반복된다거나 아니면 숨거나 자신을 노출시키지 못할 일
이 반복된다고 말할 수 있을 것이다.

또는 그전에 하던 사업이나 연구나 학업이나 취미생활을 그만둔
사람이 다시 전념할 수 있는 것을 말하는 상이다.

또는 해마다 어려운 생활이 반복되는 운 등으로 어떤 상황이나
어떤 어려운 고비가 반복되고 있는 것을 말하는 운이다. 여기서는
둔(屯)을 어렵고 힘들 것으로 설명하였다.

또는 집을 나간 아내나 남편이 돌아오는 운이요, 또는 범죄를 저

지르고 피신한 도주자가 범죄현장에 나타난다고 말할 수 있다.

또는 월급생활을 그만두고 개인사업을 하다가 이마저 포기하고 입산수도한다고 할 수 있을 것이다.

또는 병환으로 치료를 하고 난 사람이 완치가 되었는가 싶더니 그 병환이 다시 반복되어 시작하는 운이다.

또는 화재현장에서 화재를 완전히 진압한 것으로 알고 철수하였는데 화재가 다시 일어나는 운이다.

또는 공부하는 학생이 또 다시 학업에 몰두하거나 전념할 수 있는 일이 있을 수 있는 운이요, 또는 어렵고 힘든 학문을 처음부터 반복하는 운이라 말할 수도 있을 것이다.

또 얼굴을 들지 못하고 살아갈 일이나 아니면 여러 사람 앞에 나서지 못하고 살아갈 일이 반복될 수 있다고 할 수 있다. 여기서는 숨을 일 파묻힐 일로 설명하였다.

또는 운동선수가 어렵고 힘든 훈련을 처음부터 반복하는 운과 같다고 할 수 있을 것이다.

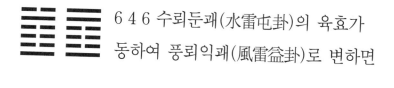

6 4 6 수뢰둔괘(水雷屯卦)의 육효가 동하여 풍뢰익괘(風雷益卦)로 변하면

익(益)이란 '이롭다' '유익하다' '증가하다' '더하다' '더욱더' 등으로 '뭔가를 추가한다는 뜻'이다. 또한 '우뢰, 갈등, 동요, 불안,

풍파, 방황, 고민, 시끄러운 상황' 등이 많다고 할 수 있다. 또는 '부익부(富益富) 빈익빈(貧益貧)'이라는 뜻이요, '끼리끼리 어울린 다' '모인다' '쌓아둔다' 라는 뜻이다.

그래서 이 괘는 어려움이 가중되는 운이요, 곤란하고 복잡할 일이 가중되는 운이요, 망서려 질 일이 추가되는 운이요, 험난한 일이 가중되는 운으로 매사에 어려움이 추가되는 운이다.

또는 어떤 일이나 상황을 말못하고 숨긴 일로 인하여 마음의 동요나 갈등이나 풍파나 불안 등이 계속 일어나고 있다거나 일어날 수 있다고 말할 수 있을 것이다.

예를 들면 유부녀가 어떤 모임이나 묻지마 여행에서 한 남자와 사랑을 한 번 나눈 일을 남편이나 가족에게 숨기는 일로 그 남자에게 계속 협박을 받고 있다고 할 수 있을 것이다.

또는 학업을 일찍 포기하여 갈등이 있는 사람이 한평생 살아가는데 어렵고 시끄러운 일이 계속 생기는 것이요, 또는 뇌물을 먹고 잠적한 일로 사회에서 풍파가 계속 일어날 수 있는 상이다.

또는 어떤 연예인이 잠적하여 사는 일로 사회에서 어떤 소문이 만발하거나 풍설이 낭자하다고 할 수 있을 것이요, 아니면 본인의 마음에 갈등이 일고 있다거나 고민이나 번민에 쌓여있다고 말할 수 있을 것이다.

또는 국내에서 어떤 일이나 상황에 의하여 외국으로 달아난 사람이 마음의 갈등이나 풍파를 겪고 있다고 할 수 있을 것이다.

또는 여인이 바람이 나서 집을 나간 일로 풍파가 계속 생길 수 있다고 할 수 있을 것이다.

또는 부부간에 갈등이 있어 멀리 달아나서 사는 일로 구설이 계속 발생할 수 있다고 할 수 있을 운이요, 아니면 본인의 마음에 많은 갈등이나 고민이나 풍파가 생긴 사람이라 말할 수 있을 것이다.

또는 부도를 내고 사업을 그만둔 일로 주위 사람들에게 구설이나 풍파가 계속 생길 수 있다고 하는 운이다.

6 5 수풍정괘(水風井卦)

정(井)이란 '우물'을 나타내고 '모든 생명에 힘과 삶을 영위할 수 있게 하는 것'을 말한다. 또는 '새로운 생각'이나 '새로운 아이디어'가 계속 나오는 사람이요, 또는 '끈기와 인내'를 말하고, 또는 어떤 위치에서 '수위가 변함없이 유지되는 것'을 말하고, 또는 '여인의 음수(陰水)'를 뜻하기도 한다.

또한 우물이란 항상 새로운 물이 솟아오르는 것과 같이 구세대는 물러가고 신세대가 들어오는 것 같이 많은 변화를 나타내며, 또한 중택태(重澤兌)와 같은 의미가 포함되어 있다고 볼 수 있다.

또 우리 주위에서 멀리 떨어져 있어서도 안되는 생활의 필수품(必需品)이 되는 것 같이 때려야 뗄 수가 없는 수가 없는 상황이나 물건과 같다고 할 수 있으며, 또는 주위에 가깝게 두고 지낼 수 있는 친구들과 같을 수 있는 것을 말한다.

또한 우물의 물은 저절로 먹을 수 있는 것이 아니라 노력의 대가로서 먹을 수 있는 것으로 활동력을 표현하기도 하고, 이 괘의 인물은 주위 사람, 믿을 수 있는 사람, 가까운 사람을 뜻한다.

또한 우물의 물은 아무리 퍼내도 같은 수위를 유지하는 것처럼 '끈기 있고 변함이 없는 것'을 말하고, 또한 우물이라고 하여 모두 정화수로 좋은 물만 있는 것이 아니라 독수나 오염된 물도 있을 수 있는 것이다.

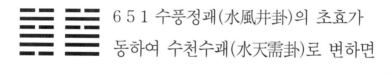 651 수풍정괘(水風井卦)의 초효가
동하여 수천수괘(水天需卦)로 변하면

수(需)란 '기회나 때나 상황을 기다린다' '기대한다' '필요로 한다' '찾는다' '요구한다' '원한다' 라는 뜻이요, 또는 '대기한다' '미루어진다' 라는 뜻이다.

그래서 이 괘는 멀어진 상대가 가깝게 돌아오기를 기다리는 운이요, 새로운 변화가 일어나기를 기다리는 운이다.

또는 새로운 친구나 애인이나 동업자가 나타나기를 기다리는 운이다. 또는 사업가가 생산문제나 판로문제나 관리문제에 새로운 구상이 떠오르기를 기다리고 있는 상이라 할 수 있을 것이다.

또는 어떤 일을 하는 사람이 새로운 아이디어가 떠올랐으나 아직은 때가 아니라 생각하고 때를 기다리고 있을 수 있는 운이다.

또는 멀리 나간 가족이 돌아오기를 기다리는 운이요, 결혼은 앞둔 사람이 결혼일을 기다리는 운이요, 결혼 적령기가 된 여인이 신랑감이 나타나기만을 기다리는 상이라 할 수 있다.

또는 농부가 가문 날에 파종에 앞서 하늘에서 비가 내리기를 기다리고 있는 운이다.

또는 썩은 구정권이나 구시대가 물러가고 새로운 정권이 들어서기를 기다리는 격이라 말할 수 있을 것이다.

또는 마음을 잡지 못하고 방황하는 사람이 안정을 되찾기를 기다리는 일 등 많은 일들이 있으나, 과거의 일들은 물러가고 새로운 변화가 있기를 기다리는 운이라고 할 수 있다.

또는 새로이 애인이나 첩을 두고자 하는 사람이 기회를 엿보면서 때를 기다리고 있다고 할 수 있을 것이다.

또는 연예인이 그동안의 활동에서 새로운 활동으로 출연하면서 인기가 오르기를 기다리고 있다고 할 수 있을 것이다.

䷯䷦ 652 수풍정괘(水風井卦)의 이효가 동하여 수산건괘(水山蹇卦)로 변하면

건(蹇)이란 '매사가 순탄하지 않을 운'이요, '매사가 험난하고 활발하지 못한 상'이다. 또는 '다리를 절다' '더디다' '어렵다' '힘들

다' '뜻대로 되지 않는다' 는 뜻이요, '마음이 안정되지 못하고 변화가 많다'고 할 수 있다.

그래서 이 괘는 어떤 일이 생각대로 풀리는 것이 아니라 어렵고 힘들게 풀려나갔다고 할 수 있을 것이요, 아니면 어렵고 힘들게 풀릴 것이라 할 수도 있다.

또는 어떤 일이나 상황이나 생각 등을 어렵고 힘들게 해결하였다고 말할 수도 있을 것이요, 아니면 어렵고 힘든 일이 발생할 것이라고 할 수 있을 운이다.

또는 애인을 구하는 일이나 연애를 하여 몸을 푸는 일도 뜻대로 되지 않고 어렵고 힘들다고 할 수 있을 것이다.

또는 사업가가 시중에 새로운 제품을 내놓을 때마다 인기를 끌지 못하고 어렵고 힘들게 처분된다고 할 수 있을 것이요, 아니면 어렵고 힘들게 소비시킬 일이 발생할 것이라 말할 수 있을 것이다.

또는 정부에서 어떤 정책을 새롭게 추진하려고 하는 정책이 반대의 당이나 국민들의 저항에 부딪쳐 추진하는 일마다 어렵고 힘들다고 말할 수도 있을 것이요, 아니면 힘든 저항이 있을 것이라 말할 수 있을 것이다.

또는 학업을 하는데 순탄하지 못하고 중간 중간에 풍파가 발생하고 어려움이 있어 학업을 중단하였다가 다시 하고 또 중단 하였다가 다시 하는 격이다.

또는 어떤 발명가나 새로운 일을 찾는 사람이나 새로운 아이디어를 찾는 사람(시인의 어떤 시상, 광고대행 업, 드라마 촬영장, 새로운 건축설계, 컴퓨터게임 제작, 새로운 만화, 또는 의상 개발)이 새로운 구상이 떠오르지 않아 항상 어려움이 따른다고 할 수 있다.

䷜ 653 수풍정괘(水風井卦)의 삼효가 동하여 중수감괘(重水坎卦)로 변하면

감(坎)이란 '함정' '모함'을 뜻하고, '앞길을 알 수 없다' '희망이 보이지 않는다' '난관에 봉착했다' 라는 뜻이요, '물이 넘쳐나는 것'을 말한다. 또는 통과하지 않으면 안되는 '관문' '고비' '고개' '액운' '액년' 등이요, 또는 '움푹패인 구덩이'를 말한다.

그래서 이 괘는 내가 어떤 일을 새로이 시작하려고 하는데 있어 난관에 부딪칠 수 있다고 할 수 있는 운이다.

예를 들면 집을 새로이 진다거나 증축하려고 하는데 증축하는 일이 수월하게 해결되는 것이 아니고 어려움이 있다고 할 수 있다.

또는 관(官)에서 증축허가를 내는 일이 어렵고 힘들 운이요, 또는 증축을 하는데 공사장이 무너지거나 암반 같은 것을 만나 공사가 어려운 난관에 부딪힐 수 있다고 할 수 있을 것이다.

또는 내가 어떤 연구를 하는데 자금을 대주던 사람이 있었다고 한다면 그 사람에게 문제가 발생하여 자금을 대줄 수 없는 일이 발생하게 되고 그 일로 인하여 연구가 중단될 수 있다고 할 수 있을 것이요, 아니면 중단하였다고 표현할 수도 있을 것이다.

또는 정부에서 어떤 정책을 새로이 추진하려고 한다거나 어떤 공사를 새롭게 시작하려고 한다거나 하는 일들이 난관에 부딪치고 아니면 어떤 모함 등으로 추진이 어렵다고 할 수 있을 것이다. 아니면 어렵고 힘든 난관이 생길 수 있다고 말할 수도 있을 거이다.

또는 새로운 친구를 사귀었는데 중간에 다른 사람이 끼어들어 그 친구와 풍파나 이별이 발생할 수 있다고 할 수 있다.

또는 성생활할 때 물이 많다거나 넘쳐흐르는 사람이라 말할 수 있을 것이요, 아니면 정이 넘치는 사람이라 할 수 있을 것이다.

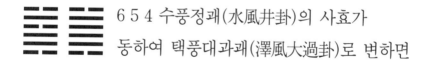 654 수풍정괘(水風井卦)의 사효가 동하여 택풍대과괘(澤風大過卦)로 변하면

대과(大過)란 '지나치다' '무리하다' '과분하다' 라는 뜻이다. 그래서 '균형이 맞지 않는 상태' '정도를 벗어나거나 멀어지는 운' 이요, '마음이 들뜨고 산란할 일이 많다' 고 할 수 있고, '비물질적인 것' 이라고 할 수 있다.

그래서 이 괘는 새롭게 추진하거나 교환하거나 생각한 일로 심리적 동요나 갈등이나 풍파나 설레임이 크게 일거나 불안 등이 크게 발생할 수 있다고 말할 수 있을 것이다.

또는 성(性)으로 인하여 큰 물의를 일으킬 수 있는 것으로 성(性)으로 큰 재물을 얻었다거나 얻을 일이 발생할 수 있다고 할 수 있을 것이요, 아니면 성(性)으로 인하여 신세를 크게 망쳤다거나 망칠 수 있을 것이라고 할 수 있을 것이다.

또는 새롭게 시작하는 일로 인하여 내 신상이나 주변에 큰 변화가 발생할 수 있다거나 발생하였다고 말할 수도 있을 것이다.

또는 새로운 물건이나 사람을 교체한 일로 구설풍파나 동요나 설레임이 발생할 운이요, 또는 신세대들이 구세대를 대하는 것이 지나치다고 할 수 있을 것이다.

또는 다른 사람들을 위해 활동하는 것은 좋지만 가정을 돌보지 않고 사회사업이나 구제사업에만 지나치게 매달릴 수 있을 것이다.

또 정(井)이란 새로운 것을 말하는 것으로 매일 사기만 치려고 하거나 또는 범죄를 저지를 생각이 지나치다고 할 수 있을 것이다.

또는 새로운 직원을 채용하였는데 회사에 큰 공헌을 세웠다고 할 수 있을 것이다.

새로운 물건을 만들어 시중에 내어 놨는데 생각보다 큰 호응을 얻었다고 할 수도 있을 것이다.

또는 새로운 사람을 만났다거나 물건을 구입하였는데 마음에 너무나 흡족하다고 할 수 있을 것이다.

655 수풍정괘(水風井卦)의 오효가 동하여 지풍승괘(地風升卦)로 변하면

승(升)이란 '솟아오른다' 라는 뜻이요, 마음의 '동요' '갈등' '번민' 등을 말한다. 또는 '올라간다' '떠오른다' '진급한다' 라는 뜻이요, '마음을 못잡고 방황하거나 변화가 많은 사람' '심리적으로 불안한 사람' 이라고 할 수 있다.

그래서 이 괘는 생각은 많은 사람이 자기의 생각을 마음 속에다 간직한 체로 외부로 표현하지 못하고 있는 운으로 내성적이 사람이라고 할 수가 있을 것이다.

또는 어떤 생각이나 구상을 하고 누구에게 말은 하지 못하고 혼자 자축하는 기분으로 설레이는 마음이요, 또는 들떠 있는 마음으로 살아가는 사람이다. 아니면 마음의 동요나 갈등이 있다고 하거나 또는 앞으로 발생할 수 있다고 말할 수도 있을 것이다.

또는 성(性)의 욕구나 욕망을 풀고 싶은 생각은 간절하나 풀지 못하고 있다거나 풀 수 없는 처지라 참고 견디는 상이다.

그래서 이 괘는 누군가를 사랑하는 마음이 간절하게 일어나고 있어도 상대방에게 내가 당신을 사랑한다고 말을 못하고 지내는 심정이요, 또는 성적으로 즐기고 싶은 마음은 간절하지만 말못하고 외로움을 달래면서 살아간다거나 살고 있는 사람이라 할 수 있다.

또는 활동력이 부족하고 자기의 능력이나 실력을 모두 발휘하지 못하는 운이다.

또는 자기의 생각이나 활동을 다른 사람들에게 인정을 얻지 못하는 운이라고 할 수가 있다.

또한 사업을 하는 사람이라면 사업의 운영을 새로이 구상을 하고서 사원들에게 발표를 못하고 있는 상태이다.

또는 어떤 회사의 사원이 새로운 제품을 만들고자 하는 생각을 하면서도 사장한테 이러한 제품을 만들어 보자고 말을 못하고 있는 운이라 할 수 있을 것이다.

또는 어려운 이웃을 도우려는 마음이 있으나 다른 사람에게 표현을 하지 못하고 지내는 운이라 할 수 있을 것이다.

656 수풍정괘(水風井卦)의 육효가 동하여 중풍손괘(重風巽卦)로 변하면

손(巽)이란 '기회주의자' '임기응변에 능한 사람'이라고 할 수 있다. 또는 '고정적이지 못한 것' '확고하지 못한 것' '믿을 수 없는 사람'이라고도 할 수 있다. 그래서 '산만' '동요' '방황' '불안정' '변화' '변덕' '적응을 잘 한다' '상대방의 비위를 잘 맞춘다' '한 곳에서 생활하지 못하고 계속 옮겨다닌다' '설레임' '유순' '공손' 등으로 해석한다.

그래서 이 괘는 어떤 일이나 상황이 새로 생긴 일로 마음의 동요나 풍파나 갈등 등이 발생하거나 아니면 새로 생기는 어떤 일이나 상황에도 적응을 잘할 수 있는 사람이라 말할 수도 있을 것이다.

또는 상대의 비위를 잘 맞추는 사람이요, 또는 아부를 잘하는 사람이라 할 수 있으니 비서직이나 간병사나 또는 서비스 직종이나 보모 등을 하면 좋을 운이다.

또는 생각이나 지혜나 변화가 많은 운으로 매사에 적응을 잘하며 많은 사람들과 어울리고 지내기를 잘할 수 있는 사람이다.

또는 성(性)에 지조가 없는 사람으로 아무하고나 성생활을 즐기면서 살아갈 상이요, 아니면 성(性) 때문에 마음을 잡지 못하고 방황하거나 방황할 일이 생길 것이라고 말할 수도 있을 운이다.

또는 어떤 연구를 하는 사람이 새로운 제품을 연구하는데 있어 좋은 아이디어가 떠올랐다거나 아니면 누군가의 좋은 조언을 들은 일로 마음이 들뜨고 설레일 수 있는 상이라 말할 수 있을 것이다.

또한 이 사람은 악의가 없고 항상 부드럽고 순한 사람이요 호인이라고 하는 평을 들을 수 있는 사람이나 한 번 화를 내고 돌아서면 무서운 사람이라고 할 수가 있을 것이다.

또는 새로운 일이나 생각이나 제품이 주위의 바람을 많이 탈 운이요, 아니면 사회에 바람을 일으킬 수 있는 상이라 할 수 있다.

또는 어떤 일이나 변화를 구하고자 하는 사람이 새로운 아이디어를 얻기 위하여 이리저리 여행길에 올랐다거나 아니면 마음이 안정이 안되고 불안해하거나 동요가 있다고 말할 수 있을 것이다.

66 중수감괘(重水坎卦)

감(坎)이란 통과해야만 하는 '관문' '고비' '고개' '액운' '액년' 등이요, 또는 '움푹패인 구덩이' '함정' '모함' 등을 말하는 운으로, 어떤 어려운 고비나 난관 등을 넘어야 해결되는 운이라고 할 수 있다. 또는 '앞길을 알 수 없다' '희망이 보이지 않는다' '어떤 난관에 부딪치다' 또는 '물이 넘쳐난다' 라는 뜻이다.

또는 어떤 일이나 사업이나 연구를 하는 사람이 어려운 고비에 빠졌다고 말할 수 있을 것이다.

또는 함정이나 모함 등에 빠져있다고 할 수 있을 것이요, 아니면 모함이나 함정 등에 빠질 수 있다고 말할 수 있을 것이다. 아니면 사기에 걸려들었거나 사기당할 일이 발생할 수 있다고 할 수 있다.

그래서 감괘(坎卦)는 취업에 통과하는 문제나 진학의 문제나 진급의 문제나 결혼을 약속한 청춘남녀가 양가 부모의 동의를 얻어야 하는 문제나 또는 어떤 신제품이나 의상이나 헤어스타일 등을 세상에 내놨을 때 소비자나 관련자들에게 인정을 얻어야 하는 문제 등이 어렵고 힘들다거나 어려운 고비에 처했다고 말할 수 있는 것이요, 아니면 어렵고 힘든 고비나 함정이나 액운 등이 발생할 수 있다고 말할 수 있는 것이다.

괘상(卦象)를 보면 상(上)도 물이요 하(下)도 물로 음(陰)으로만 형성되어 음양(陰陽)의 조화를 이룰 수 없는 운이다. 음(陰)으로만 형성되었다는 것은 말이 없고 표현을 하지 않는 것이요, 또는 양(陽)을 무시하고 인정하지 않는 것으로 즉 상대를 인정하지 않는 것을 의미하고 있으니 독선적이라고 할 수가 있겠다.

또 상하가 물이라 큰 물을 뜻하고 있으니 욕심이 많은 것을 내포하고 있다. 또 이 괘는 물을 조심하여야 하고 또 사랑에 빠지기 쉽고 타락하기가 쉽고 주위 여건에 휘말려 곤경에 처하는 운이다.

661 중수감괘(重水坎卦)의 초효가 동하여 수택절괘(水澤節卦)로 변하면

절(節)이란 '매사가 순탄하지 못하여 더디고 어려움이 많은 운'이요, 또는 '나누어 해결한다' '단계별로 해결한다' 라고 할 수 있다. 예를 들면 할부나 카드결제 등이다. 또는 '곤란하다' '어렵다' '힘들다' 라는 뜻이요, '뜻대로 되지 않는 운' 이다.

그래서 이 괘는 매사에 액운이 많고 매사가 순탄하지 못하는 운으로 하는 일마다 수월하게 풀리는 것이 없고 어렵고 힘들고 허덕이는 운이라 할 수 있을 것이다.

또는 어떤 모함이나 함정에 빠진 일로 인하여 매사가 수월하지 못하고 어렵고 힘들다고 말할 수 있는 것이다.

또는 어렵고 힘든 일이나 사건에 휘말려 곤경에 처하게 되었다고 한다면 한꺼번에 모두를 처리하려 하지 말고 나누어서 처리하여야 된다고 말할 수 있을 것이다. 예를 들면 어떤 단체를 설득할 일이 있으면 개개인을 만나서 합의보라고 할 수 있을 것이다.

또는 사업이 어렵고 힘들어 처분하려고 하였다면 일괄처리가 어려우니 분할하여 처분하여야 한다고 말할 수도 있을 것이다.

또는 금전을 빌려주고 받아들이는 문제나 아니면 상환하여야 하는 문제에서 일시에 처리하기가 어려우니 분할로 정산하여야 한다고 말할 수 있을 것이다.

또는 사랑하고 좋아하는 사람이 생겨서 막상 결혼을 하려고 하니까 본인들이 불화가 생겨서 어려운 고비를 간신히 넘기고 결혼에 다시 합의를 보았으나 이번에는 양가의 어른들이 반대를 하고 나서서 또 다시 어려운 난관에 부딪치고 양가의 부모를 설득하니까 이번에는 애인이 신병을 얻어서 결혼에 지장을 일으키는 격으로 어려운 고비가 겹겹으로 발생하는 운이라고 할 수가 있다.

또는 사업을 하는 사람이 자금에 어려움이 있는가 하면 인허가 문제에서 힘이 들고 어렵고 그것이 해결되니까 이번에는 판로에서 문제가 발생하는 등 매사가 힘이 드는 상이라 할 수 있다.

또는 사업을 하는 사업자가 어떤 공사를 시작하게 되었다고 한다면 공사에 함정이나 어려움이 많이 발생하는 공사로 한 가지 어려움을 해결하면 또 다른 곳에서 어려움이 발생하는 것과 같다고 말할 수 있을 것이다.

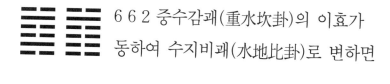 6 6 2 중수감괘(重水坎卦)의 이효가 동하여 수지비괘(水地比卦)로 변하면

비(比)란 '서로 비교한다' '서로 인접해 있다' '서로 큰 차이가 없다' 라는 뜻이요, '이것과 저것과의 관계'를 말한다. '서로 견준다' '서로 동등하다' '서로 가깝다' 또는 '나와 누구 또는 무엇과의 관계' 또는 '평소와 별 차이가 없는 것'을 말한다.

그래서 이 괘는 어떤 고비나 어려운 관문을 통과하는 과정에서 서로 비교분석하는 운으로 이것과 저것을 비교할 수 있는 것이요 이 일과 저 일과의 차이를 비교하는 운이라 말할 수가 있다.

또는 이 어려움이나 그 어려움이 모두 비슷하다거나 동등하다고 할 수 있을 것이다.

또는 어려움이 멀리 있는 것이 아니고 주위에 가깝게 있다고 할 수 있으니 어려움이 멀지 않은 시간이나 날에 발생할 것이라고 말할 수 있을 상이다.

또는 정부에서 새로운 법령을 제정하려고 하면서 장단점을 비교분석해 볼 수 있다고 말할 수 있을 것이다.

또는 해마다 겪는 보릿고개나 태풍이나 가뭄 등 풍수재해가 금년에도 마찬가지라고 할 수도 있을 것이다.

또는 학생이 진학을 하는 과정에서 물리학을 전공하면 좋을 지 아니면 영문학을 하면 좋을 지를 비교분석하는 운이다.

또는 결혼을 앞에 둔 아가시가 여러 남자들의 사주나 사진이나 인적사항 등을 놓고 비교하여 보는 운이라 말할 수 있을 것이다. 여기서는 감괘(坎卦)를 관문으로 설명하였다.

또는 사기꾼들이 사기를 치려고 여러 함정을 만들어놓고 어떤 함정으로 유인을 할 것인가를 비교분석할 수 있는 운이다. 여기서는 감괘(坎卦)를 함정으로 설명하였다.

또는 시장에 사업장을 마련하려고 하면서 어떤 물건을 취급하면 좋을지 시장조사를 하거나 또는 어떤 사업가가 어려운 고비에 빠지게 된 일로 어떤 방법으로 해결을 할 것인가를 여러 방법의 해결책을 만들어 놓고 비교분석해보는 상이라 말할 수 있을 것이다.

또는 식당업을 하는 사람이 식당에 손님이 없고 어렵고 힘이 드는 상태에서 어떤 방법으로 이 어려운 고비를 넘길 수 있을 가를 비교분석 해본다고 할 수 있거나 비교분석할 일이 발생할 것이라 말할 수 있을 것이다. 예를 들면 메뉴를 바꿀 것인가, 구조를 바꿀 것인가, 주방장을 교체해볼 것인가 등을 말하는 상이라 할 수 있다.

663 중수감괘(重水坎卦)의 삼효가 동하여 수풍정괘(水風井卦)로 변하면

정(井)이란 '우물'을 나타내고 '모든 생명에 힘과 삶을 영위할수 있게 하는 것'을 말한다. 또는 '새로운 생각'이나 '새로운 아이디어'가 계속 나오는 사람이요, 또는 '끈기와 인내'를 말하고, 또는 어떤 위치에서 '수위가 변함없이 유지되는 것'을 말하고, 또는 '여인의 음수(陰水)'를 뜻하기도 한다.

그래서 이 괘는 우리 속담에 '위기가 기회다'라고 하는 말이 있고 '고생 끝에 낙이 있다'고 하는 말이 있는데 하나의 어려운 고비를 넘기므로 해서 새로운 희망이 있고 목마른 갈증에 생명수를 만나는 운이라고 할 수가 있다.

또는 어떤 어렵고 힘든 일이나 상황에서 새로운 아이디어가 떠오르는 상이라 말할 수 있을 것이다.

또는 어렵고 힘든 고비에서 벗어나기 위하여 많은 생각과 노력을 하고 있는 상황이라고 할 수 있을 것이다. 예를 들면 생활의 어려움에서 벗어나기 위하여 노력한다든지, 또는 어떤 총각이 아가씨 마음을 잡지 못하여 고생하던 사람이 아가씨 마음을 돌리기 위하여 많은 생각과 노력을 하고 있다고 할 수 있을 것이다.

또는 부부의 갈등이 심하여 이별하기로 한 부부가 어려운 고비를 넘기고 나니 부부의 정이 새롭고 가정에 화기가 도는 운이다.

또는 회사가 부도직전까지 가게 되어 어려운 처지에 있는 상황에서 노사가 합의로 똘똘 뭉쳐 회사의 어려운 고비를 넘기고 나니 노사가 하나로 회사에 새로운 활력소가 생기는 운이다.

또는 초목이 가뭄에 시달려 다 죽게 되는데 죽지 않고 간신히 연명하는 초목에 단비가 내려 갈증이 해결되는 일 등 많은 일들이 어려운 고비를 넘기고 나서 새로운 희망이 있는 운이다.

또는 어렵게 대학에 진학하고 보니 새로운 많은 학문들이 기다리고 있다고 할 수 있을 것이다.

또는 어렵게 회사에 입사하고 보니 많은 일거리가 생겨났다고 할 수 있을 것이다.

또는 그동안 인기를 못 얻고 삼류 연예인으로 계속 생활하던 사람이 어느 날 인기를 얻어 스타가 되고 보니 많은 곳에서 출연을 청탁하는 일이 생겼다고 할 수 있을 것이다.

6 6 4 중수감괘(重水坎卦)의 사효가 동하여 택수곤괘(澤水困卦)로 변하면

곤(困)이란 '곤란하다' '어렵다' '힘들다' 라는 뜻이요, '어떤 조직에 얽매는 것' 이라는 뜻도 있다. 또는 '자다' '지치다' '시달리다' '괴롭다' '구금되다' '갇히다' 라는 뜻이요, 갇힌다는 것은 어떤 틀에 묶이는 것으로 '취업한다' '진학한다' 라고도 할 수 있다.

또는 '감추다' '저장하다' '위기' '곤란한 처지'를 말하고, 또는 '술, 담배, 마약, 마작 등에 중독되었다' 라고도 할 수 있다.

그래서 이 괘는 어려운 난관 또는 고비를 넘기기가 어려운 상태를 말하고 있으니 어려운 고비를 넘기기가 한마디로 죽고 싶은 심정이라고 할 수가 있을 것이다.

또는 어려운 고비나 어떤 함정이나 아니면 누구의 사기에 걸려들었다고 한다면 사기에게 빠져 나오기가 어렵고 힘들다고 말할 수 있을 것이다. 아니면 걸려든 사람이 빠져나가지 못할 것이라고 할 수도 있을 것이다.

또는 어려운 생활이나 힘든 생활에서 벗어나지 못하고 살아가는 사람이라 말할 수 있을 것이다.

또는 누군가의 꼬임 수에 빠져 결혼을 한 여인이 한평생 갇혀 사는 신세가 되었다거나 될 수 있을 것이라 말할 수 있을 것이다.

또는 생활이 어렵고 힘들어 화류계생활에 발을 들여놓은 일로 곤경에서 벗어나지 못하는 신세가 되었다고 말할 수도 있을 것이다.

또는 어떤 일이나 상황에서 누군가의 모함이나 함정에 빠져 교도소에 갈 수 있다거나 갔다고 말할 수 있을 것이다.

또한 학업이나 사업이나 부부의 갈등이나 동료나 친구들과의 원한 등이 있으면 해결을 보기가 어렵다고 할 수 있을 것이요, 아니면 어려운 일이 발생할 것이라고 말할 수 있다.

우리 옛날에는 보릿고개라고 하는 말이 있는데 이때를 못 넘기는 사람들은 못먹고 굶주려서 죽는 사람들이 있었으니 그와 같이 어려운 고비를 말하고 있다. 결국 이 괘는 어려운 고비를 넘기지 못하는 운이라고 할 수가 있을 것이다.

또한 노총각이 아무리 결혼을 하려고 노력을 하여도 결혼을 하지 못하고 총각신세를 못 면하고 죽는 운이다.

또는 사업의 어려운 고비를 넘기고자 하여 백방으로 노력을 하여도 결국 회사를 구하지 못하고 부도 처리하고 마는 격이라고 할 수가 있을 것이다.

또는 실력을 인정을 받기 위하여 사방으로 노력을 하여도 다른 사람들에게 인정을 얻지 못하고 마는 운이라고 할 수가 있다.

665 중수감괘(重水坎卦)의 오효가 동하여 지수사괘(地水師卦)로 변하면

사(師)란 '스승' '지도자'라는 뜻이요, '전문적인 기술이나 능력이 있는 사람' 등을 말하고, '서로가 서로를 필요로 하는 상' '서로가 서로를 의지하는 상' '서로가 서로를 인정하는 상'이다.

그래서 이 괘는 어려운 관문을 통과하는데 바른 스승이나 지도자를 만날 수 있는 운이라고 할 수가 있을 것이요, 또는 어려움을 해결하기 위하여 스승이나 지도자를 구한다고 할 수 있을 것이다.

또는 어떤 모함이나 함정에 빠져 곤경에 처한 사람이 구원자를 구한다거나 구할 일이 발생할 것이라고 말할 수 있는 상이다. 아니면 어려운 고비에서 고통받는 사람들을 위하여 도와주는 사람이라고 하거나 도와줄 일이 발생할 것이라고 말할 수도 있는 것이다.

또는 어렵고 힘든 일이 있으면 혼자 해결하려고 하지 말고 나보나 나은 사람의 지도를 받아야 한다고 할 수 있는 운이다.

예를 들면 박사코스를 통과하기를 간절히 원하는 사람이 바른 스승을 만나서 바른 지도를 받는 운이다.

또는 체육으로 국가대표가 되는 것이 꿈인 사람이 바른 지도자를 만나거나 찾아서 바른 방법으로 육체를 단련하는 운이다.

또는 국악으로 큰 인물이 되기를 원하는 사람이 바른 스승을 만나거나 또는 찾아서 수련을 쌓는 격이다.

또는 주역(周易)이 어렵다고들 하나 제대로 배우고자 하는 사람이 바른 스승을 만난다거나 스승을 찾고 있는 운이라 할 수 있다.

또는 사업이나 모든 일에서 내가 어려운 곤경에 처하게 되었을 때 바르게 지도해주고 인도해줄 은인을 만날 수 있는 일 등 수없이 많은 일이나 생각들이 어려운 곤경에서 헤매일 때 바른 지도자나 협력자를 만날 수 있거나 만나고 싶어하는 운이라고 할 수가 있다.

6 6 6 중수감괘(重水坎卦)의 육효가 동하여 풍수환괘(風水渙卦)로 변하면

환(渙)이란 '고정적이지 못하다' '안정적이지 못하다' '확고하지 못하다' '변화가 많다' 라고 할 수 있다. 그래서 '흩어지다' '헤어지다' '풀리다' '널려놓다' '번진다' '퍼진다' '여기 저기' '이것 저것' 이라는 뜻이요, 또는 '정신이 산만하다' '이합집산이 많다' 라고 할 수 있다.

그래서 이 괘는 모든 액운이나 어려웠던 고비가 흩어진다고 할 수가 있으니 힘들고 험난했던 그동안의 일이 흩어지고 새로운 전기를 맞이하게 되는 운이라고 할 수가 있다.

또는 어려운 고비를 넘기지 못하고 가족이나 단체나 회사나 친구들이 뿔뿔이 흩어지거나 흩어질 것이라고 말할 수 있을 것이다.

또는 모함이나 함정 등에 빠져 어렵고 힘들다면 그 어렵고 힘들었던 함정이나 모함에서 벗어날 수 있다고 말할 수 있을 것이다.

또는 통과해야 하는 관문이 흩어졌다고 할 수 있을 것이요, 아니면 관문을 빠르게 통과하였다고 할 수가 있을 것이다.

예를 들면 회사에 지원한 사람이 있으면 입사지원서를 제출한 사람들이 모집인원보다 미달되어 자동적으로 입사가 정해졌다고 할 수 있거나 아니면 내가 신병이나 이민을 갈 일이 발생하여 입사에 의미가 없어졌다고 할 수 있을 것이다.

또는 결혼을 전제로 사귄 남녀가 있었다면 양가의 부모의 동의를 얻는데 시간이 걸리지 않고 양가의 동의를 얻었다고 할 수 있거나 얻을 일이 소멸되었다고 할 수 있을 것이다.

또는 수년 동안 사법고시에만 매달렸으나 번번이 낙방하던 사람이 합격하거나 아니면 포기하고 다른 길로 갈 수 있는 운이다.

또는 한평생 식당업을 어렵고 힘이 들게 운영을 하던 사람이 갑자기 식당업이 잘될 수도 있으나 아예 식당을 포기하고 다른 직종으로 전환한다든지 할 수가 있는 것을 말한다.

또는 매사가 힘이 들고 어려워서 죽을 지경에 이른 사람에게 갑자기 구원자가 있어 어려운 고비를 넘길 수 있는 운이다.

67 수산건괘(水山蹇卦)

건(蹇)이란 '다리를 절다' '더디다' '어렵다' '힘들다' '뜻대로 되지 않는다' 라는 뜻으로 수택절(水澤節)과 같은 의미가 있다. '매사가 순탄하지 않을 운' 이요, '매사가 험난하다' '활발하지 못하다' 고 하는 말을 하고 있다. 그래서 전진이 어렵고 마음먹은 일들이 이루어지지 않고 있는 것을 말하는 운이다. 또는 '마음이 안정되지 못하고 변화가 많다' 라고 할 수 있을 것이다.

예를 들면 결혼운이 잘 안 풀린다고 할 수 있다. 결혼하기 위하여 선만 보고 나면 상대가 마음에 들지 않아 깨질 수 있을 것이요, 또는 나는 마음에 있는데 상대에게 거절당한다든지 할 수 있을 것이다. 아니면 모두 마음에 들어도 결혼을 할 수 없는 처지에 있는 사람과 만나서 결혼의 성사가 어렵게 되었다고 할 수 있을 것이다.

또는 사업이 더디고 어렵고 힘들다고 할 수 있으니 자금이 어렵고, 자금이 해결되면 물건생산에 어려움이 발생하고, 생산을 수정하고 나니 이번에는 판로에 어려움이 생긴다고 할 수 있을 것이다.

또는 학업에 있어서 머리가 열리지 않아 하나의 공부를 어렵고 힘들게 하였는데 또 다른 분야의 공부를 하려고 하니 또 다시 어렵다고 할 수 있을 것이다.

또는 재판 중인 사건이 빨리 해결되지 않고 계속 연기되거나 아니면 증인을 채택하는데 문제가 있어 어렵다고 할 수가 있을 것이요 또는 증거가 부족하여 어렵고 힘들다고 할 수 있을 것이다.

또는 환자가 치료를 받고 있는데 있어 치료가 잘 안되고 계속 다른 병으로 전환이 되고 있다거나 합병증이 유발되어 치료가 어렵고 힘들다고 할 수 있을 것이다.

그래서 타인의 도움이 필요한 운이라고 보아야 하는 운이다. 괘상(卦象)을 보면 산에서 흐르는 물이 곧바로 흐르지 못하고 흘러가는 장소마다 많은 난관을 거치고 또 막히면서 흘러가고 있는 상과 같다.

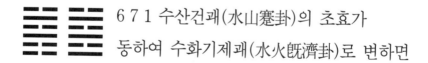

671 수산건괘(水山蹇卦)의 초효가
동하여 수화기제괘(水火旣濟卦)로 변하면

기제(旣濟)란 '과거, 지난날, 지나간 일, 지나간 상황' 등을 말한다. 그래서 '이미 이루었다' '이미 성취하였다' 또는 '이미 정리되

었다' '이미 벌어졌다' '이미 달아났다' '이미 지나갔다' '이미 끝났다' '이미 결정났다' 라는 뜻이요, 또는 '이미 만들었다' '이미 성사되었다' '이미 준비되었다' 라고 할 수 있다.

그래서 이 괘는 어려운 일이 있을 것이 미리 예견되어 있는 운이다. 또한 매사가 어렵고 힘들어 뜻대로 되지 않을 일들이 이미 정해진 상태라고 할 수 있을 운이다.

또는 유학을 가려고 마음을 먹은 사람이 갈 수 없는 일이 생겼다고 한다면 유학을 가지 못할 일이 이미 생겼다고 할 수 있다. 예를 들면 결혼을 하였다든지 아니면 부모의 회사가 부도가 났다든지, 아니면 신병이 생겨서 유학을 가지 못한다고 할 수 있을 것이다.

또는 가수가 인기를 얻지 못한다거나 탤런트나 코미디가 인기를 얻지 못한다고 하였다면 인기를 얻지 못할 일들이 그전부터 생겼다고 할 수가 있으니 가수가 노래실력이나 가창력 등이 부족하다고 할 수 있을 것이요 탤런트가 연기력이 부족하든지 배역이 맞지 않는다고 할 수도 있을 것이다.

또는 학생이 대학에 진학을 못하고 더디고 재수 삼수를 거치고 있으면 그전부터 기초실력이 부족하였다고 할 수도 있을 것이다.

또한 기형아를 나았다면 어머니 뱃속에서 나오기 전부터 기형아로 생겨 있다가 세상에 태어났다고 할 수 있을 것이다.

또는 사업가가 회사를 설립하는데 상품의 종류나 판매처나 생산 물량 등을 생각도 없이 무조건 회사를 설립하여 보자는 식으로 하였다면 그 회사는 오래 지탱을 못하고 망하는 일은 기정사실로 이미 정해진 거나 같다는 의미다.

또는 전쟁을 빨리 끝을 보지 못하고 터덕일 일이 있으면 그 전쟁은 더디고 어려울 일이 이미 정해져 있었다고 할 수 있을 것이다.

또는 정치개혁이나 사회개혁이 뜻대로 안되고 힘들다면 어렵고 힘들 일이 이미 발생했다고 할 수 있을 것이다.

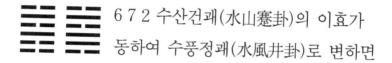 672 수산건괘(水山蹇卦)의 이효가
동하여 수풍정괘(水風井卦)로 변하면

정(井)이란 '우물'을 나타내고 '모든 생명에 힘과 삶을 영위할 수 있게 하는 것'을 말한다. 또는 '새로운 생각'이나 '새로운 아이디어'가 계속 나오는 사람이요, 또는 '끈기와 인내'를 말하고, 또는 어떤 위치에서 '수위가 변함없이 유지되는 것'을 말하고, 또는 '여인의 음수(陰水)'를 뜻하기도 한다.

그래서 이 괘는 내 일도 처리못하는데 다른 사람들이 도움을 청하는 운이요, 또는 어렵고 힘든 가운데 기발한 생각이 떠오르는 운이요, 어렵고 힘든데 새로운 구원자가 있을 수 있는 운이다.

예를 들면 국가의 경제나 교육정책이 어렵고 힘들어 하는데 누군가의 새로운 아이디어를 얻어 어려운 고비를 넘기거나 아니면 새로운 아이디어를 구하고 있다고 할 수 있을 것이다.

또는 새로운 아이디어를 구할 일이 생길 수 있다거나 아니면 구원자가 생길 수 있다고 말할 수 있을 것이다.

또한 정(井)은 새롭게 솟아나는 물로서 내가 궁지에서 이러지도 저러지도 못하는 판국에 좋은 생각이 떠올라서 어려운 경지에서 벗어나는 운으로 새로운 돌파구가 있음을 뜻하고 있는 운이라고 할 수가 있는 운이다.

또는 내 몸 하나도 가누기가 어려운 사람이나 아니면 나의 회사도 어려워 오늘내일 하면서 근근히 넘기고 있는데 나에게 도움의 손길을 내미는 격이라 할 수 있을 것이다. 아니면 내가 구원의 손길을 내밀 일이 발생할 것이라고 말할 수 있는 것이다.

또는 저녁끼니도 걱정인데 사람들이 몰려오는 운이요, 아니면 나의 일이 어렵고 힘이 드는 상황에서 누군가의 손길을 간절히 원할 일이 생길 수 있다고 말할 수도 있을 것이다. 여기서 정(井)은 목마른 사람들이 찾아와서 먹을 수 있는 우물로 설명하였다.

䷂ 673 수산건괘(水山蹇卦)의 삼효가 동하여 수지비괘(水地比卦)로 변하면

비(比)란 '서로 비교한다' '서로 인접해 있다' '서로 큰 차이가 없다' 라는 뜻이요, '이것과 저것과의 관계'를 말한다. '서로 견준다' '서로 동등하다' '서로 가깝다' 또는 '나와 누구 또는 무엇과의 관계' 또는 '평소와 별 차이가 없는 것'을 말한다.

그래서 이 괘는 우리 속말에 '도토리 키재기'라고 하는 말이 있는데 같이 어려운 사람들끼리 비교하는 운이라고 할 수가 있다.

또는 하는 일마다 되는 일이 없고 어렵고 힘들고 터덕이니 이러한 일들을 비교분석 해보는 상이라 할 수 있다.

또는 모두 어렵고 힘든 일이나 어떤 상황에서 어떤 것이 좀더 나을지 분별하는 운이라고 할 수가 있는 운이다.

또는 어려운 일이나 어떤 상황이 내 주변에 있다고 할 수 있는 운이니 주위에 어려움이나 급박한 일이나 어떤 돌발사고가 있을 일이 내 주변에서 멀지 않은 곳에서 있다고 하는 운이다.

예를 들면 길을 가다 괘를 뽑아보았는데 이 괘가 나왔다면 가는 도중에 돌발사고가 있을 것을 예고하는 운이다.

또는 내 주위에 있는 사람들과는 안전한 관계가 유지될 것인가를 보았는데 이 괘가 나왔다면 주위 사람들과 돌발사고가 있을 것을 예고 하는 운이라고 할 수가 있을 것이다.

또는 건강점에서 이 괘가 나왔다면 머지않은 날에 질병이 도래할 것을 예고하고 있는 것이다. 여기서 비(比)는 비교하는 것이나 비교하는 일은 멀리 있는 일이 아니고 주위 가까운 것을 말하기 때문에 주위의 사건과 건강점 연계하여 설명하였다.

674 수산건괘(水山蹇卦)의 사효가 동하여 택산함괘(澤山咸卦)로 변하면

함(咸)이란 '전부' '모두' 라는 뜻이요, 또는 '골고루' '동등하다' 라는 뜻이요, 또는 '구성원 전부' 라는 뜻이다. 그래서 '통째로' 또는 '여러 분야' 또는 '느끼다' '감각이 있다' 라는 의미요, 또는 '각양각색' 이라고도 할 수 있다. 예를 들면 이것과 저것, 여기와 저기가 모두 같은 내용이요 같은 물건이요 같은 성질이요 같은 형상이라는 뜻이다.

그래서 이 괘는 전체적으로 어려움을 말하고 있으니 어느 한 부분만이 아닌 것을 말하고 있다. 또는 뜻대로 안되고 어려운 일이 여러 분야에서 발생한다고 할 수 있을 것이요, 아니면 모든 분야에서 발생하고 있다고 할 수 있을 것이다.

예를 들면 우리나라는 IMF라고 하는 국가적인 큰 충격을 받은 적이 있다. 이것은 대한민국의 경제발전과 사회안정에 큰 충격을 주었고, 모든 분야에서 어려움과 고통이 발생하였다고 할 수 있다.

또는 회사가 운영이 어렵고 힘이 들어 뜻대로 운영이 안되다가 결국에는 부도가 나고 파산이 되면 회사의 사장은 물론이거니와 전직원까지 그 영향을 받는 것과 같은 운이다.

또는 일제치하에서 치욕의 생활을 하던 시절에 독립이 뜻대로 되지 않고 어려움이 많이 따랐으며 독립을 뜻대로 이루지 못한 관계로 모든 국민들이 받은 치욕이라고 할 수가 있는 것이다.

또는 흉년이 들게 되니까 인심이 흉흉해지고, 생활이 어렵고, 경제가 어렵고, 사회가 어렵고, 힘든 일이 개개인이 아닌 전국적인 현상을 말하고, 또는 한 지방을 말하는 것으로 개개인을 뜻하는 것이 아니고 전체가 어렵고 힘들다고 할 수도 있을 것이다.

그래서 이 괘는 하나의 단체, 하나의 지방, 하나의 분야가 어려운 것이 아니라 모두 어려워지는 운이다.

또는 공부를 하는 학생이라면 한 과목만 어려운 것이 아니고 모든 과목이 어렵다고 할 수 있을 것이다.

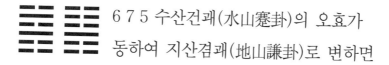

675 수산건괘(水山蹇卦)의 오효가 동하여 지산겸괘(地山謙卦)로 변하면

겸(謙)이란 '순하고 용하고 선한 사람으로 덕인'이라고 할 수 있으나 나쁜 의미로 보면 '무능하고 자신이 없는 사람'이다. 또는 '겸손' '겸허' '양보하다' '사양하다'라는 뜻이요, '능력이 부족한 상'이요 '기를 못펴고 억눌려 생활하는 상'이요, '매사를 포기하면서 주장이나 생각을 펴지 못하는 사람'이다. 또한 기가 강하고 힘이 넘치고 자만심이나 우월감이 강한 사람이 자신의 의지나 능력을 발휘하지 않거나 못하고 은둔하면서 지내는 상이다.

그래서 이 괘는 자기의 어려운 처지를 인정하고 겸허이 받아들이는 운이라고 할 수가 있다.

또는 '어려운 때일수록 돌아가라'고 하는 우리의 속담처럼 어렵고 힘이 드는 일이 발생하면 잘난 체 하지 말고 겸손한 마음으로 지내라고 하는 뜻이라 말할 수 있다.

또는 이 괘는 어려울 때일수록 자신을 낮추고 겸손해야 한다고 하는 것을 그르치는 운이다.

또는 그동안 잘난 체하다 결혼이 더디고 힘든 사람이 지금에 와서는 모든 것을 포기하고 상대의 의사에 따라 결혼을 할 수 있다거나 결혼을 하였다고 말할 수 있을 것이다.

또한 신세한탄을 한다든지, 신경을 쓰고 괴로워한다든지, 자신의 일을 비관한다든지, 또는 시험에 계속 낙방한 사람이 시험문제를 탓하는 것이 아니라 모든 일을 자기의 탓으로 돌리고 인정하는 것이라고 할 수가 있는 운이다.

또는 자기의 신체에 불구가 있으면 부모의 탓을 하지 않고 사실을 인정하고 받아들이는 상이라 할 수 있을 것이다.

또는 매사 되는 일이 없어도 상대를 의심하지 않고 자기의 부주의를 인정하고 주의할 줄 아는 운이라고 할 수가 있는 운이다.

또는 사업가가 사업이 어렵고 힘들어 뜻대로 되지 않는다고 하여 몸살을 하고 괴로워하는 것이 아니고 매사에 자중하고 겸손한 마음으로 어렵고 힘든 상황을 재검토하여 본다고 하거나 아니면 재검토할 일이 생길 수 있다고 할 것이다.

또는 청춘남녀가 결혼을 전제로 사귀고 있는데 결혼문제가 더디고 막혀 힘이 들고 있으면 결혼이 더디고 어려운 것을 상대에게 원망하기보다는 나에게 어떤 허물이나 실수는 없었는가를 겸손한 마음으로 신중하게 검토하여 처신하라고 말할 수도 있을 것이다.

676 수산건괘(水山蹇卦)의 육효가 동하여 풍산점괘(風山漸卦)로 변하면

점(漸)이란 '점진적으로 진행'한다는 뜻으로 '조금씩 변하는 것'을 말한다. '차차' '천천히 움직인다' '차츰 나아진다' 또는 '서서히 변한다'라는 뜻이요, 또는 '점점 익숙해지고 숙달되어 간다' '전문화되어 간다'라는 말이다.

그래서 이 괘는 어려움이 일시에 발생하는 것이 아니고 서서히 점진적으로 발생하고 있다고 하는 운이요, 아니면 어려운 일들이 서서히 점진적으로 소멸되어 없어지고 있다고 하는 운이다.

예를 들면 사업이나 가정생활이 여러모로 어렵고 힘이 들었다고 한다면 그 어려움이 점점 소멸되고 있다고 할 수 있을 것이다.

또는 그동안 공부하는 학생이 하는 학업이나 각 분야에서 학업이 이해가 안되어 어렵고 힘이 들고 있으면 그 어려움이 점점 해결되고 있다고 말할 수 있을 것이다.

또는 질병으로 고생하는 환자가 치료가 어렵고 힘이 들었다고 한다면 질병이 점점 치료되고 있다고 할 수 있는 것을 말한다.

또는 그동안 신체의 어려움으로 활동이 자유롭지 못하고 어렵고 힘이 들던 사람이 날이 갈수록 활동력이 더욱 떨어질 수 있다고 하거나 아니면 활동력이 어려워졌다고 말할 수 있을 것이다.

또는 어렵고 더딘 일이 점점 생기거나 커지고 있다고 할 수 있다. 예를 들면 친구들과의 갈등이 있어 어렵고 힘이 드는데 날이 갈수록 그 갈등이 심해지고 있다고 할 수 있을 것이다.

그래서 이 괘는 동효(動爻)나 용신(用神)에 녹이나 용덕(龍德)이나 복덕(福德)이 있으면 어려운 운이 점점 소멸된다는 뜻이고, 용신(用神)이나 동효(動爻)에 칠살(七殺)이 있으면 갈수록 점점 어려운 일이 발생하고 있는 운이라고 할 수가 있을 것이다.

6 8 수지비괘(水地比卦)

　비(比)란 '서로 비교한다' '서로 인접해 있다' '서로 큰 차이가 없다' 라는 뜻이요, '이것과 저것과의 관계'를 말한다. '서로 견준다' '서로 동등하다' '서로 가깝다' 또는 '나와 누구 또는 무엇과의 관계' 또는 '평소와 별 차이가 없는 것'을 말한다.

　그래서 괘상(卦象)으로 말하면 물과 흙은 서로 혼합되어 있는 것으로 떨어질 수가 없으니 물은 흙이 있음으로 해서 쏟아져서 없어지지 않고 흙은 물이 있음으로 해서 흩어지지 않고 있는 것으로 서로가 서로를 인정하고 의지하면서 같이 공동체의식 속에서 성장하고 발전할 수 있는 것을 말하고 있다.

　즉 이 괘는 나 혼자 살아갈 수 있는 것이 아니고 서로가 혼연일체가 되어야 성장하면서 살아가고 또는 유지할 수 있다고 하는 것을 말하고 있다.

또한 비(比)는 멀리 떨어져 있는 것이 아니고 주위에서 가깝게 있다고 할 수가 있다.

또는 내가 다른 모든 일이나 상황을 비교할 수도 있을 것이요, 아니면 내가 다른 사람에게 비교를 당하거나 당했다고 할 수 있을 것이요, 아니면 당할 일이 있을 수 있는 상이라 할 수 있다.

또는 내가 어떤 일이나 상황으로 사람이나 물건을 구하는 일을 하고 있다고 한다면 구하는 사람이나 물건 등이 그게 그것으로 차이가 나지 않는다고 말할 수 있을 것이다. 예를 들면 결혼을 하려고 하는 사람이 배우자감을 만나본 일이나 공부를 하려고 하는 사람이 구입하여 본 책이나 직원을 채용하는 일 등이다.

또한 이 물건과 저 물건을 비교하는 것이요, 이 일과 저 일을 비교하는 것이요, 이 사람과 저 사람을 비교하는 것이다.

또는 이 학문과 저 학문의 차이점이나 이 국가와 저 국가와의 관계를 비교해볼 수 있는 것이다.

681 수지비괘(水地比卦)의 초효가 동하여 수뢰둔괘(水雷屯卦)로 변하면

둔(屯)이란 '곤란하다' '어렵다' 또는 어떤 일이나 상황에 '몰두한다' '전념한다' 라고 할 수 있다. 또는 '망설이다' '숨는다' '피하다' '자신없다' 또는 '활동의 폭이 좁다' '마음을 열지 못한다' '뜻이나 의지를 펴지 못한다' 라는 뜻이다.

그래서 이 괘는 상대와 함께 하는 것이 곤란하다. 또는 상대와 함께 하기가 망설여진다. 또는 불편하다고 하는 것이요, 또는 가까이 하기가 어렵다거나 곤란하다고 말할 수 있을 것이다.

또는 상대와 내가 비교를 할 수 없다고 하는 것으로 수많을 일들이 있을 것이다. 예를 들면 우리 속말에 누구만 보면 밥맛이 달아난다고 하는 말이 있는데 즉 상대와 함께 어울리기를 싫어하는 말이라고 할 수가 있는 말로서 마음에 들지 않는 사람이요, 마음에 맞지 않는 사람이라고 할 수가 있다.

또는 누구와 비교 당하는 일이 싫어서 숨는다거나 포기할 수도 있을 것을 말하는 상이다.

또는 어떤 일이나 상황을 비교하여 본 후에 마음에 드는 곳으로 빠져버릴 수 있는 운이라 말할 수 있을 것이다. 예를 들면 이 종교와 저 종교를 비교한 후 어느 한편의 종교에 빠져들었다거나 이 학문 저 학문을 비교한 후에 어떤 학문에 매달리는 일이나 어떤 아가씨들을 비교해본 후에 마음에 드는 어느 한 아가씨에게 빠져버렸다고 말할 수 있을 것이다.

또는 같이 지내던 사람이 숨어버린다고 할 수 있다. 예를 들면 애인관계로 지내던 사람이나 부부 중에 한 사람이 죽었다거나 어떤 일이나 상황으로 내 곁에서 멀리 달아났다고 할 수 있을 것이요, 아니면 달아날 일이 생길 수 있다고 말할 수 있는 것이다.

또는 내가 가장 소중하게 생각하고 간직하던 물건을 분실하거나, 아니면 분실이나 소실될 일이 발생할 수 있다고 말할 수 있을 것이다. 여기서 비를 가까이 있다 옆에 있다고 하는 뜻으로 떨어질 수 없는 상황으로 설명하였다.

또는 어떤 물건을 비교해본 후에 치워버렸다고 할 수도 있을 것이다. 아니면 치워버릴 일이 생길 수 있다고 할 수 있다.

이 학문과 다른 학문을 비교한 후에 관심이 없는 학문은 취급하지 않는다고 할 수 있을 것이요, 아니면 비교하는 일이 어렵고 힘들다고 할 수 있는 상이다.

또는 주위 사람이나 가까운 사람이 보기 싫어 숨을 수 있는 운이요, 아니면 그런 사람들과 대화의 통로를 닫은 상태요, 아니면 대화를 중단할 일이 발생할 수 있다고 말할 수 있을 것이다.

또는 실물점에서 이 괘가 나오면 주위나 인근에 숨어 있다고 할 수 있을 것이요, 아니면 숨겨두었다고 말할 수 있을 것이다.

682 수지비괘(水地比卦)의 이효가 동하여 중수감괘(重水坎卦)로 변하면

감(坎)이란 '함정' '모함'을 뜻하고, '앞길을 알 수 없다' '희망이 보이지 않는다' '난관에 봉착했다' 라는 뜻이요, '물이 넘쳐나는 것’을 말한다. 또는 통과하지 않으면 안되는 ‘관문’ ‘고비’ ‘고개’ ‘액운’ ‘액년’ 등이요, 또는 ‘움푹패인 구덩이’를 말한다.

그래서 이 괘는 우리속말로 ‘근묵자흑(近墨者黑)’이라고 하는 말과 같이 누구나 어떤 물건이나 상황을 가깝게 지낸 일로 어렵고 힘든 일이나 상황이 생길 수 있다고 하는 상이다.

예를 들면 남의 유부녀를 가깝게 지낸 일로 곤경이 생길 수 있을 것이다.

또는 이웃 간이나 주위에 있는 사람들과의 관계가 매우 어렵고 복잡하다거나 힘든 관계라고도 말할 수 있을 것이요, 아니면 이웃이나 가까운 사람이나 믿은 사람에 의하여 함정에 빠졌다거나 빠질 일이 발생할 것이라고 말할 수 있는 것이다.

또는 비슷한 사람들끼리, 생각과 뜻이 같은 사람들끼리, 또는 같은 일을 하는 사람들끼리, 같이 행동하는 사람들끼리 함정에 빠졌거나 함정을 만들고 있다고 할 수 있을 것이다.

예를 들면 대구 지하철 참사나 삼풍백화점 참사 같은 것으로 같은 시간에 같은 곳에서 활동하는 일 등을 말할 수 있고, 아니면 같은 지역에 살다보니 같이 풍수재해를 당했다고 할 수 있을 것이다.

또한 누구를 가깝게 한 일로 어려운 난관에 봉착한다거나 어떤 함정에 빠질 수 있다고 말하거나 빠졌다고 할 수 있을 것이다.

또는 어떤 물건이나 동물을 주위에 가깝게 한 일로 어려운 일이나 곤란할 일이 생길 수 있다고 할 수 있다. 예를 들면 어린아이를 키우는 부모가 개를 가깝게 키우는 바람에 어린아이가 개에게 물려 한평생 후회하면서 살아갈 일이나 죽음을 당할 수 있다고 할 수 있을 것이요, 아니면 당했다고 말할 수 있을 것이다.

또는 어떤 일이나 상황을 잘못 분석하여 함정에 빠지거나 난처한 일이 생기거나 어렵고 힘든 일이 생긴다고 할 수 있다. 예를 들면 화공약품을 잘못 취급하여 불구가 되는 일도 생길 수 있다.

또는 공장 인근에 살게 된 일로 어렵고 힘든 일이 생기거나 아니면 한평생 불구의 몸으로 생활할 운이다. 예를 들면 주유소 근처에 살다가 폭발사고로 평생 힘들게 생활할 수 있을 수 있는 것이다.

또는 서로 가깝게 두기가 불안한 운이라고 할 수가 있으니 같이 있으면 어려운 일이 있을 운과 같다고 할 수가 있다. 예를 들면 젊은 남녀가 같이 지내면 임신의 있을 수 있다고 할 수 있을 것이다.

또는 화롯가나 물가에 어린아이를 같이 두기가 불안한 운이며, 또는 정신이상자나 박약아에게 환자를 맡길 수 없는 일과 같은 것을 말하고 있다. 여기서는 비를 가깝다는 의미로 설명하였다.

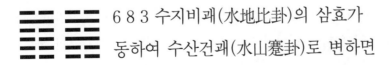 683 수지비괘(水地比卦)의 삼효가 동하여 수산건괘(水山蹇卦)로 변하면

건(蹇)이란 '매사가 순탄하지 않을 운'이요, '매사가 험난하고 활발하지 못한 상'이다. 또는 '다리를 절다' '더디다' '어렵다' '힘들

다' '뜻대로 되지 않는다'는 뜻이요, '마음이 안정되지 못하고 변화가 많다'고 할 수 있다.

그래서 이 괘는 서로 비교분석하고 견주어 보는 일이 시일이 걸리고 터덕거리는 일이라고 할 수가 있는 운이다. 예를 들면 어느 지역의 환경오염문제를 놓고 환경청과 학계와 환경단체에 각각 비교분석을 의뢰하였는데 분석이 더디고 힘든 운이다.

또는 각각의 제품이나 또는 각각의 수종(樹種)의 성장과 경제에 미치는 일을 비교분석을 하는 일이 어렵고 힘든 운이다.

또는 이 국가와 저 국가를 상대로 어느 국가와의 교역이 유리할 것인가, 또는 줄타기 정치인들이 어느 누구의 휘하에 들어가야 출세를 할 것인지 비교분석하려고 하는데 어렵고 힘들어 뜻대로 되지 않는 운과 같다고 할 수가 있을 것이다.

또는 이웃 간에 어렵고 힘들게 지내고 있다거나 불목하고 지내고 있다고 말할 수 있을 것이다. 아니면 가까운 사람이 불편한 관계로 지내는 사람이라 말할 수 있을 것이다.

또는 내 주위에서 사는 사람이나 이웃들이 모두 어렵고 힘들게 지내고 있다고 말할 수 있을 것이요, 아니면 나와 같은 일이나 사업이나 행동이나 운동이나 또는 나와 같은 계열의 학업을 한 사람들은 모두 어렵고 힘들게 지낸다고 말할 수 있을 것이다.

또는 우리옛말에 '이웃집 아가씨를 믿다가 장가만 못가게 되었다'라고 하는 말이 있는데 이웃 때문에 나의 일이 어렵고 힘이 들

일이 있다고 할 수 있을 것이요, 아니면 이웃 사람이나 가까운 사람이나 믿은 사람의 말만 믿고 있다 나의 일에 어려움이나 낭패가 있을 수 있다고 말할 수 있을 것이다.

아니면 어떤 물건이나 일을 가깝게 한 일로 일평생 나의 인생이 펴지 못하고 어렵고 힘들고 터덕이는 생활을 하고 있다거나 아니면 할 수 있는 일이 생길 수 있다고 말할 수 있는 것이다.

예를 들면 어떤 아가씨가 개를 좋아하다 보니 평생 결혼을 못하고 혼자 외롭게 살게 되었다거나 살 것이라 말할 수 있을 것이다.

또는 어떤 분야에 심취되어 살아가다 보니 친구나 가족들과의 관계가 어렵고 힘들다고 말할 수도 있을 것이다.

또는 어떤 처녀가 결혼을 안하고 많은 남성들을 선만 보고 이 남자 저 남자의 모든 면을 비교만 하다가 결혼이 늦어지고 있다거나 아니면 혼자 살고 있다고 말할 수 있는 상이다.

䷇ ䷬ 6 8 4 수지비괘(水地比卦)의 사효가 동하여 택지췌괘(澤地萃卦)로 변하면

췌(萃)란 '모인다' '모여든다' '모으고 있다' '수집한다' 라는 뜻이다. 또는 '하나의 집합체나 단합된 단체'요, 또는 '집결, 결집'이요, '여러 종류의 물건이나 부품을 모아 하나의 물건을 생산하는 것'이요, 또는 '많은 사람이 모여 힘을 발휘하는 것'으로 해석한다.

그래서 이 괘는 나의 주변이나 이웃에 많은 사람들이 모여들었다거나 모여들 일이 발생할 것이라고 말할 수 있을 것이다. 또는 나와 생각이 같고 뜻이 같고 행동이 같은 사람들이 모여들었다거나 모여들 일이 생길 것이라고 말할 수 있을 것이다.

또는 내가 어떤 일이나 상황을 가깝게 한다거나 좋아하다 보니 나의 성격에 맞는 많은 일이나 물건들이 모여졌다고 말할 수 있다. 예를 들면 내가 돌이나 난이나 골동품 등을 좋아하고 가깝게 하다 보니 많은 수석들을 모았다고 할 수 있을 것이요, 또는 우표나 옛날 화폐 등을 좋아하여 가깝게 하다보니 나의 마음에 드는 많은 우표나 화폐 등을 수집하게 되었다고 말할 수 있을 것이다.

또는 어떤 일이나 상황이나 동물 등을 가깝게 하거나 좋아하다 보니 많은 일이나 상황이나 동물 등이나 일들이 나에게 몰려들고 있다거나 몰려들 일이 발생할 수 있다고 말할 수 있을 것이다.

또는 내가 학문을 가깝게 하다거나 어떤 운동이나 춤추는 일이나 또는 어떤 분야를 좋아하다 보니 나와 생각이 같은 사람들이 내 주위에 많이 몰려들었다거나 몰려들 것이라고 말할 수 있다.

또는 역술학을 공부하고자 하는 많은 사람들이 역술학을 공부하기 위하여 모여든다거나 아니면 모여들었다고 말할 수 있는 것이요, 아니면 많은 역술학 서적을 참고하기 위하여 수집하고 있다거나 수집하였다고 말할 수 있다.

또는 고전건축을 하는 사람들끼리 모여서 옛날 고전을 수집하고 있거나 아니면 수집할 일이 생길 수 있다고 할 수 있는 것이다.

685 수지비괘(水地比卦)의 오효가
동하여 중지곤괘(重地坤卦)로 변하면

곤(坤)이란 '대지' '여성'을 상징하고, 그 중에서도 '어머니'를 상징한다. 또는 모든 것을 '수용한다' '받아들인다' 또는 '순하다' '조용하다' 또는 '활동력이 없다' '말이 없다' '내성적이다' 또는 '냉정하면서도 잔정이 많은 상' '속마음의 깊이를 알 수 없는 상' 이라고 할 수 있다.

그래서 이 괘는 비교분석하는데 있어서 어느 한편을 생각하지 않고 중도의 길로서 냉철하게 판단하는 것을 말하고 있는 운이다.

또는 내 주위에 있는 모든 사람들을 상대하는데 있어 사심없는 큰마음으로 대하고 있는 것을 말하는 것이다.

또는 이웃 간에 아주 편안하고 안정되게 지내는 사람이요, 아니면 말이 없이 살아가는 사람이라 말할 수도 있을 것이다.

또는 이웃이나 알고 지내던 사람들이 말없이 조용하며 좋은 사람들이 많이 살고 있다거나 알고 지낸다고 할 수 있을 것이요, 아니면 이웃에 베풀기를 좋아하는 사람들이라 할 수도 있을 것이다.

또는 내 주위에 인접해 있는 사람이나 나와 관련이 있는 사람을 상대함에 있어 편애하지 않고 골고루 받아들인다고 할 수 있다.

예를 들면 법원에서 판사가 사건을 심리하는데 있어서 어느 한쪽에 감정을 두지 않고 공명정대하게 심리하는 것과 같은 격이다.

또는 교수가 학생들의 리포터를 비교분석하고 심사하는데 있어서 누구를 편애하지 않고 냉철하게 하는 격이다.

또는 부모가 자식들을 사랑함에 있어 어떤 자식을 편애하지 않고 동등하게 대하는 격이다.

또는 이 물건과 저 물건을 비교분석하는데 사심없는 마음으로 평가하는 일 등으로 수많은 일들이 있을 수 있다.

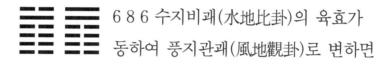

686 수지비괘(水地比卦)의 육효가 동하여 풍지관괘(風地觀卦)로 변하면

관(觀)이란 주위에서 발생하는 풍파나 변화나 불안이나 변덕이나 아부나 주위의 변화에 적응을 잘하는 일 등을 본다. '느낀다' '알 수 있다' '살핀다'라는 뜻이다. 또는 어떤 상황이나 설레임이나 동요나 불안이나 산만함 등이 일고 있는 것을 '보고 느끼는 것'이요, 또한 어떤 '예감이나 기분'을 느끼거나 아는 것을 말한다.

그래서 이 괘는 서로 가깝게 있다고 하는 것을 느낄 수 있다. 또는 서로 인접해 있는 것을 느낄 수 있다거나 감각적으로 알 수 있다고 할 수 있을 것이다.

또는 내 주위에서 어떤 사람이나 물건이나 동물을 가깝게 하거나 이웃하여 살게된 일이나 아니면 어떤 일을 좋아한 일이나 또는 어떤 일이나 상황을 냉정하게 거절하지 못한 일 등으로 풍파나 동요가 일고 있는 것을 알거나 느끼고 있다고 할 수 있을 것이요, 아니면 주위에서 동요나 풍파가 발생한다고 말할 수 있는 것이다.

또는 서로 헤어지지 못할 것 같은 기분이 든다거나 알 수 있다고 말할 수 있을 것이다.

또는 형사가 범죄인이 주위에 있음을 육감으로 느낄 수 있는 것이요, 아니면 느낄 일이 생길 수 있다고 말할 수 있는 것이다.

또는 우리 속말에 '두 사람을 달아보면 똑같은 사람' 이라는 말이 있는데 두 사람의 성격이나 인품이나 모든 것이 비슷하다는 뜻으로 동등하다는 것을 느낄 수 있다. 또는 알 것 같다고 하는 뜻이다.

또는 서점에 나가보면 무수히 많은 책들이 있는데 내용을 보면 그게 그거라는 생각이 드는 경우가 많은데 책마다 비슷하다고 하는 것을 느낄 수 있는 일 등으로 많은 일이나 상황이나 물건등이 비슷한 감을 느낄 수 있다고 하는 것을 말하고 있다.

또는 주위에서 일고 있는 어떤 상황이나 바람을 느낄 수 있다고 할 수 있다. 예를 들면 경기가 어렵다는 것을 느낄 수 있을 것이요, 사회가 불안하다고 하는 것을 느낄 수 있다고 할 수 있을 것이다.

또는 남편의 바람기를 감각으로 알 수 있다거나 느낄 수 있다고 할 수 있을 것이다.

또는 부모가 딸자식이 말은 안 해도 자식들이 애인이 생긴 것을 직감한다든지 아니면 실연을 당한 일 등을 직감으로 알 수 있다고 말할 수 있을 것이다.

71 산천대축괘(山天大畜卦)

대축(大畜)이란 '많은 것' '기대 이상의 성과나 변화' 등을 말하는 상으로, 좋은 면이든 나쁜 면이든 '크게 쌓는다' '의지력이 대단하다' 또는 '크게 이룬다' '크게 얻는다' '기대가 매우 크다' '욕심이 매우 과하다' 또는 '상처가 매우 크다' '손실이 매우 크다' 라는 뜻이다.

그래서 이 괘는 어떤 일에서나 상황에서 큰 공적을 세웠다거나 세울 일이 있을 것이라고 말할 수 있는 것이다. 아니면 명성을 크게 날릴 일이 있을 것이라고 말할 수도 있는 것이다. 아니면 많은 재물을 얻을 수 있다거나 아니면 손실이 발생하여도 아주 크게 발생할 수 있다고 말할 수 있을 것이다.

또한 이 괘는 하늘을 뚫고 오른 산으로 기상이 강건함을 나타내

고 있으니 자기의 주장이 강하고 자기위주로 모든 일을 처리하려
고 할 수 있는 운으로 다른 사람과 타협이 어렵고 안하무인격이요
독불장군과 같은 격이라 주위에 시기 질투하는 사람이 많이 있을
운이다. 또는 욕심이 아주 많은 사람이라 할 수 있을 것이다.

또한 어떤 일에 있어서 기대 이상으로 큰 일이나 소득 등이 발생
할 수 있는 것을 말하는 것이다. 예를 들면 학교는 저학년 수준의
학교를 다녔으나 사회에서 활용하는 것은 크게 활용하는 것으로
지방의 단체장에 당선되거나 국회에 진출하는 경우도 있을 운이다.

또는 사업을 하는 사람이 큰 기대를 하지 않고 투자를 하였을지
라도 소득이 생각 외로 많이 발생하였다고 하는 운이다.

또는 적은 사업장에 비하여 많은 수입이 있다고 할 수 있을 것이
다. 하지만 칠살(七殺)이 동조하면 기대 이상으로 큰 손실이나 구
설 등이 발생할 수 있다고 하는 것을 말하는 운이다.

여기서 하나 알아야 할 것은 대축괘(大畜卦)와 대과괘(大過卦)의
차이점을 알아야 할 것이다. 대축괘(大畜卦)는 물질적으로 양을 나
타내고, 대과괘(大過卦)는 정신적 즉 마음에서 일고 있는 상태를
말한다고 할 수 있을 것이다.

하지만 이 두 괘는 같은 내용에서 같이 나타난다. 예를 들면 복
권을 한 장 구입한 것이 일등에 당첨되는 행운이 발생하였다면 금
전을 얻은 것으로 보면 대축(大畜)이라 할 수 있으나 기분이 좋은
일로 본다면 대과괘(大過卦)라 할 수 있을 것이다.

이 괘의 용신(用神)이나 동효(動爻)에 살이 있으면 더욱 악한 사

람이 될 것이요, 복덕(福德)이나 용신(用神)이나 녹이 있으면 더욱 선하고 바른 사람이 될 수 있는 운이라고 할 수가 있다.

711 산천대축괘(山天大畜卦)의 초효가 동하여 산풍고괘(山風蠱卦)로 변하면

고(蠱)란 '좀먹는다' '유혹하다' 또는 '조금씩 변화한다' '변질된다' 라는 의미다. '미혹하다' '현혹하다' '잠식하다' 또는 '조금씩 물들어 간다' '의지나 생각이 감소한다' ' 무너져 간다' 라고 할 수 있다.

그래서 이 괘는 어떠한 큰 의지나 생각이나 일이나 상황이나 재물이나 기술이나 능력 등이 다른 사람이나 주위의 변화나 압력이나 어떤 상황에 의하여 잠식당하는 상이라 할 수 있을 것이요, 또는 잠식당할 일이 발생할 수 있다고 말할 수 있을 것이다.

또는 어떤 큰 일을 저지르기 위한 유혹의 손길이나 유혹이 있다고 말할 수도 있다. 아니면 큰 계획이나 설계하에 어떤 일을 추진하거나 구상하고 있는데 주위의 친구나 이성이나 재물이 유혹한다고 할 수 있다.

예를 들면 큰 인물이나 큰 재물이나 어떤 큰 사건이 나를 유혹한다거나 유혹할 것이라고 말할 수도 있는 것이다.

또는 내가 큰마음을 먹고 고시준비에 열중하고 있는데 예쁜 아가씨가 나의 마음을 유혹하는 운이다.

또는 부부가 금실이 좋기로 유명한 부부사이에 다른 여자가 나타나서 그 남편을 유혹하는 운이다.

또는 어느 장군이 전쟁터에서 큰 공을 세웠는데 다른 사람들이 시기하고 질투하여 큰공을 같이 세운 것처럼 하여 상대의 공적을 나눠 먹으려고 하는 등 많은 일이 하는 일이나 생각을 방해하고 잠식하는 운이라고 할 수가 있다.

또는 유학까지 하면서 많은 공부를 하였는데 막상 사회에서 인정을 받기 어렵고 무시당하는 일이 자주 발생할 수 있는 운이다.

또는 많은 재물을 갖고 있는 사람이나 또는 남모르는 큰 기술이나 능력을 갖고 있는 사람이 갈수록 재물이 감소되거나 기술을 활용할 길이 감소되고 있다고 할 수 있을 것이다.

또는 어떤 일을 하는데 있어 처음에 계획을 세울 때는 아주 거창하게 세웠다거나 아니면 시작을 하였는데 주위 사람들의 권유나 방해나 어떤 상황의 변화 때문에 날이 갈수록 그 계획이 작아진다 아니면 시작한 일이 마음먹은대로 되지 않고 갈수록 감소되고 있는 운이라 할 수 있을 것이다.

또는 욕심이나 시기나 질투 등이 많은 사람이 날이 갈수록 욕심이 작아지는 운이다.

䷙䷖ 712 산천대축괘(山天大畜卦)의 이효가 동하여 산화비괘(山火賁卦)로 변하면

　비(賁)란 '꾸미다' '장식하다' '과시하다' '노출하다' 라는 뜻이다. 또는 '치장하다' '사치하다' '화려하다' 또는 '모사를 꾸민다' '계획을 세운다' 또는 '과장이 많다' '공개하다' 또는 '추진력이 강하다' 라는 뜻이다. 꾸민다는 것은 다른 사람을 유혹하려고 하거나 자기를 과시하려는 마음이 있다고 보아야 한다.

　그래서 이 괘는 '크게 꾸민다' 또는 '크게 장식한다' 또는 '크고 화려하다' 고 하는 뜻으로 외모의 장식을 이야기 하고 있는 운이다.
　또는 다른 사람이 모르게 마음의 양식을, 또는 실력을 많이 쌓는 일도 마음의 치장이라고 할 수가 있는 것이다.
　또는 인기가 크게 오른다든지, 명예를 크게 얻었다든지, 많은 재물을 얻었다든지, 높은 지위에 오르게 된 사람들이 자기의 품위나 명예를 지키기 위하여 자기나 아니면 주위를 깔끔하게 정리를 하고 사는 사람이라 할 수 있을 것이다.
　또는 많은 재물을 갖고 사는 사람이 자기의 부를 과시하는 사람이요, 또는 자존심이 아주 강한 사람이나 또는 많은 실력이나 학문을 습득(習得)한 사람이 자기의 능력을 다른 사람들이 알아주기를 바라는 마음으로 외부로 표현하고 있는 상이라 할 수 있다.
　또는 마음에게 큰 꿈을 간직하고 있는 운이라고 할 수가 있으니 걸치레로 외모를 크게 꾸미는 것은 진실을 나타내기 위한 일도 있을 수 있는 운이나 진실을 숨기기 위하여 다른 사람들을 현혹하기 위한 방편일 수도 있는 것이다.

예를 들면 어떤 행사의 진실을 여러 사람들에게 전하기 위하여 화려하게 하는 것으로 시가행진을 한다든지, 현수막이나 포스터 등을 붙이고 안내하고 하는 일 등이 있을 수도 있을 것이다.

또한 다른 행위를 보면 사기행각을 하는 사람의 집을 보면 있는 치장 없는 치장을 하여 다른 사람들에게 인정을 얻으려고 많은 노력을 한 연후에 많은 사람을 상대로 하여 사기를 치고 달아나는 수법을 쓰는 것이니 이것 역시 꾸미는 일이 될 것이다.

또는 내가 저지른 어떤 큰 실수를 감추기 위하여 이 사람 저 사람 등 많은 사람들을 만나서 호감을 사려고 노력을 한다든지 아니면 변명 등을 늘어놓고 다니는 상이라 할 수 있을 것이다.

또는 어떤 큰 일(사기나 모사나 기만하는 행위 등)을 꾸미기 위하여 겉으로 가시적인 행위를 하고 있는 형태라 할 수 있다.

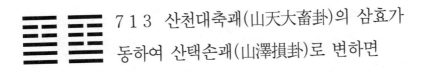

713 산천대축괘(山天大畜卦)의 삼효가 동하여 산택손괘(山澤損卦)로 변하면

손(損)이란 '손실'을 뜻하고 '악독하고 인정이 없는 상'이다. 또는 '감소한다' '줄인다' '각박하다' '야박하다' '빈정댄다' '조롱한다' 라는 뜻이요, 또는 '득(덕)이 되지 않는다'고 할 수 있다.

그래서 이 괘는 매사가 반감되는 운이라고 할 수가 있고, 나의 어떤 큰 목적을 위해서라면 아주 악랄하고 독하고 야비한 수단도 서슴없이 발휘할 수 있는 사람이라고 할 수 있을 것이다.

또는 큰 꿈이 악독한 사람이나 야비한 사람이나 인정없는 사람을 만나는 바람에 완전히 무산되었다거나 무산될 것이라고 말할 수도 있을 것이다.

또는 공부를 많이 하였으나 활용하지 못하는 운이요, 큰 기대를 하였는데 기대 이하인 경우 등으로 수많은 일이 있다. 자기의 의사나 행동이나 다른 사람과의 관계에서 나의 뜻대로 되지 않고 감소되고 있는 운이라고 할 수 있다.

또는 많은 것을 잃었다거나 큰 것을 잃었다거나 소중한 것을 잃은 원인으로 사람이 악독하거나 독해졌다거나 아니면 야비한 사람으로 변했다고 할 수 있을 것이다.

또는 모든 것을 잃고 다른 사람들의 비웃음 속에서 살아갈 일이 있다고 할 수 있다. 예를 들면 명예나 권력 등이다.

또는 사업계획을 세우기를 일 억의 예산을 세웠다면 새로 수정하여 액수가 적어지는 것이다.

또는 어디 가서 금전을 빌리되 일억을 빌리기로 하였다면 나중에 갚을 일을 생각하여 액수를 줄이는 운이다.

또는 쌀 곳간에 백미 백 가마를 보관하였는데 나중에 보니까 어디른지 손실되어 백 가마가 되지 못하는 격이다.

또는 사법고시에 응시를 할 작정으로 공부는 시작하였다면 실력의 한계를 느끼고 응시의 대상을 낮추는 일이다.

또는 다른 사람에게 받아야 할 물건이나 돈이 있으면 받을 것을 모두 받지 못하고 감소되는 일이다.

또는 어떤 사업을 시작하면서 많은 돈을 투자를 하였는데 날이 갈수록 자금이 감소되고 있는 상이라 할 수 있을 것이다.

이 괘는 앞의 고괘(蠱卦)와 같은 의미가 있으나 고괘(蠱卦)는 누군가에 의하여 잠식당하고 있는 상이라고 한다면, 손괘(損卦)는 나도 모르는 사이에 저절로 감소될 수 있는 것이다.

예를 들면 주식에 투자하였는데 주가가 떨어지거나 식당을 벌렸는데 갈수록 손님이 줄어들어 자본금이 감소된다고 할 수 있다.

또는 투자의 목적으로 물건을 구입하였는데 물가가 떨어지는 바람에 손실이 발생했다고 할 수 있을 것이다.

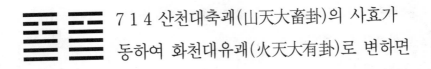

714 산천대축괘(山天大畜卦)의 사효가 동하여 화천대유괘(火天大有卦)로 변하면

대유(大有)란 '밝은 태양' '한낮의 태양'으로 표현하고, 또는 타인을 무시하는 마음으로 '이기적인 성격'이라 할 수 있다. 또는 너무나 뜨거운 '열'이요 '빛'이요 '밝은 지혜'를 말한다. 또한 태양은 하나밖에 없으니 '외롭고 허전하고 쓸쓸한 상'이요, '인정이 메마른 상'이라고 할 수 있다.

그래서 이 괘는 자기과시를 많이 하는 사람이요, 욕심이 남다르게 많은 사람이 다른 사람을 무시하고 업신여길 수 있는 상이다.

또는 많은 재물이나 능력이나 학식으로 사회의 등불이 될 수 있다고 말할 수 있을 것이요, 또는 그런 일을 할 수 있는 사람이라 말할 수도 있을 것이다.

또는 능력이나 실력을 마음껏 발휘하는 운이요, 또는 자기의 의지나 생각을 굽히지 않고 자기의 주장대로 밀어붙이는 격이다.

또는 부귀영화를 한 몸에 받아서 만인 위에 군림할 수 있는 상이요, 또는 사회에 많은 공을 쌓아서 명성을 날릴 운이요, 또는 학문을 많이 하여 학문으로 그 명성을 날릴 수 있는 사람이다.

또는 큰 목적을 위해서라면 다른 사람을 무시하고 모함하거나 죽이는 일까지도 서슴치 않을 사람이거나 행할 일이 발생한다.

또는 재산이 많은 사람이나 학벌이 좋고 능력도 있는 사람이 다른 사람들의 입장은 생각지 않고 자기의 주장대로 매사를 처리하는 상이라 할 수 있을 것이다.

또는 자기의 재산축적을 위해서는 다른 사람들의 고충 따위는 생각지 않을 사람이요, 또는 자기의 출세를 위해서는 다른 사람들을 무시하고 업신여기면서 자기만이 잘났다고 윗사람이나 연관이 있는 사람들을 찾아다니면서 자기과시를 하고 다닐 수 있는 사람이다. 대신 많은 사람들에게 시기와 질투를 많이 받을 수 있는 사람 등이라고 할 수 있는 운이다.

하지만 용신(用神)에나 동효(動爻)에 칠살(七殺)이 있으면 악인의 우두머리도 될 수 있는 사람이며 모함을 잘하고 투서를 잘하는 사람이요, 사기꾼 불량배 또는 어떤 집단행위 등에서 우두머리로 명성을 얻을 수도 있는 운이다.

䷙ 715 산천대축괘(山天大畜卦)의 오효가 동하여 풍천소축괘(風天小畜卦)로 변하면

소축(小畜)이란 '적은 것, 사소한 것'을 말하는 상으로 '기대에 미치지 못하는 것'을 말한다. 또는 '적게 쌓는다' '적게 얻는다' '조금 잃는다' '조금 막는다' '조금 기른다' 등이요, 또는 '노력을 안 한다' '힘을 안 쓴다' '투자를 안 한다'. 또는 어떤 일이나 상황에서 '상대방에게 큰 관심이 없다'고 할 수 있을 것이요, 또는 '작은 일이라도 놓치지 않는다' '사소한 일에 관심이 많다'라고 할 수 있을 것이다. 또는 '사소한 소문에 시달리거나 사소한 소문들이 만발한다'고도 할 수 있다.

그래서 이 괘는 '용두사미'라고 할 수가 있으니 매사의 시작은 웅장한데 결과는 미약한 것을 말한다.

또한 처음에 각오나 기대는 대단히 큰마음으로 하였는데 며칠 후에는 그 마음은 어디로 가고 별것이 아닌 것처럼 되는 격이다. 또는 어려운 사람을 다달이 도와줄 것처럼 신문방송까지 낸 사람이 몇 달도 못가서 흐지부지 하고 마는 격이다.

또는 공부를 많이 한 사람이 사회에서 활동은 별 볼일 없는 사람이요, 또는 많은 재산이 다 없어지고 별 볼일 없는 재산만 남아있다고 할 수 있을 것이다.

또는 건물로는 큰 건물인데 사용값어치는 별로 없는 건물이라고 할 수 있을 것이다.

또는 어떤 사업이나 일을 하는데 있어 시작은 그럴듯하게 크게 한다거나 아니면 큰 기대를 갖고 시작하였는데 날이 갈수록 초라해진다고 할 수 있을 것이요, 아니면 기대만큼 성과를 올리지 못하고 있다고 할 수 있을 운이다.

또는 연애시절에는 결혼하고 나면 당신만을 위하고 당신만을 사랑하겠다고 한 사람이 결혼 후 몇 달도 못가 배우자를 험담하고 미워하고 심하면 바람까지 피우는 격이라 할 수 있을 것이다.

또는 농작물을 많이 심은 일이나 최고 학벌을 이수한 일이나 부모에게 많은 재산을 받은 일이나 전쟁터에서 큰 공을 세운 일 등이 결과는 보잘것없다고 할 수 있을 것이다.

또는 사건이 큰 사건으로 사회가 떠들썩하였는데 나중에 조사를 하여보니 하찮은 사건 등을 말하고 있는 운이다.

또는 반대로 어디 가서 크게 사기를 한 번 치려고 마음을 먹었다

면 갈수록 그 마음이 약해져서 나중에는 사기를 칠 수 없는 운이
요, 아니면 큰 병인 줄 알고 병원에 갔는데 별볼일 없는 사소한 질
병이라고 진단을 받을 수 있을 것이다.

또는 마약 등으로 한탕하려고 하였다면 날이 갈수록 그 마음이
소멸되어 나중에는 한탕의 마음이 없어지는 운이라고 할 수가 있
다. 좋은 일에 이 괘가 있으면 좋은 일이나 생각이 갈수록 없어지
는 운이라 결과가 좋지 않는 방향으로 나타날 것이요, 악한 마음에
이 괘가 있으면 갈수록 악한 마음이 사라지는 운이라 좋아지는 운
이라고 할 수가 있는 운이다.

䷙ ䷊ 716 산천대축괘(山天大畜卦)의 육효가 동하여 지천태괘(地天泰卦)로 변하면

태(泰)란 '상대와 내가 서로 뜻이나 의견이나 마음이 통한다' 는
뜻이요, 또는 '신의' '상대를 인정한다' '크다' '편안하다' '안정
되다' '화합하다' 라는 뜻이요. 또는 '순안하다' '태평하다' 라는 하
는 뜻이다. 태(泰)는 너와 나 이 사람과 저 사람, 이것과 저것, 이일
과 저 일 등 서로 뜻이 맞거나 화합을 이루거나 화합을 이루는 것
으로 '상대성' 을 말하는 상이다.

그래서 이 괘는 마음먹은 큰 일들을 성취함에 있어서 어려움이

없고 편안한 운이고 안정이 된다고 하는 뜻으로 내가 생각하고 있는 일이 그릇됨이 없다고 할 수가 있는 운이다.

하지만 관운(官運)에 살이 붙고 재운(財運)에 살이 붙어있다고 한다면 뇌물 등을 받은 혐의로 교도소에 가서 편안하게 지낼 수도 있을 것이다.

또는 큰 재물이나 지위나 권력이나 명예를 욕심내다가 교도소에 가는 일로 편안하게 지낼 수 있으니 이해하는데 주의하길 바란다.

또는 총각이 돈많은 과부를 알게 되어 생활에 안정을 찾았다거나 세상살이가 편안해졌다고 표현할 수도 있을 것이다.

아니면 사업으로 많은 재물을 얻게 되어 말년이 편안하고 안정되었다고 할 수 있을 것이다.

또는 큰집에서 생활을 하니 생활에 불편함이 없다고 할 수 있을 것이다. 또는 어떤 사람이 인기가 하늘에 다을듯이 높다보니 그 사람이 크게 보인다고 할 수 있을 것이다.

또는 내가 크게 출세나 권세를 잡고 보니 심신이 편안하고 안락하다고 할 수 있을 것이다.

또는 주위에 큰 인물들을 친구로 알고 지내니 사회생활이 편안하고 안정된다거나 또는 많은 공부를 하고 아는 지혜가 좋다보니 세상살이에 어려움이 없고 편안하다고 할 수 있을 것이다.

7 2 산택손괘(山澤損卦)

　손(損)이란 '손실'을 뜻하고 '악독하고 인정이 없는 상'이다. 또
는 '감소한다' '줄인다' '각박하다' '야박하다' '빈정댄다' '조롱
한다' 라는 뜻이요, 또는 '득(덕)이 되지 않는다'고 할 수 있다.

　그래서 이 괘는 다른 사람을 얕잡아 보거나 헐뜯을 운이요, 매사
가 생각대로 되지 않을 운이요, 학생은 열심히 공부하여도 머리 속
에 남는 것이 없을 운이다.

　또는 어떤 인기있는 연예인이 어떤 일이나 행위를 함으로 인해
서 인기에 손상이 발생하였다거나 아니면 발생할 수 있다고 말할
수 있을 것이다. 예를 들면 교통사고 뺑소니나 성추문이나 마약이
나 도박 등에 손을 댄 경우이다.

　또는 어떤 저명인사나 교수 등이 사회에서 어떤 일을 저지른 원

인으로 해서 명성에 손상이 발생할 수 있다거나 발생하였다고 말할 수 있을 것이다. 예를 들면 성추문이나 제자들의 논문을 복사하여 사용하는 문제 등이다.

또는 사업을 하는 사람이 사업을 열심히 하여도 결국에는 남는 이익이 생각과 같이 되지 않는 운이다.

또는 나는 열심히 노력을 하였으나 상대방은 나의 일을 인정하려 하지 않는 격이다.

또는 상대의 하는 일이 내 마음에 들지 않고 있으니 빈정거리고 투덜댈 수 있는 운이다.

또는 갈수록 재물이나 학식이나 마음이나 정신력 등이 감소되고 있는 운이라 말할 수 있다.

또는 인정머리 없는 운이라 할 수 있으니 자기 잘난 맛으로 살아가면서 타인을 업신여기고 무시할 수 있다고 할 수 있다. 이런 때는 대유괘(大有卦)와 같은 의미가 있다고 할 수 있다.

또는 악랄하다고 할 수 있는 상이라 자기의 뜻이나 목적을 위해서는 상대방에게 어떤 피해나 고통을 주면서도 자기의 생각대로 밀어붙일 수 있다고 할 수 있을 것이다.

또한 이 괘는 고괘(蠱卦)와 같은 의미가 많이 있으나 고괘(蠱卦)는 누군가에 의하여 나의 모든 일이나 생각이 감소된다고 한다면 손괘(損卦)는 나의 실수나 부주의로 감소된다고 할 수 있다.

7 2 1 산택손괘(山澤損卦)의 초효가
동하여 산수몽괘(山水蒙卦)로 변하면

몽(蒙)이란 '지혜가 밝지 못한 것' '능력이 부족한 것'으로 '멍하다' '어리다' '어리석다' '애매하다' '미련하다' '답답하다' '생각이 적다' '의지가 약하다' '주관이 없다' '힘이 없다' '매사에 자신이 없다' '앞이 캄캄하다' '앞길이 밝지 못하다' '성숙하지 못하다'라는 의미가 있다. 또 모든 면에서 기초단계를 벗어나지 못한 상태를 말한다.

그래서 이 괘는 야박한 사회에서 자기의 능력을 인정을 얻지 못하여 자기의 뜻을 피워보지 못하고 사장시키는 것과 같은 운이다.

또는 사회가 험난하고 야박하고 불안할 때는 잘난척하지 말고 어린아이와 같이 지내야 된다고 말할 수도 있는 것이다.

또는 사람이 갈수록 농판이 된다는 말이 있는데 이 괘는 자기의 의지나 학식이나 능력 등이 갈수록 쓸모없어져 활용값어치가 없을 운이요, 또는 갈수록 어린아이와 같이 된다고 할 수 있을 것이다.

또는 가진 것을 모두 잃고 무능력한 사람이 되었다고 할 수 있다. 예를 들면 권력이나 많은 재물이나 명예를 가진 자나 자존심이 강한 자나 인기가 높은 사람이 어떤 일이나 계기로 모든 것을 상실하고 어린애같이 되었다거나 아니면 앞으로의 일이 캄캄하고 답답하게 되었다고 말할 수 있을 것이다.

또는 각박하고 야박한 사회에서 나의 뜻을 펴지 못하고 모진 세파 속에 힘들게 살아갈 수 있다거나 살아가고 있는 사람이라 말할 수도 있을 것이다. 예를 들면 사창가나 유흥업소에서 얽매어 살고 있는 사람을 말할 수도 있을 것이다.

또는 인정 없고 야박한 사람 밑에서 어린애 취급을 받아가면서 살고 있다거나 살아갈 일이 생길 수 있다고 할 수 있을 것이다.

또는 내가 가진 재산은 없는 사람이 어떤 물건을 개발하여 특허를 얻어봤으나 내 특허기술을 사려고 하는 기업은 없고 발명품을 모방을 하거나 약간을 변형하여 자기들이 개발한 것처럼 하여 제품을 생산하게 되어 나의 기술은 빛을 보지도 못하고 마는 격이다.

또는 내가 남다른 기술이 있으나 자격이 없다보니 그 기술을 인정해주지 않으니 특기를 사장시키는 격이다. 여기서 손괘(損卦)는 야박하다고 설명하였다.

또는 하는 일마다 되는 일이 없다보니 날이 갈수록 매사에 자신을 잃고 의지가 상실될 수 있는 상이다.

또는 주위의 많은 사람들에게 인격을 무시당하거나 어떤 단체에게 무시를 당하면서 생활을 하다보니 매사에 자신이 없는 사람이라 할 수도 있을 것이다.

또는 마음이 독종 같다고 할까 아니면 성격이 모진 사람이 날이 갈수록 독하고 모진 마음이 점점 없어져 후일에는 어린아이와 같아졌다고 하거나 자신과 능력을 상실한 사람이 되었다거나 될 수 있을 것이라고 말할 수 있을 것이다.

또는 사회에서 어떤 일을 하고자 하나 주위 사람들이 비아냥거리는 바람에 마음의 뜻을 펴보지도 못하는 운이라고 할 수가 있다.

▤▤ 7 2 2 산택손괘(山澤損卦)의 이효가 동하여 산뢰이괘(山雷頤卦)로 변하면

이(頤)란 '말이나 입을 참는다' 하는 뜻' 이요, '속마음을 내색하지 않는다' 는 상이다. 또한 '보양한다' '휴양한다' '수양한다' 라는 뜻이요, 또는 '입이 무거운 군자의 상' 이라 할 수 있다. 또는 마음속의 불안이나 괴로움이나 시끄러운 상황 등을 '참아야 하거나 참고 지낼 일이 생긴다' 고 말할 수 있다.

그래서 이 괘는 어떠한 손실이 발생하여도 경박하게 행동하지 말고 인내심으로 참아야 한다고 하는 것을 말하고 있는 운이다.

또는 인정이 박하고 험난한 사회에서는 말을 함부로 하지 말고 입 단속을 하면서 참아야 한다는 것을 말하고 있는 상이다.

또는 인정머리 없는 사람이나 야박한 사람이나 경우 없는 사람이나 독한 사람을 만나도 대항하지 말고 인내심으로 참아야 된다고 하는 것을 가르치는 상이라 말할 수 있을 것이다.

또는 사업에 지금 당장 손실이 발생하였다고 금세 사업을 포기하고 치우는 일 등을 자제하고 참아야 한다고 할 수 있을 것이다.

또는 비아냥거리는 소리를 들었다든지, 야박한 대우를 받았다든지, 무시를 당한다든지, 헐뜯는 소리를 들어도 나서서 대항하지 말고 참으면서 때를 기다리라는 상이다. 아니면 상대방을 무시할 일이 있어도 인내로서 참아야 된다고 할 수 있을 것이다.

또는 결혼을 하는데 인품이나 사회적 활동이나 지식 등이 나보다 조금 모자라는 사람과 인연을 맺었다고 하여 파혼한다든지 부부별거를 한다든지 상대를 무시하는 행위나 말은 삼가고 조심하고 참으면서 살아가라고 하는 뜻으로 불 수 있는 상이다.

또는 어떤 사람에게 사기를 당했어도 인내로서 참고 수행하는 마음으로 참아야 한다고 하는 것을 가르치고 있으니 경솔하게 행동하여서는 안 된다고 하는 것을 말하고 있다.

또는 부인이 강간을 당했어도 누구에게 말하지 못하고 참고 있다고 할 수 있을 것이요, 아니면 앞으로 강간을 당하고 말못하고 혼자 애태우면서 참고 살아갈 일이 생길 수 있다고 할 수 있다.

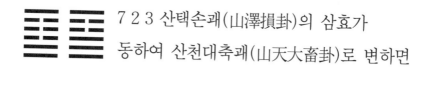

7 2 3 산택손괘(山澤損卦)의 삼효가 동하여 산천대축괘(山天大畜卦)로 변하면

대축(大畜)이란 '많은 것' '기대 이상의 성과나 변화' 등을 말하는 상으로, 좋은 면이든 나쁜 면이든 '크게 쌓는다' '의지력이 대단하다' 또는 '크게 이룬다' '크게 얻는다' '기대가 매우 크다'

'욕심이 매우 과하다' 또는 '상처가 매우 크다' '손실이 매우 크다' 라는 뜻이다.

그래서 이 괘는 손해볼 일이 크고 많다는 것을 말하는 운이다. 아니면 지금은 손해가 있는 것 같은 일이 나중에는 큰 소득을 올 수 있다고 할 수 있는 것이다.

예를 들면 지금은 손해를 보면서 투자한 일로 인하여 후일에 큰 이득이 있을 수 있다고 할 수 있는 것이다.

또는 세상살이에서 독하게 살았다거나 냉정하고 몰인정하게 살다보니 많은 재물을 얻었다고 할 수도 있을 것이요, 아니면 인심을 크게 잃었다거나 잃을 일이 있을 것이라 말할 수 있을 것이다.

또는 야박하고 험난한 사회에서 크게 출세하거나 재물을 얻거나 아니면 많은 것을 잃었다고 말할 수도 있는 것이다.

또는 감소폭이 크다고 하는 것으로 국회에서 예산심의를 하면서 후년에 사용할 예산의 삭감이 크다고 할 수 있을 것이다.

또는 주식에 투자를 하였는데 감소가 크거나 아니면 사업을 벌린 일로 인하여 많은 손실이 발생했다고 할 수 있을 것이요, 아니면 장사를 하는데 있어 손해가 많이 발생할 수 있을 것이라 할 수 있을 운이다.

또는 학업이 중단되어 학문의 감소폭이나 학업의 진전에 손실이 크다고 할 수 있을 것이다.

또는 어떤 사람이 고향을 떠나 타관에서 살아가는데 있어 바닥 사람들의 야박한 인심이 심하다고 할 수 있고, 또는 바닥 사람들의 악랄한 수단이 크다. 또는 심하다고 할 수가 있는 일이다.

또는 사람을 얕잡아 보고 무시하는 경향이 매우 심한 상태이며, 또는 다른 사람을 헐뜯고 험담하는 것이 매우 심한 사람이다.

또는 어떤 사기꾼이 사냥 상대를 선택한 후에 지금은 손해를 감수하고 계속 투자를 한 일로 인하여 후일에 크게 한탕했다거나 할 수 있을 것이라고 할 수 있을 것이다.

또는 어떤 총각이 마음에 드는 여인을 만난 인연으로 지금은 어렵고 힘이 들어도 계속 투자를 하면서 사귀다보니 사업가 집안의 외동딸을 아내로 맞게 되었다고 할 수도 있을 것이다.

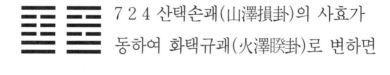 7 2 4 산택손괘(山澤損卦)의 사효가 동하여 화택규괘(火澤睽卦)로 변하면

규(睽)란 남을 '의심하고 불신'하는 상이요, 또는 '눈치가 빠르다' '눈치를 잘 본다' '재치가 있다'라고 할 수 있을 것이요, 또는 '경계심이 많다' '조심성이 많다'라고 할 수 있다. 또한 '매사를 바르게 보지 않는 상태'를 말하고, '반대' '배반' '상반' '질투' '반목' 등의 의미가 있다.

그래서 이 괘는 내것을 잃고 남을 의심하는 운이라고 할 수가 있으니, 내가 손해를 본 것을 가지고 상대로 인하여 내가 손해를 보았다고 하는 격으로 나의 잘못이나 실수는 생각하지 않고 모든 과실을 상대에게 떠넘기려고 하는 운이라고 할 수가 있다.

또는 상대방이 나를 이용하려고 악랄하고 사악한 마음으로 곁눈질하고 있다거나 기회를 엿보고 있다고 말할 수도 있는 것이다.

또는 본인이 악독하거나 악랄한 마음으로 아니면 독한 마음으로 상대를 잡을 수 있는 기회를 넘보고 있다거나 넘볼 일이 생길 수 있다고 말할 수 있는 것이다. 아니면 상대가 나를 헐뜯거나 비웃거나 조롱하면서 나의 눈치를 살피고 있다고 할 수 있을 것이다.

또는 집안에서나 사무실에서 물건을 잃었다면 자기의 관리를 소홀하게 한 것은 생각하지 않고 주위 사람을 의심을 하는 운이라고 할 수가 있는 운이라고 할 수가 있을 운이다

또는 내 것 잃고 의심을 살 수 있는 운이다. 예를 들면 처녀가 좋아하는 남자가 동침을 요구해와서 동침을 하였는데 남자에게 바람둥이라는 오해를 받을 수 있을 것이다.

또는 내가 물건을 잃고 경찰서에 신고를 하였는데 경찰에게 도리어 의심을 살 수 있다고 할 수 있을 것이다.

또는 손해를 볼 수 있는 일에 있어서 미리 주의하고 조심하는 마음으로 다시 한 번 확인할 수 있는 운이라 할 수 있을 것이다.

또는 어떤 사람이나 다른 기업들이 나의 사업이나 기업을 넘보면서 기회를 보고 있다거나 할 수 있을 것이다 아니면 그런 사람이 주위에 생길 수 있다고 할 수 있다.

725 산택손괘(山澤損卦)의 오효가 동하여 풍택중부괘(風澤中孚卦)로 변하면

중부(中孚)란 '고이 간직한다' '소중하게 생각한다' '집착한다'고 할 수 있는 상이다. 그래서 '아끼다' '신중하다' '조심성이 많다'라는 뜻이요, 또는 '관심이 많다' '소중하게 관리한다'고 할 수 있다. 또는 '함부로 경솔하게 행동하지 않는다'라는 뜻이요, 또는 '그리워한다' '미련을 버리지 못한다' '좋아한다' '즐긴다'라는 뜻이다. 예를 들면 시끄러운 상황으로 떠들거나 운동을 즐긴다고 할 수 있을 것이요, 또는 어떤 물건을 좋아하거나 부부간에 애정행위를 즐기거나 친구나 자신이 하는 일을 좋아한다고 할 수 있다. 또는 마음이나 정신이 산만하고 들떠 '집중하지 못하는 상'이다.

그래서 이 괘는 마음이나 행동을 최대한으로 억제하고 조심하고 신중하게 처리하는 것을 말하고 있는 운이다.

또는 인정이 없고 야박하고 악독하게 행동하는 사람이요, 타인을 비방하고 험담하기를 즐겨하는 사람이라 말할 수 있을 것이다.

또는 악랄하고 독한 사람이 자기의 일이나 물건이나 어떤 상황을 소중하게 생각하거나 아니면 관리한다고 할 수 있을 것이다.

또는 악랄하고 독한 짐승 등을 소중하게 챙기는 사람이거나 그러한 동물들을 관리할 일이 생길 수 있다고 말할 수도 있을 것이다. 예를 들면 사나운 짐승들의 사육사 등이다.

또는 잃은 물건이나 동물이나 예전에 다니던 직장이나 사업체나 헤어진 애인 등을 못잊어 그리워한다고 할 수 있을 것이요, 미련을 버리지 못하고 살아가는 사람이라고 할 수도 있을 것이다.

또한 무리하여 손해를 볼일이 발생하였다면 무리한 일을 최대한 자제하여 손해를 최소한으로 줄이는 격이라 할 수 있을 운이다.

또는 같이 있으면 손해를 볼 수 있는 일이나 보유하고 있으면 손재가 발생할 수 있는 물건이라도 함부로 대하지 않고 소중하게 생각하고 있다고 할 수 있다.

예를 들면 불구 자식을 둔 부모가 그 자식 때문에 사회활동에 많은 지장이 발생하여도 그 자식을 소중하게 대하면서 살아가고 있는 상이라 할 수 있을 것이다.

또는 부모를 버리고 떠나간 자식을 그리워하면서 지낼 수 있다고 할 수 있다. 예를 들면 자식과 이산가족이 되었다거나 사별한 자식을 들 수 있을 것이다.

또는 부인의 용모가 다른 사람에 비하여 현저하게 떨어져 본인이 친구들이나 다른 주위 사람들에게 말을 듣는 한이 있어도 자기의 부인이라는 심정으로 소중하게 생각하고 아끼는 마음으로 살아가고 있는 남자라 할 수 있을 것이다.

또는 주위에 있는 사람들이 큰 인물도 큰 덕이 되는 친구들도 아니라고 함부로 대한다거나 하지 않고 그러한 친구들도 소중하게 생각하고 지낼 수 있는 사람이라 할 수 있을 것이다.

림(臨)이란 '시간과 장소와 때와 계절을 말하는 상'이요, '접촉하다' '부딪치다'라는 뜻이요, '어느 곳에 이르다' '어느 곳에 오다' '어디를 향하다' '어떤 일이나 상황에 부딪치다' '어느 곳에서 만나다' '어느 때 만나다' '왕림하다'라는 뜻이다. 또는 '어떤 위치에 오르다' '어떤 지위에 있는 사람을 만나다' '언제, 어디에 자리를 정하다' '자리를 잡는다' '묻히다'라고 할 수 있다.

그래서 이 괘는 독하게 행동할 때가 되었다거나 인정을 베풀 일이 없는 장소에 갈 일이 있다고 할 수 있을 것이다.

또는 인정이 없거나 야비한 사람을 만나거나 아니면 어디에 가면 만날 수 있으니 주의를 요한다고 말할 수도 있을 것이다.

또는 타인을 모함하기 위한 장소에 갔다고 하거나 갈 수 있을 것이라고 말할 수도 있을 것이다.

또는 손해볼 일이 생긴다. 또는 손해볼 수 있는 장소에 오다. 또는 손해를 붙일 사람을 만난다.

또는 손해를 볼 때가 되었다. 손해를 볼 시기가 도래했다고 하는 뜻이라 할 수 있는 상이다.

또는 악랄하고 독한 짐승이 있는 곳에 갈 일이 생기거나 아니면 그러한 동물들이 있는 장소에 다녀왔다 할 수 있을 것이다.

또는 독하고 악랄하고 야박하고 인정머리 없게 행동한 일로 어느 장소에 갈 일이 발생하였다거나 발생했다고 말할 수 있다.

예를 들면 재개발지역 철거현장이나 아니면 집단 패싸움이나 아니면 사형집행장소 등에 갈 수 있는 일을 말할 수 있다.

또는 매사를 냉정하게 처리할 일이 발생했다거나 냉정하게 처신하여야 할 곳에 갔다거나 냉정하게 처리할 시간이 되었다고 말할 수 있다.

예를 들면 국제협약에서 상대의 사정보다 아국을 위하여 냉정하게 또는 독하게 결정을 내려야 하는 일 등이 있거나 아니면 어떤 일에 있어서 계약을 체결하는 문제 등이 있을 수 있다.

또는 주가나 부동산값이 최고치에 올라서 지금 구입한다면 손해볼 일이 있을 것을 말하고 있다.

또는 자기의 지식이나 인격을 무시를 당할 일이 생길 수 있다고 할 수 있을 것이요, 아니면 무시당할 수 있는 장소에 갈 수 있다고 할 수 있을 것이다.

또는 재산이나 사업에서 손해볼 일이 발생할 수 있다고 할 수 있으니 예를 들면 종업원들이 말썽을 부린다거나 기계가 고장난다거나 기술이나 능력이 있는 사람이 기술을 빼돌리려고 하고 있다거나 할 수 있는 일들이 발생할 수 있다고 할 수 있는 것이다.

또는 국제협상이나 무역에서 손해를 보았거나 볼 수 있다고 할 수 있을 것이요, 아니면 손해를 볼 때가 되었다고 할 수 있다.

73 산화비괘(山火賁卦)

　비(賁)란 '꾸민다' '장식한다' '치장하다' '사치하다' '화려하다' '과시한다' '노출시키다' '전시하다' '자랑하다'의 뜻'이요, 또는 '모사를 꾸민다' '진실성이 없다' '계획을 설계한다' 또는 '과장이 많다' '공개하고 있다'의 의미요, 또는 '강력한 추진력이 있다'의 뜻이 있으며 또는 산 아래에서 있는 불로서 산 속에 있는 불은 다른 곳에서는 볼 수 없는 불과 같이 다른 사람이 알 수 없는 내 마음 속에서만 타고 있는 불과 같다고 할 수 있을 운이다.

　또한 산 아래에서 타오르는 불은 강력한 힘을 가지고 있는 것과 같이 어떤 일을 모사하는데 있어 강력하게 추진하는 사람이라 할 것이요, 아니면 강력하게 추진할 일이 있을 것이라고 말할 수 있다.

　또는 자기 혼자만이 알 수 있는 어떤 일을 강력하게 밀어붙이기 위하여 큰 일을 모사하면서도 다른 사람들이 눈치채지 못하게 철저히 준비하는 상이라 말할 수 있다.

예를 들면 어떤 사기꾼이 사기를 치기 위하여 어떤 회사에 취업을 하였다거나 어떤 사람을 사기에 이용하기 위하여 모든 친절을 베풀면서까지 상대가 눈치채지 못하도록 철저하게 위장하고 있다고 할 수 있을 것이다. 아니면 그러한 모사들을 꾸미고 있는 사람이라고 말할 수도 있을 것이요, 또는 그러한 사람의 속임수에 넘어가고 있다고 할 수도 있을 것이다.

또는 꾸민다는 것은 겉과 속이 다르다는 것을 뜻하고 있으니 다른 사람에게 잘 보이려고 치장하는 격으로 자연 그대로가 아닌 인위적인 것을 말하고 있으며, 또는 다른 사람을 속이기 위하여 겉치레하는 것을 뜻하기도 한다.

또한 이 괘는 산아래서 타오르는 불로서 힘차게 타오르는 불과 같아 욕망이 강하고 의지가 강한 사람이 또한 많은 운이다. 하지만 자기의 속마음이나 생각이나 의지 등을 다른 사람에게 인정을 받지 못하고 있다고 말할 수 있을 것이다.

또는 진실성이 없으며 가시적인 것으로 여러 사람 앞에 나타나기를 좋아하는 운이다.

또한 사기성이 강한 사람도 있으나 또한 이 운은 연예인이나 화류계의 직업이라면 아주 좋을 운이라고 할 수가 있다.

또는 재물이 없는 사람이 다른 사람 앞에서는 잘사는 척 많은 재물이 있는 것처럼 과시하면서 생활하는 것이라고도 할 수 있다.

또는 실력도 없는 사람이 남에게 지기 싫어하여 자기주장을 강하게 내세우는 사람이라고 할 수가 있을 것이다.

또는 수하인들의 구설수요, 손아래 사람들의 풍파요, 또는 종업원들과 같이 아래 사람들의 말썽이다.

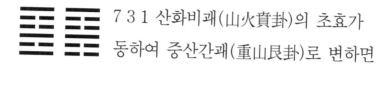 731 산화비괘(山火賁卦)의 초효가
동하여 중산간괘(重山艮卦)로 변하면

간(艮)이란 '고지식하다' '외롭다' '의지가 확고하다' '자신감이 많다' '딱딱하다' '강직하다' '유동성이 없다' '험난하다' '우월감이 많다' 라는 뜻이다. 또는 한 번 약속한 것은 '신용과 의리로 반드시 지키는 운'이요, '독보적인 존재' 라고 할 수 있다. 또한 산은 옮겨다니거나 옮겨갈 수 없는 것으로 '한 번 자리를 잡으면 이동이 거의 없이 뿌리를 내리고 살아간다' 고 할 수 있다.

그래서 이 괘는 자기의 분수를 지나쳐 과하게 하는 것으로 생활을 하는데 있어 수입보다는 지출이 많은 사람으로 꾸미고 사치하는데 무게를 두고 생활하는 사람이라 할 수 있을 운이다.

또는 악독한 행동이나 타인을 비방하다 큰 일을 당한다거나 아니면 그러한 일에 자기의 주장대로 밀어붙일 수 있는 사람이다.

또는 어떤 일을 강력하게 추진하다보니 주위에서 협조자가 없어 외롭고 쓸쓸하게 되었거나 될 수 있을 것이라고 할 수 있다.

또는 어떤 일을 추진하는데 있어 의지가 아주 확고한 사람이라 말할 수도 있을 것이다. 또는 집이 겉은 허술한데 속에 치장은 화려하게 꾸미는 일로 많은 노력을 할 수 있는 상이다.

또는 너무나 무리하게 꾸미고 사치한 일로 인하여 어렵고 힘든 일이 계속되고 있다고 말할 수 있다. 예를 들면 딸자식을 결혼을 시키면서 자존심 때문에 무리한 일로 인하여 한평생 힘이 들게 생활할 수 있다고 할 수 있을 것이다.

또는 사기를 치기 위하여 많은 노력을 기울이고 있는 사람이라 할 수 있을 것이다.

또는 마음속의 울화가 매우 심한 사람이요, 또는 울화나 열병으로 가슴이 짓눌려 통증이 심하거나 답답할 운이라 할 수 있다.

또는 연예인으로 활동이 많은 사람으로 명성이 자자할 사람이요, 아니면 명성을 얻기 위하여 많은 노력을 기울이고 있는 사람이라 할 수 있을 것이다.

또는 남녀간에 바람 끼가 아주 많은 사람이라고 할 수가 있는 운이요, 또는 바람기로 인하여 많은 어려움이나 고통이 따를 수 있다고 할 수 있을 것이다.

또는 수하인이나 종업원이나 부하들이 반기를 들고 대항하는 힘이 너무나 막강할 운이다.

또는 자기의 어떤 욕망을 이루기 위하여 전심전력하여 강력하게 밀어붙이는 운이라고 할 수가 있는 운이다.

⚏⚏ ⚏⚏ 7 3 2 산화비괘(山火賁卦)의 이효가
동하여 산천대축괘(山天大畜卦)로 변하면

대축(大畜)이란 '많은 것' '기대 이상의 성과나 변화' 등을 말하는 상으로, 좋은 면이든 나쁜 면이든 '크게 쌓는다' '의지력이 대단하다' 또는 '크게 이룬다' '크게 얻는다' '기대가 매우 크다' '욕심이 매우 과하다' 또는 '상처가 매우 크다' '손실이 매우 크다' 라는 뜻이다.

그래서 이 괘는 어떠한 모사나 장식이 분수를 지나쳐 과한 것을 말하고 있는 운으로 간괘(艮卦)와 같은 의미가 많을 운이다.

또는 어떤 일을 강력하게 밀어붙인 결과 많은 재물이나 명예나 인기를 얻었다고 하거나 얻을 수 있을 것이라 말할 수 있을 것이요, 아니면 무리하게 추진한 일로 인하여 너무나 많은 것을 잃었다거나 큰 것을 잃었다고 할 수도 있는 것이다.

또는 화려하게 꾸민 대가로 큰 것을 얻었다고 할 수가 있다. 예를 들면 연예인이나 화류계사업을 하는 사람이 외모를 화려하게 꾸미고 많은 인기를 얻고 명성을 얻었다고 말할 수 있을 것이다.

또는 장식을 크게 하고 보니 많은 재물이 발생하였다고 말할 수도 있는 것이다. 예를 들면 작은 구멍 가계가 아닌 대규모 가계로 꾸미고 나니 많은 소비자나 손님들이 찾아왔다거나 많은 재물이 들어왔다고 할 수 있을 것이다.

또는 어떤 사람이 사법고시나 정계진출을 하게 되니 많은 재물이 따랐다거나 많은 이성이 따르게 되었다고 할 수 있을 것이다.

또는 정부에서 국민을 우롱하는 일이 지나칠 운이요, 또는 각 지방에서 행사를 예산에 비해 과분하게 들이는 격이다.

또는 사업을 하는 사람이 사업자금을 끌어들이기 위하여 자기의 회사의 재무제표를 너무나 무리하게 꾸며서 회사의 안전성을 강조하여 투자자들을 이용하려고 하는 운이다.

또는 하급직에서 부정부패가 너무나 심하고 만연된 것을 말하는 운이요, 또는 실력도 없는 사람이 자기과시를 너무 심하게 하는 사람 등을 말하고 있는 운이다.

또는 자기의 마음을 사람들이 몰라주니까 어떤 큰 일을 저지를 수 있는 운이다. 예를 들면 나는 학교가 싫은데 부모들은 학교를 강요하니 죽음의 길을 택할 수 있을 운이다.

또는 좋아하는 청춘남녀가 있는데 양가부모들이 자식들의 심정을 모르고 반대만 하니 큰 사고를 저지를 수 있는 것 등을 말한다.

䷕ 7 3 3 산화비괘(山火賁卦)의 삼효가 동하여 산뢰이괘(山雷頤卦)로 변하면

이(頤)란 '말이나 입을 참는다' 하는 뜻'이요, '속마음을 내색하지 않는다'는 상이다. 또한 '보양한다' '휴양한다' '수양한다' 라는 뜻이요, 또는 '입이 무거운 군자의 상'이라 할 수 있다. 또는 마음속의 불안이나 괴로움이나 시끄러운 상황 등을 '참아야 하거나 참고 지낼 일이 생긴다'고 말할 수 있다.

　그래서 이 괘는 자기를 과시하기 위하여 노력하는 사람이나 아니면 마음속에 있는 어떤 울분을 풀지 못하여 마음속에 괴로움이나 시끄러운 번민 등이 있는 사람이라고 말할 수 있을 것이다.

　또는 새가 멀리 날기 위하여 휴식을 취하는 운과 같아, 어떤 시끄러운 변화나 상황 속에서 잠시 수행하는 마음으로 한발 물러서는 운이라고 할 수가 있다.

　예를 들면 연예인들이 에너지 축적을 위해서 잠시동안 출연을 중지하는 격이라 할 수 있을 것이다.

　또는 각각 다른 분야에서 또는 또 다른 세계를 공부하기 위하여 잠시동안 쉬는 것과 같은 운이라 할 수 있을 것이다.

　또는 어떤 사기전문범이 또 사기를 계획하면서 새로운 방법을 연구하기 위하여 잠시 쉬고 있는 격이다.

　또는 대통령이 나라의 큰 일을 결단하기 위해서 조용하게 명상에 들어 생각하고 있는 운이요, 회사의 사장도 역시 마찬가지로 회사운영을 위하여 명상에 잠기는 격이라고 할 수가 있다.

　또는 어떤 일에서나 상황에서나 겉만 보고 결정하지 말고 신중하게 처신하면서 시기를 기다려 보라고 할 수 있을 것이다.

　예를 들면 어떤 사람이 배우자를 구하는 문제나 사람을 채용하거나 구하는 문제에 있어 겉으로 외모만을 보지 말고 조금 더 기다리면서 신중을 기하라고 말할 수 있는 것이다.

또는 집을 사거나 물건을 살 때 경거망동하지 말고 신중하게 생각하고 때를 보면서 구입하라고 할 수 있을 것이다.

또는 말을 잘하거나 말이 화려한 사람을 만나도 현혹되지 말고 참고 기다리면서 신중을 기하라고 할 수도 있을 것이다.

또는 지금까지 말못하고 울화병이나 답답한 일이 있더라도 발설하지 말고 조금 더 참고 기다리라고 말할 수 있을 것이다.

또는 나만이 알고 있는 비밀이 있으면 누구에게 내색을 하지 말고 조금 더 참고 기다려야 한다고 말할 수도 있을 것이다.

䷕ 7 3 4 산화비괘(山火賁卦)의 사효가 동하여 중화이괘(重火離卦)로 변하면

이(離)란 '헤어지다' '소멸시키다' '결핍되다' 라는 뜻이다. 또는 '분리되다' '떠나다' '갈라지다' '분산되다' 라는 뜻이요, '없다' '떨어지다' '차이가 있다' 라는 뜻이요, 또는 '불로 녹인다' '삭인다' 라는 뜻이요, 또는 '거리' '위치' '방향' 등을 나타낸다. 또는 '신경과민증환자' '불안한 사람' '홧병이 심한 사람' 이요, 또는 '화려하다' '화끈한 사람' 이라고도 할 수 있다.

그래서 이 괘는 화려한 생활을 청산한다, 장식을 그만둔다, 또는 사기 행각을 그만두고 떠난다고 하는 말로 할 수가 있다.

또는 어떤 일을 꾸미거나 모사를 하고 불안해할 수 있는 상이라 할 수 있을 것이다.

또는 어떤 강력하게 추진하던 일이 소멸되어 없어지거나 없어졌다고 말할 수 있을 것이다. 예를 들면 사람이 죽었다든지, 사업체가 없어졌다든지 할 수가 있을 것이다.

또는 어떤 모사 하는 일에서 손을 뗐다고 하거나 손을 뗄 일이 발생할 것이라고 말할 수 있을 것이다.

또는 울화병이 심해진다거나 아니면 울화병이 소멸되어 없어질 것이라고 말할 수 있을 것이다.

또는 화재로 인하여 큰 손상이나 손재가 발생할 수 있다고 할 수 있을 것으로 심하면 인명에도 손상이 발생할 수 있을 것이다.

또는 남모르게 모사를 계획하고 사기를 계획하였다고 한다면 그러한 모든 계획이 수포로 돌아갈 수 있다고 할 수 있을 것이다.

또는 어떤 곳에 어떤 모양의 집을 지으려고 마음을 먹었다거나 회사를 설립할 마음을 먹고 있다거나 작은 사업이라도 시작하려고 생각하였다면 모두 수포로 돌아갈 수 있는 것이다.

예를 들면 사람이 죽는다든지, 아니면 자금이 사기를 당하여 자금이 부족하거나 없어졌다든지, 아니면 외국으로 이민을 갈 일이 발생한 일로 마음으로 계획한 일들이 소멸되거나 포기될 수 있다고 할 수 있을 것이다. 아니면 소멸하였다고 말할 수 있다.

또한 이 괘는 사기꾼과 헤어진다, 화류계생활을 그만둔다 등으로 사용할 수도 있는 운이라 할 수 있다.

또는 그동안의 사치생활이나 허황된 생활을 청산하고 진실된 마음으로 겸손하게 살겠다는 마음이라고 할 수 있다.

또는 수하인들의 풍파가 걷잡을 수 없을 정도로 비화되어 있다고 하는 뜻이요, 또는 속이 썩을대로 썩었다고 하는 뜻이다.

또는 마음의 오기가 산 밑까지 찾다고 하는 뜻이요, 또는 분기가 충천하고 있다고 하는 뜻이다.

735 산화비괘(山火賁卦)의 오효가 동하여 풍화가인괘(風火家人卦)로 변하면

가인(家人)이란 '가족' '집안사람' 또는 '구성원'이나 '조직원' 등을 말한다. 또는 '패거리' '같이 행동하거나 생각하는 사람' '동아리' '동문' '연고가 같은 사람' '같은 사업을 하는 사람'이요, 또는 '같이 어울린 물건'이라고도 할 수 있다.

그래서 이 괘는 모사하는 일에 동조자가 많을 운이다. 예를 들면 미술전람회를 하는데 많은 동참자가 생기는 운이요, 무역박람회나 발명품 전시회를 하는데 많은 상공인이 동참하는 운이다.

또는 애경사에 많은 사람이 협조하는 운이요, 또는 미스코리아

선발대회를 개최하는데 많은 사람들이 동참하는 격이다.

또는 어떤 장소에 싸우나 시설을 하고 보니 많은 사람들이 몰려오고 있다거나 아니면 몰려올 것이라고 말할 수도 있을 것이다.

또는 어떤 운동시설을 꾸미니 많은 사람들이 운동을 하려고 찾아들고 있거나 찾아들일이 있을 것이라 말할 수 있는 것이다.

또는 어떤 사람이 사업으로 화원을 챙기고 보니 많은 사람들이나 뜻을 같이하는 사람들이 모여들고 있다고 할 수도 있을 것이다.

또는 같은 사람들끼리의 모임으로 연예인들은 연예인들끼리의 모임이요, 화가는 화가들끼리의 모임이요, 도적은 도적들끼리 모이는 격이요, 사기꾼 주위에 사기꾼이 모여드는 운이라고 할 수 있다.

또는 집을 짓는 일에 많은 사람이 협력할 수 있는 운이요, 아니면 집을 짓은 일에 많은 재료들이 들 것이다. 또는 필요하다거나 필요할 일이 발생할 것이라고 말할 수 있을 것이다.

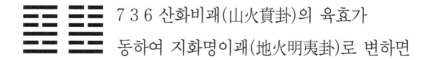

736 산화비괘(山火賁卦)의 육효가 동하여 지화명이괘(地火明夷卦)로 변하면

명이(明夷)란 '능력이나 생각이나 지혜를 마음껏 발휘하지 못하는 것'이요, '속마음을 내색하지 않거나 못하는 상'이요, '상대방에게 인정을 받지 못하는 상'이다. 또는 '새벽을 여는 사람' '새벽을 준비하는 사람'이라고도 할 수 있고, '마음속에 화나 열이 많은 사람'이라고 할 수 있다. 또는 '속에 있는 화나 열을 다른 사람에게 인정받지 못한다'고 할 수 있다.

그래서 이 괘는 어떤 계획을 마음 안에다만 넣어놓고 외부로 표현하지 않고 있는 운으로 우리 속된 말로 '마음속에는 능구렁이가 들어 있다'고 하는 말이 있는데 그 뜻과 같은 내용이 될 것이다.

예를 들면 첩을 둔 사람이 겉으로 표현하지 못하고, 또는 어떤 일을 아무도 모르게 모사하거나 추진한다고 할 수 있을 것이다.

또는 사회에서 어려운 사람들을 구제사업을 하고 있는 사람이 그 마음을 외부로 표현을 하지 않고 있는 격이요, 또는 마음속에 생각과 지혜는 있는 사람이 그 생각과 지혜를 외부로 표현을 하지 않고 때를 기다리고 있는 격이라 할 수 있을 것이다.

또는 어디 가서 한탕의 사기칠 것을 계획하고 있는 사람이 그 마음을 외부로 나타내지 않고 있는 격이다.

또는 살인을 계획한다든지 또는 패싸움을 계획하고 있다든지 또는 화류계생활을 하고 싶은 마음이 있다든지 등 수많은 일이나 생각을 외부로 표현을 하지 않고 마음으로만 생각하고 있는 운이다.

또는 유부녀가 애인이 있는데 누가 알까봐 속마음을 내색하지 않거나 말을 못하고 지낼 수 있는 일이 생길 수 있다.

또는 어떤 공부를 새롭게 시작하고 싶거나 시작하였다면 누구에게 발설하지 않을 사람이다. 예를 들면 춤을 배우는 사람이 가족이나 친구에게도 말을 하지 않고 혼자 배운다고 할 수 있을 것이다.

7 4 산뢰이괘(山雷頤卦)

　이(頤)란 입의 턱이라고 하는 뜻과 입이라고 하는 뜻이 있으나 입이라고 하는 것은 서합괘(噬嗑卦)도 입이라고 하는 의미를 갖고 있는 것으로 여기서는 다른 뜻으로 보아야 하기에 다른 방법으로 설명을 하고자 한다. 그래서 이(頤)란 '보양한다' 또는 '휴양한다' 또는 '수양한다' 또는 '말이나 입을 참는다'고 하는 뜻이 있으니 입을 다물고 인내심을 기르라는 의미라 할 수 있을 것이다. 또는 '속마음을 내색을 못하고 있는 상'이다. 또는 '입이 무거운 군자의 상'이라 할 수 있을 것이다. 또는 마음속에서 일고 있는 어떤 불안이나 괴로움이나 시끄러운 상황 등을 '참아야 한다거나 참고 지낼 일이 발생할 것이다'라고 말할 수 있는 것이다.

　그래서 이 괘는 말을 하지 마라, 말을 해서는 안 된다. 말을 못할 일이 생긴다. 말을 못하고 있다. 또한 어떤 행동도 참이라, 어떤 행동도 해서는 안 된다. 어떤 행동이나 일을 못하고 있다 등으로 응용할 수 있는 것이다.

또는 어떤 갈등이나 풍파가 생겨도 참고 견뎌야 하는 것이다. 예를 들면 부부간에 갈등이 있어도 표현하지 못하고 참고 있거나 참아야 할 일이 생길 것이요, 아니면 친구나 고부간에도 마음의 동요나 갈등이나 풍파가 발생하여도 참아야 한다고 말할 수 있는 것이다. 또는 속마음을 알 수 없는 사람이라고 할 수가 있을 것이다.

이 괘를 괘상(卦象)으로 보면 시끄러운 우뢰가 산 속에 갇혀있는 상으로 시끄럽고 정신이 없는 사람이나 마음이 안정되지 않고 불안한 사람이나 주위의 환경이 안정이 안되는 모든 사람들이 산 속으로 들어가서 수행하는 운이라고 보아야 할 것이다.

예를 들면 시끄러운 세상을 등진 사람이나 학업을 전념하고자 하는 사람이나 범죄인이 추격하는 사람들을 피하여 산 속으로 들어가서 수행하는 사람이라 할 수 있을 것이다.

䷚ 741 산뢰이괘(山雷頤卦)의 초효가 동하여 산지박괘(山地剝卦)로 변하면

박(剝)이란 '깎이다' '벗기다' '깎아내리다' 라는 뜻이요, 또는 '인정을 받지 못한다' '무시당한다' '자존심이 상한다' '유지하지 못한다'라는 뜻이요, 또는 '매사에 자신감이 없거나 자신감을 잃는다'고 할 수 있고, 또는 '은폐된 것을 밝혀내다' '진실을 밝혀내다'라고 할 수 있다. 또는 의지나 예산이나 계획이나 인기나 신용이나 재산이나 운영자금 등이 줄거나 떨어지는 것을 말한다.

그래서 이 괘는 자기의 어떤 수행생활이 방해를 받고 있는 운으로 마음먹은 대로 되지 않는 운이라 말할 수 있을 것이다. 또는 참는 것도 한계가 있다고 할 수 있을 것이다.

또는 어떤 사람의 허물이나 과실을 보았거나 들어서 알고 있는 사람이 그러한 내용을 발설을 하지 않고 참으려고 노력하고 있는데 주위 사람들이 이런 말 저런 말로 회유하는 바람에 마음이 약해지고 있다고 할 수 있을 것이다.

또는 부부의 갈등이 있어 참고 지내려고 노력하면서 지내오고 있는데 갈등의 골이 갈수록 심해지고 있기 때문에 인내심에 한계를 느낀다고 할 수 있을 것이다.

또는 할말을 못하고 상대의 처분이나 기다리면서 참고 지내다보니 손해를 보거나 손해를 볼 수 있다고 할 수 있다. 예를 들면 연봉을 결정하는 사람이 회사측의 눈치만 보면서 말을 안하고 있다보니 다른 사람들에 비하여 손해만 보았다고 말할 수 있을 것이다.

또는 매사에 있어 참다보나 자기의 위치나 명예나 사업에서 약간의 손재가 따른다고 말할 수 있을 것이다. 아니면 참으면 상대방이 깎아 내리려고 할 수 있다거나 참음으로 인해서 약간의 무시나 불신 등이 발생했다고 말할 수 있을 것이다.

또한 백일 동안 수행을 하려고 산 속에 들어갔는데 중도에 마가 생겨 그만두고 나오는 격이라 할 수 있을 것이다.

또 삼 년을 잡고 공부할 목적으로 입산을 하였다면 삼 년을 못 채우고 그만두는 격이며, 또는 말없이 일년을 지내려고 하였다면 일년을 채우지 못하는 등과 같이 끝을 보지 못하고 중도에 포기하는 운이라고 할 수 있는 운이다.

742 산뢰이괘(山雷頤卦)의 이효가 동하여 산택손괘(山澤損卦)로 변하면

손(損)이란 '손실'을 뜻하고 '악독하고 인정이 없는 상'이다. 또는 '감소한다' '줄인다' '각박하다' '야박하다' '빈정댄다' '조롱한다'라는 뜻이요, 또는 '득(덕)이 되지 않는다'고 할 수 있다.

그래서 이 괘는 '아끼면 똥이 된다'는 말이 있는데 참다보니 남는 것은 손해만 생긴다는 뜻과 같다. 또는 어떤 일이나 상황을 그때그때 처리하지 못하고 미루다 손해만 본다고 할 수 있다.

또는 말을 안 하거나 참다가 손해를 볼 수 있다고 할 수 있다. 예를 들어 과감하게 밀어붙여야 할 때도 상대의 눈치를 보면서 참다가 손해와 상처만 입고, 사랑하는 남녀가 결혼을 차일피일 미루다 다른 사람에게 빼앗기는 격이라 할 수 있을 것이다.

또는 회사에서 말썽이나 부리는 사원을 과감하게 자르지 못하고 미루다 후일에는 회사가 위태로워지는 운과 같다.

또는 부인이나 남편이 춤바람이 난 것을 알면서도 말을 못하고 차일피일 미루다 결국에 가정파탄이 생겼다고 할 수 있을 것이다.

또는 어떤 일을 미루다보니 나에게 돌아오는 일이 없다. 또는 적어졌다고 할 수 있다.

예를 들면 하청을 받아 처리하는 사람이 상대방의 처분만 기다리다 하청이 다른 곳으로 떨어졌다고 할 수 있거나 아니면 다른 사람에게 주고 남은 적은 양만 받게 되었다고 할 수 있을 것이다.

또는 적은 병을 참고 견디다 나중에는 큰 병으로 악화되는 것 등으로 우리 속담에 또 이런 말과 같은 뜻이 있으니 '호미로 막을 것을 가래로 막는다'는 말과도 일맥상통하는 괘이다

또는 어떤 회사에서 신제품을 만들고는 과감하게 내놓지 못하고 주위의 눈치만 보다 손재만 보거나 발생할 수 있다고 할 수 있다.

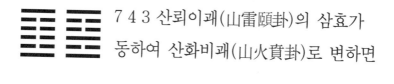 7 4 3 산뢰이괘(山雷頤卦)의 삼효가
동하여 산화비괘(山火賁卦)로 변하면

비(賁)란 '꾸미다' '장식하다' '과시하다' '노출하다' 라는 뜻이다. 또는 '치장하다' '사치하다' '화려하다' 또는 '모사를 꾸민다'

'계획을 세운다' 또는 '과장이 많다' '공개하다' 또는 '추진력이 강하다' 라는 뜻이다. 꾸민다는 것은 다른 사람을 유혹하려고 하거나 자기를 과시하려는 마음이 있다고 보아야 한다.

　　그래서 이 괘는 겉으로는 도덕군자 같으나 마음은 음흉하고 또는 이기적인 성격의 소유자라고 할 수가 있다.

　　또는 말없는 가운데 이를 가는 사람이라고 할 수 있을 것이요, 또는 겉으로는 조용한 것 같으나 내면으로는 울화가 치밀고 있는 사람이라 말할 수 있을 것이다.

　　그래서 우리 옛말을 들어보면 '역사는 밤에 이루어진다' 라고 하는 말과 같이 겉으로는 조용한 것 같으나 내면에서는 또 다른 일을 벌린다고 할 수 있는 것이다.

　　또는 검찰이나 경찰이 어떤 사건을 겉으로는 무관심하거나 모르는 척 하면서 실사를 하고 있다고 말할 수 있을 것이다.

　　또는 국세청에서 겉으로는 조용한 척 하면서 내부적으로는 밀수업자나 탈세자들의 뒤를 내사하고 있는 상이라 할 수도 있다.

　　또는 결혼하려고 하는 처녀의 부모가 겉으로는 말이 없으면서 내부적으로는 총각의 내면을 캐보고 있다고 말할 수도 있다.

　　또는 어떤 부인이 겉으로는 얌전한 것 같은데 실제로는 바람둥이 여인이라고 할 수도 있을 것이요, 아니면 바람을 피워보고 싶은 충동을 느끼고 있는 사람이라고 말할 수도 있을 것이다.

　　또는 우리 속담에 얌전한 강아지 부뚜막에 먼저 올라간다는 것과 같은 말로서 겉으로는 얌전하고 정숙한 사람으로 교양이 있는 것 같이 하지만 화류계나 천직의 사람이라 할 수 있을 것이다.

또는 내성적이면서 자기의 어떤 계획이나 생각을 강력하게 추진하는 성격의 소유자라고 말할 수 있을 것이다.

또한 겉으로는 수행을 많이 하는 사람같이 하면서 이득이 있는 자리에서는 욕심이 많은 사람이요, 또는 겉으로는 얌전하고 말이 없는 사람 같지만 마음속에는 어떤 음모를 꾸미고 있을 사람이다.

또는 얌전한 척 앞에 나서는 것을 원치 않는 사람같이 행동하면서 속으로는 다른 사람들이 자기를 추켜주기를 바라는 사람이요, 앞으로 밀어주기를 바라는 사람이라고 할 수가 있을 것이다.

䷚䷔ 744 산뢰이괘(山雷頤卦)의 사효가 동하여 화뢰서합괘(火雷噬嗑卦)로 변하면

서합(噬嗑)이란 '입을 떠들고 놀리는 것'을 말하고, '입이 가볍고 경솔한 상'이라고 할 수 있다. 그래서 입으로 '되씹는다' '지껄인다' '수다가 심하다' '비웃거나 조롱한다' '소리내 웃는다' 라는 뜻이요, 또는 '한탄한다' '자탄한다' '후회한다' '으르렁거린다' '희희낙락한다' 라는 뜻이요, 또는 '참을성이 없다' '안정감이 없다' '시끄럽다' 라고 할 수 있다. 또는 '자궁운동이 좋다' 고도 한다.

그래서 이 괘는 경솔한 사람으로 모든 일이나 상황을 듣거나 보거나 느낀 일들을 수행하는 마음으로 간직하지 못하고 떠벌리는 성격의 소유자라고 할 수가 있으니 비밀이 있을 수 없는 사람이다.

또는 어떤 일이나 상황을 참지 말고 발설하라고 할 수 있거나 발설할 수 있는 사람이라 말할 수 있을 것이다.

또는 그동안 참으면서 말을 하지 않은 사람이 입을 열기 시작하였다고 할 수 있다. 예를 들면 부정선거자금 등을 동원한 사람이 입을 다물고 묵비권을 행사하다가 어떤 변화에 의하여 입을 열기 시작하였다거나 아니면 열 수 있는 사람이라 말할 수 있을 것이다.

또는 참는 것도 한계가 있으니 그동안에 참고 인내심으로 지내온 사람이 드디어 입을 열기 시작하였다고 할 수 있을 것이다.

또는 어떤 총각이 어떤 여인을 마음속으로만 좋아하다가 드디어 좋아한다고 말을 하였다고 할 수 있을 것이요, 아니면 참지 말고 말을 하라고 지도해줄 수 있는 것이다.

또는 한 번 한 이야기를 가지고 몇 번이고 되씹는 성격으로 피곤할 사람이다.

또는 마음에 안정감이 없고 불안한 사람으로 방황하는 사람이요, 속에 열이 많이 있는 사람이라고 할 수가 있으니 심하면 정신이 바르지 못한 사람이요, 또는 광적인 사람이 있을 수 있는 운이요, 또는 실없는 사람이라고 할 수가 있을 것이다.

또는 부부간에도 참아야 할 말이 있는데 참지 못하고 들으면 들은대로 생각나면 생각나는대로 말하는 사람이라고 할 수 있다.

또는 음식만 보면 참지 못하고 먹어대는 사람과 같다고 말할 수 있을 것이다.

또는 성욕을 참지 못하고 아무하고나 관계를 맺으면서 살아갈 수 있는 상이라 할 수 있을 것이다.

또는 주인의 심정도 모르고 속절없이 짖어대는 개와 같은 상이라 할 수 있다.

또는 평상시에는 말이 없이 조용한 사람이 말을 많이 할 일이 발생했다거나 발생할 일이 생길 수 있다고 할 수 있을 것이다.

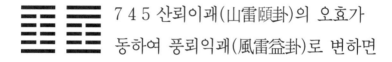 745 산뢰이괘(山雷頤卦)의 오효가 동하여 풍뢰익괘(風雷益卦)로 변하면

익(益)이란 '이롭다' '유익하다' '증가하다' '더하다' '더욱더' 등으로 '뭔가를 추가한다는 뜻'이다. 또한 '우뢰, 갈등, 동요, 불안, 풍파, 방황, 고민, 시끄러운 상황' 등이 많다고 할 수 있다. 또는 '부익부(富益富) 빈익빈(貧益貧)'이라는 뜻이요, '끼리끼리 어울린다' '모인다' '쌓아둔다'라는 뜻이다.

그래서 이 괘는 참는 것이 이익이라는 뜻이요, 또는 수행의 길이 더욱 증가된다는 뜻이다. 또는 어떤 일을 참으려고 노력하는 사람에게 풍파나 동요나 불안 등이 계속 밀려오고 있은 상이다.

또는 마음속에 우뢰나 갈등이나 시끄러운 일을 담아두고 사는 사람에게 불안이나 동요나 풍파 등이 계속 발생한다거나 고통이 증가하고 있다고 말할 수 있을 것이다.

또는 부부의 갈등에서 힘들게 참고 넘겨온 결과 가정의 행복과 편안함이 있다고 할 수 있는 것이다.

또는 다른 사람의 험담을 할 일이 있어도 한 번 참는다면 덕이 된다는 뜻이요, 매사에 경솔하지 않고 신중하게 대한다면 이익이 있을 것이라고 하는 뜻으로 신중론을 말하고 있는 것이다. 그래서 우리 속말에 '참는 자는 복이 있다'고 하는 말과 같을 것이다. 여기서 뢰는 좋은 의미로 설명하였다.

또한 이 괘는 수행의 정도가 갈수록 심화된다는 뜻으로 매사에 자기의 어떤 분야에 갈수록 심취되고 그 분야를 완전하게 자기의 것으로 소화를 해내고 있다고 할 수가 있을 것이니 자기의 어떤 분야에 진수를 더해 가는 것을 말하고 있는 괘라고 말할 수 있다.

또는 매사 참고 노력한 결과 즐거움이 계속된다고 할 수 있다. 예를 들면 어려움을 참고 열심히 일한 결과 많은 재물을 얻고 가정에 즐거움이 계속되고 있다거나 또는 학문의 어려운 고비를 참고 넘긴 결과 사회에 크게 진출할 수 있다고 할 수 있을 것이요,

주의 할 것은 이 괘의 용신(用神)이나 동효(動爻)에 복덕(福德)이나 용덕(龍德)이나 녹이 있으면 좋은 일로 진수를 성취할 운이요, 칠살(七殺)이 있으면 악의 길로 진수를 이룰 것이다.

746 산뢰이괘(山雷頤卦)의 육효가 동하여 지뢰복괘(地雷復卦)로 변하면

복(復)이란 '다시 시작한다' 또는 '마음이 시끄럽고 번잡하다' '심리적으로 불안하다' '마음의 갈등을 내색하지 못하는 상황'이라고 할 수 있다. 또는 '재기' '재발' '반복' '돌고도는 윤회'를 뜻하며, '돌아온다' '돌아가다' '제자리로 돌아가다'라고 할 수 있다.

그래서 이 괘는 참아야할 일, 기다려야할 일, 말못할 일 등이 다시 반복되고 있다거나 아니면 또 다시 발생했다고 할 수 있는 것으로 매사를 처음부터 다시 시작하는 운이다.

또는 수행을 처음부터 다시 시작하는 운이요, 또는 인내심으로 새로이 시작할 일이 반복되고 있다고 할 수 있다. 예를 들면 학생이 공부는 하는데 있어 기초가 잘못되어 수업에 지장이 있으면 처음 수행하는 마음으로 기초부터 다시 시작하는 격이다.

또는 어떤 체육선수가 기초실력이 없다면 처음부터 수행하는 심정으로 기초실력부터 다시 시작하는 격이라 할 수 있을 것이다.

또는 환자의 치료를 하는데 있어 진찰이 잘못 나왔다면 처음부터 다시 시작하여 진찰을 하는 것이다.

또는 집을 짓는데 있어서 기초시설이 부실하다면 억울해도 참고 처음 기초부터 다시 시작하는 것이다.

또는 사회가 불안하고 질서가 없다면 모든 어려움을 참고 기초

질서부터 바로잡아야 한다고 하는 것이다.

또는 범죄수사에 있어서 문제가 있으면 그 사건의 기초부터 다시 재조사를 하여야 하는 등으로 많은 일들이 있으니 잘못된 것은 처음부터 바로잡아 나가야 한다는 것을 말하고 있는 운이다.

또는 부부간에 갈등이 발생하였다며 또 다시 인내로서 참아야 한다고 할 수 있을 것이요, 아니면 부부의 갈등 속에서 참으면서 살아가는 사람이라 말할 수 있을 것이다.

또는 이웃 간이나 친구나 동료간에 있어서 매사를 양보하고 참으면서 살아가는 사람이 또 다시 인내심을 발휘하여 참아야 할 일이 생겼다거나 발생할 수 있다고 말할 수 있는 것이다.

7 5 산풍고괘(山風蠱卦)

고(蠱)란 '좀먹는다' '유혹하다' '조금씩 변화한다' '변질된다' '미혹하다' '현혹하다' '잠식하다' 또는 '조금씩 물들어 간다' '의지나 생각이 감소한다' '무너져 간다'고 할 수 있다.

또한 '좀먹는다' '미혹하다' '유혹하다' '현혹하다의 뜻'이 있으니 자기의 의견이나 주관을 다른 사람에게 '잠식당한다'고 할 수 있고, '의지가 감소한다. 무너져가고 있다'라고 말할 수 있다.

또는 무언가에 '조금씩 물들어 간다' '조금씩 변화한다' '변질되어 간다'는 의미요, 또는 '의지나 생각이 감소한다. 무너져 간다'고 할 수 있으니 주위의 변화에 따라 서서히 물들어 가는 형상이다. 다시 말해 한 순간에 변화를 일으키는 것이 아니라 조금씩 적응해 가는 것을 말하는 것이다.

예를 들면 학생이 한꺼번에 많은 것을 배워서 아는 것이 아니고 하루하루 하다보면 많은 지혜가 쌓이는 것과 같다고 할 수 있다.

또는 주위에 좋은 친구들이 많이 있으면 나도 모르게 그 좋은 친구들의 언어이나 행동을 조금씩 배워 익히는 것과 같은 것이다.

또는 어려운 생활이 어느 순간 한 번에 좋아지는 것이 아니고 나도 모르게 조금씩 변화하면서 생활이 나아지는 격이다.

또는 병고가 심한 사람이 나도 모르게 조금씩 나아지고 있는 것과 같은 운이다.

또는 사상 종교 철학 학문 등에 점점 빠져드는 운이요, 또한 부부사이가 점점 좋아지거나 멀어진다고도 할 수가 있을 것이다.

또한 이 괘는 손괘(損卦)와 같은 의미가 많다. 고괘(蠱卦)는 누군가에 의하여 나의 모든 일이나 생각이 감소된다고 한다면 손괘(損卦)는 나의 실수나 부주의로 감소된다고 할 수 있을 것이다.

용신(用神)이나 동효(動爻)에 복덕(福德)이나 용덕(龍德)이나 녹 등이 있으면 조금씩 좋아지는 운이요, 칠살(七殺)이 있으면 조금씩 나빠지는 운이라고 할 수 있다.

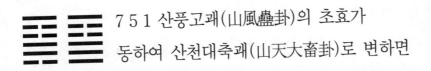

751 산풍고괘(山風蠱卦)의 초효가 동하여 산천대축괘(山天大畜卦)로 변하면

대축(大畜)이란 '많은 것' '기대 이상의 성과나 변화' 등을 말하는 상으로, 좋은 면이든 나쁜 면이든 '크게 쌓는다' '의지력이 대단하다' 또는 '크게 이룬다' '크게 얻는다' '기대가 매우 크다' '욕심이 매우 과하다' 또는 '상처가 매우 크다' '손실이 매우 크다' 라는 뜻이다.

　그래서 이 괘는 누군가가 내 마음을 유혹하는 것이 너무 심하다고 할 수 있는 운이요, 또는 조금씩 손실이 발생한 일이 나중에는 많은 것을 잃게 되었다거나 잃을 수 있다고 말할 수 있을 것이다.

　또는 남의 유혹에 빠져 많은 재물이나 명예를 잃었다고 할 수 있을 상이요, 아니면 누구의 유혹에 넘어간 일로 인하여 많은 부나 명예 얻었다고 할 수 있을 것이다.

　또는 젊은 여인이나 성인용 비디오가 청소년들을 도가 지나칠 정도로 심하게 유혹하는 것과 같은 격이다.

　또는 사람이 선과 악의 길에서 누군가의 유혹을 받고 처음 발을 들여놓을 때는 잘 구분을 못하지만 한참이 지난 후에서야 내가 가는 길이 잘못되었다고 후회할 수 있는 일이다.

　또는 마약을 하는 사람이 처음에는 누군가(또는 분위기)의 유혹에 의하여 그저 호기심에 한두 번 맞은 것이 나중에는 습관이 되는 격이라 할 수 있을 것이다.

　또는 우리 속담에 '바늘도둑이 소도둑 된다' 는 말이 있는데 처음에는 친구 따라서 그저 장난으로 한두 번씩 남의 물건에 손을 댄 것이 나중에는 전문도적이 될 수 있는 것과 같은 운으로 이 괘는 무언가의 유혹이 나중에는 걷잡을 수 없고 돌이킬 수 없는 지경에 이르는 것을 말하고 있다.

또는 많은 재산을 가지고 사는 사람이 어느 때부터인지는 몰라도 재산이 점점 줄어들어 나중에는 파산이 되었다고 할 수 있을 것이요, 아니면 누군가의 권유에 의하여 조금씩 모으기 시작한 저축이 나중에는 큰 재산으로 변했다고 할 수 있을 것이다.

752 산풍고괘(山風蠱卦)의 이효가 동하여 중산간괘(重山艮卦)로 변하면

간(艮)이란 '고지식하다' '외롭다' '의지가 확고하다' '자신감이 많다' '딱딱하다' '강직하다' '유동성이 없다' '험난하다' '우월감이 많다' 라는 뜻이다. 또는 한 번 약속한 것은 '신용과 의리로 반드시 지키는 운'이요, '독보적인 존재'라고 할 수 있다. 또한 산은 옮겨다니거나 옮겨갈 수 없는 것으로 '한 번 자리를 잡으면 이동이 거의 없이 뿌리를 내리고 살아간다'고 할 수 있다.

그래서 이 괘는 유혹에 넘어가지 않는 운이요, 다른 사람의 말에 현혹되지 않는 운이라 할 수 있을 것이다.

또는 어떤 유혹에도 마음에 변화가 없는 운으로 고지식한 운이요, 딱딱한 운이요, 융통성이 없는 운으로 요지부동을 말하고 있다. 예를 들면 황진이와 서화담과 같은 관계라고 말할 수 있을 것이다.

또는 누구의 유혹에 의하여 큰 재물이나 많은 재물에 손실이 발생하였다고 할 수 있을 것이다. 예를 들면 어떤 물건이나 유혹이나 마작이나 경마나 카지노 등의 유혹에 넘어간 일로 어려운 일이 생길 수 있는 운이요, 또는 유혹을 버티기가 어렵다고 할 수 있다.

또는 어떠한 일에서나 상황에서 누구의 유혹에도 흔들림이 없는 사람이라고 말할 수 있을 것이다. 또는 소비자를 유혹할만한 새로운 제품을 만들어서 내놔도 관심조차 갖지 않는 격이다.

또는 어느 직장인에게 거액의 봉급을 주면서 자기 회사로 오라고 하여도 현혹되지 않고 자기의 맡은바 일만 열중하는 격이다.

또는 교통법규를 위반한 사람이 교통경찰에게 거액을 주면서 봐다고 하여도 그 유혹에 넘어가지 않고 책임에 열중하는 등으로 좋게 말하면 자기의 임무에 충실한 사람이요, 다시 말하면 융통성이 없는 사람이라고 할 수 있다.

또는 어떤 상황이나 물건의 유혹으로 생활에 큰 불편이 생길 수 있다거나 큰 고통이 따를 수 있다고 할 수 있는 운이다.

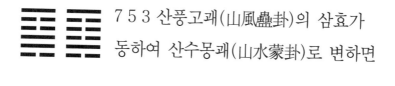

753 산풍고괘(山風蠱卦)의 삼효가
동하여 산수몽괘(山水蒙卦)로 변하면

몽(蒙)이란 '지혜가 밝지 못한 것' '능력이 부족한 것'으로 '멍하다' '어리다' '어리석다' '애매하다' '미련하다' '답답하다' '생

각이 적다' '의지가 약하다' '주관이 없다' '힘이 없다' '매사에
자신이 없다' '앞이 캄캄하다' '앞길이 밝지 못하다' '성숙하지 못
하다' 라는 의미가 있다. 또 모든 면에서 기초단계를 벗어나지 못한
상태를 말한다.

　그래서 이 괘는 유혹에 약하다고 할 수가 있으니 우리 속말에
'귀가 연하다' 라고 하는 뜻이다. 또는 누군가의 유혹에 넘어간 일
로 인하여 주관이 약하고 흐려질 수 있다고 할 수 있을 것이다.

　또는 유혹에 현혹되어 정신을 잃었다거나 몽매한 사람이 되었다
고 할 수가 있을 것이다. 또는 의지가 갈수록 미약해져 주관이 없
는 상이라 할 수 있을 것이다.

　또는 무르다 또는 약하다고 하는 말이 있는데 다른 사람의 말에
잘 현혹되고, 잘 넘어가는 것으로 어린아이와 같은 것을 말하고 있
는 운이다. 예를 들면 종교의 유혹에 잘 넘어갈 수 있을 것이요, 아
니면 넘어갔다고 말할 수 있는 것이다.

　또는 아가씨가 총각의 유혹에 잘 넘어갈 수 있다고 할 수 있을
것이요, 아니면 넘어갔다고 말할 수 있을 것이다.

　또는 마음이 독하기로 소문이 난 사람이 어떤 여인을 알고 부터
여인의 달콤한 말과 행동의 유혹에 빠져 그 여인의 말이라면 순종
하는 아이와 같이 변했다고 할 수 있을 것이요, 아니면 그 여인이
아니면 살아가지도 못할 정도로 여인한테 의지하는 버릇이 생겼다
고 말할 수도 있을 것이다.

또는 상인들의 상술에 소비자들이 잘 넘어간다고 할 수 있을 것이다. 아니면 상술에 넘어갔다고 할 수 있을 것이요, 아니면 넘어갈 일이 생길 수 있다고 말할 수 있는 것이다.

또는 공직자들이 뇌물에 약하다고 할 수 있을 운이요, 아니면 넘어갈 일이 생길 수 있다고 할 수 있는 것이다.

또는 많은 재산을 갖고 살던 사람이 야금야금 팔아먹으면서 살다보니 지금에 와서는 어린아이와 같이 능력이 없고 혼자 살아가기도 어려워 누군가의 도움의 손길을 받아야 할 일이 발생하였다거나 발생할 수 있을 것이라고 말할 수 있을 것이다.

또한 주관이 미약한 운이라 남의 유혹을 뿌리치지 못하는 운으로 주관이 없는 사람이요 심지가 깊지 못한 운으로 연약한 풀이나 나무 가지는 작은 바람에도 흔들리는 것과 같은 운이라고 할 수가 있는 운으로 앞장의 752와는 반대의 성격이라고 보아야 할 것이다.

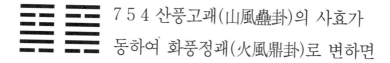

754 산풍고괘(山風蠱卦)의 사효가 동하여 화풍정괘(火風鼎卦)로 변하면

정(鼎)이란 '안정감'을 말하고, '서로 견제하면서 의지하는 상'이다. 또는 '타인에게 의지하면서 생활하는 상'이요, '지혜가 있어도 인정받기 어려운 상'이다. 또는 '세 명 이상이어야 안정되고 편안할 상' '한 곳에 자리잡으면 혼자 다른 곳으로 옮겨가 살 수 없는 상'으로 누군가에게 '의지'하려는 마음이 강하다.

그래서 이 괘는 유혹의 길이라고 하여 모두 불안한 것이 아니고 편안하다고 할 수 있는 운으로 안정을 말하고 있다.

또는 유혹의 손길이 누구도 모르게 은밀하게 이루어지고 있다고 말할 수 있으니 부뚜막 속의 불은 누구도 그 화력을 알 수가 없는 것과 같기 때문이다. 예를 들면 학문이 나를 유혹하여 학업을 한 결과 손해볼 일이 없는 격이다.

또는 어떤 사람이 나에게 주역(周易)을 배워보지 않겠느냐 배운 다면 여러모로 좋은 점이 많다라는 식으로 유혹을 하는 바람에 주 역(周易)을 배우게 되었는데 후일에 세상살이에 많은 도움이 되었 다거나 안정을 찾게 되었다고 말할 수 있을 것이다.

또는 갈증이 심한 상태에서 흘러가는 물이 나를 유혹하여 그 물 을 먹으니 심신이 편안하여지는 운이다.

또는 어느 친구의 유혹으로 급히 갈 길을 가지 못하고 쉬어가게 되었는데 미리 갔더라면 사고를 당할 수 있는 운이었으나 그 화를 면하게 될 수 있는 운이다.

또는 어떤 아가씨의 유혹에 넘어가 생활을 하다보니 나의 생활 에 안정이 발생했다고 할 수 있다. 예를 들면 돈 많은 사장의 외동 딸이었다거나 아니면 그동안 많은 재물을 축적해둔 여인을 만났다 고 할 수 있을 것이요, 아니면 그러한 사람을 만날 수 있을 것이라 고 설명할 수 있을 것이다.

또는 텔레비전에서 어떤 프로가 나를 현혹하여 그 프로를 보고 있노라니 심신이 안락하여 지는 격이다.

또는 어려운 사람을 도와주고 싶은 마음이 있어 도와주고 나니까 마음이 홀가분하고 시원해지는 일 등으로 매사를 마음이 끌려 그 일을 하고 나면 심신이 편안하다고 하는 것을 말하는 괘이다.

또는 누가 사업을 합자로 하자고 유혹하는 바람에 삼인 이상이서 합자회사를 운영하게 되었는데 회사가 편안하고 안정되어 있다고 할 수 있을 것이다.

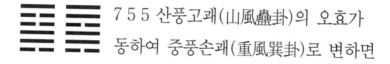 755 산풍고괘(山風蠱卦)의 오효가
동하여 중풍손괘(重風巽卦)로 변하면

손(巽)이란 '기회주의자' '임기응변에 능한 사람'이라고 할 수 있다. 또는 '고정적이지 못한 것' '확고하지 못한 것' '믿을 수 없는 사람'이라고도 할 수 있다. 그래서 '산만' '동요' '방황' '불안정' '변화' '변덕' '적응을 잘 한다' '상대방의 비위를 잘 맞춘다' '한 곳에서 생활하지 못하고 계속 옮겨다닌다' '설레임' '유순' '공손' 등으로 해석한다.

그래서 이 괘는 유혹의 손길이 다양하다고 할 수 있다. 또는 유혹으로 인하여 큰 풍파가 계속 일고 있을 수 있는 운이다.

또는 유혹의 손길에 마음이 들뜨고 설레일 수 있을 수 있다고 할 수 있을 것이요, 아니면 유혹에 현혹되어 방황하고 있다고 표현할 수 있을 것이다.

또는 유혹의 손길이 약하고 부드럽다고 할 수 있을 것이다. 아니면 유혹의 손길이 강하게 일고 있다고 말할 수도 있을 것이다.

또한 유혹에는 색상으로 유혹을 할 수도 있고, 모양으로 유혹을 할 수도 있으며, 또는 촉감을 가지고 유혹할 수도 있으며, 웃음을 가지고 유혹할 수도 있는 것이다.

또는 어떤 달콤한 말로서 상대를 유혹할 수도 있는 것이요, 또는 맛으로도 상대를 유혹할 수가 있을 것이다.

또는 어떤 행동으로 유혹할 수도 있으며, 또는 자신의 처지를 설명하면서 동정심을 유발하여 유혹하는 경우도 있을 수 있는데 이러한 유혹들로 인하여 마음이 설레이거나 들뜰 수 있는 것이요, 아니면 마음의 동요나 풍파가 생길 수 있는데 약간의 동요나 설레임부터 아주 강렬한 풍파까지도 발생할 수 있는 것이다.

또는 친구의 유혹에 빠져 후일에 사회에 큰 물의를 일으킬 수 있을 수 있는 운이다.

또는 사창가의 유혹에 넘어가 신병을 얻은 일로 한평생 자손을 보지 못한다거나 생활에 어려움도 있을 수 있는 것 등 수없이 많을 일들이 있을 수 있으나 그 유혹이 모두 좋은 것만은 아니요, 모두 나쁜 것도 아니니 동효(動爻)나 용신(用神)에 어떠한 살이 같이 있는 가를 잘 파악하여야 할 것이다.

또는 주위에 있는 사람이나 물건이나 재산 등이 누군가에 의하여 조금씩 손실되거나 멀어지고 있는 일로 마음의 갈등이 생긴다거나 방황할 일이 생길 수 있다고 할 수 있을 것이다.

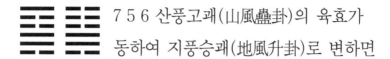 756 산풍고괘(山風蠱卦)의 육효가
동하여 지풍승괘(地風升卦)로 변하면

승(升)이란 '솟아오른다' 라는 뜻이요, 마음의 '동요' '갈등' '번민' 등을 말한다. 또는 '올라간다' '떠오른다' '진급한다' 라는 뜻이요, '마음을 못잡고 방황하거나 변화가 많은 사람' '심리적으로 불안한 사람' 이라고 할 수 있다.

그래서 이 괘는 어떤 일로 사람 등을 유혹하려고 하는데 그 유혹의 계획을 설계는 하였으나 외부로 나타내지 못하고 마는 상이라 할 수 있을 것이다. 예를 들면 자동차 회사에서 새로운 차종을 개발하여 놓고서 어떠한 방법으로 소비자들을 유혹할지 계획을 세우고 실천에 옮기지는 못하는 상이다.

또는 누구의 꼬임에 빠져 많은 재물을 날렸다거나 또는 어떤 여인의 유혹에 빠져 첩을 둔 사람이 자기의 속마음을 털어놓지 못하고 갈등이나 풍파속에서 살아가고 있다고 말할 수 있을 것이다.

또는 누군가의 유혹에 넘어간 일로 마음에 갈등이 발생하였으나 외부로 표현을 못하고 있다고 할 수 있다. 예를 들면 유부녀가 친구의 꼬임에 넘어가 춤을 배운 사실을 가족들에게는 말을 못하고 지내는 상이라 할 수 있을 것이요, 아니면 유부녀가 다른 남자의 유혹에 넘어가 정조를 잃고 혼자 마음을 못 잡고 불안하게 지낼 수 있다고 할 수 있을 것이다.

또는 누구를 만나야 할 일이 있는데 어떠한 방법으로 상대를 유혹하여 만나야 하겠다고 계획을 세우고 실천할 수 없는 운이다.

또는 마음에 상처나 고통이 있는 사람이 그 마음을 상대에게 어떤 방법으로 전할 것인가를 정해놓고도 기회를 기다리고 있는 운 등으로 시기를 기다리고 있는 운이다.

또는 친구나 다른 사람의 유혹에 의하여 어떤 일에 투자를 한 일이 잘된 것인지 잘못될 것이지를 몰라 마음이 산란하고 들뜨고 불안하게 지낼 수 있는 상이요, 아니면 투자한 일로 많은 이득이 발생하여 마음이 설레일 수 있다고 할 수 있을 것이다.

7 6 산수몽괘(山水蒙卦)

　몽(蒙)이란 '지혜가 밝지 못한 것' '능력이 부족한 것'으로 '멍하다' '어리다' '어리석다' '애매하다' '미련하다' '답답하다' '생각이 적다' '의지가 약하다' '주관이 없다' '힘이 없다' '매사에 자신이 없다' '앞이 캄캄하다' '앞길이 밝지 못하다' '성숙하지 못하다' 라는 의미가 있다. 또 모든 면에서 기초단계를 벗어나지 못한 상태를 말한다.

　또한 아직 피어(태어)나지 않은 아이나 꽃망울 같은 것으로 지혜가 밝지 못하고 또한 생각이 단순한 것 등을 말하고 있다.

　또는 피지 못하는 꽃처럼 마음을 외부로 나타내지 못하고 있는 것과 같은 것이라 말할 수 있을 것이다.

　또한 어린 관계로 자기의 주관을 바르게 사용.표현하지 못하고 또는 마음의 갈피를 잡지 못하고 불안전한 것과 같다.

또한 어리고 자기의 능력이 없다보니 타인의 무시를 받을 가능성이 많다고 할 수 있을 것이다.

또한 내가 능력이 없다보니 주위에서 나를 노리고 있는 사람들이 많이 있을 운이다. 그래서 이 괘를 가진 사람은 자기의 생활을 지키기가 어렵다.

또는 회사가 아직 성숙단계에 들지 못한 상태며, 또는 정국이 안정단계에 들지 못하고 불안한 상태의 운이라 말할 수 있는 것이다.

또는 신혼부부처럼 살림살이가 아직 미숙한 상태를 말하고 있을 수 있는 것이다.

또한 매사가 아직은 시작단계에 들고 있음을 말하고 있는 운이요, 또한 학문을 할 수가 없어 지혜가 부족한 경우가 많다고 할 수도 있을 것이다.

또는 본인의 의지가 약하기 때문에 타인에게 의지를 하려고 하는 마음이 많이 있을 수 있는 운이다.

761 산수몽괘(山水蒙卦)의 초효가 동하여 산택손괘(山澤損卦)로 변하면

손(損)이란 '손실'을 뜻하고 '악독하고 인정이 없는 상'이다. 또는 '감소한다' '줄인다' '각박하다' '야박하다' '빈정댄다' '조롱한다' 라는 뜻이요, 또는 '득(덕)이 되지 않는다'고 할 수 있다.

그래서 이 괘는 의지가 약하여 손해가 많이 있을 운이요, 또는 자기의 의사를 바르게 표현하지 못해서 손해를 볼 수 있는 운이다.

또는 내가 가진 것이 없거나 능력이 없거나 주위에 아는 사람이 없거나 배운 학문이 적거나 매사 어린아이 같은 짓만 하면서 살다 보니 대우를 받지 못하거나 무시당하거나 조롱당하면서 살아가는 사람이라고 말할 수 있을 것이다.

또는 내가 어리석다보니 사람들에게 빈정대는 조롱을 많이 들을 수 있는 운 등을 말하고 있다.

또는 어린 사람이나 능력이 없는 사람이나 주관이 약한 상태에 있는 사람들에게 인정머리 없이 악랄한 방법으로 사람들을 야박하게 대할 수 있는 운이요, 아니면 야박한 대우를 받고 있는 상태라 말할 수 있을 것이다. 아니면 야박한 대우를 받으면서 생활할 일이 발생할 수 있다고 할 수 있을 것이다.

예를 들면 계모가 전처의 자식들을 함부로 대하는 상이요, 사업도 주관없이 운영하다보니 생기는 일은 손해볼 일이라 할 수 있을 것이다.

또는 재판 중의 서류가 미비하거나 사회의 변화에 적응을 잘 못하거나 사회활동을 제대로 못하거나 어떤 일에 기술이 성숙되지 못하거나 어떤 분야에서 전문가가 아니라서 손해보는 일이 많이 발생할 수 있는 운이다.

또는 내가 많은 공부를 못한 관계로 손해를 볼 수 있다고 할 수 있으니 진급에서 손해를 볼 수 있을 것이다.

762 산수몽괘(山水蒙卦)의 이효가 동하여 산지박괘(山地剝卦)로 변하면

박(剝)이란 '깎이다' '벗기다' '깎아내리다' 라는 뜻이요, 또는 '인정을 받지 못한다' '무시당한다' '자존심이 상한다' '유지하지 못한다' 라는 뜻이요, 또는 '매사에 자신감이 없거나 자신감을 잃는다'고 할 수 있고, 또는 '은폐된 것을 밝혀내다' '진실을 밝혀내다'라고 할 수 있다. 또는 의지나 예산이나 계획이나 인기나 신용이나 재산이나 운영자금 등이 줄거나 떨어지는 것을 말한다.

그래서 이 괘는 어리석음에서 탈출하는 운이요, 또는 머리가 티고 지혜가 열리기 시작하는 운이라고 할 수가 있다.

또는 내가 주관이 없고, 매사에 자신이 없고, 또는 능력이 부족하다보니 어떤 일에서나 상황에서 주위 다른 사람들에게 인격을 무시당하거나 아니면 나의 의견에 토를 붙이는 사람들이 많이 발생할 수 있다고 말할 수 있을 것이다. 예를 들면 연예인이 인기가 없어 야간업소나 유흥업소에서 다른 사람들에 비하여 출장비를 깎고 적게 주려고 할 수 있는 것 등을 말할 수 있을 것이다.

또는 주위의 상황을 보면 학생이 어려서는 어리석은 것 같아 공부도 못하던 사람이 나이가 들면서 머리가 열려 공부는 잘하는 사람이 있는 것을 많이 볼 수 있는 것과 같다고 할 수 있는 운이다.

또는 항상 남에게 당하기만 하면서 살던 사람이 어느 때부터 인가 자기를 이용하고 얕잡아 보는 사람에게 대항하면서 자기의 위치를 지키고 사는 사람과 같은 운이다.

또는 그동안 아무 말도 못하고 모든 허물을 뒤집어 쓰고 당하던 사람이 모든 허물을 하나하나 벗어버리고 광명정대하게 생활하는 사람과 같다.

또는 단순한 마음으로 도적질을 하였다면 도적에서 손을 씻을 운이요, 사기꾼 생활을 하였다면 사기에서 날이 갈수록 손을 뗄 운이라고 할 수 있는 운이다.

또는 신혼생활에서나 사업을 시작한 사람이라면 초보의 티를 벗을 수 있다고 할 수 있을 것이다.

또는 어떤 연구기관에 있는 사람이라면 연구생활의 애로에서 벗어나 갈수록 인정을 얻을 수 있다고 할 수 있을 것이다.

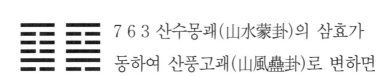

763 산수몽괘(山水蒙卦)의 삼효가 동하여 산풍고괘(山風蠱卦)로 변하면

고(蠱)란 '좀먹는다' '유혹하다' 또는 '조금씩 변화한다' '변질된다'라는 의미다. '미혹하다' '현혹하다' '잠식하다' 또는 '조금씩 물들어 간다' '의지나 생각이 감소한다' '무너져 간다'라고 할 수 있다.

그래서 이 괘는 어리석은 사람이나 아직 제대로 피어나지도 않은 사람을 이용하는 운이라고 할 수가 있을 것이다.

또는 아직은 자기의 주관이 약하다거나 어리다거나 확실하지 않다보니 다른 사람에게 내 의지가 잠식당하거나 또는 당할 수 있다고 할 수 있는 상이다.

또는 성인들이 아직 사리판단이 없는 어린아이를 유혹하여 성추행이나 앵벌이를 시키는 격이라 할 수 있는 운이다.

또는 춤을 잘 추는 사람이 이제 춤을 배우기 시작한 사람을 유혹하여 이용하려고 할 수 있거나 아니면 이용하고 있는 사람이라고 할 수 있을 것이다.

또는 사회의 어떤 부조리나 풍류나 범죄행위에 물들지 않은 사람들에게 인터넷이나 잡지 등이 그러한 사람들의 마음을 물들이고 있다거나 변화를 요구하고 있다고 말할 수 있을 것이다.

또는 돈으로 젊은 청소년들이나 생활능력이나 판단능력이 없는 사람들을 유혹하여 젊은 청소년들이나 사람들을 타락의 길로 유인하는 격과 같은 상이라 할 수 있을 것이다.

또는 어떤 사상에 물들지 않은 순수한 사람에게 힘있는 자가 사상을 주입하는 격으로 종교에서 종교의 사상을 주입하는 격이다.

또는 정치에서는 정치적인 사상을 주입하는 격이라고 할 수가 있는 운 등으로 아직은 자기의 능력이나 생각이 약하고 단순한 사람들을 이용하여 그 사람의 마음에 변화를 일으키는 운이다.

䷃䷿ 764 산수몽괘(山水蒙卦)의 사효가
동하여 화수미제괘(火水未濟卦)로 변하면

미제(未濟)란 '익숙하지 않다' '완성되지 않았다' '성사되지 않았다' '결론이나 결정을 내지 못했다'라고 할 수 있다. 또한 '확정, 결론, 결과, 결정'을 내지 못하고 미적거리거나 미루는 상태요, '성숙하지 않은 상태'요, 또는 '안정감이 없고 불안한 상태'다. 또는 아직은 미숙하다고 하는 뜻으로 '숙달되지 못한 것'을 의미하고, 일이 '마무리되지 않은 상태'를 말한다. 또한 이 괘는 송괘(訟卦)와 반대의 의미가 있다. 송괘(訟卦)의 어떤 일이나 상황을 확정했다면 이 괘는 아직 결정하지 못하였다고 할 수 있다.

그래서 이 괘는 능력이나 재력이나 힘이 부족하여 어떤 일이나 상황을 끝을 맺지 못하거나 해결을 못보고 있는 운이다.

또는 힘없고 어리석고 능력부족에서 아직은 벗어날 때가 되지 못하였다고 말할 수 있을 것이다.

또한 공사를 하는 사람이나 사업수완이 없는 사람이 자금이나 능력이 없어 끝을 내지 못하고 있는 격이다.

또는 지혜가 없고 생각이 없는 사람이라 학업을 중도에 포기되고 끝을 못보는 운이다.

또는 환자가 의사를 찾아간 것이 아직 초보단계의 의사라거나 아니면 능력이 없는 의사를 만나게 되어 치료를 못하고 있다고 말할 수 있을 것이다.

또는 어떤 사람이 주역(周易)을 공부하고 싶은 마음이 있어 선생을 찾아 만났는데 만난 선생의 주역(周易)이 초보단계라고 하거나 주역(周易)에 조예가 없는 선생을 만난 탓으로 주역(周易)의 난해한 학문을 제대로 완성하지 못했다고 말할 수도 있을 것이다.

또는 실력이 없는 사람이 교수로 임용되었으나 교수직을 끝까지 유지하지 못하고 그만두는 격이요, 또는 신혼부부가 이해가 부족하고 생각이 짧아서 결혼생활을 끝까지 유지하지 못하고 이별을 할 수 있는 운이다.

䷃䷺ 765 산수몽괘(山水蒙卦)의 오효가 동하여 풍수환괘(風水渙卦)로 변하면

환(渙)이란 '고정적이지 못하다' '안정적이지 못하다' '확고하지 못하다' '변화가 많다' 라고 할 수 있다. 그래서 '흩어지다' '헤어지다' '풀리다' '널려놓다' '번진다' '퍼진다' '여기 저기' '이것 저것' 이라는 뜻이요, 또는 '정신이 산만하다' '이합집산이 많다' 라고 할 수 있다.

그래서 이 괘는 어리석음에서 탈출하는 상으로 어리석음이 풀어진다 흩어진다고 할 수 있을 것이요, 주관이 없던 사람이 자기의 주관을 찾아나간다고 할 수 있을 운이다.

또는 능력과 주관과 지혜가 없이 살아가는 사람이 재산이나 가족이나 지위를 유지하지 못하고 살아간다고 말할 수 있을 것이다.

또는 자기의 어떤 진로나 회사의 운명이나 어려운 생활에서 벗어날 수 있는 길이 보이지 않고 답답하다거나 막막한 사람에게 어렵고 힘든 모든 일들이 흩어질 것이다고 말할 수 있을 것이다.

또는 어떤 단체가 아직 성숙되기도 전에 해산되었다고 할 수 있을 것이요, 또는 내가 주관이 약하다거나 능력이 없다보니 나의 의견이 무시될 수 있을 것이다.

또는 어떤 회사가 성장도 되기 전에 장난꾼들이나 기업 사냥꾼들에 의하여 풍비박산이 났다고 할 수 있을 운이다.

또는 푸른 어린 싹은 주위 여건에 따라서 변화하는 것으로 주위의 변화에 따라서 자라는 모양이 달라질 수가 있는 것과 같다고 할 수 있을 것이요, 약한 바람도 주위의 변화에 따라서 바람의 속도나 방향이 달라질 수 있듯이 사람도 주위 여건에 따라서 성장하는 것이 각각 다르다는 것을 말하고 있다. 여기서 풍수환괘를 변화한다고 설명하였다.

예를 들면 주정뱅이 아버지 밑에서는 주정하는 아들이 나오고 학자 집안에서는 학자가 나오는 격이요, 또한 선한 부모 아래서는 선한 자식이 있을 수 있는 격이다.

또한 한국사람은 어려서부터 한국식으로 성장을 하니까 한국말을 배우고 생활에 습관이 드는 격이요, 미국사람은 어려서부터 미국식으로 살기 때문에 말도 미국말을 하고 미국식으로 습관이 드는 격과 같은 것을 말하는 운이다.

또는 우리 속담에 '세살 버릇이 여든까지 간다'고 하는 말로서 어려서 배운 습관 즉 주위의 변화에 따라서 달라질 수 있다고 하는 말이다. 여기서 몽은 어려서부터라는 뜻으로 설명하였다.

7 6 6 산수몽괘(山水蒙卦)의 육효가 동하여 지수사괘(地水師卦)로 변하면

사(師)란 '스승' '지도자'라는 뜻이요, '전문적인 기술이나 능력이 있는 사람' 등을 말하고, '서로가 서로를 필요로 하는 상' '서로가 서로를 의지하는 상' '서로가 서로를 인정하는 상'이다.

그래서 이 괘는 바보온달이 장수로 변하는 운이요, 처음에는 보잘것 없던 사람이 나중에는 큰 일을 한다고 할 수 있을 것이다.

또는 처음에는 힘이 없던 싹이 나중에는 큰 목재로 성장하는 격과 같은 상이라고 말할 수 있다.

또는 어리고 힘없는 사람이나 능력이 없는 회사나 사람 등을 인정하고 서로 협력하면서 살아간다거나 이러한 사람이나 회사를 지도하고 도와주면서 살아가는 사람이라 말할 수 있을 것이다.

예를 들면 일기예보나 교통정보나 생활정보나 부동산정보나 주식정보나 취업정보 등을 제공하면서 살아가는 사람이다.

또는 처음에는 별일도 아닐 것 같은 일이 나중에는 사회로 변하여 큰 일을 하는 것으로 우리나라 IMF를 당하였을 때 처음에는 그저 하는 말같이 금모으기를 시작한 일이 온 국민이 나서서 금모으기를 하는 걸과 같다고 할 수 있을 것이다.

또는 어린 사람, 약한 사람, 능력없는 사람, 판단력 없는 사람에게 은인이나 구원자가 나타날 수 있는 일 등을 말하고 있다. 아니면 이런 사람들을 돌보면서 살아갈 수 있는 사람이라고 할 수 있다.

또는 어떤 일에서 전문가가 아니라서 어려운 일이 발생하였다면 나를 도와줄 수 있는 스승이나 지도자를 구하는 운이다. 예를 들면 내가 법원에 갈 일이 발생하였다면 법률에 문외한이라 전문변호사를 찾아가는 운이라 할 수 있을 것이다.

또는 특허등록을 내고자 하는 사람이나 임신을 원하는 부부나 연예계 생활에 관심이 있는 사람이나 교통사고가 났는데 교통사고 해결 등의 일에 자신이 없는 사람이라 전문가를 찾아갈 수 있다고 할 수 있을 것이다.

7 7 중산간괘(重山艮卦)

간(艮)이란 '고지식하다' '외롭다' '의지가 확고하다' '자신감이 많다' '딱딱하다' '강직하다' '유동성이 없다' '험난하다' '우월감이 많다' 라는 뜻이다. 또는 한 번 약속한 것은 '신용과 의리로 반드시 지키는 운' 이요, '독보적인 존재' 라고 할 수 있다. 또한 산은 옮겨다니거나 옮겨갈 수 없는 것으로 '한 번 자리를 잡으면 이동이 거의 없이 뿌리를 내리고 살아간다' 고 할 수 있다.

이 괘는 중천건(重天乾)과 같은 의미가 많다고 할 수가 있다. 또는 융통성이 없는 사람으로 한 번 결정하면 두 번 다시 타협하지 않는 사람이요, 아니면 제잘난 맛에 살아가는 사람이라 할 수 있다.

또는 어떤 사람을 만날 일이 있으면 상대하기가 어려운 사람이라고 하거나 아니면 넘볼 수 없는 사람이라고 할 수 있을 것이다.

또한 매사가 산넘어 산으로 한 가지 일을 해결하면 또 다른 일이 생기는 운으로 연속적인 발생을 의미한다. 용신(用神)이나 동효(動爻)나 변효(變爻)에 녹이나 복덕(福德)이나 용덕(龍德)의 운이 있으면 좋은 일이 연속적으로 생길 수 있는 운이요, 칠살(七殺)이 있으면 좋지 못한 일들이 연속적으로 생길 수 있는 운이다.

또는 산 속에 갇이는 형상으로 앞뒤를 분간하기 어려운 미로와 같은 상이라 말할 수 있을 것이다.

또한 산은 양(陽)의 기운이라 강인한 운이 있으니 누구와의 타협이 없으며 다른 사람을 업신여기거나 우월감이 많이 있을 수 있는 사람이요, 또한 산은 혼자 이동할 수 없기 때문에 외롭고 쓸쓸할 경우가 많아 적적할 운이다.

또한 간괘(艮卦)는 한 번의 골이 생기면 다시 회복하기 어려운 일과같이 한 번 마음을 정하거나 한 번 골이 생기면 다시 마음을 돌리기 어렵다고 할 수 있다.

예를 들면 부부간에 어떤 골이 생긴다면 다시 본래의 자리로 회복이 어렵다고 할 수 있을 것이요, 친구들과도 한 번 틀어진다면 두 번 다시 찾지 않을 수 있는 인물이라고 할 수 있을 것이다.

또는 한 번 마음으로 작정한 일에 대해서는 두 번 다시 번복하기가 어렵다고 할 수 있는 것으로 의지가 굳다라는 말로 표현할 수 있는 상이다. 그래서 본인의 성격 때문에 손재도 많이 있을 수 있다고 할 수 있을 것이다.

771 중산간괘(重山艮卦)의 초효가 동하여 산화비괘(山火賁卦)로 변하면

비(賁)란 '꾸미다' '장식하다' '과시하다' '노출하다' 라는 뜻이다. 또는 '치장하다' '사치하다' '화려하다' 또는 '모사를 꾸민다' '계획을 세운다' 또는 '과장이 많다' '공개하다' 또는 '추진력이 강하다' 라는 뜻이다. 꾸민다는 것은 다른 사람을 유혹하려고 하거나 자기를 과시하려는 마음이 있다고 보아야 한다.

그래서 이 괘는 주관이 뚜렷한 사람, 의지가 강한 사람이 다른 사람의 말을 듣지 않고 자기 생각대로 추진하는 운이요, 또는 어렵고 힘든 일이나 상황을 감추려고 노력하는 상이라 할 수 있다.

또는 외롭고 쓸쓸한 사람이 마음속에 울분이 많이 쌓여있다고 할 수 있을 것이다. 예를 들면 노부모가 자식들이 돌보지 않으니 속병이 쌓였다거나 쌓일 일이 있을 것이라고 말할 수 있을 것이다.

또는 고집이 강한 여인이 집안을 장식하는데 아들이나 딸 등이 집안을 어떤 방법으로 꾸미자고 하여도 본인에 생각과 다르면 그 말을 듣지 않고 자기의 주관대로 하는 격이라 할 수 있을 것이다.

또는 어떤 디자이너가 의상을 새롭게 꾸미면서 다른 사람의 의견은 듣지 않고 자기의 생각대로 상품을 만들어 내는 운과 같다.

또는 회사를 운영하는 사장이 주위 사람이나 직원들의 말을 듣지 않고 자기의 의사대로 회사를 운영하는 일 등이 있으니 융통성이 없는 사람이 자기의 생각대로 추진하는 운이라고 할 수 있다.

또는 어렵고 힘든 상황이 외부로 노출될 수 있는 운이다. 예를 들면 회사의 어려움이 밖으로 노출되는 격이요, 아니면 노출되는 것을 방지하기 위하여 노력한다고 할 수 있을 것이다.

또는 부부의 갈등이 외부로 노출될 수 있는 운이요, 또는 부부의 갈등을 다른 사람들한테 감추려고 노력한다고 보아야 할 운이다.

또는 외롭고 쓸쓸한 일이 외부에 노출될 수 있다고 하는 운이다. 아니면 외롭고 쓸쓸한 모습을 다른 사람들에게 보이지 않으려고 할 수 있는 상이다.

예를 들면 노년에 외롭고 쓸쓸하거나 홀로 지내는 노처녀가 외롭게 지내는 모습을 다른 사람들이 알까봐 주의를 많이 하고 있다고 할 수 있는 상이다.

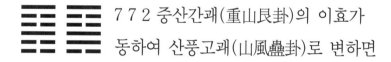

772 중산간괘(重山艮卦)의 이효가 동하여 산풍고괘(山風蠱卦)로 변하면

고(蠱)란 '좀먹는다' '유혹하다' 또는 '조금씩 변화한다' '변질된다' 라는 의미다. '미혹하다' '현혹하다' '잠식하다' 또는 '조금씩 물들어 간다' '의지나 생각이 감소한다' '무너져 간다' 라고 할 수 있다.

그래서 이 괘는 처음에는 강한 성격이요, 의지가 강한 사람이 그 마음이 주위의 변화에 따라서 나도 모르는 사이에 조금씩 변화하고 있는 운이라고 할 수가 있다.

또는 세월의 무상함을 나타내고 있는 운이니 세상에 태어난 모든 물건은 본래의 성격이 각각 있으나 세월이 흐르다 보면 모든 것이 변하는 것과 같으니 나무나 돌이나 풀 한 포기도 세상에 태어난대로 영원히 유지하는 것이 없다고 하는 말과 같다.

또는 젊었을 때는 다른 사람의 말이라면 무시하고 듣지 않던 사람이 나이가 들면서 조금씩 귀를 기울이는 격이라 할 수 있다.

또는 의지력이 강하여 다른 사람과 상의하는 일이 없던 사람이 생활이 어려워지자 다른 사람과 어울리는 운이라 할 수 있다.

또는 어떤 교수나 연예인이나 하는 사람들이 인기가 하늘에 다 을듯이 높기만 하던 사람들이 어느 때부터인지 인기가 점점 떨어지고 있는 상이라 말할 수도 있을 것이다.

또한 물건으로 본다면 강한 물건도 날이 갈수록 부식된다고 할 수 있다. 예를 들면 집을 새로 지었을 적에는 깔끔하고 탄탄했는데 세월이 가는 동안 퇴색되어 변해 가는 것과 같다고 할 수 있다.

또는 새로 산 옷이나 만든 의상이 처음에는 화려하고 좋았으나 날이 가면서 점점 퇴색되어가고 있는 상이라 할 수 있을 것이다.

䷳ ䷖ 7 7 3 중산간괘(重山艮卦)의 삼효가 동하여 산지박괘(山地剝卦)로 변하면

　박(剝)이란 '깎이다' '벗기다' '깎아내리다' 라는 뜻이요, 또는 '인정을 받지 못한다' '무시당한다' '자존심이 상한다' '유지하지 못한다' 라는 뜻이요, 또는 '매사에 자신감이 없거나 자신감을 잃는다'고 할 수 있고, 또는 '은폐된 것을 밝혀내다' '진실을 밝혀내다' 라고 할 수 있다. 또는 의지나 예산이나 계획이나 인기나 신용이나 재산이나 운영자금 등이 줄거나 떨어지는 것을 말한다.

　그래서 이 괘는 한마디로 자존심 상하는 운이라고 할 수가 있으니 나의 활동을 억제하려고 하는 운이요, 또는 내가 하는 어떤 일을 과소평가를 하는 운이다.

　또는 어떤 사람이 주역(周易)의 대가로 명성을 얻으니 다른 학파에서 흠집을 내려고 과소평가를 하거나 모함을 할 수 있을 것이요, 아니면 그러한 사람들에게 무시당할 수도 있다고 할 수 있다.

　또는 의지가 강한 사람이 인정을 받지 못하고 무시당하고 인격을 깎아내리려고 하는 일을 당할 수 있는 운으로 내가 당할 수도 있을 것이요, 아니면 내가 다른 사람에게 행할 수도 있을 것이다.

　예를 들면 운동을 잘하여 인기가 높은 운동선수에게 잘 한다는 격려는커녕 도리어 그 사람을 비판하여 자존심을 상하게 하거나 인기를 깎아내리려고 모함하는 격으로 내가 할 수도 있는 사람이요, 아니면 내가 다른 사람에게 당할 수도 있을 수 있는 운이다.

또는 서예를 하는데 있어 자기보다 나은 글씨체인데도 자기와 같은 서체가 아니라고 하여 품질을 깎아서 평을 당하는 운이다.

또는 조각품을 전시하는데 심사위원이 자기와 같은 문맥이 아니라고 다른 사람의 조각품의 평가를 하향한다든지 할 수 있다.

또는 다른 사람이 하는 학문이 자기가 하는 학문과 다르다고 하여 인정을 안하고 비평만 하는 격이다. 예를 들면 기독교인들이 불경을 보지도 않고서 불교는 좋지 않다고 한다든지, 또는 스님들이 주역(周易)의 역(易) 자도 모르면서 역학(易學)은 불법이 아니니 값어치 없는 책이라고 한다든지 하는 행위를 말하고 있는 운이다

䷳䷷ 774 중산간괘(重山艮卦)의 사효가 동하여 화산려괘(火山旅卦)로 변하면

려(旅)란 '안정되게 의지할 곳이나 사람이 없는' 상이다. 그래서 '떠돌이' '여행'을 뜻하고, '안정감이 없는 것'이요, 항상 '초조하고 불안한 상'이요, '힘없고 능력없고 자신없이 방황하는 상'이다.

그래서 이 괘는 사람의 성품이 대쪽같다. 의지가 굳다. 또는 고집이 강하다고 하는 명성이 멀리까지 전파될 수 있는 운이다.

또는 지금껏 자기 의지나 주장대로 세상을 살아온 사람이 의지

할 곳을 잃고 떠돌면서 근근히 살아갈 수 있다고 할 수 있다.

또는 다른 사람과 어울리지 못하여 외롭고 쓸쓸한 세상살이를 하면서 한 곳에 오래 살지 못하고 떠돌면서 살아가는 사람이라 할 수 있거나 살아갈 일이 생길 수 있다고 말할 수 있을 것이다.

또는 고집이 강하거나 잘난 척 하거나 아니면 타인을 무시하고 업신여기기를 잘하는 사람이 이 사람 저 사람을 만나서 공갈협박을 하거나 손을 내밀어 가면서 어렵고 힘들게 근근히 살아가는 상이라 말할 수 있을 것이다.

또는 외롭고 쓸쓸한 부서에서 근무하는 직장인이 한 부서에 오래 있지 못하고 여러 부서로 이동하면서 생활하는 사람이다.

또는 고집이 강하고 다른 사람과 타협을 모르는 직장인이 힘없고 능력없는 이 부서 저 부서로 이동하면서 직장생활을 하고 있는 사람이거나 그러할 일이 발생할 수 있다고 말할 수 있을 것이다.

또는 험하고 어려운 일이나 생활고로 인하여 한 곳에서 오래 머물면서 생활을 하지 못하고 이곳저곳으로 이동하면서 방랑생활을 하면서 지낼 수 있는 운이라 할 수 있을 것이다.

또한 남자의 운이라면 많은 여성들과 방탕생활을 하면서 지낼 수 있는 운이다.

또는 자기와 의견이나 뜻이 같은 사람이 없다보니 안정된 생활을 못하고 이곳 저곳으로 방랑생활을 하면서 뜻이나 생각이 같은 사람을 찾아 나설 수 있는 운이라고 할 수가 있을 것이다. 또한 이 괘는 산악인이나 운동가로 활동을 하면 길할 운이다.

䷳ 775 중산간괘(重山艮卦)의 오효가 동하여 풍산점괘(風山漸卦)로 변하면

점(漸)이란 '점진적으로 진행'한다는 뜻으로 '조금씩 변하는 것'을 말한다. '차차' '천천히 움직인다' '차츰 나아진다' 또는 '서서히 변한다'라는 뜻이요, 또는 '점점 익숙해지고 숙달되어 간다' '전문화되어 간다'라는 말이다.

그래서 이 괘는 굳은 의지의 마음에 점점 바람이 불기 시작하고 있는 운이요, 또는 한결같이 변함이 없던 사람이 마음에 점점 변화가 일고 있는 운이다.

또한 누가 넘볼 수 없는 높고 굳건한 자리에 있던 공직자나 직장인에게 점점 변화가 일기 시작하고 있다고 할 수 있을 것이다.

또는 어렵고 힘든 생활이나 공부에서 점진적으로 나아진다거나 조금씩 변화가 일고 있다고 할 수 있는 운이다. 이 괘는 고괘(蠱卦)로 변한 운과 같은 점이 많이 있는 운이다.

또는 죽어도 결혼하지 않겠다고 마음먹은 사람이 주위의 권고로 마음이 조금씩 변화하기 시작하는 운이라 할 수 있을 것이다.

또는 나는 공직자가 되면 절대 뇌물은 받지 않겠다고 작정한 사람이 견물생심이라고 하는 말과 같이 돈으로 물건으로 갖다바치니 처음에는 조금씩 못이기는 척하면서 받기 시작하다가 나중에는 뇌물받는 박사가 되는 것 같은 운이다.

또는 죽어도 수술은 안 하겠다고 하던 환자가 주위의 권고로 마음이 조금씩 흔들리고 있는 격이다.

또는 철석같이 믿은 사람의 마음이 점점 변화가 일기 시작하는 일 등 수많은 일들이 작심한대로 되지 않고 마음에 동요가 조금씩 일어나기 시작하는 운이다.

또는 그동안 부부간이나 친구들과의 사이에서 두 번 다시 만나지 않을 것처럼 지내온 사람이 세월이 가고 또한 주위의 권고도 있다보니 마음이 점점 흔들리고 있다고 할 수 있을 운이다.

䷷ 7 7 6 중산간괘(重山艮卦)의 육효가 동하여 지산겸괘(地山謙卦)로 변하면

겸(謙)이란 '순하고 용하고 선한 사람으로 덕인'이라고 할 수 있으나 나쁜 의미로 보면 '무능하고 자신이 없는 사람'이다. 또는 '겸손' '겸허' '양보하다' '사양하다'라는 뜻이요, '능력이 부족한 상'이요 '기를 못펴고 억눌려 생활하는 상'이요, '매사를 포기하면서 주장이나 생각을 펴지 못하는 사람'이다. 또한 기가 강하고 힘이 넘치고 자만심이나 우월감이 강한 사람이 자신의 의지나 능력을 발휘하지 않거나 못하고 은둔하면서 지내는 상이다.

그래서 이 괘는 그동안의 자존심을 버리고 겸손해지는 운이요,

고집을 버리고 유순해지는 운이며, 자기의 주장을 굽히고 다른 사람의 의견에 귀를 기울이는 운이다.

또는 사회에서 악하고 난폭한 생활을 하던 사람이 새로운 사람으로 변하는 운이다. 우리 속담에 '벼는 익을수록 머리를 숙인다'는 말이 있는데 즉 자기의 권세나 능력이나 어떤 힘을 남용하지 않고 겸손한 마음으로 주위에 순종하고 사회에 순종하고 시대에 순종하면서 지내야하는 것을 말하고 있는 운이다.

또는 아무리 어렵고 힘들어도 상대의 호의를 거절할 수 있는 운이라 할 수 있을 것이다.

또는 어떤 인기가 높고 명성이 자자한 연예인이나 교수 등이 자만하지 않고 항상 겸손한 마음으로 생활하는 사람이요, 또는 주위 사람들의 입장을 생각하여 자중하고 너무나 잘난 척을 하지 않는 사람이라 말할 수 있는 상이다.

또는 여행길에서 건장한 사람이 다른 사람을 위하여 자리를 양보할 수 있는 것과 같다고 할 수 있을 것이다.

또는 아는 것과 가진 것이 많은 사람이 거만한 마음으로 상대를 불러들이고 큰소리치는 것이 아니고 상대의 입장을 생각하여 겸손한 마음으로 상대를 찾아가 상의할 수 있는 사람이요, 큰소리보다 작은말로 상대를 대하고 설득할 수 있다고 할 수도 있을 것이다.

또는 남자가 여자의 말에 수긍을 하는 운이요, 남편이 자기의 난폭한 행위를 뉘우치고 부인을 위하여 봉사할 줄 아는 운이다.

78 산지박괘(山地剝卦)

　박(剝)이란 '깎이다' '벗기다' '깎아내리다' 라는 뜻이요, 또는 '인정을 받지 못한다' '무시당한다' '자존심이 상한다' '유지하지 못한다' 라는 뜻이요, 또는 '매사에 자신감이 없거나 자신감을 잃는다' 고 할 수 있고, 또는 '은폐된 것을 밝혀내다' '진실을 밝혀내다' 라고 할 수 있다. 또는 의지나 예산이나 계획이나 인기나 신용이나 재산이나 운영자금 등이 줄거나 떨어지는 것을 말한다.

　이 괘는 고(蠱)와 같은 의미가 많이 있는 괘라 할 수가 있다. 괘상(卦象)을 보면 대지 위에 솟은 산은 항상 깎여 내리는 것으로 항시 침식당하고 있는 것과 같은 것이다.

　이와 같이 사람도 자기의 의지나 생각을 자기의 뜻대로 활용하지 못하고 타인에 의하여 억압당하고 있는 것과 같으니 매사가 마음먹은대로 되지 않고 반감되는 운이라 할 수 있을 것이다.

또는 어떤 부정을 벗겨서 진실을 밝히는 일도 말할 수 있다. 예를 들면 부정선거의 진실을 밝힌다거나 부정선거자금의 내역의 진실을 밝히는 일도 있을 수 있는 것이다.

또는 인기가 있는 사람이나 명성이 자자한 사람이 날이 갈수록 인기나 명성이 누군가에 의하여 깎여나가고 있는 상이다.

또는 어떤 마음이나 큰 생각을 하고 있었다면 주위 사람들의 권고나 만류에 의하여, 또는 세월이 흐르다보니 자기의 처음 먹은 마음이나 생각이 갈수록 희박해지는 것이라고 할 수가 있을 것이다.

또는 부자가 망해도 한꺼번에 없어지는 것이 아니라 조금씩 팔아서 없애는 것과 같이, 한꺼번에 소멸되는 것이 아니라 조금씩 자기의 생각이나 고집이나 능력이나 행동이나 재물이나 권력을 잃는 운으로 고괘(蠱卦)와 같은 성질이 있는 운이다.

또는 그동안 알고 지내든 사람들이 어떤 바람이나 소문에 의하여 하나 둘씩 내 곁을 떠나가고 있다고 할 수 있을 운이다.

또는 사업에 온 정성을 다하면서 살아온 사업가라면 주위의 바람으로 사업에서 서서히 관심이 멀어지고 있다고 할 수 있다.

또한 박괘(剝卦)는 녹이나 용덕(龍德)이나 복덕이 있으면 그 좋은 운이 감되는 운이요, 칠살(七殺)이 있으면 칠살(七殺)이 감되는 운이 있으니 도리어 좋아질 운이라고 해석하는 것인데 독자들은 혼동하지 말고 주의하시라.

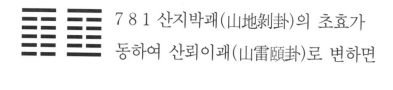

781 산지박괘(山地剝卦)의 초효가
동하여 산뢰이괘(山雷頤卦)로 변하면

이(頤)란 '말이나 입을 참는다' 하는 뜻'이요, '속마음을 내색하지 않는다'는 상이다. 또한 '보양한다' '휴양한다' '수양한다' 라는 뜻이요, 또는 '입이 무거운 군자의 상'이라 할 수 있다. 또는 마음속의 불안이나 괴로움이나 시끄러운 상황 등을 '참아야 하거나 참고 지낼 일이 생긴다'고 말할 수 있다.

그래서 이 괘는 지위를 잃거나 능력을 인정받지 못하거나 의견이나 생각이 다른 사람에게 무시를 당해도 반발하는 것이 아니고 수행하는 마음으로 참아야 한다는 것을 가르치고 있는 운이다.

또는 우리 옛말에 '지는 것이 곧 이기는 것'이라는 말과 같은 맥락이라고 할 수가 있다. 상대가 나를 헐뜯고 험담을 하여도 수행하는 마음으로 참는 것이 덕이 된다는 것이요, 나를 업신여기고 무시를 하여도 수행하는 마음으로 참는 것이 덕이라는 말이다.

또는 재물을 어디에 투자를 하였다면 지금은 손해를 보는 것 같다고 하여 급히 처분하지 말고 조금 더 참고 기다려 보라고 할 수 있는 운이라고 말할 수 있는 것이다.

또는 부인이 남편을 무시하고 업신여긴다고 이혼을 서두르지 말고 세월을 두고 조금 더 참고 기다리라고 할 수 있는 운이다.

또는 연예인이나 교수가 누군가에 의하여 모함이나 험담 등으로 인기가 조금 떨어지는 것 같다고 하여도 같이 대응하지 말고 인내하는 마음으로 참아야 한다고 할 수 있는 상이다.

또는 공부를 많이 하였거나 출세를 하였거나 남모르는 어떤 특기가 있는 사람이 주위 사람에게 무시당하거나 인품을 깎아내리는 일이 있어도 당장 대응하지 말고 참고 기다리라고 할 수 있다.

또는 높은 직위에 있는 사람이 어떤 일이나 상황의 발생으로 직위가 좌천이 되는 일이 있다하여도 사표를 쓴다든지 하지 말고 조금 더 참고 기다리라고 할 수 있을 것이다.

또는 많은 재물을 갖고 있다거나 사업을 하는 사람이 지금 약간의 손재가 발생한다고 하여도 포기하지 말고 인내심을 갖고 참고 기다려 보라고 할 수 있다.

☷☶ 782 산지박괘(山地剝卦)의 이효가 동하여 산수몽괘(山水蒙卦)로 변하면

몽(蒙)이란 '지혜가 밝지 못한 것' '능력이 부족한 것'으로 '멍하다' '어리다' '어리석다' '애매하다' '미련하다' '답답하다' '생각이 적다' '의지가 약하다' '주관이 없다' '힘이 없다' '매사에 자신이 없다' '앞이 캄캄하다' '앞길이 밝지 못하다' '성숙하지 못하다' 라는 의미가 있다. 또 모든 면에서 기초단계를 벗어나지 못한 상태를 말한다.

그래서 이 괘를 우리 속된 말로 '갈수록 농판이 된다'는 말이 있다. 예를 들면 나이가 들수록 어린아이와 같이 된다고 하는 격으로 세월이 갈수록 단단하고 야무진 것이 아니고 갈수록 힘이 없고 능력이 없으며 시들해지는 운과 같다.

그래서 이 괘는 한참 때는 잘 나가는 사람이 갈수록 사람들에게 인정을 받기가 어려워지는 운이다.

또는 고위공직에 있던 사람이 세월이 가면서 한직으로 물러나다가 나중에는 자리를 잃는 격이다.

또한 한참 시절에는 말마디나 하고 똑똑하던 사람이 나이가 들면서 기가 약해지고 힘이 없어지는 운이다.

또는 많은 재물을 갖고 살던 사람이 점점 재물이 소실되어 후일에는 자기의 생활도 마음대로 하기가 어렵다고 할 수 있을 운이다.

또는 건강하던 사람이 건강이 점점 악화되어 후일에는 혼자 활동하는 일까지도 어렵게 될 수 있는 상이라고 할 수 있을 것이다.

또는 우리 속말에 '자리가 사람을 만든다'는 말이 있는데 이 운을 반대로 설명하면 여러 사람이 한 사람을 바보만드는 일은 쉽다고 할 수 있을 것이다.

예를 들면 어떤 사람을 여러 사람들이 만나는대로 무시를 한다든지 업신여긴다든지 하는 바람에 그 사람이 나중에는 아예 어린아이와 같이 되었다거나 될 수 있을 것이라 말할 수 있을 것이다.

또는 학생들이 왕따를 시킨다고 하는 말과 같이 여러 사람들이 한 사람을 따돌리고 인격을 무시하다보니 무시를 당하는 사람이 농판 같이 될 수도 있을 것이요, 아니면 자기의 주관을 마음대로 발휘하지 못하는 사람처럼 변할 수 있는 것을 말하는 것이다.

783 산지박괘(山地剝卦)의 삼효가 동하여 중산간괘(重山艮卦)로 변하면

간(艮)이란 '고지식하다' '외롭다' '의지가 확고하다' '자신감이 많다' '딱딱하다' '강직하다' '유동성이 없다' '험난하다' '우월감이 많다' 라는 뜻이다. 또는 한 번 약속한 것은 '신용과 의리로 반드시 지키는 운' 이요, '독보적인 존재' 라고 할 수 있다. 또한 산은 옮겨다니거나 옮겨갈 수 없는 것으로 '한 번 자리를 잡으면 이동이 거의 없이 뿌리를 내리고 살아간다' 고 할 수 있다.

그래서 이 괘는 누군가 험담하고 모함하여도 굳은 의지로 버티는 운이요, 또는 주위의 어떤 소문이나 풍파에 흔들림이 없는 자기 본연의 임무를 다하는 운이라고 할 수가 있는 운이다.

또는 실력이 없는 사람이 다른 사람들이 실력이 없다고 무시하여도 개의치 않고 자신의 임무에만 충실한 사람이라 할 수 있다.

또는 공부를 못한다고 주위 사람들이 무시하거나 인품을 모함하고 깎아내려도 흔들림이 없이 자기의 실력대로 꾸준하게 노력을 하는 사람이다.

또는 연예인이나 교수가 자신의 험담을 하고 다녀도 그 말에 개의치 않고 자기의 일만 하고 있는 사람이요, 아니면 자기의 위치를 굳굳하게 버티고 있다고 할 수 있을 것이다.

또는 요즈음 대학총장들 사이에 자리문제로 갈등들이 많이 발생하고 있는데 누가 무어래도 자기 자리를 지키는 사람과 같이 주위에 관여하지 않고 자기 본연의 임무에만 성실한 사람이요 자기의 위치에서 변함이 없는 사람이라고 할 수가 있는 운이다.

또는 어떤 부부사이에 주위 사람들이 이간질을 하고 모함을 하여 부부의 갈등을 조장시키는 일이 발생하여도 주위 사람들의 말에 개의치 않고 부부의 사랑에는 큰산이 버티고 있는 것 같이 요지부동의 사랑이라고 말할 수 있을 것이다.

또는 재산에 조금 손실이 생겼다고 하여 방황하는 것이 아니고 무게를 잡고 굳건하게 버티고 있다고 할 수 있을 것이다.

또는 회사에 지금 약간의 어려움이 있다고 하여도 방황하지 않고 힘차게 추진하고 있는 상이라 할 수 있을 것이다.

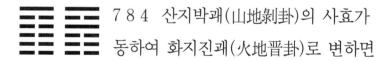

784 산지박괘(山地剝卦)의 사효가
동하여 화지진괘(火地晋卦)로 변하면

진(晋)이란 '솟아오르는 태양'으로 '희망'을 나타내고, '나간다' '전진한다'라는 뜻이요, 또는 '어두운 터널에서 벗어나고 있는 상'

이다. 그래서 '발전' '추진력' '계속된다' '전문화된다'를 의미하고, 또는 '희망이 있다' '세상이 밝아진다' '마음을 털어놓는다' '비밀이 밝혀진다'라는 뜻이다. 또는 '마음을 표현한다'는 의미가 있으니 상대에게 마음을 나타냈으니 결정은 상대에게 있음을 말한다. 또는 '제자리로 돌아갈 수가 없다'는 뜻도 있다. 불이란 한 번 타버리면 제자리로 다시 돌아갈 수 없기 때문이다. 그래서 진(晉)은 벌어진 일이나 추진하는 일이나 시작한 일을 제자리로 돌리거나 포기할 수 없는 것으로도 해석한다.

그래서 이 괘는 어떤 상황을 하나하나 벗겨서 그 진실을 밝혀내는 운이라고 할 수가 있다. 예를 들면 공직사회에 부정이 있었다면 철저히 수사하여 진실을 밝혀내는 격이라 할 수 있는 상이다.

또는 사회에서 어떤 사건이 있었다면 그 사건을 철저히 조사하여 사건의 내막이나 사건의 경위 등을 밝혀내는 일 등을 말하고 있는 운이다.

또는 어떤 일을 하되 형식을 털어버리고 사실만을 행하는 일들처럼 이 괘는 가시적인 형식보다는 진실을 확고히 하는 운이라고 할 수가 있을 운이다.

또한 회사를 운영하는 사장이 사원들을 여러모로 파악하여 덕이 되지 못하는 사람들을 잘라내고 알차고 실속 있는 사람만 밝혀내어 함께 회사를 운영할 수 있을 것이라고 하거나 그러한 사람들과 함께 운영하고 있는 회사라 할 수 있을 것이다.

또는 사람이나 물건을 선발하는데 쓸모없는 물건들을 하나하나 걸어내고 필요한 물건만 선택하였다거나 선택할 일이 발생할 수 있을 것이라 말할 수도 있을 것이다. 사람이라면 선택을 당했다거나 선택을 당할 것이라고 말할 수 있는 것이다.

또는 내가 알고 있는 많은 사람들 중에 쓸만한 사람과 버려도 무방한 사람을 가려서 쓸만한 사람만 선택하여 적극적으로 활용을 한다든지 아니면 적극적으로 밀어주고 가르쳐 후계자로 삼을 수도 있을 것이요, 아니면 후계자를 선택하였다고 할 수 있을 것이다.

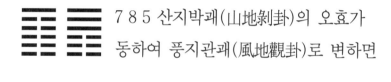 7 8 5 산지박괘(山地剝卦)의 오효가 동하여 풍지관괘(風地觀卦)로 변하면

관(觀)이란 주위에서 발생하는 풍파나 변화나 불안이나 변덕이나 아부나 주위의 변화에 적응을 잘하는 일 등을 본다. '느낀다' '알 수 있다' '살핀다' 라는 뜻이다. 또는 어떤 상황이나 설레임이나 동요나 불안이나 산만함 등이 일고 있는 것을 '보고 느끼는 것' 이요, 또한 어떠한 '예감이나 기분' 을 느끼거나 아는 것을 말한다.

그래서 이 괘는 회사를 운영하는 사람이라면 회사가 어려워지고 있다고 하는 일을 느낄 수 있는 운이다.

또한 그동안 어렵지 않게 생활을 하던 사람이 날이 갈수록 재산이 감소되어 가는 바람에 생활의 어려움이 오고 있음을 보고 있다거나 느끼고 있다고 말할 수 있을 것이다.

또는 직장인은 직장에서 직위가 위축되거나 소멸될 수 있을 것 같은 기분이 든다거나 느낄 수 있다고 말할 수 있을 운이다.

또는 누군가가 자기의 인격을 모함하거나 깎아내리려는 것을 알 수 있다거나 느낄 수 있다고 말할 수 있을 것이다.

또는 그동안 인기가 많던 연예인이나 저명인사가 갈수록 인기가 떨어지고 있는 것을 알 수 있다거나 느낄 수 있다고 말할 수 있다.

또는 주위 사람들이나 누군가의 일로 인하여 어떤 일에서나 상황에서 자신감이나 능력이 점점 떨어진다거나 감소되고 있는 것을 알 수 있다거나 느끼고 있다고 말할 수 있을 것이다.

또는 그동안 건장한 몸으로 살아온 사람이 어느 때부터 인지는 몰라도 몸이 점점 쇠약해지고 있는 것을 알 수 있다거나 느끼고 있다고 말할 수도 있을 것이다.

또는 과거의 허물이나 속박에서 하나하나 벗어버리고 새로운 세상으로 가는 것을 느낄 수도 있는 운이다.

또는 어느 사건에서 혐의를 입고 구속된 사람이 모든 사실이 하나하나 규명되어 구속에서 벗어나고 진실을 밝혀내는 운이다.

또는 매미가 허물을 벗고 나와야 성충으로서 세상의 맛을 알 수 있는 듯이 자기의 모든 허물을 털어 버리고 새로운 사람으로 변화하는 것을 보고 느낄 수 있는 것 등을 말하고 있는 운이다.

▦ ▦ 786 산지박괘(山地剝卦)의 육효가
동하여 중지곤괘(重地坤卦)로 변하면

곤(坤)이란 '대지' '여성'을 상징하고, 그 중에서도 '어머니'를 상징한다. 또는 모든 것을 '수용한다' '받아들인다' 또는 '순하다' '조용하다' 또는 '활동력이 없다' '말이 없다' '내성적이다' 또는 '냉정하면서도 잔정이 많은 상' '속마음의 깊이를 알 수 없는 상' 이라고 할 수 있다.

그래서 이 괘는 상대방과의 대화나 어떤 일을 추진하는데 있어 시끄럽게 하는 것이 아니고 신중하고 조용하게 처리하는 격이다.

또는 사실을 알고 보니 그 사람은 여자였다거나 여인과 같은 성격의 소유자라고 말할 수도 있을 것이다.

또는 어떤 사람이 다른 사람에게 허물을 잘못 뒤집어 씌우는 것을 알아도 여러 사람들에게 떠들어서 말하는 것이 아니고 상대를 불러 신중하고 조용하게 처리할 수 있을 것이다.

또는 상대를 인정하고 칭찬하는 일이나 상대의 잘못을 지적하고 훈계하는 일도 조용하고 신중하게 처리하는 일 등을 말한다.

또는 상대방이 나를 무시하고 험담을 하여도 조용하게 처리를 하거나 아니면 제풀에 꺾일 때까지 조용한 마음으로 기다리는 사람이라 할 수 있을 것이다.

또는 남편에게 무시를 당하거나 자존심이 상하는 일이 생겨도 큰소리로 대항하는 것이 아니라 조용하게 해결하는 상이다.

또는 어떤 여인이 자기의 능력이나 재주를 포기하고 여성의 자리로 어머니의 자리로 돌아갔다고 하거나 돌아갈 수 있는 일이 발생할 것이라고 말할 수 있을 것이다.

또는 회사가 갈수록 어렵고 힘들어도 누구에게 어려움을 말하기보다는 조용하고 차분하게 해결하려고 노력하는 사람이다.

또는 누가 자기를 험담하고 모함을 하거나 무시를 하였다고 하여 같이 나서서 설치는 사람이 아니고 아주 신중하고 차분하게 대응책을 강구하는 사람으로 아주 속이 깊은 사람이라 할 수 있다.

8 1 지천태괘(地天泰卦)

　태(泰)란 '상대와 내가 서로 뜻이나 의견이나 마음이 통한다' 는 뜻이요, 또는 '신의' '상대를 인정한다' '크다' '편안하다' '안정되다' '화합하다' 라는 뜻이요. 또는 '순안하다' '태평하다' 라는 하는 뜻이다. 태(泰)는 너와 나 이 사람과 저 사람, 이것과 저것, 이일과 저 일 등 서로 뜻이 맞거나 화합을 이루거나 화합을 이루는 것으로 '상대성' 을 말하는 상이다.

　그래서 이 괘는 사회나 가정이나 회사 등 모든 것이 편안하고 안정되어 있다고 하는 뜻이다.

　또는 그동안 회사일로 분주하게 활동한 사람이 재물이나 관운(官運)에서 해살(害殺)이나 사부살(死府殺)이 있으면 직장에서 퇴출당하고 집안에서 놀고 지낼 일이 있다고 할 수 있을 것이다.

또는 명이 다된 사람이 죽음으로 인하여 편안하다 조용하다고 말할 수 있을 것이다.

또는 음양(陰陽)의 화합으로 편안하고 안정된 상태를 말한다. 수기(水氣)는 위에서 아래로 내려오고, 양기(陽氣)는 아래에서 위로 오르는 상으로 음양(陰陽)이 화합을 이루니 매사가 순탄할 운이다.

또는 마음에 드는 배우자를 만나서 가정을 꾸리고 생활을 하니 몸과 마음이 편안하다고 할 수 있을 것이다. 또는 많은 재물을 가지고 생활을 하고 있으니 몸이 안정되고 편안하다고 말할 수 있다.

또는 남다른 기술이 있으니 안정되고 편안한 생활을 할 수 있을 것이다. 또는 부정부패를 모르고 사는 공직자라면 감사를 받는 일에 있어서 마음이 안정되고 편안하다고 말할 수 있을 것이다.

또는 환자가 이름 있는 전문의사를 만나 치료를 받게 되니 몸과 마음이 편안하다고 할 수 있을 것이다. 하지만 명궁(命宮)에 사부살(死府殺) 같은 것이 있는 이 운이라면 명(命)을 다하고 모든 것을 잃어 편안하다고 할 수 있으니 곧 죽음이 있다고 할 수 있다.

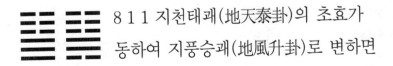 8 1 1 지천태괘(地天泰卦)의 초효가
동하여 지풍승괘(地風升卦)로 변하면

승(升)이란 '솟아오른다' 라는 뜻이요, 마음의 '동요' '갈등' '번민' 등을 말한다. 또는 '올라간다' '떠오른다' '진급한다' 라는 뜻이요, '마음을 못잡고 방황하거나 변화가 많은 사람' '심리적으로 불안한 사람'이라고 할 수 있다.

그래서 이 괘는 기분이 좋은 일이나 생각을 누구에게 말하고 싶은 충동을 느끼고 있으나 말하지 않는 운이라고 할 수가 있다.

예를 들면 복권에 일등으로 당첨된 사람이 기쁨을 누구에게 말하고 싶은 충동을 느끼고 있는 운이다.

또는 지금까지 편안하고 안정되게 살아온 사람에게 마음의 동요나 풍파나 불안 등이 생겼거나 발생할 것이다고 말할 수 있다.

예를 들면 부부의 사별이나 사업의 실패나 건강에 이상이 발생하거나 직장의 불안등을 들 수 있다.

또는 뜻이 통하는 친구사이에 불안이나 동요나 설레임이나 풍파가 발생하였다거나 발생할 것이다고 할 수 있을 것이다.

또는 안정되고 편안한 사업을 한 사람에게 동요나 불안이 찾아왔다고 할 수 있을 것이다.

또는 어떤 여인이 남편과 안정되고 편안한 가정을 꾸려나가기 위하여 마음 속의 불안이나 갈등 등을 참으면서 지낸다고 할 수 있을 것이다.

또는 지금의 생활이 안정되고 편안하니 새로운 일을 구상하고 생각할 수 있는 운이다.

우리 옛말에 배 따뜻하고 등 따뜻하니 사랑놀이 생각밖에 나지 않는다는 말과 같다.

예를 들면 지금 몸과 마음이 편안하니까 첩을 두고 싶어할 수 있는 마음의 갈등이 있을 운이라 할 수 있을 것이요, 아니면 무언가 일을 벌려보고 싶은 생각을 가지고 있을 수 있는 운이다.

또는 당구를 배운다든지, 골프를 치고 싶은 마음이 생긴다든지, 볼링이나 테니스나 아니면 여행이나 등산 등을 하고 싶은 마음의 충동이 생길 수 있을 것이다. 아니면 어떤 사업을 벌려보고 싶은 충동이 일어 사업에 대한 구상을 할 수도 있을 것이요, 또는 춤을 배우고 싶다든지 할 수 있다고 말할 수 있는 것이다.

▤▤ 812 지천태괘(地天泰卦)의 이효가 동하여 지화명이괘(地火明夷卦)로 변하면

명이(明夷)란 '능력이나 생각이나 지혜를 마음껏 발휘하지 못하는 것'이요, '속마음을 내색하지 않거나 못하는 상'이요, '상대방에게 인정을 받지 못하는 상'이다. 또는 '새벽을 여는 사람' '새벽을 준비하는 사람'이라고도 할 수 있고, '마음 속에 화나 열이 많은 사람'이라고 할 수 있다. 또는 '속에 있는 화나 열을 다른 사람에게 인정받지 못한다'고 할 수 있다.

그래서 이 괘는 자기의 큰 포부나 실력이나 능력을 마음껏 발휘하지 못하는 운이다.

또는 마음 속에 큰 뜻을 가지고 있어도 내색을 못한다거나 인정을 못받고 있다고 할 수 있을 운이다.

또한 이 괘는 제갈공명이 삼국을 평정할 계획을 갖고 있고 지혜가 많아도 누가 인정을 안하고 찾아주는 사람이 없어 초야에서 묻어두고 때를 기다리는 격이다.

또는 강태공이 국가를 안정시킬 큰 지혜와 능력이 있어도 마음에만 넣어두고 내색을 안하고 때를 기다리고 있는 운과 같은 운으로 자기의 능력이나 실력을 마음껏 활용을 못하고 지내는 운이라고 할 수가 있는 운이다.

또는 내가 크기 위해서나 안정된 생활을 위해서나 내가 원하는 사람이나 뜻이 맞는 사람을 만나기 위하여 이른 새벽부터 활동을 할 수 있다고 할 것이다.

또는 어려운 회사의 말단사원이 회사를 구제할 수 있는 지혜가 있다 하여도 아직은 말을 할 수 있는 입장이 아니라 발설하지 못하고 때를 기다리고 있는 상태라고 말할 수 있을 것이다.

주의 할 일은 용신(用神)이나 동효(動爻)에 살이 있으면 악의 지혜나 능력이 많은 사람일 것이다.

승괘(昇卦)와 명이괘(明夷卦)와 같은 의미가 있으나 명이(明夷)는 마음 속에 있는 지혜나 마음 속에 있는 생각이나 울화 등을 말하는 것이요, 승괘(昇卦)는 마음 안에서 일고 있는 바람 풍파 갈등 불안 산란 등을 말하고 있다.

䷊ ䷒ 8 1 3 지천태괘(地天泰卦)의 삼효가
동하여 지택림괘(地澤臨卦)로 변하면

림(臨)이란 '시간과 장소와 때와 계절을 말하는 상' 이요, '접촉하다' '부딪치다' 라는 뜻이요, '어느 곳에 이르다' '어느 곳에 오다' '어디를 향하다' '어떤 일이나 상황에 부딪치다' '어느 곳에서 만나다' '어느 때 만나다' '왕림하다' 라는 뜻이다. 또는 '어떤 위치에 오르다' '어떤 지위에 있는 사람을 만나다' '언제, 어디에 자리를 정하다' '자리를 잡는다' '묻이다' 라고 할 수 있다.

그래서 이 괘는 안정되고 편안한 생활을 위하여 어디를 갈 수 있는 운이요, 또는 편안하고 안정을 얻기 위하여 어떠한 일을 할 수 있는 운이라고 말할 수 있을 것이다.

또는 큰 일을 하기 위하여 어떤 상황에 부딪치는 운이요, 또는 큰 일을 치르기 위해서 어느 때 시기를 정할 수 있는 운이요, 또는 편안하고 안정된 일이나 상황이 생길 수 있는 운이다.

또는 결혼식을 위하여 날을 받고 예식장을 정할 수 있는 운이요, 칠순을 맞이하기 위하여 장소를 정할 수 있는 일이다.

또는 자기의 생활에 안정을 위하여 요양원이나 또는 한적한 곳에 별장을 찾아갈 수 있는 운이요, 또는 여행도 갈 수 있는 운이다.

또는 출세를 위하여 국회의원에 나서서 주민의 심판을 받는 일 등 많은 일이 있을 수 있는 운이다.

또는 큰 일이나 계획을 세우기 위하여 어디를 간다거나 아니면 어느 때 큰 일이 생길 수 있다고 말할 수 있을 것이다.

또는 사회적으로 큰 인물이 어떤 회사의 부름을 받고 취업이 될 수 있다거나 아니면 취업을 위하여 누구를 만날 일이 생길 수 있다거나 취업을 위하여 어디에 갈 일이 있다거나 아니면 어느 시간이나 어느 때가 되면 성사될 수 있다고 말할 수 있을 것이다.

또는 명성이 있는 사람이나 스타들이 어느 장소에 갔다거나 갈 수 있다고 할 수 있는데 가서 구설수에 오를 수도 있을 것이요, 아니면 좋은 결과도 생길 수 있을 것이다.

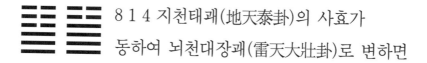 814 지천태괘(地天泰卦)의 사효가 동하여 뇌천대장괘(雷天大壯卦)로 변하면

대장(大壯)이란 '씩씩하고 활발한 기상'이요, 하늘에서 치는 우뢰로 '허풍' '허세'를 뜻한다. 또는 '장하다' '굳세다' '우렁차다' '출세가 좋다' '큰소리 칠 일이 있다' '기가 강하다' '자신과 능력이 있다' '잘난 척을 잘한다' '마음에 없는 말' '실속없는 소리'라는 뜻이다.

그래서 이 괘는 나의 안위를 위하여 다른 사람들에게 허풍을 떨거나 사기를 치고 다닐 수 있다고 할 수 있을 것이다.

또는 안정되고 편안하니 사회활동이 활발하고 매사에 자신이 있는 상이요, 학식이 많거나 특별한 능력이 있는 사람이 크게 출세하여 큰소리 칠 수 있는 사람이다.

또는 재물이나 지식이나 재주나 고위직에 있거나 건강한 사람이 큰소리치면서 살아가고 있다고 말할 수 있을 것이다.

또는 부부간에 화목하고 편안하게 사는 사람이 다른 부부들을 위하여 부부강좌 등을 할 수도 있다고 할 수 있을 것이다.

또는 회사를 운영하는 사장이 회사에 어려움이 없이 회사를 안정되고 편안하게 운영하는데 자신있게 운영한다거나 회사나 사원들을 위하여 적극적으로 활동하는 사장이라 말할 수 있을 것이다.

또는 부부간에 화목한 가정에서 생활하는 부인이 다른 친구들 앞에서 큰소리치면서 지낼 수 있는 상이라 말할 수 있을 것이다.

또는 새로운 친구나 연인을 사귀게 되었을 때 사귄 연인 앞에서 큰소리치면서 잘난척할 수 있다고 말할 수 있는 상이다.

815 지천태괘(地天泰卦)의 오효가 동하여 수천수괘(水天需卦)로 변하면

수(需)란 '기회나 때나 상황을 기다린다' '기대한다' '필요로 한다' '찾는다' '요구한다' '원한다' 라는 뜻이요, 또는 '대기한다' '미루어진다' 라는 뜻이다.

그래서 이 괘는 큰 것을 요구한다, 큰 것을 기다린다, 크기를 기다린다, 편안하기를 원한다, 안정을 필요로 한다, 안정되기를 기다린다 등의 뜻이다.

예를 들면 월척을 기다리는 강태공 같을 운이다.

또는 어떤 사람이 큰 물건, 값있는 물건을 만들어놓았거나 연구를 끝내고 인정 얻기만을 기다린다고 할 수 있을 것이다.

또는 안정되고 편안한 생활을 원하는 사람이 복권에 당첨이 되기를 기다리는 격이다.

또는 큰사람이 자기를 인정하고 불러주기를 기다리는 운이라고 할 수 있을 것이다.

또는 힘들고 험한 세상을 살아온 사람이 이제 그만 편안한 여생을 보내기를 원하고 있는 격이다.

또는 그동안 병마로 고통이 심한 사람이 고통이 사라져 편안하기를 기다리고 있다고 할 수 있을 것이다.

또는 크고 안정된 사람이라 매사를 서두르는 경향이 없이 차분하고 느긋하게 기다리는 성격의 소유자라 말할 수 있을 것이다.

또는 사회의 불안이 하루속히 편안하고 안정되기를 기다리는 마음이요, 또는 회사가 크게 요동치고 있는 상황에서 회사의 안정을 기다리고 있다고 할 수 있을 것이다.

또는 전쟁이 끝나고 사회가 안정 되기를 기다리고, 가정에 큰 풍파를 겪고 있는 사람이 가정이 안정되기를 기다리고 있는 상이라 할 수 있을 것이다.

816 지천태괘(地天泰卦)의 육효가 동하여 산천대축괘(山天大畜卦)로 변하면

대축(大畜)이란 '많은 것' '기대 이상의 성과나 변화' 등을 말하는 상으로, 좋은 면이든 나쁜 면이든 '크게 쌓는다' '의지력이 대단하다' 또는 '크게 이룬다' '크게 얻는다' '기대가 매우 크다' '욕심이 매우 과하다' 또는 '상처가 매우 크다' '손실이 매우 크다' 라는 뜻이다.

그래서 이 괘는 안정된 생활을 영위하고 있는 운이요, 편안한 생활로 어려움을 모르는 운이요, 태평성대가 하늘에 다을 정도로 화목한 것을 말하는 운이다.

예를 들면 국가와 사회가 안정된 것이 오래오래 지속되고 있는 운이요, 회사가 안정되게 운영되고 있는 것이 지속되는 운이다.

또는 누구보다 많은 노력을 한 결과 많은 재물을 얻어 편안하고 안정된 생활을 한다고 할 수 있을 것이요, 또는 많은 공부를 한 사람이 사회에서 크게 출세하여 생활한다고 말할 수 있을 것이다.

또는 지금까지 안정되고 편안하게 생활한 가정이나 회사나 부부간에 큰 풍파나 갈등이 발생하였다고 할 수 있을 것이다.

또는 큰 것을 얻기 위한 욕심이 너무나 과하다거나 또는 어떤 분야에서 큰 인물을 만난 인연으로 기대를 크게 하고 있다거나 크게 성공하였다고 말할 수 있을 것이다.

또는 어떤 사람이 집을 나간 사람이 타관에서 어떻게 지내는지 궁금하여 점괘를 풀었는데 이 괘가 있으면 편안하고 안정된 생활을 하고 있다고 할 수 있는 운인데 福(복)이나 녹(祿)이 있으면 큰 것을 얻어 편안한 생활을 한다고 할 수 있으나 칠살(七殺)이 있으면 큰 일을 저지르고 있다고 할 수 있을 것이다.

또는 편안함을 얻었거나 이루었다, 큰 것을 얻었거나 이루었다고 할 수 있을 것이다.

예를 들면 고시에만 매달리면서 공부를 한사람이 고시에 합격을 하였다고 할 수 있을 것이다.

82 지택림괘(地澤臨卦)

림(臨)이란 '시간과 장소와 때와 계절을 말하는 상'이요, '접촉하다' '부딪치다'라는 뜻이요, '어느 곳에 이르다' '어느 곳에 오다' '어디를 향하다' '어떤 일이나 상황에 부딪치다' '어느 곳에서 만나다' '어느 때 만나다' '왕림하다'라는 뜻이다. 또는 '어떤 위치에 오르다' '어떤 지위에 있는 사람을 만나다' '언제, 어디에 자리를 정하다' '자리를 잡는다' '묻이다'라고 할 수 있다.

그래서 이 괘는 때가 되면 일을 성사시킬 수 있거나 누구를 만난다거나 어떤 일을 하게 된다거나 어떤 상황이 있을 것을 말한다.
또는 어떤 일이나 상황으로 인하여 어디에 갔다거나 갈 수 있는 일이 발생하였다고 말할 수 있을 것이다.
또는 어떤 물건을 얻기 위하여 어느 곳에 갈 수 있다거나 갈 일이 생길 수 있다고 말할 수도 있을 것이다.

또는 어느 지역에서 어떤 일에 부딪치게 될 수 있거나 아니면 어느 지역에서 누구와 어떤 일이 발생할 수 있다고 할 수 있다.

또는 어느 장소에 땜을 건설하기로 하였다고 할 수 있을 것이요, 또는 어느 지역에 관광단지를 조성하기로 결정하다거나 또는 어느 지역을 개발하기로 계획을 세웠거나 어떤 계획을 언제부터 시작하기로 하였다고 말할 수도 있을 것이다.

또는 어느 지역에 어느 시기에 병원을 건립하기로 하였다거나 또는 어느 지역에 학교를 세우기로 마음먹었다고 할 수도 있다.

또는 약속시간에 만나는 일을 말하는 것과 같은 것으로 환자가 수술시간을 정해놓은 상대에서 수술시간에 의사와 접하는 일이다.

또는 상사와 부하와의 사이에는 만나는 장소와 시간에 따라 수없이 많은 일들이 있을 수 있다. 만나서 좋은 일이 있을지 불행한 일이 있을지는 복덕(福德)이나 용덕(龍德)이나 녹이나 칠살(七殺)의 유무에 따라 결정된다.

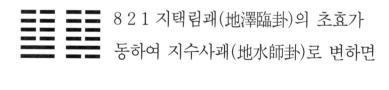

821 지택림괘(地澤臨卦)의 초효가
동하여 지수사괘(地水師卦)로 변하면

사(師)란 '스승' '지도자'라는 뜻이요, '전문적인 기술이나 능력이 있는 사람' 등을 말하고, '서로가 서로를 필요로 하는 상' '서로가 서로를 의지하는 상' '서로가 서로를 인정하는 상' 이다.

그래서 이 괘는 어느 시간대나 어느 지역이나 어떤 계절에 나를 인정해줄 수 있는 사람이나 나와 서로 의지하면서 지낼 수 있는 사람이나 아니면 내가 필요로 하고 원하는 물건이나 일 등을 만난 다 거다 생길 수 있다고 말할 수 있을 것이다. 아니면 나를 필요로 하는 사람을 만날 수 있다고 할 수도 있는 것이다.

또는 어느 때 스승이나 지도자를 만날 수 있다고 하는 운이요, 아니면 만났다고 할 수도 있을 것이다.

또한 어떤 일을 해결하기 위하여 지도자나 스승을 만나야 한다 거나 만날 수 있다고 할 수 있을 것이다.

또는 어떤 일에서나 상황에서 서로 견제와 협력이 필요한 사람 을 만나야 한다거나 만날 수 있다고 할 수 있을 것이다.

또는 어떤 물건을 만난 일로 도움이 생겼다고 말할 수 있을 것이 요, 아니면 도움이 생길 수 있을 것이라고 말할 수도 있는 것이다.

또한 학생이 스승을 만날 수 있는 운이요, 부하직원이 상사를 만 날 수 있는 운이다.

또는 자식이 부모를 만날 수도 있는 운이며, 남녀간에 사랑하는 사람이 만날 수도 있는 운이라 할 수 있다.

또는 도적질을 하는 사람이 자기보다 실력이 나은 도적을 만날 수 있고, 사기꾼이 자기보단 수단이 좋은 사기꾼을 만날 수도 있는 운 등으로 수많은 사람이 자기보다 나은 사람을 만나는 운이다.

䷒䷗ 822 지택림괘(地澤臨卦)의 이효가
동하여 지뢰복괘(地雷復卦)로 변하면

복(復)이란 '다시 시작한다' 또는 '마음이 시끄럽고 번잡하다' '심리적으로 불안하다' '마음의 갈등을 내색하지 못하는 상황'이라고 할 수 있다. 또는 '재기' '재발' '반복' '돌고도는 윤회'를 뜻하며, '돌아온다' '돌아가다' '제자리로 돌아가다'라고 할 수 있다.

그래서 이 괘는 매사가 반복되는 운으로 어떤 장소 어떤 시간에 만나고 헤어지는 일이 반복되고 있다고 말할 수 있는 운이다.

또는 어느 시기가 되면 마음의 갈등이나 풍파가 발생할 것이라고 할 수 있을 것이요, 아니면 어디를 가게 되면 마음에 동요나 풍파가 있을 수 있는 일이 발생할 수 있다고 말할 수도 있을 것이다.

또는 어떤 산이나 강을 주기적으로 아니면 어느 계절만 되면 여행을 하다든지, 또는 어떤 부인이 어느 장소에 있는 백화점을 반복하여, 아니면 주기적으로 나갈 일이 있다고 한다든지, 또는 어떤 종교인이 어느 지역에 있는 교회나 아니면 기도 터를 반복적으로 또는 주기적으로 나가고 있다고 말할 수 있을 것이다.

또는 어떤 사람이 주역공부를 어느 곳에서 반복하여 하고 있다거나 계속하고 있다고 할 수 있는 운이다.

또는 상사가 부하직원을 만나기로 하는 일이나 아니면 사랑하는 사람들이 서로 만나기로 약속을 하는데 장소는 지난번 만난 장소에서 지난번 그 시간에 만나자고 하는 격이다.

또는 수사가 처음부터, 또는 어느 부분부터, 아니면 어떤 단계부터, 또는 어느 시기부터, 또는 어느 장소에서부터, 다시 시작하는 격이라 할 수 있을 것이다.

또는 매일 나가는 장소를 매일같이 출근을 하는 일이나 또는 어떤 사람이 춤을 배우기 위하여 어느 지역이나 어떤 장소나 시간대를 활용하여 매일같이 나가서 만난다거나 주기적으로 만나서 배우고 있다고 할 수 있을 것이다.

또는 결혼 전에 알고 지내던 애인을 매일 아니면 주기적으로 어느 장소에서, 아니면 어느 시간에 계속 만나고 있다거나 만날 일이 발생할 수 있다고 말할 수도 있는 것이다.

823 지택림괘(地澤臨卦)의 삼효가 동하여 지천태괘(地天泰卦)로 변하면

태(泰)란 '상대와 내가 서로 뜻이나 의견이나 마음이 통한다'는 뜻이요, 또는 '신의' '상대를 인정한다' '크다' '편안하다' '안정되다' '화합하다'라는 뜻이요. 또는 '순안하다' '태평하다'라는 하는 뜻이다. 태(泰)는 너와 나 이 사람과 저 사람, 이것과 저것, 이일과 저 일 등 서로 뜻이 맞거나 화합을 이루거나 화합을 이루는 것으로 '상대성'을 말하는 상이다.

그래서 이 괘는 어떠한 일을 행함에 있어 마음에 부담이 없이 편안한 상태요, 또는 어디를 가거나 하는 일이 어려움이 없이 몸과 마음이 편안하고 안정된다고 할 수 있을 것이다.

또는 어느 장소에서 아니면 어느 시간에 큰 일을 저지를 수 있다고 할 수 있을 것이다.

또는 어느 계절이나 아니면 어느 지역에 가면 나와 뜻이 맞고 마음이 통할 수 있는 사람을 만날 수 있다고 할 수 있을 것이다.

또는 어느 때 어느 지역에 가면 모든 고통을 떨쳐버리고 안정되고 편안함을 얻을 수 있다고 말할 수 있다. 예를 들면 명궁(命宮)에 사부살(死府殺) 등이 든다면 죽음도 있을 수 있는 것이다.

또는 누군가를 만나서 큰 것을 얻었다거나 아니면 자기만의 노하우를 잃었다거나 할 수 있을 것이요, 아니면 얻거나 일을 일이 발생할 수 있다고 말할 수 있는 것이다.

또는 학생이 학교를 가는 길이나 직장인이 직장을 나가는 일이나 서울에서 살고 있는 아들이 시골 부모님 댁을 찾아가는 길이나 또는 기관사가 기차를 몰고 목적지를 향하여 가는데 마음이 안정되고 편안한 마음으로 향하는 것 같은 운이요,

또는 누군가와 약속시간을 정하여서도 부담감이 없이 마음이 편안한 상태를 말하고 있는 것이다.

또는 어느 곳에서, 어느 때 얻은 물건으로 인하여 편안하고 안정된 생활을 할 수 있는 것으로, 예를 들면 어느 장소에서 구입한 한 장의 복권으로 말미암아 편안하고 안정된 생활을 한다거나 또는

어느 때 구입한 골동품 하나가 문화재급으로 판명나는 바람에 한 평생을 편안하고 안정되게 살고 있다거나 살아갈 일이 생길 것이라고 말할 수 있다.

또는 어느 시간에 아니면, 어떤 장소에서 사기를 치려고 한다든지, 아니면 사기를 당할 수 있다고 할 수 있을 것이요, 아니면 누구의 모함이나 협박 등이 있을 수 있다고 할 수 있을 것이다. 여기서 태(泰)를 크다는 의미로 설명하였다.

824 지택림괘(地澤臨卦)의 사효가 동하여 뇌택귀매괘(雷澤歸妹卦)로 변하면

귀매(歸妹)란 '만남'을 상징하고 '본래의 자리로 돌아가다' '돌려주다' 라는 뜻이다. 예를 들면 남녀, 친구, 아는 사람, 만나서는 안 될 사람, 원한이 있는 사람, 연예인이나 어떤 능력이 있는 사람, 원하고 기다리던 사람, 언쟁과 다툴 수 있는 사람, 위해와 사기를 칠 수 있는 사람, 어려운 문제를 해결해 줄 수 있는 사람 등을 말한다. 또는 동물이나 물건을 만나거나 사람이나 일이나 동물이 본래의 위치로 돌아가거나 돌아갈 것이라고 말할 수 있다.

그래서 이 괘는 어디를 가서 어떤 사람이나 물건 등을 만날 수 있는 상이요, 어떤 시간에 누구와 만날 수 있다거나 어느 시간에 무슨 일이 있을 것이라고 하는 일 등을 말하고 있는 상이다.

또는 몇 시에 내가 필요로 하는 사람이나 물건 등을 만나거나 아니면 어느 곳에서 만날 수 있다고 할 수 있을 것이다.

또는 어느 계절이나 어느 때 배우자가 될 인연을 만나거나 어느 지역에 가면 나와의 바른 인연이 있다고 할 수 있을 것이다.

또는 어느 장소에서, 또는 어느 시간에 원수나 만나기 싫은 사람을 만날 수 있다고 할 수 있는 운이다.

또는 시골에서 사는 사람이 서울에 가서 누구를 만날 수 있는 운이요, 아니면 집에 어느 때 아니면 어느 곳에서 누가 찾아왔다고 할 수 있을 것이다.

또는 어느 곳에서 어떤 여자를 만나 결혼을 한다거나 아니면 여자를 만난 일로 인하여 구설수이나 풍파도 발생할 수 있다거나 발생하였다고 말할 수 있을 것이다.

또는 어느 시간대에 누구를 만날 일로 인생에서 일대의 변화가 발생하였다거나 발생할 수 있을 것이라 말할 수 있을 것이다.

또는 어떤 곳에 가서 물건을 구입하였거나 만난 일로 인하여 횡재가 될 수도 있으나 구설풍파도 발생할 수 있는 것이다.

또는 실직자가 어느 곳에 가서 어떤 직장을 잡을 수 있는 운이요, 또는 다른 곳에 가서 어떤 일거리를 구할 수 있는 운이다.

또는 일을 하여도 용신(用神)이나 동효(動爻)에 칠살(七殺)이 있으면 만나서는 안될 사람을 만나는 운이다.

825 지택림괘(地澤臨卦)의 오효가
동하여 수택절괘(水澤節卦)로 변하면

절(節)이란 '매사가 순탄하지 못하여 더디고 어려움이 많은 운'이요, 또는 '나누어 해결한다' '단계별로 해결한다' 라고 할 수 있다. 예를 들면 할부나 카드결제 등이다. 또는 '곤란하다' '어렵다' '힘들다' 라는 뜻이요, '뜻대로 되지 않는 운' 이다.

그래서 이 괘는 어디를 가려고 하는 일이 뜻대로 되지 않고 어려움이 따르는 운이요, 또는 누구를 만나는 일이 마음대로 되지 않고 더디고 힘든 운이다.

또는 어느 때가 되면 어떤 일이나 상황이 뜻대로 되지 않고 어려움에 처할 수 있다고 말할 수 있는 것이다.

또는 누구와의 약속시간이 맞지 않아 약속을 지키기가 어려울 것 등을 말하고 있는 상이다.

또는 부인이 모처럼 친정에 가려는데 가려고 할 때마다 어려움이 생겨 마음대로 친정에도 못가는 형국이라 할 수 있을 것이다.

또는 어떤 물건을 구입한 후로 매사가 뜻대로 되지 않고 어렵고 힘이 든다고 말할 수 있을 것이요, 아니면 어떤 물건을 구입한다면 어려운 일이 발생할 수 있을 것이라 말할 수도 있을 것이다.

또는 친구를 만나서 어떤 일을 부탁하려고 하는데 그 친구를 만나기가 매우 어렵고 힘든 운이요, 아니면 부탁하는 일들이 뜻대로 되지 않고 하는 일마다 어렵고 힘이 든다고 할 수 있을 것이다.

또는 모처럼 시간을 내어서 외국에 여행 좀 하려고 마음을 먹었는데 매사가 어려움이 발생하여 여행길을 갈 수가 없는 일이다.

또는 집안에서 사용하는 물건이 고장나서 손을 좀 보려고 하는데 마음대로 손보는 일이 쉽지가 않다고 할 수 있을 것이다.

또는 모처럼 마음먹고 공부 좀 해보려고 하였더니 공부가 뜻대로 되지 않고 어려움이 있다고 할 수 있을 것이다.

또는 사업을 챙기려 하나 뜻대로 되지 않고 어려움이 발생할 수 있는 것 등으로 많은 일들이 마음대로 풀리지 못하고 힘이 드는 운이다. 여기서 림은 어떤 일에 부딪치다고 설명하였다.

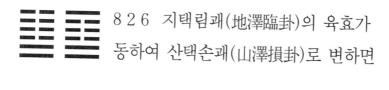

826 지택림괘(地澤臨卦)의 육효가 동하여 산택손괘(山澤損卦)로 변하면

손(損)이란 '손실'을 뜻하고 '악독하고 인정이 없는 상'이다. 또는 '감소한다' '줄인다' '각박하다' '야박하다' '빈정댄다' '조롱한다' 라는 뜻이요, 또는 '득(덕)이 되지 않는다'고 할 수 있다.

그래서 이 괘는 어디를 가면 손해를 입을 일이 생길 수 있다고 하는 것을 말하는 운이다.

또는 어느 곳을 가면 손해볼 일이 생기는 것이다. 아니면 어느 곳에서 오는 사람이 손해가 있을 사람이라고 할 수 있는 것이다.

또는 어떤 시간 또는 몇 시에 손해볼 수 있는 일이 발생할 일이 있다고 하는 것을 말하는 운이다.

또는 어느 시간이나 어느 장소에서 야박하고 인정없는 사람을 만날 수 있는 운이니 미리 주의하라고 말할 수도 있을 것이다.

또는 어떤 여인을 만나게 된 일로 인격에 손해가 발생할 수 있을 것이요, 아니면 만난 여인이 인정이라고는 없는 독하고 야박한 여인이라고 할 수도 있을 것이요, 아니면 그러한 여인을 만날 것이라고 할 수도 있는 것이다.

또는 어떤 물건을 만났거나 구입을 하게 된 것이 나에게는 덕이 되지 않고 어렵고 힘이 들게 될 것이라고 할 수 있을 것이다.

그래서 이 괘는 어떤 사업 상담 결혼 전쟁 출마 대인접촉 공사 이외에 많은 일 등을 해서는 손해를 볼 수 있다고 하는 격이다.

또는 어떤 사람을 만나면 손해가 된다는 것을 말하고, 또는 장소나 방향이나 시간에는 해서는 안 된다는 것을 말하고 있는 운이다.

또는 어떤 물건 또는 사물을 접하면 손해 또는 구설수가 발생할 수 있다고 하는 것이다.

83 지화명이괘(地火明夷卦)

명이(明夷)란 '능력이나 생각이나 지혜를 마음껏 발휘하지 못하는 것'이요, '속마음을 내색하지 않거나 못하는 상'이요, '상대방에게 인정을 받지 못하는 상'이다. 또는 '새벽을 여는 사람' '새벽을 준비하는 사람'이라고도 할 수 있고, '마음 속에 화나 열이 많은 사람'이라고 할 수 있다. 또는 '속에 있는 화나 열을 다른 사람에게 인정받지 못한다'고 할 수 있고, 가도가도 앞이 보이지 않는 상태를 말한다.

그래서 이 괘는 땅 속에 있는 불로서 아직은 땅 위로 솟아오르지 못하고 있는 형국이다. 그래서 앞으로 지상으로 솟아오를 것을 예고하고 있는 운으로 현재는 어려움이 있을 지라도 세월이 가면 밝은 내일이 있다고 하는 것을 암시하고 있는 운이다.

또한 이 괘는 땅 속에 있는 불과 같아 사람으로 보면 마음 속에 있는 지혜를 세상에 내놓지 못하는 운이요, 실력이나 학문이나 그 외의 모든 것을 세상에 내놓지 못하고 있는 운이라 할 수 있다.

또는 세상에서 인정을 얻지 못하고 있는 운이라고 말할 수 있다. 그래서 자기의 지혜나 학문이나 모든 기술을 마음 속에 간직하고 때를 기다리고 있는 운이라고 할 수가 있는 운이다.

또는 날이 밝기 전에 일어나 활동하는 사람이라 말할 수 있다. 매사에 누구보다 많은 연구를 하는 사람이거나, 아니면 어떤 제품이 개발되기 전부터, 아니면 사회에 이름이나 제품이 나오기 전부터 미리 준비하고 개발을 생각하는 사람이라 할 수 있을 것이다.

또는 본인이 어떤 상황을 목격하게 되어 그 내용을 알고 있다고 하여도 혼자만이 알고 누구에게 발설할 수 없다거나 발설을 하지 못하고 있다고 말할 수 있을 것이다.

또는 어떤 말단 사원이 회사의 어려운 난관을 극복할 수 있는 지혜를 가지고 있다고 하여도 회사의 상사들에게 인정을 얻지 못하고 있다든지, 또는 자기의 속마음을 누구에게 털어놓을 수 없는 상황이 생겼다거나 발생할 수 있을 것이라 말할 수 있을 것이다.

또는 어떤 아가씨가 어떤 남자를 짝사랑하면서 상대방에게 내가 당신을 사랑하고 있다는 말을 못하고 애태우면서 지내고 있다거나 애태울 일이 생길 수 있다고 할 수 있을 것이다.

또는 어떤 부인이 어떤 물건을 갖고 싶은 마음이 간절하여도 남편에게 말하지 못하고 있는 상이라 할 수 있다.

겸(謙)이란 '순하고 용하고 선한 사람으로 덕인'이라고 할 수 있으나 나쁜 의미로 보면 '무능하고 자신이 없는 사람'이다. 또는 '겸손' '겸허' '양보하다' '사양하다'라는 뜻이요, '능력이 부족한 상'이요 '기를 못펴고 억눌려 생활하는 상'이요, '매사를 포기하면서 주장이나 생각을 펴지 못하는 사람'이다. 또한 기가 강하고 힘이 넘치고 자만심이나 우월감이 강한 사람이 자신의 의지나 능력을 발휘하지 않거나 못하고 은둔하면서 지내는 상이다.

그래서 이 괘는 시기가 되지 않았음을 알고 겸손한 마음으로 때를 기다리는 운이라고 할 수 있으니 능력이나 지혜를 세상에 내놓아 보았자 인정을 못받을 것을 알고 자중하는 운이다.

또는 자기의 생각을 외부로 표현하지 않는 내성적인 사람이 모든 일에 있어서 남에게 양보만 하면서 살아간다고 하거나 아니면 자기의 속은 표현을 안 하면서 뒤에서 남이 하는 일만 바라보고 생활하는 사람과 같다.

또한 겸손을 의미하는 것으로 강한 힘을 가진 양(陽)이 연약한 음(陰) 아래에서 겸손하게 지내는 것을 의미하듯이 내가 돈 있고 능력이 있어도 돈 없고 능력없는 사람을 무시하거나 업신여기지 말고 지내라고 할 수 있는 것이다.

또는 내가 권력을 가지고 있다하여 힘없고 권력이 없는 서민들을 무시하지 말고 그런 사람들의 의견도 존중하면서 자중하라고 할 수 있는 것이다.

또는 어떤 신하가 자기의 지혜를 활용하면 세상을 안정시킬 수 있는 지혜를 가지고 있으면서도 정치인들이 당리당략의 당파싸움으로 정치가 혼란한 시기라 자기의 의견이 인정을 못받을 것을 알고 겸손한 자세로 때를 기다리고 있는 격이다.

또는 회사의 말단사원이 새로운 제품은 개발하였어도 직책이 말단이라는 이유로 개발품을 내놓아도 인정을 못받을 것을 알고 때를 기다고 자중하는 운으로 수많은 일들이 있을 수 있는 운이다.

또는 회사나 가정이나 직장에서 누구보다 먼저 활동하는 사람으로 다른 사람들을 위하여 순수한 마음으로 준비하는 사람이라 할 수 있을 것이다.

![卦象] 832 지화명이괘(地火明夷卦)의 이효가
동하여 지천태괘(地天泰卦)로 변하면

태(泰)란 '상대와 내가 서로 뜻이나 의견이나 마음이 통한다'는 뜻이요, 또는 '신의' '상대를 인정한다' '크다' '편안하다' '안정되다' '화합하다'라는 뜻이요. 또는 '순안하다' '태평하다'라는 하는 뜻이다. 태(泰)는 너와 나 이 사람과 저 사람, 이것과 저것, 이일

과 저 일 등 서로 뜻이 맞거나 화합을 이루거나 화합을 이루는 것
으로 '상대성'을 말하는 상이다.

　그래서 이 괘는 말을 안 하는 것이 속이 편안하다고 하는 뜻이
요, 또는 참는 것이 났다고 하는 뜻과 같은 내용으로 말을 하여도
도움이 못되는 운이다.

　또는 세상살이를 하는 것이 공부나 사업이나 연구든 간에 누가
하기 전에 아니면 누구보다 먼저 일어나 많은 활동을 하다보니 크
게 성공이나 출세를 하였다거나 세상을 편안하고 안정되게 살아가
고 있다고 할 수 있을 것이다.

　또는 어떤 방법을 가르쳐 주어도 도움이 되지 못하는 운으로 말
을 안하고 참는 것을 말하고 있다. 다시 말하면 알아도 모르는 척
하는 편이 더 안정되고 편안하다고 할 수 있을 운이다.

　또는 알고 있는 실력이나 지혜가 좋은 사람이 세상을 편안하고
즐겁게 살아가고 있다고 말할 수 이을 것이다.

　또는 마음 속에 큰 생각이나 지혜가 있는 사람이 큰 일을 모사하
고 있을 수 있는 운이라 할 수 있다.

　또는 부부간에 살면서 내가 속에 있는 마음을 모두 배우자에게
이야기하는 것보다는 어떤 때는 참고 말을 안 하는 것이 가정에
도움이 되는 것으로 참음으로 해서 가정이 편안하다. 또는 가정이
안정되었다거나 안정될 수 있다고 말할 수 있을 것이다.

　또한 우리가 세상에서 살면서 눈으로 보고 마음으로 느끼고 귀

로 듣고 입으로 맛을 알고 피부로 감각을 느끼면서 많은 지혜를 터득하고 깨우치면서 살아가는데 그런 감각이 사람마다 모두 각각 다르기 때문에 나의 어떤 것을 설명을 하여도 상대에게 인정을 못 받을 바에야 나 혼자 간직하고 내색을 안 하는 것이 편안하다고 할 수 있는 것으로 수많은 일들이 있을 수 있는 운이다.

또는 회사를 출근하는 사원이 자기의 속에 있는 생각을 모두 말하다보면 회사에 파문이 날 일도 있을 것이요, 또는 퇴직당할 수 있을 것이요, 아니면 회사가 문을 닫아야 하는 일도 생길 수 있다면 말을 참아 회사가 안정될 수 있을 것이요, 내가 회사에서 퇴출당할 일이 없을 것이요, 회사는 안정되고 편안할 것이다.

䷣䷗ 833 지화명이괘(地火明夷卦)의 삼효가 동하여 지뢰복괘(地雷復卦)로 변하면

복(復)이란 '다시 시작한다' 또는 '마음이 시끄럽고 번잡하다' '심리적으로 불안하다' '마음의 갈등을 내색하지 못하는 상황'이라고 할 수 있다. 또는 '재기' '재발' '반복' '돌고도는 윤회'를 뜻하며, '돌아온다' '돌아가다' '제자리로 돌아가다'라고 할 수 있다.

그래서 이 괘는 어두운 터널이 계속되는 운이요, 또는 마음먹은 일이나 생각이 성사되지 못하는 일이 반복되는 운이다.

또는 답답한 일이 계속 반복되고 있는 운이요, 또는 인정을 못받고 무시당하는 일이 반복되고 있는 운이다.

또는 말을 하고 싶은 충동이 있으나 말을 하지 못하고 참아야하는 일이 계속 반복되고 있는 운 등을 말하는 운이다.

또는 어떤 일이나 상황을 말못하고 참는 바람에 속에서 갈등이나 풍파나 불안이나 동요 등이 계속 반복되고 있다거나 아니면 또다시 속상할 일이 생길 수 있다고 말할 수 있는 것이다.

또는 누구보다 먼저 활동하고 생각하고 연구하는 일이 많은 사람으로 반복하고 있다고 할 수 있을 것이다. 다시 말하면 앞서가는 신기술개발을 말한다.

또는 어떤 연구기관에 있는 사람이 새로운 신제품을 개발하고도 시중에 발표를 못하고 때를 기다리고 있다고 한다면 또 다른 문제나 어떤 상황으로 말못하고 참아야 할 일이나 갈등 등이 또 다시 발생하였다거나 발생할 것이라고 말할 수 있는 것이다.

또는 친구간이나 부부간에도 말을 못하고 넘어갈 일이 반복되어 생길 수 있는 운이요, 또는 부부간에 갈등이 있어 말을 못하고 지내든 부부가 상대방에게 사과나 사정의 말을 하고 싶어도 또 다시 어떤 상황의 일이 발생하는 바람에 또 다시 말을 못하고 넘어가야 할 일이 반복복되고 있다고 말할 수 있을 것이다.

또는 어떤 상황을 목격하였어도 말못하고 넘어갈 일이 반복되고 있다고 할 수 있는 일 등으로 수많은 일들이 있을 운이다.

또는 어떤 회사에서나 가수가 신제품이나 신곡발표회를 가지려

하였으나 어떤 상황의 발생으로 발표회를 또 다시 미룰 일이 반복하여 발생한다고 말할 수 있을 것이다.

834 지화명이괘(地火明夷卦)의 사효가 동하여 뇌화풍괘(雷火豊卦)로 변하면

풍(豊)이란 '풍요롭다' '풍성하다' '많다' '넉넉하다' '여유있다' 라는 뜻이다. 그래서 사건이나 일이나 상황의 변화가 많을 운이요, 떠들일, 싸울일, 사기당할 일, 오해나 모함받을 일도 많을 운이요, 실력이나 기술이나 능력도 많을 운이다.

그래서 이 괘는 마음 안에 간직하고 있는 지혜가 풍성한 사람이요, 또는 혼자만이 알고 있는 일로 말 못할 일이 많은 사람이라 할 수 있을 것이다.

또는 다른 사람에게 인정을 못받고 무시당하는 일이 아주 많을 수 있는 상이라 할 수 있을 것이다.

또는 꾀가 많은 사람으로 능력을 인정받지 못한 것이 흠이나 알고 있는 학문이나 마음이나 생각이 여러 방면으로 풍부한 사람이다. 우리 속말에 구관이 명관이라고 하는 말이 있는데 이 괘는 보고들은 경험이 풍부할 수 있는 운이다.

또는 새벽을 열 일이 많은 사람이요 새벽을 준비하는 일이 많은 사람이라 할 수 있으니 예를 들면 정치나 경제나 회사의 모든 면이나 공부나 하다 못해 연애를 하는 일에 있어서도 다른 사람들보다 앞서서 생각하고 활동하는 사람이라 말할 수 있을 것이다.

또는 자기의 속마음을 외부로 표현하지 못하고 참아야 할 일이 많은 사람이라 할 수 있을 것이다.

또는 속마음을 털어놓지 못하고 참는 바람에 속에 울화병이 심하다거나 자주 발생하는 사람이라 말할 수 있을 것이요, 아니면 갈등이나 풍파가 많다거나 심한 사람이라 말할 수도 있을 것이다.

예를 들면 부부간에도 말못하고 참는 일이 많다고 할 수 있을 것이요, 또는 어떤 연구에서 새로운 제품을 만들어놓고도 발표를 못하고 지내는 일이 많을 수 있는 상이다.

또는 가수가 음반을 만들어 놓고는 시중에 내놓지 못하거나 또는 화가가 그림을 많이 그렸어도 시중에 내놓지 못할 운이다.

또는 사기성이 풍부한 사람으로 자기의 속마음을 다른 사람이 알지 못하도록 내색을 않고 지낼 수 있는 사람이다.

또는 점법으로 보면 상대가 나에게 무엇때문에 왔는가를 보았다면 상대가 속을 터놓고 이야기할 사람이 아니라 음흉한 사람이라고 할 수 있다.

또한 이 괘는 어느 순간에 재갈공명이 유비를 만나는 격으로 좋은 인연을 만나서 인정을 받아 밝은 지혜를 크게 활용할 수도 있는 운이다. 그러나 용신(用神)이나 동효(動爻)에 칠살(七殺)이 있으면 악의 길로도 이용할 수 있으니 주의하여 판단해야 한다.

기제(旣濟)란 '과거, 지난날, 지나간 일, 지나간 상황' 등을 말한
다. 그래서 '이미 이루었다' '이미 성취하였다' 또는 '이미 정리되
었다' '이미 벌어졌다' '이미 달아났다' '이미 지나갔다' '이미 끝
났다' '이미 결정났다' 라는 뜻이요, 또는 '이미 만들었다' '이미
성사되었다' '이미 준비되었다' 라고 할 수 있다.

그래서 이 괘는 어렵고 힘이 들일이 이미 정해진 운이요, 상태라
고 하는 말하는 운이다.

또는 자기의 속마음을 털어놓을 수 없는 일이 있는데 그 일이 이
제 생긴 것이 아니고 진작부터 생긴 일이라고 할 수 있을 것이다.

또한 선천적이 질병은 이미 정해진 우환이요, 또는 선천적인 불
구도 이미 정해진 운명이라고 할 수 있는 운명이다.

또한 어떤 일이나 상황에서 여명이 밝기 전에 할 일이나 준비할
일이 진작에 만들어져있다거나 준비되어 있다고 할 수 있다. 예를
들면 새벽에 일어나는 천지개벽으로 혁명을 들 수 있을 것이다.

또는 공부를 못하는 학생은 대학진학을 못할 것은 이미 결정된
일이다.

또한 사업에 태만하고 관심이 없는 사업가라면 회사가 망할 것
은 이미 기정사실이 된 운명이다.

또는 부부가 만나는 날부터 성격이 많지 않아서 불화가 있으면 이별은 이미 정해진 운명이라는 것이다.

또는 남자가 무정충이라면 자식이 없을 것은 이미 정해진 일 등으로 답답하고 말 못하고 어려울 일들이 이미 결정되어 있다는 것을 말하고 있다.

우리 속담에 '잘될 놈은 떡잎부터 알아본다'는 말과 같은 의미라고 할 수가 있다. 여기서는 명이괘(明夷卦)를 답답한 심정으로 활발하지 못할 일, 내색을 못할 일로 설명하였다.

또는 유부남이 애인을 두고 지내는 일로 속 알이를 하고 있으면 말못하고 지낼 그 일은 진작부터 생긴 일이라 할 수 있을 것이다.

또는 노름꾼이 집문서를 잡히고 노름으로 집을 잃었다고 한다면 집 잃고 누구에게도 말못하고 지낼 일은 이미 벌어졌다고 할 수 있을 것이다. 여기서 명이괘(明夷卦)는 자기의 생각을 외부로 표현할 수 없는 상황으로 설명하였다.

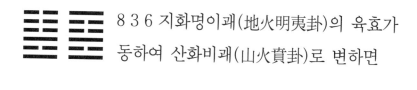 836 지화명이괘(地火明夷卦)의 육효가 동하여 산화비괘(山火賁卦)로 변하면

비(賁)란 '꾸미다' '장식하다' '과시하다' '노출하다'라는 뜻이다. 또는 '치장하다' '사치하다' '화려하다' 또는 '모사를 꾸민다' '계획을 세운다' 또는 '과장이 많다' '공개하다' 또는 '추진력이

강하다' 라는 뜻이다. 꾸민다는 것은 다른 사람을 유혹하려고 하거나 자기를 과시하려는 마음이 있다고 보아야 한다.

그래서 이 괘는 또는 본인의 어떤 지혜나 생각을 누구에게 말을 안 하거나 아니면 누구도 모르게 어떤 일이나 상황 등을 강력하게 추진한다고 하거나 모사를 한다고 할 수 있을 것이요, 아니면 모사할 일이 생길 것이라고 말할 수 있을 것이다.

예를 들면 어떤 사람이 누구에게 사기를 치기 위하여 접근을 하고 있으면 상대방이 눈치채지 못하게 추진하면서 겉으로는 친절한 척하면서 속까지 내어줄 수 있는 사람이다.

또는 어떤 사람이나 회사가 다른 회사를 말아먹으려고 아무도 모르게 몇 달이나 몇 년을 걸쳐 끈질기게 접근하거나 아니면 아예 그 회사에 취업하여 상사들의 인정을 얻어가면서 적극적으로 공작할 수 있다거나 아니면 그런 일을 당하고 있거나 아니면 지금 그런 상황이거나 아니면 그런 상황으로 당했다고 할 수 있다.

또는 마음 속의 어떤 답답한 일을 감추기 위하여 외부를 꾸미고 장식하는 운이다. 예를 들면 마음 속의 우울증을 다른 사람에게 보이기가 싫어서 겉으로는 웃으려고 하는 형이다.

또는 실연을 한 사람이 겉으로는 태연하게 웃고 지내는 마음이요 또는 시험에 낙방한 사람이 겉으로는 태연한 척 하는 격이요, 또는 남의 물건을 훔친 사람이 겉으로는 모르는 척 하는 격이며, 또는 오랫동안 지병으로 고생한 부모가 자식 앞에서 태연한 것처럼 보이려고 노력하는 운이다.

또는 사업이 위기에 처하여 마음은 타나 겉으로는 아무 일도 없는 것처럼 하는 일 등으로, 수많은 일이나 생각 등이 속으로는 어려워서 힘이 들어도 표현을 하지 않는 운으로 이중성격을 쓰고 있는 것을 말하고 있는 운이라 말할 수 있을 것이다.

8 4 지뢰복괘(地雷復卦)

　복(復)이란 '다시 시작한다' 또는 '마음이 시끄럽고 번잡하다' '심리적으로 불안하다' '마음의 갈등을 내색하지 못하는 상황' 이라고 할 수 있다. 또는 '재기' '재발' '반복' '돌고도는 윤회'를 뜻하며, '돌아온다' '돌아가다' '제자리로 돌아가다' 라고 할 수 있다.

　또는 '마음이 시끄럽고 번잡하거나 '심리적으로 불안한 사람'이요, 아니면 '마음의 갈등을 내색을 못하는 상황' 이라 할 수 있다.

　또는 마음 속에서 일고 있는 우뢰나 풍파나 동요나 갈등등이 계속 반복되어 발생하고 있다고 할 수 있는 상이다.

　괘상(卦象)을 보면 땅 속에서 새싹이 움트기 위해 새로운 탄생을 의미하는 소리가 연속되어 가고 있는 운이다. 그래서 이 괘를 새롭게 시작하는 운이라고도 하고 있는 것이다.

　또는 우주의 변화는 생로병사의 윤회로 돌고 있으니 태어나면 성장하고 고통 속에서 살다가 때가 되면 소멸되어 없어지나 그 싹이나 뿌리에서 이듬해는 다시 시작하는 것처럼 돌고 도는 것을 말하고 있는 운이라고 할 수가 있다. 하지만 주의할 것이 있으니 손재의 시작도 시작이요 악운의 시작도 시작인 것이다.

또는 어제는 부부문제로 갈등이 있었다면 오늘은 자식들이 아침부터 속을 썩이는 바람에 마음의 갈등이 생겼다고 할 수 있다.

또는 회사를 운영하는 사장이라면 생산물품 때문에 항상 마음이 불안하거나 아니면 자금사정으로 어려움이 있었는데 종업원들 문제로 갈등이 계속 반복되고 있다고 할 수 있을 것이다.

또는 식당을 운영하는 사람이 매일 메뉴를 바꾸는 문제로 신경쓰고 마음이 불안하고 긴장되는 운이요, 또는 기분좋은 일이 매일 또는 주기적으로 생긴다고 할 수 있을 것이다.

용신(用神)이나 동효(動爻)에 칠살(七殺)이 있으면 악운이 새롭게 시작하는 운이요, 복덕(福德)이나 용덕(龍德)이나 녹 등이 있으면 좋은 의미의 운이 새롭게 시작한다고 할 수가 있을 것이다.

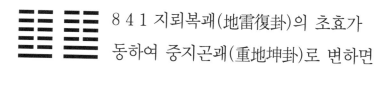

8 4 1 지뢰복괘(地雷復卦)의 초효가 동하여 중지곤괘(重地坤卦)로 변하면

곤(坤)이란 '대지' '여성'을 상징하고, 그 중에서도 '어머니'를 상징한다. 또는 모든 것을 '수용한다' '받아들인다' 또는 '순하다'

'조용하다' 또는 '활동력이 없다' '말이 없다' '내성적이다' 또는 '냉정하면서도 잔정이 많은 상' '속마음의 깊이를 알 수 없는 상'이라고 할 수 있다.

그래서 이 괘는 말없는 가운데 새로운 변화가 일어나는 운이라고 할 수 있다. 우리 속말에 '역사는 밤에 이루어진다'는 말이 있는데 아무도 모르게 은밀하게 변한다는 말과 같다.

또는 어떤 일이나 상황으로 갈등이나 풍파가 계속 발생한다고 하여도 그런 일들을 누구에게 말하는 것이 아니고 어머니의 마음으로 조용하게 처리한다.

또는 해결한다고 말할 수 있을 것이요, 아니면 해결할 일이 발생할 수 있다고 말할 수 있을 것이다.

또는 반복되는 일이나 상황을 거부하지 않고 수용한다고 할 수 있다. 예를 들면 처음 아이를 난 부인이 또 다시 임신을 하고자 하는 마음의 갈등이 생겼다고 할 수 있는 것이다.

또는 부부의 갈등이 계속 반복되고 있다고 하여도 그 갈등을 누가 알까봐 말없는 가운데 조용하게 처리하는 사람이요, 아니면 처리할 일이 발생할 수 있다고 할 것이다.

또는 회사에서 종업원들이 어떤 물의를 일으켜도 그런 물의를 누가 일까봐 사원들을 내 가족처럼 보살피면서 조용하게 처리하는 사람이요, 아니면 처리할 일이 생길 수 있다고 할 수 있을 것이다.

또는 새로운 사업을 구상하는데 있어서 누가 나의 마음이나 생각을 눈치라도 챌까봐 아무도 모르게 추진하거나 추진할 일이 생길 수 있다고 할 수 있는 운이다.

또는 신제품을 개발하는데 누가 나의 마음이나 생각을 눈치라도 챌까봐 아무도 모르게 연구하고 있는 운이라고 말할 수 있다.

또는 고시에서 낙방을 한 사람이 누가 알까봐 은밀히 다시 고시 준비를 하고 있는 격이라 할 수 있을 것이다.

또는 마음의 갈등이나 풍파가 매일 반복되고 있는 일을 말없는 가운데서 조용하게 지내는 운 등을 말하고 있는 운이다.

또는 한 번 바람나서 나갔다 들어온 여인이 또 바람이 나서 집을 나가는 상이라고 할 수 있을 것이다.

또는 매일같이 심신의 고통이나 갈등을 참고 출퇴근을 하는 사람이 매일 출퇴근하는 일을 거부하지 않고 자기의 운명으로 조용하게 받아들이고 있다고 할 수 있는 운이다.

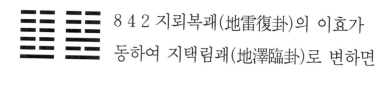

842 지뢰복괘(地雷復卦)의 이효가 동하여 지택림괘(地澤臨卦)로 변하면

림(臨)이란 '시간과 장소와 때와 계절을 말하는 상'이요, '접촉하다' '부딪치다'라는 뜻이요, '어느 곳에 이르다' '어느 곳에 오다' '어디를 향하다' '어떤 일이나 상황에 부딪치다' '어느 곳에서 만나다' '어느 때 만나다' '왕림하다'라는 뜻이다. 또는 '어떤 위치에 오르다' '어떤 지위에 있는 사람을 만나다' '언제, 어디에 자리를 정하다' '자리를 잡는다' '뭍이다' 라고 할 수 있다.

  그래서 이 괘는 반복에서 어느 장소를 왕래하고 있는 것을 말하고 있는 것이요, 또는 어떤 반복되는 일이나 상황이 발생할 수 있다고 할 수 있는 운이다.

  또는 마음의 갈등이나 풍파나 동요나 번민 등으로 인하여 어디에 갈 것이다. 아니면 어디에 가 있을 것이라고 할 수 있을 것이다.

  또는 계속되는 갈등이나 풍파나 동요로 인하여 어는 장소에서 누구를 만나고 있다거나 만날 수 있다고 말할 수도 있을 것이다.

  예를 들면 부부의 갈등이 심한 부인이 다른 남자를 만나고 싶어한다거나 만나고 있다거나 만날 수 있다고 말할 수 있을 것이요, 또는 어느 장소에서 만나고 있다고 할 수도 있을 것이다.

  또는 회사가 풍파나 동요나 갈등에 휘말려 폐업을 생각하거나 폐업을 하였다고 하거나 할 수 있을 것이다.

  또는 반복되는 일로 어디에 가고 있다거나 갈 일이 발생하였다고 할 수 있을 것이다.

  예를 들면 서울에서 부산을 가는 기차는 매일같이 반복하여 왕래하고 있는 것이요, 또는 전주에서 서울을 다시는 고속버스는 매일 반복하여 왕래하는 격으로 사람도 갔다온 길을 다시 한 번 가보는 경우를 말하고 있다.

  또는 내가 어느 길에서 물건을 잃었다면 그 잃은 물건이 어느 길에 있나하고 몇 번이고 다시 찾아보는 형국이다.

또는 어느 지역에서 관광을 하였는데 추억이 너무나 좋아서 다음에 다시 찾아가는 일이다.

또는 부모가 죽고 난 후에 부모가 그리워서 산소를 반복하여 찾아보는 격이라고 할 수가 있을 것이다.

또는 관청에 허가신청을 하였는데 허가문제로 여러 차례 관청을 방문하게 되는 일이다.

또는 매일같이 같은 시간에 어떤 일을 반복하는 것을 말하고 있는 운을 말하고 있으니, 매일 출퇴근을 하는 일 등 수많은 일로 인하여 갔던 곳을 또 다시 찾아가야 하는 운이다.

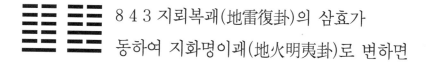 843 지뢰복괘(地雷復卦)의 삼효가 동하여 지화명이괘(地火明夷卦)로 변하면

명이(明夷)란 '능력이나 생각이나 지혜를 마음껏 발휘하지 못하는 것'이요, '속마음을 내색하지 않거나 못하는 상'이요, '상대방에게 인정을 받지 못하는 상'이다. 또는 '새벽을 여는 사람' '새벽을 준비하는 사람'이라고도 할 수 있고, '마음 속에 화나 열이 많은 사람'이라고 할 수 있다. 또는 '속에 있는 화나 열을 다른 사람에게 인정받지 못한다'고 할 수 있다.

그래서 이 괘는 과거의 일을 다시 반복하면서 누구에게 말은 하지 못하고 혼자만 생각하고 있는 상이요, 아니면 과거의 일을 생각하면서 다시 해보고 싶은 충동을 가지고 살고 있다고 할 수 있다. 예를 들면 춤바람이나 마작이나 경마나 공부 등을 말할 수 있다.

또는 마음의 갈등이나 풍파나 동요가 계속 발생하고 있어도 누구에게 말못하고 혼자 속태우고 있는 상이라 말할 수 있다. 예를 들면 자식들이 속을 상해도 누구에게 말못하고 지내는 상이다.

또는 부부간에 갈등이나 풍파가 많이 있다거나 자주 발생하여도 누구에게 말하지 못하고 지낼 수 있다거나 지낼 일이 생길 수 있다고 말할 수 있을 것이다.

예를 들면 이성에 대한 불만 등을 말할 수 있다. 아니면 부부간에 성생활이 좋다보니 누구에게 내색하지 못하는 상을 말한다.

또는 친구들과의 약속시간이 확실하게 정하여진 것이 아니라고 하는 운으로 남녀의 연인이 만나기로 한 약속장소가 명확하지 못하는 운이요, 또는 약속시간이 확실하지 못하는 운이다.

또는 관광을 가려고 하는데 장소나 시기를 확정짓지 못하고 있는 운이요, 또는 어느 곳을 가려고 하는데 그곳의 지리를 확실하게 모르고 있는 격 등으로 많은 일들이 있을 수 있는 운이다.

또는 지난날에 절도를 하였던 사람이 다시 절도를 하려고 마음은 먹고 있으나 그 사실을 누구에게 발설하지 않고 있는 상태다.

또는 아내 모르게 비자금을 숨겨둔 사람이 다시 비자금을 만들어 숨겨둔 일을 누구에게 말하지 않는 사람이라고 할 수 있다.

또는 어떤 제품을 만들고 있는 사람이 계속 실패가 되는 바람에 마음의 갈등이나 동요가 발생하여도 누구에게 말못하고 속태우면서 지낼 수 있는 사람이라 말할 수 있을 것이다.

844 지뢰복괘(地雷復卦)의 사효가 동하여 중뢰진괘(重雷震卦)로 변하면

진(震)이란 '진동한다' '요란하다' '시끄럽다' '울리다' '뒤흔들다' '놀라다' '발분한다' '안정되지 않는다' 라는 뜻이요, 또는 '동요' '불안' '갈등' '번민' 이라는 뜻이요, 또는 '들뜨고 시끄러운 상' 이요, '큰소리 날 일이 연속적으로 생기는 상' 이다. 또는 '벼락' '우뢰'를 뜻한다. 만약 신(身) 명(命)에 사부살(死府殺)이 있으면 감전이나 우뢰나 벼락으로 사망할 수도 있다.

그래서 이 괘는 하는 일마다 조용하지 못하고 시끄러운 풍파나 잡음이 많이 발생하는 운이라고 할 수가 있으니 처음 시작하는 일이 잘못되어 다시 반복하는 일이라고 할 수가 있는 운으로 한 번의 실수가 있으면 계속되는 실수가 있을 수 있다고 하는 뜻이다.

또는 반복되고 있는 일로 인하여 마음의 갈등이나 풍파나 불안 등이 있을 수 있는 운이다.

또는 '처음에 거짓말을 하면 계속 하게 된다' 는 말과 같은 의미로 처음 시작이 잘못되면 나중에도 바르게 될 수 없다고 하는 뜻과 같은 내용의 괘라고 할 수가 있을 것이다.

또는 어떤 일이나 상황에서 본래의 위치로 돌아가려고 하나 뜻대로 되지 않고 갈등이나 풍파가 일거나 불안이 계속되고 있다고 할 수 있다. 예를 들면 화류계 생활을 하는 사람이나 바람난 여인이나 직장에서 퇴출된 사람 등의 복귀를 말할 수 있다.

또는 반복되는 경사로 집안에 잔치가 계속된다고 할 수 있다. 예를 들면 회사에서 신제품을 내놓을 때마다 호응이 좋고, 일본관리들이 주기적으로 망언을 일삼아 풍파를 일으키는 것과 같다.

또는 반복되어 발생하는 일로 시끄러운 풍파가 계속 발생한다고 할 수 있는데 예를 들면 해마다 태풍으로 풍수재해를 당하는 일로 사회가 계속 시끄러운 일이 생길 수 있다고 할 수 있을 것이다.

또는 반복되는 정책의 실패로 사회불안이 계속 발생하거나 사회의 풍파가 계속 발생하고 있다고 말할 수 있을 것이다.

䷗䷂ 845 지뢰복괘(地雷復卦)의 오효가 동하여 수뢰둔괘(水雷屯卦)로 변하면

둔(屯)이란 '곤란하다' '어렵다' 또는 어떤 일이나 상황에 '몰두한다' '전념한다' 라고 할 수 있다. 또는 '망설이다' '숨는다' '피하다' '자신없다' 또는 '활동의 폭이 좁다' '마음을 열지 못한다'

'뜻이나 의지를 펴지 못한다' 라는 뜻이다.

　그래서 이 괘는 반복되고 있는 일이 망서려 진다. 또는 반복하기
가 곤란하다. 또는 다시 하기가 어렵다. 또는 반복되는 일이 험난하
고 고생이 되는 일이라고 하는 뜻이다. 여기서 둔(屯)은 곤란하다
어렵다라는 의미로 설명하였다.

　또는 반복되는 일이나 상황이 없어졌다고 할 수 있다. 또는 우뢰
나 풍파나 갈등이나 동요 등이 사라졌다고 말할 수 있다. 예를 들
면 사망이나 이별이나 폐업 등을 말할 수 있다. 여기서는 숨어버렸
다는 의미로 설명하였다.

　또는 반복될 수 있는 일 등이 아예 없어질 수 있다고 말할 수 있
을 것이니 교통사고로 병원에 입원을 하게 되었다든지, 교도소에
가게 되었다든지, 아니면 사망으로 인하여 반복될 일이 소멸될 수
있다고 할 수 있을 것이다.

　또는 한 번의 수술을 하고 난 사람이 다시 재수술을 받아야 되는
데 그 수술을 다시 받는다는 것이 망설여지고 어렵게 느껴지는 격
이요, 아니면 아예 다시는 수술을 할 일이 없어졌다고 할 수 있으
니 사망 등을 말할 수 있다.

　또는 말하기 어려운 일로 친구에게 보증을 부탁하였는데 거절당
한 후에 다시 친구에게 또 다시 보증을 부탁하기가 곤란하다 또는
어렵다고 할 수 있는 운이다.

　또는 스턴트맨들처럼 어려운 일을 하는 사람이 또 다시 다른 사

람의 부탁을 받고 어떤 일을 하는 것이 위험하고 고생이 되는 일로서 어렵다고 할 수 있는 말이다.

또는 시험을 볼 때마다 낙방을 하는 사람이 또 다시 시험을 보려고 하니까 마음이 초조하고 두려운 일 등으로 많은 일들이 반복하여 다시 하기가 불안하고 어렵다고 하는 것을 말하는 운이다.

또는 매일 반복되는 일이 없어질 수 있는 운으로 매일 사무실이나 회사에 출퇴근을 하는 사람이라면 출퇴근 할 일이 없어졌다고 할 수 있을 것이다.

䷗ ䷚ 846 지뢰복괘(地雷復卦)의 육효가 동하여 산뢰이괘(山雷頤卦)로 변하면

이(頤)란 '말이나 입을 참는다' 하는 뜻'이요, '속마음을 내색하지 않는다'는 상이다. 또한 '보양한다' '휴양한다' '수양한다'라는 뜻이요, 또는 '입이 무거운 군자의 상'이라 할 수 있다. 또는 마음 속의 불안이나 괴로움이나 시끄러운 상황 등을 '참아야 하거나 참고 지낼 일이 생긴다'고 말할 수 있다.

그래서 이 괘는 어렵고 힘이 드는 일, 속상할 일이 반복되어도 인내심으로 참아야 하는 것을 말하고 있는 운이다.

또 우리 속말에 삼수세판이라고 하는 말과 같이 어떤 일을 한 번

하여보고 안 된다고 치우지 말고 인내심을 가지고 다시 시작하여야 한다고 하는 말이요, 또 '칠전팔기'니 하는 말이나 '실패는 성공의 어머니'라고 하는 말들은 모든 일이 한 번에 이루어지지 않는다는 말로 계속 노력할 것을 당부하는 말이다.

또는 회사에 어려움이 반복적으로 발생한다고 하여도 경솔하게 처리하지 말고 때를 기다리라고 할 수 있는 상이다.

또는 부부간에 갈등이 자주 발생한다고 하여 즉흥적으로 행동하지 말고 인내로서 참고 기다려 보라고 할 수 있는 것과 같다고 할 수 있을 것이다.

또는 어떤 일이나 상황이 반복하여 발생하여도 참아야 한다고 할 수 있으니 예를 들면 총각시절에 연애하면 지내던 여인이 각각 결혼하여 살다가 후일에 신랑과 헤어졌다고 하면서 다시 접근하고 있으면 만나는 일을 자제하여야 한다고 말할 수 있을 것이다.

또는 불량배 생활이나 도적질이나 사기꾼 생활을 하던 사람이 또 다시 할 일이 발생하였다면 다시 하지 말고 참아야 된다고 말할 수 있을 것이다.

또는 마작이나 경마나 카지노 등에 다니던 사람이 누군가의 유혹으로 또 다시 나갈 일이 발생하여도 인내로서 참고 지내야 한다고 말할 수 있을 것이다.

8 5 지풍승괘(地風升卦)

승(升)이란 '솟아오른다' 라는 뜻이요, 마음의 '동요' '갈등' '번민' 등을 말한다. 또는 '올라간다' '떠오른다' '진급한다' 라는 뜻이요, '마음을 못잡고 방황하거나 변화가 많은 사람' '심리적으로 불안한 사람' 이라고 할 수 있다.

또한 괘상(卦象)을 보면 바람이 땅 속에서 위로 솟아오르는 운으로 자기의 능력이나 힘을 서서히 외부로 나타내고 있는 운이다.

또는 어려움에서 벗어나서 새로운 도약을 꿈꾸고 있는 운이요, 아니면 벗어나기 위하여 마음에 동요나 갈등이 많이 있는 사람이라고 할 수 있을 것이다.

또는 억압된 세상에서 서서히 자유의 몸이 될 수 있다거나 되기를 원하고 있는 사람이라 할 수 있을 것이다.

또는 주위의 여건에 구속되어 활발하지 못하던 마음에 새로운 희망의 날개를 펴기 시작하는 운이라고 할 수가 있을 운이다.

또는 마음의 동요나 풍파나 불안감이나 갈등이나 번민 등을 외부로 나타내지 못하고 있다고 할 수 있을 것이요, 아니면 말못할 일이 발생할 수 있는 운이라 말할 수 있을 것이다.

예를 들면 어떤 부인이 누구와 바람을 피웠다거나 강간을 당한 일로 마음에 갈등이 있고 불안감이 있어도 누구에게 자기의 속마음을 털어놓고 말하지 못하는 상이라 할 수 있을 것이다.

또는 어떤 가장이 춤바람이 났다거나 춤을 배우고 나서 마음이 들떠 매일 춤을 추로 나가고 싶은 충동이 일고 있다거나 애인을 사귄 일을 누구에게 말을 못하고 고민에 빠졌다거나 빠질 일이 생길 수 있다고 말할 수 있을 것이다.

또는 어떤 총각이 마음에 드는 여인을 발견하고도 상대방에게 사랑한다고 말은 하지 못하고 혼자 마음이 산란하고 들떠서 방황하고 있다거나 방황할 일이 생길 수 있다고 할 수도 있을 것이다.

주의할 것은 아직 솟아 오른 것은 아니요, 솟아오르려고 하고 있는 운이라고 하는 것을 생각하여야 하는데 즉 희망이요, 꿈이라고 할 수가 있을 것이다.

승괘(升卦)와 명이괘(明夷卦)와 같은 의미가 있으나 명이(明夷)는 마음 속에 있는 지혜나 마음 속에 있는 생각이나 울화 등을 말하는 것이요, 승괘(升卦)는 마음 안에서 일고 있는 바람 풍파 갈등 불안 산란 등을 말하고 있다.

≣ ≣ 851 지풍승괘(地風升卦)의 초효가
동하여 지천태괘(地天泰卦)로 변하면

태(泰)란 '상대와 내가 서로 뜻이나 의견이나 마음이 통한다'는 뜻이요, 또는 '신의' '상대를 인정한다' '크다' '편안하다' '안정되다' '화합하다' 라는 뜻이요. 또는 '순안하다' '태평하다' 라는 하는 뜻이다. 태(泰)는 너와 나 이 사람과 저 사람, 이것과 저것, 이일과 저 일 등 서로 뜻이 맞거나 화합을 이루거나 화합을 이루는 것으로 '상대성'을 말하는 상이다.

그래서 이 괘는 어떠한 일을 생각하고 있는 일이 큰 일이요, 또는 안정된 일이라고 할 수가 있는 운이다.

또는 마음의 갈등이나 동요나 불안 등의 일을 속에다 저장하고 있던 사람이 모두다 외부로 발설을 하고 나니 몸과 마음과 정신이 모두 편안해졌다고 할 수 있을 것이요, 아니면 편안해질 수 있을 것이라고 말할 수 있을 것이다.

또는 마음에서 일고 있는 갈등이나 풍파나 불안감이 크게 일고 있다고 말할 수 있는 상이다. 아니면 동요나 풍파속에서도 편안하고 안정되게 지내고 있다고 말할 수 있을 것이다.

또는 내가 생각하있는 일이 여러 사람과 상통할 수 있는 운이라고 할 수 있다. 예를 들면 어떤 모임이나 회의에서 발언하고자 하는 것이 여러 사람과 상통할 수 있다.

또는 결혼을 앞둔 처녀 총각이 결혼날만 기다리면서 들떠 있으나 몸만은 편안하고 즐거워하는 상태라고 말할 수 있을 것이다.

또는 회사에서 새로운 신제품을 만들에 시중에 내놓으려고 하는 데 있어 모든 회사원들이 마음이 설레고 있다거나 즐겁고 들떠 있을 지라도 몸과 마음은 편안하다고 할 수 있는 상이다.

또는 사업의 어려움이나 부부의 갈등이나 신제품의 연구문제나 회사의 출근여부나 취업문제로 즐거운 일이나 어려운 일로 마음의 동요나 마음의 갈등이나 불안감이 크게 일고 있다고 할 수 있다.

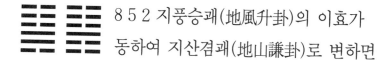

852 지풍승괘(地風升卦)의 이효가 동하여 지산겸괘(地山謙卦)로 변하면

겸(謙)이란 '순하고 용하고 선한 사람으로 덕인'이라고 할 수 있으나 나쁜 의미로 보면 '무능하고 자신이 없는 사람'이다. 또는 '겸손' '겸허' '양보하다' '사양하다'라는 뜻이요, '능력이 부족한 상'이요 '기를 못펴고 억눌려 생활하는 상'이요, '매사를 포기하면서 주장이나 생각을 펴지 못하는 사람'이다. 또한 기가 강하고 힘이 넘치고 자만심이나 우월감이 강한 사람이 자신의 의지나 능력을 발휘하지 않거나 못하고 은둔하면서 지내는 상이다. 승괘(升卦)의 겸괘(謙卦)로 변하면 본인의 의사나 생각이나 능력을 남용하지 않고 자중하는 운이다.

그래서 이 괘는 마음의 불안감이나 갈등이나 풍파를 그대로 표현하는 것이 아니고 자중하고 참는다고 할 수 있을 것이다.

또는 연예인학교에 입학을 하였다면 설령 기분이 좋고 설레이는 일 일지라고 누구에게 내색을 하지 말고 자중하라고 하는 것이다.

예를 들면 주위 사람들이 자기를 보고 실력이 없는 사람이 입학하였다고 부정이 있는 것처럼 오해받을 수 있기 때문이다.

또는 어떤 연예인이 인기대상을 탔다고 하여 다른 사람들 앞에서 잘난 척 하지 말고 주위 다른 사람들을 생각하여 자중하라고 말할 수 있을 것이다.

또는 어떤 사람이 직장에서 진급이 남다르게 잘되어 기분이 좋고 설레일 일이 생겼어도 주위 다른 동료들의 입장을 생각하여 조용하고 자중하라고 하는 뜻이라 할 수 있을 것이요, 아니면 자기의 지위가 올랐다고 하여 다른 사람들을 무시하거나 업신여기지 말고 겸손해야 한다고 할 수 있을 것이다.

또는 내가하고 있는 일이 어렵고 힘이 들어서 마음이나 정신적으로 어려움이 있을망정 다른 사람과의 관계에서 나의 어려움은 외부로 표현을 안하고 상대의 어려움을 들어주고 대화를 할 줄 아는 사람이라 할 수 있다.

예를 들면 청소년 상담소나 변호사나 또는 종교지도자 등을 말할 수 있을 것이다. 또는 자기의 입장을 이해해줄 수 있는 친구나 동료도 있을 것이다.

또는 내가 아무리 속상하는 일이나 심리적 불안증이 있다고 하여도 내색 없이 남편의 뜻에 따라 순응하거나 자식들에게 내색 없이 가정을 안정되게 꾸리려고 노력하는 상이라 할 수 있을 것이다.

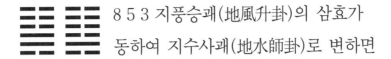 853 지풍승괘(地風升卦)의 삼효가
동하여 지수사괘(地水師卦)로 변하면

사(師)란 '스승' '지도자'라는 뜻이요, '전문적인 기술이나 능력이 있는 사람' 등을 말하고, '서로가 서로를 필요로 하는 상' '서로가 서로를 의지하는 상' '서로가 서로를 인정하는 상'이다.

그래서 이 괘는 내가 성장하기 위해서는 스승을 만나야 한다는 것을 말하는 운이다.

또한 삼국지를 보면 법정이 유현덕 앞에서 하는 말이 있는데 '사람은 자기를 알아주는 사람을 만나야 지혜를 발휘할 수 있다'고 하는 말이 있는데, 다시 말해서 내 마음 속에 있는 지혜도 알아주는 스승을 만나야 하고, 내가 가지고 있는 기술도 인정하는 스승을 만나야 한다고 할 수 있을 것이다.

또는 어떤 풍파나 갈등 속에서 서로 믿고 의지할 수 있는 사람을 찾는다거나 아니면 만날 수 있다고 말할 수 있을 것이다.

또는 출세를 하고 싶어도 혼자 되는 일이 아니라서 자기를 이끌어 주는 스승이 있어야 한다고 하는 뜻이다.

또는 회사나 사업장이나 가정에서 풍파가 일거나 갈등이 있다고 한다면 혼자 무리하지 말고 전문가의 도움을 받아서 처리하라고 하는 뜻이라 할 수 있을 것이다.

또는 결혼을 못하여 마음에 갈등이나 풍파가 있는 사람이 배우자를 만났다거나 만날 수 있을 것이라고 말할 수 있을 것이다.

또는 힘을 실어주는 스승을 만나야 하는 운이요, 또는 실력을 쌓아주는 스승이 필요하다고 하는 뜻도 있을 것이다.

용신(用神)이나 동효(動爻)에 녹이나 복덕(福德)이나 용덕(龍德)이 있으면 좋은 스승을 만날 수 있는 운이요, 또는 칠살(七殺)이 있으면 자기를 이용하려고 하는 사람을 만나서 바른 지도를 못 받고 악의 지도를 받을 수 있다고 보아야할 것이다.

8 5 4 지풍승괘(地風升卦)의 사효가 동하여 뇌풍항괘(雷風恒卦)로 변하면

항(恒)이란 '언제나' '늘' '흔히' '항상' '수시로' '자주' '반복적'이라는 뜻이다. 그래서 '영원하다' '꾸준하다' '변함없다' '끈기있다' '계속된다' 라는 의미로 '연속성'을 말한다. 또는 '항상 같은 성격, 같은 마음, 같은 행동'을 말한다.

그래서 이 괘는 마음먹은 일을 하는데 추진력이 변함없이 꾸준한 것을 말하는 운이요, 또는 마음에서 일어나는 바람이나 풍파나 불안 등이 주기적으로, 자주, 항상 일어나는 운이라고 할 수 있다.

또는 바람둥이는 계속 바람피울 일을 생각할 수 있는 운이요, 아니면 자주 늘 또는 주기적으로 바람을 피우면서 살아가는 사람이거나 살아갈 일이 생길 수 있다고 말할 수 있는 것이다.

또는 부부의 갈등이 주기적으로 또는 자주 발생할 수 있다거나 발생하였다고 말할 수 있을 것이요, 또는 부부간에 정이 좋아 황홀할 일이나 마음설레는 일이나 기분 좋을 일이 자주 발생한다거나 주기적으로 발생하고 있다고 할 수 있다.

예를 들면 부부간에 자주 여행길을 다닌다든지, 아니면 주기적으로 여행을 다니면서 생활을 하였다고 하거나 또는 주기적으로 아니면 자주 공연장을 찾는다고 말할 수도 있을 것이다.

또는 분실이나 사기를 당하고 마음 상하거나 기분 나쁜 일로 마음이 산란하고 불안할 일이 주기적으로 아니면 자주 발생하고 있다거나 발생할 일이 생길 수 있다고 말할 수 있을 것이다.

또는 어떤 회사나 사업장이나 가정에서도 기분좋을 일이나 설레이는 일이 주기적으로나 자주 발생하고 있다고 할 수 있을 것이다.

또는 마작을 하는 사람이라면 어디 가서 마작을 하고 싶은 마음의 충동이 주기적으로 일어나고 있는 사람이라 할 수 있을 것이다.

용신(用神)이나 동효(動爻)에 녹이나 복덕(福德)이나 용신(用神)이 있으면 좋은 지혜가 많은 사람이며, 관에 녹이 있으면 출세가 꾸준한 사람이라고 할 수 있으나 칠살(七殺)이 동주(同柱)하면 다

른 사람을 이용하고 피해를 주는 일에 지혜가 많은 사람으로 사기
꾼 등이 있을 수 있고 절도범 등도 있을 수 있는 운이다.

䷭䷯ 855 지풍승괘(地風升卦)의 오효가 동하여 수풍정괘(水風井卦)로 변하면

정(井)이란 '우물'을 나타내고 '모든 생명에 힘과 삶을 영위할
수 있게 하는 것'을 말한다. 또는 '새로운 생각'이나 '새로운 아이
디어'가 계속 나오는 사람이요, 또는 '끈기와 인내'를 말하고, 또는
어떤 위치에서 '수위가 변함없이 유지되는 것'을 말하고, 또는 '여
인의 음수(陰水)'를 뜻하기도 한다.

그래서 이 괘는 마음 속에서 동요가 생기는데 항상 어려운 사람
힘이 드는 사람들을 도와주고 싶은 마음으로 살아가는 사람이요,
다른 사람들에게 도움을 주고 싶어 하는 마음으로 살아가는 사람
이라고 할 수가 있는 운이다.

또는 마음에 동요나 갈등이나 풍파가 있는 사람에게 새로운 구
상이 떠오를 수 있다고 할 수 있다. 예를 들면 부부의 갈등이 있는
사람이 갈등을 해소하기 위하여 누군가의 도움을 받을 수 있다거
나 받기를 원하고 있는 사람이라고 할 수 있을 것이다.

또는 자손이 없어 항상 마음이 불안하고 설레임 속에서 생활을

한 사람이라면 자손을 얻을 수 있다고 할 수 있다. 여기서 정(井)은 새로운 힘이나 수기(水氣)가 솟아나는 것으로 보았고 추가된다라는 의미로 설명하였다.

또는 자기의 위치에서나마 다른 사람을 생각하는 마음이라 나 홀로 출세를 하려고 하는 마음이 아니다.

또는 혼자 호의호식하면서 생활하고 싶은 생각이 아니요, 나 홀로 편안한 생활을 하려고 하는 사람들이 아니라고 하는 말이다.

그래서 요사이 재물이나 권력이 있는 사람들을 보면 모든 생활을 자기위주로 생각하고 행동하는 사람들이 많이 있는데 그 사람들 말대로 내것 가지고 내 마음대로 하는데 누가 뭐라고 할 수 있겠느냐고 하는 사람도 많이 있다. 하지만 그런 사람들이 아니고 우리함께 여럿이서 같이 어려움을 해결하려고 노력하는 사람들을 말하는 운이다. 하지만 주의할 것은 생수에도 독이 있어 못먹을 우물이 가끔은 있다고 하는 것을 생각하여야 할 것이다. 즉 우리 주위에서는 나만을 아는 사람으로 상대 못할 사람도 있다는 뜻이다.

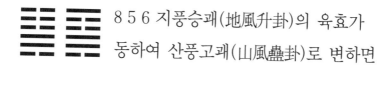 856 지풍승괘(地風升卦)의 육효가
동하여 산풍고괘(山風蠱卦)로 변하면

고(蠱)란 '좀먹는다' '유혹하다' 또는 '조금씩 변화한다' '변질된다'라는 의미다. '미혹하다' '현혹하다' '잠식하다' 또는 '조금

씩 물들어 간다' '의지나 생각이 감소한다' '무너져 간다'라고 할
수 있다.

그래서 이 괘는 나의 마음에 동요를 상대가 알고 유혹하는 격이
요, 또는 나의 마음이 안정이 안되어 들떠 있는 것을 기회로 나에
게 세뇌공작을 하여 내 마음을 다른 길로 돌아서게 하는 운이다.
또는 마음에 동요나 불안이나 갈등이나 풍파나 마음에 바람이
들어 들떠 있는 사람이 서서히 마음을 잡아 안정을 찾아가는 상이
라 말할 수 있을 것이다.
또한 내가 부부간에 갈등이 있어 집나온 것을 눈치를 챈 사람이
나에게 유혹의 손길을 던지는 격이다.
또는 결혼을 못하여 갈등이나 풍파나 동요가 있는 여인을 향하
여 유혹의 손길이 뻗쳐오고 있다고 할 수 있을 것이다.
또는 내가 이 길로 갈까 저 길을 택할까를 망설이는데 이 길만이
나에게 맞는 길이요 성공의 길이라고 유혹하는 운이다.
예를 들면 학생이 마음이 들떠 공부를 소홀히 하였다면 그 마음
이 서서히 안정되어 학업을 할 수 있는 운이다.
또는 가게를 보는 사람이 마음이 들떠 소홀히 하였다면 앞으로
는 서서히 안정을 찾고 가계나 집안 일을 잘 볼 수 있는 상이다.
또는 지금까지는 기분 좋은 상황이나 황홀함 속에서 살아온 사
람이라면 날이 갈수록 그러한 설레임이나 황홀하게 지낼 일들이
누군가에 의하여 감소되고 있다고 말할 수 있을 것이다.

86 지수사괘(地水師卦)

　사(師)란 '스승' '지도자' 라는 뜻이요, '전문적인 기술이나 능력이 있는 사람' 등을 말하고, '서로가 서로를 필요로 하는 상' '서로가 서로를 의지하는 상' '서로가 서로를 인정하는 상' 이다. 또한 흙은 물이 있어야 흩어지지 않고 뭉쳐있을 수 있는 것이요, 물은 흙이 있어야 쏟아지지 않고 고여있을 수 있는 것과 같이 '서로가 서로를 필요로 하는 격' 이요, 또는 '서로가 서로를 의지하는 상' 이요, 또는 '서로가 서로를 인정해주는 상' 이다.

　그래서 이 괘는 물과 흙은 서로가 상대에게 도움을 주면서 자기의 목적을 이루고 있는 것과 같이 사람도 서로가 서로를 의지하고 살면서 상대를 지도하고 가르치면서 사는 것이라 할 수 있다.
　예를 들면 서로 의지하고 협력한다고 하는 것으로 학교가 있으면 학생이 있어야 할 것이요, 회사가 있으면 사원들이 있어 서로 의지하고 협력하는 것을 말하는 격이다.

또는 생산자가 있으면 소비자가 있어야 서로 의지하고 공존하는 상이 될 수 있다고 말할 수 있을 것이다.

또는 많이 배워 사무직에 있는 사람이 있으면 일반인으로 노동력이 있어야 서로 의지하고 협력하는 상이라 말할 수 있을 것이다.

또는 이 세상에 남자만 있거나 여자만 있다고 하여도 그 세상은 머지 않은 날에 문을 닫게 될 수 있는 것처럼 서로 공존하고 협력하고 의지하여야 하는 것을 가르치고 있는 상이라 말한다.

또한 물질면에서 설명을 한다면 한 가지의 물질로는 어떤 것도 만들 수 없다고 할 수 있다.

예를 들면 슬라브집을 짓는다면 철근만 있어도 안되고 세맨트만 있어도 집을 지을 수는 없다고 할 수 있을 것이다.

또는 한옥을 짓는 일도 목재만 있다고 집을 완성할 수 없을 것이요, 흙만 있다고 집이 완성되는 것이 아닌 것처럼 서로가 서로를 필요로 하는 것과 같이 서로가 어울렸을 적에 어떤 성과가 생긴다고 말할 수 있을 것이다.

또한 나도 상대에게 도움을 받고 배우고 나도 작은 것이나마 다른 사람을 가르치거나 다른 사람을 위하여 활용하면서 서로 화합하고 살아가는 형상을 말하고 있는 것이다.

그래서 이 괘는 혼자는 어려운 일도 상대와 협력하고 서로 도와주면서 의지하고 살아가야 좋다고 하는 것을 가르치는데 만약에 칠살(七殺)이 있으면 좋지 못한 사람끼리 서로 협력하면서 지내고 있는 격이라 더욱 좋지 않은 길로 살아갈 운이다.

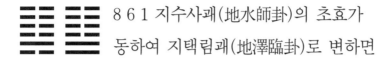 861 지수사괘(地水師卦)의 초효가
동하여 지택림괘(地澤臨卦)로 변하면

림(臨)이란 '시간과 장소와 때와 계절을 말하는 상'이요, '접촉하다' '부딪치다'라는 뜻이요, '어느 곳에 이르다' '어느 곳에 오다' '어디를 향하다' '어떤 일이나 상황에 부딪치다' '어느 곳에서 만나다' '어느 때 만나다' '왕림하다'라는 뜻이다. 또는 '어떤 위치에 오르다' '어떤 지위에 있는 사람을 만나다' '언제, 어디에 자리를 정하다' '자리를 잡는다' '묻이다'라고 할 수 있다.

그래서 이 괘는 서로 의지하면서 지낼 수 있는 사람을 만날 수 있다고 할 수 있는 운이다.

또는 서로 협력할 수 있다고 하는 것으로 서로가 서로를 필요로 할 수 있을 운이다. 또는 협력자를 구하기 위하여 어디를 갈 수 있다. 아니면 어느 때 협력자를 만날 수 있다고 할 수 있을 것이다.

또는 나와 같이 의존하면서 지낼 수 있는 사람을 만날 수 있다고 하는 상으로 어디에 가면 만날 수 있다거나 어느 때 만날 수 있다고 할 수 있을 것이요, 아니면 어느 때 만났다거나 어느 장소에서 만난 사람이라고 말할 수도 있을 것이다.

또는 내가 필요로 하는 어떤 물건을 구할 수 있다거나 만날 수 있다고 할 수 있는 상으로 내가 원하는 물건을 어디에 가면 구할 수 있다고 할 수 있을 것이요, 아니면 원하는 물건을 어느 때 만난다거나 얻을 수 있을 것이라고 할 수 있을 것이다.

또는 내가 어떤 기술이나 학문이나 특기 등을 배우기를 원하고 있는데 어느 곳에 가면 배울 수 있다거나 선생을 만날 수 있다고 할 수 있을 것이요, 아니면 어느 때나 어느 시간에 스승이나 지도자를 만날 수 있다고 말할 수도 있을 것이다.

또는 가르치는 시간이나 장소가 정해져 있다고 할 수 있는 것이요, 또는 가르치는 일로 어느 곳에 가고 있다고 할 수가 있는 운이요, 또는 가르치는 일을 하고 있다고 할 수가 있는 운이다.

또는 배우기 위해서 어디를 간다고 할 수가 있는 운이요, 또는 배우는 시간이 정해져 있다고 할 수 있는 운이다.

862 지수사괘(地水師卦)의 이효가 동하여 중지곤괘(重地坤卦)로 변하면

곤(坤)이란 '대지' '여성'을 상징하고, 그 중에서도 '어머니'를 상징한다. 또는 모든 것을 '수용한다' '받아들인다' 또는 '순하다' '조용하다' 또는 '활동력이 없다' '말이 없다' '내성적이다' 또는

'냉정하면서도 잔정이 많은 상' '속마음의 깊이를 알 수 없는 상' 이라고 할 수 있다.

그래서 이 괘는 다른 사람을 지도하고 가르치면서도 자신을 낮추고 겸손할 줄 아는 사람이라 할 수 있을 운이다.

또는 서로 뜻이 맞는 사람들이 조용한 가운데 어떤 일을 추진한다고 할 수 있을 것이다.

또는 뜻이 맞는 사람, 마음에 드는 사람, 또는 평상시 존경하는 사람이나 좋아하던 사람, 또는 스승이나 제자와, 또는 평상시에 알고 지내던 사람, 또는 의지하고 싶은 사람이나 의지하려고 하는 사람을 조용한 가운데 받아들인다고 할 수 있을 것이다. 아니면 이러한 사람을 만나서 여인의 길로 가고 있다거나 갈 수 있을 것이라고 말할 수 있는 것이다.

또는 어떤 분야에서 전문적인 기술이나 능력있는 사람이 자기의 능력을 모두 발휘하지 못한다고 할 수 있을 것이요, 아니면 자기의 능력으로 많은 사람들을 위하여 베풀고 있다고 할 수 있는 것이다.

또는 혼자 살아가기 힘든 노인이나 불구자나 청소년이나 아니면 버려진 아이들을 내 가족처럼 받아들여 생활하는 사람이거나 그렇게 살아갈 수 있는 사람이라 말할 수 있을 것이다.

또는 혼자 생활하는 사람이 뜻이 맞는 사람을 만나 의지하면서 살기로 약속하고 상대를 조용하게 맞이할 수 있다거나 살아가고 있는 사람이라 말할 수 있을 것이다.

또는 나에게 의지하여 배우려 하는 사람이 어머니 같은 사람이
거나 여자라고 표현할 수도 있을 것이다. 아니면 여자와 같은 성격
의 사람을 만난다거나 만났다고 할 수 있을 것이다.

또는 배우는 입장이라도 겸허한 자세로 지도받는 운으로 배우거
나 가르치거나 간에 잘난 체를 안하고 상대를 무시하지 않는 것으
로 내가 알고 있는 실력에다 또 다른 기술이나 능력이나 실력이나
학문 등을 겸손한 자세로 받아들이는 운이라고 할 수 있는 운이다.

863 지수사괘(地水師卦)의 삼효가 동하여 지풍승괘(地風升卦)로 변하면

승(升)이란 '솟아오른다' 라는 뜻이요, 마음의 '동요' '갈등' '번
민' 등을 말한다. 또는 '올라간다' '떠오른다' '진급한다' 라는 뜻
이요, '마음을 못잡고 방황하거나 변화가 많은 사람' '심리적으로
불안한 사람' 이라고 할 수 있다.

그래서 이 괘는 서로 의지할 수 있는 사람이나 내가 원하는 사람
을 만나게 되어 마음 설레고, 아니면 갈등이 생길 수 있다고 말할
수 있을 것이다.

또는 내가 누구에게 어떤 일이나 상황에 대하여 인정을 얻게 되
어 마음이 산란하고 들뜬다거나 할 수 있을 것이다.

또는 어떤 일에 있어서 내가 필요로 하는 사람을 만난 일로 인하여 마음에 동요가 발생한다거나 기분이 들뜰 수 있을 것이나 외부로 내색은 하지 못한다고 말할 수 있을 것이다.

또는 내가 원하던 사람이나 필요로 하는 사람이나 의지할 수 있는 사람을 만나도 마음을 털어놓고 이야기를 못한다거나 방황하면서 기회를 놓칠 수 있을 수 있는 운이다.

또는 내가 어떤 공부를 하고 싶거나 기술을 배우고 싶을 상황에서 바른 지도자나 스승을 만나게 되어 마음이 설레인다고 하거나 설레일 수 있는 일이 생길 수 있다고 말할 수 있는 운이다.

또는 결혼의 적령기가 된 여인이 마음에 드는 남자를 만나게 되는 바람에 마음이 설레이고 들뜨고 황홀한 기분인데 상대에게 나의 마음을 인정을 못받는다거나 아니면 내가 방황하다 기회를 잃을 수 있다고 할 수 있을 것이다.

또는 내가 원하는 물건을 만났다거나 만날 수 있는 일이 생기는 바람에 마음이 산란하고 설레일 수 있는 일이 생길 수 있다거나 생겼다고 말할 수 있을 것이다.

또는 내가 누군가를 지도하고 가르칠 일이 있으면 어떤 방법으로 가르치고 지도할 것인가를 가지고 마음 속으로 불안한 상태요, 안정이 안되고 마음이 들떠 있을 수 있는 운이다.

또는 춤을 가르치는 사람이라면 춤을 가르치면서 앞으로 이 사람을 어떤 방법으로 지도를 하고 또는 유혹을 하여 이용할 것인가를 가지고 마음 속으로 궁리를 많이 하고 있을 수 있는 사람이다.

≡≡ ≡≡ 8 6 4 지수사괘(地水師卦)의 사효가
동하여 뇌수해괘(雷水解卦)로 변하면

해(解)란 '해방되다' '해결하다' '해산하다' 또는 어떤 틀이나
고정관념에서 '벗어나다' '무너지다' 라는 뜻이다. 그래서 '없애다'
'풀어지다' '해제하다' '제거하다' '알다' '이해하다' '흩어지다'
라는 뜻이요, 고통이나 어려움에서 벗어날 수 있는 운이다.

그래서 이 괘는 스승을 만나 어떤 어려움을 해결할 수 있는 운이
요, 또는 지도자나 협조자를 만나 어려움을 해소하는 운이다.

또는 막혀있는 어떤 일, 어렵고 힘든 일, 답답하고 짜증나는 일
등을 해결할 수 있는 운으로 나 홀로 어렵고 힘이 들던 일을 누군
가의 도움으로 그 일을 해결할 수 있다고 하는 운이다. 여기서는
지도자나 스승의 도움으로 해결을 볼 수 있다고 설명하였다.

예를 들면 그동안 결혼을 못한 여인이 마음에 드는 사람, 서로
의지할 수 있는 사람을 만나서 결혼을 못하고 애태우던 어려움에
서 해방이 되었다거나 해결이 되었다고 말할 수 있을 것이다.

또는 서로 믿고 의지하던 관계가 풀린다. 아니면 풀렸다고 할 수
있으니 다시 말하면 이별을 뜻할 수 있는 것이다.

또한 상대와 나와의 어떤 인연의 관계가 풀린다고 도 할 수 있으
니, 예를 들면 부모와 자식간이 멀어지고 있다고 말할 수 있다거나
헤어졌다고 할 수 있을 것이다. 또는 부부의 인연이 풀린다고 할

수 있으니 부부의 이별을 말할 수 있는 것이다.

또는 스승과 제자와의 관계가 소원해지고 있다거나 헤어질 수 있는 일이 발생할 수 있다고 할 수 있을 것이다.

또는 운동선수가 감독이나 코치와 이별을 말하기도 하는 운이라고 할 수 있는 것으로 그동안 나를 도와주고 지도하고 이끌어주던 사람과의 이별을 말하기도 하는 운이다.

또는 회사가 사원들과 임원들과의 관계가 풀린다고 할 수 있으니 회사가 문을 닫을 수 있다고 할 수 있을 것이다.

또는 사회의 어떤 단체가 해산될 수 있다고 할 수 있을 것이다. 여기서는 서로 믿고 의지하던 일들이 풀어진다고 설명하였다.

또는 물건으로 본다면 집이라고 하는 것은 여러 종류의 물질이 혼합되어 서로 의지하거나 필요로 하여 뭉치고 붙어있는 것이데 그러한 관계들이 해산될 수 있다고 할 수 있다. 예를 들면 집이 무너지거나 화재 등이 발생할 수도 있을 것이다.

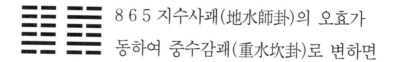

865 지수사괘(地水師卦)의 오효가 동하여 중수감괘(重水坎卦)로 변하면

감(坎)이란 '함정' '모함'을 뜻하고, '앞길을 알 수 없다' '희망이 보이지 않는다' '난관에 봉착했다' 라는 뜻이요, '물이 넘쳐나는 것'을 말한다. 또는 통과하지 않으면 안되는 '관문' '고비' '고개'

'액운' '액년' 등이요, 또는 '움푹패인 구덩이'를 말한다.

그래서 이 괘는 지도자로서의 한 고비를 말하고 있는데 다시 말해서 어려운 난관에 봉착되어 있다고 하는 말이다. 또는 서로 믿고 의지하면 지내던 사이에 어려운 일 복잡한 일이 생길 수 있다고 할 수 있는 상이다.

또는 서로 의지하면서 지낼 수 있는 사람을 만나기 어렵다고 할 수 있고, 바른 스승을 만나기 어렵다고 할 수 있는 상이다. 또는 서로 의지하면서 살겠다고 하여 만난 사람이 바르지 못한 사람이라 할 수 있을 것으로 함정에 빠지게 되었다고 할 수 있다.

예를 들면 결혼을 약속하고 동거를 시작하였는데 나중에 알고 보니 유부남이었다고 할 수 있을 것이다.

또는 서로 의지하는 마음으로 누구를 사귀게 되었는데 후일에 알고 보니 사기꾼으로 함정에 빠졌다거나 할 수 있을 것이다.

또는 교수가 재임용문제로 어려운 난관을 맞이한 격이요, 교수가 학생들을 지도하는데 준비한 교재가 없어 난감한 운이다. 또는 국회의원 선거를 앞두고 공천을 받는 문제가 어려울 운이다.

또는 축구선수의 감독이 감독으로서 재임용문제에 있어서 어려운 상황에 있는 입장이다. 또는 사랑하는 청춘남녀의 사이에 갈등이 발생할 수 있다고 할 수 있을 것이다.

또는 그동안 믿고 지내던 단체나 모임에서 갈등이나 풍파로 인하여 어려운 일이 발생할 수 있다고 할 수 있을 운이다.

또는 지도자나 내가 의지하려고 만난 사람으로 인하여 어떤 사기극에 빠졌다거나 함정에 빠지는 일이 발생하였다고 할 수 있다. 예를 들면 춤을 배우기 위하여 춤 선생을 만난 것이 사기꾼을 만나서 어려운 곤경에 처할 일이 생겼다고 할 수 있을 것이다.

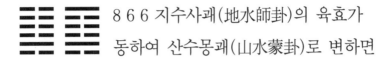 866 지수사괘(地水師卦)의 육효가 동하여 산수몽괘(山水蒙卦)로 변하면

몽(蒙)이란 '지혜가 밝지 못한 것' '능력이 부족한 것'으로 '멍하다' '어리다' '어리석다' '애매하다' '미련하다' '답답하다' '생각이 적다' '의지가 약하다' '주관이 없다' '힘이 없다' '매사에 자신이 없다' '앞이 캄캄하다' '앞길이 밝지 못하다' '성숙하지 못하다'라는 의미가 있다. 또 모든 면에서 기초단계를 벗어나지 못한 상태를 말한다.

그래서 이 괘는 지도자로서는 아직 능력이 부족하거나 지도자로서는 아직은 어리거나 지도자로서 실력이나 자질면에서 허약한 상태로 좀더 배우고 수행하고 깨우쳐야 한다는 뜻은 내포하고 있다.

또는 서로간의 의지하는 마음이나 신뢰하는 마음이나 아니면 상대를 인정하는 마음이 아직은 그렇게 깊지가 않다고 할 수 있으니 서로간에 자신이 없거나 앞길을 예측할 수 없으니 적극적으로 믿고 의지하는 마음이 없다거나 적다고 말할 수 있을 것이다.

또는 상대를 믿고 의지하면서 따르기는 내가 아직 어리다거나 아니면 상대가 어린 사람이거나 아니면 사회적으로 기반이 없는 사람이라 할 수도 있을 것이다.

또는 남녀가 만나서 살림을 시작하였다면 아직은 신혼단계라고 할 수 있을 것이요, 또는 어떤 사업을 하는 사람이라면 사업에 어려움이 많다거나 사장이 사업운영에 미숙하다고 하거나 사업이 초보단계라고 말할 수도 있을 것이다.

또는 누구를 만나서 생활을 하다보니 어린아이와 같이 변했다거나 변할 수 있을 것이라고 할 수 있다. 예를 들면 모든 일을 부인이 나서서 처리하다보나 남편이 무능해졌다고 할 수 있을 것이다.

또는 우리 흔히 하는 말로 모씨는 대통령으로서는 자질이 부족하다 또는 능력이 부족하다고 하는 말들을 하는 것과 같은 것이다.

또는 건축 면에서 본다면 주춧돌로 사용하기는 부족하다 약하다고 할 수 있을 것이요, 또는 석가래나 기둥이나 상량감으로는 약한 재목이라고 할 수 있는 것이다.

또는 누구와 만나고 보니 나를 어린아이 취급을 한다거나 할 수 있을 것이요, 아니면 어린아이와 같이 취급을 하여야하는 사람을 만났다고 말할 수도 있을 것이다.

또는 나를 만난 것을 기회로 나를 유혹하려는 사람을 만났거나 만날 수 있다고 할 수 있다. 예를 들면 종교집단이나 유흥업소 등으로 유혹을 할 수 있다고 할 것이요 또는 동거를 유혹할 수 있다.

87 지산겸괘(地山謙卦)

　겸(謙)이란 '순하고 용하고 선한 사람으로 덕인'이라고 할 수 있으나 나쁜 의미로 보면 '무능하고 자신이 없는 사람'이다. 또는 '겸손' '겸허' '양보하다' '사양하다'라는 뜻이요, '능력이 부족한 상'이요 '기를 못펴고 억눌려 생활하는 상'이요, '매사를 포기하면서 주장이나 생각을 펴지 못하는 사람'이다. 또한 기가 강하고 힘이 넘치고 자만심이나 우월감이 강한 사람이 자신의 의지나 능력을 발휘하지 않거나 못하고 은둔하면서 지내는 상이다.

　또한 겸괘(謙卦)는 기가 강하고 힘이 넘치고 자만심이나 우월감이 강한 사람이 자신의 의지나 능력을 외부로 표현하지 안 하거나 못하고 은둔하고 지내는 상이라 말할 수 있을 것이다.

　또는 강한 의지나 큰 꿈을 가진 사람이 자기의 본심을 외부로 표현하지 못하고 순진한 척 하면서 자신을 낮추고 겸손하게 살아가는 사람이라 할 수 있을 것이다.

　괘상(卦象)을 보면 산은 양(陽)으로 강한 뜻을 가지고 있으며 음 (陰)은 유순하고 부드러운 뜻을 가지고 있는데 부드러운 음(陰)아 래 또는 안에 양(陽)이 갇혀 있는 격으로 부드러운 음(陰)은 언제 나 강한 양(陽)을 포용하고 받아들이는 격이다.

　또한 억세고 강한 남성은 부드러운 여성의 안에서는 겸허이 순 종하고 순리에 따라야 하는 것을 가르치고 있는 괘이다.

　그래서 이 괘는 우리 속말로 '강한 나무가 부러진다'고 하는 말 이 있고, '모가 난 돌이 정을 맞는다'고 하는 말이 있고, 또는 '굼 벵이도 뒹구는 재주가 있다'는 말이 있는데, 이 말은 나의 주장을 고집부리지 말고 상대의 의견도 존중할 줄 알아야 한다고 하는 내 용이 포함되어 있는 것이다.

　또한 이 괘는 세상살이는 있는 사람들만 살아도 못살기 때문에 서민들도 함께 어울려야 살 수 있다고 말할 수 있을 것이다.

　또는 남자들만 살아도 살 수가 없는 것이며, 여자들만이 살아도 살 수가 없는 것과 같다고 말할 수 있을 것이다.

　또는 공부 못하고 무식한 사람들만 살아도 살 수가 없을 것이요, 많이 배운 학자들만 살아도 노동력이 없기 때문에 살 수가 없다고 할 수 있는 것이다.

　또는 물건을 만드는 일에서도 강한 물건만 만들 수가 없을 것이 요, 또는 약하고 힘없는 물건만 있어도 쓸모가 없을 것이다.

　또는 큰 물건만 있어도 만들 수 없을 것이며, 아니면 작은 물건으로도 어떠한 물건을 만들 수가 없는 것과 같은 것으로 서로가 서로를 필요한 줄 알고 상대가 있고 내가 있다는 것을 깨달아 상대가 아무리 힘이 없고 능력이 없어도 상대를 무시하지 말고 동반자로서 인정하고 겸손한 마음으로 함께 어울려 살아가야 하는 것을 말하고 있는 상이다.

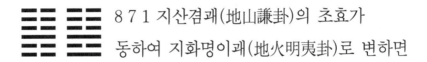 8 7 1 지산겸괘(地山謙卦)의 초효가 동하여 지화명이괘(地火明夷卦)로 변하면

명이(明夷)란 '능력이나 생각이나 지혜를 마음껏 발휘하지 못하는 것'이요, '속마음을 내색하지 않거나 못하는 상'이요, '상대방에게 인정을 받지 못하는 상'이다. 또는 '새벽을 여는 사람' '새벽을 준비하는 사람'이라고도 할 수 있고, '마음 속에 화나 열이 많은 사람'이라고 할 수 있다. 또는 '속에 있는 화나 열을 다른 사람에게 인정받지 못한다'고 할 수 있다.

그래서 이 괘는 겸손이 지나쳐 자기의 지혜나 능력을 발휘하지 못하는 운이다. 우리 속말에 '겸손이 지나치면 아니한 것만 못하다'는 말이 있는데, 이 말은 겸손이 지나치면 덕이 될 일이 없다고 하는 말로 이 괘가 바로 그런 상이라고 할 수 있다.

또한 매사에 있어 자기의 주장을 못하고 양보만 하면서 참다가 속에서는 울화병 등이 생길 수도 있을 것이요, 아니면 양보만 한다 거나 어떤 일이고 자신이 없으니 자기의 생각이나 마음을 다른 사 람에게 말을 못하고 살아갈 수 있는 사람이라 할 수 있을 것이다.

또한 겸손이 지나쳐 기회를 잃을 수 있는 운이요, 또는 겸손이 지나쳐 상대에게 도리어 화를 당할 수도 있는 것이며, 또는 겸손이 지나쳐 자기에게 주어지는 이익이나 명예도 잃을 수 있는 운이다.

또는 의지가 약한 사람이나 매사에 자신이 없는 사람이 자기의 뜻이나 의견이나 생각 등을 외부로 표현하지 못하고 살아가는 형 국이라 말할 수 있는 운이다.

또는 자기 자신을 너무나 낮추면서 생활하는 사람이 마음이나 생각은 있으나 내색을 못하는 상태로 평생 기를 못펴고 살아가는 사람이라고 할 수 있는 운이다

용신(用神)이나 동효(動爻)에 용덕(龍德)이나 녹이나 복덕(福德) 이 있으면 겸손으로 자기를 보호하고 덕이 되겠지만 칠살(七殺)이 있으면 겸손으로 말미암아 손재가 있을 것을 말한다.

872 지산겸괘(地山謙卦)의 이효가 동하여 지풍승괘(地風升卦)로 변하면

승(升)이란 '솟아오른다' 라는 뜻이요, 마음의 '동요' '갈등' '번 민' 등을 말한다. 또는 '올라간다' '떠오른다' '진급한다' 라는 뜻

이요, '마음을 못잡고 방황하거나 변화가 많은 사람' '심리적으로 불안한 사람' 이라고 할 수 있다.

그래서 이 괘는 잠자는 용(龍)이 기지개를 켜는 상이요, 예의상 한두 번의 겸손을 끝내고 자기의 뜻을 표현하려고 하는 운이다.

또는 그동안 자중하고 몸을 낮추던 사람이 자기의 포부는 펴기 위하여 마음의 정리를 하는 운이라고 할 수가 있을 것이다.

또는 기를 펴지 못하고 사는 사람이 마음의 갈등이나 풍파나 불안 등이 있을 수 있는 상이다.

또한 세상이 난세가 되어 있으니 나서면 죽을 것 같으니 시골 땅에 묻혀 농사일이나 하던 사람이 세상이 안정이 되니 서서히 몸을 틀기 시작하는 격이라 할 수 있는 운이다.

또는 어떤 사람이 호감이 가는 선물을 보내 왔으나 처음 한두 번은 도리상 사양하는 척 하면서도 마음에 욕심이 있으나 겉으로는 아닌 척할 수 있는 상이다.

또는 학생이라면 그동안 다른 학생들의 억압 속에서 말도 못하면서 지낸 사람이 서서히 자기의 소리를 낼 준비를 한다고 할 수 있을 운이요, 아니면 기를 못피면서 사는 일로 마음에 갈등이나 불안이 있을 수 있는 상이다.

또는 같이 장사를 하는 사람들 속에서 자신을 낮추고 말없이 지내던 사람이 자기의 소리를 낼 준비를 한다고 하거나 아니면 기를 못펴고 살면서 마음의 갈등만 일고 있다고 할 수 있을 운이다.

또는 매사에서 자신을 낮추고 사는 사람이 마음의 갈등이나 풍파나 동요가 많은 사람이라 할 수 있다.

예를 들면 시부모 밑에서 말 못하고 억눌려 지내던 여인이 마음 속에 동요가 많이 있다거나 생길 수 있다고 말할 수 있을 것이다.

또는 남편의 억압 속에서 지내던 여인이 속마음을 털어놓고 지내지 못하고 있다거나 아니면 마음 속에 풍파나 동요를 풀기 위하여 이혼을 생각하고 있다거나 아니면 바람피울 생각하고 있으나 실천이 옮기지 못하고 있다고 할 수 있을 것이다.

또는 사장 밑에서 말도 못하고 억누르고 지내던 사원이 엉뚱한 생각을 하고 있거나 엉뚱한 일을 저지를 수 있으나 행동으로 옮기지는 못하는 성격의 사람이라 말할 수 있을 것이다.

873 지산겸괘(地山謙卦)의 삼효가 동하여 중지곤괘(重地坤卦)로 변하면

곤(坤)이란 '대지' '여성'을 상징하고, 그 중에서도 '어머니'를 상징한다. 또는 모든 것을 '수용한다' '받아들인다' 또는 '순하다' '조용하다' 또는 '활동력이 없다' '말이 없다' '내성적이다' 또는 '냉정하면서도 잔정이 많은 상' '속마음의 깊이를 알 수 없는 상' 이라고 할 수 있다.

그래서 이 괘는 겸손하기가 여자와 같다. 또는 자기 자신을 낮추면서 지내는 것이 어머니와 같다고 할 수가 있는 운이다.

또는 남성이 여성들 속에서 파묻혀 살다보니 나약한 여자와 같이 변했다고 말할 수도 있을 것이다.

또는 자기 자신은 돌보지 않고 다른 불우한 어떤 사람들을 헌신적으로 돌보면서 생활을 할 수 있다거나 아니면 그렇게 생활하는 사람이라고 할 수 있을 것이다.

또는 상대방의 의견을 존중하여 여자가 되는 길을 선택하였다고 할 수 있다. 예를 들면 어떤 노총각이 결혼하자고 사정하니 그 남자를 받아줄 수 있다거나 받아준 여인이라 말할 수 있을 것이다.

또는 사람이 독하고 냉정하지 못하다보니 상대방의 요구를 거절하지 못하고 받아들이는 상이다. 예를 들면 '홀아비 사정 봐주다 갈보된다' 는 말과 같다고 할 수 있는 운이다.

또한 우리 속담에 '굿이나 보고 떡이나 얻어 먹어라' 라는 말이 있는데 이 괘는 얌전하게 있다가 결과나 조용하게 수용하라고 하는 말이라 할 수 있을 것이다.

또는 어떤 가정에서 자손이 없다보니 씨받이로 들어와 자식 하나만 낳아달라고 사정하니 거절하지 못하고 여자로서 응하는 상이라 말할 수도 있을 것이다.

또한 어머니는 모든 것을 희생하면서 남편을 섬기고 자식들을 돌보면서 자신을 잃고 사는 사람으로 매사에 겸손의 미덕이 몸으로 배어나오고 있는 상과 같다고 할 수 있다.

또는 마음 속에는 어떤 뜻이나 생각이나 의지력이 있지만 상대를 존경하는 마음에서 상대의 의견을 겸허하게 받아들이는 상이다. 우리가 교회나 사찰에 가면 목사님이나 스님의 말씀을 들으면서 그 말씀이 내 마음과 설령 차이가 있더라도 반기를 들지 않고 겸손하게 경청하는 일들과 같은 것을 말하고 있는 운이다.

괘상(卦象)에서 용신(用神)이나 동효(動爻)에 칠살(七殺)이 있을 때는 주의하라.

874 지산겸괘(地山謙卦)의 사효가 동하여 뇌산소과괘(雷山小過卦)로 변하면

소과(小過)란 '약간의 변화가 있는 운'이다. 그래서 '조금 지나치다' '약간 부담된다' '약간 과분하다' '약간 방황한다' '약간 불안하다' '사소한 일에 마음을 쓴다' '작은 일에도 민감하다'라는 뜻이요, 또는 '마음 씀씀이가 작다'고 할 수 있다.

그래서 이 괘는 매사를 다른 사람에게 양보만 하다가 마음에 약간의 동요가 있을 수 있는 운이다.

또는 사람이 독하지 못하여 자기의 몫을 다 찾지 못하고 후일에 약간의 서운함이나 마음에 갈등이 생길 수 있는 운이다.

또는 세상에서 매사를 타인에게 양보만 하면서 자신 없이 살다보니 주위 사람들에게 별로 관심 없이 산다거나 인정을 못받고 살아가고 있는 대상이 되어 살고 있다고 말할 수 있을 것이다.

또는 사람이 무능하거나 매사에 자신감이 없이 살다보니 여러 분야에서 약간씩 손재가 생길 수 있다고 할 수 있을 것이다.

또는 어떤 새댁이 시가에 가서 여러 동서들과 함께 일을 하는데 자신을 너무 낮추고 시키는대로 일을 하다보니 습관이 되어 나중에는 집안 일을 모두 맞게 된 후에야 마음에 서운함이나 갈등이 조금 생겼다고 할 수 있을 것이요, 아니면 혼자 자탄하여도 누가 인정을 안 해준다고 할 수 있을 것이다.

또는 어떤 회사의 하급직 직원이 회사의 운영계획이나 연구문제에 있어서 많은 공헌을 세우고도 그 공을 상급자에게 돌려주기만 하다가 나중에 인사고과에서 뒤로 밀리게 된 일로 혼자 자탄할 일이 생기지만 누가 인정을 안 해준다고 할 수 있을 것이다.

또는 여러 친구들과 어떤 물건을 구하는 문제나 또는 남녀가 미팅을 하면서 서로 짝을 짓는 자리에서 다른 친구들이 원하는대로 양보만 하다 나중에 마음에 들지 않는 사람과 짝을 정하는 격으로 겸손으로 손해를 보는 운이다.

또는 어떤 입찰문제나 하청문제 등에서 다른 사람들의 사정만 봐주다 자신의 소득은 별로 얻지 못하고 약간의 마음에 갈등이 생길 수 있는 상이라 할 수 있을 것이다.

하지만 이 운이 좋은 때가 있다. 나쁜 길로 갈 때 겸손이나 사양으로 그 악의 길로 들어서는 것을 막을 수도 있는 운이다.

▤▤ 875 지산겸괘(地山謙卦)의 오효가
동하여 수산건괘(水山蹇卦)로 변하면

건(蹇)이란 '매사가 순탄하지 않을 운'이요, '매사가 험난하고 활발하지 못한 상'이다. 또는 '다리를 절다' '더디다' '어렵다' '힘들다' '뜻대로 되지 않는다'는 뜻이요, '마음이 안정되지 못하고 변화가 많다'고 할 수 있다.

그래서 이 괘는 겸손하고 양보만 하다가 나의 일이 어렵고 터덕이는 운이라는 말로서 다시 말하면 강해야 한다고 하는 뜻이 내포되어 있는 운이다. 다시 말하면 다른 사람이 하자는대로 하다가는 되는 일이 없고 또한 더디고 힘이 든다고 하는 말로서 본인의 의지와 결단을 촉구하는 말이다.

또는 매사에 자신이 없이 처리하다보니 되는 일이 없다거나 힘이 들게 살아갈 수 있다고 말할 수 있을 것이다. 아니면 여자의 품속에서만 살다보니 세상사에 자신을 잃었다거나 어렵고 힘들게 살아가는 사람이라 할 수 있을 것이다.

예를 들면 집을 한 채 구입하려고 하는 사람이 마음에 드는 집을 다른 친구들에게 양보만 하다가 막상 자기가 살집을 구입하는 일이 어렵다 힘들다고 할 수 있을 것이다.

또한 집을 신축하는 사람이 집 주인의 의지대로 물품도 사용하고 일도 하여야지 일하는 사람들이 하자는대로 하다보면 일도 되지 않고 시일도 오래 걸리고 비용만 많이 들 수 있다고 하는 말과 같다고 할 수 있다.

또는 직장을 구하려고 하는 사람이 주위 어려운 친구들의 사정으로 양보만 하다가 나의 생활에는 어려움이 있다고 할 수 있는 것 등으로 타인에게 양보만 하다 막상 나의 일에서는 더디고 힘든 일만 당하게 될 수 있다고 하는 운이다.

그래서 세상사에는 겸손해서 덕을 보는 일도 있으나 겸손으로 인하여 손해를 보는 경우도 많이 있는데 강하게 밀어붙여야 하는 경우도 많이 있다.

또는 매사에 자신이 없다보니 하는 일마다 어려워 수월하게 되는 일이 없고 힘이 들고 있다고 할 수 있을 것이다.

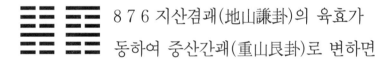

8 7 6 지산겸괘(地山謙卦)의 육효가 동하여 중산간괘(重山艮卦)로 변하면

간(艮)이란 '고지식하다' '외롭다' '의지가 확고하다' '자신감이 많다' '딱딱하다' '강직하다' '유동성이 없다' '험난하다' '우월감이 많다' 라는 뜻이다. 또는 한 번 약속한 것은 '신용과 의리로 반드시 지키는 운' 이요, '독보적인 존재' 라고 할 수 있다. 또한 산은 옮겨다니거나 옮겨갈 수 없는 것으로 '한 번 자리를 잡으면 이동이 거의 없이 뿌리를 내리고 살아간다' 고 할 수 있다.

그래서 이 괘는 겉으로는 힘이 없고 순진하고 나약한 것 같지만 힘이 강한 사람이요, 아니면 고집이 센 사람을 말하고 있는 운이다.

또는 매사에 양보만 하다 자신이 없고, 또는 무능하게 살다보니 세상사나 매사가 어렵고 힘들다고 할 수 있는 상이다.

또는 겉으로 봐서는 능력이 없는 사람 같지만 속에는 많은 지혜를 간직하고 있는 사람 등으로 우리 속말에 '겉보기 보다는 다른 면이 있다' 는 말이 있는데 같은 맥락이라고 할 수가 있다.

또한 겸손이 지나치다는 것을 말하는 것으로 한두 번 인사로 사양하는 것이 아니라 아예 통하지 않을 사람이라고 할 수가 있는 운이요, 또는 아예 겸손을 모르고 곧이곧대로 말하고 행동하는 사람이라 성품이 대쪽같은 사람을 말하기도 하는 운이다.

또는 매사를 겸손한 마음으로 살아간다거나 자신이 없이 살아가다 보니 세상살이가 힘들고 벅차다고 할 수 있을 운이다. 예를 들면 부모의 유산을 상속받는 자리에서 다른 형제들이 하자는대로 하다보니 자신에게 돌아온 것은 어렵고 힘든 일만 돌아올 수 있다고 할 수 있을 것이다.

또는 타인들을 위하여 희생으로 살다보니 자신의 생활은 어렵고 벅차고 힘들다고 할 수 있다.

또는 회사를 운영하는 사장이 상대방 사업체의 어려움을 생각하여 대금결제를 재촉하지 못하거나 아니면 물건을 달라는대로 외상을 많이 주다가 후일에 나의 회사에 어렵고 힘든 일만 가중되었다고 하거나 힘들고 벅찬 일이 발생할 수 있다고 말할 수 있다.

88 중지곤괘(重地坤卦)

　곤(坤)이란 '대지' '여성'을 상징하고, 그 중에서도 '어머니'를 상징한다. 또는 모든 것을 '수용한다' '받아들인다' 또는 '순하다' '조용하다' 또는 '활동력이 없다' '말이 없다' '내성적이다' 또는 '냉정하면서도 잔정이 많은 상' '속마음의 깊이를 알 수 없는 상' 이라고 할 수 있다.

　또한 대지는 모든 생명체의 의식주의 공간으로 많은 생명체를 먹여 살리고 있는 상이라 할 수 있을 것이다.

　또는 대지는 누구에게나 또는 무슨 일이나 또는 어떠한 물건에 대하여서도 반항하지 않는 것으로 모든 물질을 포용하는데 대지는 모든 생명체의 근본으로서 모든 생명체는 대지안에서 생활하고 대지는 모든 생명체를 성장시키고 있는 것이다. 또한 곤괘(坤卦)는 내성적이요, 말없이 조용한 것을 의미하기도 한다.

또한 땅은 말없이 모든 것을 받아들이고 수용하는 것이라 누가 무어라 해도 말없이 조용한 것이요, 또는 조용하게 처리한다고 할 수 있을 것이다. 그래서 땅이란 누가 차도 말이 없고, 독약을 갖다 뿌려도 반항하지 않는 것이요, 누가 똥을 싸도 반항하지 않고, 모든 것을 말없이 조용하게 받아들이고 있는 것이 또한 땅이다.

또는 나무나 풀들이 뿌리를 내려 땅을 뚫고 파 해쳐도 반항하지 않고 조용하게 순응하는 것과 같다고 말할 수 있을 것이다.

또한 곤(坤)이란 어머니를 뜻하는 것으로 후덕하고 복있는 부인 이요 어머니라 할 수 있으니 덤벙대는 여인이 아니요, 경솔하고 가볍고 말이 많고 시끄러운 여인이 아니라 조용하고 말이 없으면서 나의 할 일을 다하고 지내는 마님과 같다고 할 수 있는 것이다.

䷗ 8 8 1 중지곤괘(重地坤卦)의 초효가 동하여 지뢰복괘(地雷復卦)로 변하면

복(復)이란 '다시 시작한다' 또는 '마음이 시끄럽고 번잡하다' '심리적으로 불안하다' '마음의 갈등을 내색하지 못하는 상황'이 라고 할 수 있다. 또는 '재기' '재발' '반복' '돌고도는 윤회'를 뜻 하며, '돌아온다' '돌아가다' '제자리로 돌아가다'라고 할 수 있다.

그래서 이 괘는 평생을 여성으로서 모든 일을 말없는 가운데 받아들이면서 참고만 살다보니 마음의 동요나 갈등 등이 많이 쌓였으나 외부로 발설하지 못하고 살아가는 사람이라 할 수 있다.

또한 어머니로 모든 생명을 말없는 가운데서 순환을 반복하여 일으키고 있는 운이라 멸망을 막아내고 있는 것이다.

또는 곤(坤)은 많은 생명을 살리는 괘로 어렵고 힘든 사람들을 포용하고 돌보는 사람으로 청소년 가장이나 버려진 유아들이나 오갈데 없는 사람들을 내가족처럼 생각하면서 살아갈 수 있다거나 살아가는 일이 반복되고 있다고 말할 수 있을 수 있는 운이다.

또한 여인으로서의 일이 반복될 수 있다고 할 수 있을 것이요, 예를 들면 임신을 하여 아이를 생산하는 일이 계속 반복되고 있다고 말할 수 있을 것이다.

또는 여인이 여인의 일을 하고도 말 못하고 참아야 할 일이 반복되는 운이다. 예를 들면 강간을 당했거나 아니면 서비스업에서 근무하면서 다른 남자의 욕구들 들어주었다거나 하는 일을 반복하여 할지라도 누구에게 말은 하지 못하고 있다고 말할 수 있을 것이다.

또는 사주에 음욕살(淫慾殺)이나 홍염살(紅艶殺) 등이 동주(同柱)한다면 여자로서 많은 남성들을 받아들이는 사람이라 할 수도 있을 것이요, 아니면 받아들이는 일이 계속 반복되고 있다거나 그럴 수 있는 일이 발생할 수 있다고 설명할 수도 있을 것이다.

또는 어머니의 사랑이 계속되어 일어나고 있는 것으로 사회를 안정시키고, 가정을 안정시키고 있는 운이라고 할 수가 있는 운이

다. 하지만 어머니의 사랑이 크고 계속된다고 모든 생명들이 다 잘
되는 것은 아니요 편안한 일만 있는 것도 아니니 어머니의 사랑을
이용하여 사기를 치고 거짓말을 하는 경우도 많이 있으니 이것은
상대를 도리어 이용하는 운이다.

882 중지곤괘(重地坤卦)의 이효가 동하여 지수사괘(地水師卦)로 변하면

사(師)란 '스승' '지도자'라는 뜻이요, '전문적인 기술이나 능력
이 있는 사람' 등을 말하고, '서로가 서로를 필요로 하는 상' '서
로가 서로를 의지하는 상' '서로가 서로를 인정하는 상'이다.

그래서 이 괘는 독하지 못한 스승이요, 또는 활동력이 적은 스승
이라 할 수 있는 상이다. 또는 여선생이라 할 수 있을 것이요, 또는
많은 사람들의 고충을 들어주는 스승이라 할 수 있다.

또는 많은 사람들의 상담들을 들어주고 어려움을 도와주는 스승
이요, 또는 말없는 가운데 나의 임무에 충실한 스승이다.

또는 여성이 평생을 의지하고 협력하면서 지낼 수 있는 사람을
만날 수 있다고 할 수 있을 것이다.

또는 생명공학을 연구하는 스승이요, 또는 종묘사업을 하고 배양
을 하는 스승이다. 또는 많은 생명들을 먹여 살리는 일을 할 수 있

는 사람이라 할 수 있을 것이다.

또는 말없는 가운데 베풀기를 즐기는 스승이요, 또는 말없이 사는 여인이나 매사를 말없이 조용하게 처리하면서 살아가는 사람이나 또는 홀로 살고 있는 여인이나 또는 활동력이 없는 사람에게 서로 의지하면서 살아갈 수 있는 사람을 만날 수 있다거나 어렵고 힘들다거나 외롭고 쓸쓸한 사람에게 협조자나 지원자나 구원자 등이 생길 수 있다고 말할 수도 있을 것이다.

또는 많은 사람들과 어울리면서 나의 할 일만 하고 조용히 지내다보니 나를 도와 협력할 수 있는 사람들이 생길 수 있는 운이다.

또는 어려운 이웃을 돌보는 사람에게 구원의 손길이 생길 수 있거나 구원자를 찾고 있다고 할 수 있을 것이요, 아니면 어렵고 힘든 사람을 돌보는 사람이라고 말할 수 있을 것이요, 아니면 어렵고 힘든 사람들을 돌볼 일이 생길 수 있다고 할 수도 있을 것이다.

▤▤ 883 중지곤괘(重地坤卦)의 삼효가 동하여 지산겸괘(地山謙卦)로 변하면

겸(謙)이란 '순하고 용하고 선한 사람으로 덕인'이라고 할 수 있으나 나쁜 의미로 보면 '무능하고 자신이 없는 사람'이다. 또는 '겸손' '겸허' '양보하다' '사양하다'라는 뜻이요, '능력이 부족한 상'이요 '기를 못펴고 억눌려 생활하는 상'이요, '매사를 포기하면서 주장이나 생각을 펴지 못하는 사람'이다. 또한 기가 강하고 힘이 넘치고 자만심이나 우월감이 강한 사람이 자신의 의지나 능력을 발휘하지 않거나 못하고 은둔하면서 지내는 상이다.

그래서 이 괘는 모든 사람들에게 자기의 신분을 과시하지 않고 조용하게 자기의 일이나 하면서 생활을 하려고 하는 사람이다.

또한 조용하고, 말이 없고, 차분하고, 또는 내성적인 여인수하에 강하거나 독하거나 억센 남성이 들어오는 상이라 말할 수 있을 것이요, 아니면 강한 남성을 수하인으로 거느리고 살아가는 사람이라 말할 수도 있을 것이다.

또는 여성으로서 조용하게 차분하고 순수한 마음으로 남성을 받아들이는 운이다.

또는 어렵고 힘든 이웃을 돌보면서 살고 있으면서 자신을 내세우지 않고 겸손한 마음으로 실천하고 있는 사람과 같다고 할 수 있으니 예를 들면 성녀들의 상이라 말할 수 있을 것이다.

또는 어렵고 힘든 어린아이들을 잘 키워서 사회에 내보내고 자신의 덕을 과시하지 않고 말없이 살아가는 사람이거나 그렇게 살아갈 일이 있을 것이라고 말할 수 있는 것이다.

또는 어떤 의사가 사회의 어렵고 힘든 사람들에게 무료로 인술을 베풀면서 살아가고 있다거나 살아갈 수 있는 사람이라고 할 수도 있을 것이다.

또는 어떤 기회를 거부하지 않고, 또는 주위변화에 거역하지 않으면서 겸손한 마음으로, 또는 양보하는 마음으로 따르고 받아들이는 운이라고 할 수 있다. 그래서 이 괘는 김삿갓 시인의 죽시(竹詩)를 생각하면 이해가 빠를 것이다.

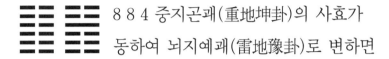 ## 8 8 4 중지곤괘(重地坤卦)의 사효가 동하여 뇌지예괘(雷地豫卦)로 변하면

예(豫)란 '즐겁다' '기쁘다' 라는 뜻이며, '주위에서 요란법석이 일고 있는 상' 이다. 또는 '편안하다' '안일하다' '미리' '사전에 앞서간다' '미리 설친다' '예방한다' '예언' '예측' '예지' 라는 뜻이다.

그래서 이 괘는 우리 속말에 '참는 자는 복이 온다' 고 하는 말과 같다고 할 수 있으니, 참으면 즐겁다. 또는 조용하면 편안하다. 또는 모든 일을 감싸주는 것이 기쁘다고 하는 뜻이다.

또한 곤(坤)은 모든 것을 수용하고 포용하는 것으로 여자의 임신을 뜻하는 것으로 임신을 하니까 마음이 즐겁다. 또는 안정이 된다고 하는 뜻도 있으며, 또는 임신을 예측할 수 있다고 하는 뜻으로 새로운 생명의 시작을 알고, 또 종족이 번식을 함으로서 동식물 모두 안정된 번식을 뜻한다.

결국 곤괘(坤卦)는 모든 동식물들 포용하고 번성시키는 것으로 나의 임무를 말없이 실천할 때 즐겁고 편안하다고 하는 말이다.

또는 한 여인이 처음으로 여자의 위치에 들게 되어 기쁘다고 표현할 수 있을 것이다. 예를 들면 결혼을 하여 남성을 받아들이는 일이나 임신을 하여 아이를 낳는 일 등을 말할 수 있을 것이다.

또는 여성의 길에 들게 될 것 같은 기분이 든다고 할 수 있다. 예를 들면 오늘 누구를 만나면 나의 정조를 요구할 것 같은 기분이 들거나, 오늘 누구를 만나 여인으로 만들어 달라고 할 수도 있다.

또는 오늘 남성과 관계를 가진다면 임신이 될 것 같은 기분이 든다고 할 수도 있을 것이다.

또는 매사를 참으니 편안하고 할 수 있다. 예를 들면 부부간에 갈등이 생겨도 참고 넘어가니 마음이 편안하다고 할 수 있다.

또는 누가 험담을 하고 시기를 하여도 모른척하고 참다보니 나중에는 즐거운 일 기쁜 일이 생길 수 있다고 할 수 있을 것이다.

또는 어떤 상황이나 일로 인하여 말을 못하고 참아야 할 일이 발생할 것 같은 기분이 든다고 할 수도 있을 것이다.

䷁䷇ 885 중지곤괘(重地坤卦)의 오효가 동하여 수지비괘(水地比卦)로 변하면

비(比)란 '서로 비교한다' '서로 인접해 있다' '서로 큰 차이가 없다' 라는 뜻이요, '이것과 저것과의 관계'를 말한다. '서로 견준다' '서로 동등하다' '서로 가깝다' 또는 '나와 누구 또는 무엇과의 관계' 또는 '평소와 별 차이가 없는 것'을 말한다.

그래서 이 괘는 말없는 가운데 어떤 일이나 상황을 비교분석하는 일을 말하는 운이다. 예를 들면 혼기가 된 딸을 가지고 있는 부모가 사윗감으로 이 사람과 저 사람과 말없이 비교하는 격이다.

또는 안정된 생활을 얻기 위하여 여러 가지 일이나 상황 등을 비교할 수 있는 것이라 할 수 있을 것이다.

또는 내가 찾고자 하는 여성이 주위에 있다고 할 수 있으니 결혼을 앞둔 총각이 처녀를 구한다면 멀리서 구할 일이 아니고 주위에 있다고 할 수 있을 것이다.

또는 여성으로의 역할을 할 시기가 멀리 있지 않고 인접해 있다고 할 수 있으니 여성으로서의 역할이 금방 닥칠 수 있다고 말할 수 있을 것이다.

또는 나의 손길을 원하는 사람이나 내가 해야할 일들이 멀리 있는 것이 아니고 내 주위에 있다고 말할 수도 있을 것이다.

또는 시장에 물건을 사러간 여인이 물건을 앞에 두고 이 물건과 저 물건을 비교하는 격이다.

또는 회사에서 직원을 채용하는데 있어서 입사지원서를 받아놓고 조용한 가운데 심사를 하는 격이요, 또는 대학에 진학하려고 하는 학생이 어느 학교에 지원을 할까 비교분석해 보는 일이다.

또는 입찰문제나 공사문제, 여행문제 또는 정치적인 문제까지 수

많은 일들이 있는데 다시 말하면 매사에 있어서 안전성을 생각하는 운으로 세상사의 한 단면이기도 하다.

또는 농사를 짓는 농부가 소유하고 있는 땅에다 어떤 작물을 재배하면 좋을 것인가를 비교분석하고 있다고 말할 수 있을 것이다.

䷖ 886 중지곤괘(重地坤卦)의 육효가 동하여 산지박괘(山地剝卦)로 변하면

박(剝)이란 '깎이다' '벗기다' '깎아내리다'라는 뜻이요, 또는 '인정을 받지 못한다' '무시당한다' '자존심이 상한다' '유지하지 못한다'라는 뜻이요, 또는 '매사에 자신감이 없거나 자신감을 잃는다'고 할 수 있고, 또는 '은폐된 것을 밝혀내다' '진실을 밝혀내다'라고 할 수 있다. 또는 의지나 예산이나 계획이나 인기나 신용이나 재산이나 운영자금 등이 줄거나 떨어지는 것을 말한다.

그래서 이 괘는 매사를 말없이 참다보니 상대가 무시한다든지 업신여기든지 얕잡아 볼 수 있는 상이라 할 수 있다.

또는 여자로서의 기능이 갈수록 약해진다거나 여자로서의 인격을 무시당하거나 할 수 있을 것을 말하는 상이다.

또는 나는 조용하고 편안하게 지내고 있는데 사람들이 공연히 헐뜯고 시비를 하여 나의 인격을 떨어뜨리는 격으로 예를 들면 선거 때만 되면 상대방에게 있는 모략 없는 모략을 다하여 상대방의 인품을 깎아 내리려고 하는 운과 같다고 할 수 있을 것이다.

또는 나는 조용하게 있는데 공연이 사람들이 거만하다느니 냉정하다느니 하면서 모략하는 경우와 같다.

또는 말없이 조용하게 회사가 잘 운영되는데 상대방의 회사를 중상모략하는 일이며, 또는 좋은 제품을 자기의 물건만 못한 상품이라고 모략하는 일들을 말하고 있는 운이라 할 수 있을 것이다.

또는 가정에서 집안이나 돌보면서 조용하게 살아가는 부인을 남편이 무시하고 있다고 할 수 있을 것이다.

또는 여자가 여자답지 못하다고 하여 무시를 당할 수 있거나 당하면서 살아가고 있는 사람이라 할 수 있다.

예를 들면 성생활이 무디다든지 음식이나 가사일에 능력이 부족하다든지 임신에 어려움이 있어 무시당하거나 업신여김을 당할 수 있는 일이 생길 수 있는 것이다.

■ 주역으로 사주를 설명하는 방법

예를 들어 311 화천대유괘(火天大有卦) 초효가 동하여 화풍정괘(火風鼎卦)로 변하고 병신(丙申)일에 풀면

乾金宮　劫 空 破 福 祿 官巳 ▅▅▅　應 靑

　　　　病 文未 ▅　▅　身 玄

　　　　貴 兄酉 ▅▅▅　　　白

　　　　空 陰 文辰 ▅▅▅　世 騰

　　　　馬 沖 才寅 ▅▅▅　命 句

死 文丑 ▅　▅ 官 孫子 ▅▅▅　　朱

위 괘로 본 저자의 저서 『주역육효 해설방법』과 차이점을 찾아 연구하길 바란다. 바로 푼 일주가 다르고 비복신(飛福神)이 다르기 때문이다. 또한 목적으로 보는 것도 모두 다를 수밖에 없다는 것을 알 수 있을 것이다. 아래의 내용에 맞춰가면서 이해하기 바란다.

1. 먼저 기본괘상의 의미를 정확하게 알아야 한다.

2. 동효(動爻) 변효(變爻)에 어떤 비복신(飛福神)이 있는가를 먼저 파악하고, 다음에 동효(動爻)와 변효(變爻)와의 관계에서 어떤 비복신(飛福神)이 오고 가는지 알아야 한다.

3. 사주나 신수나 점법에서 알고자 하는 목적이 있을 때는 목적의 내용에서 어떤 비복신(飛福神)이 작용하는가를 파악한다.

4. 목적이 동효(動爻)나 변효(變爻)에게 어떤 관계에 있는지, 또는 동효(動爻)나 변효(變爻)에서 어떤 비복신(飛福神)들이 목적에 작용하고 있는지를 알아야 한다.

5. 같은 목적이 동효(動爻)나 변효(變爻)에 있으면서 다른 효에서도 들고 있으면 동효(動爻) 변효(變爻)가 우선이므로 동효(動爻) 변효(變爻)치를 보되 다른 효의 목적은 보지 않는다.

목적과 동효(動爻) 변효(變爻)와의 관계에서 목적에 동효(動爻) 변효(變爻)에게 오는 비복신(飛福神)의 작용은 대단히 강한 것으로 목적에 있는 기본의 비복신(飛福神)보다 강하고 크다는 것을 잊지 마라. 다만 목적에서 동효(動爻) 변효(變爻)에 비복신(飛福神)을 주고 있을 때는 동효(動爻) 변효(變爻)의 작용은 힘을 쓰지 못하기 때문에 크게 관심을 가질 필요는 없다.

■ 목적을 정하는 방법과 사주나 신수나 점 법 등에서 활용하는 방법

관은 : 의지나 욕심이나 관과의 관계나 꿈이나 희망이나 출세 등을 볼 수 있다.

문은 : 부모나 윗사람이나 생각이나 학업의 양이나 지혜나 문서와

관련이 있는 것들을 본다.

손은 : 자손이나 수하인이나 나한테 의지하면 살아가는 사람이나 내 마음대로 할 수 있는 사람들을 볼 수 있다.

형은 : 형제나 친구나 애인과의 관계나 동료나 동등한 위치에 있는 사람 등을 본다.

재는 : 부부나 금전이나 재물이나 기술 재주나 학업의 활용가치나 특기 등을 볼 수 있다.

소원 : 목적에다가 괘상의 내용으로 본다

상대성이 있는 것 : 세와 응으로 본다 (구인이나 사람을 찾거나 기다릴 때). 이때 찾는 사람이나 구인의 실력이나 마음을 알고자 한다면 응을 보면 알 수 있다.

인품 : 동효(動爻) 변효(變爻)로 보는데 동효(動爻)의 육친이 어떤 것인가를 보고 비복신(飛福神)의 내용으로 본다.

건강 : 신과 명으로 본다.

소송 : 먼저 세와 응으로 판단하고, 소송의 이유를 알고자 한다면 세와 응에 동효(動爻) 변효(變爻)를 적용하여 보며, 승패를 알고자 한다면 세나 응에다 관과의 관계를 적용하면 알 수 있다. 모든 물건이나 마음이 나의 것은 아니고 타인의 것으로 내가 구하고자 하거나 얻고자 하는 마음을 볼 때는 모두 다 관으로 본다(즉 알 수 있을까, 얻을 수 있을까, 될 수 있을까 등).

취업 : 먼저 문서를 꾸미는 단계라면 문으로 보고, 합격여부를 알

고자 한다면 관으로 보고, 자리를 알고자 한다면 재로 본다. 승진이나 전보발령문제는 재로 본다.

합격여부 : 관으로 본다. 모든 소유물은 재로 본다. 하지만 소유하거나 얻고자 하는 마음을 볼 때는 관으로 본다. 물건을 팔 때는 재물이요, 구입의 여부를 알고자 할 때는 관이다. 문서와 관련이 있는 것은 문을 목적으로 본다(계약여부 등). 또는 구입하다면 하는 조건으로 보았을 경우는 재로 볼 수 있으며, 또는 구입한 물건과 나와의 관계나 손재 여부 등을 알고자 하면 재와 세와의 관계로 보고, 구입한 물건의 질을 알고자 한다면 재로 보라.

이사 여행문제 : 동효(動爻) 변효(變爻)나 신이나 명에 역마가 있는가를 보는데 역마가 없어도 이사나 여행은 할 수 있겠으나 어려움이 발생할 수 있다.

생산 : 물건의 생산이라면 재로 보고, 자손의 생산이라면 손으로 본다.

사업 : 챙길 수 있을 가는 관으로 보나 사업을 벌려놓고 성공여부는 재로 본다.

실물수 : 동효(動爻) 변효(變爻)의 위치로 본다. 모든 목적을 보면서 그 목적의 좋고 나쁜(왜라는) 이유를 알고자 한다면 동효(動爻) 변효(變爻)의 관계로 본다. 어렵고 힘들 때 해결을 원한다면 육신을 잘 활용하라, 그러면 당신의 마음이 한결 가벼워 질 것이다.

■ 오초정심법(五招丁心法)

　나를 중심으로 내가 활동하면서 발생할 수 있는 것을 알아보는 것으로 오늘 내가 어는 방향으로 활동을 하면 어떤 일들이 발생할 것인가를 알아볼 수 있는 것이다. 나의 사주 생년월일시에다 오늘의 일진을 합하여 계산한다.

　나는 가만히 있으면서 오늘 어느 방향에서 어떤 사람이 나에게 찾아올 것인가를 알아볼 수 있는 것이다. 오늘의 년월일시에다 나의 년이나 월이나 일진을 합하여 계산한다. 환자를 보는 방법으로 환자가 나를 방문하였을 때 오늘의 년월일 시에다 환자의 년주를 합하여 계산한다.

삼한출판사의
신비한 동양철학 시리즈

적천수 정설
유백온 선생의 적천수 원본을 정석으로 해설
원래 유백온 선생이 저술한 적천수의 원문은 그렇게 많지가 않으나 후학들이 각각 자신의 주장으로 해설하여 많아졌다. 이 책은 적천수 원문을 보고 30년 역학의 경험을 총동원하여 해설했다. 물론 백퍼센트 정확하다고 주장할 수는 없다. 다만 한국과 일본을 오가면서 실제의 경험담을 함께 실었다. 공부하는 사람들에게는 많은 도움이 될 것이라 믿는다.
신비한 동양철학 82 │ 역산 김찬동 편역 │ 692면 │ 34,000원 │ 신국판

궁통보감 정설
궁통보감 원문을 쉽고 자세하게 해설
「궁통보감(窮通寶鑑)」은 5대원서 중에서 가장 이론적이며 사리에 맞는 책이며, 조후(調候)를 중심으로 설명하며 간명한 것이 특징이다. 역학을 공부하는 학도들에게 도움을 주려고 먼저 원문에 음독을 단 다음 해설하였다. 그리고 예문은 서낙오(徐樂吾) 선생이 해설한 것을 그대로 번역하였고, 저자가 상담한 사람들의 사주와 점서에 있는 사주들을 실었다.
신비한 동양철학 83 │ 역산 김찬동 편역 │ 768면 │ 39,000원 │ 신국판

연해자평 정설(1·2권)
연해자평의 완결판
연해자평의 저자 서자평은 중국 송대의 대음양 학자로 명리학의 비조일 뿐만 아니라 천문점성에도 밝았다. 이전에는 년(年)을 기준으로 추명했는데 적중률이 낮아 서자평이 일간(日干)을 기준으로 하고, 일지(日支)를 배우자로 보는 이론을 발표하면서 명리학은 크게 발전해 오늘에 이르렀다. 때문에 연해자평은 5대 원서 중에서도 필독하지 않으면 안 되는 책이다.
신비한 동양철학 101 │ 김찬동 편역 │1권 559면, 2권 309면 │ 1권 33,000원, 2권 20,000원 │ 신국판

명리입문
명리학의 정통교본
이 책은 옛부터 있었던 글들이나 너무 여기 저기 산만하게 흩어져 있어 공부하는 사람들에게는 많은 시간과 인내를 필요로 하였다. 그래서 한 군데 묶어 좀더 보기 쉽고 알기 쉽도록 엮은 것이다.
신비한 동양철학 41 │ 동하 정지호 저 │ 678면 │ 29,000원 │ 신국판 양장

조화원약 평주
명리학의 정통교본
자평진전, 난강망, 명리정종, 적천수 등과 함께 명리학의 교본에 해당하는 것으로 중국 청나라 때 나온 난강망이라는 책을 서낙오 선생께서 자세하게 설명을 붙인 것이다. 기존의 많은 책들이 오직 격국과 용신을 중심으로 감정하는 것과는 달리 십간 십이지와 음양오행을 각각 자연의 이치와 춘하추동의 사계절의 흐름에 대입하여 인간의 길흉화복을 알 수 있게 했다.
신비한 동양철학 35 │ 동하 정지호 편역 │ 888면 │ 39,000원 │ 신국판

사주대성
초보에서 완성까지
이 책은 과거 현재 미래를 모두 알 수 있는 비결을 실었다. 그러나 모두 터득한다는 것은 어려울 것이다.역학은 수천 년간 동방의 석학들에 의해 갈고 닦은 철학이요 학문이며, 정신문화로서 영과학적인 상수문화로서 자랑할만한 위대한 학문이다.
신비한 동양철학 33 │ 도관 박흥식 저 │ 986면 │ 46,000원 │ 신국판 양장

쉽게 푼 역학(개정판)
쉽게 배워 적용할 수 있는 생활역학서!
이 책에서는 좀더 많은 사람들이 역학의 근본인 우주의 오묘한 진리와 법칙을 깨달아 보다 나은 삶을 영위하는데 도움이 될
수 있도록 가장 쉬운 언어와 가장 쉬운 방법으로 풀이했다. 역학계의 대가 김봉준 선생의 역작이다.
신비한 동양철학 71 │ 백우 김봉준 저 │ 568면 │ 30,000원 │ 신국판

사주명리학 핵심
맥을 잡아야 모든 것이 보인다
이 책은 잡다한 설명을 배제하고 명리학자에게 도움이 될 비법들만을 모아 엮었기 때문에 초심자가 이해하기에는 다소 어려운
부분도 있겠지만 기초를 튼튼히 한 다음 정독한다면 충분히 이해할 것이다. 신살만 늘어놓으며 감정하는 사이비가 되지말기
를 바란다.
신비한 동양철학 19 │ 도관 박흥식 저 │ 502면 │ 20,000원 │ 신국판

물상활용비법
물상을 활용하여 오행의 흐름을 파악한다
이 책은 물상을 통하여 오행의 흐름을 파악하고 운명을 감정하는 방법을 연구한 책이다. 추명학의 해법을 연구하고 운명을 추
리하여 오행에서 분류되는 물질의 운명 줄거리를 물상의 기물로 나들이 하는 활용법을 주제로 했다. 팔자풀이 및 운명해설에
관한 명리감정법의 체계를 세우는데 목적을 두고 초점을 맞추었다.
신비한 동양철학 31 │ 해주 이학성 저 │ 446면 │ 26,000원 │ 신국판

신수대전
흉함을 피하고 길함을 부르는 방법
신수는 대부분 주역과 사주추명학에 근거한다. 수많은 학설 중 몇 가지를 보면 사주명리, 자미두수, 관상, 점성학, 구성학, 육
효, 토정비결, 매화역수, 대정수, 초씨역림, 황극책수, 하락리수, 범위수, 월영도, 현무발서, 철판신수, 육임신과, 기문둔갑, 태을
신수 등이다. 역학에 정통한 고사가 아니면 추단하기 어려우므로 누구나 신수를 볼 수 있도록 몇 가지를 정리했다.
신비한 동양철학 62 │ 도관 박흥식 편저 │ 528면 │ 36,000원 │ 신국판 양장

정법사주
운명판단의 첩경을 이루는 책
이 책은 사주추명학을 연구하고자 하는 분들에게 심오한 주역의 이해를 돕고자 하는 의도에서 시작되었다. 음양오행의 상생
상극에서부터 육친법과 신살법을 기초로 하여 격국과 용신 그리고 유년판단법을 활용하여 운명판단에 첩경이 될 수 있도록
했고 추리응용과 운명감정의 실례를 하나하나 들어가면서 독학과 강의용 겸용으로 엮었다.
신비한 동양철학 49 │ 원각 김구현 저 │ 424면 │ 26,000원 │ 신국판 양장

내가 보고 내가 바꾸는 DIY사주
내가 보고 내가 바꾸는 사주비결
기존의 책들과는 달리 한 사람의 사주를 체계적으로 도표화시켜 한 눈에 파악할 수 있고, DIY라는 책 제목에서 말하듯이 개
운하는 방법을 제시한다. 초심자는 물론 전문가도 자신의 이론을 새롭게 재조명해 볼 수 있는 케이스 스터디 북이다.
신비한 동양철학 39 │ 석오 전광 저 │ 338면 │ 16,000원 │ 신국판

인터뷰 사주학
쉽고 재미있는 인터뷰 사주학
얼마전만 해도 사주학을 취급하면 미신을 다루는 부류로 취급되었다. 그러나 지금은 하루가 다르게 이 학문을 공부하는 사람
들이 폭증하고 있는 것으로 보인다. 젊은 층에서 사주카페니 사주방이니 사주동아리니 하는 것들이 만들어지고 그 모임이 활
발하게 움직이고 있다는 점이 그것을 증명해준다. 그뿐 아니라 대학원에는 역학교수들이 점차로 증가하고 있다.
신비한 동양철학 70 │ 글갈 정대엽 편저 │ 426면 │ 16,000원 │ 신국판

사주특강
자평진전과 적천수의 재해석
이 책은 『자평진전』과 『적천수』를 근간으로 명리학의 폭넓은 가치를 인식하고, 실전에서 유용한 기반을 다지는데 중점을 두고 썼다. 일찍이 『자평진전』을 교과서로 삼고, 『적천수』로 보완하라는 서낙오의 말에 깊이 공감한다.
신비한 동양철학 68 | 청월 박상의 편저 | 440면 | 25,000원 | 신국판

참역학은 이렇게 쉬운 것이다
음양오행의 이론으로 이루어진 참역학서
수학공식이 아무리 어렵다고 해도 1, 2, 3, 4, 5, 6, 7, 8, 9, 0의 10개의 숫자로 이루어졌듯이 사주도 음양과 오행으로 이루어졌을 뿐이다. 그러니 용신과 격국이라는 무거운 짐을 벗어버리고 음양오행의 법칙과 진리만 정확하게 파악하면 된다. 사주는 음양오행의 변화일 뿐이고 용신과 격국은 사주를 감정하는 한 가지 방법에 지나지 않는다.
신비한 동양철학 24 | 청암 박재현 저 | 328면 | 16,000원 | 신국판

사주에 모든 길이 있다
사주를 알면 운명이 보인다!
사주를 간명하는데 조금이라도 도움이 됐으면 하는 바람에서 이 책을 썼다. 간명의 근간인 오행의 왕쇠강약을 세분하고, 대운과 세운, 세운과 월운의 연관성과, 십신과 여러 살이 미치는 암시와, 십이운성으로 세운을 판단하는 법을 설명했다.
신비한 동양철학 65 | 정담 선사 편저 | 294면 | 26,000원 | 신국판 양장

왕초보 내 사주
초보 입문용 역학서
이 책은 역학을 너무 어렵게 생각하는 초보자들에게 조금이나마 도움을 주고자 쉽게 엮으려고 노력했다. 이 책을 숙지한 후 역학(易學)의 5대 원서인 『적천수(滴天髓)』, 『궁통보감(窮通寶鑑)』, 『명리정종(命理正宗)』, 『연해자평(淵海子平)』, 『삼명통회(三命通會)』에 접근한다면 훨씬 쉽게 터득할 수 있을 것이다. 이 책들은 저자가 이미 편역하여 삼한출판사에서 출간한 것도 있고, 앞으로 모두 갖출 것이니 많이 활용하기 바란다.
신비한 동양철학 84 | 역산 김찬동 편저 | 278면 | 19,000원 | 신국판

명리학연구
체계적인 명확한 이론
이 책은 명리학 연구에 핵심적인 내용만을 모아 하나의 독립된 장을 만들었다. 명리학은 분야가 넓어 공부를 하다보면 주변에 머무르는 경우가 많아, 주요 내용을 잊고 헤매는 경우가 많다. 그러므로 뼈대를 잡는 것이 중요한데, 여기서는 「17장. 명리대요」에 핵심 내용만을 모아 학문의 체계를 잡는데 용이하게 하였다.
신비한 동양철학 59 | 권중주 저 | 562면 | 29,000원 | 신국판 양장

말하는 역학
신수를 묻는 사람 앞에서 술술 말문이 열린다
그토록 어렵다는 사주통변술을 쉽고 흥미롭게 고담과 덕담을 곁들여 사실적으로 생동감 있게 통변했다. 길흉을 어떻게 표현하느냐에 따라 상담자의 정곡을 찔러 핵심을 끌어내 정답을 내리는 것이 통변술이다.역학계의 대가 김봉준 선생의 역작.
신비한 동양철학 11 | 백우 김봉준 저 | 576면 | 26,000원 | 신국판 양장

통변술해법
가닥가닥 풀어내는 역학의 비법
이 책은 역학과 상대에 대해 머리로는 다 알면서도 밖으로 표출되지 않아 어려움을 겪는 사람들을 위한 실습서다. 특히 실명감정과 이론강의로 나누어 역학의 진리를 설명하여 초보자도 쉽게 이해할 수 있다. 역학계의 대가 김봉준 선생의 역서인 『알기쉬운 해설·말하는 역학』이 나온 후 후편을 써달라는 열화같은 요구에 못이겨 내놓은 바로 그 책이다.
신비한 동양철학 21 | 백우 김봉준 저 | 392면 | 26,000원 | 신국판 양장

술술 읽다보면 통달하는 사주학
술술 읽다보면 나도 어느새 도사
당신은 당신 마음대로 모든 일이 이루어지던가. 지금까지 누구의 명령을 받지 않고 내 맘대로 살아왔다고, 운명 따위는 믿지 않는다고, 운명에 매달리지 않는다고 말하는 사람들이 많다. 그러나 우주법칙을 모르기 때문에 하는 소리다.
신비한 동양철학 28 │ 조철현 저 │ 368면 │ 16,000원 │ 신국판

사주학
5대 원서의 핵심과 실용
이 책은 사주학을 체계적으로 공부하려는 학도들을 위해서 꼭 알아두어야 할 내용들과 용어들을 수록하는데 중점을 두었다. 이 학문을 공부하려고 많은 사람들이 필자를 찾아왔을 깨 여러 가지 질문을 던져보면 거의 기초지식이 시원치 않음을 보았다. 따라서 용어를 포함한 제반지식을 골고루 습득해야 빠른 시일 내에 소기의 목적을 달성할 수 있을 것이다.
신비한 동양철학 66 │ 글갈 정대엽 저 │ 778면 │ 46,000원 │ 신국판 양장

명인재
신기한 사주판단 비법
이 책은 오행보다는 주로 살을 이용하는 비법을 담았다. 시중에 나온 책들을 보면 살에 대해 설명은 많이 하면서도 실제 응용에서는 무시하고 있다. 이것은 살을 알면서도 응용할 줄 모르기 때문이다. 그러나 이 책에서는 살의 활용방법을 완전히 터득해, 어떤 살과 어떤 살이 합하면 어떻게 작용하는지를 자세하게 설명하였다.
신비한 동양철학 43 │ 원공선사 저 │ 332면 │ 19,000원 │ 신국판 양장

명리학 │ 재미있는 우리사주
사주 세우는 방법부터 용어해설 까지!!
몇 년 전 『사주에 모든 길이 있다』가 나온 후 선배 제현들께서 알찬 내용의 책다운 책을 접했다는 찬사를 받았다. 그러나 사주의 작성법을 설명하지 않아 독자들에게 많은 질타를 받고 뒤늦게 이 책을 출판하기로 결심했다. 이 책은 한글만 알면 누구나 역학과 가까워질 수 있도록 사주 세우는 방법부터 실제간명, 용어해설에 이르기까지 분야별로 엮었다.
신비한 동양철학 74 │ 정담 선사 편저 │ 368면 │ 19,000원 │ 신국판

사주비기
역학으로 보는 역대 대통령들이 나오는 이치!!
이 책에서는 고서의 이론을 근간으로 하여 근대의 사주들을 임상하여, 적중도에 의구심이 가는 이론들은 과감하게 탈피하고 통용될 수 있는 이론만을 수용했다. 따라서 기존 역학서의 아쉬운 부분들을 충족시키며 일반인도 열정만 있으면 누구나 자신의 운명을 감정하고 피흉취길할 수 있는 생활지침서로 활용할 수 있을 것이다.
신비한 동양철학 79 │ 청월 박상의 편저 │ 456면 │ 19,000원 │ 신국판

사주학의 활용법
가장 실질적인 역학서
우리가 생소한 지방을 여행할 때 제대로 된 지도가 있다면 편리하고 큰 도움이 되듯이 역학이란 이와같은 인생의 길잡이다. 예측불허의 인생을 살아가는데 올바른 안내자나 그 무엇이 있다면 그 이상 마음 든든하고 큰 재산은 없을 것이다.
신비한 동양철학 17 │ 학선 류래웅 저 │ 358면 │ 15,000원 │ 신국판

명리실무
명리학의 총 정리서
명리학(命理學)은 오랜 세월 많은 철인(哲人)들에 의하여 전승 발전되어 왔고, 지금도 수많은 사람이 임상과 연구에 임하고 있으며, 몇몇 대학에 학과도 개설되어 체계적인 교육을 하고 있다. 그러나 아직도 실무에서 활용할 수 있는 책이 부족한 상황이기 때문에 나름대로 현장에서 필요한 이론들을 정리해 보았다. 초학자는 물론 역학계에 종사하는 사람들에게 큰 도움이 될 것이라고 믿는다.
신비한 동양철학 94 │ 박흥식 편저 │ 920면 │ 39,000원 │ 신국판

사주 속으로
역학서의 고전들로 입증하며 쉽고 자세하게 푼 책

십 년 동안 역학계에 종사하면서 나름대로는 실전과 이론에서 최선을 다했다고 자부한다. 역학원의 비좁은 공간에서도 항상 후학을 생각하는 마음으로 역학에 대한 배움의 장을 마련하고자 노력한 것도 사실이다. 이 책을 역학으로 이름을 알리고 역학으로 생활하면서 조금이나마 역학계에 이바지할 것이 없을까라는 고민의 산물이라 생각해주기 바란다.

신비한 동양철학 95 | 김상회 편저 | 429면 | 15,000원 | 신국판

사주학의 방정식
알기 쉽게 풀어놓은 가장 실질적인 역서

이 책은 종전의 어려웠던 사주풀이의 응용과 한문을 쉬운 방법으로 터득하는데 목적을 두었고, 역학이 무엇인가를 알리고자 하는데 있다. 세인들은 역학자를 남의 운명이나 풀이하는 점쟁이로 알지 잘못된 생각이다. 역학은 우주의 근본이며 기의 학문이기 때문에 역학을 이해하지 못하고서는 우리 인생살이 또한 정확하게 해석할 수 없는 고차원의 학문이다.

신비한 동양철학 18 | 김용오 저 | 192면 | 8,000원 | 신국판

오행상극설과 진화론
인간과 인생을 떠난 천리란 있을 수 없다

과학이 현대를 설정하여 설명하고 있으나 원리는 동양철학에도 있기에 그 양면을 밝히고자 노력했다. 우주에서 일어나는 모든 일을 과학으로 설명될 수는 없다. 비과학적이라고 하기보다는 과학이 따라오지 못한다고 설명하는 것이 더 솔직하고 옳은 표현일 것이다. 특히 과학분야에 종사하는 신의사가 저술했다는데 더 큰 화제가 되고 있다.

신비한 동양철학 5 | 김태진 저 | 222면 | 15,000원 | 신국판

스스로 공부하게 하는 방법과 천부적 적성
내 아이를 성공시키고 싶은 부모들에게

자녀를 성공시키고 싶은 마음은 누구나 같겠지만 가난한 집 아이가 좋은 성적을 내기는 매우 어렵고, 원하는 학교에 들어가기도 어렵다. 그러나 실망하기에는 아직 이르다. 내 아이가 훌륭하게 성장해 아름답고 멋진 삶을 살아가는 방법을 소개한다.

신비한 동양철학 85 | 청암 박재현 지음 | 176면 | 14,000원 | 신국판

진짜부적 가짜부적
부적의 실체와 정확한 제작방법

인쇄부적에서 가짜부적에 이르기까지 많게는 몇백만원에 팔리고 있다는 보도를 종종 듣는다. 그러나 부적은 정확한 제작방법에 따라 자신의 용도에 맞게 스스로 만들어 사용하면 훨씬 더 좋은 효과를 얻을 수 있다. 이 책은 중국에서 정통부적을 연구한 국내유일의 동양오술학자가 밝힌 부적의 실체와 정확한 제작방법을 소개하고 있다.

신비한 동양철학 7 | 오상익 저 | 322면 | 15,000원 | 신국판

수명비결
주민등록번호 13자로 숙명의 정체를 밝힌다

우리는 지금 무수히 많은 숫자의 거미줄에 매달려 허우적거리며 살아가고 있다. 1분 ·1초가 생사를 가름하고, 1등·2등이 인생을 좌우하며, 1급·2급이 신분을 구분하는 세상이다. 이 책은 수명리학으로 13자의 주민등록번호로 명예, 재산, 건강, 수명, 애정, 자녀운 등을 미리 읽어본다.

신비한 동양철학 14 | 장충한 저 | 308면 | 15,000원 | 신국판

진짜궁합 가짜궁합
남녀궁합의 새로운 충격

중국에서 연구한 국내유일의 동양오술학자가 우리나라 역술가들의 궁합법이 잘못되었다는 것을 학술적으로 분석·비평하고, 전적과 사례연구를 통하여 궁합의 실체와 타당성을 분석했다. 합리적인「자미두수궁합법」과「남녀궁합」및 출생시간을 몰라 궁합을 못보는 사람들을 위하여「지문으로 보는 궁합법」등을 공개하고 있다.

신비한 동양철학 8 | 오상익 저 | 414면 | 15,000원 | 신국판

주역육효 해설방법(상·하)
한 번만 읽으면 주역을 활용할 수 있는 책
이 책은 주역을 해설한 것으로, 될 수 있는 한 여러 가지 사설을 덧붙이지 않고, 주역을 공부하고 활용하는데 필요한 요건만을 기록했다. 따라서 주역의 근원이나 하도낙서, 음양오행에 대해서도 많은 설명을 자제했다. 다만 누구나 이 책을 한 번 읽어서 주역을 이해하고 활용할 수 있도록 하는데 중점을 두었다.
신비한 동양철학 38 | 원공선사 저 | 상 810면·하 798면 | 각 29,000원 | 신국판

쉽게 푼 주역
귀신도 탄복한다는 주역을 쉽고 재미있게 풀어놓은 책
주역이라는 말 한마디면 귀신도 기겁을 하고 놀라 자빠진다는데, 운수와 일진이 문제가 될까. 8×8=64괘라는 주역을 한 괘에 23개씩의 회답으로 해설하여 1472괘의 신비한 해답을 수록했다. 당신이 당면한 문제라면 무엇이든 해결할 수 있는 열쇠가 이 한 권의 책 속에 있다.
신비한 동양철학 10 | 정도명 저 | 284면 | 16,000원 | 신국판 양장

나침반 | 어디로 갈까요
주역의 기본원리를 통달할 수 있는 책
이 책에서는 기본괘와 변화와 기본괘가 어떤 괘로 변했을 경우 일어날 수 있는 내용들을 설명하여 주역의 변화에 대한 이해를 돕는데 주력하였다. 그러나 그런 내용을 구분할 수 있는 방법을 전부 다 설명할 수는 없기에 뒷장에 간단하게설명하였고, 다른 책들과 설명의 차이점도 기록하였으니 참작하여 본다면 조금이나마 도움이 될 것이다.
신비한 동양철학 67 | 원공선사 편저 | 800면 | 39,000원 | 신국판

완성 주역비결 | 주역 토정비결
반쪽으로 전해오는 토정비결을 완전하게 해설
지금 시중에 나와 있는 토정비결에 대한 책들은 옛날부터 내려오는 완전한 비결이 아니라 반쪽의 책이다. 그러나 반쪽이라고 말하는 사람은 없다. 그것은 주역의 원리를 모르기 때문이다. 그래서 늦은 감이 없지 않으나 앞으로 수많은 세월을 생각해서 완전한 해설판을 내놓기로 했다.
신비한 동양철학 92 | 원공선사 편저 | 396면 | 16,000원 | 신국판

육효대전
정확한 해설과 다양한 활용법
동양고전 중에서도 가장 대표적인 것이 주역이다. 주역은 옛사람들이 자연을 거울삼아 생활을 영위해 나가는 처세에 관한 지혜를 무한히 내포하고, 피흉추길하는 얼과 슬기가 함축된 점서인 동시에 수양·과학서요 철학·종교서라고 할 수 있다.
신비한 동양철학 37 | 도관 박흥식 편저 | 608면 | 26,000원 | 신국판

육효점 정론
육효학의 정수
이 책은 주역의 원전소개와 상수역법의 꽃으로 발전한 경방학을 같이 실어 독자들의 호기심을 충족시키는데 중점을 두었습니다. 주역의 원전으로 인화의 처세술을 터득하고, 어떤 사안의 답은 육효법을 탐독하여 찾으시기 바랍니다.
신비한 동양철학 80 | 효명 최인영 편역 | 396면 | 29,000원 | 신국판

육효학 총론
육효학의 핵심만을 정확하고 알기 쉽게 정리
육효는 갑자기 문제가 생겨 난감한 경우에 명쾌한 답을 찾을 수 있는 학문이다. 그러나 시중에 나와 있는 책들이 대부분 원서를 그대로 번역해 놓은 것이라 전문가인 필자가 보기에도 지루하며 어렵다는 느낌이 들었다. 그래서 보다 쉽게 공부할 수 있도록 이 책을 출간하게 되었다.
신비한 동양철학 89 | 김도희 편저 | 174쪽 | 26,000원 | 신국판

기문둔갑 비급대성
기문의 정수

기문둔갑은 천문지리·인사명리·법술병법 등에 영험한 술수로 예로부터 은밀하게 특권층에만 전승되었다. 그러나 아쉽게도 기문을 공부하려는 이들에게 도움이 될만한 책이 거의 없다. 필자는 이 점이 안타까워 천견박식함을 돌아보지 않고 감히 책을 내게 되었다. 한 권에 기문학을 다 표현할 수는 없지만 이 책을 사다리 삼아 저 높은 경지로 올라간다면 제갈공명과 같은 지혜를 발휘할 수 있을 것이다.

신비한 동양철학 86 | 도관 박흥식 편저 | 725면 | 39,000원 | 신국판

기문둔갑옥경
가장 권위있고 우수한 학문

우리나라의 기문역사는 장구하나 상세한 문헌은 전무한 상태라 이 책을 발간하였다. 기문둔갑은 천문지리는 물론 인사명리 등 제반사에 관한 길흉을 판단함에 있어서 가장 우수한 학문이며 병법과 법술방면으로도 특징과 장점이 있다. 초학자는 포국편을 열심히 익혀 설국을 자유자재로 할 수 있도록 하고, 개인의 이익보다는 보국안민에 일조하기 바란다.

신비한 동양철학 32 | 도관 박흥식 저 | 674면 | 39,000원 | 사륙배판

오늘의 토정비결
일년 신수와 죽느냐 사느냐를 알려주는 예언서

역산비결은 일년신수를 보는 역학서이다. 당년의 신수만 본다는 것은 토정비결과 비슷하나 토정비결은 토정 선생께서 사람들에게 용기와 희망을 주기 위함이 목적이어서 다소 허황되고 과장된 부분이 많다. 그러나 역산비결은 재미로 보는 신수가 아니라, 죽느냐 사느냐를 알려주는 예언서이니 재미로 보는 토정비결과는 차원이 다르다.

신비한 동양철학 72 | 역산 김찬동 편저 | 304면 | 16,000원 | 신국판

國運·나라의 운세
역으로 풀어본 우리나라의 운명과 방향

아무리 서구사상의 파고가 높다하기로 오천 년을 한결같이 가꾸며 살아온 백두의 혼이 와르르 무너지는 지경에 왔어도 누구 하나 입을 열어 말하는 사람이 없으니 답답하다. 불확실한 내일에 대한 해답을 이 책은 명쾌하게 제시하고 있다.

신비한 동양철학 22 | 백우 김봉준 저 | 290면 | 9,000원 | 신국판

남사고의 마지막 예언
이 책으로 격암유록에 대한 논란이 끝나기 바란다

감히 이 책을 21세기의 성경이라고 말한다. 〈격암유록〉은 섭리가 우리민족에게 준 위대한 복음서이며, 선물이며, 꿈이며, 인류의 희망이다. 이 책에서는 〈격암유록〉이 전하고자 하는 바를 주제별로 정리하여 문답식으로 풀어갔다. 이 책으로 〈격암유록〉에 대한 논란은 끝나기 바란다.

신비한 동양철학 29 | 석정 박순용 저 | 276면 | 16,000원 | 신국판

원토정비결
반쪽으로만 전해오는 토정비결의 완전한 해설판

지금 시중에 나와 있는 토정비결에 대한 책들을 보면 옛날부터 내려오는 완전한 비결이 아니라 반면의 책이다. 그러나 반면이라고 말하는 사람이 없다. 그것은 주역의 원리를 모르기 때문이다. 따라서 늦은 감이 없지 않으나 앞으로의 수많은 세월을 생각하면서 완전한 해설본을 내놓았다.

신비한 동양철학 53 | 원공선사 저 | 396면 | 24,000원 | 신국판 양장

나의 천운·운세찾기
몽골정통 토정비결

이 책은 역학계의 대가 김봉준 선생이 몽공토정비결을 우리의 인습과 체질에 맞게 엮은 것이다. 운의 흐름을 알리고자 호운과 쇠운을 강조하고, 현재의 나를 조명하고 판단할 수 있도록 했다. 모쪼록 생활서나 안내서로 활용하기 바란다.

신비한 동양철학 12 | 백우 김봉준 저 | 308면 | 11,000원 | 신국판

역점 | 우리나라 전통 행운찾기
쉽게 쓴 64괘 역점 보는 법
주역이 점치는 책에만 불과했다면 벌써 그 존재가 없어졌을 것이다. 그러나 오랫동안 많은 학자가 연구를 계속해왔고, 그 속에서 자연과학과 형이상학적인 우주론과 인생론을 밝혀, 정치·경제·사회 등 여러 방면에서 인간의 생활에 응용해왔고, 삶의 지침서로써 그 역할을 했다. 이 책은 한 번만 읽으면 누구나 역점가가 될 수 있으니 생활에 도움이 되길 바란다.
신비한 동양철학 57 | 문명상 편저 | 382면 | 26,000원 | 신국판 양장

이렇게 하면 좋은 운이 온다
한 가정에 한 권씩 놓아두고 볼만한 책
좋은 운을 부르는 방법은 방위·색상·수리·년운·월운·날짜·시간·궁합·이름·직업·물건·보석·맛·과일·기운·마을·가축·성격 등을 정확하게 파악하여 자신에게 길한 것은 취하고 흉한 것은 피하면 된다. 이 책의 저자는 신학대학을 졸업하고 역학계에 입문했다는 특별한 이력을 갖고 있기 때문에 더 많은 화제가 되고 있다.
신비한 동양철학 27 | 역산 김찬동 저 | 434면 | 16,000원 | 신국판

운을 잡으세요 | 改運秘法
염력강화로 삶의 문제를 해결한다!
행복과 불행은 누가 주는 것이 아니라 자기 자신이 만든다고 할 수 있다. 한 마디로 말해 의지의 힘, 즉 염력이 운명을 바꾸는 것이다. 이 책에서는 이러한 염력을 강화시켜 삶에서 일어나는 문제를 해결하는 방법을 알려준다. 누구나 가벼운 마음으로 읽고 실천한다면 반드시 목적을 이룰 수 있을 것이다.
신비한 동양철학 76 | 역산 김찬동 편저 | 272면 | 10,000원 | 신국판

복을 부르는방법
나쁜 운을 좋은 운으로 바꾸는 비결
개운하는 방법은 여러 가지가 있으나, 이 책의 비법은 축원문을 독송하는 것이다. 독송이란 소리내 읽는다는 뜻이다. 사람의 말에는 기운이 있는데, 이 기운은 자신에게 돌아온다. 좋은 말을 하면 좋은 기운이 돌아오고, 나쁜 말을 하면 나쁜 기운이 돌아온다. 이 책은 누구나 어디서나 쉽게 비용을 들이지 않고 좋은 운을 부를 수 있는 방법을 실었다.
신비한 동양철학 69 | 역산 김찬동 편저 | 194면 | 11,000원 | 신국판

천직·사주팔자로 찾은 나의 직업
천직을 찾으면 역경없이 탄탄하게 성공할 수 있다
잘 되겠지 하는 막연한 생각으로 의욕만 갖고 도전하는 것과 나에게 맞는 직종은 무엇이고 때는 언제인가를 알고 도전하는 것은 근본적으로 다르고, 결과도 다르다. 만일 의욕만으로 팔자에도 없는 사업을 시작했다고 하자, 결과는 불을 보듯 뻔하다. 그러므로 이런 때일수록 침착과 냉정을 찾아 내 그릇부터 알고, 생활에 대처하는 지혜로움을 발휘해야 한다.
신비한 동양철학 34 | 백우 김봉준 저 | 376면 | 19,000원 | 신국판

운세십진법·本大路
운명을 알고 대처하는 것은 현대인의 지혜다
타고난 운명은 분명히 있다. 그러니 자신의 운명을 알고 대처한다면 비록 운명을 바꿀 수는 없지만 향상시킬 수 있다. 이것이 사주학을 알아야 하는 이유다. 이 책에서는 자신이 타고난 숙명과 앞으로 펼쳐질 운명행로를 찾을 수 있도록 운명의 기초를 초연하게 설명하고 있다.
신비한 동양철학 1 | 백우 김봉준 저 | 364면 | 16,000원 | 신국판

성명학 | 바로 이 이름
사주의 운기와 조화를 고려한 이름짓기
사람은 누구나 타고난 운명이 있다. 숙명인 사주팔자는 선천운이고, 성명은 후천운이 되는 것으로 이름을 지을 때는 타고난 운기와의 조화를 고려해야 한다. 따라서 역학에 대한 깊은 이해가 선행함은 지극히 당연하다. 부연하면 작명의 근본은 타고난 사주에 운기를 종합적으로 분석하여 부족한 점을 보강하고 결점을 개선한다는 큰 뜻이 있다고 할 수 있다.
신비한 동양철학 75 | 정담 선사 편저 | 488면 | 24,000원 | 신국판

작명 백과사전
36가지 이름짓는 방법과 선후천 역상법 수록
이름은 나를 대표하는 생명체이므로 몸은 세상을 떠날지라도 영원히 남는다. 성명운의 유도력은 후천적으로 가공 인수되는 후존적 수기로써 조성 운화되는 작용력이 있다. 선천수기의 운기력이 50%이면 후천수기도의 운기력도 50%이다. 이와 같이 성명운의 작용은 운로에 불가결한조건일 뿐 아니라, 선천명운의 범위에서 기능을 충분히 할 수 있다.
신비한 동양철학 81 | 임삼업 편저 | 송충석 감수 | 730면 | 36,000원 | 사륙배판

작명해명
누구나 쉽게 활용할 수 있는 체계적인 작명법
일반적인 성명학으로는 알 수 없는 한자이름, 한글이름, 영문이름, 예명, 회사명, 상호, 상품명 등의 작명방법을 여러 사례를 들어 체계적으로 분석하여 누구나 쉽게 배워서 활용할 수 있도록 서술했다.
신비한 동양철학 26 | 도관 박홍식 저 | 518면 | 19,000원 | 신국판

역산성명학
이름은 제2의 자신이다
이름에는 각각 고유의 뜻과 기운이 있어 그 기운이 성격을 만들고 그 성격이 운명을 만든다. 나쁜 이름은 부르면 부를수록 불행을 부르고 좋은 이름은 부르면 부를수록 행복을 부른다. 만일 이름이 거지같다면 아무리 운세를 잘 만나도 밥을 좀더 많이 얻어 먹을 수 있을 뿐이다. 저자는 신학대학을 졸업하고 역학계에 입문한 특별한 이력으로 많은 화제가 된다.
신비한 동양철학 25 | 역산 김찬동 저 | 456면 | 26,000원 | 신국판

작명정론
이름으로 보는 역대 대통령이 나오는 이치
사주팔자가 네 기둥으로 세워진 집이라면 이름은 그 집을 대표하는 문패라고 할 수 있다. 따라서 이름을 지을 때는 사주의 격에 맞추어야 한다. 사주 그릇이 작은 사람이 원대한 뜻의 이름을 쓰면 감당하지 못할 시련을 자초하게 되고 오히려 이름값을 못할 수 있다. 즉 분수에 맞는 이름으로 작명해야 하기 때문에 사주의 올바른 분석이 필요하다.
신비한 동양철학 77 | 청월 박상의 편저 | 430면 | 19,000원 | 신국판

음파메세지(氣)성명학
새로운 시대에 맞는 새로운 성명학
지금까지의 모든 성명학은 모순의 극치를 이룬다. 그러나 이제 새 시대에 맞는 음파메세지(氣) 성명학이 나왔으니 복을 계속 부르는 이름을 지어 사랑하는 자녀가 행복하고 아름다운 삶을 살아갈 수 있도록 하는데 도움이 되었으면 한다.
신비한 동양철학 51 | 청암 박재현 저 | 626면 | 39,000원 | 신국판 양장

아호연구
여러 가지 작호법과 실제 예 모음
필자는 오래 전부터 작명을 연구했다. 그러나 시중에 나와 있는 책에는 대부분 아호에 관해서는 전혀 언급하지 않았다. 그래서 아호에 관심이 있어도 자료를 구하지 못하는 분들을 위해 이 책을 내게 되었다. 아호를 짓는 것은 그리 대단하거나 복잡하지 않으니 이 책을 처음부터 끝까지 착실히 공부한다면 누구나 좋은 아호를 지어 쓸 수 있을 것이라고 생각한다.
신비한 동양철학 87 | 임삼업 편저 | 308면 | 26,000원 | 신국판

한글이미지 성명학
이름감정서
이 책은 본인의 이름은 물론 사랑하는 가족 그리고 가까운 친척이나 친구들의 이름까지도 좋은지 나쁜지 알아볼 수 있도록 지금까지 나와 있는 모든 성명학을 토대로 하여 썼다. 감언이설이나 협박성 감명에 흔들리지 않고 확실한 이름풀이를 볼 수 있을 것이다. 그리고 아름답고 멋진 삶을 살아갈 수 있는 이름을 짓는 방법도 상세하게 제시하였다.
신비한 동양철학 93 | 청암 박재현 지음 | 287면 | 10,000원 | 신국판

비법 작명기술
복과 성공을 함께 하려면
이 책은 성명의 발음오행이나 이름의 획수를 근간으로 하는 실제 이용이 가장 많은 기본 작명법을 서술하고, 주역의 괘상으로 풀어 길흉을 판단하는 역상법 5가지와 그외 중요한 작명법 5가지를 합하여 「보배로운 10가지 이름 짓는 방법」을 실었다. 특히 작명비법인 선후천역상법은 성명의 원획에 의존하는 작명법과 달리 정획과 곡획을 사용해 주역 상수학을 대표하는 하락수를 쓰고, 육효가 들어가 응험률을 높였다.
신비한 동양철학 96 │ 임삼업 편저 │ 370면 │ 30,000원 │ 사륙배판

올바른 작명법
소중한 이름, 알고 짓자!
세상 부모들에게 가장 소중한 것이 뭐냐고 물으면 자녀라고 할 것이다. 그런데 왜 평생을 좌우할 이름을 함부로 짓는가. 이름이 얼마나 소중한지, 이름의 오행작용이 일생을 어떻게 좌우하는지 모르기 때문이다.
신비한 동양철학 61 │ 이정재 저 │ 352면 │ 19,000원 │ 신국판

호(雅號)책
아호 짓는 방법과 역대 유명인사의 아호, 인명용 한자 수록
필자는 오래 전부터 작명연구에 열중했으나 대부분의 작명책에는 아호에 관해서는 전혀 언급하지 않고, 간혹 거론했어도 몇 줄 정도의 뜻풀이에 불과하거나 일반작명법에 준한다는 암시만 풍기며 끝을 맺었다. 따라서 필자가 참고한 문헌도 적었음을 인정한다. 아호에 관심이 있어도 자료를 구하지 못하는 현실에 착안하여 필자 나름대로 각고 끝에 본서를 펴냈다.
신비한 동양철학 97 │ 임삼업 편저 │ 390면 │ 20,000원 │ 신국판

관상오행
한국인의 특성에 맞는 관상법
좋은 관상인 것 같으나 실제로는 나쁘거나 좋은 관상이 아닌데도 잘 사는 사람이 왕왕있어 관상법 연구에 흥미를 잃는 경우가 있다. 이것은 중국의 관상법만을 익히고 우리의 독특한 환경적인 특징을 소홀히 다루었기 때문이다. 이에 우리 한국인에게 알맞는 관상법을 연구하여 누구나 관상을 쉽게 알아보고 해석할 수 있도록 자세하게 풀어놓았다.
신비한 동양철학 20 │ 송파 정상기 저 │ 284면 │ 12,000원 │ 신국판

정본 관상과 손금
바로 알고 사람을 사귑시다
이 책은 관상과 손금은 인생을 행복하게 만든다는 관점에서 다루었다. 그야말로 관상과 손금의 혁명이라고 할 수 있다. 여러분도 관상과 손금을 통한 예지력으로 인생의 참주인이 되기 바란다. 용기를 불어넣어 주고 행복을 찾게 하는 것이 참다운 관상과 손금술이다. 이 책이 일상사에 고민하는 분들에게 해결방법을 제시해 줄 것이다.
신비한 동양철학 42 │ 지창룡 감수 │ 332면 │ 16,000원 │ 신국판 양장

이런 사원이 좋습니다
사원선발 면접지침
사회가 다양해지면서 인력관리의 전문화와 인력수급이 기업주의 애로사항이 되었다. 필자는 그동안 많은 기업의 사원선발 면접시험에 참여했는데 기업주들이 모두 면접지침에 관한 책이 있으면 좋겠다는 것이다. 그래서 경험한 사례를 참작해 이 책을 내니 좋은 사원을 선발하는데 많은 도움이 될 것이라고 믿는다.
신비한 동양철학 90 │ 정도명 지음 │ 274면 │ 19,000원 │ 신국판

핵심 관상과 손금
사람을 볼 줄 아는 안목과 지혜를 알려주는 책
오늘과 내일을 예측할 수 없을만큼 복잡하게 펼쳐지는 현실에서 살아남기 위해서는 사람을 볼줄 아는 안목과 지혜가 필요하다. 시중에 관상학에 대한 책들이 많이 나와있지만 너무 형이상학적이라 전문가도 이해하기 어렵다. 이 책에서는 누구라도 쉽게 보고 이해할 수 있도록 핵심만을 파악해서 설명했다.
신비한 동양철학 54 │ 백우 김봉준 저 │ 188면 │ 14,000원 │ 사륙판 양장

완벽 사주와 관상
우리의 삶과 관계 있는 사실적 관계로만 설명한 책
이 책은 우리의 삶과 관계 있는 사실적 관계로만 역을 설명하고, 역에 대한 관심과 흥미를 갖게 하고자 관상학을 추록했다. 여기에 추록된 관상학은 시중에서 흔하게 볼 수 있는 상법이 아니라 생활상법, 즉 삶의 지식과 상식을 드리고자 했다.
신비한 동양철학 55 │ 김봉준·유오준 공저 │ 530면 │ 36,000원 │ 신국판 양장

사람을 보는 지혜
관상학의 초보에서 실용까지
현자는 하늘이 준 명을 알고 있기에 부귀에 연연하지 않는다. 사람은 마음을 다스리는 심명이 있다. 마음의 명은 자신만이 소통하는 유일한 우주의 무형의 에너지이기 때문에 잠시도 잊으면 안된다. 관상학은 사람의 상으로 이런 마음을 살피는 학문이니 잘 이해하여 보다 나은 삶을 삶을 영위할 수 있도록 노력해야 한다.
신비한 동양철학 73 │ 이부길 편저 │ 510면 │ 20,000원 │ 신국판

한눈에 보는 손금
논리정연하며 바로미터적인 지침서
이 책은 수상학의 연원을 초월해서 동서합일의 이론으로 집필했다. 그야말로 논리정연한 수상학을 정리하였다. 그래서 운명적, 철학적, 동양적, 심리학적인 면을 예증과 방편에 이르기까지 상세하게 기술했다. 이 책은 수상학이라기 보다 바로미터적인 지침서 역할을 해줄 것이다. 독자 여러분의 꾸준한 연구와 더불어 인생성공의 지침서가 될 수 있을 것이다.
신비한 동양철학 52 │ 정도명 저 │ 432면 │ 24,000원 │ 신국판 양장

이런 집에 살아야 잘 풀린다
운이 트이는 좋은 집 알아보는 비결
한마디로 운이 트이는 집을 갖고 싶은 것은 모두의 꿈일 것이다. 50평이니 60평이니 하며 평수에 구애받지 않고 가족이 평온하게 생활할 수 있고 나날이 발전할 수 있는 그런 집이 있다면 얼마나 좋을까? 그런 소망에 한 걸음이라도 가까워지려면 막연하게 운만 기대하고 있어서는 안 된다. 좋은 집을 가지려면 그만한 노력이 있어야 한다.
신비한 동양철학 64 │ 강현술·박흥식 감수 │ 270면 │ 16,000원 │ 신국판

점포, 이렇게 하면 부자됩니다
부자되는 점포, 보는 방법과 만드는 방법
사업의 성공과 실패는 어떤 사업장에서 어떤 품목으로 어떤 사람들과 거래하느냐에 따라 판가름난다. 그리고 사업을 성공시키려면 반드시 몇 가지 문제를 살펴야 하는데 무작정 사업을 시작하여 실패하는 사람들이 많다. 그래서 이 책에서는 이러한 문제와 방법들을 조목조목 기술하여 누구나 성공하도록 도움을 주는데 주력하였다.
신비한 동양철학 88 │ 김도희 편저 │ 177면 │ 26,000원 │ 신국판

쉽게 푼 풍수
현장에서 활용하는 풍수지리법
산도는 매우 광범위하고, 현장에서 알아보기 힘들다. 더구나 지금은 수목이 울창해 소조산 정상에 올라가도 나무에 가려 국세를 파악하는데 애를 먹는다. 따라서 사진을 첨부하니 많은 활용하기 바란다. 물론 결록에 있고 산도가 눈에 익은 것은 혈 사진과 함께 소개하였다. 이 책을 열심히 정독하면서 답산하면 혈을 알아보고 용산도 할 수 있을 것이다.
신비한 동양철학 60 │ 전항수·주장관 편저 │ 378면 │ 26,000원 │ 신국판

음택양택
현세의 운·내세의 운
이 책에서는 음양택명당의 조건이나 기타 여러 가지를 설명하여 산 자와 죽은 자의 행복한 집을 만들 수 있도록 했다. 특히 죽은 자의 집인 음택명당은 자리를 옳게 잡으면 꾸준히 생기를 발하여 흥하나, 그렇지 않으면 큰 피해를 당하니 돈보다도 행·불행의 근원인 음양택명당에 관심을 기울여야 한다.
신비한 동양철학 63 │ 전항수·주장관 지음 │ 392면 │ 29,000원 │ 신국판

용의 혈·풍수지리 실기 100선
실전에서 실감나게 적용하는 풍수의 길잡이
이 책은 풍수지리 문헌인 만두산법서, 명산론, 금랑경 등을 이해하기 쉽도록 주제별로 간추려 설명했으며, 풍수지리학을 쉽게 접근하여 공부하고, 실전에 활용하여 실감나게 적용할 수 있도록 하는데 역점을 두었다.
신비한 동양철학 30 │ 호산 윤재우 저 │ 534면 │ 29,000원 │ 신국판

현장 지리풍수
현장감을 살린 지리풍수법
풍수를 업으로 삼는 사람들이 진가를 분별할 줄 모르면서 많은 법을 알았다고 자부하며 뽐낸다. 그리고는 재물에 눈이 어두워 불길한 산을 길하다 하고, 선하지 못한 물을 선하다 한다. 이는 분수 밖의 것을 바라기 때문이다. 마음가짐을 바로 하고 고대 원전에 공력을 바치면서 산간을 실사하며 적공을 쏟으면 정교롭고 세밀한 경지를 얻을 수 있을 것이다.
신비한 동양철학 48 │ 전항수·주관장 편저 │ 434면 │ 36,000원 │ 신국판 양장

찾기 쉬운 명당
실전에서 활용할 수 있는 책
가능하면 쉽게 풀어 실전에 도움이 되도록 했다. 특히 풍수지리에서 방향측정에 필수인 패철 사용과 나경 9층을 각 층별로 설명했다. 그리고 이 책에 수록된 도설, 즉 오성도, 명산도, 명당 형세도 내거수 명당도, 지각형세도, 용의 과협출맥도, 사대혈형 와겸유돌 형세도 등은 국립중앙도서관에 소장된 문헌자료인 만산도단, 만산영도, 이석당 은민산도의 원본을 참조했다.
신비한 동양철학 44 │ 호산 윤재우 저 │ 386면 │ 19,000원 │ 신국판 양장

해몽정본
꿈의 모든 것
시중에 꿈해몽에 관한 책은 많지만 막상 내가 꾼 꿈을 해몽을 하려고 하면 어디다 대입시켜야 할지 모르는 경우가 많았을 것이다. 그러나 최대한으로 많은 예를 들었고, 찾기 쉽고 명료하게 만들었기 때문에 해몽을 하는데 어려움이 없을 것이다. 한집에 한권씩 두고 보면서 나쁜 꿈은 예방하고 좋은 꿈을 좋은 일로 연결시킨다면 생활에 많은 도움이 될 것이다.
신비한 동양철학 36 │ 청암 박재현 저 │ 766면 │ 19,000원 │ 신국판

해몽·해몽법
해몽법을 알기 쉽게 설명한 책
인생은 꿈이 예지한 시간적 한계에서 점점 소멸되어 가는 현존물이기 때문에 반드시 꿈의 뜻을 따라야 한다. 이것은 꿈을 먹고 살아가는 인간 즉 태몽의 끝장면인 죽음을 향해 달려가고 있는 인간이기 때문이다. 꿈은 우리의 삶을 이끌어가는 이정표와도 같기에 똑바로 가도록 노력해야 한다.
신비한 동양철학 50 │ 김종일 저 │ 552면 │ 26,000원 │ 신국판 양장

명리용어와 시결음미
명리학의 어려운 용어와 숙어를 쉽게 풀이한 책
명리학을 연구하는 이들은 기초공부가 끝나면 자연스럽게 훌륭하다고 평가하는 고전의 이론을 접하게 된다. 그러나 시결과 용어와 숙어는 어려운 한자로만 되어 있어 대다수가 선뜻 탐독과 음미에 취미를 잃는다. 그래서 누구나 어려움 없이 쉽게 읽고 깊이 있게 음미할 수 있도록 원문에 한글로 발음을 달고 어려운 용어와 숙어에 해석을 달아 이 책을 내게 되었다.
신비한 동양철학 103 │ 원각 김구현 편저 │300면 │ 25,000원 │ 신국판

완벽 만세력
착각하기 쉬운 서머타임 2도 인쇄
시중에 많은 종류의 만세력이 나와있지만 이 책은 단순한 만세력이 아니라 완벽한 만세경전으로 만세력 보는 법 등을 실었기 때문에 처음 대하는 사람이라도 쉽게 볼 수 있도록 편집되었다. 또한 부록편에는 사주명리학, 신살종합해설, 결혼과 이사택일 및 이사방향, 길흉보는 법, 우주천기와 한국의 역사 등을 수록했다.
신비한 동양철학 99 │ 백우 김봉준 저 │ 316면 │ 20,000원 │ 사륙배판

정본만세력

이 책은 완벽한 만세력으로 만세력 보는 방법을 자세하게 설명했다. 그리고 역학에 대한 기본적인 내용과 결혼하기 좋은 나이·좋은 날·좋은 시간, 아들·딸 태아감별법, 이사하기 좋은 날·좋은 방향 등을 부록으로 실었다.

신비한 동양철학 45 │ 백우 김봉준 저 │ 304면 │ 사륙배판 26,000원, 신국판 16,000원, 사륙판 10,000원, 포켓판 9,000원

정본│완벽 만세력
착각하기 쉬운 서머타임 2도인쇄

시중에 많은 종류의 만세력이 있지만 이 책은 단순한 만세력이 아니라 완벽한 만세경전이다. 그리고 만세력 보는 법 등을 실었기 때문에 처음 대하는 사람이라도 쉽게 볼 수 있다. 또 부록편에는 사주명리학, 신살 종합해설, 결혼과 이사 택일, 이사 방향, 길흉보는 법, 우주의 천기와 우리나라 역사 등을 수록하였다.

신비한 동양철학 99 │ 김봉준 편저 │ 316면 │ 20,000원 │ 사륙배판

원심수기 통증예방 관리비법
쉽게 배워 적용할 수 있는 통증관리법

『원심수기 통증예방 관리비법』은 4차원의 건강관리법으로 질병이 악화되는 것을 예방하여 건강한 몸을 유지하는데 그 목적이 있다. 시중의 수기요법과 비슷하나 특장점은 힘이 들지 않아 어린아이부터 노인까지 누구나 시술할 수 있고, 배우고 적용하는 과정이 쉽고 간단하며, 시술 장소나 도구가 필요 없으니 언제 어디서나 시술할 수 있다.

신비한 동양철학 78 │ 원공 선사 저 │ 288면 │ 16,000원 │ 신국판

운명으로 본 나의 질병과 건강상태
타고난 건강상태와 질병에 대한 대비책

이 책은 국내 유일의 동양오술학자가 사주학과 정통명리학의 양대산맥을 이루는 자미두수 이론으로 임상실험을 거쳐 작성한 자료다. 따라서 명리학을 응용한 최초의 완벽한 의학서로 질병을 예방하고 치료하는데 활용하면 최고의 의사가 될 것이다. 또한 예방의학적인 차원에서 건강을 유지하는데 훌륭한 지침서로 현대의학의 새로운 장을 여는 계기가 될 것이다.

신비한 동양철학 9 │ 오상익 저 │ 474면 │ 15,000원 │ 신국판

서체자전
해서를 기본으로 전서, 예서, 행서, 초서를 연습할 수 있는 책

한자는 오랜 옛날부터 우리 생활과 뗄 수 없음에도 잘 몰라 불편을 겪는 사람들이 많아 이 책을 내게 되었다. 이 책에서는 해서를 기본으로 각 글자마다 전서, 예서, 행서, 초서 순으로 배열하여 독자가 필요한 것을 찾아 연습하기 쉽도록 하였다.

신비한 동양철학 98 │ 편집부 편 │ 273면 │ 16,000원 │ 사륙배판

택일민력(擇日民曆)
택일에 관한 모든 것

이 책은 택일에 대한 모든 것을 넣으려고 최선을 다하였다. 동양철학을 공부하여 상담하거나 종교인·무속인·일반인들이 원하는 부분을 쉽게 찾아 활용할 수 있도록 칠십이후, 절기에 따른 벼농사의 순서와 중요한 과정, 납음오행, 신살의 의미, 구성조견표, 결혼·이사·제사·장례·이장에 관한 사항 등을 폭넓게 수록하였다.

신비한 동양철학 100 │ 최인영 편저 │ 80면 │ 5,000원 │ 사륙배판

모든 질병에서 해방을 1·2
건강실용서

우리나라는 아주 오랜 옛날부터 건강과 관련한 약재들이 산천에 널려 있었고, 우리 민족은 그 약재들을 슬기롭게 이용하며 나름대로 건강하게 살아왔다. 그러나 오늘날 현대의학에 밀려 외면당하며 사라지게 되었다. 이에 옛날부터 내려오는 의학서적인 『기사회생』과 『단방심편』을 바탕으로 민가에서 활용했던 민간요법들을 정리하고, 현대에 개발된 약재들이나 시술방법들을 정리했다.

신비한 동양철학 102 │ 원공 선사 편저 │ 1권 448면·2권 416면 │ 각 29,000원 │ 신국판